CARAMBAIA

ilimitada

Aleksandr Soljenítsyn

Arquipélago Gulag

Edição abreviada

Aleksandr Soljenítsyn

Arquipélago Gulag
Um experimento de investigação artística 1918-1956

Tradução
LUCAS SIMONE
com
IRINEU FRANCO PERPETUO
FRANCISCO DE ARAÚJO
ODOMIRO FONSECA
RAFAEL BONAVINA

Prefácio
NATÁLIA SOLJENÍTSYNA

Posfácio
DANIEL AARÃO REIS

Sobre esta edição

Esta edição de *Arquipélago Gulag* foi traduzida do original russo lançado em Moscou em 2010 pela editora Prosveschénie. Trata-se da versão condensada dos três volumes originalmente publicados em 1974. A edição foi feita por Natália Soljenítsyna, com o consentimento e a orientação de Aleksandr Soljenítsyn, e publicada dois anos após a morte do autor.

Foram mantidos neste volume o glossário e as notas biográficas produzidos por Natália Soljenítsyna. Ao longo do texto, as demais notas de sua autoria foram identificadas como nota da edição russa (N. E. R.). Elas estão assim diferenciadas das notas dos tradutores (N. T.) e das notas do próprio autor (N. A.).

Optou-se por manter alguns termos no original, assim como as iniciais de siglas ou acrônimos referentes a expressões russas. Nesses casos, a tradução ou explicação está na nota de rodapé na primeira menção do termo e, caso ele se repita ao longo do livro, também no glossário, ao fim do volume.

Prefácio: O dom da encarnação

NATÁLIA SOLJENÍTSYNA

Um estranho manuscrito surgiu na revista *Nóvy Mir* na primavera de 1961: escrito em frente e verso, sem margens, sem espaço entre as linhas, intitulado "Sch-854" e sem o nome do autor. A redatora da seção de prosa, Anna Bérzer, logo compreendeu o valor da impressionante novidade e repassou-a ao redator-chefe, Aleksandr Trífonovitch Tvardóvski, com as seguintes palavras: "O campo de prisioneiros aos olhos de um mujique, uma obra bem popular". Mais tarde, Soljenítsyn avaliou:

> Com tão poucas palavras, seria impossível tocar mais fundo o coração de Tvardóvski. Ao mujique Ivan Deníssovitch não ficariam indiferentes o mujique superior Aleksandr Tvardóvski e o mujique a cavalo Nikita Khruschov... Como Tvardóvski depois contou, no fim do dia ele se deitou na cama e pegou o manuscrito. Porém, depois de duas ou três páginas, decidiu que não poderia ler deitado. Levantou-se, trocou-se. Seus familiares já dormiam, e ele passou a noite inteira lendo o relato, alternando a leitura com o chá na cozinha – leu uma primeira vez, depois uma segunda. Assim passou a madrugada; chegou a manhã, hora do camponês, e Tvardóvski ainda não se deitara. Ele telefonou, dando ordem de descobrir quem era o autor e onde ele estava. O que lhe agradava particularmente era o fato de que aquilo não era a mistificação de uma pena já conhecida, o fato de que o autor não era nem literato nem moscovita.

A partir daquela noite, Tvardóvski propôs-se a fazer algo aparentemente inacessível – publicar em sua revista o relato sobre um dia de Ivan Deníssovitch. "Publicar! Publicar! Não há nenhum outro objetivo. Superar tudo, levar até a cúpula... Provar, convencer, botar contra a parede. Dizem que a literatura russa está morta. Uma ova! Ela estava bem ali, naquela pasta amarrada com um barbante. E ele? Quem era ele? Ninguém tinha visto."

"Ele", no fim das contas, era um professor de escola. Tinha passado os últimos cinco anos em Riazan, ensinando física e astronomia. E antes? Ensinou matemática, numa escola rural nos arredores de Vladímir. E antes disso? Esteve no exílio, no Cazaquistão. (Aliás, fora exilado "para sempre", mas em 1956 o degelo de Khruschov derreteu aquele "gelo eterno".) Mas vamos pela ordem.

Aleksandr Issáievitch Soljenítsyn nasceu em 1918 em Kislovodsk. Seus pais (ambos camponeses, os primeiros em suas famílias a receber educação) casaram-se em agosto de 1917, no front, onde o pai servia como subtenente na brigada de artilharia dos granadeiros. Em 1914, o pai saiu da Universidade de Moscou para servir como voluntário na guerra contra a Alemanha, na qual lutou durante três anos e meio; ao retornar a Kuban, no início de 1918, o pai faleceu num acidente de caça, seis meses antes do nascimento do filho. A mãe criou o filho sozinha, vivendo na miséria, em casebres frios e apodrecidos, com aquecimento a carvão, trazendo água de longe, em baldes. Sánia[1] lia muito e, "de maneira incompreensível, desde os 8 ou 9 anos de idade, por algum motivo achava que devia ser escritor, quando ainda não tinha ideia de onde aquilo poderia parar". Soljenítsyn passou a infância e a adolescência em Rostov, ali terminou o ensino médio, depois a Faculdade de Física e Matemática da Universidade de Rostov, que combinou com os estudos à distância na Faculdade de Literatura do Instituto de História, Filosofia e Literatura (MIFLI). A guerra surpreendeu-o em Moscou durante os exames de verão.

Depois de ter começado a guerra como soldado raso, fez um curso de curta duração na escola de artilharia e, a partir de dezembro de 1942, tornou-se comandante da bateria de reconhecimento sonoro, com a patente de tenente. Lutou no front

1 Apelido de Aleksandr. [NOTA DO TRADUTOR]

noroeste, depois no de Briansk. Após a batalha de Oriol, foi condecorado com a Ordem da Guerra Patriótica de segundo grau, e, depois da retomada de Rogatchov, na Bielorrússia, com a Ordem da Estrela Vermelha. No comando de sua bateria, esteve no front, de modo ininterrupto, até fevereiro de 1945, quando – já na Prússia Oriental, com a patente de capitão – foi preso por causa de sua correspondência com um amigo de escola, interceptada pela censura. Nas cartas, os jovens oficiais chamavam Stálin de Chefão – pela "traição da causa revolucionária", pela deslealdade e pela crueldade. A recompensa foi fatal. Ele tinha 26 anos. Recebeu oito anos nos campos de trabalho e "exílio eterno" após a conclusão da pena.

No cárcere, repleto de impressões da juventude pré-guerra, de imagens da guerra, de relatos dos companheiros de batalhão, dos árduos dias nas prisões de inquérito e nos primeiros campos, Soljenítsyn começou a escrever ou, mais precisamente, a compor em sua mente, sem papel. À pergunta "Como se tornou escritor?", Soljenítsyn respondia: "Lá atrás – já estava na prisão. Antes mesmo da guerra eu tinha feito alguns experimentos literários, já escrevia com persistência nos anos de estudante. Mas não era um trabalho sério, porque eu não tinha experiência de vida. Lá atrás, nos anos de prisão, comecei a trabalhar de modo clandestino, ocultando o próprio fato de estar escrevendo – eu ocultava isso mais do que tudo. Eu memorizava e aprendia de cor primeiro poemas, depois até prosa". Ele passou parte da pena na *charachka*[2], onde os prisioneiros especialistas aprimoravam os meios de comunicação por rádio e telefone. Foi com base nesse material de sua vida que ele escreveu o romance *No primeiro círculo*.

De 1950 a 1953, Soljenítsyn esteve no campo de trabalhos forçados de Ekibastuz (Cazaquistão), onde os prisioneiros eram privados de seus nomes: eram chamados pelo número, que ficava costurado no chapéu, no peito, nas costas e nos joelhos. Lá, ele trabalhou na brigada dos pedreiros, depois na fundição. Esse é o campo descrito em *Um dia na vida de Ivan*

2 No jargão prisional soviético, a *charachka* era uma espécie de organização em que trabalhavam os prisioneiros com formação técnica ou científica. [N. T.]

Deníssovitch. O escritor recordava: "Em algum longo dia de inverno no campo de trabalho, eu estava carregando uma padiola com um companheiro e pensando: como descrever toda a nossa vida no campo de trabalho? Em essência, basta descrever um só dia em detalhes... um dia do mais simples trabalhador, e ali estaria refletida toda a nossa vida. E nem precisaria inserir horrores de nenhum tipo, não precisaria ser um dia especial, mas um ordinário, um daqueles dias típicos de que o ano é composto. Concebi assim, e essa ideia ficou na minha mente, e durante nove anos eu não toquei nela".

Um ano antes do fim da pena, Soljenítsyn descobriu que tinha um tumor maligno; foi operado no hospital do campo, mas o câncer já tivera tempo de fazer metástase. Exilado para o *aul*[3] Kok-Terek, da região de Djambul[4], ele ensinou matemática, física e astronomia na escola secundária – e escreveu. Porém, a metástase se alastrara, a dor era torturante e insistente, e Soljenítsyn, recebendo com esforço a permissão do comando, partiu para a clínica oncológica de Tachkent "já quase morto". Contrariando os prognósticos pessimistas, ele foi trazido de volta à vida por poderosas doses de radioterapia. O tratamento durou alguns meses. (Mais tarde, essa experiência de morte e convalescença geraria a crônica *Pavilhão de cancerosos*.) Milagrosamente curado, Soljenítsyn considerou isso como uma "prorrogação" vinda do alto.

Foi só em maio de 1959, já em Riazan, que Soljenítsyn sentou-se e escreveu a novela idealizada. Escreveu – e escondeu. E arriscou-se a submetê-la para publicação apenas dois anos e pouco mais tarde, após o estrepitoso ataque de Khruschov ao "culto à personalidade" de Stálin no XXII Congresso[5]. E então Tvardóvski, tendo iniciado a batalha pelo *Ivan Deníssovitch*, começou a recolher referências dos escritores mais abalizados para transmitir ao Olimpo do poder. K. I. Tchukóvski intitulou

3 Aldeia da região do Cáucaso e da Ásia Central. [N. T.]

4 Atualmente no Cazaquistão. [N. T.]

5 O "discurso secreto" de Khruschov foi proferido no XX Congresso do Partido Comunista da União Soviética (PCUS), em 1956. O XXII foi realizado de fato em 1961, mas dispôs de outros assuntos, como a retirada do corpo de Stálin do mausoléu do Kremlin. [N. T.]

sua resenha de "Um milagre literário": "Chúkhov tem o típico caráter do homem simples russo: resistente, teimoso, tenaz, pau para toda a obra, malicioso – e bondoso... Com essa novela, entrou para a literatura um escritor muito forte, original e maduro... Acho terrível pensar que uma novela tão maravilhosa pudesse ficar engavetada". Contrariando o parecer oficial, S. Ia.[6] Marchak declarou: "Pela simplicidade e pela coragem, [o autor] deve descender do protopapa Avvakum...[7] Em seu material, o povo se esconjurou...". Depois de ter lido o manuscrito, Anna Akhmátova escandiu: "*Cada um* dos 200 milhões de cidadãos da União Soviética deveria ser o-bri-ga-do a ler e aprender de cor esse relato".

E então, um ano depois de o texto "datilografado nas cavernas" ter ido parar na revista, coroando onze meses de esforços, manobras, desespero e esperanças de Tvardóvski, ele foi publicado no volume de novembro da *Nóvy Mir*, com uma tiragem de mais de 100 mil exemplares. Foi um milagre. "A publicação da minha novela, na União Soviética, em 1962", disse Soljenítsyn vinte anos depois, "é semelhante a um fenômeno que vai contra as leis da física, como se os objetos começassem a desprender-se da terra por conta própria, por exemplo, ou como se pedras geladas começassem a aquecer-se sozinhas, a entrar em combustão".

Naquele novembro, o telefone da *Nóvy Mir* não parou: agradeciam, choravam, procuravam o autor. Nas bibliotecas, as pessoas se inscreviam em filas, nas ruas, os moscovitas cercavam as bancas – aquela lembrança não desvaneceu mesmo depois de um terço de século, como recorda o acadêmico S. S. Avérintsev: "Com a inesquecível publicação daquele número 11 da *Nóvy Mir*, as nossas gerações, meio entristecidas desde a juventude, receberam pela primeira vez uma injeção de ânimo: acordem, olhem aqui, a história ainda não acabou! Dava gosto andar por Moscou... vendo cada banca de jornal cheia de compatriotas, todos perguntando pela mesma coisa, por uma revista já esgotada!

6 Abreviação do patronímico, formado do nome do pai ou ascendente, usado nos países russófonos entre o nome próprio e o de família. [N. T.]

7 Avvakum Petrov (1620-1682), eminente religioso do século XVII. É autor de diversas obras polêmicas, sendo considerado um dos grandes autores da Rússia pré-petrina. [N. T.]

Nunca vou me esquecer... de uma pessoa que não conseguia dizer o nome *Nóvy Mir* e perguntava para a jornaleira: 'É aquela, aquela, onde escreveram a verdade toda?!'. E ela entendeu do que estavam falando; tinha de ter visto... Isso já não é história da literatura – é a história da Rússia". Naquele mesmo novembro, Varlam Chalámov escreveu a Soljenítsyn: "Fiquei duas noites sem dormir – li a novela, reli, fiquei relembrando... A novela é como poesia – nela tudo é perfeito, tudo é razoável. Cada linha, cada cena, cada caracterização é tão lacônica, inteligente, sutil e profunda que eu acho que a *Nóvy Mir*, desde o início de sua existência, nunca publicou nada tão íntegro, tão forte".

O "degelo" de Khruschov, porém, logo acabou, e, já na segunda metade dos anos 1960, por uma determinação secreta, retiraram *Um dia na vida de Ivan Deníssovitch* das bibliotecas, e, em janeiro de 1974, por ordem da Direção Geral de Proteção dos Segredos de Estado na Imprensa, foi introduzida uma proibição diretiva de todas as obras de Soljenítsyn publicadas na URSS. Mas, a essa altura, o relato fora lido por milhões de cidadãos russos, traduzido e publicado em dezenas de línguas europeias e asiáticas.

Mas, sobretudo, a publicação de *Ivan Deníssovitch* como que rompeu a barreira: "Chegam para mim cartas, centenas delas", contava um aturdido Soljenítsyn, "e da *Nóvy Mir* chegam mais maços de cartas, e todo dia o correio de Riazan traz mais – simplesmente 'para Riazan', sem endereço... Uma explosão de cartas de toda a Rússia, o peito não conseguia dar conta; e a magnitude da exposição da vida dos detentos, algo que nunca antes pôde ser realizado. Vinha até mim uma enxurrada de biografias, de casos, de acontecimentos...". Não surpreende que a necessidade moral de escrever o *Arquipélago* tenha se tornado inexorável para ele.

Assim, Soljenítsyn tornou-se o cronista de confiança da nação e de seu infortúnio.

Não era fácil, porém, encontrar um modo de elaborar aquele material enorme, desorganizado, não planejado, que chegou inesperadamente. Era preciso aceitar tudo que fora preservado e achar um lugar para cada episódio: “No campo de prisioneiros, eu tinha de malhar ferro fundido, fazer em pedaços pesados objetos de ferro, que eram jogados na fornalha... e obtinha-se um ferro fundido para uma finalidade totalmente diferente. Por isso, de brincadeira, eu chamo o meu material de pedaços de ferro fundido de alta qualidade. Tem de jogá-lo na fundição, e ele surge com um novo aspecto”.

Que forma dar a esse ferro que se refundiu? Soljenítsyn era um opositor convicto da invenção de novas formas só pela novidade. Ele acreditava que, quando se ouve com sensibilidade, o próprio material sugere tanto a forma como a densidade e a tessitura da obra. Naquele caso, também foi assim: “Eu nunca pensei na forma de *investigação artística*, mas ela me foi ditada pelo material do *Arquipélago*. A investigação artística é o uso do material factual (não transfigurado) da vida, para que, dos fatos isolados, dos fragmentos, *unidos, porém, pelas possibilidades do artista*, a ideia geral surja de modo plenamente convincente, em nada inferior à investigação científica”.

Mas era impossível lidar com esse material explosivo de maneira livre e tranquila. Era preciso esconder o simples fato de que ele estava trabalhando nesse livro. O escritor nunca mantinha, nunca juntava na mesma mesa todo o material colhido. Mas o *corpus* principal do *Arquipélago* foi escrito num lugar secreto, o Esconderijo, como ele o chamava. Ele trabalhou ali dois invernos seguidos – 1965-1966 e 1966-1967. Mas só depois de um quarto de século, em 1991, ele pôde dizer o nome – sem perigo para seus leais amigos – do lugar de seu Esconderijo e contar como se dava o trabalho. Era um sítio nos arredores de Tartu, na Estônia, que ficava desabitado no inverno; na casa, havia janelas grandes, fogões antigos, um estoque de lenha. “Cheguei à querida Tartu numa manhã de neve e geada, quando aquela sua antiguidade universitária estava especialmente destacada, e, sobretudo, a cidade parecia inteiramente estrangeira, parecia a Europa... e, pela primeira vez na vida, fui acometido pela sensação de segurança, como se eu tivesse escapado de vez da maldita vigilância da Segurança do Estado. Essa sensação tranquilizadora aliviou o início do meu trabalho.”

No primeiro inverno, o escritor passou 65 dias no Esconderijo; no segundo, 81. Nesse tempo, centenas de fragmentos isolados tinham se transformado num texto pungente, num livro datilografado, com mais de mil páginas. "Nunca trabalhei tanto na vida como naqueles 146 dias no Esconderijo; era como se nem fosse eu, como se eu fosse levado, algo escrevia com a minha mão, eu era apenas a ponta de uma mola que ficara metade de um século apertada e agora se soltava... No segundo inverno, fiquei muito resfriado, tinha dores e tiritava, e do lado de fora fazia um frio de 30 graus negativos. Mesmo assim eu rachava lenha, esquentava o forno, fazia uma parte do trabalho em pé, apertando as costas contra o vidro incandescente do fogão, à guisa de cataplasma, parte deitado, debaixo do cobertor, e assim escrevi, com uma febre de 38 graus, o único capítulo humorístico ('Os zeks como nação'). Não mantive relação alguma com o mundo exterior... mas tudo aquilo, o que estava no mundo exterior, nem me dizia respeito: eu estava unido àquele meu material íntimo, e meu único e último objetivo de vida era que, daquela união, nascesse o *Arquipélago*... e, ao retornar ao mundo exterior, receber quem sabe o suplício. Eram as semanas do ápice, tanto da minha vitória como de meu isolamento."

Ele levou mais um ano para terminar de escrever, acrescentando, corrigindo o *Arquipélago*; finalmente, em maio de 1968, na casinha da dacha nos arredores de Moscou – quando não havia vizinhos, e ninguém ouvia o martelar das máquinas de escrever –, o escritor e suas ajudantes, três pares de mãos, puseram-se a datilografar e a revisar o texto definitivo. "Da alvorada até o anoitecer, o *Arquipélago* era corrigido e datilografado; e ainda por cima todo dia uma das máquinas quebrava, aí eu mesmo soldava, ou levava para o conserto", lembrava Soljenítsyn. "Foi o momento mais terrível: nós tínhamos ali o único original, nós tínhamos ali todas as impressões do *Arquipélago*. Se de repente aparece a KGB[8], aquele lamento reunido, aquele último sussurro de agonia de milhões, todos os testamentos não proclamados pelos mortos, estaria tudo nas mãos deles, eu

8 Comitê de Segurança do Estado, organização que reunia os serviços secretos da União Soviética. [N. T.]

não conseguiria mais reconstituir... Quantas décadas eles não tinham levado: será que Deus permitiria justo agora? Será que era totalmente impossível a justiça na terra russa?"

E então o *Arquipélago* estava concluído, filmado, a película estava enrolada – assim seria mais fácil guardar; agora era só mandar para um lugar inacessível e seguro. E, naquele mesmo dia, chega a novidade: havia a possibilidade de enviar em alguns dias o *Arquipélago*! "A gente nem tinha se espreguiçado depois do trabalho, e o sino já batia! O sino!!! Naquele mesmo dia e quase na mesma hora! Um plano humano não teria arranjado as coisas daquele jeito! Batia o sino! Batia o sino do destino e dos fatos – era ensurdecedor! –, e ninguém ouvia ainda, na doce e verdejante floresta de junho."

Com um grupo da Unesco, chegara a Moscou, para passar uma semana, Sacha Andrêiev, parisiense de origem russa, neto do escritor Leonid Andrêiev – os amigos de Soljenítsyn conheciam bem toda a família. Pedir a ele, não pedir? E ele, concordaria? E se fosse revistado na alfândega? Seria a ruína para o livro, para o autor e para ele mesmo. Mas haveria outra oportunidade daquelas? "Pelo menos é gente com as *mãos limpas*: que não é interesseira, tem o genuíno sentimento russo." E seria bom agora respirar, descansar – mas o dever perante os mortos não daria clemência. Decidimos enviar. "Mal o coração emerge de uma inquietação e já mergulha numa nova. Não tem descanso." Passou-se uma semana, sombria, inquietante, sufocante, até chegar a notícia do êxito. Soljenítsyn estava feliz: "Liberdade! Leveza! Abarcar o mundo inteiro! Por acaso estou agrilhoado? Sou um escritor amordaçado? Pois os meus caminhos estão abertos em todas as direções! Foi retirado tudo aquilo que durante anos pesou sobre mim, e descortinou-se uma vastidão, em direção à principal coisa da minha vida: *A roda vermelha*".

Em outubro de 1970, veio de Estocolmo uma bomba pelo rádio: o Prêmio Nobel de Literatura fora concedido a Soljenítsyn! "Pela força moral com que deu continuidade à longa tradição da literatura russa."

"O prêmio foi como uma alegre surpresa que caiu do céu!", disse Soljenítsyn ao relembrar aquela época. Mas que alegria poderia haver? Fazia cinco anos que seu nome estava interditado; o arquivo pessoal tinha sido confiscado e apreendido; nenhuma linha sua era publicada na URSS – depois do *Ivan Deníssovitch*, se muito, tinham sido publicados quatro contos, e ele tinha um romance, uma novela, uma peça, até poemas em prosa –, diante dele havia uma parede impenetrável, só o *samizdat*[9] absorvia tudo aquilo, com gratidão. Um ano antes, Soljenítsyn tinha sido expulso da União dos Escritores. Mas ele, enlevado, queria concluir o *Agosto de 14*, o primeiro "nó" de sua epopeia arcana sobre a Revolução Russa. Ele não queria ir a Estocolmo para receber o prêmio: tinha medo de não conseguir voltar.

Mas era sorte, pensava Soljenítsyn, que o prêmio tivesse chegado, a bem da verdade, cedo: "Eu o recebi quase sem ter mostrado ao mundo o que eu escrevera, apenas o *Ivan Deníssovitch*, o *Pavilhão* e o *Círculo* em versão simplificada; todo o resto estava estocado. Mas agora, daquela estatura, eu podia soltar livro atrás de livro, em blocos puxados pela gravidade... Mas o maior pecado, que doía em mim, era o *Arquipélago*. Primeiro, eu tinha planejado a publicação dele para o Natal de 1971. Mas a data chegou e passou... eu já tinha o Prêmio Nobel; poderia adiar? Para aqueles que estavam amontoados nos túmulos dos campos de trabalho, como troncos congelados, jogados de quatro em quatro do carro fúnebre, as minhas razões não eram razões de maneira alguma. Do que tinha acontecido em 1918, e em 1930, e em 1945, será que em 1971 ainda não era hora de falar daquilo? Compensar a morte deles, pelo menos com o relato. Será que não era hora?...".

Mas o *Arquipélago* era só um herdeiro, um filho da Revolução. O que se diz dela entre nós é ainda mais distorcido, retorcido, escondido, e as próximas gerações terão ainda mais dificuldade para escavar. Desvelar o *Arquipélago* era dar a cabeça a prêmio, não deixariam barato para o autor daquele livro, e as

9 Método pelo qual as obras circulavam clandestinamente na União Soviética, por meio de cópias caseiras. [N. T.]

testemunhas zeks[10] iam se dar mal. Depois do *Arquipélago*, não permitiriam mais que escrevessem um romance sobre a Revolução – ou seja, era preciso conseguir o máximo possível *antes*.

"Na literatura pacífica dos países pacíficos, um autor define a ordem de publicação de seus livros a partir de quê? A partir de sua maturidade. De sua completude. Mas, para nós, aquilo de modo algum era tarefa do escritor, mas uma estratégia forçada. Os livros são como divisões ou corpos: ora devem enfiar-se na terra e ficar sem atirar e sem se levantar dela; ora atravessar pontes, nas trevas e no silêncio; ora ocultar a preparação até o último torrão de terra e – de um lado inesperado, no momento inesperado, sair correndo num ataque conjunto. E o autor, como comandante principal, ora avança alguns, ora recua outros para aguardar."

E Soljenítsyn mergulhou de cabeça no *Outubro de 16*, recolhendo material para os nós seguintes, visitando a região de Tambov para buscar os rastros tão pisoteados do levante de Antónov – e marcou a aparição definitiva do *Arquipélago* para maio de 1975. Mas o destino tinha outros desígnios. Em agosto de 1973, depois de uma longa vigilância sobre uma das ajudantes de Soljenítsyn, em meio a uma série de acontecimentos trágicos, a KGB descobre e apreende um exemplar datilografado do *Arquipélago*, incompleto. O escritor ficou sabendo daquilo "de maneira totalmente casual, graças ao falatório fantástico que às vezes acomete os milhões e milhões de nossas cidades"; e, naquele mesmo momento, no dia 5 de setembro, enviou a ordem a Paris: publicar imediatamente! E que estivesse na primeira página:

"Com um aperto no coração, eu abdiquei durante anos de publicar este livro, já pronto: o dever perante os ainda vivos prevaleceu sobre o dever perante os mortos. Mas agora que, de qualquer maneira, a Segurança do Estado capturou o livro, não me resta mais nada a não ser publicá-lo imediatamente."

O livro foi secretamente composto e impresso na mais antiga editora russa da emigração, a imka-Press, e, no dia 28 de

10 Prisioneiros, sobretudo os enviados para os campos de trabalhos forçados, na gíria dos detentos. O autor dá uma explicação detalhada do termo no capítulo "Os zeks como nação". [N. T.]

dezembro de 1973, as rádios do mundo e a imprensa anunciaram: saiu em Paris o primeiro tomo do *Arquipélago Gulag*. No início, estupefação plena e silêncio – afinal, era Ano-Novo; mas, a partir do meio de janeiro, uma ruidosa e inflamada campanha surge nos jornais, aumentando a cada dia o calor da "ira popular". Ao encontro dela, chegam ecos da Europa: "Um ardente emblema da questão do experimento soviético como um todo, desde 1918". "Talvez, em algum momento, o surgimento do *Arquipélago* venha a ser considerado por nós como um sinal do início da queda do sistema comunista." "Soljenítsyn conclama ao arrependimento. Esse livro pode se tornar o principal livro de um renascimento da nação, se o souberem ler no Kremlin." E, com relação à campanha: "Contra rebeldes armados, podem-se enviar tanques, mas contra livros?". "O fuzilamento, a Sibéria ou o manicômio só confirmariam que Soljenítsyn está certo." Os jornalistas ocidentais em Moscou tentavam alcançar o escritor: "Como imagina que o governo vai lidar com o senhor?". Ele respondeu: "Não tenho intenção alguma de fazer um prognóstico. Eu cumpri meu dever perante os que morreram, isso me dá alívio e tranquilidade. Essa verdade estava condenada a ser aniquilada; ela foi encoberta, afogada, queimada, reduzida a pó. Mas agora ela foi reunida, está viva, publicada – e ninguém nunca vai apagar isso". Ele declarou que abriria mão dos honorários do *Arquipélago*: "Eles irão para a preservação da memória dos que morreram e para o auxílio às famílias dos presos políticos na União Soviética".

O governo buscou, desesperado, meios de livrar-se de Soljenítsyn. Não ousaram esmagá-lo aos olhos do mundo, que já lera o *Arquipélago*. No dia 12 de fevereiro de 1974, eles o prenderam, levaram para a prisão de Lefórtovo, apresentaram a acusação de "traição à Pátria"; no dia seguinte, leram o decreto de perda da cidadania, levaram-no sob escolta até o aeroporto e o expulsaram do país.

Que espécie de livro é o *Arquipélago Gulag*? O que resultou da fusão daqueles pesados estilhaços de ferro?

"O Arquipélago surge do mar" – esse é o título do capítulo sobre as lendárias Solovkí[11], do início do período soviético. Quais são os contornos daquele Arquipélago que emerge?

Atrás do autor, entramos num barco, e nele navegamos de ilha em ilha, ora penetrando por correntes estreitas, ora acelerando por canais retos, ora nos afogando nas ondas do mar aberto. É tão grande a força de sua arte que, de espectadores externos, logo viramos participantes da viagem: estremecemos quando murmuram: "Você está preso!", ficamos debilitados na cela com toda aquela primeira noite insone, caminhamos com o coração palpitante até o primeiro interrogatório, nos debatemos desesperados no moedor de carne que é o inquérito, espiamos as celas vizinhas dos condenados à morte, e também a comédia do "tribunal" – mas nem precisaria dele para que fôssemos jogados nas ilhas do Arquipélago. Dia após dia, viajamos nos "vagões prisionais", cheios de detentos, atormentados pela sede; nos campos provisórios, somos roubados pelos presos comuns; nos campos de trabalho de Kolimá e na Sibéria, exauridos pela fome, congelamos nos "trabalhos gerais". Se restam forças, olhamos ao redor e vemos, e ouvimos os relatos: de camponeses e sacerdotes, de intelectuais e operários, de ex-membros do Partido e militares, de dedos-duros e *pridúrki*[12], de criminosos e "menores", de pessoas de todos os credos e todas as nacionalidades que povoavam a União Soviética. Vemos também a chefia do campo, os guardas, os "moleques com metralhadoras". E os campos de trabalhos forçados, as colônias dos zeks, seus retalhos com números presos na roupa, na companhia de cães pastores, que se soltam das coleiras. Nós mesmos talvez nunca ousássemos fugir – mas com que paixão, com que esperança e desespero acompanhamos a fuga dos valentes! E então chega o momento das rebeliões – lemos sobre elas e temos certeza de que nós também estaríamos com todos eles, "quando, na zona, a terra arde". E aqueles de nós que

11 Apelido dado às Ilhas Solovétski, onde se instituiu um dos primeiros grandes campos de trabalhos forçados, nos anos 1920. [N. T.]

12 Plural de *pridúrok*, prisioneiro que obteve uma posição privilegiada, em geral escapando dos "trabalhos gerais". [N. T.]

sobrevivessem iriam parar no exílio, e aquele exílio era às vezes mais difícil que o campo de trabalho. Ali ficamos sabendo que milhões de compatriotas nossos foram, afinal, deslocados de sua terra natal: a "Peste dos Mujiques" carcomeu os melhores, os mais trabalhadores e os mais independentes dos camponeses, com suas famílias, a cada convulsão de lutas internas do Partido "limpavam" e exilavam centenas de milhares de cidadãos, que não eram culpados de nada, e, no período posterior à Grande Guerra, exilaram povos inteiros.

E ainda, além dessa gigantesca tela, além das centenas de destinos humanos, Soljenítsyn desvela a história de nossas torrentes punitivas, "do nosso sistema de esgoto", vai seguindo o caminho, desde as resoluções de Lênin até os decretos de Stálin, e fica visível, com uma clareza brutal, que não foi uma série de "erros" e "violações da legalidade" o que erigiu o maldito Arquipélago, mas que ele foi o fruto inevitável do próprio Sistema: sem aquela ferocidade inumana, ele não poderia manter o poder.

Mas, se o *Arquipélago Gulag* se resumisse a isso, ele granjearia o destino dos tratados históricos: com o passar da época descrita, eles se tornam uma fonte de informação sobre ela; na melhor das hipóteses, um monumento a ela. No entanto, "é impossível enxergar o *Arquipélago* como *apenas* uma obra de literatura, embora seja literatura, e literatura grandiosa... É algo completamente único, que não tem um análogo nem na literatura russa nem na ocidental", escreveu um dos primeiros críticos. O que é? Uma pesquisa histórica? Memórias pessoais? Um tratado político? Uma reflexão filosófica? Não, "provavelmente uma liga de todos esses gêneros, em que o todo é mais significativo que a soma de seus componentes separados".

Mais precisos são aqueles que chamaram o *Arquipélago* de um poema épico. Mas sobre o que é o poema?

"Que largue o livro quem espera que ele seja uma denúncia política", escreveu Soljenítsyn. "Se fosse tão simples! Como se num lugar houvesse pessoas sombrias, cometendo pérfidos atos sombrios, e bastasse distingui-las das demais e aniquilá-las. Mas a linha que divide o bem e o mal cruza o coração de cada ser humano... Essa linha é móvel, ela oscila dentro de nós com o passar dos anos. Mesmo no coração tomado pelo mal, ela mantém uma pequena praça de armas para o bem. Mesmo no mais bondoso coração, há um cantinho inextirpável para o mal."

Este livro é sobre a ascensão do Espírito humano, sobre sua luta corpo a corpo contra o mal. É por isso que, ao terminá-lo, para além da dor e da ira, o leitor sente um jorro de força e de luz.

"O livro também é único por ter se tornado instantaneamente um *best-seller* internacional, que esgotou milhões de tiragens (por enquanto, nenhum escritor, clássico ou contemporâneo, conseguiu alcançar tal coisa), mas ao mesmo tempo não foi publicado na pátria do autor", escreveram no Ocidente.

O *Arquipélago*, então, já tinha sido traduzido para dezenas de línguas, reeditado uma porção de vezes, discutido em centenas de artigos – mas, na URSS, quem lesse clandestinamente uma cópia borrada podia até ser preso. E mesmo assim os mais ousados multiplicavam e multiplicavam, em máquinas de escrever e com papel fotográfico, e um valente deu um jeito de xerocopiar ilegalmente a edição parisiense, enquanto outro cortou e encadernou em sua marcenaria; saíram uns livrinhos caseiros, e um desses foi mandado para o autor, com um bilhete: "É com alegria que lhe envio, como presente, a edição local do Livro. (A tiragem é de 1.500; a primeira fornada, de 200 exemplares.) Creio que Deus não permitirá que essa atividade seja encerrada. A edição não é somente e nem tanto para os esnobes moscovitas, mas para o interior. As cidades alcançadas são Iakutsk, Khabárovsk, Novossibirsk, Krasnoiarsk, Sverdlosvk, Sarátov, Krasnodar, Tver e outras menores...". "A sensação foi incomum: aqui, no exterior, receber *aquele* livro, vindo da Rússia!", registrou Soljenítsyn. "Uma edição incrível, mortalmente perigosa para seus editores... Então os meninos russos estão dando sua cabeça a prêmio para que o *Arquipélago* avance nas profundezas da Rússia. Não dá para pensar neles todos sem lágrimas..."

... Dezesseis anos se passaram. Nosso país mudou. O *Arquipélago Gulag* foi publicado. O autor teve retirada a acusação de "traição" e pôde voltar à pátria. Muita coisa deixou de ser segredo, embora não tudo. Escreve uma pesquisadora que passou muitos meses estudando nos nossos arquivos: "Quando você relê o *Arquipélago Gulag*, pouco mais de quinze anos depois da derrocada da URSS, o que impressiona não é o fato de que há erros factuais no livro, mas de que são muito poucos, considerando que o autor não teve acesso nem aos arquivos nem aos documentos oficiais... É justamente graças à sua veracidade que o *Arquipélago* não perdeu a atualidade e a relevância, as quais não se pode tirar dele" (Anne Applebaum, autora do livro sobre o Gulag, de 2003, que recebeu o Prêmio Pulitzer). Mas "é justamente nisso que está a questão: por verídica e objetiva que seja uma 'pesquisa', qualquer pesquisa, ela nunca pode se tornar a própria *manifestação* da verdade, pois ela não contém em si a força para encarnar. É justamente nisto que está a questão: o dom da criação e da encarnação só é dado ao artista, essa é sua vocação, sua função e seu serviço, e... nessa criação e encarnação, repleta de carne e sangue, a 'arte' ganhou nova vida e nova força" (padre Alexander Schmemann).

E que não se cumprisse a triste profecia de L. K. Tchukóvskaia, em sua carta a Soljenítsyn, após a leitura do *Arquipélago*: "É um milagre que ressuscita as pessoas, que muda a composição do sangue, que cria novas almas. Mas o azar é o seguinte: você viveu para ver a guerra, a prisão, os trabalhos forçados, a glória, o amor, o ódio, o degredo – tudo. Só uma coisa você não vai viver para ver: a análise artística. A admiração e a indignação impedem as pessoas de julgar a genialidade artística e de apreender a natureza dela... Quando é que vai nascer um crítico que poderá explicar uma frase de Soljenítsyn, um parágrafo de Soljenítsyn, um capítulo de Soljenítsyn? Mais evidentes são as peculiaridades do léxico, mas e a sintaxe? O ritmo latente, na ausência do que é patente? O volume da palavra? A novidade do movimento, o desenvolvimento do raciocínio? Quem vai enfrentar esse trabalho, ou pelo menos começá-lo? Para analisar, é preciso acostumar-se, deixar-se ser levado – e nós estamos presos ao sentido, às informações, a dor nos consome...".

E talvez não fosse à toa o receio de Iossif Bródski, nosso quinto laureado do Nobel: "Se o Poder Soviético não tinha o seu Homero, ele o conseguiu na pessoa de Soljenítsyn... É possível que, daqui a 2 mil anos, a leitura do *Gulag* provoque a mesma satisfação que a leitura da *Ilíada* hoje. Mas, se não lermos o *Gulag* hoje, é bem capaz que, muito antes desses 2 mil anos, ninguém possa ler nenhum dos dois livros".

Vivendo no exílio, no estado de Vermont, nos Estados Unidos, Soljenítsyn passou a receber cartas de professores universitários americanos – os nossos estudantes, diziam eles, não conseguem vencer os três volumes do *Arquipélago*; seria bom fazer para eles uma versão resumida em inglês. O autor foi contra, mas no fim das contas o professor Edward Ericson o convenceu e submeteu a exame uma versão em um volume. Aleksandr Issáievitch concordou, suspirando, e me disse: "Que fazer? Se não podiam vencer o livro inteiro, que fosse aquele. Mas na Rússia, quando chegar a hora, não será necessário resumir". (O *Arquipélago* resumido por Ericson foi publicado nos Estados Unidos em 1985, depois na Inglaterra e na sequência em outros países europeus; ele é muito usado no Ocidente por professores e estudantes universitários.)

E eis que vinte anos depois, nos últimos anos de vida de Aleksandr Issáievitch, tivemos de admitir que, também na Rússia contemporânea, a vida não dava a possibilidade – aos alunos de ensino médio, se não aos universitários – de ler o *Arquipélago* inteiro. E, com alguma tristeza, Aleksandr Issáievitch me incumbiu de compor o *Arquipélago* em um volume, uma versão "escolar". A tarefa diferia da tarefa do professor Ericson na mesma medida que os estudantes americanos diferem dos russos – nem tanto por seu conhecimento, mas por sua "experiência genética" e sua "memória coletiva".

Estipulei como objetivo, enquanto resumia o volume o máximo possível, manter a estrutura, a arquitetura do livro, para que não se transformasse numa coletânea de episódios e fragmentos, mas que continuasse sendo uma viagem ininterrupta pelas ilhas do Arquipélago. E que o nosso piloto continuasse sendo o próprio autor, que, para essa navegação, traçou sua trajetória insuperável e reconhecida.

No texto aqui proposto, estão concentrados, mas mantidos, todos os 64 capítulos do *Arquipélago* integral (só três deles foram "radicalmente" resumidos: estão apresentados somente seus títulos e algumas linhas sumárias). Foram acrescentadas notas de rodapé explicativas. Foram completados os glossários de termos prisionais e dos campos e de siglas soviéticas. Pela primeira vez foi inserido um glossário de nomes relevantes.

Na etapa final do trabalho, correções importantes, conselhos e sugestões me foram dados pela ajudante de longa data e amiga de Soljenítsyn E. Ts. Tchukóvskaia, pelos professores de literatura T. Ia. Eriómina, E. S. Abeliuk e S. V. Vólkov. Agradeço de coração a eles e a seus filhos, cujo apoio constante significou muito para mim durante este trabalho complexo e de grande responsabilidade.

Natália Soljenítsyna
Abril de 2010

NATÁLIA SOLJENÍTSYNA é presidente da Fundação Soljenítsyn e editora da obra completa, em 30 volumes, de Alexander Soljenítsyn. É viúva do escritor, com quem viveu de 1968 até a morte dele, em 2008.

Dedico

a todos aqueles que não
viveram para contar.
E que eles me perdoem
por eu não ter visto tudo,
não ter relembrado tudo,
não ter presumido tudo.

Introdução

No ano de 1949, eu e uns amigos deparamos com uma nota memorável na revista *Priroda*, da Academia de Ciências. Estava escrito ali, em letras miúdas, que no rio Kolimá, durante escavações, foram descobertos uma camada subterrânea de gelo, uma antiga corrente congelada e, nela, uns espécimes, também congelados (algumas dezenas de milênios atrás), de fauna fossilizada. Esses peixes, ou talvez tritões, estavam tão frescos e bem conservados – testemunhava o correspondente científico – que os presentes, ao furarem o gelo, imediatamente os comeram com vontade.

A revista talvez tenha impressionado bastante seus não muitos leitores: por quanto tempo era possível conservar os peixes dentro do gelo! Mas poucos deles puderam captar o verdadeiro e heroico sentido da descuidada nota.

Nós logo entendemos. Vimos toda a cena com clareza, em detalhes: como os presentes perfuravam o gelo com uma pressa ensandecida; como eles, desprezando os elevados interesses da ictiologia e empurrando uns aos outros com os cotovelos, arrancavam pedaços de carne milenar, arrastavam tudo até a fogueira, descongelavam e se fartavam.

Nós entendemos porque nós mesmos tínhamos sido parte daqueles *participantes*, daquela poderosa raça, a dos zeks, a única na terra que poderia comer um tritão *com vontade*.

E Kolimá era a maior e mais famosa ilha, o polo da ferocidade daquele impressionante país, o Gulag, geograficamente retalhado como um arquipélago, mas psicologicamente forjado como um continente – um país quase invisível, quase impalpável, que era ocupado pelo povo dos zeks.

Esse Arquipélago, como que em faixas, retalhou o outro país, que o incluía, polvilhou-se sobre ele, gravou-se em suas cidades, pairou sobre suas ruas – e mesmo assim os demais não o compreendiam de todo, muitos e muitos apenas ouviam alguma coisa vaga; só os que estiveram lá sabiam de tudo.

Mas estes, como se tivessem perdido a fala nas ilhas do Arquipélago, guardavam o silêncio.

Por uma reviravolta inesperada de nossa história, apenas uma pequena parte a respeito desse Arquipélago veio à luz, algo insignificante. Mas as mesmas mãos que tinham trancado as nossas algemas agora ofereciam as mãos em conciliação: "Não precisa disso!... Não precisa revirar o passado!... Quem relembra o que passou perde um olho!". Esse ditado, porém, termina assim: "Mas quem esquece perde dois!".

Passam-se décadas, e elas vão apagando para sempre as cicatrizes e as chagas do passado. Certas ilhas, nesse tempo, sucumbiram, dissolveram-se, o mar polar do esquecimento avançou por cima delas. E, em algum momento do próximo século, esse Arquipélago, seu ar e os ossos de seus habitantes, incrustados na camada de gelo, surgirão como um tritão inverossímil.

Não ouso escrever a história do Arquipélago: não pude ler os documentos. Mas alguém, em algum momento, poderá?... Aqueles que não desejam relembrar já tiveram (e ainda terão) tempo suficiente para destruir por completo todos os documentos.

Por ter assimilado os onze anos passados ali não como uma desonra, não como um sonho maldito, mas quase amando aquele mundo monstruoso, e agora, por uma feliz reviravolta, tendo me tornado ainda o confidente de tantos relatos e cartas posteriores – poderia eu transportar algo daqueles ossinhos e daquela carne? De uma carne, aliás, ainda viva, de um tritão, aliás, ainda vivo?

Neste livro não há personagens inventados nem acontecimentos inventados. As pessoas e os locais são mencionados pelos próprios nomes. Se são denominados pelas iniciais, é por considerações pessoais. Se não são denominados em absoluto, é apenas porque a memória humana não guardou os nomes – mas tudo ocorreu exatamente daquela maneira.

Nota do autor

Uma pessoa só não teria forças para criar este livro sozinha. Além de tudo que eu trouxe do Arquipélago – em minha pele, na memória, nos ouvidos e nos olhos –, o material deste livro me foi entregue, em relatos, recordações e cartas, por...

[NOTA DA EDIÇÃO RUSSA: *segue lista de 227 nomes*][1].

Eu não expresso aqui uma gratidão pessoal a eles: este é o nosso memorial conjunto, comum a todos os torturados e assassinados.

Dessa lista, eu gostaria de destacar aqueles que dedicaram muito trabalho para me ajudar, para que esta obra fosse munida de pontos de apoio bibliográfico, tirados de livros do fundo das bibliotecas atuais, ou de livros que há muito foram confiscados e destruídos, de maneira que encontrar um exemplar preservado exigia grande obstinação; e mais ainda aqueles que ajudaram a ocultar esse manuscrito num momento complicado e, depois, a reproduzi-lo.

Mas ainda não chegou o momento em que ousarei nomeá-los.[2]

1 Indicação das supressões feitas na edição abreviada. [N. T.]

2 Em seu livro *Bodálsia teliónok s dúbom* [O bezerro chifrou o carvalho] (Moscou: Soglássie, 1996), A. I. Soljenítsyn conta sobre seus inestimáveis ajudantes, os "invisíveis". Em 2007, o autor publicou pela primeira vez a lista completa das "testemunhas do Arquipélago, cujos relatos, cartas, memórias e correções foram utilizados na criação deste livro", na edição do *Arquipélago Gulag* (Ekaterinburg, U-Faktoria). Ali foi, também pela primeira vez, munida de um índice onomástico anotado; desde então, todas as edições completas do livro são publicadas com a lista de testemunhas e o índice onomástico. [N. E. R.]

O veterano de Solovkí Dmítri Petróvitch Vitkóvski deveria ter sido o editor deste livro. No entanto, meia vida passada *lá* (suas memórias do campo de prisioneiros, aliás, chamam-se *Meia vida*) proporcionou a ele uma paralisia prematura. Já com a fala prejudicada, ele conseguiu ler apenas alguns capítulos concluídos e ter a convicção de que tudo *seria contado*.

E, se ainda demorar a brilhar a liberdade em nosso país, então a própria leitura e a distribuição deste livro serão um grande perigo, de modo que também devo saudar com gratidão os leitores do futuro – em nome *deles*, dos que morreram.

Primeira parte
A indústria carcerária

Na época da ditadura, e cercados de inimigos por todos os lados, nós às vezes demonstramos uma delicadeza desnecessária, uma compassividade desnecessária.

– Krylenko, em discurso no processo do "Partido Industrial"

Capítulo 1
A prisão

Como as pessoas vão parar nesse misterioso Arquipélago? A cada hora, chegam ali aviões pelo ar, navios pelo mar, trens chegam, trovejando – mas não há neles uma placa sequer indicando o lugar de destino. Tanto os bilheteiros como os agentes da Sovturist e da Inturist[1] ficariam espantados se você pedisse a eles uma passagem para lá.

Eles não conhecem e não ouviram falar nem do Arquipélago como um todo nem de qualquer uma de suas inúmeras ilhotas.

Os que vão para administrar o Arquipélago chegam ali por meio do colégio do Ministério de Assuntos Internos.

Os que vão para guardar o Arquipélago são recrutados pelo comissariado militar.

E os que vão até lá para morrer, como eu e você, leitor, esses devem chegar, única e exclusivamente, pela prisão.

O momento da prisão!!! Será preciso dizer que se trata de uma ruptura de toda a nossa vida? Que é um raio que nos atinge diretamente? Que é um abalo mental insustentável, que nem todos conseguem assimilar e que frequentemente leva à loucura?

O universo tem tantos centros quantos seres vivos. Cada um de nós é o centro de um universo, e o mundo se desfaz quando alguém lhe sussurra: "*Você está preso*!".

Se é *você* quem está preso – então será que alguma coisa sobreviveu a esse terremoto?

Mas, com o cérebro obscurecido, incapazes de abarcar esse deslocamento do mundo, nem os mais refinados nem os mais

1 Órgãos ligados ao turismo. [N. T.]

simplórios dentre nós conseguem, nesse momento, com toda a experiência de vida, exprimir outra coisa que não:

— Eu?! Por qual motivo?! – uma pergunta repetida milhões e milhões de vezes, antes de nós, e que nunca obteve resposta.

A prisão é uma impressionante transição instantânea, uma transferência, uma transmutação de um estado para outro.

Pela longa e sinuosa rua de nossa vida, nós passamos, com rapidez e alegria, ou com vagar e tristeza, por cercas, cercas e mais cercas – cercas apodrecidas de madeira, muretas de terra batida, muros de tijolos, de concreto, de ferro. Nós não paramos para pensar: o que há por trás delas? Nós não tentamos espiar por detrás delas nem com os olhos nem com o pensamento – e é lá que ele começa – o país do Gulag, bem ali ao lado, a 2 metros de nós. E ainda não percebemos nessas cercas a quantidade inumerável de portinholas e de cancelas, solidamente encaixadas e bem camufladas. Todas, todas essas cancelas foram preparadas para nós! E então rapidamente uma delas é escancarada, fatídica, e quatro mãos brancas de homem nos agarram pelas pernas, pelos braços, pelo colarinho, pelo chapéu, pela orelha – arrastam-nos como se fôssemos um saco, e a cancela fica atrás de nós, a cancela que dá para a nossa vida passada é fechada para sempre.

Pronto. Você está preso!

E você não encontra *nada* para responder, além de um balido de cordeiro:

— E-eu?! Por qual motivo?!...

E pronto. Você não é capaz de assimilar mais nada, nem na primeira hora nem mesmo nos primeiros dias.

No seu desespero, ainda tremeluz uma lua de brinquedo, de circo: "É um erro! Vão esclarecer!".

Todo o resto, o que agora serve para construir a imagem tradicional e até literária da prisão, se acumula e já toma forma, não na sua memória perturbada, mas na memória de sua família e de seus vizinhos de apartamento.

É um telefonema súbito na madrugada ou uma batida ríspida à porta. É a intrépida irrupção das botas enxovalhadas dos vigilantes agentes de polícia. É a testemunha civil assustada, que fica atrás deles.

A prisão tradicional é também a cena das mãos trêmulas recolhendo as coisas do detido: uma muda de roupa, um pedaço de sabão, alguma comida, e ninguém sabe o que é preciso, o que é permitido e o que é melhor vestir, mas os agentes apressam você e o interrompem: "Não precisa levar nada. Lá dão comida. Lá é aquecido". (É tudo mentira. Mas apressam para assustar.)

A prisão tradicional é também, mais tarde, depois da detenção e da condução do pobre-diabo, a diligência de muitas horas, no seu apartamento, de uma força estranha, dura e esmagadora. É o arrombar; o rasgar; o arrancar de coisas das paredes e o jogá-las: o derrubar de armários e mesas ao chão; o sacudir; o esparramar; o despedaçar – e o amontoar no chão, sob o estalido das botas. E não há nada sagrado na hora da busca! Quando o maquinista Inochin foi preso, estava em seu apartamento o caixãozinho de seu filho, que acabara de morrer. Os *homens da lei* tiraram a criança do caixão, vasculharam até ali dentro. Eles tiram doentes da cama, sacudindo-os, eles desfazem ataduras. E, no momento da busca, nada pode ser considerado absurdo! Nosso maior especialista em Tibete, Vostrikov, teve apreendidos uns preciosos manuscritos tibetanos antigos (e os alunos do falecido a custo conseguiram arrancá-los da KGB, trinta anos depois!). Confiscaram o arquivo de Karguer, dos ostiaques do Ienissei, proibiram a escrita e o abecedário que ele criara – e aquele povo ficou sem escrita. Na linguagem intelectual, leva muito tempo para descrever tudo isso, mas o povo diz o seguinte das buscas: *eles procuram o que não está lá*.

O que é confiscado, eles levam embora, mas às vezes forçam o próprio preso a carregar – para dentro das mandíbulas *deles*, para sempre, sem volta.

É assim que imaginamos a prisão.

E, de fato, a prisão noturna, do tipo descrito, é a nossa favorita, porque há nela importantes qualidades. Todos os moradores do apartamento ficam tomados pelo terror desde a primeira batida à porta. O detido é arrancado do calor de sua cama, ele ainda está totalmente incapacitado pela sonolência, seu raciocínio está turvo. Durante a prisão noturna, os agentes de polícia têm a superioridade numérica: quando eles chegam, são muitos, e armados, contra um, que nem conseguiu abotoar as calças.

E as prisões noturnas ainda têm a vantagem de que nem nas casas vizinhas nem nas ruas da cidade as pessoas veem quantos foram levados na madrugada. É como se nem tivessem existido. Pela mesma faixa de asfalto por onde os camburões vagavam de madrugada, caminha de dia a nova geração, com bandeiras e flores, entoando canções despreocupadas.

Mas os *que levam*, aqueles cujo serviço consiste unicamente nas prisões, para quem o terror dos presos é repetitivo e enfadonho – esses têm uma compreensão muito mais ampla da operação prisional. Eles têm toda uma teoria; não se deve ser inocente e pensar que ela não existe. A ciência da prisão é parte importante do curso geral de penologia. As prisões possuem uma classificação de acordo com alguns critérios: noturnas e diurnas; no domicílio, em serviço, em viagem; primárias e de reincidentes; isoladas e em grupo. As prisões distinguem-se pelo grau de imprevisibilidade exigida, pelo grau de resistência esperada (mas, em dezenas de milhões de casos, não se esperava resistência alguma, como de fato não ocorria). As prisões distinguem-se pela seriedade da busca que foi estipulada; pela necessidade ou não de fazer um inventário do confisco, de interditar o quarto ou apartamento; pela necessidade de prender, depois do marido, também a esposa, e enviar os filhos para o orfanato, ou todo o restante da família para o exílio, ou ainda os mais velhos para o campo de trabalho.

Não, as prisões são muito diversificadas em sua forma. Irma Mendel, uma húngara, conseguiu uma vez, na Komintern (1926), dois ingressos para o Teatro Bolchói, nas primeiras fileiras. O investigador Kleguel a cortejava, e ela o convidou. Trataram-se com muito carinho durante todo o espetáculo, e depois disso ele a levou... direto para a Lubianka[2]. E se, num florido dia de junho de 1927, na rua Kuzniétski Most, a bela Anna Skrípnikova, de rosto farto e tranças castanho-claras, que acabou de comprar um tecido azul para um vestido, é acomodada por um jovem janota numa carruagem (e o cocheiro logo entende

2 Nome da praça no centro de Moscou pelo qual eram popularmente conhecidas a sede da KGB e a prisão associada a ela. Outro modo de se referir à sede da KGB era rua Kuzniétski Most, que passava pela praça. [N. T.]

e franze o cenho: *os Órgãos* não vão pagá-lo), saiba que aquele não é um encontro amoroso, mas uma prisão: eles logo vão dobrar na Lubianka e entrarão pela boca negra dos portões. E se (22 primaveras depois) o capitão de fragata Boris Burkovski, de túnica militar branca, cheirando a água-de-colônia cara, compra um bolo para a namorada, não é possível jurar que esse bolo chegará à namorada sem que seja retalhado pelas facas dos que conduzem a busca, e então trazido ao capitão de fragata, em sua primeira cela. Não, nunca se negligenciou em nosso meio nem a prisão diurna, nem a prisão durante viagens, nem a prisão em meio a uma multidão efervescente. Porém, elas são executadas com asseio, e – o que é impressionante! – as próprias vítimas concordam com os agentes de polícia em comportar-se do modo mais nobre possível, para não deixar que os viventes se deem conta da perdição de um condenado.

Não é qualquer um que pode ser preso em casa, com uma batida prévia à porta (e, se chegam a bater, é o "zelador", o "carteiro"); também não é qualquer um que deve ser preso no trabalho. Os funcionários graúdos, do Exército ou do Partido, por vezes recebiam primeiro uma nova nomeação, eram postos num vagão privado e, no caminho, eram presos.

Você é levado até o posto de controle da fábrica, depois de mostrar seu cartão de identificação, e é preso; você é tirado do hospital militar com uma febre de 39 graus (Ans Bernchtein), e o médico não contesta a sua prisão (ele que se atreva a contestar!); você é tirado diretamente da mesa de operação, durante uma cirurgia de úlcera no estômago (N. M. Vorobiov, inspetor de um Comitê Regional de Educação Popular, 1936), e, quase morto, ensanguentado, é levado para a cela (relembra Karpunitch); você (Nádia Levítskaia) tenta conseguir um encontro com sua mãe, condenada – eles concedem! –, mas no fim das contas era uma acareação, e depois vem sua prisão! Na mercearia, você é convidado ao setor de encomendas e ali é preso; você é preso por um peregrino, que parou para pernoitar em sua casa, em nome de Cristo; você é preso pelo eletricista que veio tirar a medida do relógio de luz; você é preso pelo ciclista que se chocou com você na rua; o condutor ferroviário, o motorista do táxi, o funcionário da caixa econômica e o administrador do cinema – todos eles prendem você, e já é tarde quando você vê a identificação cor de vinho, muito bem escondida.

Às vezes as prisões quase se assemelham a um jogo – quantas invenções supérfluas são depositadas nelas, que farta energia, ainda que, mesmo sem tudo aquilo, a vítima já não oporia resistência. Pois, ao que parece, bastaria enviar as notificações a todos os coelhos designados, e eles mesmos apareceriam, submissos, na hora e no minuto marcados, com uma trouxinha, nos negros portões de ferro da Segurança do Estado, para ocupar seu pedaço de chão na cela que lhes foi designada. (Os membros dos *kolkhozy*[3] são presos assim mesmo; por acaso vão até a casa deles, um lugar sem estradas, de madrugada? Eles são chamados até o Soviete[4] rural e lá são presos.)

Durante algumas décadas, as nossas prisões políticas distinguiram-se justamente por capturar pessoas que não eram culpadas de nada, e por isso mesmo despreparadas para qualquer resistência. Criou-se um sentimento comum de fatalidade, a noção (aliás, bastante correta, dado o nosso sistema de passaporte) de que era impossível fugir do GPU-NKVD[5]. E era isso mesmo o necessário. A ovelha mansa está no papo do lobo.

A inocência generalizada gera a inatividade generalizada. Quem sabe *deixam de prender* você. Quem sabe dá para escapar. A. I. Ladýjenski era o principal professor da escola da remota Kologriv. No ano de 1937, na feira, um mujique aproximou-se dele e avisou, em nome de alguém: "Aleksandr Iványtch, fuja, você está na *lista*!". Mas ele ficou: "porque a escola inteira depende de mim, e os próprios filhos deles estudam comigo – como é que eles poderiam me prender?...". (Depois de alguns dias, foi detido.) Nem todos têm a possibilidade, como Vánia Levítski, de entender, já aos 14 anos: "Toda pessoa honesta tem de ir parar na cadeia. Agora meu pai está trancafiado, e, quando eu crescer, eles vão me trancafiar também". (Ficou trancafiado

3 Plural de *kolkhoz*, propriedade rural coletiva da União Soviética. [N. T.]

4 Conselho formado por delegados de trabalhadores, camponeses e soldados que tinha a função de órgão deliberativo na União Soviética. [N. T.]

5 Administração Política Geral (GPU, na sigla em russo), a polícia política submetida ao Comissariado do Povo para o Interior (NKVD), equivalente ao Ministério do Interior. [N. T.]

durante 23 anos.) A maioria fica inerte, numa esperança vacilante. Se você é inocente, por que razão podem prender você? É um erro! Você já está sendo arrastado pelo colarinho, mas continua conjurando consigo mesmo: "É um erro! Quando eles esclarecerem, vão me soltar!".

E então para que fugir?... E como é que você pode então resistir?... Porque você só vai piorar a sua situação, você vai atrapalhar o esclarecimento do erro. Não só não resistir – você até desce as escadas na ponta dos pés, como eles mandaram, para que os vizinhos não ouçam.

E o que não se passa no espírito da pessoa recém-detida?! Só isso valeria um livro. Pode haver ali sentimentos de que nós nem desconfiávamos. Quando, em 1921, prenderam Evguenia Doiarenko, de 19 anos, e três jovens tchekistas[6] reviraram a cama dela, a cômoda com as roupas de baixo, ela ficou tranquila: não havia nada, eles não encontrariam nada. E, de repente, eles tocaram em seu diário íntimo, que nem à mãe ela poderia mostrar – e a leitura das suas palavras por aqueles rapazes estranhos e hostis afetou-a com mais força do que toda a Lubianka com suas grades e porões. E, para muitos, esses sentimentos e afetos pessoais, abalados pela prisão, podem ser bem mais fortes que os pensamentos políticos ou o medo da cadeia. A pessoa internamente despreparada para a violência é sempre mais fraca que o opressor.

Poucos são os inteligentes e corajosos que compreendem de imediato. Grigóriev, diretor do Instituto de Geologia da Academia de Ciências, quando vieram prendê-lo, em 1949, entrincheirou-se e ficou duas horas queimando papéis.

Às vezes, a principal sensação do detido é alívio e até... alegria, especialmente durante as epidemias prisionais: quando ao seu redor prendem mais e mais pessoas como você, mas continuam sem vir atrás de você, continuam demorando, por algum motivo – isso acaba sendo uma prostração, um sofrimento pior do que qualquer prisão, e não só para as almas fracas.

6 Membro da Tcheká (ou um de seus órgãos sucessores), a organização de segurança militar, que atuava como polícia política. [N. T.]

"Resistência! Onde é que estava a sua resistência?" – aqueles que ficaram ilesos agora repreendem os que sofreram.

Sim, deveria ter começado ali, no próprio momento da prisão.

Não começou.

E então você é levado. Na prisão diurna, há impreterivelmente aquele momento, breve e único, em que – de maneira dissimulada, por uma concordância amedrontada, ou de maneira completamente evidente, com pistolas descobertas – você é *levado* em meio à multidão, entre centenas de pessoas igualmente inocentes e condenadas. E não tapam a sua boca. E você pode, e certamente deveria, *gritar*! Gritar que está sendo preso! Que malfeitores disfarçados estão caçando as pessoas! Que estão fazendo prisões por causa de delações falsas! Que milhões estão sofrendo uma repressão silenciosa! E, ao ouvirem aqueles brados muitas vezes ao dia e em todas as partes da cidade, talvez nossos concidadãos se insurgissem. Talvez as prisões não teriam sido tão fáceis!

Mas os *seus* lábios ressecados não emitem nenhum som, e a multidão que vai ficando para trás, despreocupada, toma você e seus carrascos por amigos passeando.

Eu mesmo tive muitas vezes a oportunidade de gritar.

No 11º dia após a minha prisão, três aproveitadores do Smerch[7], carregando, além de mim, três malas cheias de troféus, me conduziram até a estação Bielorússkaia, em Moscou. Eles eram chamados de escolta especial; na verdade, as metralhadoras só atrapalhavam, enquanto eles puxavam as pesadíssimas malas – eram os bens pilhados na Alemanha, por eles mesmos e por seus chefes da contraespionagem, do Smerch do Segundo Front Bielorrusso, e que agora eles transportavam para a pátria, para suas famílias. A quarta mala era puxada, sem nenhum entusiasmo, por mim; ela continha os meus diários e as minhas obras – provas contra mim.

7 Acrônimo de "*smiert chpiónam*!" ("morte aos espiões!"), apelido da Divisão Militar de Contraespionagem. [N. T.]

Nenhum dos três conhecia a cidade, e eu tive de escolher o caminho mais curto até a cadeia, eu mesmo precisei levá-los até a Lubianka, na qual eles nunca haviam estado (e eu a confundi com o Ministério de Assuntos Exteriores).

Depois de um dia com a contraespionagem do Exército; depois de três dias na contraespionagem do front, onde os companheiros de cela já tinham me instruído (sobre as falcatruas dos investigadores, as ameaças, as surras; sobre o fato de que, uma vez detido, nunca mais seria solto; sobre o fato de que era inevitável pegar *dez*), por milagre, havia quatro dias eu já vinha andando como *livre*, e em meio aos livres, embora as minhas costas já tivessem se recostado na palha podre, do lado da latrina; embora meus olhos já tivessem visto gente surrada e insone, meus ouvidos tivessem ouvido a verdade, minha boca tivesse provado a *balanda*[8]. Por que eu me calava? Por que eu não esclarecia a multidão ludibriada em meu último momento público?

Eu me calei na cidade polonesa de Brodnica – mas lá não deviam entender russo. Eu não gritei uma palavra sequer nas ruas de Bialystok – mas talvez nada daquilo dissesse respeito aos poloneses. Não deixei escapar um som na estação de Volkovysk – mas ela estava erma. Como se não fosse nada, passeei com aqueles bandidos pela plataforma de Minsk – mas a estação ainda estava em ruínas. E agora eu trazia comigo os integrantes do Smerch adentrando o vestíbulo superior, redondo e de cúpulas brancas, da estação Bielorússkaia, linha radial; ele estava inundado por luz elétrica, e, lá de baixo, duas escadas rolantes paralelas subiam em nossa direção, abarrotadas de moscovitas. Parecia que todos eles olhavam para mim! Numa faixa infinita, lá das profundezas do desconhecimento, eles se arrastavam, se arrastavam até mim, debaixo da cúpula brilhante, buscando pelo menos uma palavrinha da verdade – e por que é que eu me calava?!...

Mas cada um sempre tem uma dúzia de pequenos motivos eloquentes pelos quais tem razão em não se sacrificar.

Alguns ainda têm esperança de uma solução satisfatória e temem arruiná-la com um grito (pois até nós não chegam notícias do outro mundo, e por isso não sabemos que, desde o

8 Mingau fino e insosso distribuído nos campos e prisões. [N. T.]

instante da prisão, nosso destino já está quase decidido, será a pior das hipóteses, e é impossível piorá-lo). Outros ainda não amadureceram até o ponto de entender os conceitos em que se baseia um grito em direção à multidão. Pois só um revolucionário tem suas palavras de ordem na ponta da língua, e elas escapam por conta própria; mas como poderia tê-las um cidadão pacato, que não se envolveu com nada? Ele simplesmente não sabe o que gritar. E, finalmente, existe ainda um tipo de pessoa cujo peito está cheio demais, cujos olhos viram coisas demais para que se pudesse entornar esse lago com alguns brados desconexos.

Mas eu – eu me calava por outro motivo: porque, para mim, aqueles moscovitas dos degraus abarrotados das duas escadas rolantes eram ainda poucos – *poucos*! Ali, meu berro foi ouvido por duzentas, duas vezes duzentas pessoas – e o que dizer de 200 milhões?... Eu tinha a vaga impressão de que, em algum momento, eu gritaria para 200 milhões...

Mas, por enquanto, sem que eu abrisse a boca, a escada rolante me arrastava implacavelmente para o inferno.

E eu seguia calado na Okhótny Riad.

Não gritei ao chegar ao hotel Metropol.

Não agitei as mãos no Gólgota, na praça da Lubianka...

Tive certamente o tipo mais fácil de prisão que se pode imaginar. Não fui arrancado dos braços de parentes nem afastado da vida doméstica que nos é tão querida. Num lânguido fevereiro europeu, ela me tirou de nosso estreito saliente junto ao Mar Báltico – em que nem nós cercávamos os alemães nem eles nos cercavam – e me privou só da minha divisão regular e do cenário dos três últimos meses de guerra.

O comandante de brigada me chamou ao posto de comando, pediu a minha pistola, que eu entreguei sem suspeitar de nenhuma astúcia – e, de repente, do tenso e imóvel cortejo de oficiais que estavam no canto, saíram correndo dois agentes da contraespionagem; em poucos saltos, eles atravessaram a sala, e quatro mãos apanharam, ao mesmo tempo, a estrelinha do quepe, as insígnias, o cinto, a bolsa de campanha; em tom dramático, eles gritaram:

— Você está preso!

E eu, fulminado e trespassado dos pés à cabeça, não encontrei nada mais sagaz a dizer a não ser:

— Eu? Por qual motivo?!...

Embora essa pergunta não tenha resposta, surpreendentemente eu a recebi! Vale a pena relembrar, porque ela é bem diferente do nosso costume. Os agentes do Smerch mal tinham terminado de me estripar e, oprimidos pelo tremor dos vidros, causado pelas explosões alemãs, já me empurravam com pressa para a saída – de repente ouviu-se alguém chamar por mim com firmeza. Sim! Aquela barreira sólida entre mim e os que ficavam, a barreira da palavra "preso", que caíra com todo o seu peso, aquela linha pestilenta que nenhum som ousa mais penetrar – foi atravessada pelas palavras inconcebíveis e fantásticas do comandante de brigada:

— Soljenítsyn. Volte.

E eu, bruscamente dando meia-volta, me desvencilhei das mãos dos agentes do Smerch e caminhei de volta, até o comandante de brigada. Eu o conhecia pouco, ele nunca se dignara de estabelecer conversas triviais comigo. Para mim, seu rosto sempre expressara ordem, comando, fúria. Mas agora ele estava pensativo e iluminado – talvez pela vergonha de sua participação forçada naquele assunto sórdido? Pelo ímpeto de colocar-se acima da lastimável subordinação de toda uma vida? Dez dias antes, do *bolsão* em que a divisão de artilharia dele tinha ficado, com dez peças pesadas, eu conseguira retirar quase inteira a minha bateria de reconhecimento – e agora ele tinha de abdicar de mim por causa de um pedaço de papel com um carimbo?

— O senhor... – ele perguntou com gravidade – tem um amigo no Primeiro Front da Ucrânia?

— Não é permitido!... O senhor não tem direito! – o capitão e o major da contraespionagem gritaram para o coronel. O cortejo de oficiais do estado-maior encolheu-se no canto, assustado, como que temendo compartilhar a inaudita imprudência do comandante de brigada (e os integrantes da seção política já se preparando para entregar o *material* contra o comandante de brigada). Mas da minha parte já era suficiente: eu logo entendi que tinha sido preso por causa da minha correspondência com um amigo de escola, e percebi de que lado deveria esperar o perigo.

E Zakhar Gueórguievitch Trávkin poderia pelo menos ter parado por ali! Mas não! Continuando a purificar-se e a endireitar-se diante de si mesmo, ele se levantou da mesa (nunca tinha se levantado para falar comigo antes!), estendeu-me a mão através da linha pestilenta (como livre, ele nunca tinha me estendido a mão!) e, ao apertá-la, sob o terror mudo do cortejo, com o rosto, sempre severo, agora aquecido, disse sem temor e pausadamente:

— Desejo ao senhor... felicidade... capitão!

Eu não só não era mais capitão como tinha sido desmascarado como inimigo do povo (pois, em nosso meio, a partir do momento da prisão, qualquer detido é totalmente desmascarado). Então ele desejava felicidade... a um inimigo?...

Os vidros tremeram. As explosões alemãs dilaceraram a terra a uns 200 metros de distância, lembrando que *aquilo* não poderia acontecer lá, nas profundezas de nossa terra, sob a redoma de uma existência estável, mas somente ali, sob o hálito da morte, próxima e igual para todos.[9]

Este livro não será de recordações da minha vida. Por isso, não vou contar os detalhes interessantíssimos de minha prisão, tão diferente de todas. Naquela noite, os agentes do Smerch perderam totalmente a esperança de lidar com o mapa (em nenhum momento eles tinham conseguido lidar com ele) e gentilmente o confiaram a mim, pedindo que eu dissesse ao motorista como chegar ao quartel da contraespionagem do Exército. Eu mesmo conduzi, a mim e a eles, até aquela cadeia,

9 Eis o que é surpreendente: de todo modo *é possível* ser um homem! Trávkin não padeceu. Há pouco tempo, nos encontramos cordialmente e nos conhecemos. Ele é general da reserva e inspetor da Associação dos Caçadores. [NOTA DO AUTOR]

e, como forma de gratidão, fui colocado, na mesma hora, não numa simples cela, mas na solitária. E eu não posso deixar de falar daquela pequena despensa de uma casa camponesa alemã, que fazia as vezes de solitária provisória.

No comprimento, ela tinha o tamanho de um homem e, na largura, o suficiente para três se deitarem apertados, ou quatro, bem juntinhos. Eu era justamente o quarto, enfiado ali já depois da meia-noite; os três que estavam deitados fizeram careta para mim, em meio ao sono, debaixo da luz da lamparina de querosene, e moveram-se, dando um espaço para eu entrar de lado e, aos poucos, com a força da gravidade, ir me encaixando. Assim ficamos, sobre a palha triturada do chão, oito botinas encostadas na porta e quatro capotes. Eles dormiam, eu ardia. Do mesmo tamanho da minha autoconfiança como capitão, menos de um dia antes, era a minha dor por estar metido no fundo daquele cubículo. Vez ou outra, o pessoal acordava com um flanco adormecido, e todos nós nos virávamos de uma só vez.

Antes de amanhecer, eles despertaram, bocejaram, gemeram, encolheram as pernas; cada um meteu-se em seu canto – e começaram as apresentações.

— E você, por qual motivo?

Mas a conturbada brisa da inquietude já tinha soprado sobre mim, debaixo dos telhados tóxicos do Smerch, e eu disse com surpresa e candura:

— Não faço ideia. Será que eles dizem, os vermes?

Porém, os meus companheiros de cela – tanquistas usando macios capacetes negros – não esconderam. Eram três honestos e descomplicados corações de soldado – o tipo de gente a quem eu tinha me afeiçoado nos anos de guerra, sendo eu mesmo mais complexo e pior que eles. Todos os três eram oficiais. As insígnias também tinham sido arrancadas com irritação: em alguns lugares assomavam pedaços de linha. Nas camisas enlameadas, manchas douradas eram os vestígios das condecorações arrancadas; cicatrizes escuras e vermelhas, nos rostos e nas mãos, eram a memória de ferimentos e queimaduras. A divisão deles, por azar, veio a ser remontada ali, no mesmo vilarejo em que estava a contraespionagem Smerch do 48º Exército. Ainda frescos do combate, que acontecera dois dias antes, eles beberam, no dia anterior, e, nos arrabaldes do vilarejo, arrombaram uma casa de banho, onde, pelo que eles perceberam, duas mocinhas vistosas tinham ido se lavar. Seminuas, as moças conseguiram escapulir de suas pernas ébrias e pouco obedientes. Mas, no fim das contas, uma delas não pertencia a qualquer um, mas ao chefe da contraespionagem do Exército.

Sim! Já fazia três semanas que a guerra acontecia dentro da Alemanha, e todos nós sabíamos bem: se as moças fossem alemãs, era permitido estuprar, fuzilar na sequência, e isso seria quase um mérito militar; se fossem polonesas ou as nossas russinhas sequestradas, era permitido, em todo caso, persegui-las nuas pela horta e dar tapas nas coxas – uma brincadeira divertida, nada mais. Mas, como aquela era a "esposa de campanha" do chefe da contraespionagem, no mesmo instante um sargento de retaguarda qualquer arrancou dos três oficiais de combate, com raiva, as insígnias ratificadas por ordem do front, tirou as condecorações conferidas pelo Presidium do Soviete Supremo[10] – e agora aqueles valentes, que tinham passado pela guerra inteira e talvez destruído mais de uma linha de trincheiras inimigas, aguardavam a corte marcial, que, sem os tanques deles, ainda nem teria alcançado aquele vilarejo.

Nós apagamos a lamparina, que já queimara todo o ar que tínhamos para respirar. Na porta, tinham recortado uma vigia do tamanho de um cartão-postal, e por ali recaía a luz indireta do corredor. Talvez receando que, com a chegada do dia, nós ficássemos com espaço demais dentro da solitária, na mesma hora *meteram* conosco um quinto. Ele entrou usando um capote novinho do Exército Vermelho, um chapéu também novo, e, quando parou de frente para a vigia, revelou-nos o rosto fresco e de nariz arrebitado, as bochechas bem rosadas.

— De onde vem, irmão? Quem é você?

— *Do outro* lado – respondeu ele com desenvoltura. — Espião.

10 Instituição governamental que atuava como chefe de Estado coletivo da União Soviética. [N. T.]

— Está brincando? – ficamos estupefatos. (Era espião, e ele mesmo falava sobre isso – Cheinin ou os Irmãos Tur nunca teriam escrito algo assim!)[11]

— Quem consegue brincar em tempos de guerra?! – suspirou o rapazinho, ponderado. — E como é que você volta para casa depois do cativeiro? Pois me ensinem.

Ele mal tinha começado a contar como, um dia antes, os alemães o fizeram cruzar o front para espionar e destruir pontes, e ele imediatamente foi se entregar no batalhão mais próximo, e como o comandante do batalhão, insone e extenuado, não acreditou de jeito nenhum que ele era espião, e mandou que fosse ver a enfermeira para tomar uns comprimidos – quando, de repente, fomos acometidos por novas impressões:

— Para o lavatório! Mãos para trás! – pela porta escancarada, chamava o sargento, um rapagão plenamente capaz de arrastar o suporte de um canhão de 122 milímetros.

Ao redor de toda aquela granja camponesa, eles já tinham disposto um cordão de fuzileiros para guardar o caminho que nos tinham indicado e que rodeava o galpão. Eu estava explodindo de indignação porque um sargento qualquer, um ignorante, tinha ousado dar o comando para nós, oficiais, de "mãos para trás"; mas os tanquistas puseram as mãos para trás, e eu fui atrás deles.

Atrás do galpão havia um cercadinho quadrado, com neve pisoteada e ainda não derretida – e ele estava todo emporcalhado com pedaços de fezes humanas, de modo tão desordenado e abundante por toda a área que não era fácil encontrar um lugar para colocar os dois pés e agachar-se. Mesmo assim demos um jeito e, em lugares diferentes, nos agachamos, todos os cinco. De maneira sombria, dois fuzileiros apontavam as metralhadoras para nós, que estávamos bem agachados, enquanto o sargento, sem que um minuto tivesse se passado, nos apressava rispidamente:

11 Aleksandr Mikháilovitch Cheinin (1913-1987), escritor, dramaturgo e roteirista soviético, dirigiu um longo documentário sobre a batalha de Stalingrado. Irmãos Tur, pseudônimo dos escritores Leonid Davídovitch Tubélski (1905-1961) e Pior Lvovitch Ryjei (1908-1978). [N. T.]

— Depressa com isso! Aqui com a gente tem de se aliviar rápido!

Não muito longe de mim, estava agachado um dos tanquistas, natural de Rostov, um primeiro-tenente corpulento e carrancudo. Seu rosto estava escurecido pelo acúmulo de poeira ou fumaça metálica, mas uma grande cicatriz vermelha era bem perceptível em sua face.

— Onde é isso? Com vocês? – perguntou ele em voz baixa, sem demonstrar intenção de retornar depressa à solitária, impregnada de querosene.

— Na contraespionagem Smerch! – cortou o sargento com orgulho e de modo mais ruidoso que o necessário. (Os agentes da contraespionagem gostavam muito daquela palavra insípida, formada com desleixo de "morte aos espiões". Eles a achavam assustadora.)

— Mas aqui com a gente é devagar – respondeu o primeiro-tenente, pensativo. O capacete dele caiu para trás, desnudando os cabelos ainda não raspados. Seu traseiro, enrijecido pelo front, estava oferecido à brisa, fria e agradável.

— E onde é isso? Com vocês? – latiu o sargento mais alto que o necessário.

— No Exército Vermelho – respondeu o primeiro-tenente com muita calma, de cócoras, medindo com o olhar o malogrado canhoneiro.

Aquelas foram as primeiras golfadas que traguei do ar da prisão.

Capítulo 2
A história de nosso sistema de esgoto

Quando criticam, hoje em dia, *a arbitrariedade do culto*, baseiam-se principalmente nos tolhidos anos de 1937-1938. E, com isso, cria-se a memória de que não prendiam nem *antes* nem *depois*, mas só em 1937-1938.

Eu, porém, não temo me equivocar ao dizer: a *torrente* de 1937-1938 não foi nem a única nem mesmo a principal, mas, possivelmente, só uma das três maiores torrentes a inundar os sombrios e fétidos canos de nosso sistema prisional de esgoto.

Antes dela, houve a torrente de 1929-1930, quase do tamanho do rio Ob, que empurrou para a tundra e para a taiga uns 15 milhões de mujiques (se não mais). Mas os mujiques são gente taciturna, iletrada, não escreveram queixas nem memórias. Não deram muito trabalho aos investigadores nas madrugadas nem os obrigaram a desperdiçar protocolos com eles – bastavam as deliberações do Soviete rural. Aquela torrente manou, foi sugada pelo solo perenemente congelado, e até as mentes mais ardentes quase não se lembram dela. Como se ela não tivesse sequer ferido a consciência russa. E, enquanto isso, Stálin não tinha (nem eu e você tínhamos) crimes mais pesados.

E depois houve a torrente dos anos de 1944-1946, quase do tamanho do rio Ienissei: pelos canos do esgoto, foram jogadas nacionalidades inteiras, e ainda milhões e milhões que tinham sido feitos prisioneiros, levados para a Alemanha e depois retornado. Mas, nessa torrente, o povo também era mais simples e não escreveu memórias.

Mas a torrente do ano de 1937 também capturou e trouxe para o Arquipélago pessoas com certa posição, pessoas com um passado no Partido, pessoas com instrução, que, ao partirem das cidades, deixaram muitos de seus próximos feridos, dos quais vários sabiam bem empunhar uma pena! E todos agora escrevem juntos, falam, relembram: o ano de 1937! O Volga do infortúnio da nação!

Mas diga a um tártaro da Crimeia, a um calmuco ou a um tchetcheno: "1937" – e ele só vai dar de ombros. E, para Leningrado, o que é 1937, quando antes houve 1935? E aos *reincidentes* e aos bálticos, não foi pior em 1948-1949? E, se os defensores do estilo e da geografia me censurarem por ainda ter deixado de fora alguns rios da Rússia, é que as torrentes ainda não foram denominadas, me deem algumas páginas! As demais torrentes vão confluir.

Nessa lista, a coisa mais difícil é começar...

Considerando o sentido e o espírito da Revolução, é fácil imaginar que, em seus primeiros meses, a Kresty, a Butyrka e as muitas cadeias do interior que lhe eram aparentadas estivessem cheias com os maiores ricaços; com os mais notáveis líderes sociais, generais e oficiais; e também com funcionários dos ministérios e de todo o aparato governamental, que não cumpriam as determinações das novas autoridades.

No entanto, V. I. Lênin ampliou ainda mais a tarefa. No artigo "Como organizar a competição" (7-10 de janeiro de 1918)[12], ele proclamou o objetivo único e comum de "*limpar* a terra russa de quaisquer insetos nocivos". E por *insetos* ele entendia não só todos os inimigos de classe, mas também "os operários que se esquivam do trabalho"; por exemplo, os compositores das tipografias do Partido em Petersburgo. (Eis o que faz a distância no tempo. Hoje, para nós, é difícil entender como esses operários, que mal tinham se tornado *ditadores*, tendiam imediatamente a esquivar-se do trabalho em seu próprio benefício.) De fato, Lênin previu, no artigo, formas diversas para a limpeza desses insetos: aqui prenderiam, ali colocariam para limpar vasos, acolá,

12 V. I. Lênin, *Obras completas em 55 volumes*, Moscou, Gospolitizdat, 1958-1965, volume 35. [N. A.]

"depois de um tempo na solitária, dariam o bilhete amarelo[13]", ou *fuzilariam os vagabundos*.

Os insetos eram, é claro, membros do *zemstvo*[14]. Os insetos eram membros das cooperativas. Todos os proprietários de imóveis. Havia muitos insetos em meio aos professores colegiais. Todos os religiosos eram insetos; e os monges e monjas, mais ainda. Muitíssimos insetos escondiam-se debaixo do uniforme de ferroviário, e era imprescindível que fossem *extraídos*; e alguns deles, *esmagados*. Quanto aos telegrafistas, a maioria deles, por algum motivo, eram insetos obstinados, indiferentes aos sovietes.

Só nesses grupos que nós enumeramos já contavam uma imensa quantidade – era trabalho de limpeza para alguns anos.

E quantos não eram os diversos tipos de intelectuais proscritos, de estudantes inquietos, de excêntricos variados, de buscadores da verdade e de *iuródivy*[15], dos quais Pedro I já se esforçara por livrar a Rus[16] e que sempre atrapalham o severo e harmonioso Regime?

E seria impossível conduzir essa limpeza sanitária, ainda mais em situação de guerra, se fossem usadas obsoletas formas processuais e normas jurídicas. Adotaram uma forma totalmente nova: a *justiça extrajudicial*. E quem assumiu para si aquele ingrato trabalho, de maneira abnegada, foi a Comissão Extraordinária de Toda a Rússia de Luta contra a Contrarrevolução, a Especulação e a Sabotagem (VTchK) – a Sentinela da Revolução, o único órgão punitivo da história humana a reunir em suas mãos a investigação, a prisão, o inquérito, a promotoria, o tribunal e a execução da sentença.

Em 1918, para acelerar também a vitória cultural da Revolução, começaram a estripar e a sacudir as relíquias dos santos beatos e a confiscar os utensílios eclesiásticos. Em defesa das igrejas

13 Documento emitido, no período tsarista, às mulheres que exerciam legalmente a prostituição. [N. T.]

14 Núcleo de autoadministração local para lidar com questões econômicas, sob o controle da nobreza nas províncias centrais da Rússia tsarista, introduzido em 1864. [N. T.]

15 Os "santos loucos", muito característicos do ascetismo monástico russo. [N. T.]

16 Rus é o nome tradicional da Rússia. Pedro I é Pedro, o Grande, que deu ao país um novo nome, *Rossía*, de origem latina. [N. T.]

e dos monastérios assolados, irromperam agitações populares. Aqui e acolá repicaram sinos de alarme e os ortodoxos puseram-se a correr, alguns levando paus. Naturalmente, foi preciso *consumir* alguns ali mesmo, e prender outros.

Pensando agora nos anos de 1918-1920, encontramos alguma dificuldade: incluir ou não, nas torrentes prisionais, todos aqueles que foram *esmagados* sem terem sido levados até a cela da cadeia? E em que coluna pôr todas as pessoas de quem os comitês de camponeses pobres *deram cabo* nos terraços dos sovietes rurais ou nos fundos das casas?

Também é difícil decidir: devemos incluir aqui, nas torrentes prisionais, ou no balanço da Guerra Civil, as dezenas de milhares de *reféns*, cidadãos pacíficos que individualmente não foram acusados de nada e cujos sobrenomes não foram registrados nem a lápis, eleitos para a destruição, em nome da intimidação e da vingança contra o inimigo de guerra ou contra as massas rebeladas? Isso foi até explicado abertamente (Latsis, jornal *Terror Vermelho*, 1º de novembro de 1918): "Nós não fazemos guerra contra pessoas isoladas. Nós estamos exterminando a burguesia como classe. Não procurem, no inquérito, materiais e provas de que o acusado agiu, por atos ou palavras, contra os sovietes. A primeira pergunta que vocês devem fazer a ele é: a que classe pertence, que origem tem, que educação, que instrução ou profissão. Essas perguntas é que devem definir o destino do acusado. Esse é o sentido e a essência do Terror Vermelho".

Já na primavera de 1918, brotou uma torrente, por muitos anos ininterrupta, de socialistas infiéis. Todos aqueles partidos – os SR[17], os mencheviques, os anarquistas, os socialistas populistas – passaram décadas só fingindo serem revolucionários, só usando a máscara – para isso, foram até para as galés, sempre fingindo. E somente na marcha impetuosa da Revolução é que

17 Membros do Socialista Revolucionário, um dos partidos socialistas dissolvidos depois da Revolução de Outubro. [N. T.]

se desvelou de uma vez a essência burguesa desses traidores sociais. Era natural que se procedesse à prisão deles! Nenhum cidadão do Estado russo que em algum momento tivesse ingressado em outro partido que não o bolchevique podia agora evitar seu destino, ele estava condenado (se não conseguisse passar correndo, em meio às ruínas, para o lado dos comunistas). Ele poderia não ser preso no primeiro momento, poderia sobreviver até 1922, até 1932 ou mesmo até 1937; mas as listas eram guardadas, a vez chegava, a hora chegava, ele era preso, ou só convidado amigavelmente, e faziam uma única pergunta: se tinha feito parte de... entre... e... A partir daí, o destino poderia ser diverso. Alguns iam direto para uma das famosas "centrais" tsaristas (felizmente as centrais tinham sido bem preservadas). A outros, propunham que fossem para o exílio – ah, não, por pouco tempo, uns dois ou três aninhos. Ou coisa ainda mais branda: receber o *menos*[18] (para algumas cidades), escolher por conta própria um local de residência – mas o mais distante possível, por gentileza –, fixar-se nesse local e aguardar a vontade do GPU.

Essa operação estendia-se por muitos anos. Era um gigantesco e silencioso jogo de paciência cujas regras eram inteiramente incompreensíveis a seus contemporâneos. Mãos cuidadosas, sem vacilar por um instante, apanhavam uma carta, que tinha cumprido pena de três anos num monte, e suavemente a recolocavam em outro monte. O que estava preso na central era transferido para o exílio (e para o lugar mais afastado possível); quem tinha cumprido o *menos* ia para o exílio (mas para lá do limite de visão do *menos*); do exílio para o exílio, depois de novo para a central (uma diferente agora); a perseverança reinava absoluta em meio aos que jogavam aquele jogo de paciência. (Korolenko escreveu a Górki em 29 de junho de 1921: "Em algum momento, a história registrará que a Revolução Bolchevique tratou dos revolucionários mais sinceros e dos socialistas com os mesmos meios que o regime tsarista". Ah, se pelo menos fosse assim! Eles teriam todos sobrevivido.)

18 Denominação coloquial da medida repressiva que proibia a residência fixa nas cidades grandes. [N. T.]

Nessa operação da Grande Paciência, aniquilaram a maioria dos velhos prisioneiros políticos.

Na primavera de 1922, a Comissão Extraordinária de Luta contra a Contrarrevolução, a Especulação e a Sabotagem, que acabara de ser renomeada como GPU, decidiu intrometer-se nos assuntos da Igreja. Era preciso realizar também uma "revolução eclesiástica": trocar a direção, instaurando uma que desse somente um ouvido aos céus e o outro à Lubianka. Quem prometeu cumprir isso foram os membros da Igreja Viva[19], mas sem ajuda externa eles não conseguiram dominar o aparato eclesiástico. Para isso, prenderam o patriarca Tíkhon, e foram conduzidos dois processos espetaculares, com fuzilamentos: em Moscou, os divulgadores do apelo patriarcal; em Petrogrado, o metropolita Veniamin, que atrapalhava a passagem do poder eclesiástico aos da Igreja Viva. Nas províncias e distritos, aqui e acolá foram presos metropolitas e arqui-hierarcas, mas depois dos peixes graúdos, como sempre, vieram os cardumes dos pequenos – proto-hierarcas, monges e diáconos, sobre os quais os jornais não informavam. Prenderam os que não fizeram juramento à investida renovadora da Igreja Viva.

Os sacerdotes eram parte obrigatória da caçada diária, suas cãs apareciam em todas as celas, e depois também em todos os comboios para Solovkí.

De maneira intensiva, apreendiam, aprisionavam e exilavam monges e monjas, que tanto manchavam a vida russa pregressa. Os círculos ampliavam-se cada vez mais – e de repente já estavam recolhendo simples fiéis leigos, gente velha, especialmente mulheres, que tinham uma fé mais insistente e que por muito tempo, nas prisões de trânsito e nos campos de trabalho, também passaram a ser chamadas de *monjas*.

Na verdade, considerava-se que essas pessoas eram presas e julgadas não pela fé em si, mas por expressar suas convicções

19 Movimento de renovação eclesiástica surgido em maio de 1922 com o apoio dos órgãos de segurança, que rompeu com a Igreja Ortodoxa Russa. [N. T.]

em voz alta e por educar os filhos no mesmo espírito. Como escreveu Tánia Khodkévitch:

Você até pode rezar *livremente*,
Mas... desde que só Deus seja seu confidente.

(Graças a esses versos, ela recebeu dez anos.) A pessoa que acredita possuir a verdade espiritual deve escondê-la... de seus filhos! Todos os religiosos receberam dez, a pena mais alta à época.

Os anos se passam, e o que não é revivido vai se apagando de nossa memória. Essa distância vai sendo encoberta e faz o ano de 1927 ser interpretado por nós como um ano despreocupado e farto, de uma NEP[20] ainda não tolhida. Mas foi tenso, estremecido com as bombas dos jornais, e incutiu-se entre nós a ideia de que estávamos às vésperas da guerra pela revolução mundial. Ao assassinato do plenipotenciário soviético Vóikov em Varsóvia,[21] que tomara páginas inteiras dos jornais de junho, Maiakóvski dedicou quatro retumbantes poemas.

Com coesão,
construção,
firmeza
e *repressão*,
Da alcateia descontrolada
torcer o pescoço!

Mas reprimir quem? Torcer o pescoço de quem? É justamente aí que começa *o alistamento de Vóikov*. Como sempre, a

20 Nova Política Econômica, adotada por Lênin em 1921, após a Guerra Civil, para reestruturar a economia soviética. [N. T.]

21 Aparentemente, o monarquista Boris Koverdá cometeu uma vingança pessoal contra Vóikov: o comissário de produção regional dos Urais P. L. Vóikov conduziu, em julho de 1918, o fuzilamento da família do tsar e depois a destruição dos rastros do fuzilamento (o retalhamento e a serração dos corpos, a cremação e o espalhamento das cinzas). [N. A.]

qualquer agitação ou tensão, prendem os *antigos*, prendem os anarquistas, os SR, os mencheviques e a *intelligentsia*, para variar.

Uma visão de mundo oportuna gera um termo jurídico oportuno: *profilaxia social*. Ele foi introduzido, foi aceito, logo se tornou compreensível a todos. (Um dos chefes do Belomorstroi[22], Lázar Kógan, logo diria: "Creio que, pessoalmente, vocês não sejam culpados de nada. Mas, gente culta, vocês têm de entender que foi realizada uma ampla profilaxia social!".)

Também em Moscou iniciou-se uma varredura sistemática, quarteirão por quarteirão. Em toda parte, alguém tinha de ser levado. Na Lubianka, na Butyrka, até durante o dia, chegavam com ímpeto camburões, veículos de passeio, caminhões cobertos, carroças abertas. Engarrafamento nos portões, engarrafamento nos pátios. Não conseguiam descarregar e registrar os presos. (Isso também em outras cidades. Em Rostov do Don, naqueles dias, o chão do porão do edifício 22 já estava tão cheio que o recém-chegado Boiko mal encontrou um lugar para se sentar.)

O exemplo típico dessa torrente: algumas dezenas de jovens encontram-se para uns saraus de música não previstos pelo GPU. Eles ouvem música, depois tomam chá. O dinheiro para esse chá, alguns poucos copeques, é doado voluntariamente, numa vaquinha. Fica perfeitamente claro que a música é um disfarce para suas inclinações contrarrevolucionárias e que o dinheiro recolhido não é para chá nenhum, mas para auxiliar a decadente burguesia mundial. E *todos* são presos, recebem de dois a dez anos (Anna Skrípnikova recebeu cinco), enquanto os instigadores que não confessaram (Ivan Nikoláievitch Varentsov e os outros) foram fuzilados!

Só pelas dimensões do Slon[23] – é que ainda se podia conter o alistamento de Vóikov. Porém, mal iniciada sua vida maligna, o Arquipélago Gulag logo espalharia metástases por todo o corpo do país.

---

22 Campo de trabalhos forçados criado para a construção do canal que ligou o Mar Branco ao Mar Báltico. [N. T.]

23 Campo de Destinação Especial das Ilhas Solovétski. [N. T.]

Já passava da hora de destruir a *intelligentsia* técnica, que se considerava totalmente insubstituível e não se acostumara a pegar as ordens no ar.

Esse trabalho sanitário avançou a toda, desde 1927, e logo deixou evidente ao proletariado todos os motivos de nossos reveses e falhas na economia. Nas ferrovias – sabotagem (por isso era difícil pegar um trem). Nas usinas elétricas – sabotagem (quedas de luz). Na indústria petrolífera – sabotagem (não havia onde arranjar querosene). Na têxtil – sabotagem (o operário não tinha o que vestir). Na carbonífera – sabotagem colossal (era por isso que estávamos congelando)! Nas indústrias metalúrgica, bélica, de maquinário, de construção naval, química, de mineração, de ouro e platina, de irrigação – por toda parte abscessos purulentos de sabotagem! Por todos os lados – inimigos com réguas logarítmicas! O GPU suava para apanhar e levar embora os sabotadores. Cada ramo, cada fábrica e *artel*[24] de artesãos deveria procurar a sabotagem em seu meio, e, mal tinham começado, já começaram a encontrar (com a ajuda do GPU).

E que malfeitores refinados eram esses velhos engenheiros, de quantas maneiras diferentes eles conseguiam satanicamente sabotar! No Comissariado Popular para as Vias de Comunicação, Nikolai Kárlovitch von Meck fingia ser muito dedicado à construção da nova economia, conseguia falar, por muito tempo e com empolgação, dos problemas econômicos da construção do socialismo e adorava dar conselhos. Um de seus conselhos mais nocivos foi o seguinte: aumentar as composições de carga, não temer as grandes tonelagens. Por meio do GPU, Von Meck foi desmascarado (e fuzilado): ele queria provocar o desgaste das vias, dos vagões e locomotivas, e deixar a república sem ferrovias no caso de uma intervenção! Quando, pouco tempo depois, o novo comissário, o camarada Kaganóvitch, ordenou liberar justamente as composições de grande tonelagem, e até duas ou três vezes sobrecarregadas (e por essa descoberta ele e outros dirigentes receberam a Ordem de Lênin), os malignos engenheiros passaram a atuar como *limitadores*: eles bradavam que era demais, que aquilo estava desgastando e condenando o

24 Cooperativa de trabalhadores russos. [N. T.]

material rodante, e foram corretamente fuzilados pela incredulidade nas possibilidades do transporte socialista.

Pois bem, em alguns anos quebraram a espinha dorsal da velha engenharia russa, que tinha feito a glória de nosso país, os heróis favoritos de Gárin-Mikhailóvski e Zamiátin.

Em 1928, em Moscou, foi julgado o ruidoso Processo Chákhty[25] – ruidoso pela publicidade, pelas confissões estarrecedoras e pela autoflagelação dos réus (não de todos, ainda). Dois anos depois, em setembro de 1930, foram julgados, com estardalhaço, *os organizadores da fome* (eles! eles! ali estavam eles!) – 48 sabotadores da indústria alimentícia. No fim de 1930, conduziu-se o processo, ensaiado de maneira ainda mais ruidosa e quase impecável, do "Partido Industrial"[26]: àquela altura, todos os réus, do primeiro ao último, despejavam sobre si mesmos toda espécie de absurdo repugnante. Para aqueles processos, conduzia-se apenas uma pequena parcela dos aprisionados, apenas aqueles que, de maneira antinatural, concordavam em caluniar a si mesmos e aos outros, na esperança de um indulto. A maioria dos engenheiros que tinham coragem e juízo para rejeitar todo o disparate do inquérito era julgada sem ruído, mas eles também recebiam do colegiado do GPU – sem terem confessado – os mesmos dez anos.

As torrentes correm debaixo da terra, por canos, elas canalizam a florescente vida da superfície.

Justamente naquele momento foi dado o passo mais importante em direção à participação popular na criação do sistema de esgoto, à divisão popular da responsabilidade por ele: aqueles cujo corpo ainda não tinha desabado pelas tampas do esgoto,

25 Trata-se do caso da "contrarrevolução econômica no Donbass". Cinquenta e três pessoas foram acusadas de sabotagem. Cinco foram fuziladas, quatro foram absolvidas; as demais receberam sentenças de um a dez anos. Em 2000, todos os condenados do Processo Chákhty foram reabilitados por ausência de corpo de delito. [N. E. R.]

26 O processo do "Partido Industrial" (25 de novembro a 7 de dezembro de 1930) refere-se a um caso de "sabotagem" na indústria, organizado por engenheiros e cientistas que supostamente haviam criado o "Partido Industrial" e a "Associação das Organizações de Engenheiros", ambos ilegais. Dos oito réus, cinco foram condenados ao fuzilamento, com comutação de pena para dez anos; e três foram condenados a oito anos de reclusão. [N. E. R.]

aqueles que ainda não tinham sido carregados pelos canos até o Arquipélago – esses deveriam caminhar pela superfície, levando estandartes, louvando os tribunais e alegrando-se com a repressão judicial.

E eis que, nas fábricas e organizações, antecipando a decisão do júri, os operários e funcionários enfurecidos votavam a favor da pena de morte para os réus canalhas. E, com relação ao "Partido Industrial", eram comícios gerais, eram manifestações (com a adesão até de estudantes primários), era a marcha ritmada de milhões, o ronco por trás dos vidros do edifício do tribunal: "Morte! Morte! Morte!".

Em meio a essa ruptura de nossa história, ouviram-se vozes solitárias de protesto ou abstenção – era preciso ter muita, muita coragem, dentro daquele coro e daquele ronco, para dizer "não!". Na reunião do Instituto Politécnico de Leningrado, o professor Dmítri Apollinárievitch Rojánski *se absteve* (ele, vejam bem, era totalmente contrário à pena de morte; vejam bem, isso, na linguagem da ciência, é um processo irreversível) e na mesma hora foi preso! O aluno Dima Olítski se absteve e na mesma hora foi preso! E todos esses protestos foram abafados logo de início.

E chega – devagar, mas chega – a vez dos membros do partido governista de irem para a cadeia! Por enquanto (1927-1929), é a "oposição operária"[27], ou os trotskistas, que escolheram para si um líder fracassado. Por ora, eles são centenas; logo, serão milhares. Mas o mais difícil é começar. Todos terão sua vez. Mastigando membro a membro, a partir da cauda, a boca acaba alcançando a própria cabeça.

Assim espumaram e jorraram as torrentes – mas, depois de todas, prorrompeu e brotou, nos anos 1929-1930, a torrente

27 Oposição interna que se manifestava a favor da transmissão da administração da economia popular aos sindicatos e acusava a direção partidária de degeneração e perda de contato com as massas. Existiu do fim de 1919 até 1922, quando foi desmantelada no IX Congresso do Partido. De todos os líderes da "oposição operária", depois de 1937, a única a permanecer viva foi A. M. Kollontai (que se tornaria a primeira mulher embaixadora do mundo). [N. E. R.]

dos muitos milhões de *deskulakizados*[28]. Ela era desmesuradamente grande, e não seria contida nem mesmo pela desenvolvida rede de cadeias provisórias; mas ela foi além disso, logo invadiu os campos de transferência, os comboios, o país do Gulag. Não havia nada que se comparasse a ela em toda a história da Rússia. Era uma migração de povos, uma catástrofe etnográfica. Mas os canais do GPU-Gulag tinham sido elaborados com tanta esperteza que as cidades nem perceberiam nada! – não fosse pela estranha fome que as sacudiu por três anos, uma fome sem seca e sem guerra.

Essa torrente também se distinguiu de todas as anteriores pelo fato de que agora não tinham o cuidado de levar primeiro o chefe de família, e depois ver como ficariam os parentes. Pelo contrário, agora só queimavam ninhos, de uma vez, levavam só famílias e até teimavam em garantir que nenhum dos filhos, de 14, 10 ou 6 anos, ficasse de fora: na varredura, todos deveriam ir para o mesmo lugar, para a mesma destruição comum. (Esse foi o *primeiro* experimento do tipo, ao menos na história moderna. Seria repetido depois por Hitler, com os judeus, e novamente por Stálin, com as nacionalidades infiéis ou suspeitas.)

Essa torrente continha um número insignificante dos tais *kulaki*, de quem ela recebeu o nome, por dissimulação. *Kulak* é como se chama, em russo, o atravessador rural, mesquinho e desonesto, que não enriquece por seu trabalho, mas pelo trabalho alheio, por meio de usura e corretagem no comércio. Em cada localidade, mesmo antes da Revolução, havia uns poucos do tipo, mas a Revolução privou-os completamente de seu campo de atuação.

Mas o alargamento do cáustico termo *kulak* avançou de maneira irresistível, e, pelo ano de 1930, assim eram chamados absolutamente todos os camponeses vigorosos – vigorosos em sua

28 Termo derivado de *kulak* (pl. *kulaki*), também aportuguesado como cúlaque, rico proprietário de terras. A *deskulakização* foi o processo, tocado pelo governo soviético a partir de 1929, de confisco dessas terras para coletivização, além da deportação ou prisão dos proprietários e camponeses que se opuseram a aderir às propriedades rurais coletivas (*kolkhozy*). [N. T.]

economia, vigorosos no trabalho ou mesmo simplesmente em suas convicções. O apelido *kulak* era usado para esmigalhar o vigor do campesinato. Como que bestializados, perdendo qualquer noção de "humanidade", perdendo conceitos que o ser humano levou milênios para acumular, eles começaram a capturar os melhores lavradores, com suas famílias, e a largá-los sem nenhum de seus bens, nus, nos ermos setentrionais, em meio à tundra e à taiga.

Mas também do campo coletivizado verteram novas torrentes:

- a torrente dos *sabotadores* da agricultura. Por toda parte, começaram a descobrir agrônomos sabotadores, que, até aquele ano, tinham trabalhado a vida inteira honestamente, mas que agora, de maneira premeditada, tinham recoberto os campos russos com ervas daninhas;
- a torrente "do não cumprimento das exigências de fornecimento de cereais ao Estado" (o Comitê Distrital assumiu a obrigação, e o *kolkhoz* não cumpriu – está preso!);
- a torrente dos *cortadores de espigas*. O corte manual noturno das espigas no campo! Uma espécie totalmente nova de ocupação rural e um novo tipo de sega e colheita! Essa ocupação amarga e pouco lucrativa (na época da servidão os camponeses não tinham passado por tal necessidade) foi pesada com esmero pelo júri: dez anos, como se fosse a mais perigosa dilapidação da propriedade socialista, de acordo com a famosa lei de 7 de agosto de 1932 (na linguagem vulgar dos prisioneiros, a *lei dos sete oitavos*).

Mas finalmente agora podemos tomar fôlego! Finalmente agora vão cessar todas as torrentes em massa! O camarada Mólotov disse em 17 de maio de 1933: "Não enxergamos nossa tarefa nas repressões em massa". U-u-fa, já estava na hora. Chega de terrores noturnos! Mas que latido de cachorro é esse? Pega! Pega!

Olha lá! Ia começando a torrente de Kírov, de Leningrado, cuja tensão foi considerada tão grande que se criaram estados-maiores do NKVD em cada Comitê Executivo Distrital da cidade e se instauraram os atos judiciários "acelerados" (não que antes surpreendessem pela lentidão) e sem direito a recurso (não que antes alguém entrasse com recurso). Acredita-se que um quarto de Leningrado foi *limpo* em 1934-1935.[29]

É paradoxal: toda a longeva atividade dos órgãos, perenemente vigilantes e que tudo penetravam, recebeu sua força unicamente de *um* artigo, dentre os 148 artigos da seção particular do Código Penal de 1926.

Em verdade, não havia ato, intento, ação ou inação debaixo do céu que não pudessem ser castigados pela pesada mão do Artigo 58.

O Artigo 58 era composto por catorze parágrafos.[30]

Mas nenhum parágrafo do Artigo 58 era interpretado de maneira tão ampliada e com tamanho ardor de consciência revolucionária como o 10º. Rezava ele: "Propaganda ou agitação que contenham apelo à derrubada, à subversão ou ao enfraquecimento do Poder Soviético... e, igualmente, a distribuição, ou a confecção, ou a posse de literatura desse mesmo conteúdo". E esse parágrafo estabelecia, para tempos de paz, somente a punição *mínima* (nunca abaixo! não branda demais!) – já a punição máxima era *ilimitada*!

Tal era a intrepidez do grandioso Estado perante a *palavra* do súdito.

O parágrafo 11 era de um tipo especial: não tinha um conteúdo independente, mas era um contrapeso que completava qualquer um dos anteriores se a ação tivesse sido preparada de maneira organizada ou se os criminosos formassem uma organização.

29 "A torrente de Kírov": em 1º de dezembro de 1934, foi assassinado, no Smólny, S. M. Kírov, primeiro-secretário do Comitê Municipal do Partido em Leningrado, membro do Politburo. Seguiram-se repressões em massa: em dezembro de 1934, foram fuzilados catorze "opositores internos" do Partido; em janeiro e fevereiro de 1935, foram presos por volta de mil membros do Partido; ao longo de 1935, foram realizadas também as "limpezas" de passaporte, expulsões em massa de Leningrado e região. [N. E. R.]

30 Para uma análise de todos os parágrafos do Artigo 58, ver o texto integral do *Arquipélago Gulag*. [N. E. R.]

Na verdade, esse parágrafo se ampliava tanto que não era necessária organização alguma. Eu experimentei em mim mesmo a graciosa aplicação do parágrafo. Éramos dois, secretamente trocando ideias – *ou seja*, o embrião de uma organização, *ou seja*, uma organização! (Aliás, o segundo de nós não recebeu esse contrapeso.)

Mas o parágrafo 12 era o que mais tocava a consciência do cidadão: era o parágrafo sobre a *não delação*, no caso de qualquer das ações relacionadas. E, para a grave falta da não delação, *a punição não tinha um limite máximo*!

Esse parágrafo já era tão absolutamente abrangente que não era necessário expandi-lo ainda mais. *Sabia e não falou* – dava no mesmo que ter feito!

O aço temperado do Artigo 58, posto à prova em 1927, foi empregado, com total ímpeto e estardalhaço, no ataque da Lei contra o Povo nos anos de 1937-1938.

No outono, quando, pelo aniversário dos 20 anos do Outubro, era esperada com fé uma anistia ampla e geral, o brincalhão Stálin acrescentou ao Código Penal novas e inéditas penas – 15, 20 e 25 anos.

Não há necessidade de repetir aqui sobre o ano de 1937 tudo o que já foi profusamente escrito e ainda será repetido muitas vezes: que foi desferido um golpe fulminante contra a direção do Partido, a administração soviética, o comando militar e a direção do próprio GPU-NKVD. Em pouquíssimas regiões foi mantido o primeiro-secretário do Comitê Regional ou o presidente do Comitê Executivo Regional – Stálin tomou para si os mais convenientes.

Eis como eram as coisas, um retrato daqueles anos. Realizava-se (na região de Moscou) uma conferência distrital do Partido. Era conduzida pelo novo secretário do Comitê Distrital, que assumira o lugar do que fora preso recentemente. No fim da conferência, fez-se uma homenagem à dedicação do camarada Stálin. É evidente que todos se levantaram (do mesmo modo que, ao longo da conferência, todos tinham dado pulos a qualquer menção a seu nome). No pequeno salão, explodiram "aplausos efusivos, que se transformaram em ovação". Três minutos, quatro minutos, cinco minutos, e continuavam efusivos, e seguia a ovação. Mas as palmas das mãos já doíam. Os braços erguidos já estavam adormecidos. Os idosos já estavam ofegantes. E aquilo já começava a ficar insuportavelmente estúpido, mesmo para os que adoravam Stálin com sinceridade. Porém: quem seria *o primeiro* a ousar parar? Pois ali, no salão, estavam de pé, aplaudindo, membros do NKVD, e eles veriam *quem* desistiria primeiro!... E os aplausos naquele pequeno e desconhecido salão, desconhecido para o chefe, continuaram por seis minutos! Sete minutos! Oito minutos!... Eles estavam arruinados! Estavam perdidos! Eles não podiam mais parar, até cair com o coração arrebentado! O diretor de uma fábrica de papel da região, um homem forte e independente, estava de pé, junto à mesa da presidência, e aplaudia, compreendendo toda a falsidade daquela situação e a total impossibilidade de sair dela. Já há nove minutos! Dez! Ele olhou aborrecido para o secretário do Comitê Distrital, mas o outro não ousava parar. Uma loucura! Absoluta! E o diretor da fábrica de papel, no 11º minuto, fez uma cara atarefada e deixou-se cair em seu lugar na mesa da presidência. E – que milagre! – onde é que foi parar aquele entusiasmo generalizado, incontido e indescritível? Todos de uma vez, no mesmo aplauso, pararam e também se sentaram. Estavam salvos! O cão parou de correr atrás do próprio rabo!...

Porém, é bem assim que reconhecem as pessoas independentes. É bem assim que as apreendem. Naquela mesma noite, o diretor da fábrica foi preso. Por um motivo completamente diferente, eles arranjaram com facilidade uma sentença de dez anos para ele. Mas, depois da assinatura do 206 (do protocolo final de inquérito), o investigador relembrou:

— E nunca seja o primeiro a parar de aplaudir!

(E o que se podia fazer? E como é que nós ficaríamos?...)

É justamente essa a seleção de Darwin. É justamente esse o esgotamento pela estupidez.

Nas torrentes anteriores, não esqueceram a *intelligentsia*; agora também não esqueceriam. Bastava uma denúncia estudantil de que o professor da faculdade estava citando cada vez mais Lênin e Marx, mas não estava citando Stálin, e o professor já não aparecia na aula seguinte. E se ele não citasse *em absoluto*?... Prenderam todos os orientalistas de Leningrado, da geração atual e da nova. Prenderam todo o efetivo do Instituto do Norte. Não poupavam nem os professores de escola primária. Em Sverdlovsk, foi aberto um processo contra trinta professores do ensino médio, chefiados pelo diretor da seção regional da educação popular, Perel; uma das terríveis acusações: eles colocaram pinheiros nas escolas *para queimar as escolas*![31]

Na sequência das torrentes principais, havia ainda as torrentes *especiais*: as esposas, os Tch.S (membros da família). Em regra, os Tch.S ganhavam *oito* cada um.

- Ao pesquisador de minas Nikolai Merkúrievitch Míkov ocorreu de, por causa de uma falha nas camadas, duas galerias opostas não se cruzarem. 58-7, vinte anos!;
- no setor de um técnico eletricista rompeu-se um cabo de alta tensão. 58-7, vinte anos;
- um encanador desligava o alto-falante em seu quarto sempre que transmitiam as intermináveis cartas a Stálin. Um vizinho denunciou, SOE (elemento socialmente perigoso), oito anos;
- um consertador de fogões semianalfabeto, em seu tempo livre, adorava *assinar o seu nome* – aquilo o fazia sentir-se melhor consigo mesmo. Ele não tinha papel em branco, assinava nos jornais. Um jornal com rubricas por cima do rosto do Pai e Mestre foi descoberto pelos vizinhos, num saquinho, no banheiro comunitário. ASA (agitação antissoviética), dez anos.

As prisões se propagavam pelas ruas e casas como uma epidemia. Montes de vítimas! Bolos de vítimas! Uma ofensiva frontal do NKVD: S. P. Matviéieva, na mesmíssima onda, mas em "casos" diferentes, teve o marido e os três irmãos presos (e, dos quatro, três nunca voltaram).

31 Dentre eles, cinco foram torturados durante o inquérito e morreram antes do julgamento. Vinte e quatro morreram nos campos de trabalho. O trigésimo, Ivan Aristaulovitch Punitch, voltou, foi reabilitado. (Tivesse também ele morrido, omitiríamos aqui todos os trinta, como omitimos milhões.) As inúmeras "testemunhas" daquele caso agora prosperam em Sverdlovsk: são funcionários da *nomenklatura*, pensionistas privilegiados. A seleção de Darwin. [N. A.]

E a divisão era a de antes: camburões durante a noite, manifestações durante o dia.

Mas quem é que reparou, no ano de 1940, a torrente de mulheres presas por *não renegarem* os maridos? Mas quem é que lembra, mesmo lá em Tambov, que naquele pacífico ano prenderam um conjunto inteiro de jazz, que tocava no cinema Modern, pois todos eles se revelaram inimigos do povo?

Mas, perdão, não foi em 1939 que estendemos nossa mão para ajudar os ucranianos ocidentais, os bielorrussos ocidentais, e depois, em 1940, também os bálticos e os moldávios? No fim das contas, nossos irmãos não estavam nada limpos, e verteram de lá torrentes de *profilaxia social* – para o exílio no norte, na Ásia Central –, e eram centenas e centenas de milhares.

Durante a guerra com a Finlândia, houve o primeiro experimento: julgar os nossos prisioneiros, os que se rendiam, como traidores da pátria. O primeiro experimento na história humana! Pois veja só você, nós não percebemos!

Terminaram o ensaio – e bem nesse momento estourou a guerra, e com ela houve uma grandiosa retirada. Na Lituânia, na pressa, foram deixadas unidades militares inteiras, regimentos, divisões antiaéreas e de artilharia – mas deram conta de carregar alguns milhares de famílias lituanas malquistas. Esqueceram-se de evacuar fortalezas inteiras, como a de Brest, mas não de fuzilar os presos políticos nas celas e pátios das prisões de Lvov, Rovno, Tallinn e muitas outras no oeste. Na prisão de Tartu, fuzilaram 192 pessoas; os cadáveres, eles jogaram num poço.

Em 1941, os alemães contornaram e isolaram Taganrog tão depressa que, na estação, em vagões de carga, ficaram alguns presos que estavam prontos para a evacuação. O que fazer? Não podiam libertar. Nem entregar aos alemães. Encheram uma cisterna com petróleo, jogaram nos vagões, depois atearam fogo. Todos foram queimados vivos.

Na retaguarda, a primeira torrente da guerra foi a dos *disseminadores de boatos e dos semeadores do pânico*. Depois, houve a torrente dos que não entregavam os receptores de rádio ou as peças de rádio. Por uma válvula de rádio encontrada (depois de denúncia), davam dez anos.

Na mesma época, houve a torrente *dos alemães* – os alemães do Volga, colonos da Ucrânia e do norte do Cáucaso, e todos os alemães que em geral vivessem na União Soviética. O que definia era o sangue, e até mesmo heróis da Guerra Civil e velhos membros do Partido – mas alemães – iam para aquele exílio.

No fim do verão de 1941, e mais ainda no outono, verteu a torrente dos *cercados*. Eram defensores da Pátria, os mesmos de quem, alguns meses antes, as nossas cidades tinham se despedido com bandas e flores, a quem, depois daquilo, coube receber os golpes mais pesados dos tanques alemães, e que, em meio ao caos generalizado, de modo algum pela própria culpa, viram-se reduzidos – não ao cativeiro, não! – mas a grupos militares isolados, que passaram algum tempo dentro do cerco alemão e saíram dali. E, em vez de serem recebidos fraternalmente no retorno (como aconteceria em qualquer exército do mundo), desfrutarem de um descanso para depois voltarem à formação, eles eram levados, sob suspeita, sob dúvida, em grupos desarmados, privados dos direitos, para postos de verificação e triagem, onde oficiais das Seções Especiais tomavam com plena desconfiança cada uma de suas palavras, e até duvidavam se eram mesmo quem diziam ser.

A partir de 1943, quando a guerra virou a nosso favor, começou – e tornou-se mais abundante a cada ano, até 1946 – a torrente dos muitos milhões que vinham dos territórios ocupados e da Europa. Suas duas partes principais eram:

- civis que estiveram sob domínio alemão;
- militares que estiveram em cativeiro.

Todos os que estiveram sob ocupação queriam de qualquer maneira viver, e por isso agiam; e por isso podiam, teoricamente, junto com a alimentação diária, granjear seu futuro corpo de delito: se não fosse traição à pátria, no mínimo seria cumplicidade com o inimigo.

Os julgamentos mais amargos e drásticos eram dados aos que estiveram na Europa, mesmo que como escravos dos alemães, como *óstovtsy*[32], porque eles tinham visto um pedacinho da vida europeia e podiam contar sobre ela; mas aqueles relatos, que sempre foram desagradáveis para nós, eram sobremodo desagradáveis nos anos do pós-guerra, devastados, desordenados.

Foi por esse motivo, e não por simplesmente ter se entregado ao inimigo, que a maioria de nossos prisioneiros de guerra foi julgada – especialmente os que tinham visto um pouco mais da Europa que os campos de extermínio alemães.

Em meio à torrente geral de libertados da ocupação, sucederam-se, de maneira veloz e concentrada, uma atrás da outra, as torrentes das nacionalidades que recaíram em culpa:

• em 1943, os calmucos, tchetchenos, inguches, bálcaros, carachais;

• em 1944, os tártaros da Crimeia.

Eles não teriam passado a seu exílio permanente com tamanha energia e velocidade se os Órgãos não tivessem recebido o auxílio de tropas regulares e caminhões militares. As unidades militares formaram um intrépido círculo ao redor das aldeias, e, com o ímpeto das tropas de desembarque, em 24 horas aquelas pessoas, que tinham se aninhado para viver ali por séculos, foram transferidas para a estação, embarcadas em comboios e logo tocadas para a Sibéria, para o Cazaquistão, para a Ásia Central, para o norte. Exatamente um dia depois, suas terras e seus imóveis já tinham passado para os herdeiros.

Como acontecera com os alemães no início da guerra, também agora aquelas nacionalidades todas foram exiladas pela definição do sangue, sem a elaboração de um questionário – tanto membros do Partido como heróis do trabalho e heróis da guerra, que ainda não se encerrara, foram enxotados para o mesmo lugar.

No fim de 1944, quando nosso Exército alcançou a Europa Central, jorrou pelos canais do Gulag mais uma torrente de emigrados russos – velhos que tinham partido durante a Revolução e jovens que já tinham crescido por lá. (É verdade que não levaram todos, mas sim aqueles que nos 25 anos anteriores tinham

32 Colaboradores dos alemães nos territórios ocupados. [N. T.]

expressado, mesmo que de leve, suas opiniões políticas ou que as tinham expressado antes disso, na Revolução.)

Apanharam cerca de 1 milhão de refugiados do Poder Soviético durante os anos da guerra – civis de todas as idades e de ambos os sexos, que estavam escondidos nos territórios aliados, mas que em 1946-1947 foram traiçoeiramente devolvidos pelos poderes aliados para as mãos soviéticas. Na maior parte dos casos, eram camponeses simples, com um amargo ressentimento pessoal contra os bolcheviques. E todos eles foram enviados ao Arquipélago para serem destruídos. Em que parte do mundo e qual contingente os governos aliados ousariam entregar daquele jeito, sem temer a fúria da sociedade em seus países?

É preciso lembrar que este capítulo não pretende, de modo algum, enumerar todas as torrentes que adubaram o Gulag, mas só aquelas que tiveram uma nuance política. De maneira semelhante a um curso de anatomia em que, depois de uma descrição minuciosa do sistema circulatório, pode-se começar do início e fazer uma descrição detalhada do sistema linfático, também seria possível acompanhar outra vez, de 1918 a 1953, as torrentes de *bytoviki*[33] e de criminosos propriamente ditos. Seria um esclarecimento de muitos decretos famosos, que forneceram ao insaciável Arquipélago farto material humano. O decreto sobre as faltas na produção. Ou o decreto sobre a circulação de produtos de baixa qualidade. Ou o decreto sobre o *samogon*[34]. Ou o decreto sobre a punição dos membros do *kolkhoz* pelo não cumprimento das normas da jornada de trabalho.

O decreto sobre a militarização das ferrovias acuou nos tribunais multidões de mulheres e adolescentes: eram sobretudo eles que trabalhavam nas ferrovias nos anos de guerra.

No entanto, neste capítulo, não entraremos num exame minucioso e frutífero das torrentes de *bytoviki* e criminosos

33 Pessoas condenadas por um artigo criminal, mas que não pertenciam ao mundo do crime. [N. T.]

34 Aguardente não redestilada, de produção caseira. [N. T.]

comuns. Só não podemos omitir, ao atingirmos 1947, um dos mais grandiosos decretos stalinistas. Já tivemos de mencionar a famosa lei "do *sete oito*", ou "dos *sete oitavos*", uma lei a partir da qual abundaram as prisões – por causa de uma espiga, de um pepino, de duas batatas, de uma lasca, de um carretel de linha (no protocolo, escreviam "200 metros de material de costura", afinal dava vergonha escrever "um carretel de linha") – por tudo isso, dez anos.

Mas as exigências do tempo, como Stálin as entendia, mudaram, e aquelas *notas de dez*, que tinham sido suficientes à espera da guerra cruel, agora, depois da histórica vitória mundial, não pareciam grande coisa. E, no dia 4 de junho de 1947, divulgaram o decreto que foi imediatamente batizado, pelos incansáveis detentos, de decreto "dos *quatro sextos*".

A superioridade do novo decreto estava nas penas: se, para tomar coragem, não uma, mas três moças saíam atrás de espigas ("uma quadrilha organizada"), ou alguns meninos de 12 anos, atrás de pepinos ou maçãs, eles podiam pegar até *vinte anos* de campo de trabalho; nas fábricas, a pena máxima foi elevada até 25 anos (o *quarteirão*). Finalmente, retificou-se a antiga incorreção de que só a não delação política era um crime contra o Estado – agora a não delação comum, acerca do desvio de propriedade do Estado ou do *kolkhoz*, rendia três anos de campo ou sete anos de exílio.

Nos anos que se seguiram ao decreto, divisões inteiras de moradores do campo e da cidade foram enviadas para cultivar as ilhas do Gulag, no lugar dos nativos dali, então extintos. Essas torrentes, é verdade, passaram pela polícia e pelos tribunais comuns, sem entupir os canais da Segurança do Estado, já sobrecarregados nos anos do pós-guerra.

Essa nova linha de Stálin – segundo a qual agora, depois da vitória sobre o fascismo, era preciso prender de maneira mais enérgica do que nunca, com mais gente e por mais tempo – no mesmo instante refletiu-se, é claro, também nos presos políticos.

Os anos de 1948-1949 ficaram marcados pela trágica comédia dos *reincidentes*, extraordinária mesmo para os tempos da ilegalidade stalinista.

Assim foram chamados, na língua do Gulag, os infelizes que não tinham sido mortos em 1937, que tinham conseguido sobreviver aos impossíveis, aos intransponíveis dez anos, e que agora, em 1947-1948, extenuados e combalidos, poriam seu acanhado pé no terreno da *liberdade*, na esperança de levar com tranquilidade o pouco que restava de sua vida. Mas alguma fantasia selvagem (ou uma maldade constante, uma insaturável vingança) impeliu o Generalíssimo, o Vencedor, a dar a ordem: prender mais uma vez todos aqueles aleijados, sem uma nova falta! Para ele, até econômica e politicamente, era desvantajoso entupir a máquina de deglutição com os próprios dejetos. Mas Stálin ordenou precisamente assim. Foi um caso em que a personalidade histórica aprontou um capricho sobre a necessidade histórica.

E foi preciso *buscar* todos eles, que mal tinham se afeiçoado a seus novos lugares e a suas novas famílias. Com o mesmo cansaço indolente com que foram buscados, eles mesmos partiram. Afinal, já conheciam tudo de antemão, toda a via-crúcis. Eles não perguntavam "por qual motivo?" e não diziam aos parentes "eu vou voltar"; eles vestiam as roupas mais sujas, enchiam uma bolsa de *makhorka*[35] e iam assinar o protocolo. (E esse era de fato um só: "Foi o senhor que esteve preso?". "Fui eu." "Recebeu mais *dez*.")

Então o Potentado se deu conta de que era pouco prender os sobreviventes do ano de 1937! Também era preciso prender os *filhos* de seus inimigos mortais! Porque eles cresceriam, ainda inventariam de se vingar. Depois da grande confusão europeia, Stálin conseguiu, antes de 1948, cercar-se novamente em segurança, abaixar um pouco mais o teto e, nesse espaço cerrado, deixar tenso o ar, como fora em 1937.

As torrentes foram semelhantes às de 1937, mas as penas não foram semelhantes: agora o padrão não era mais a patriarcal

35 Fumo de qualidade inferior, usado como moeda de troca nos campos de trabalho. [N. T.]

dezena, mas o novo *quarteirão* stalinista. A de dez agora era pena para crianças.

Também não foram esquecidas as torrentes das *nacionalidades*. Fluiu o tempo todo, vinda das florestas dos combates, a torrente dos banderistas[36]. No ano de 1950, aproximadamente, iniciou-se também a torrente das esposas dos banderistas – elas recebiam dez anos cada uma, por não delação.

Em grandes comboios, tanto residentes das cidades como camponeses das três repúblicas bálticas foram levados para o exílio siberiano.

Nos últimos anos de vida de Stálin, começou a delinear-se com clareza também a torrente dos judeus (desde 1950 eles já vinham sendo levados aos poucos, como *cosmopolitas*[37]). Para isso é que foi tramado o "caso do*s* médicos"[38]. Aparentemente, ele pretendia organizar um grande massacre dos judeus.

Porém, aquele veio a ser o primeiro intento malogrado de sua vida. Deus ordenou a ele – ao que parece, por mãos humanas – que saísse de suas costelas.

A narrativa acima deveria, aparentemente, mostrar que, no desalojamento de milhões e no povoamento do Gulag, havia uma lógica calculada a sangue-frio e uma obstinação permanente.

Que nossas prisões nunca estavam *vazias*, mas sempre cheias, ou desmedidamente superlotadas.

36 Membros da ala militarizada da Organização dos Nacionalistas Ucranianos, que atuou na Ucrânia Ocidental de 1943 a 1953 e cujo líder foi Stepan Bandera (1909-1959); tinha caráter antissoviético e anticomunista. [N. T.]

37 Esse conceito foi usado entre 1949 e 1953 na URSS para uma ampla campanha contra os "cosmopolitas sem pátria", cujo objetivo era a remoção dos judeus de todas as esferas de atividades culturais e intelectuais. [N. T.]

38 Processo criminal contra o grupo de médicos do Kremlin, acusados de conspiração e do assassinato de uma série de dirigentes da alta esfera soviética (1952-1953). Foi conduzida uma investigação, com o uso de tortura, contra 37 presos, a que se seguiu uma campanha antissemita na imprensa. Um mês depois da morte de Stálin, em abril de 1953, todos os presos no "caso dos médicos" foram libertados, as acusações apresentadas contra eles foram publicamente reconhecidas como infundadas; e os métodos de investigação, como "inadmissíveis". [N. E. R.]

Que enquanto vocês, em sua tranquilidade, se dedicavam aos inofensivos mistérios do núcleo do átomo, estudavam a influência de Heidegger sobre Sartre e colecionavam reproduções de Picasso, viajavam em vagões de segunda classe para a estação termal ou acabavam de construir a dacha nos arredores de Moscou – os camburões iam e vinham sem parar pelas ruas, enquanto os da KGB batiam à porta e tocavam a campainha.

E, acredito eu, com essa narrativa fica provado que os Órgãos sempre fizeram jus a seu pagamento.

Capítulo 3
O inquérito

Se contassem aos intelectuais tchekhovianos, que sempre conjecturavam a respeito do que aconteceria dali a vinte, trinta, quarenta anos, que dali a quarenta anos, na velha Rússia, haveria inquéritos com tortura – que comprimiriam crânios com aros de ferro, que mergulhariam as pessoas em banheiras com ácido, que as torturariam, nuas e amarradas, com formigas, com percevejos, que pegariam varetas incandescentes, tiradas do fogareiro, e cravariam no orifício anal (a "marcação secreta"), e que, na variante mais branda, torturariam por uma semana com a privação de sono, com a sede, e que surrariam até deixar em carne viva –, nenhuma peça tchekhoviana teria chegado ao fim, todos os heróis teriam ido para o manicômio.

Mas não só os heróis de Tchekhov – que pessoa russa normal, no início do século, teria acreditado, teria suportado tamanha calúnia contra o futuro radiante? Aquilo que ainda se usava na época de Aleksei Mikháilovitch; que, na época de Pedro, o Grande, já parecia uma barbaridade; que, na época de Biron, podia ser aplicado contra dez ou vinte pessoas; que se tornou totalmente impossível desde a época de Catarina; aquilo foi usado no florescer do grande século XX, numa sociedade concebida de acordo com os princípios socialistas, nos anos em que já voavam aviões, em que surgiram o cinema falado e o rádio, e de modo algum por um só malfeitor, num lugar oculto, mas por dezenas de milhares de pessoas bestializadas, especialmente adestradas, contra milhões de vítimas indefesas.

E será horrível só esse arroubo de atavismo, que agora é chamado astutamente de "culto à personalidade"? Ou é terrível que, naqueles mesmos anos, nós tenhamos celebrado o centenário de Púchkin? Ou é vergonhoso que tenham sido montadas essas mesmas peças de Tchekhov, embora a resposta a elas já tivesse sido dada? Ou o mais terrível é o que nos dizem: não precisa disso! Se ficarmos relembrando o sofrimento de milhões, isso vai distorcer a perspectiva histórica! É melhor relembrar os altos-fornos acesos, os laminadores, os canais que foram abertos...

É incompreensível que nós execremos a Inquisição. Será que, além das fogueiras, não havia missas solenes? É incompreensível que nos desagrade tanto a servidão. O camponês, afinal, não era proibido de trabalhar diariamente. E ele podia cantar canções no Natal, e no dia da Trindade[39] as meninas trançavam grinaldas...

Nos diferentes anos e décadas, o inquérito conduzido de acordo com o Artigo 58 quase nunca foi a elucidação da verdade, mas consistia apenas num procedimento inevitável e sórdido: a pessoa recém-liberta – às vezes orgulhosa, sempre despreparada – era retorcida e empurrada através de um cano estreito, em que ela teria seus flancos esfolados pelos parafusos da armação, em que não teria como respirar, de maneira que ela começasse a implorar pela outra ponta do cano – mas, nesse outro lado, ela já era expelida como um nativo rematado do Arquipélago e já na terra prometida. (O tolinho sempre teima, sempre pensa que se pode voltar pelo cano e sair.)

No *Dicionário interpretativo* de Dal, é feita a seguinte distinção: a *inquirição* difere do *inquérito* por ser feita para que se ateste previamente se há fundamento para a instauração do inquérito.

Ó santa simplicidade! Porque os Órgãos nunca conheceram inquirição nenhuma! As listas enviadas de cima ou a primeira suspeita, a denúncia de um colaborador secreto ou até mesmo uma denúncia anônima traziam consigo a prisão e, depois dela, a inescapável acusação. E a relação aqui é bem simples: uma vez que é preciso acusar de qualquer coisa, então são inevitáveis as ameaças, violências e torturas, e, quanto mais fantástica for

39 Equivalente ortodoxo ao dia de Pentecostes. [N. T.]

a acusação, mais cruel deve ser o inquérito para arrancar uma confissão. A violência e a tortura não são exclusividade do ano de 1937, é um indício duradouro de caráter geral. Nunca houve obstáculos espirituais e morais que pudessem impedir os Órgãos de cometer tortura.

Mas, se até aquele ano para o uso da tortura era exigida alguma espécie de formalização, uma autorização para cada inquérito individual (mesmo sendo fácil consegui-la), em 1937-1938 a violência e a tortura foram autorizadas de maneira ilimitada aos investigadores, de acordo com o arbítrio deles, de acordo com o que era exigido pelo trabalho e pelo prazo dado. Com isso, também não eram regulamentados os tipos de tortura, admitia-se qualquer tipo de invenção. Em 1939, essa autorização ampla e generalizada foi abolida, de novo passou a ser exigida uma formalização em papel para a tortura. Mas, já na parte final da guerra e nos anos do pós-guerra, foram decretadas certas categorias de presos, em relação aos quais se permitia, de antemão, um leque de torturas.

Como os verdugos medievais, os nossos investigadores, promotores e juízes concordaram em ver na confissão do processado a principal prova da culpa. Porém, a ingênua Idade Média, para arrancar a confissão desejada, recorreu a meios dramáticos e imaginativos: o cavalete, a roda, o braseiro, os pregos, o empalamento. Já no século XX, reconheceu-se que a ampliação desses métodos intensos era desnecessária, e que sua utilização em massa seria um estorvo.

E, além disso, havia, evidentemente, mais uma circunstância: como sempre, Stálin não pronunciava a palavra final, os subordinados tinham sempre de inferir por conta própria, e para si ele sempre deixava uma saída. De todo modo, era a primeira vez na história humana que se realizava o martírio sistemático de milhões de pessoas, e, mesmo com toda a magnitude de seu poder, Stálin não podia ter certeza absoluta de seu êxito. Em todo caso, Stálin deveria manter uma imagem angelical e pura.

É por isso, pode-se imaginar, que não existia uma lista de torturas e zombarias impressa em uma tipografia para ser entregue aos investigadores. Era simplesmente exigido que cada divisão de inquérito entregasse ao tribunal, no prazo estipulado, a quantidade estipulada de coelhos que já tivessem confessado tudo. E simplesmente era dito (oralmente, mas com frequência) que todas as medidas e meios eram bons, uma vez que possuíam um objetivo elevado; que ninguém solicitaria ao investigador a morte do processado; que o médico da prisão deveria intrometer-se o mínimo possível no andar do inquérito.

Os verdadeiros limites do equilíbrio humano são muito estreitos, e o cavalete e o braseiro de modo algum são necessários para tirar de si o homem médio.

Tentaremos relacionar alguns dos métodos mais simples para quebrar a vontade e a personalidade do detento, sem deixar vestígios em seu corpo.

• Comecemos com as próprias *madrugadas*. Por que é que ocorre principalmente de madrugada o quebrantar das almas? Por que é que os Órgãos escolheram a noite desde seus primeiros anos de existência? Porque de madrugada, arrancado do sono (quando ainda nem foi atormentado pela insônia), o detento não pode ser ponderado e sóbrio como de dia, e ele é mais maleável.

• A *convicção* em tom sincero. O mais simples. Para que o jogo de gato e rato? O investigador fala, em tom indolente e amistoso: "Você está vendo que vai receber uma sentença de qualquer jeito. Mas, se resistir, você vai *se acabar* aqui, na prisão, vai perder a saúde. Se você for para o campo, vai poder ver a luz, o ar... Então é melhor assinar logo...". É muito lógico. E sóbrios são os que concordam e assinam, se... Se tudo se tratar só deles mesmos! Mas raramente é assim. E a luta é inevitável.

• Os *xingamentos* grosseiros. É um método simplório, mas pode funcionar perfeitamente com pessoas instruídas. Fiquei sabendo de dois casos, envolvendo sacerdotes, em que eles se renderam com simples xingamentos.

• O abalo pelo *contraste psicológico*. Transições súbitas: durante todo o interrogatório, ou parte dele, ser extremamente amável, depois de repente agitar um peso de papel: "Ah, seu verme! Uma bala de 9 gramas na sua nuca!". Há uma variante: dois investigadores se alternam, um berra e atormenta, o outro é simpático, quase afetuoso. O processado, ao entrar no gabinete, treme toda vez: qual deles vai ser? Pelo contraste, dá vontade de assinar e confessar tudo ao segundo, até o que não aconteceu.

• A *humilhação* prévia. Nos famosos porões do GPU de Rostov (do "edifício Trinta e Três"), separados da calçada da rua por grossos vidros (era um antigo armazém), os presos à espera do interrogatório eram postos de bruços por algumas horas, no chão do corredor comum, e eram proibidos de levantar a cabeça, de emitir qualquer som.

• *Intimidação*. O método mais utilizado, e muito diversificado. É frequente a combinação com o engodo – uma promessa evidentemente falsa. 1924: "Não vai confessar? Vai ter de fazer um passeio em Solovkí. Mas quem confessa é solto". 1944: "Depende de mim o campo que você vai pegar. Há campos e campos. Agora também temos os de trabalhos forçados. Se ficar teimando – 25 anos, algemado, nas obras subterrâneas!".

• *Mentira*. Nós, cordeirinhos, não podemos mentir, mas o investigador mente o tempo todo, e todos aqueles artigos não se aplicam a ele. A intimidação, junto com o engodo e a mentira, é a principal técnica para influenciar os parentes do preso convocados para depoimento. "Se você não der o seguinte testemunho (o que era necessário), vai ser pior para ele... Você vai arruiná-lo de vez... (como é para uma mãe ouvir isso?) Só assinando esse papel (entregue por debaixo do pano) é que você pode salvá-lo."

• *Brincar com o afeto* pelos entes queridos também funciona muito bem com o processado. Ameaçam prender todo mundo que você ama.

Como nenhuma classificação da natureza possui balizas muito rigorosas, também aqui não pudemos separar com nitidez os métodos psíquicos dos *físicos*. Onde incluir, por exemplo, estes passatempos:

• O modo *sonoro*. Colocar o processado a uns 6, a uns 8 metros, e fazê-lo falar e repetir cada vez mais alto. Para uma pessoa que já está extenuada, isso não é fácil.

• O modo *luminoso*. Uma forte luz elétrica, ligada 24 horas por dia na cela ou no compartimento, uma lâmpada demasiadamente brilhante para um ambiente pequeno com paredes brancas. As pálpebras ficam inflamadas, é muito doloroso. E, no gabinete de investigação, apontam os holofotes da sala para o interrogado novamente.

• A cadeia começa pelo *compartimento*, ou seja, um cubículo ou armário. A pessoa acabou de ser tirada da liberdade, ainda está passando por um movimento interno, e é trancada numa caixa, às vezes com uma lâmpada, onde ela pode ficar sentada, mas às vezes escura, onde ela só pode ficar em pé, e ainda comprimida por uma porta. E ela é mantida ali por algumas horas, por doze horas, por um dia inteiro. Horas de plena incerteza! Uns esmorecem – e é nessa hora que fazem o primeiro interrogatório! Outros ficam enfurecidos – é até melhor, eles logo ofendem o investigador, cometem um descuido – e fica mais fácil montar a causa contra eles.

• Quando faltavam compartimentos, faziam também o seguinte. No NKVD de Novotcherkassk, Elena Strutínskaia foi posta num corredor, por seis dias, *num banquinho* – de modo que ela não conseguia se apoiar em nada, nem dormir, nem cair, nem levantar. Isso por seis dias! Tente ficar assim por seis horas.

• Ou então simplesmente mandam ficar *em pé*. Pode ser que você fique em pé só durante os interrogatórios, mas isso também o deixa fatigado e prostrado. Pode até ser que você fique sentado durante os interrogatórios, mas aí tem de ficar em pé entre um interrogatório e outro (coloca-se uma guarda, o inspetor fica de olho, para você não se encostar na parede, e, se você pegar no sono e desabar, dão pontapés e levantam você). Às vezes, um dia inteiro em pé já é o bastante para uma pessoa perder as forças e testemunhar o que eles quiserem.

• Nos três, quatro, cinco dias em que mandam ficar em pé, geralmente *não dão de beber*.

Fica cada vez mais clara a combinação de métodos psicológicos e físicos. Fica também claro que todas as medidas anteriores são ligadas às seguintes:

• A *privação de sono*, a que a Idade Média não deu o devido valor: não era sabido quão estreita é a faixa dentro da qual a pessoa mantém sua personalidade. A privação de sono (e ainda mais ligada à permanência em pé, à sede, à luz brilhante, ao medo e à incerteza – qual será a sua tortura?!) turva a razão, esmaga a vontade, a pessoa deixa de ser o seu "eu".

A privação de sono é uma grande ferramenta de tortura e não deixa absolutamente nenhum rastro visível, nem sequer dá margem para queixas, mesmo se no dia seguinte aparecer uma inspeção inédita. "Não deixaram você dormir? Pois aqui não é mesmo casa de repouso!" Pode-se dizer que a privação do sono tornou-se uma ferramenta universal dos Órgãos, passando de uma categoria de tortura ao próprio regulamento da Segurança do Estado. Em todas as prisões provisórias, é impossível dormir um minuto sequer, do toque da alvorada ao toque de recolher (com essa finalidade, na prisão de Sukhánovo e em mais algumas, os leitos eram recostados à parede durante o dia; em outras, é simplesmente impossível deitar-se ou fechar os olhos, mesmo sentado). E os principais interrogatórios são todos de madrugada.

• Um desdobramento da anterior é *a série de investigadores*. Você não só não dorme como é interrogado sem parar, durante três ou quatro dias inteiros, por investigadores que se revezam em turnos.

• As *solitárias*. A cela pode até ser ruim, mas a solitária é sempre pior; em comparação com ela, a cela fica sempre parecendo um paraíso. Na solitária, a pessoa é extenuada pela fome e geralmente pelo *frio* (em Sukhánovo, há também solitárias *quentes*). As solitárias de Lefórtovo, por exemplo, não são aquecidas em absoluto, e o detento é despido até a roupa de baixo, às vezes até ficar só de calção, e tem de ficar imóvel (apertado) na solitária num período de três a cinco dias (só recebe a *balanda* quente no terceiro dia). Nos primeiros minutos, você pensa: não vou suportar nem uma hora. Mas, por algum milagre, a pessoa aguenta ali os seus cinco dias, contraindo, talvez, uma doença para a vida toda.

As solitárias têm variedades: umidade, água. Já depois da guerra, na prisão de Tchernovtsý, Macha Gógol foi mantida, por duas horas, descalça até os tornozelos em água gelada – para confessar! (Ela tinha 18 anos, ainda temia por seus pés: quanto tempo ainda teria de viver com eles!)

• Devemos considerar como uma variedade de solitária quando o *trancam de pé dentro de um nicho*? Já em 1933, em Khabárovsk, o GPU torturou S. A. Tchebotariov deste jeito: ele foi trancado nu dentro de um nicho de concreto, de modo que não conseguia dobrar os joelhos, nem endireitar os braços ou mudá-los de lugar, nem virar a cabeça. E não é só isso! Água fria começou a pingar no cocuruto (que antológico!...) e a escorrer pelo corpo em filetes. É claro que não o avisaram de que aquilo duraria apenas 24 horas. Terrível ou não, o caso é que ele perdeu a consciência; foi retirado no dia seguinte, como que morto. Ele demorou muito a conseguir lembrar-se de onde tinha vindo, o que tinha acontecido na véspera. Por um mês inteiro, ficou imprestável, até mesmo para os interrogatórios.

• A *fome* já foi mencionada na descrição da influência combinada. Não é um método tão raro: arrancar, pela fome, uma confissão do preso. A módica ração prisional, em 1933, um ano sem guerra, era de 300 gramas; em 1945, na Lubianka, de 450; o jogo de permitir ou proibir a entrega e o escambo era aplicado a todos sem distinção, era universal.

• As *surras* que não deixavam rastros. Batem com borracha, batem com maços, com sacos de areia. Dói muito quando batem nos ossos; a bota do investigador na canela, por exemplo, onde o osso está quase na superfície. O comandante de regimento Karpunitch-Braven foi surrado por 21 dias seguidos. (Agora ele diz: "Mesmo depois de trinta anos, todos os ossos e a cabeça doem".) Relembrando as próprias surras, e pelos relatos, ele conta 52 métodos de tortura.

Será preciso continuar a enumeração? Ainda há muito a enumerar? O que não inventam os ociosos, os saciados, os insensíveis?...

Meu irmão! Não julgue aqueles que foram parar ali, que se descobriram fracos e assinaram o que não deviam...

Mas é o seguinte. Nem essas torturas nem mesmo os métodos mais "leves" são necessários para conseguir o depoimento da maioria, para levar, nos dentes de ferro, os carneirinhos despreparados e que aspiram a voltar a seu cálido lar.

Somos educados e preparados desde a juventude para nossa profissão; para as obrigações do cidadão; para o serviço militar; para o asseio com nosso corpo; para o comportamento decente; até para compreender as coisas belas (bom, isso não muito). Mas nenhuma instrução, nenhuma educação, nenhuma experiência consegue de modo algum nos preparar para a maior de todas as provações da vida: ser preso por nada e ser investigado por nada.

... E como? como é que você pode resistir? sentindo dor, fraco, com os afetos vivos, despreparado?...

O que é preciso para ser mais forte que o investigador e que toda essa cilada?

É preciso ir para a prisão sem sofrer pela cálida vida que se deixou para trás. É preciso dizer a si mesmo, na soleira: a vida está acabada, um pouco cedo, mas não há o que fazer. Nunca mais voltarei à liberdade. Estou condenado à ruína – agora ou daqui a um tempo, mas depois será ainda mais difícil, é melhor antes. Não tenho mais bens. Os entes queridos morreram para mim, e eu morri para eles. Meu corpo, a partir de hoje, é inútil para mim, é um corpo alheio. Só o meu espírito e a minha consciência continuam sendo caros e importantes para mim.

E diante de um detento assim quem estremece é o inquérito!

Só vence quem renunciou a tudo!

Mas como transformar seu corpo em pedra?

Pois, entre os membros do círculo de Berdiáiev, transformaram alguns em marionetes para o tribunal; mas ele mesmo não conseguiram transformar. Queriam arrastá-lo para algum processo, ele foi preso duas vezes, levado (em 1922) para um interrogatório noturno com Dzerjínski. Mas Berdiáiev não se rebaixou, não suplicou, e sim expôs a eles, com firmeza, aqueles princípios religiosos e morais que não eram aceitos pelos poderes que se instituíam na Rússia – e não só o consideraram inútil para o tribunal como o libertaram. A pessoa manifestou seu ponto de vista!

N. Stoliarova relembra sua vizinha de beliche na Butyrka, em 1937, uma velha. Ela era interrogada todas as noites. Dois anos antes, em Moscou, um ex-metropolita que tinha fugido do exílio pernoitou de passagem na casa dela. "Mas não era o ex, era o atual! Eu tive mesmo a honra de recebê-lo." "Muito bem. Mas, de Moscou, ele foi para a casa de quem?" "Eu sei. Mas não vou dizer!" (O metropolita fugiu para a Finlândia por meio de uma corrente de fiéis.) Os investigadores se revezavam e se reuniam em grupos, brandindo o punho diante do rosto da velhota, mas ela lhes dizia: "Vocês não têm o que fazer comigo, podem até me fazer em pedaços. Porque vocês têm medo da chefia, têm medo uns dos outros, têm até medo de me matar ('vão perder a corrente'). Mas eu não tenho medo de nada! Eu posso responder agora mesmo ao Senhor!".

Que não digam que a história dos revolucionários russos nos deu melhores exemplos de firmeza. Não há comparação alguma, porque os nossos revolucionários nunca souberam o que é um verdadeiro e *bom* inquérito, com 52 métodos.

Chechkóvski não supliciou Radíschev. E Radíschev, de acordo com o costume da época, sabia muito bem que seus filhos continuariam a servir do mesmo jeito como oficiais da guarda e que ninguém destruiria a vida deles. E as propriedades da família de Radíschev não foram confiscadas por ninguém. E mesmo assim, em seu breve inquérito, que durou duas semanas, esse homem notável renegou suas convicções, seus livros – e pediu clemência.

Nicolau I não teve a crueldade de prender as esposas dos dezembristas[40], de obrigá-las a gritar no gabinete ao lado ou de submeter os próprios dezembristas a torturas. Não foi atribuída responsabilidade "aos que sabiam dos preparativos da rebelião, mas não delataram". Sobretudo, nenhuma sombra recaiu sobre os parentes dos condenados (houve um manifesto especial quanto a isso). Mas até Ryléiev "respondeu longamente, sinceramente, sem ocultar nada". Até Péstel *desabou* e deu os nomes de seus camaradas (os que ainda estavam livres), a quem ele tinha dado ordem de enterrar a Rússkaia Pravda[41], e até o lu-

40 Participantes do levante armado de 1825, de oficiais militares e representantes da alta nobreza contra o novo tsar, Nicolau I. [N. T.]

41 A "Justiça Russa", ou "Verdade Russa", espécie de programa de governo revolucionário elaborado por Péstel pouco antes do levante dezembrista. [N. T.]

gar em que fora enterrada. Raros, como Lúnin, primaram pela falta de respeito e pelo desdém à comissão de inquérito.

No fim do século passado e começo do atual, um oficial da gendarmaria retirava imediatamente a interrogação se o processado a considerasse descabida ou invasiva à esfera íntima. Quando, em Kresty, em 1938, o velho preso político Zelénski, condenado a trabalhos forçados, era açoitado com varetas, com as calças arriadas, como um menininho, ele começou a chorar na cela: "O investigador tsarista não ousava nem me chamar de *tu*!".

Nossa ida para a prisão (minha e de meu colega de processo, Nikolai Vitkévitch) teve um caráter juvenil, embora nós já fôssemos oficiais do front. Eu me correspondia com ele durante a guerra, entre dois setores do front, e, sob a censura militar, não conseguimos evitar, em nossas cartas, a expressão quase patente das indignações e injúrias políticas que dirigíamos ao Sábio dos Sábios, codificado por nós, de maneira clara, de Pai para Chefão. (Quando, mais tarde, eu contava do meu processo nas cadeias, a nossa ingenuidade provocava só riso e surpresa. Diziam que seria impossível encontrar outros cordeirinhos como nós.)

Alto, espaçoso, iluminado, com uma janela imensa; assim era o gabinete do meu investigador, I. I. Ezepov – e, aproveitando sua altura de 5 metros, penduraram um retrato vertical, de 4 metros, de corpo inteiro, do poderoso Soberano. O investigador às vezes ficava em pé diante dele e jurava, em tom teatral: "Estamos prontos para dar a vida por ele! Estamos prontos para nos deitar em frente a um tanque por ele!". Perante a magnitude daquele retrato, quase digna de um altar, parecia lastimável o meu balbucio sobre um leninismo purificado, e eu mesmo, um blasfemador sacrílego, era digno somente da morte.

O conteúdo de uma das nossas cartas dava, para os padrões da época, material pesado para a nossa condenação; a partir do momento em que elas foram postas sobre a mesa dos agentes da censura, meu destino e o de Vitkévitch estavam decididos, e eles só nos permitiram ficar um pouco mais na guerra enquanto ainda fôssemos úteis. Mas o mais impiedoso foi: desde o momento da prisão, quando quatro blocos de diários de campanha, escritos com um lápis duro e pálido, com anotações miúdas como agulhas, que em alguns lugares já iam se apagando, foram jogados pelos agentes na minha mala, lacrados, e eu mesmo fui incumbido de levar aquela mala até Moscou, tenazes incandescentes comprimiram meu coração. Aqueles diários eram a minha pretensão de me tornar escritor. Eu não confiava na força de nossa incrível memória, e tentei, durante todos os anos da guerra, anotar tudo que eu tinha visto (que não era tão ruim assim) e tudo que eu tinha ouvido das pessoas. De maneira temerária, inseri ali os relatos completos de meus companheiros de regimento – sobre a coletivização, sobre a fome na Ucrânia, sobre o ano de 1937, e, por escrúpulos e por nunca ter passado pelo NKVD, designei com clareza quem tinha me contado tudo aquilo. E agora todos aqueles relatos, tão naturais na linha de frente, perante a face da morte, agora tinham alcançado o pedestal do Stálin de 4 metros daquele gabinete – e traziam o ar úmido da prisão para meus companheiros de regimento, puros, valentes, insubmissos.

Aqueles diários me oprimiram mais que tudo durante o inquérito. E, para que ao menos o investigador não inventasse de trabalhar em cima deles e não arrancasse dali a fibra daquele povo livre do front, eu me arrependi de tudo que foi necessário e reconheci, na medida necessária, meus erros políticos. Eu ia desfalecendo naquela caminhada sobre a lâmina – até eu ver que não trariam mais ninguém para fazer acareação comigo; até que surgiram claros indícios da conclusão do inquérito; até que, no quarto mês, todos os blocos dos meus diários de campanha foram lançados à bocarra infernal dos fornos da Lubianka, até esguicharem de lá as raspas vermelhas de mais um romance perdido na velha Rússia, e elas saírem voando, bem do alto das chaminés, como negras borboletas de fuligem.

Debaixo daquela chaminé nós caminhávamos – numa caixa de concreto, no telhado da Grande Lubianka, ao nível do quinto andar. Por cima do quinto andar, as paredes ainda se elevavam três vezes a altura de um homem. Com os ouvidos, ouvíamos Moscou: o cantar das sirenes dos automóveis. Mas víamos só aquela chaminé, uma sentinela no torreão do sétimo andar, e ainda aquele infeliz pedaço do céu de Deus, a que coubera estender-se sobre a Lubianka.

Ah, aquela fuligem! Ela caía sem parar naquele primeiro maio do pós-guerra. O meu diário perdido era apenas um filete momentâneo daquela fuligem. E eu relembrava a manhã gelada e ensolarada de março, quando eu me sentara de frente para o investigador. Ele fizera as suas habituais perguntas ríspidas; anotara, distorcendo as minhas palavras. Nos pontos degelados da janela, viam-se os telhados de Moscou, os telhados – e, sobre eles, uma alegre névoa. Mas eu não olhava para lá, e sim para a pilha de manuscritos amontoados no meio do quase vazio gabinete de 13 metros, que tinham acabado de ser despejados ali e que ainda não haviam arrumado. Em cadernos, em pastas, em encadernações caseiras, em maços amarrados ou desamarrados, ou simplesmente em folhas soltas – os manuscritos jaziam ali como um monte funerário dedicado ao espírito humano, e aquele monte, com sua elevação cônica, era mais alto que a escrivaninha do investigador, quase encobrindo a minha visão do próprio investigador. E uma compaixão fraternal me empurrava na direção do trabalho daquele desconhecido, que fora preso na noite anterior, e os frutos da busca tinham sido sacudidos até o dia raiar por sobre o assoalho de parquete daquele gabinete de tortura, aos pés de um Stálin de 4 metros. Eu permanecia sentado, tentando adivinhar: quem era o dono daquela vida fora do comum, que fora trazida naquela madrugada para o suplício, o estraçalhamento e a posterior incineração?

Ah, quantas ideias e quantos trabalhos não foram arruinados naquele edifício?! Toda uma cultura perdida. Ó fuligem, a fuligem das chaminés da Lubianka! O mais lastimável é que os descendentes considerem nossa geração mais estúpida, mais incapaz e mais iletrada do que ela foi!...

De acordo com o Código Processual, considera-se que o promotor deve cuidar, de modo incansável, do andamento de cada inquérito. Mas, em nossa época, ninguém olhava nos olhos dele antes do chamado “inquérito junto ao promotor”, que significava que o processo aproximava-se de seu fim. Eu também fui conduzido a um inquérito desse tipo.

O tenente-coronel Kótov – um loiro tranquilo, bem nutrido e impessoal, em nada mau e em nada bom – estava sentado à mesa e, bocejando, examinava pela primeira vez a pasta com meu caso. Ele levou mais uns quinze minutos, na minha presença, tomando conhecimento dele, em silêncio. Depois, ergueu em direção à parede seus olhos indiferentes e perguntou com indolência o que eu tinha a acrescentar ao meu depoimento.

Sua apatia, sua atitude pacífica e seu cansaço em relação àqueles *casos* infinitos e estúpidos de algum modo me contagiaram. E eu nem levantei a ele questões de veracidade. Pedi apenas a correção de um absurdo: nós dois fomos acusados em um só processo, mas nosso inquérito foi feito em separado (o meu em Moscou; o do meu amigo no front), de maneira que eu passei pelo processo *sozinho*, mas fui acusado de acordo com o parágrafo 11, ou seja, como grupo. Ponderadamente, pedi a ele que tirasse aquele acréscimo do parágrafo 11.

Ele ainda passou uns cinco minutos folheando o caso, evidentemente sem encontrar ali a nossa *organização*, mas mesmo assim suspirou, encolheu os ombros e disse:

— Que fazer? Uma pessoa é uma pessoa, mas duas pessoas são várias pessoas.

E apertou um botão para que eu fosse levado.

Pouco tempo depois, no fim de maio, tarde da noite, no mesmo gabinete do promotor, com um relógio decorativo de bronze sobre a laje de mármore da lareira, fui convocado por meu investigador para o "Duzentos e Seis" – assim era chamado, de acordo com o artigo do código, o procedimento de exame do caso pelo próprio processado e de sua assinatura final. Sem ter a menor dúvida de que receberia a minha assinatura, o investigador já estava sentado, elaborando o veredicto de culpa.

Abri a capa da minha grossa pasta e, já na capa, na parte de dentro, em texto impresso, li uma coisa impressionante: que, ao longo do inquérito, eu tinha afinal o direito de apresentar uma queixa por escrito acerca da condução incorreta do inquérito – e o investigador seria obrigado a anexar cronologicamente ao processo! Ao longo do inquérito! Mas não depois de sua conclusão…

Infelizmente, nenhum dos milhares de detentos com quem estive preso depois sabia desse direito.

Continuei folheando. Vi as fotocópias de todas as minhas cartas e a interpretação completamente deturpada do sentido delas, feita por comentaristas desconhecidos (como o capitão Libin). E vi a mentira hiperbolizada com que o capitão Ezepov revestiu meus cuidadosos depoimentos.

— Não estou de acordo. Vocês conduziram o inquérito de maneira incorreta – eu disse, num tom não muito resoluto.

— Muito bem, então vamos começar tudo de novo! – ele apertou os lábios de maneira lúgubre. — Podemos mandar você para o lugar em que os *polizei*[42] são mantidos.

Tudo de novo?... Parecia mais fácil morrer do que começar tudo de novo. De qualquer maneira, adiante havia a promessa de uma vida. (Se eu soubesse que vida!...)

E eu assinei. Assinei junto com o parágrafo 11. Eu não conhecia o peso dele, só tinham me dito que ele não aumentava a sentença. Por causa do parágrafo 11 é que fui parar no campo de trabalhos forçados. Por causa do parágrafo 11 é que, depois da "libertação", sem nenhuma sentença, fui exilado para sempre.

Talvez tenha sido melhor. Sem um e outro eu não teria escrito este livro...

42 Polícia colaboracionista, mantida pelos alemães durante a ocupação. [N. T.]

Capítulo 4
Galões azuis

Em meio a todo esse atrito das rodas dentadas do grandioso Estabelecimento Noturno, onde nossa alma é moída, e a carne fica pendurada, como farrapos de um maltrapilho, nós sofremos demais, estamos demasiado imersos em nossa dor para lançar um olhar elucidativo e profético aos pálidos *algozes* noturnos que nos dilaceram. A acumulação interna de infortúnio inunda nossos olhos – do contrário, que historiadores seríamos de nossos torturadores! –, pois eles mesmos, em carne e osso, não haveriam de descrever-se.

É famosa a ocasião em que Alexandre II, aquele mesmo, cercado por revolucionários que por sete vezes buscaram sua morte, visitou uma casa de detenção preventiva na rua Chpalérnaia (o tio do Bolchói Dom[43]) e ordenou que o trancassem na solitária 227, onde passou mais de uma hora – ele queria esmiuçar a situação daqueles que ele próprio mantinha ali.

Não se pode negar que, para um monarca, foi um movimento moral, uma necessidade e uma tentativa de considerar a questão espiritualmente.

Mas é impossível imaginar que qualquer um dos nossos investigadores, de Abakúmov até Béria, desejasse entrar por uma hora que fosse na pele de um detento, permanecer na solitária, meditando.

Se alguém percebia com clareza que *os processos* eram fictícios, esse alguém eram os investigadores! Afinal, exceto pelas

43 Literalmente, a "Casa Grande", denominação extraoficial do edifício dos órgãos de segurança em Leningrado. [N. T.]

reuniões, eles não podiam falar uns com os outros nem admitir a si mesmos, a sério, que estavam desmascarando criminosos. E mesmo assim escreviam folha por folha os protocolos do nosso apodrecimento?

Eles entendiam que os processos eram fictícios, e mesmo assim se esforçavam, ano após ano. Como assim?... Ou obrigavam a si mesmos a não pensar (e isso já é a destruição do homem) – simplesmente aceitavam: tem de ser assim! Os que escreviam as instruções para eles não podiam estar errados.

Mas, é preciso recordar, os nazistas não argumentavam o mesmo?

Ou era a Doutrina Progressista, a ideologia de granito. Um investigador da lúgubre Orotukan (uma missão punitiva em Kolimá, em 1938), amolecido pela fácil concordância de M. Lurie, diretor do conjunto industrial de Krivói Rog, em assinar para si mesmo uma segunda sentença no campo de trabalho, disse a ele em seu tempo livre: "Você pensa que nos traz satisfação aplicar a *influência*? (Era o jeito meigo de dizer 'tortura'.) Mas nós devemos fazer o que o Partido exige de nós. Você é um velho membro do Partido: diga, o que você faria no nosso lugar?".

Mas geralmente era cinismo. Os galões azuis entendiam o funcionamento do moedor de carne. O investigador Mironenko dizia, nos campos de Djidá (1944), ao condenado Bábitch, quase orgulhoso da racionalidade da construção: "O inquérito e o julgamento são só uma formalidade jurídica, eles não podem mais mudar a sua sorte. Se for preciso fuzilar você, mesmo sendo absolutamente inocente, você de qualquer maneira será fuzilado. Se for preciso absolver, mesmo sendo culpado do que for, vão absolver".

"Se temos uma pessoa, criamos um *processo*!", era o que muitos deles diziam de brincadeira, era o provérbio deles. Para nós, era o martírio; para eles, um bom trabalho.

Privados da esfera superior da existência humana, graças ao tipo de atividade e à escolha de vida que fizeram, os servidores do Estabelecimento Azul viviam na esfera inferior, com avidez e plenitude cada vez maiores. E lá eles eram governados e dirigidos pelos instintos mais fortes da esfera inferior (além da fome e do sexo): o instinto de poder e o instinto de lucro. (Especialmente de poder. Em nosso século, ele acabou sendo mais importante que o dinheiro.)

Pois é mesmo um enlevo: você ainda é jovem, você é, digamos entre aspas, um meninão, mas passou três aninhos *naquele* colégio – e como você cresceu! Como mudou sua posição na vida! Como mudaram os seus movimentos, o seu olhar, o meneio de sua cabeça! O conselho científico do instituto está reunido – e você entra, e todos percebem, todos até estremecem; você não pega a cadeira presidencial, lá o reitor que se vire, você se senta de lado, mas todos entendem que o mais importante é que você é da divisão especial. Você pode ficar cinco minutos sentado e ir embora, essa é sua vantagem em relação aos professores – mas depois, quando ouvir as decisões deles, você vai erguer as sobrancelhas (ou melhor, mover os lábios) e dizer ao reitor: "Não dá. Há certas *considerações...*". E pronto! E não vai acontecer! Ou você é da inteligência, do Smerch, no máximo um tenente, mas o velho coronel corpulento, comandante de uma divisão, vai levantar quando você entrar, ele vai tentar adular você, agradar, ele não vai beber com o chefe do estado-maior sem convidar você. Não tem problema você só ter duas pequenas estrelinhas, é até divertido: porque as suas estrelinhas têm um peso completamente diferente, são medidas por uma escala completamente diferente daquela dos oficiais comuns. Sobre todas as pessoas dessa divisão militar, ou dessa fábrica, ou desse distrito, você tem um poder que vai incomparavelmente mais fundo que o do comandante, do diretor, do secretário do Comitê Distrital. Eles comandam o serviço, o salário, o bom nome deles, mas você, a liberdade deles. E ninguém ousará falar de você nas reuniões, ninguém ousará escrever sobre você no jornal, e não só mal! Também não ousarão falar *bem*! Você existe, todos sentem você! Mas é como se você não existisse. E, por isso, você está acima do poder visível, desde que se encobriu com esse quepe celestial.

Só nunca se esqueça de uma coisa: você também seria um cretino desses se não tivesse a sorte de ter virado um dos elos dos Órgãos – desse ser maleável, uno e vivo –, e agora tudo é seu! É tudo para você! – mas seja fiel aos Órgãos! Você sempre será amparado! Vão ajudar você a engolir qualquer ofensor! E a eliminar qualquer obstáculo do seu caminho! Mas seja fiel aos Órgãos! Faça tudo que mandarem! Vão calcular para você até o seu lugar: hoje você é da divisão especial, mas amanhã vai ocupar a cadeira de investigador. Não fique surpreso com nada: o verdadeiro destino das pessoas e o verdadeiro grau ocupado pelas pessoas só são conhecidos pelos Órgãos; aos outros, eles deixam brincar: um Artista Emérito qualquer ou um Herói dos Campos Socialistas; mas basta você assoprar, e eles somem. ("Você, quem é?", perguntou o general Serov, em Berlim, ao biólogo Timofêiev-Ressóvski, mundialmente conhecido. "E você, quem é?", disse Timofêiev-Ressóvski, nada desconcertado, com sua hereditária audácia de cossaco. "O senhor é cientista?", emendou-se Serov.)

O trabalho de investigador evidentemente exige esforço: é preciso comparecer durante o dia, comparecer durante a noite, passar horas e horas sentado – mas não precisa quebrar a cabeça com as "provas" (deixe que o processado tenha dor de cabeça com isso) – faça o que for necessário aos Órgãos, e tudo ficará bem. Vai depender de você mesmo conduzir o inquérito da maneira mais agradável, sem se fatigar muito, quem sabe até se divertindo. Afinal, é maçante ver sempre a mesma coisa, são maçantes aquelas mãos trêmulas, os olhos suplicantes, a resignação amedrontada – se pelo menos alguém resistisse um pouco! "Adoro oponentes fortes! É bom quebrar a espinha deles!" (investigador Chítov, de Leningrado).

Mas quem é que afinal poderia constranger você? Pois, se você gosta de mulheres (e quem é que não gosta?), seria um idiota de não usar a sua posição. Algumas são atraídas por sua força, outras cedem por medo. Conheceu uma moça em algum lugar, decidiu que quer – ela será sua, não tem para onde fugir. Escolheu a mulher de um outro qualquer – ela é sua! – porque dar um jeito no marido não custa nada.

Não, é preciso passar por isso – o que significa ser um quepe azul! Qualquer coisa que você tiver visto – é sua! Qualquer apartamento que você tiver descoberto – é seu! Qualquer mulher

– é sua! Qualquer inimigo – fora do meu caminho! O chão debaixo dos seus pés – é seu! O céu sobre a sua cabeça – é seu, é azul!

Mas a paixão por lucrar é uma paixão generalizada entre eles. Como não aproveitar, para o enriquecimento, tamanho poder e tamanha falta de controle? Pois aquilo tem de ser sagrado!...

Se nos fosse dado conhecer a força motriz oculta de cada prisão, tomada individualmente, nós veríamos, surpresos, que, dentro da determinação geral de *prender*, a escolha particular de *quem* prender, a sorte individual, em três quartos dos casos dependia da cobiça e do espírito de vingança humanos; e metade dos casos, de cálculos interesseiros do NKVD local (e do promotor, não o deixemos de lado).

Como começou, por exemplo, a viagem de dezenove anos de Vassíli Grigórievitch Vlássov pelo Arquipélago? Começou na ocasião em que ele, diretor da Associação Distrital de Consumo (no antigo povoado de Kadýi, na região de Ivánovo), organizou a venda de artefatos para os quadros do Partido (o fato de que não era para todos não deixava ninguém indignado), e a esposa do promotor não conseguiu comprar: ele não estava por ali no momento, e o próprio promotor Rússov ficou com vergonha de se aproximar do balcão, e Vlássov não pensou em dizer: "Olha, vou deixar aqui para o senhor" (até porque ele, por seu caráter, nunca diria aquilo). E ainda: o promotor Rússov trouxe para o refeitório privado do Partido um amigo que não tinha registro ali (ou seja, de uma patente mais baixa), e o administrador do refeitório não permitiu que servissem almoço ao amigo. O promotor exigiu que Vlássov o punisse, mas Vlássov não puniu. E ainda, de modo igualmente amargo, ele ofendeu o NKVD distrital. E foi ligado à oposição de direita!...

As razões e as ações dos galões azuis são tão mesquinhas que você ficaria admirado. O representante de operações Sentchenko tomou a prancheta e a bolsa de campo de um oficial do Exército que fora preso e começou a usá-las na frente dele. O investigador Fiórodov (da estação de Rechoty, caixa postal 235) roubou um relógio de pulso durante uma busca no apartamento de Korzúkhin, um livre. O investigador Nikolai Fiódorovitch Krujkov, durante o cerco de Leningrado, declarou a Elena Víktorovna Strakhóvitch, esposa de seu processado K. I. Strakhóvitch: “Preciso de um edredom. Traga-me um!”. Ela respondeu: “O quarto em que eu guardo as roupas quentes está selado”. Então ele foi com ela para casa; sem destruir o chumbo do pessoal da Segurança, ele desaparafusou inteira a maçaneta da porta (“é assim que trabalha o NKGB!”, ele explicou alegremente) e começou a tirar as roupas quentes dela; e ainda, no caminho, enfiou no bolso uns cristais. (E. V., por sua vez, pegou o que pôde, as próprias coisas. “Basta de pegar coisas!”, ele a deteve, enquanto ele mesmo pegava.) Os casos semelhantes não têm fim.

Porém, o destino fatal – o de serem eles mesmos presos – não era tão raro para os galões azuis; eles não tinham nenhuma garantia contra isso, e a mente inferior diz: raramente acontece, raramente alguém vai, eu me safo dessa, e os nossos não vão me abandonar.

Eles de fato tentam não deixar os seus na miséria, eles têm uma condição tácita: conseguir para os seus pelo menos uma situação privilegiada.

Mas os agentes da Segurança que caem numa *torrente* põem tudo em risco (eles também têm as torrentes deles!...). A torrente é um elemento, é mais forte até que os próprios Órgãos, e aí ninguém vai ajudar você a não ser arrastado para o mesmo abismo.

As torrentes surgiram por alguma lei secreta de renovação dos Órgãos – uma pequena oferenda periódica, para que os remanescentes adquiram um aspecto purificado. Alguns cardumes de agentes da Segurança deveriam oferecer a própria cabeça com a mesma determinação com que o esturjão vai morrer nas pedras dos rios para dar lugar aos alevinos. Tanto os reis dos Órgãos como os ases dos Órgãos e até os próprios ministros colocavam sua cabeça na guilhotina na estrelada hora estabelecida.

Um cardume levou consigo Iagoda. Provavelmente, muitos daqueles nomes gloriosos, com que ainda nos encantaremos no

Belomorkanal, entraram nesse cardume, e seus sobrenomes depois foram riscados das linhas poéticas.

O segundo cardume, pouquíssimo tempo depois, arrastou o efêmero Iejov.

E depois houve o cardume de Béria.

Mas o corpulento e presunçoso Abakúmov tropeçou antes dele, em separado.

Os historiadores dos Órgãos, em algum momento (se os arquivos não forem queimados), hão de nos contar isso passo a passo – tanto em números como no esplendor dos nomes.

Mas, como aconselha a sabedoria popular: se for mentir sobre o lobo, fale também a verdade sobre o lobo.

De onde surgiu essa raça de lobos no meio de nosso povo? Serão da mesma raiz que nós? Serão do mesmo sangue que nós?

Para não ostentar prontamente o branco manto dos justos, cada um de nós deve perguntar a si mesmo: se minha vida tivesse tomado outro rumo, teria eu me tornado um desses carrascos?

É uma pergunta terrível, se formos responder com honestidade.

Eu me lembro do terceiro ano da universidade, no outono de 1938. Nós, meninos do Komsomol[44], fomos convocados uma vez ao Comitê Distrital do movimento, depois uma segunda vez, e, quase sem pedir nossa concordância, eles nos deram uns questionários para responder: disseram que bastava de estudantes de física, de matemática e de química; para a Pátria, seria mais importante que fôssemos para o colégio do NKVD. Mas nós resistimos bravamente (dava pena largar a universidade).

Depois de um quarto de século, é possível pensar: claro, vocês compreendiam que as prisões borbulhavam ao redor, que as pessoas estavam sendo torturadas nas prisões e a imundície para a qual eles tentavam arrastar vocês. Não! Afinal, os camburões andavam de madrugada, e nós fazíamos parte dos diurnos, dos que carregavam as flâmulas. Como poderíamos saber?

44 União da Juventude Comunista. [N. T.]

Por que pensaríamos nas prisões? Para nós, era totalmente indiferente que tivessem substituído todos os chefes regionais. Se prenderam dois ou três professores da universidade, então nós não iríamos ao baile com eles, e seria ainda mais fácil passar nos exames. Tínhamos 20 anos, marchávamos na coluna dos coetâneos do Outubro, e, como coetâneos, o futuro mais brilhante nos esperava.

Não é fácil descrever esse algo interno, que não se baseava em argumento algum e nos impedia de aceitar o ingresso no colégio do NKVD. De modo algum aquilo decorria das aulas de materialismo histórico a que assistíramos: a partir delas, ficava claro que a luta contra o inimigo interno era um front intenso, uma tarefa honrosa. Aquilo ia ao encontro mesmo de vantagens práticas: uma universidade de província, naquela época, não era promessa de nada para nós, além de uma escola rural em algum território longínquo e um salário modesto; os colégios do NKVD prometiam rações e um salário duas ou três vezes maior. A resistência de modo algum vinha do terreno da cabeça, mas do terreno do coração. Podiam gritar para você de todos os lados: "Você tem de ir!", e a própria cabeça também: "Você tem de ir!", mas o coração rejeitava: não quero, dá nojo. Façam vocês como quiserem, mas eu não vou participar.

Isso vem de muito longe, talvez de Lérmontov. Daqueles anos da vida russa em que uma pessoa correta dizia, com sinceridade e em voz alta, que não havia serviço pior e mais abjeto que o de gendarme.

Mesmo assim alguns de nós se alistaram na época. Creio que, se eles tivessem apertado um pouco mais, todos nós teríamos cedido. E aí eu fico imaginando: e se, com a chegada da guerra, eu já fosse um daqueles com divisas de frisos azuis, o que teria sido de mim?

Que feche agora o livro o leitor que esperava dele alguma espécie de desmascaramento político.

Se fosse assim tão simples! Que em certo lugar houvesse umas pessoas obscuras, perfidamente tramando atos obscuros, então bastaria distingui-las das demais e destruí-las. Mas a linha que divide o bem e o mal atravessa o coração de cada ser humano. E quem pode destruir um pedaço do próprio coração?...

Ao longo da vida de um coração, essa linha muda de lugar dentro dele, ora comprimida por um mal radiante, ora abrindo espaço para um bem que vai alvorecendo. O mesmíssimo ser humano, em diferentes idades, em diferentes situações da vida, é uma pessoa totalmente diferente. Ora próxima do diabo. Ora próxima de um santo. Mas o nome não muda, e a ele nós atribuímos tudo.

Sócrates nos legou: conhece-te a ti mesmo.

E, diante da cova para dentro da qual já nos preparávamos para empurrar nossos ofensores, nós paramos, perplexos: afinal, só calhou de não sermos nós os carrascos, mas eles.

Mas se Maliuta Skurátov tivesse clamado por *nós* – talvez nós também não tivéssemos desapontado!...

Para ir do bem ao mal, basta um passinho, diz o ditado.

Ou seja, o mesmo do mal ao bem.

Assim que efervesceu na sociedade a memória daquelas arbitrariedades e torturas, de todos os lados começaram a explicar para nós, a escrever, a objetar: *lá* também havia gente boa!

Mas, no geral, não deveria haver gente desse tipo: lá, eles evitavam pegar gente assim, examinavam bem na admissão. Gente assim acabava dando um jeito de se safar. Durante a guerra, em Riazan, um aviador de Leningrado, ao sair do hospital militar, suplicou ao dispensário: "Ache alguma coisa em mim! Senão vão me mandar para os Órgãos!". Os radiologistas encontraram nele um infiltrado tuberculoso, e ele foi logo recusado pelos agentes da Segurança.

Quem vai parar lá por equívoco – ou se incorpora a esse meio ou é expelido por ele, é expulso, até mesmo entra nos trilhos por conta própria. Mas mesmo assim será que não ficou?...

Em Kichiniov, um jovem tenente da Segurança foi à casa de Chipovalnikov um mês antes de sua prisão: fuja, fuja, querem prender o senhor! (Foi por conta própria? Ou a mãe mandou que salvasse o sacerdote?) E, depois da prisão, coube a ele mesmo escoltar o padre Víktor. E ficou desolado: por que o senhor não fugiu?

Quando o investigador Goldman entregou o Artigo 206 para Vera Korniéieva assinar, ela exigiu seus direitos e pôs-se a examinar detalhadamente o processo, aberto contra todos os dezessete participantes de seu "grupo religioso". Ele ficou furioso, mas não pôde recusar. Para não se enfastiar com ela, ele a levou então a um grande escritório, onde havia uma meia dúzia de colaboradores diversos, e foi embora. Primeiro Korniéieva leu, depois de algum modo começou uma conversa – e Vera passou a uma verdadeira pregação religiosa, em voz alta. (Mas é preciso conhecê-la. Uma pessoa luminosa, com uma mente viva e uma fala desembaraçada, embora em liberdade tivesse sido apenas serralheira, moça de estrebaria e dona de casa.) Eles a ouviram ressabiados, de quando em quando fazendo perguntas para esclarecimento. Aquilo era algo muito inesperado para todos eles. A sala ficou cheia, veio até gente de outras salas. Podiam não ser investigadores – eram datilógrafas, taquígrafas, costuradoras de pastas –, mas era o meio *deles*, dos Órgãos, em 1946. Ela conseguiu dizer muita coisa. Até sobre os traidores da pátria: por que eles não existiam na Guerra Patriótica de 1812, bem no período da servidão? Pois naquela época eles naturalmente deveriam existir! Mas ela falou sobretudo da fé e dos fiéis. Antes, dizia ela, tudo era posto em prática por vocês com base em paixões desenfreadas – "roube o que foi roubado" –, e então, naturalmente, os fiéis atrapalhavam vocês. Mas agora que vocês querem *construir* e gozar deste mundo por que é que perseguem seus melhores cidadãos? Para vocês mesmos, eles são o material mais precioso: afinal, nós, fiéis, não precisamos de controle; um fiel não vai roubar e não vai fugir do trabalho. Mas vocês acham mesmo que vão construir uma sociedade justa com aproveitadores e invejosos? E está tudo desmoronando para vocês. Por que é que vocês estão fazendo pouco da alma das melhores pessoas? Deem à Igreja uma verdadeira separação, não toquem nela, não vão perder nada com isso! Vocês são materialistas? Então contem com o desenvolvimento da educação – dizem vocês que ela vai dissipar a fé. Mas para que prender? – Nessa hora, entrou Goldman e quis interromper grosseiramente. Mas todos gritaram para ele: "Ora, cale a boca!... Fique quieto!... Fale, fale, mulher!". (E como chamá-la? Cidadã? Camarada? Era tudo proibido, tudo misturado naquelas convenções. Mulher! Da mesma forma como Cristo se dirigia, não tinha como errar.) E Vera continuou, na presença do seu investigador!

Mas então por que aqueles ouvintes de Korniéieva no escritório da Segurança – por que é que eles foram tocados com tanta vivacidade pela palavra de uma detenta insignificante?

Por mais gélido que seja o corpo de vigilância do Bolchói Dom, um restinho recôndito da alma, o restinho do restinho, pode sobreviver nele? Conta Natália Postóieva que, certa vez, ela estava sendo levada a interrogatório por uma oficial de evacuação, impassível, muda, privada de uma vista – e, de repente, próximo ao Bolchói Dom, bombas começaram a explodir, pareciam prestes a atingi-las. E a oficial lançou-se na direção de sua detenta e, aterrorizada, abraçou-a, buscando o contato e a compaixão humana. Mas acabou o bombardeio. E voltou a antiga privação da vista: "Ponha as mãos para trás! Avance!". É claro que não é grande mérito tornar-se um ser humano em meio ao terror diante da morte. Assim como não é prova de bondade o amor pelos filhos (geralmente justificam os canalhas dizendo que "ele é um bom pai de família").

Por que é que eles têm – já faz mais de um século – tanto apego e carinho pela cor do céu? Na época de Lérmontov, tínhamos: "Também vós, uniformes azuis!"; depois, vieram quepes azuis, insígnias azuis, divisas azuis; ordenaram que elas não fossem tão perceptíveis, as bordas azuis eram cada vez mais escondidas da gratidão popular, eram cada vez mais escamoteadas na cabeça e nos ombros deles, até que ficaram só os galõezinhos, as bordinhas estreitas – mas ainda assim azuis!

Isso é apenas uma farsa?

Ou qualquer escuridão deve, ainda que de quando em quando, comungar com o céu?

Seria bonito pensar assim.

Como se deve entender *um malfeitor*? O que é isso? Existe isso no mundo?

Seria mais fácil dizermos que eles não podem existir, que eles não existem. É aceitável que um conto de fadas represente malfeitores – para crianças, para simplificar o cenário. Mas, quando a grandiosa literatura mundial dos últimos séculos não para de nos empurrar modelos de malfeitores inteiramente sombrios – tanto Shakespeare como Schiller e Dickens –, isso já nos parece um tanto burlesco e canhestro para a percepção contemporânea.

Os malfeitores deles reconhecem a si mesmos claramente como malfeitores; e sua alma como sombria. Eles raciocinam assim: não posso viver sem fazer o mal. Deixe que eu jogue pai contra filho! Deixe que eu me deleite com o sofrimento de minhas vítimas! Iago declara com precisão os seus objetivos e motivações – sombrios, gerados pelo ódio.

Não, gente assim não existe! Para fazer o mal, a pessoa deve primeiro reconhecê-lo como bem, ou como uma ação razoável e regular. Tal é, felizmente, a natureza do ser humano: ele precisa buscar uma justificativa para suas ações.

Macbeth tinha justificativas fracas – e foi consumido pela consciência. Mesmo Iago era um cordeirinho. Uma dúzia de cadáveres teria arruinado a fantasia e as forças espirituais dos malfeitores shakespearianos. Porque eles não tinham *ideologia*.

A ideologia! É ela que dá a justificativa buscada para a malfeitoria e aquela duradoura firmeza necessária ao malfeitor. Aquela teoria social que o ajuda a isentar-se de seus atos, perante si mesmo e perante os outros, e a ouvir louvor e honra, em vez de reprimendas e imprecações. Desse modo, os inquisidores socorriam-se do cristianismo; os conquistadores, do enaltecimento da pátria; os colonizadores, da civilização; os nazistas, da raça; os jacobinos e bolcheviques, da justiça, da fraternidade, da felicidade para as gerações futuras.

Graças à ideologia, coube ao século XX aplicar a maldade sobre milhões de pessoas. Não se pode refutá-la, contorná-la, calá-la – e como é que nos atreveríamos, com isso, a insistir que não existem malfeitores? Então quem destruiu aqueles milhões? E sem malfeitores o Arquipélago não existiria.

A física conhece as grandezas e os fenômenos limítrofes. São aqueles que não existem em absoluto, até que certo limite, desconhecido pela natureza, cifrado pela natureza, é ultrapassado. Por mais que se irradie luz amarela sobre o lítio, ele não emite elétrons; mas, se irrompe uma azulzinha, bem fraca, eles são arrancados (é ultrapassado o limite do efeito fotoelétrico)! Resfrie o oxigênio 100 graus, aplique qualquer pressão: o gás se mantém, ele não cede! Mas, ultrapassados os 118, ele se torna fluido, um líquido.

Aparentemente, a maldade também é uma grandeza limítrofe. Sim, a pessoa hesita, oscila durante toda a vida entre o mal e o bem, derrapa, cai, reergue-se com dificuldade, arrepende-se, de novo se obscurece – mas ainda não foi ultrapassado o limite da maldade, ainda está em suas possibilidades retornar, e ela mesma ainda está dentro de nossas esperanças. Quando, porém, pela densidade de seus atos maus, ou por seu grau, ou pelo caráter absoluto do poder, ela de repente atravessa o limite – ela abandona a humanidade. E talvez não haja volta.

Aos olhos das pessoas, a noção de justiça é formada, desde tempos remotos, por duas metades: a virtude triunfa, e o vício é punido.

Tivemos a sorte de viver para ver a época em que a virtude, embora não triunfe, nem sempre é acuada por cães. A virtude, abatida, débil, agora é admitida em seus andrajos, pode se sentar num cantinho, desde que não dê um pio.

Porém, ninguém ousaria abrir a boca sobre o vício. Sim, a virtude foi alvo de zombaria, mas o vício, enquanto isso, não existia. Sim, quantos milhões foram lançados ao precipício, sem que ninguém fosse culpado daquilo. E, se alguém deixasse escapar: "mas como ficam os que…", de todos os lados viriam reprimendas, no primeiro momento amigáveis: "ah, como assim, camaradas?! mas para que cutucar velhas feridas?!".

E então, em 1966, na Alemanha Ocidental, *86 mil* criminosos nazistas foram condenados – e nós quase sufocamos, não poupamos páginas de jornal e horas de rádio naquilo, nós até paramos nos comícios depois do trabalho e votamos: foi pouco! Oitenta e seis mil – ainda é pouco! e os vinte anos de julgamentos – ainda é pouco! Eles têm de continuar!

Mas, em nosso meio (de acordo com os dados publicados), foram condenadas cerca de *trinta pessoas*.

O que acontece além do Oder, além do Reno – isso nos deixa em polvorosa. Mas o que acontece na região de Moscou, nos arredores de Sótchi, atrás de cercas vivas, o fato de que os assassinos de nossos maridos e de nossos pais andam por nossas ruas, e de que nós damos passagem a eles – isso não nos deixa em polvorosa, não nos comove, isso é "revirar o passado".

E, no entanto, se formos converter para as nossas proporções os 86 mil alemães ocidentais, no nosso país teríamos *um quarto de milhão*!

É um mistério que não cabe a nós, contemporâneos, desvendar: *por que razão* foi dado à Alemanha punir seus malfeitores, mas à Rússia não? Que caminho funesto teremos se não nos for dado nos purificar dessa perversão que apodrece em nosso corpo?

Um país que, da tribuna do juiz, condenou o vício 86 mil vezes (e o condenou de maneira irrevogável na literatura e em meio à juventude) – ano após ano, degrau após degrau – vai se purificando dele.

E o que nós podemos fazer?... Em algum momento, nossos descendentes hão de denominar a nossa geração como uma geração de frouxos: primeiro nós permitimos, de maneira submissa, que milhões dentre nós fossem abatidos; depois, com todo o cuidado, tratamos de levar os assassinos até sua próspera velhice.

No século XX, não é possível passar décadas sem saber distinguir o que é uma bestialidade passível de julgamento e o que é "o passado" que "não precisa ser revirado"!

Devemos condenar publicamente a própria *ideia* da repressão de algumas pessoas contra as outras! Ao nos calarmos sobre o vício, ao tentarmos empurrá-lo para junto do corpo, só para que ele não apareça por fora, nós o *semeamos*, e ele surgirá outros milhares de vezes no futuro. Sem punir os malfeitores, sem nem mesmo repreendê-los, nós não somente garantimos a velhice insignificante deles como arrancamos, desse modo, qualquer fundamento de justiça para as novas gerações. É por isso que elas crescem "indiferentes", e não por conta da "deficiência do trabalho de formação". Os jovens aprendem que a infâmia nunca é punida na terra, mas traz sempre a prosperidade.

E será desconfortável, e será terrível viver num país assim.

Capítulo 5
Primeira cela, primeiro amor

Qual é o sentido disso: cela e logo depois amor?...

Sentado, relembro, de olhos semicerrados: por quantas celas passei durante minha pena. É até difícil contá-las. E, em cada uma delas, gente e mais gente... Em uma, há duas pessoas, mas em outra, 150. Aqui passei cinco minutos; ali, um longo verão.

Mas, em meio a todas elas, a primeira cela tem sempre um lugar especial para você – aquela em que você encontrou outros semelhantes, outros condenados ao mesmo destino. Você vai se lembrar dela pelo resto da vida, com uma emoção que talvez só se assemelhe à do primeiro amor. E aquelas pessoas que dividiram com você o chão e o ar daquele cubículo de pedra, nos dias em que você repensou toda a sua vida sob um novo olhar – aquelas pessoas um dia ainda serão lembradas por você como se fossem da sua família.

E, naqueles dias, de fato só elas eram a sua família.

O que se viveu na primeira cela provisória não tem nenhuma semelhança com qualquer coisa de sua vida *antes*, de sua vida *depois*. Ainda que prisões tenham existido por milênios antes de você, e que ainda existam por mais alguns milênios depois (seria bom pensar que por menos tempo...), precisamente aquela cela, em que você passou pelo inquérito, é única e incomparável.

Talvez ela fosse terrível para um ser humano. Um calabouço cheio de piolhos e percevejos, sem janelas, sem ventilação, sem tarimbas, de chão sujo – uma caixa chamada KPZ[45], no Soviete rural, na polícia, na estação ou no porto. A solitária da prisão

45 Cela de detenção provisória. [N. T.]

de Arkhánguelsk, em que os vidros foram cobertos com zarcão, para que a mutilada luz de Deus só chegasse até você num tom rubro, e uma constante lâmpada de 15 watts, eternamente acesa no teto. Ou a solitária da cidade de Tchoibalsan, em que você passou meses preso, num chão de 6 metros quadrados, catorze pessoas espremidas, movendo as pernas encolhidas de maneira coordenada. Ou uma das celas "psíquicas" de Lefórtovo, como a 111, pintada de preto e também com uma lâmpada de 20 watts, ligada 24 horas por dia, mas que, de resto, era como todas as outras de Lefórtovo: chão asfaltado; a válvula de calefação no corredor, nas mãos do carcereiro.

Mas não foi pelo chão sujo, nem pelas paredes escuras, nem pelo cheiro de latrina que você se apaixonou – mas por aquelas pessoas, com as quais você se virava de maneira coordenada; por alguma coisa que palpitava entre suas almas; pelas palavras delas, por vezes surpreendentes; e pelos pensamentos, livres e flutuantes, que nasceram em você justamente ali e que, até pouco tempo antes, você nem conseguia alcançar nem erguer-se até eles.

Antes ainda daquela primeira cela, o que você não precisou atravessar! Você foi mantido num buraco, ou num compartimento, ou num porão. Ninguém dirigiu uma palavra humana a você, ninguém lançou um olhar humano a você – só bicaram o seu cérebro e o seu coração, com bicos de ferro, você gritava, você gemia – e eles riam.

Durante uma semana ou um mês, você ficou sozinho em meio aos inimigos, e já se despedia de sua razão e de sua vida – quando de repente se viu vivo, foi levado até seus amigos. Até sua razão voltou.

É isso que significa a primeira cela!

Você esperou por essa cela, você sonhou com ela quase como se fosse a liberdade – enquanto você era empurrado da fossa para o covil, de Lefórtovo para uma tal Sukhánovka, lendária e diabólica.

A Sukhánovka era a prisão mais terrível que o Ministério da Segurança do Estado possuía. Era citada para assustar a nossa gente, os investigadores pronunciavam o nome dela com um silvo lúgubre. (E de quem tinha estado lá depois não dava para arrancar nada: ou vinha um monte de absurdos desconexos, ou essas pessoas não estavam mais entre os vivos.)

A Sukhánovka é a antiga Ermida de Santa Catarina; são dois pavilhões: um de detenção e um provisório, com 68 celas. Os camburões levam duas horas para chegar até lá, e poucos sabem que aquela prisão fica a poucos quilômetros de Górki Léninskie e da antiga propriedade de Zinaída Volkónskaia. A região ao redor é encantadora.

O detento admitido ali é atordoado em uma solitária vertical – mais uma vez, é tão estreita que, se você não tem forças para ficar em pé, resta ficar apoiado nos joelhos, nada mais. Nessa solitária, costumam manter a pessoa por um dia inteiro ou mais – para que o seu espírito se conforme. Na Sukhánovka, dão uma comida saborosa e delicada, como em nenhum outro lugar do Ministério da Segurança do Estado – só porque trazem até ali os arquitetos de uma casa de repouso, eles não mantêm uma cozinha separada para a beberagem dos porcos. A quantidade que um arquiteto come sozinho, porém – batatinha frita, bifinho –, é dividida ali por doze pessoas. E, por isso, você não só fica com uma fome eterna – tal como em todos os lugares – como também ainda mais exacerbada.

As celas-aposentos lá são todas montadas para receber duas pessoas, mas em geral os processados são mantidos sozinhos. As celas têm 1,5 metro por 2. No chão de pedra, há dois banquinhos soldados, redondos como cepos, e a cada dia, se o carcereiro destranca o cadeado que fica na parede, sai dessa parede um banco, para as sete horas noturnas (ou seja, para as horas do inquérito, que lá nunca é feito de dia), e tomba um colchãozinho de palha, do tamanho de uma criança. De dia, o banquinho fica livre, mas é proibido sentar-se nele. O postigo fica sempre fechado, apenas de manhã o carcereiro o abre com um pivô, por dez minutos. Não há passeios nunca, a evacuação é só às seis da manhã; à noite não há. Para uma divisão com sete celas, eram designados dois carcereiros; por isso, você era observado através da vigia sempre que o carcereiro passava pelas outras duas ou três celas – você era observado sempre, e estava sempre sob o domínio deles.

Mas, se você passou por todo o duelo com a loucura, por todas as provações da solidão, e resistiu, você fez por merecer a sua primeira cela! E agora você está nela, sua alma cicatrizando. Agora, pela primeira vez, você não verá inimigos. Agora, pela primeira vez, você verá outros vivos, outros que também estão indo pelo mesmo caminho que você, e com quem você pode se unir para formar a alegre palavra *nós*.

Sim, essa palavra, que talvez você tenha desprezado quando em liberdade, quando a usavam para suprimir a sua individualidade ("nós todos somos como um!... nós ardemos de indignação!... nós exigimos!... nós juramos!..."), agora revela-se como algo adocicado: você não está sozinho no mundo! Há outros seres sábios e espirituais – *humanos*!

Depois de quatro dias de duelo com meu investigador, tendo alcançado afinal o momento de me deitar, depois do toque de recolher, no meu compartimento de luz elétrica ofuscante, o carcereiro começou a destrancar a minha porta. Eu ouvi tudo, mas antes que ele dissesse: "Levante-se! Para o interrogatório!", eu quis continuar deitado com a cabeça no travesseiro por mais uma fração de três centésimos de segundo, imaginando que estava dormindo. Porém, o carcereiro perturbou o que eu já tinha até decorado: "Levante-se! Recolha a cama!".

Perplexo e aflito, porque aquele era o momento mais precioso, enrolei as minhas *portianki*[46], calcei as botas, pus o capote, o chapéu de inverno, e abracei o colchão dado pelo Estado. O carcereiro, na ponta dos pés, fazendo sinais o tempo todo para que eu não fizesse barulho, me levou por um corredor no terceiro andar da Lubianka, num silêncio sepulcral, passando pela mesa do chefe do pavilhão, pelos números espelhados das celas e pelos painéis oliváceos que recobriam as vigias, e abriu para mim a cela 67. Eu entrei, e ele imediatamente trancou a cela às minhas costas.

46 Ataduras de tecido usadas para proteger os pés no lugar das meias. [N. T.]

Embora já tivesse se passado cerca de um quarto de hora após o toque de recolher, os processados têm um sono tão frágil e precário, e tão pouco tempo para ele, que, quando da minha chegada, os habitantes da cela 67 já estavam dormindo em suas camas metálicas, com os braços por cima do cobertor.

Com o som da porta se abrindo, todos os três estremeceram e levantaram instantaneamente a cabeça. Eles também esperavam que alguém os levasse para interrogatório.

E aquelas três cabeças erguidas, assustadas, aqueles três rostos amassados, com a barba por fazer, pálidos, me pareceram tão humanos, tão ternos, que eu fiquei ali de pé, abraçado no colchão e sorrindo de alegria. E eles também sorriram. E como aquela expressão tinha sido esquecida! Depois de uma semana!

— Veio da liberdade? – me perguntaram. (A costumeira primeira pergunta a um novato.)

— Nã-ão – respondi. (A costumeira primeira resposta do novato.)

O que eles tinham em mente é que eu provavelmente tinha sido preso fazia pouco tempo e, portanto, vinha *da liberdade*. É que, depois de 96 horas de inquérito, eu de modo algum considerava que estava vindo da "liberdade"; eu já não era um detento experimentado?... E mesmo assim eu estava vindo da liberdade! E o velhote imberbe, com sobrancelhas negras e muito expressivas, já me perguntava das novidades da guerra e da política. Era impressionante! Embora fossem os últimos dias de fevereiro de 1945, eles não sabiam nada sobre a conferência de Ialta, nem sobre o cerco da Prússia Oriental, nem coisa alguma de nossa ofensiva nos arredores de Varsóvia, que começara no meio de janeiro, nem sequer do lastimável recuo dos Aliados, em dezembro. De acordo com as instruções, os processados não deviam ficar sabendo de nada do mundo exterior – e de fato eles não sabiam de nada!

Eu agora estava disposto a passar metade da madrugada contando tudo para eles – com orgulho, como se todas as vitórias e envolvimentos tivessem sido obra de minhas próprias mãos. Mas, naquele momento, o carcereiro de plantão trouxe a minha cama, e foi preciso armá-la sem fazer barulho.

Nós armamos a cama, e era o momento de passar a contar tudo (é claro que sussurrando e deitado, para que ninguém fosse tirado de repente daquele conforto e mandado para a solitária), mas nosso terceiro colega de cela, de meia-idade, já com algumas cerdas grisalhas na cabeça raspada, que olhava para mim não de todo satisfeito, disse com a severidade que adorna os homens do norte:

— Amanhã. A noite é para o sono.

E aquilo era o mais razoável. Qualquer um de nós, a qualquer momento, poderia ser arrastado para um interrogatório e mantido lá até as seis da manhã, quando o investigador iria dormir, e ali já seria proibido dormir.

Uma noite de sonho não molestado era mais importante que todos os destinos do planeta.

Eles se viraram, cobriram os olhos com um lenço, para se proteger da lâmpada de 200 watts, enrolaram com toalhas o braço de cima, que ficava enregelado por cima do cobertor, ocultaram o de baixo e caíram no sono.

E eu fiquei deitado, tomado por um sentimento festivo por estar com aquelas pessoas. Afinal, uma hora antes, eu não podia contar que travaria contato com alguém. Eu podia até ter terminado a vida com uma bala na nuca (o investigador passou o tempo todo me prometendo aquilo) sem ter visto mais ninguém. Assim como antes, o inquérito pairava sobre mim, mas ele tinha se afastado muito agora! Amanhã eu vou contar tudo, amanhã eles vão me contar tudo – que dia interessante será amanhã, um dos melhores de minha vida!

Aquele velhote com as sobrancelhas expressivas (e, aos 63 anos, ele não se comportava de modo algum como um velhote) chamava-se Anatóli Ilitch Fastenko. Era um belo trunfo na nossa cela na Lubianka – como guardião das velhas tradições carcerárias russas, mas também como história viva das revoluções russas.

Ali mesmo, na cela, nós lemos o sobrenome Fastenko num livro que veio parar em nossas mãos, sobre a revolução de 1905.

Ele recebeu a primeira sentença prisional ainda jovem, em 1904, mas, depois do Manifesto de 17 de Outubro de 1905, ele foi posto em total liberdade.

Ao conseguir a liberdade, Fastenko e seus camaradas imediatamente lançaram-se à causa da Revolução. Em 1906, Fastenko recebeu oito anos de trabalhos forçados, o que significava: quatro anos nos grilhões e quatro no exílio. Ele cumpriu os primeiros quatro anos na central de Sebastopol.

Em compensação, não passou muito tempo no exílio junto ao Ienissei. Comparando seu relato com o fato amplamente conhecido de que os nossos revolucionários fugiam às centenas do exílio – e mais ainda para o exterior –, chega-se à convicção de que só quem tinha preguiça não fugia do exílio tsarista, de tão fácil que aquilo era. Fastenko "fugiu", ou seja, simplesmente saiu do local do exílio sem passaporte. Ele atravessou tranquilamente toda a Mãe Rússia, de trem, e foi para a Ucrânia. Lá, recebeu um passaporte com outra identidade e partiu em direção à fronteira austríaca, para atravessá-la. Esse intento era tão pouco ameaçador, e Fastenko sentiu tão pouco o hálito da perseguição atrás dele que cometeu um descuido inacreditável: ao alcançar a fronteira, e já tendo entregado seu passaporte ao funcionário da polícia, ele de repente percebeu que não se lembrava de seu novo sobrenome! O que fazer? Havia uns quarenta passageiros, e o funcionário já tinha começado a chamar. Fastenko teve uma ideia: fingir que estava dormindo. Ele ouviu todos os passaportes sendo entregues, e o sobrenome Makárov sendo chamado algumas vezes, mas mesmo assim não tinha certeza de que era o dele. Finalmente, o dragão do regime imperial inclinou-se em direção ao clandestino e tocou-lhe o ombro polidamente: "Senhor Makárov! Senhor Makárov! Aqui está seu passaporte!".

Fastenko fugiu para Paris. Lá ele conheceu Lênin, Lunatchárski, cumpriu algumas tarefas domésticas na escola do Partido em Longjumeau. Ao mesmo tempo, estudou francês, pôde olhar ao redor – e então foi atraído para mais longe, quis ver o mundo. Antes da guerra, ele se mudou para o Canadá, virou operário ali, esteve nos Estados Unidos. O estilo de vida despreocupado e estável daqueles países impressionou Fastenko:

ele percebeu que ali nunca haveria revolução proletária alguma, e até concluiu que ela nem mesmo seria necessária.

E então, na Rússia, aconteceu – antes do que se esperava – a tão esperada Revolução, e todos voltaram. Fastenko não sentia mais dentro de si o antigo entusiasmo por essas revoluções. Mas voltou, submetendo-se à lei que induz os pássaros a migrar.

Quando Fastenko voltou para a RSFSR[47], eles rapidamente o promoveram, em respeito a seus velhos serviços clandestinos, e ele passou a ocupar um posto importante – mas ele não queria aquilo; aceitou um cargo modesto na editora do *Pravda*, depois um ainda mais modesto, depois passou para o truste Mosgoroformlenie, e ali trabalhou quase sem ser percebido.

Fiquei surpreso: por que um caminho tão evasivo? Ele respondeu, de modo incompreensível: "Cão velho não se acostuma à corrente".

Compreendendo que não podia fazer nada, Fastenko, de maneira muito humana, só queria permanecer inteiro. Ele já tinha começado a receber uma aposentadoria pequena e tranquila – e, com isso, talvez tivesse chegado até 1953. Mas, por azar, seu colega de apartamento foi preso – o escritor L. Soloviov, eternamente bêbado e desregrado, que, em algum lugar, em estado de embriaguez, vangloriou-se de ter uma pistola. A pistola em si já seria indubitavelmente terrorismo, e Fastenko, com seu longo passado social-democrata, era o terrorista em pessoa. E eis que então o investigador *imputou* a ele terrorismo e, para completar, é claro, serviços de espionagem para os franceses e canadenses, e, portanto, de informante da Okhrana[48] tsarista. E, em 1945, com seu polpudo salário, o polpudo investigador folheou – totalmente a sério – os arquivos das administrações provinciais dos gendarmes e escreveu protocolos – totalmente sérios – de interrogatório a respeito das alcunhas dos conspiradores, das senhas e dos locais de reunião em 1903.

47 República Socialista Federativa Soviética da Rússia, denominação formal da Rússia dentro da URSS a partir de 1923 (e, antes disso, denominação comum de todo o Estado comunista). [N. T.]

48 Polícia política da Rússia imperial. [N. T.]

Sua velha esposa (eles não tinham filhos), no décimo dia, quando era permitido, trouxe a Anatóli Ilitch uma encomenda, com as coisas que ela tinha disponíveis: um pedacinho de uns 300 gramas de pão preto (afinal, ele era vendido na feira e custava 100 rublos o quilo!) e uma dúzia de batatinhas cozidas sem casca (que, durante a busca, foram perfuradas com uma sovela). E o aspecto daquela pobre encomenda – realmente santa! – era de partir o coração.

Foi isso que mereceu aquele homem por 63 anos de honestidade e dúvidas.

Quatro leitos em nossa cela ainda deixavam no meio uma pequena passagem com uma mesa. Mas, alguns dias depois de mim, enfiaram mais um conosco e puseram um leito de través.

O novato foi trazido uma hora antes do toque de alvorada, bem naquela horinha deliciosa para o cérebro, e três de nós não levantamos a cabeça, só um ergueu-se; começaram a conversar sussurrando, tentamos não escutar, mas era impossível não distinguir o sussurro do novato: era tão alto, tão alarmado, tão tenso e até próximo do choro, que logo pudemos compreender que uma tristeza fora do comum tinha adentrado nossa cela. O novato perguntava se muita gente estava sendo fuzilada.

Quando, na hora do toque da alvorada, nós nos levantamos de um salto, com vontade (quem ficava deitado corria o risco de ir para a solitária), vimos que era um general! Quer dizer, ele não tinha nenhum sinal de distinção, nem mesmo algum descosido ou desaparafusado, nem mesmo as divisas, mas a túnica cara, o capote fino, e também toda a figura e o rosto! Não, era sem dúvida alguma um general, um modelo de general, e até um general pleno, certamente não um major-general qualquer. Era baixo, corpulento, bem largo no tronco, nos ombros, e o rosto era consideravelmente gordo; mas aquela farta gordura de modo algum conferia a ele uma acessível bonomia, e sim importância, pertencimento às altas esferas. Seu rosto era rematado – não na parte de cima, é claro, mas na de baixo – por um maxilar de buldogue, e aquele era o centro de sua energia, de sua vontade, de sua autoridade, que lhe tinham permitido alcançar tal patente na meia-idade.

Começamos a nos apresentar e, no fim das contas, Leonid Vonifátievitch Zýkov era ainda mais jovem do que aparentava, ele ainda completaria 36 naquele ano ("se não me fuzilarem"), e o mais incrível de tudo: ele não era general coisa nenhuma, nem mesmo coronel; nem sequer era militar, mas engenheiro!

Engenheiro?! Eu tive a oportunidade de ser educado precisamente no meio da engenharia, e me lembro muito bem dos engenheiros dos anos 1920: aquele intelecto francamente brilhante, aquele humor livre e inofensivo, aquela leveza e amplidão de pensamento, a desenvoltura com que passavam de uma área da engenharia a outra, e da tecnologia em geral à sociedade, à arte. Além disso, aquela urbanidade, aquela fala boa, suavemente coordenada e sem palavrinhas supérfluas; e todos eles sempre tinham no rosto essa marca do espírito.

Desde o início dos anos 1930, eu perdera o contato com aquele meio. Depois veio a guerra. E agora diante de mim estava um engenheiro. Era um daqueles que tinham entrado no lugar dos que foram destruídos.

Não se podia negar que ele tivesse uma vantagem: era muito mais forte, mais cheio de vísceras que *aqueles*. Ele mantinha a força dos ombros e dos braços, embora não precisasse deles havia muito tempo. Liberado do estorvo da polidez, ele olhava com severidade, falava num tom incontestável, como se nem mesmo esperasse que pudesse haver alguma objeção. Ele tinha crescido de modo diferente em relação *àqueles*, e trabalhava de modo diferente.

Seu pai tinha lavrado a terra, no sentido mais pleno e verdadeiro. Liónia Zýkov era um daqueles menininhos camponeses escuros e desgrenhados cujos talentos arruinados tanto afligiram Bielínski e Tolstói. Ele não era um Lomonóssov, e não teria ingressado na Academia, mas era talentoso – e também ele teria lavrado a terra, não fosse a Revolução.

Como era costume na época soviética, ele ingressou no Komsomol, e essa sua filiação à Juventude Comunista, sobrepujando outros talentos, foi o que o arrancou do anonimato, da baixeza, do interior, que o fez passar como um foguete pela Faculdade

Operária e o elevou até a Academia Industrial. Ele foi parar ali em 1929 – justamente quando *aqueles* engenheiros eram tocados como rebanhos para o Gulag. Era preciso urgentemente formar os novos: conscientes, fiéis, plenos. Aquele era o momento em que as famosas *posições elevadas* da indústria ainda não criada estavam vagas. E o destino de seu recrutamento era ocupá-las.

A vida de Zýkov tornou-se uma cadeia de sucessos, uma guirlanda que ia sendo tecida em direção ao topo. Durante aqueles anos de penúria – de 1929 a 1933, quando a Guerra Civil não era mais conduzida no país à base de *tatchanka*[49], mas com cães policiais; quando fileiras de pessoas morrendo de fome arrastavam-se até as estações ferroviárias na esperança de partir da cidade, mas não lhe davam passagens, e elas não conseguiam partir; e submissas manadas humanas, de *zipun* e *lápti*,[50] morriam sob as cercas das estações –, naquela época, Zýkov não só não sabia que o pão estava sendo entregue aos cidadãos por meio de cartões como tinha uma bolsa *estudantil* de 900 rublos (à época, o trabalhador braçal recebia 60). Seu coração não sofria pelo campo que ele abandonara: sua vida já se desenrolava ali, em meio aos vencedores e dirigentes.

Ele nem teve tempo de ser um capataz ordinário: logo foram submetidos a ele dezenas de engenheiros e milhares de operários; ele era o engenheiro-chefe de grandes construções moscovitas. Desde o início da guerra, ele evidentemente tinha licença especial; foi evacuado para Alma-Atá, juntamente com a administração de seu setor, e ali tocou construções ainda maiores junto ao rio Ili; agora, porém, eram presos que trabalhavam para ele.

Os anos da guerra, nas profundezas da retaguarda, foram os melhores da vida de Zýkov! Logo ele entrou, com habilidade, no novo ritmo bélico da economia popular: tudo pela vitória, era arrancar e entregar, que a guerra desconsideraria tudo! Ele fez só uma concessão à guerra: deixou de lado o terno e a gravata

49 Espécie de carroça puxada por cavalos e armada com metralhadoras, utilizadas durante a Guerra Civil. [N. T.]

50 Respectivamente, a camisa e as alpargatas tradicionais dos camponeses russos. [N. T.]

e, incorporando o cáqui, coseu umas botas de soldado, meteu a túnica de general – aquela mesma com a qual ele tinha nos encontrado. Ele entrou na moda, estava como todo mundo, não provocaria a indignação dos inválidos e os olhares de reprovação das mulheres.

Mas era mais frequente que as mulheres lançassem para ele outros olhares; elas iam até ele para se alimentar, se aquecer, se divertir. Um dinheiro danado passava por suas mãos, sua carteira de despesas estava inchada como um barrilete, ele liberava notas de 10 rublos como se fossem copeques, notas de mil como se fossem de 1 rublo – Zýkov não as poupava, não economizava, não contava.

Ele estava tão acostumado à maleabilidade da matéria, a seu firme caminhar de javali pela terra! Estava tão acostumado que, em meio aos dirigentes, todos eram seus, sempre era possível arrumar tudo, arranjar tudo, escamotear tudo! Ele se esqueceu de que, quanto maior o sucesso, maior a inveja. Como ele estava descobrindo agora, sob inquérito, desde 1936 corria um dossiê sobre ele, a respeito de uma piada que ele contara despreocupadamente entre uma bebida e outra. Depois, enfiaram mais umas denúncias e mais uns depoimentos de agentes. E ainda houve a denúncia de que, em 1941, ele não tinha se apressado a sair de Moscou, à espera dos alemães (ele de fato se detivera naquela época, parece que por causa de uma mulher). Zýkov foi vigilante e cuidou para que todas as combinações econômicas fossem seguidas sob seu comando – ele se esqueceu de que ainda havia o Artigo 58. E, de todo modo, aquele torrão poderia demorar muito a desmoronar por cima dele; mas, cheio de presunção, ele recusou uns materiais de construção para a dacha de certo promotor. Foi então que o caso contra ele despertou, estremeceu e veio rolando ladeira abaixo.

A disposição de espírito era grave para todos nós na cela, mas nenhum de nós estava tão desanimado quanto Zýkov, ninguém tinha encarado a prisão de maneira tão trágica. Na nossa companhia, ele ficou sabendo que o mínimo que o esperava eram os dez; que, durante aqueles anos no campo, ele certamente seria mestre de obras e não conheceria o infortúnio, como antes também não conhecera. Mas isso não o consolou nada. Ele estava por demais abalado pela destruição daquela vida tão gloriosa! E, mais de uma vez, sentado na cama em frente à mesa, a cabeça de rosto gordo apoiada em sua mão curta e gorda, ele cantarolava baixinho, com olhos desnorteados e entristecidos:

Fui esqueci-ido, abandona-ado,
Desde meus anos de juventu-ude,
Fiquei sozi-inho, fiquei ó-órfão...

E nunca conseguia continuar! Ele então explodia em prantos. Toda aquela potência que emanava dele, mas que não podia ajudá-lo a perfurar as paredes, era direcionada por ele para a compaixão por si mesmo.

E pela esposa. A esposa, que havia tempos não era amada, agora trazia para ele, a cada dez dias (não permitiam um intervalo menor que esse), um rico e farto pacote: o melhor pão branco, azeite, caviar vermelho, vitela, esturjão. Ele dava um sanduíche pequeno para cada um de nós, um rolinho de tabaco, inclinava-se sobre seus víveres ali dispostos (com cheiros e cores exuberantes, comparados às batatinhas azuladas do velho clandestino), e novamente brotavam suas lágrimas, agora em dobro. Era surpreendente para mim como ele podia soluçar tanto. O estoniano Arnold Susi, nosso colega de cela com as cerdas grisalhas, me explicou: "Por debaixo da crueldade está sempre o sentimentalismo. É a lei da complementação. Nos alemães, por exemplo, essa combinação é quase nacional".

Fastenko, pelo contrário, era o mais bem-disposto da cela, embora, por sua idade, fosse o único que já não pudesse pensar em sobreviver e voltar à liberdade. Ele me segurava pelos ombros e dizia:

Ninguém pode *sair* em defesa da justiça!
Pela justiça, você tem de *entrar* na cadeia!

Ou me ensinava a cantar sua canção dos tempos de galés:

Se é preciso dar a vida
Nas minas frias e prisões,

A causa será sempre ouvida
Pelas novas gerações!

Eu creio! E que estas páginas ajudem a cumprir sua crença!

Os dias em nossa cela tinham dezesseis horas e eram pobres em acontecimentos externos, mas eram tão interessantes que, para mim por exemplo, seria muito mais enfadonho passar dezesseis minutos esperando pelo trólebus. Não há acontecimentos dignos de atenção, mas, ao fim do dia, você suspira, porque novamente não sobrou tempo, novamente o dia passou voando.

As horas mais difíceis do dia são as duas primeiras: com o ruído da chave no cadeado, nós nos levantamos num salto, sem pestanejar, fazemos a cama e ficamos sentados sobre ela, vazios e desesperançados, ainda debaixo da luz elétrica. Essa vigília matutina forçada – que começa às seis, quando o mundo todo parece abominável, e a vida toda parece arruinada, e não há uma golfada de ar para respirar na cela – é especialmente absurda para os que estiveram sob interrogatório de madrugada e só havia pouco conseguiram dormir. Mas há outro procedimento que ocorre nessas duas horas: a evacuação matutina.

É aquela necessidade grosseira que, na literatura, não é admissível mencionar. Nesse início aparentemente natural do dia na prisão, já está armada uma cilada para o detento pelo resto do dia. Com a imobilidade da prisão e a pobreza da comida, depois de um débil torpor, você não consegue de jeito nenhum acertar as contas com a natureza ao toque da alvorada. E logo você é levado de volta e trancado – até as seis da tarde. Agora você vai ficar preocupado com a chegada da hora do interrogatório diurno e com os acontecimentos do dia. Agora você vai se encher de ração, água e *balanda*, mas ninguém vai deixar você voltar àquele glorioso recinto, cujo fácil acesso não é devidamente apreciado pelos *livres*.

Agora já dá para ouvir que vão distribuir os óculos – as portas estão se abrindo. Trouxeram também os óculos para o nosso pessoal. Fastenko só usa para ler, mas Susi usa o tempo todo. Agora ele pôs os óculos, parou de apertar os olhos. Com seus óculos de chifre, as linhas da fronte ficam retas, o rosto logo se torna severo, penetrante, tal como imaginaríamos o rosto de uma pessoa instruída do nosso século. Antes da Revolução, ele estudara em Petrogrado, na Faculdade de História e Letras, e, durante os vinte anos de Estônia independente, manteve fluente e indiscernível o seu russo. Depois, já em Tartu, se formou em direito. Além da língua materna, o estoniano, ele conhecia o inglês e o alemão; por todos aqueles anos, acompanhou continuamente a *Economist*, de Londres, estudou a Constituição e os códigos de diversos países – e eis que ali, na nossa cela, ele era o representante digno e moderado da Europa. Era um notório advogado na Estônia, e era chamado de *kuldsuu* (boca de ouro).

Havia um novo movimento no corredor: um parasita de avental cinza – um rapaz saudável, mas que não estava no front – nos trouxe, numa bandeja, as nossas cinco rações e dez cubinhos de açúcar. Aqueles 450 gramas de pão meio cru, mal fermentado, com um miolo úmido e pantanoso, feito parcialmente com batata, eram nossa *muleta* e o acontecimento crucial do dia. Começava a vida! Começava o dia, era quando ele começava! Cada um tinha um monte de problemas: será que administrou direito a ração ontem? Será que devia cortar uma fatiazinha? Ou partir com voracidade? Ou ir beliscando aos pouquinhos? Esperar o chá ou atacar agora? Deixar um pouco para o jantar ou só para o almoço? E quanto?

Nove horas. Chamada matutina. Começa o dia. Já vão chegando por ali os investigadores. O carcereiro chama os prisioneiros com grande mistério: ele pronuncia só a primeira letra – "o que começa com S?", "o que começa com F?". Essa ordem foi instituída para evitar erros dos inspetores: se ele chamar o sobrenome na cela errada, nós saberemos quem ainda está preso.

Nos dias claros, por cima do gradeamento, pelo poço do pátio da Lubianka, oriundo de algum vidro no quinto ou sexto andar, chegava agora até nós um reflexo de sol, oblíquo e pálido. Para nós, era como um ser de verdade – um ser vivo e querido! Com ternura, nós acompanhávamos seu deslizar pela parede, cada passo seu era pleno de sentido, prenunciava a hora do passeio, marcava as horas até o almoço, e, logo antes do almoço, sumia de nossa vista.

O passeio é ruim nos três primeiros andares da Lubianka: ali, eles são liberados para o pátio inferior, úmido, o fundo de um estreito poço que há entre os edifícios da prisão. Em compensação, os presos do quarto e do quinto andar são levados até o ninho das águias: o teto do quinto andar. Chão de concreto, paredes de concreto, com uma altura três vezes maior que a de uma pessoa, um carcereiro desarmado ao seu lado, e ainda, na torre, um guarda com uma automática – mas o ar verdadeiro e o céu verdadeiro! "Mãos para trás! caminhem de dois em dois! sem conversar! sem parar!" – mas eles se esquecem de proibir que você jogue a cabeça para trás! E você joga a cabeça para trás, é claro! Aqui, você não o vê refletido, oblíquo, mas o próprio Sol! O próprio Sol, eternamente vivo! Ou seu brilho dourado por entre as nuvens primaveris.

A primavera promete alegria a todos, mas dez vezes mais ao detento. Ó céu de abril! Não importa que eu esteja na prisão. Pelo visto, não serei fuzilado. Em compensação, aqui me tornarei mais inteligente. Aqui vou entender muita coisa, ó céu! Ainda hei de corrigir meus erros – não diante *deles* – diante de ti, ó céu! Eu os compreendi aqui, e hei de corrigi-los!

Como que vindo de uma cova, das distantes profundezas, da praça Dzerjínski, ergue-se até nós o canto ininterrupto, rouco e terreno das sirenes dos automóveis. Aos que aceleram por debaixo daquelas sirenes, elas devem parecer a trombeta do triunfo, mas daqui é muito clara a sua insignificância.

O passeio não leva mais de vinte minutos, mas quantos cuidados há em torno dele, quanta coisa é preciso fazer!

Embora seja proibido conversar durante o passeio, isso não importa, basta saber fazer – em compensação, aqui provavelmente você não vai ser ouvido por um alcaguete ou por um microfone.

Durante o passeio, Susi e eu tentamos cair na mesma dupla; nós dois também conversamos na cela, mas o mais importante nós gostamos de debater aqui. Com ele, aprendo uma característica que me é nova: assimilar, de maneira paciente e racional, aquilo que nunca esteve nos meus planos e que não parecia ter relação alguma com a linha da minha vida, traçada com tanta clareza. Desde a infância, de algum jeito eu sempre soube que o meu objetivo era a história da Revolução Russa. E eis que o destino trouxe Susi para perto de mim, e agora, entusiasmado, ele me contava tudo de seu mundo; e isso queria dizer a Estônia e a democracia. E, embora antes nunca tivesse me passado pela cabeça nenhum interesse pela Estônia, ainda mais sendo uma democracia burguesa, eu continuei ouvindo e ouvindo aqueles relatos apaixonados sobre os vinte anos de liberdade daquele pequeno povo, pouco falante, trabalhador, feito de homens grandes, com seus costumes vagarosos e ponderados; com interesse, me aprofundei em sua história funesta: havia muito tempo, a pequena bigorna estoniana fora colocada entre dois martelos, o teutônico e o eslavo. Golpes do Leste e do Oeste foram desferidos nela, de maneira alternada, e essa alternância não parecia ter fim, e por enquanto de fato ainda não teve. E golpearam de novo a Estônia em 1940, e em 1941, e em 1944, e alguns filhos foram levados pelo Exército soviético; outros, pelo Exército alemão; e os demais fugiram para a floresta. Os idosos intelectuais de Tallinn consideravam que era preciso desprender-se dessa roda mortal, separar-se de alguma maneira e viver por conta própria. E, assim que nossas tropas entraram, todos aqueles sonhadores, na primeira noite, foram levados de seus apartamentos de Tallinn. Agora, uns quinze deles estavam presos na Lubianka, em Moscou, cada um numa cela diferente, e eram acusados, pelo 58.2, de intenção criminosa de autodeterminação.

O retorno do passeio para a cela era a cada vez uma pequena prisão. Depois do passeio, seria bom poder beliscar alguma coisa, mas nem pensar, nem pensar nisso! É ruim se o autor do livro prega uma peça em você, começa a saborear a comida, em detalhes – jogue longe um livro desses! Gógol – jogue fora! Tchekhov – também jogue fora! Tem comida demais!

Mas a biblioteca da Lubianka é a sua joia. Provavelmente, ela foi trazida até ali a partir de bibliotecas privadas confiscadas; então, os bibliófilos que as reuniram já haviam rendido a alma a Deus. Mas o principal era o seguinte: em décadas de censura total e de castração de todas as bibliotecas do país, a Segurança do Estado se esqueceu de revirar o próprio seio – e ali, bem no covil, era possível ler Zamiátin, Pilniak, Panteleimon Románov e qualquer volume da obra completa de Merejkóvski. (Alguns até brincavam: eles nos consideram mortos, por isso é que deixam ler os proibidos.)

Nas horas que antecediam o almoço, lia-se com afinco. Uma frase podia muito bem arrebatar você, fazer você andar, andar da janela até a porta, da porta até a janela. E você queria mostrar para alguém o que tinha lido, o que se concluía daquilo, e aí já começava uma discussão. Brigava-se também com afinco naquela época!

Finalmente, chegava a hora do almoço na Lubianka. Muito tempo antes, já começávamos a ouvir o retinir no corredor; depois traziam para cada um, numa bandeja, como num restaurante, dois pratos de alumínio (não eram tigelas), com uma concha de sopa e uma concha de uma papinha aguada e magra.

Então chega o momento da evacuação vespertina, que você provavelmente passou o dia inteiro esperando com fervor. E, de imediato, o mundo inteiro torna-se mais leve! Como se de repente todas as suas grandes questões se tornassem simples – você sentiu?

As leves noites da Lubianka! (Aliás, elas só seriam leves se você não estivesse esperando por um interrogatório noturno.) O corpo leve, saciado por aquela papinha na medida necessária para que a alma não sinta seu peso. Que pensamentos livres e leves! Não terá sido com isso que Púchkin sonhou:

> Quero viver para pensar e sofrer!

E então nós sofríamos, e pensávamos, e não havia mais nada em nossa vida. E como era fácil atingir esse ideal... Nós também discutíamos à noite, é claro, mas, de qualquer modo, à noite não dá tanta vontade de discutir, é melhor ouvir alguma coisa interessante, até reconfortante, e falar com todos de maneira cordata.

Nossas conversas favoritas na prisão eram as conversas sobre as tradições prisionais – falar de *como era ficar preso antes*. Tínhamos Fastenko, e por isso ouvíamos aqueles relatos em primeira mão. O que mais nos comovia era o fato de que, antes, era uma honra ser um prisioneiro político, de que seus verdadeiros parentes não só não os renegavam como ainda apareciam umas moças desconhecidas, que se faziam passar por suas noivas para conseguir um encontro. E o que dizer da antiga e generalizada tradição de enviar pacotes festivos para os detentos? Ninguém na Rússia quebraria o jejum sem enviar encomendas aos anônimos detentos para o rancho da prisão. Para o Natal, mandavam pernil, tortas, *kulebiaka*, *kulitch*.[51] Mesmo se fosse uma pobre velhinha, ela trazia dezenas de ovos decorados, e o coração deles ficava mais leve. Mas onde tinha ido parar aquela bondade russa?

E, para os detentos, o que significavam aqueles presentes festivos? Só uma comida saborosa? Os presentes provocavam a cálida sensação de que, na liberdade, alguém estava pensando neles, preocupado com eles.

E assim nós tagarelamos sobre toda espécie de assunto, relembramos alguma coisa engraçada – enquanto isso, já tinha chegado e passado o silencioso momento da chamada noturna, e nossos óculos tinham sido levados – e então a lâmpada pisca três vezes. Isso quer dizer que o toque de recolher é em cinco minutos!

Depressa, depressa, pegar os cobertores! Como no front, não dá para saber se uma rajada de projéteis vai desabar sobre você, bem agora, daqui a um minuto, bem ao seu lado – aqui nós também não sabemos qual será a nossa fatal noite de interrogatório. Ficamos deitados, com um braço por fora do cobertor, tentando dissipar o vento dos pensamentos em nossa cabeça. Dormir!

Por ocasião do Primeiro de Maio, tiraram o blecaute das janelas. Visivelmente a guerra tinha acabado.

Foi silenciosa como nunca aquela noite na Lubianka; a semana da Páscoa ainda não terminara, os feriados se entrecruzaram. Os investigadores estavam todos passeando por Moscou, ninguém era conduzido a inquérito. No silêncio, ouviu-se alguém protestando contra alguma coisa. Levaram a pessoa da cela para o compartimento (percebíamos de ouvido a posição

51 *Kulebiaka* é uma tradicional torta recheada russa. *Kulitch* é o pão pascal ortodoxo, semelhante à colomba ou ao panetone. [N. T.]

das portas) e, com a porta do compartimento aberta, deram uma longa surra nela. Em meio ao silêncio que pairava, era possível ouvir com clareza cada golpe desferido contra a parte macia e contra a boca sufocada.

No dia 2 de maio, Moscou disparou trinta rajadas – aquilo significa a captura de uma capital europeia. Ainda restavam duas por capturar: Praga e Berlim; tínhamos de adivinhar qual das duas.

Em 9 de maio, trouxeram o almoço junto com o jantar, como só se fazia na Lubianka no Primeiro de Maio e no Sete de Novembro.

Foi só por isso que soubemos do fim da guerra.

À noite, mandaram mais uma salva de trinta rajadas. Não restava mais nenhuma capital por capturar. E, naquela mesma noite, deram mais uma salva – parece que de quarenta rajadas – aquele já era o fim definitivo.

Por cima do gradeamento da nossa janela, e de outras celas da Lubianka, e de todas as janelas das prisões moscovitas, também nós, ex-combatentes do front, olhamos para o céu de Moscou, adornado por fogos de artifício e cortado por raios.

Boris Gammerov, um jovenzinho da divisão antitanque, já desmobilizado por invalidez (com uma ferida incurável no pulmão), já detido com um grupo de estudantes, estava preso, naquela noite, numa cela lotada da Butyrka; metade dela era composta por prisioneiros de guerra e combatentes do front. Ele descreveu aquela última salva com uma pobre oitava, com as linhas mais ordinárias: de como já estavam deitados nas tarimbas, cobertos com seus capotes; de como acordaram com o barulho, ergueram de leve a cabeça, apertando os olhos na direção do gradeamento: ah, é a salva – deitaram-se,

E novamente cobriram-se com seus capotes.

Com aqueles mesmos capotes, que traziam o barro das trincheiras, as cinzas das fogueiras, os farrapos dos estilhaços alemães.

Aquela Vitória não era para nós. Aquela primavera não era para nós.

Capítulo 6
Aquela primavera

Em junho de 1945, toda manhã e toda noite chegavam pela janela da prisão Butyrka os sons de cobre das bandas marciais, vindos de algum lugar não muito distante – da rua Lesnaia ou da Novoslobódskaia. Eram marchas o tempo todo, eles começavam de novo, e depois de novo.

Enquanto isso, nós ficávamos junto às janelas da prisão, escancaradas porém inalcançáveis, por trás de gradeamentos esverdeados e turvos, com armação de vidro, ouvindo. Já tinha chegado até nós o boato de que estavam preparando uma grande parada da Vitória, marcada para a Praça Vermelha, num domingo de junho – o quarto aniversário do início da guerra.

Às pedras que jazem nas fundações cabe gemer, ficar imprensadas – não cabe a elas coroar o edifício. Mas até mesmo a honra de jazer nas fundações foi negada aos que, absurdamente relegados, enfrentaram, com suas frontes condenadas e suas costelas condenadas, os primeiros golpes daquela guerra, evitando assim a vitória alheia.

Aquela primavera de 1945, em nossas prisões, foi sobretudo a primavera dos *prisioneiros de guerra* russos. Eles atravessaram as prisões da União em intermináveis cardumes, densos e acinzentados, como arenques no oceano.

Não foram apenas prisioneiros de guerra que passaram por aquelas celas – fluiu uma torrente com todos aqueles que tinham estado na Europa: emigrados da Guerra Civil; *óstovtsy* da última guerra com a Alemanha; oficiais do Exército Vermelho, por demais agudos e avançados em suas conclusões, de maneira que Stálin pudesse evitar que eles sequer pensassem em trazer de sua expedição europeia a liberdade europeia, como já tinham feito 120 anos antes deles. Mas, de qualquer maneira, a maioria era de prisioneiros de guerra. E, em meio aos prisioneiros de guerra de diferentes idades, a maioria era de coetâneos meus; não só meus, coetâneos do *Outubro*, aqueles que tinham nascido com o Outubro, aqueles que, em 1937, sem serem perturbados por ninguém, foram, aos montes, às manifestações do aniversário de 20 anos, e cuja faixa etária, no início da guerra, compunha o Exército regular, destroçado em algumas semanas.

Assim, aquela extenuante primavera na cadeia, debaixo das marchas da Vitória, tornou-se uma primavera de expiação para a minha geração.

Nós é que tínhamos ouvido cantarem junto ao nosso berço: "Todo poder aos sovietes!". Nós é que tínhamos tomado o clarim dos pioneiros com nossas mãozinhas bronzeadas de criança e, à exclamação "Estai prontos!", saudado "Sempre prontos!". Nós é que tínhamos entrado com armas em Buchenwald e ali ingressado no Partido Comunista. E éramos nós que agora caíamos em desgraça unicamente pelo fato de que tínhamos sobrevivido. (Os cativos que escaparam ilesos de Buchenwald *foram presos justamente por isso* em nossos campos: como é que você conseguiu escapar ileso de um campo de extermínio? Aí tem coisa errada!)

Quando ainda cortávamos a Prússia Oriental, eu vi as desanimadas colunas de prisioneiros de guerra que retornavam – os únicos desgostosos, quando todos ao redor estavam alegres –, e já então fiquei aturdido com a falta de alegria deles, embora ainda não compreendesse os motivos dela. Eu me levantava de um pulo, chegava perto daquelas colunas voluntárias (por que colunas? por que eles entravam em formação? afinal, ninguém os obrigava, os prisioneiros de guerra de todas as outras nações voltavam sem nenhuma formação! Já os nossos queriam chegar da maneira mais submissa possível...). Ali, eu usava divisas de capitão e, usando divisas e indo pelo caminho, eu não tinha como saber: por que todos eles estavam tão descontentes? Mas eis que o destino me botou no encalço daqueles prisioneiros; acabei indo com eles da contraespionagem do Exército para a do front; na do front, ouvi seus primeiros relatos, ainda pouco claros para mim, e agora, debaixo das cúpulas de tijolo vermelho do castelo Butyrka, eu sentia que aquela história, a história de alguns milhões de prisioneiros russos, me deixaria pregado para sempre, como uma barata presa por um alfinete. A minha própria história, a história de como eu tinha ido parar na cadeia, me pareceu insignificante. Eu entendi que o meu dever era oferecer o ombro a uma pequena parte daquele fardo comum – e carregar até o fim, até ser esmagado. Eu então tinha a sensação de também ter sido feito prisioneiro, junto com aquele pessoal, na passagem de Soloviov, no bolsão de Khárkov, na pedreira de Kertch; e de, com as mãos para trás, ter levado meu orgulho soviético para dentro do arame farpado dos campos de concentração; e de ter suportado horas no frio por uma concha de *kava* já esfriada (um substituto do café) e de ter caído morto no chão, sem encontrar o caldeirão; de, no Oflag-68 (Suwałki), ter cavado, com as mãos e com a tampa de uma panelinha, uma cova em forma de sino (mais estreita no topo), para não passar o inverno em campo aberto; de ter visto um prisioneiro de guerra bestializado arrastar-se até mim, ainda quente, e roer a carne ainda quente do meu antebraço; e de ver, a cada novo dia em condições de fome intensa, no barracão dos tifosos e próximo à cerca do campo de prisioneiros vizinho, um pensamento claro invadir meu cérebro moribundo: de que a Rússia soviética tinha renegado seus filhos prestes a morrer. "Da Rússia os filhos altaneiros" – ela só precisava deles enquanto estivessem se enfiando debaixo de tanques, enquanto ainda fosse possível lançá-los ao ataque. Mas alimentá-los no cativeiro? Eram bocas a mais. E testemunhas inconvenientes de derrotas humilhantes.

Às vezes queremos mentir, mas nossa língua não deixa. Essas pessoas foram acusadas de traição, mas, na língua, equivocaram-se de maneira notável – tanto investigadores como promotores e juízes. Até os próprios condenados, todo o povo e os jornais repetiram e reforçaram esse erro, entregando involuntariamente a verdade: queriam acusá-los de traição à Pátria, mas ninguém dizia ou escrevia – mesmo nos documentos judiciais – outra coisa que não "traição *da* Pátria".

Foi você quem disse! Não era traição *a ela*, mas traição *dela*. Não foram eles, infelizes, que traíram a Pátria, mas a previdente Pátria que os traiu, e ainda por cima *três vezes*.

Na primeira vez, ela os traiu de maneira medíocre no campo de batalha, quando o governo fez tudo que podia para perder a guerra: destruiu as linhas de fortificação, colocou a aviação em desordem, desarmou os tanques e a artilharia, eliminou generais capazes e proibiu o Exército de oferecer resistência. Os prisioneiros de guerra eram precisamente aqueles cujo corpo tinha sofrido o golpe e detido a Wehrmacht.

Na segunda vez, a Pátria os traiu de maneira cruel ao largá-los para morrer em cativeiro.

E agora, pela terceira vez, ela os traiu de maneira impudica atraindo-os com o amor materno ("A Pátria perdoou! A Pátria o está chamando!") e laçando-os já na fronteira.

Que infâmia é essa contra tantos milhões: trair os próprios soldados e declará-los traidores?!

E com que facilidade nós os tiramos de nossa conta: traiu? vergonha! dispensar! Mas, antes de nós, nosso Pai já os dispensara: ele jogou a flor da *intelligentsia* moscovita na carnificina de Viazma com espingardas de 1866, e ainda por cima uma para cada cinco pessoas. (Que Liev Tolstói vai nos desvendar *esse* Borodinó?) E, em dezembro de 1941, o Grande Estrategista deu ordem de atravessar o estreito de Kertch – um absurdo, apenas para produzir efeito no comunicado de Ano-Novo – com *120 mil* de nossos soldados – quase a mesma quantidade de russos que havia em Borodinó –, e entregou todos eles aos alemães, sem combate.

E mesmo assim, por algum motivo, não era ele o traidor, mas eles.

E com que facilidade nós cedemos a alcunhas preconcebidas, com que facilidade nós concordamos em chamar os traídos de traidores! Quantas guerras fez a Rússia (quem dera fossem menos numerosas...)? E tivemos tantos traidores assim em todas essas guerras? Alguém notou que a traição estava arraigada no espírito do soldado russo? Mas eis que, sob o regime mais justo do mundo, veio a guerra mais justa de todas – e de repente surgem milhões de traidores no meio do povo mais simples. Dá para entender? Como isso se explica?

Ao nosso lado, contra Hitler, lutou a Inglaterra capitalista, cuja pobreza e cujo sofrimento da classe operária foram descritos por Marx com tanta eloquência – e por que é que *eles*, nessa guerra, encontraram apenas um traidor, o comerciante Lord Haw-Haw[52]? E nós encontramos milhões?

Pois dá medo abrir a boca, mas talvez a coisa toda esteja mesmo no regime político?...

Um ditado nosso, bem antigo, já justificava o cativeiro: "O prisioneiro clama, mas o que foi morto, nunca". No tempo do tsar Aleksei Mikháilovitch, o *padecimento no cativeiro* era recompensado com título de nobreza! Trocar os prisioneiros, mimá-los e aquecê-los foi tarefa da sociedade em todas as guerras seguintes. Cada fuga do cativeiro era louvada como o mais alto ato de heroísmo. Durante toda a Primeira Guerra Mundial, foram realizadas na Rússia coletas de fundos para auxiliar nossos prisioneiros, e a Alemanha permitia que nossas irmãs de caridade visitassem os prisioneiros, e todos os números dos jornais relembravam os leitores de seus compatriotas que estavam sofrendo no terrível cativeiro. Todos os povos ocidentais fizeram o mesmo na outra guerra: pacotes, cartas, todo tipo de apoio fluía livremente pelos países neutros. Os prisioneiros de guerra ocidentais não se humilhavam aceitando comida do caldeirão alemão, eles falavam com desdém aos guardas alemães. Os governos ocidentais concediam aos seus soldados aprisionados não só o tempo de serviço, mas também promoção de patente e até pagamento.

O único soldado do mundo que *não se entregava* era o do Exército Vermelho! – era o que estava escrito no estatuto ("*Ivan plen nicht*!"[53] – gritavam os alemães de suas trincheiras) – mas

52 Lord Haw-Haw, apelido de William Joyce (1906-1946), político fascista anglo-irlandês, que fazia transmissões de rádio com propaganda nazista, da Alemanha para o Reino Unido, durante a Segunda Guerra Mundial. Foi condenado à morte e enforcado em 1946. [N. T.]

53 "Ivan não é prisioneiro!", em alemão no original. [N. T.]

quem é que conseguia entender o significado de tudo aquilo?! Existia a guerra, existia a morte, mas não existia o cativeiro! Que bela descoberta!

Só o nosso soldado, renegado pela Pátria e totalmente insignificante tanto aos olhos dos inimigos como aos dos Aliados, se arrastava para receber a beberagem dos porcos distribuída nos confins do Terceiro Reich. Só ele encontrava completamente cerrada a porta de casa, embora nossas jovens almas tentassem não acreditar: o que era o Artigo 58-1-b e o fato de que, de acordo com ele, em tempos de guerra não havia pena mais branda que o fuzilamento! Uns sofriam com os outros, enquanto nós sofríamos com os nossos próprios.

(É claro que nem todos aqueles prisioneiros foram postos na cadeia por traição à Pátria, pois até mesmo um idiota via claramente que só os seguidores de Vlássov podiam ser julgados por traição. Todos eles foram postos na cadeia para que não ficassem relembrando a Europa entre seus conterrâneos. O que os olhos não veem, o coração não sente…)

Pois bem, que caminhos tinham os prisioneiros russos diante de si? Legalmente, só havia um: deitar-se e deixar que pisassem em você. De qualquer maneira, todos os demais caminhos que seu cérebro desesperado pode inventar – todos eles levam a algum choque com a Lei.

Fugir para a Pátria – atravessando a cerca do campo de prisioneiros, atravessando metade da Alemanha, depois a Polônia ou os Bálcãs – levava ao Smerch e ao banco dos réus: como é que você conseguiu fugir quando os outros não conseguiram? Aí tem coisa errada! Fale logo, seu verme, com qual *missão* mandaram você? (Mikhail Burnatsev, Pável Bondarenko e muitos, muitos outros.)

Fugir para se unir aos *partisans* ocidentais, às forças da Resistência, só adiava seu pleno ajuste de contas diante do tribunal; ela só tornava você ainda mais perigoso: vivendo livremente em meio ao povo europeu, você poderia adquirir um espírito muito nocivo. E, se você não teve medo de fugir e de lutar depois, você era uma pessoa decidida, você era duas vezes mais perigoso na Pátria.

Sobreviver no campo por conta de seus compatriotas e camaradas? Virar *polizei* dentro do campo, comandante de guarnição, ajudante dos alemães e da morte? A lei stalinista não punia isso com mais rigor do que punia a participação nas forças da Resistência – o mesmo artigo, a mesma sentença (e dá para adivinhar por quê: uma pessoa *dessas* é menos perigosa!). Mas uma lei interna, incutida em nós de modo inexplicável, vedava esse caminho a todos, com exceção da escória.

Descontados esses quatro pontos, extenuantes ou inaceitáveis, restava um quinto: esperar os recrutadores, esperar para onde chamariam.

Às vezes, por sorte, vinham os representantes dos *Bezirke*[54] rurais e escolhiam lavradores para serem *Bauer*[55]; da parte das firmas, levavam os engenheiros e operários. Pelo mais alto imperativo stalinista, mesmo nesse momento você deveria negar que era engenheiro, esconder que era um operário qualificado. Sendo projetista ou eletricista, você só manteria sua pureza patriótica se permanecesse no campo, cavando a terra, apodrecendo e chafurdando nos monturos. Então, por uma traição *pura* à Pátria, você poderia, com a cabeça orgulhosamente erguida, contar em receber dez anos, com cinco de encarceramento. Agora, por uma traição à Pátria agravada pelo trabalho em favor do inimigo, e ainda por cima especializado, você, de cabeça baixa, receberia dez anos, com cinco de encarceramento!

Essa era a refinada delicadeza de hipopótamo pela qual Stálin se distinguia!

Ou então vinham recrutadores de caráter totalmente diferente – russos, geralmente aqueles que pouco tempo antes eram instrutores políticos vermelhos; os guardas brancos não aceitavam esse trabalho. Os recrutadores convocavam comícios no campo, vociferavam contra o Poder Soviético e conclamavam a inscrever-se nas escolas de espião ou nas divisões de Vlássov.

54 Distritos rurais, em alemão no original. [N. T.]

55 Agricultores, em alemão no original. [N. T.]

Os que não passaram fome como nossos prisioneiros de guerra – que não roeram morcegos que voavam pelo campo, que não cozinharam solas velhas – dificilmente poderiam entender que força material inquebrantável aceita qualquer convite, qualquer argumento, se, por detrás dele, para além dos portões do campo, há uma fumegante cozinha de campanha, onde cada um dos que concordaram está comendo mingau até dizer chega – pelo menos uma vez! pelo menos mais uma vez na vida!

Se levamos uma pessoa ao ponto de roer um morcego, *nós* mesmos retiramos dela qualquer dever, não só perante a Pátria, mas perante a humanidade!

E aqueles dentre os nossos que, nos campos de prisioneiros de guerra, recrutaram-se para serem espiões de curta duração imaginavam todos, sem exceção, que, assim que os alemães os fizessem passar para o lado soviético, eles haveriam de declarar-se imediatamente às autoridades, que entregariam todo o seu equipamento e as suas instruções, que ririam, junto com o benevolente comando, dos estúpidos alemães, que vestiriam o uniforme do Exército Vermelho e que voltariam com ânimo para as fileiras dos combatentes. Era um pessoal ingênuo, eu vi muitos deles: rostos redondos e simplórios, um agradável sotaque da região do Viatka ou de Vladímir. Com ânimo, eles viravam espiões depois de quatro, cinco anos na escola rural e sem nenhuma habilidade para lidar com uma bússola e um mapa.

Seria possível acreditar que essa era a única saída que eles imaginaram razoável. Seria possível acreditar que tudo aquilo não passava de uma brincadeira dispendiosa e tola da parte do comando alemão. Mas não! Hitler estava mais do que afinado com seu soberano irmão! A mania de espiões foi uma das principais características da loucura stalinista. Stálin acreditava que seu país estava fervilhando de espiões. Todos os chineses que viviam no extremo oriente soviético receberam o parágrafo 58-6, de espionagem, foram levados aos campos do norte e ali desapareceram. Os chineses que participaram da Guerra Civil sofreram o mesmo destino, exceto aqueles que escapuliram com antecedência. Centenas de milhares de coreanos foram exilados no Cazaquistão, sob a mesma suspeita. Todos os soviéticos que em algum momento tivessem estado no exterior, que em algum momento tivessem andado mais devagar na direção do hotel Inturist, que em algum momento tivessem aparecido numa fotografia ao lado de uma fisionomia estrangeira eram acusados da mesma coisa. Quem tivesse ficado tempo demais olhando para a ferrovia, para uma ponte rodoviária, para uma chaminé de fábrica era acusado da mesma coisa. Todos os inúmeros comunistas estrangeiros que acabaram ficando na União Soviética eram acusados sobretudo de espionagem. Stálin como que inverteu e ampliou a famosa máxima de Catarina: ele preferia deixar que 999 inocentes apodrecessem para que um espião de verdade não escapasse. Então, como seria possível acreditar nos soldados russos que de fato estiveram nas mãos do serviço secreto alemão?! E que alívio não era, para os carrascos do Ministério da Segurança do Estado, o fato de que milhares de soldados vinham da Europa sem esconder que tinham sido recrutados voluntariamente como espiões?! Que confirmação impressionante dos prognósticos do Mais Sábio dos Sábios! Venham, venham, seus tapados! O artigo e a recompensa já estão prontos para vocês há muito tempo!

Mas é oportuno perguntar: de todo modo, houve também aqueles que não aceitaram nenhum recrutamento; e que não trabalharam para os alemães em lugar nenhum, em suas áreas de especialidade; e que não foram *Ordner*[56] do campo; e que passaram a guerra inteira no campo de prisioneiros, sem pôr o nariz para fora; e mesmo assim não morreram, embora isso fosse quase inacreditável! Por exemplo, fizeram isqueiros com detritos de metal, como os engenheiros elétricos Nikolai Andrêievitch Semiônov e Fiódor Fiódorovitch Kárpov, e usaram aquilo para se alimentar. Será que nem eles poderiam ser perdoados pela Pátria por terem se entregado?

Não, ela não os perdoou! Conheci na Butyrka tanto Semiônov como Kárpov, quando eles já tinham recebido, de acordo com a lei, seus... quantos? O leitor perspicaz já sabe: *dez, com cinco de encarceramento*. Sendo brilhantes engenheiros, eles *recusaram* a proposta alemã de trabalhar em sua área! Em 1941, o segundo-tenente Semiônov tinha partido para o front como

56 Aquele que garante a ordem, segurança, em alemão no original. [N. T.]

voluntário. E, em 1942, ele ainda tinha um coldre vazio no lugar da pistola (o investigador não entendeu por que ele não atirou em si mesmo com o coldre). E ele fugiu *três vezes* do cativeiro. E, em 1945, depois da libertação do campo de concentração, foi mandado para o batalhão punitivo, no nosso tanque (como parte da tropa de desembarque de tanques), e tomou Berlim, e recebeu a Ordem da Estrela Vermelha, e só depois disso é que foi preso definitivamente e recebeu a sentença. Pois esse é o espelho de nossa Nêmesis.

"Ah, se eu soubesse!..." – essa foi a principal cantilena das celas das cadeias naquela primavera. Se eu soubesse que seria recebido assim! Que seria enganado! Que teria esse destino! Será que eu teria retornado à Pátria? De jeito nenhum! Teria corrido para a Suíça, para a França! Teria atravessado o mar! Teria atravessado o oceano! Três oceanos!

Também naquela primavera estavam presos nas celas muitos emigrados russos.

Era quase como um sonho: a volta de uma história já fenecida. Os membros do Movimento Branco já não eram nossos contemporâneos na terra, mas espectros de um passado que se esvaía. A emigração russa, dispersa de modo mais cruel que as tribos de Israel, em nossa imaginação soviética, se é que ainda levava sua vida em algum lugar, era como pianistas de baile em restaurantes imundos, como criados, como lavadeiras, como mendigos, morfinômanos, cocainômanos, cadáveres insepultos. Antes da guerra de 1941, não havia nenhum indício, em nossos jornais, nas elevadas belas-letras, na crítica de arte, que permitisse imaginar que os russos no estrangeiro formavam um grande grupo espiritual, que lá estava em desenvolvimento a filosofia russa, que lá havia Bulgákov, Berdiáiev, Frank, Lósski, que a arte russa cativava o mundo, que lá havia Rakhmáninov, Chaliápin, Benuá, Diáguilev, Pávlova, o coral cossaco de Járov, que lá eram feitas pesquisas aprofundadas sobre Dostoiévski (que, em nossa época, era totalmente proscrito), que existia o extraordinário escritor Nabókov-Sírin, que Búnin ainda estava vivo e tinha escrito coisas ao longo daqueles vinte anos, que revistas artísticas eram publicadas, que espetáculos eram montados, que eram realizados congressos de associações de emigrados onde a fala russa era ouvida, e que os homens emigrados não tinham perdido a capacidade de se casar com mulheres emigradas, e elas lhes davam filhos, nossos coetâneos.

Fabricou-se em nosso país uma representação tão mentirosa dos emigrados que o povo soviético nunca poderia ter acreditado: houve emigrados que lutaram na Espanha, não por Franco, mas pelos republicanos; e, na França, em meio à imigração russa, Merejkóvski e Gippius se viram em isolamento e solidão depois de não terem renegado Hitler. Durante a ocupação da França, muitos emigrados russos, velhos e jovens, aderiram ao movimento da Resistência, e, depois da liberação de Paris, foram aos montes à embaixada soviética apresentar requerimento para retornar à Pátria. Não importava qual Rússia era – mas era a Rússia! – esse era o lema deles, e assim provaram que, mesmo antes, não tinham mentido sobre seu amor por ela. (Nas prisões, em 1945-1946, eles estavam quase felizes pelo fato de que aquelas grades e aqueles carcereiros eram familiares, eram russos; eles olhavam com surpresa para os meninos soviéticos, coçando a cabeça: "E para que diabos nós voltamos? Por acaso não havia lugar para nós na Europa?".)

Mas, pela própria lógica stalinista, de que qualquer pessoa soviética que tivesse vivido no exterior deveria ser presa num campo, como é que os emigrados poderiam esquivar-se desse destino? Nos Bálcãs, na Europa Central, em Harbin, eles eram presos imediatamente após a chegada das tropas soviéticas, eram detidos em seus apartamentos e na rua, como a nossa gente. Por um momento, detinham só homens, e por vezes nem todos, mas sim aqueles que de alguma maneira tinham se declarado, no sentido político. Na França, foram aceitos como cidadãos soviéticos, com honras e flores, mandados para a Pátria com todo o conforto, mas, quando já estavam ali, foram recolhidos. Foi mais demorado para os emigrados de Xangai – as mãos não chegavam até ali em 1945. Mas um plenipotenciário do governo soviético foi até lá e proferiu um decreto do Presidium do Soviete Supremo: perdão a todos os emigrados! Ah, mas como não acreditar? O próprio governo não iria mentir! (Se existiu ou não existiu esse decreto, de qualquer maneira ele não comprometia os Órgãos.) O povo de Xangai ficou em êxtase. Foi oferecido a eles levar tudo que quisessem (alguns foram até de carro, eles seriam úteis à pátria), que se fixassem onde quisessem na União; e que trabalhassem em qualquer área, é claro. De Xangai, foram levados de vapor. O destino de cada vapor era distinto: em alguns deles, por algum motivo, não deram nada para comer. Um destino diferente era o porto de Nakhodka (um dos principais pontos de baldeação do Gulag). Quase todos foram colocados em compartimentos e vagões de carga, como prisioneiros, só que ainda não havia uma escolta mais severa e cães. Outros ainda foram levados até lugares habitados, até cidades, e de fato permitiu-se a eles que vivessem ali por dois ou três anos. Outros foram levados, nos vagões de carga, diretamente para o campo, descarregados em algum lugar do Volga, na floresta, numa enorme ribanceira, junto com seus pianos de cauda brancos e suas jardineiras. Em 1948-1949, os remigrados do extremo oriente que ainda estavam vivos foram presos um por um.

Em meio aos emigrados europeus, estava também meu coetâneo Igor Tronkó. Nós viramos amigos. Ambos enfraquecidos, mirrados, a pele de um amarelo-acinzentado por sobre os ossos, ambos magros, compridões, abalados pelas rajadas do vento de verão nos pátios de passeio da Butyrka, caminhávamos sempre juntos, num andar cuidadoso, de velho, e discutíamos os paralelos de nossa vida. Eu e ele tínhamos nascido no mesmíssimo ano, no sul da Rússia. Nós dois ainda sugávamos o leite quando o destino enfiou a mão em sua bolsa rota e tirou para mim a palhinha mais curta e, para ele, a mais longa. E então o pequenino foi levado para o além-mar, embora seu pai não fosse bem "da guarda branca": era um telegrafista ordinário e sem posses.

Para mim, foi muito interessante imaginar, por meio da vida dele, toda a minha geração de compatriotas que tinham ido parar lá fora. Eles cresceram debaixo de uma boa guarida doméstica, com posses muito modestas, até mesmo escassas. Eles todos foram muito bem criados e muito bem educados, dentro das possibilidades. Cresceram de maneira tal que os vícios do século, que alcançavam toda a juventude europeia (uma atitude frívola em relação à vida, leviandade, perdularismo, alta delinquência), não os afetaram – isso porque eles cresceram como que sob o teto da indelével infelicidade de suas famílias. Em todos os países em que cresceram, eles só consideraram a Rússia como sua pátria. A educação espiritual deles se deu com base na literatura russa, ainda mais amada pelo fato de que a pátria se resumia a ela. De nossa vida legítima, eles tinham só a mais pálida noção, mas a saudade da pátria era tal que, se em 1941 eles tivessem sido chamados, todos teriam corrido para o Exército Vermelho. Aos 25, aos 27 anos, aquela juventude já concebera e já defendia com firmeza seu ponto de vista. Assim, o grupo de Igor era o dos "não predeterminados". Eles declaravam que, sem compartilhar com a pátria todo o complexo peso das últimas décadas, ninguém teria o direito de decidir nada sobre o futuro da Rússia, nem mesmo de propor nada, mas somente ir e entregar suas forças àquilo que o povo decidiria.

Passamos muito tempo deitados lado a lado nas tarimbas. Absorvi quanto pude do mundo dele, e aquele encontro me desvelou a ideia (que outros encontros depois confirmaram) de que o escoamento de uma parte significativa das forças espirituais – que se deu durante a Guerra Civil – tirou de nós um grande e importante ramo da cultura russa. E todos que a amam verdadeiramente devem aspirar à reunificação de ambos estes ramos: a metrópole e o estrangeiro. Somente então ela alcançará a plenitude, somente então ela haverá de adquirir a capacidade para um desenvolvimento imorredouro.

Eu sonho em estar vivo nesse dia.

É fraco o ser humano, é fraco. No fim das contas, mesmo os mais teimosos de nós desejaram o perdão naquela primavera. Ninguém queria ir para as regiões polares, ter escorbuto, desnutrição. Por algum motivo, floresceu particularmente nas celas a lenda sobre Altai. Os poucos que tinham estado lá – mas principalmente os que nunca tinham estado – inspiraram em seus companheiros de cela sonhos melodiosos: que região era Altai!

A vastidão siberiana, mas com clima ameno. Margens cobertas de trigais e rios de mel. A estepe e as montanhas. Rebanhos de ovelhas, caça, peixes. Vilarejos ricos e populosos...

Ah, esconder-se naquela tranquilidade! Ouvir o canto puro e sonoro do galo no ar imperturbado! Afagar o focinho bondoso e sério do cavalo! E malditos sejam todos vocês, grandes problemas, que outra pessoa quebre a cabeça com vocês, alguém mais estúpido. Descansar ali das imprecações dos investigadores e de todo aquele tedioso revirar de sua vida, do estrondo dos cadeados da prisão, do mormaço viciado da cela. Só nos foi dada uma vida, uma vida pequena, curta! – e nós, de maneira criminosa, deixamos que ela seja colocada na mira da metralhadora de alguém, ou a arrastamos, em toda a sua pureza, no imundo monturo da política. Pelo visto lá, em Altai, eu moraria na isbá mais baixa e mais escura, na beira do vilarejo, junto à floresta. Não sairia para colher galhos secos ou cogumelos – eu simplesmente entraria na floresta, abraçaria dois troncos: meus amados! não preciso de mais nada!...

E, sobretudo, aquela primavera conclamava à misericórdia: a primavera em que se encerrara uma guerra tão imensa! Vimos que nós, detentos, éramos milhões, e que outros milhões ainda nos receberiam nos campos. Não era possível que deixassem tanta gente na cadeia depois da mais grandiosa vitória mundial! É claro que haveria uma grande anistia, e logo todos nós seríamos liberados. Alguém até jurou que tinha lido no jornal que Stálin, respondendo a certo correspondente americano (o nome dele? não me lembro...), disse que teríamos, depois da guerra, a maior anistia que o mundo já vira. E outra pessoa ouviu do próprio investigador que certamente haveria, em breve, uma anistia geral.

Mas, *para ter piedade, é preciso ter juízo*.

Não ouvimos os poucos sóbrios de nós que teimavam em relembrar que, em um quarto de século, nunca houvera anistia política – e que nunca haveria. Desconsiderávamos os mais sensatos de nós, que explicavam que estávamos presos aos milhões precisamente porque a guerra tinha acabado: no front não precisavam mais de nós, na retaguarda éramos perigosos, e nas construções mais distantes, sem nós, não seria colocado um tijolo sequer. (Faltava-nos distanciamento para examinar o cálculo de Stálin, se não maldoso, ao menos simples e econômico: quem é que agora, desmobilizado, aceitaria largar a família, o lar, e partir para Kolimá, para Vorkutá, para a Sibéria, onde ainda não existiam nem estradas nem casas? Era quase uma tarefa para o Comitê de Planejamento: entregar ao Ministério de Assuntos Internos as cifras de controle, dizendo quantos deveriam ser presos.) Anistia! nós esperávamos e ansiávamos por uma anistia magnânima e ampla!

Houve anistia a muitos presos políticos até no dia dos 300 anos dos Románov.[57] Será possível que agora, depois de obter a vitória do século – ou até maior que isso –, o governo de Stálin seja tão mesquinho e vingativo?...

É uma verdade simples, mas também é preciso encará-la: nas guerras, não são abençoadas as vitórias, mas as derrotas! Depois das vitórias, há um desejo por mais vitórias; depois das derrotas, há um desejo por liberdade – e geralmente ela é alcançada.

A vitória em Poltava foi uma infelicidade para a Rússia: ela trouxe consigo dois séculos de enormes tensões, de devastação, de falta de liberdade – e mais e mais guerras. A derrota em Poltava foi uma salvação para os suecos: tendo perdido a vontade de guerrear, os suecos tornaram-se o povo mais florescente e livre da Europa.

Ficamos tão acostumados a nos orgulhar de nossa vitória contra Napoleão que acabamos deixando de lado o fato de que foi justamente por causa dela que a libertação dos servos não aconteceu meio século antes (uma ocupação francesa não era uma realidade para a Rússia). E a Guerra da Crimeia nos trouxe a liberdade.

Na primavera de 1945, a cada novato que chegava à cela perguntavam, antes de qualquer coisa: o que ele tinha ouvido sobre a anistia? E, se levavam dois ou três da cela *com suas coisas*, os veteranos de cela comparavam os processos deles e inferiam que eram os mais leves, que eles certamente seriam libertados. Tinha começado!

57 No dia 21 de fevereiro de 1913, no tricentésimo aniversário da Casa dos Románov, por meio de um decreto imperial, foi proclamada uma anistia que reduziu em um terço todas as sentenças dos prisioneiros políticos. [N. E. R.]

Tudo que batia, pulsava, reverberava no corpo agora parava com um golpe de felicidade – logo abririam a porta...

Mas, para ter piedade, é preciso ter juízo...

No meio de julho, o inspetor do corredor mandou um velho da nossa cela lavar um banheiro, e lá, olho no olho (na frente de testemunhas ele não teria ousado), perguntou, olhando com compaixão para sua cabeça grisalha: "Qual é o seu artigo, meu pai?". "Cinquenta e oito!", respondeu alegremente o velho, chorando em sua casa por três gerações. "Não vai cair...", suspirou o inspetor. Bobagem!, decidiram na cela, o inspetor era só iletrado.

No dia 27 de julho, reuniram uns vinte de nós, de diversas celas, e levaram primeiro para o banho. Depois, suados, amolecidos, fomos levados pelo jardinzinho esmeraldino do pátio interno da Butyrka, onde os pássaros (ou, mais provavelmente, só os pardais) cantavam de maneira ensurdecedora, e o verde das árvores parecia insuportavelmente brilhante aos olhos desacostumados. Nunca meus olhos tinham sido atingidos com tanta força pelo verde das folhas como naquela primavera! E, em toda a vida, eu não tinha visto algo tão próximo ao Paraíso Divino como aquele jardinzinho da Butyrka, aquela passagem por um caminho de asfalto que nunca durava mais de trinta segundos!

Levaram-nos até a *estação* da Butyrka (o local de recepção e expedição dos prisioneiros; uma denominação muito certeira, porque, além disso, o vestíbulo principal dali é bem parecido com uma estação), conduziram-nos até um compartimento grande e espaçoso. Ali, havia penumbra, o ar era puro e fresco: sua única janelinha, bem pequena, ficava no alto, sem gradeamento. Mas dava para aquele mesmo jardinzinho, e, pela bandeira aberta, o chilrear dos pássaros nos aturdia, e, na faixa de luz da bandeira, balouçava um galhinho verde-claro que prometia a todos nós a liberdade, nossa casa.

Por três horas, ninguém tocou em nós, ninguém abriu a porta. Nós andamos, andamos e andamos pelo compartimento e, extenuados, nos sentamos nos bancos de ladrilhos. E o galhinho continuava balançando, continuava balançando pela fresta, e os pardais, endiabrados, faziam eco.

De repente, ribombou a porta, e um de nós, um silencioso contador de uns 35 anos, foi chamado. Ele saiu. A porta foi trancada. Nós começamos a caminhar com força redobrada, em nosso cubículo, ficamos inflamados.

De novo o estrondo. Chamaram outro, e devolveram o primeiro. Nós nos lançamos na direção dele. Mas não era ele! A vida em seu rosto estava suspensa. Os olhos arregalados estavam cegos. Com movimentos incertos, ele cambaleou pelo chão uniforme do compartimento. Estava contundido? Tinha apanhado com uma tábua de passar?

— O que foi? O que foi? – perguntamos, paralisados.

O contador espremeu, com uma voz que parecia comunicar o fim do universo:

— Cinco!!! Anos!!!

E de novo ribombou a porta – voltaram tão depressa que pareciam ter sido levados para uma breve passagem pelo banheiro. Esse outro voltou radiante. Pelo visto, tinha sido libertado.

— Então? Então? – Nós nos reunimos com esperança renovada.

Ele agitou a mão, sufocando de rir:

— Quinze anos!

Era absurdo demais para acreditar de imediato.

Capítulo 7
Na sala de máquinas

O compartimento vizinho da "estação" da Butyrka era o famoso compartimento *de revista* (ali revistavam os recém-chegados, e havia um espaço grande o suficiente para que cinco ou seis carcereiros processassem até vinte zeks em um só cercado) – agora não havia ninguém ali, estavam vazias as ásperas mesas de revista, e apenas um asseado major do NKVD, de cabelos negros, estava sentado junto a uma pequena e casual mesinha, de lado, debaixo de uma lâmpada. A principal expressão em seu rosto era um tédio paciente. Ele gastava seu tempo à toa, enquanto os zeks eram trazidos e levados, de um em um. Seria possível recolher muito mais depressa as assinaturas.

Ele apontou para mim o banquinho que ficava em frente à sua mesa, tomou nota do meu sobrenome. Diante dele, à direita e à esquerda do tinteiro, havia duas pilhas de papeizinhos, brancos e uniformes, folhas datilografadas cortadas ao meio – do mesmo formato dos certificados de combustível que entregam nas administrações prediais e das solicitações para compra de artigos de escritório que se encontram nas instituições. Depois de ter folheado a pilha da direita, o major encontrou o papel que se referia a mim. Ele o puxou, leu bem depressa e em tom indiferente (entendi que tinha pegado oito anos) e, com uma caneta-tinteiro, começou imediatamente a escrever no verso que o texto fora lido para mim naquela data.

Meu coração não deu nem meia batida a mais, tão corriqueiro era tudo aquilo. Será que era mesmo a minha condenação, aquela que traria uma ruptura em minha vida? Eu queria me agitar, sentir aquele momento – e não conseguia de jeito nenhum. E o major já tinha empurrado a folha na minha direção, com o verso para cima. E já estava diante de mim uma caneta de estudante, de 7 copeques, com uma ponta ruim e um pedaço de tinta que se descolara do tinteiro.

— Não, eu preciso ler por conta própria.

— Por acaso eu tenho como enganar o senhor? – objetou o major, preguiçoso. — Bom, pode ler.

E soltou o papel de sua mão, a contragosto. Eu o virei e, de propósito, comecei a examinar bem devagar, mais que palavra por palavra: letra por letra. Tinha sido escrito à máquina, mas aquele não era o exemplar original, e sim a cópia:

CITAÇÃO
DA DELIBERAÇÃO DO OSO[58] DO NKVD DA URSS
7 DE JULHO DE 1945
Nº...

Depois, tudo isso estava destacado com linha pontilhada e, verticalmente, separado com a mesma linha pontilhada:

OUVIU-SE:	DELIBEROU-SE:
a acusação contra tal pessoa (fulano, data de nascimento, local de nascimento).	designar tal pessoa (fulano), por agitação antissoviética e tentativa de criar organização antissoviética, a 8 (oito) anos nos campos de trabalhos correcionais.
A cópia é legítima.	Secretário...

Mas será possível que eu tinha de simplesmente assinar e sair em silêncio? Dei uma olhada para o major, para ver se ele não me diria nada, se não explicaria nada. Não, ele nem fez menção. Ele já tinha acenado para o carcereiro na porta, para que preparasse o próximo.

58 Conselho Especial, órgão do NKVD que tinha autorização para tomar "medidas administrativas", ou seja, aplicar punições sem julgamento. [N. T.]

Para dar pelo menos um pouco de significado ao momento, perguntei a ele, em tom trágico:

— Mas isso aqui é terrível! Oito anos! A troco de quê?

Mas eu mesmo percebi que as minhas palavras soavam falsas: nem eu senti que aquilo era terrível, nem ele.

— Aqui – o major me indicou mais uma vez onde deveria assinar.

Eu assinei. Simplesmente não sabia o que mais poderia fazer.

— Mas então permita que eu escreva aqui uma apelação para vocês. Afinal, a sentença é injusta.

— Na ordem estabelecida – assentiu mecanicamente o major, colocando meu papelzinho na pilha da esquerda.

— Vamos adiante! – ordenou o carcereiro.

E eu *fui adiante*.

(Eu não fui lá muito inventivo. Gueórgui Tenno, que a bem da verdade recebeu um papelzinho de 25 anos, respondeu assim: "Mas isso é perpétua! Nos tempos antigos, quando condenavam uma pessoa à prisão perpétua, tocavam tambores, conclamavam uma multidão. Isso aqui parece uma lista de aquisição de sabão – 25, e chispa daqui!".

Arnold Rappoport pegou a caneta e anotou no verso: "Protesto categoricamente contra essa sentença ilegal e terrorista e exijo libertação imediata". Primeiro, o notificante esperou pacientemente; depois de ter lido, ficou furioso e rasgou o papelzinho inteiro, junto com a citação. Tudo bem, a pena continuava em vigor: afinal, aquilo era uma cópia.

E Vera Korniéieva, que esperava quinze anos, viu admirada que no papel estava escrito apenas cinco. Ela começou a rir com seu riso luminoso e assinou com pressa, para que não tomassem dela. O oficial ficou em dúvida: "Mas a senhora entendeu o que eu acabei de ler?". "Sim, sim, muito obrigada! Cinco anos nos campos de trabalhos correcionais!"

János Rózsás, um húngaro, teve sua pena de dez anos lida em russo no corredor, e não a traduziram. Depois de ter assinado, ele continuou sem entender que aquilo era uma sentença, e passou muito tempo esperando pelo julgamento; mais tarde ainda, no campo, veio-lhe a turva lembrança daquele caso, e ele se deu conta.)

Voltei ao compartimento com um sorriso. Nos respingos de sol, ao vento de julho, o galhinho atrás da janela continuava a balançar com a mesma alegria. Aqui e ali, o riso aparecia com mais e mais frequência no compartimento. Nós ríamos porque tudo tinha corrido bem; ríamos do contador abalado; ríamos de nossas esperanças matutinas e de como tinham se despedido de nós nas celas, fazendo encomendas convencionais – quatro batatas! duas rosquinhas!

Meu vizinho me disse em tom reconfortante, cômodo:

— Tudo bem, ainda somos jovens, ainda vamos viver. O mais importante é não vacilar agora. Quando chegar ao campo, não é para trocar uma palavra sequer com ninguém, para não inventarem outras penas para nós. Vamos trabalhar honestamente e ficar calados, calados.

E ele acreditava mesmo naquele programa, tinha esperança, aquele inocente grãozinho em meio às mós stalinistas! Dava vontade de concordar com ele, cumprir a pena em sossego, e depois tirar da cabeça o que se tinha vivido ali.

Mas eu já tinha começado a sentir dentro de mim: se era preciso *não viver* para poder viver, qual era então o sentido daquilo?...

Não se pode dizer que o OSO[59] foi inventado depois da Revolução. Catarina II já dera quinze anos ao incômodo jornalista Novikov; pode-se dizer que foi à moda do OSO, pois ela não o submeteu a julgamento. E todos os imperadores, paternalmente, de quando em quando exilavam sem julgamento os que lhes eram incômodos.

Desse modo, havia uma tradição, mas um tanto desconjuntada. E depois, perdão, aquilo não tinha lá muita amplitude se era possível *enumerar* os nomes e os casos.

A amplitude começou nos anos 1920, quando, para contornar permanentemente o julgamento, foram criadas as troicas,

59 Conselho especial, órgão administativo do NKVD, com autorização para punir sem julgamento. [N. T.]

que agiam permanentemente. No início, até alardeavam com orgulho – a Troica do GPU! Os nomes dos componentes não só não eram escondidos: eram apregoados! Quem não conhecia, em Solovkí, a famosa troica de Moscou – Gleb Bóki, Vul e Vassíliev?! E, para dizer a verdade, que palavra é troica! Lembra um pouco os guizos nos arcos, as festas de *máslenitsa*[60], e junto com tudo isso algo misterioso: por que "troica"? O que significa isso? Uma corte, afinal, não é um quarteto! E uma troica não é uma corte! E o mais misterioso é o fato de ser a portas fechadas. Nós não estivemos lá, não vimos nada, só nos deram um papel para assinar. A troica acabou sendo mais terrível que o Tribunal Revolucionário. E, depois, a troica isolou-se ainda mais, abrigou-se, trancou-se num cômodo separado, e ocultaram os sobrenomes. E, assim, nós nos acostumamos com o fato de que os membros da troica não comem, não bebem e não se movem em meio às pessoas. Uma vez que eles se retiraram para deliberação, foi para sempre – somente as sentenças chegam até nós, pelas datilógrafas. (E é obrigatória a devolução: você não pode ficar com um documento desses nas mãos.)

Essas troicas respondiam a uma necessidade que vinha surgindo constantemente: uma vez detentos, não colocar em liberdade (era algo como um departamento de controle técnico do GPU, para que não houvesse falhas). E, se fosse alguém inocente, que não poderia de modo algum passar por julgamento, então que recebesse, da troica, seu "menos 32" (capitais de província) ou um exiliozinho de dois ou três anos; quando percebesse, a orelha já estaria tosquiada, já estaria marcado para sempre, e de agora em diante seria um "reincidente".

Infelizmente, não caberá a nós escrever a fascinante história desse órgão. A partir de 1934, a troica da Moscou de pedras brancas passou a ser chamada de Conselho Especial; e as troicas das regiões, de Colegiados Especiais das Cortes Regionais; ou seja, entre seus três membros permanentes, não havia nenhuma

60 Festividade russa que antecede a Quaresma e que equivale, *grosso modo*, ao Carnaval. Uma das tradições regionais são os passeios nas carroças russas puxadas por três cavalos, conhecidas como troicas. Nos arcos que ligavam os animais, eram pendurados guizos. [N. T.]

participação popular, e eles eram sempre fechados. O dileto OSO prosperou até 1953, quando Béria, nosso benfeitor, também pisou em falso.

Ele existiu por dezenove anos; mas pergunte: dos nossos orgulhosos dirigentes graúdos, quem é que entrou lá? Com que frequência e por quanto tempo se reunia? Serviam chá, não serviam, o que acompanhava o chá? E como é que se dava essa discussão – conversavam durante a sessão ou nem mesmo conversavam? Não seremos nós a escrever, porque não sabemos. Só ficamos sabendo que a existência do OSO continuava trinitária, e eram conhecidos os três órgãos que possuíam ali seus delegados permanentes: um do Comitê Central, um do Ministério de Assuntos Internos, um da Promotoria. Mas não seria nenhum milagre se, em algum momento, descobríssemos que não havia sessão nenhuma, e sim uma equipe de experientes datilógrafas, que compunham as citações a partir de protocolos inexistentes, e um gerente que administrava as datilógrafas. As datilógrafas decerto existiam, isso podemos garantir!

Sem ser mencionado em lugar nenhum – nem na Constituição nem no Código –, o OSO, no entanto, acabou se tornando a mais conveniente máquina de moer carne: nada teimosa, nada exigente, e sem a necessidade de ser lubrificada por leis. O Código existia por sua conta, e o OSO, por sua conta, e se virava facilmente sem todos os seus 205 artigos, sem utilizá-los e sem citá-los.

Como brincavam no campo: o que *não* foi não se julga[61]; mas para isso há o Conselho Especial.

É claro que, por conveniência, ele também precisava de alguma senha de acesso, mas, para isso, ele mesmo elaborou os códigos com letras, que facilitavam muito a operação (não era preciso quebrar a cabeça tentando acomodar nas formulações do Código) e que, por sua quantidade, podiam ser memorizados até por uma criança:

ASA	Agitação Antissoviética;
NPGG	Travessia Ilegal de Fronteira Nacional;
KRD	Atividade Contrarrevolucionária;

61 Provérbio russo. [N. T.]

KRTD	Atividade Contrarrevolucionária Trotskista (essa letrinha "t" dificultava muito a vida do zek no campo);
PCh	Suspeita de Espionagem (a espionagem que excedia a suspeita era levada ao tribunal);
SVPch	Ligações que Levassem (!) à Suspeita de Espionagem;
KRM	Mentalidade Contrarrevolucionária;
VAS	Incitação de Posições Antissoviéticas;
SOE	Elemento Socialmente Perigoso;
SVE	Elemento Socialmente Nocivo;
PD	Atividade Criminosa (gostavam muito de dar aos ex-prisioneiros dos campos, se não tivessem como dar algum outro pretexto);

e, finalmente, o muito abrangente

Tch.S	Membro da Família (condenado por alguma das siglas anteriores).

Não devemos esquecer que essas siglas não eram distribuídas uniformemente pelas pessoas e pelos anos, e sim de modo semelhante aos artigos do Código e aos parágrafos dos decretos, surgindo em epidemias repentinas.

Devemos ainda advertir: o OSO não tinha de modo algum a intenção de dar à pessoa uma *sentença*! – ele não dava uma sentença! – ele *impunha uma sanção administrativa*, e só. Era natural que ele tivesse também liberdade jurídica!

Mas, embora a sanção não tivesse a pretensão de tornar-se uma sentença judicial, ela podia chegar a 25 anos, a fuzilamento, e incluir:

- privação de títulos e condecorações;
- confisco de todos os bens;
- detenção em regime fechado;
- privação do direito de correspondência,
- e a pessoa desaparecia da face da terra, de maneira ainda mais garantida do que por uma primitiva sentença judicial.

Outra vantagem importante do OSO era o fato de ser impossível apelar de suas deliberações – não havia a quem queixar-se: não existia nenhuma instância superior nem inferior. Ele só estava submetido ao ministro de Assuntos Internos, a Stálin e a Satã.

Uma grande qualidade do OSO era a rapidez: ela era limitada apenas pela técnica datilográfica.

No período de grande carga nas prisões, ainda havia a conveniência de que o detento, concluído o inquérito, podia deixar de ocupar um lugar no chão da cadeia, de comer o pão gratuito, de ser logo enviado para o campo e, ali, trabalhar honradamente. Ele poderia ler a cópia da citação bem depois.

Acontecia de trabalharem no campo muitos meses sem saber a sentença. Depois disso (conta I. Dobriak), eles eram enfileirados solenemente – não em qualquer dia, mas no Primeiro de Maio de 1938, quando bandeiras vermelhas estavam penduradas – e as sentenças eram declaradas pelas troicas da região de Stálino: de dez a vinte anos para cada um. Meu chefe de brigada no campo, Sinebriúkhov, naquele mesmo 1938, foi mandado de Tcheliábinsk para Tcherepovets em um trem cheio de não condenados. Os meses foram passando, os zeks iam trabalhando lá. De repente, no inverno, num feriado (percebem em que dias faziam? Em que consistia a vantagem do OSO?), debaixo de um frio de rachar, eles foram tocados para o pátio e enfileirados; o tenente recém-chegado saiu e se apresentou: tinha sido mandado para comunicar as deliberações do OSO. Mas, no fim das contas, não era um mau rapaz; ele deu uma espiada nos sapatos ruins deles, no sol sobre aquelas colunas enregeladas, e disse assim:

— Aliás, pessoal, por que deixar vocês aqui congelando? Fiquem sabendo: cada um de vocês recebeu dez anos do OSO, só um ou outro aí recebeu oito. Entenderam? Dis-s-pers-sar!...

Capítulo 8
A lei como criança

Nós esquecemos tudo. Não nos lembramos dos fatos, da história, mas só daquela linha pontilhada estampada, que é o que queriam mesmo incutir em nossa memória com um martelar ininterrupto.

Não sei se isso é uma característica comum a toda a humanidade – mas ao nosso povo, sim. Uma característica revoltante. Talvez ela derive da bondade, mas é revoltante. Ela nos joga nas garras dos mentirosos.

Assim, se não tivermos de nos lembrar nem mesmo dos processos judiciais públicos, não nos lembraremos deles. Tudo foi feito às claras, apareceu nos jornais, mas não foi enfiado no nosso cérebro – e nós não nos lembramos. (Enfiar no cérebro só aquilo que estava todo dia no rádio.) Não estou falando da juventude – ela obviamente não sabe –, mas dos contemporâneos daqueles processos.

E o que dizer então daqueles que não eram públicos?… Já em 1918, quanto não pulularam esses tribunais? Quando não havia ainda nem leis nem códigos, e os juízes só podiam basear-se nas necessidades do governo de operários e camponeses.

Naqueles anos dinâmicos, os sabres da guerra não enferrujaram nas bainhas, tampouco os revólveres dos carrascos esfriavam em seus coldres. Só mais tarde inventaram de ocultar os fuzilamentos à noite, em porões, e atirar na nuca. Em 1918, o famoso tchekista de Riazan, Stélmakh, fuzilava durante o dia, no pátio, e de maneira a fazer com que os condenados que esperavam pela morte pudessem observar das janelas da prisão.

Havia então um termo oficial: *repressão extrajudicial*. Não porque ainda não houvesse tribunais, mas porque havia a

TchK[62]. Só ao longo de um ano e meio (1918 e metade de 1919), e em vinte províncias da Rússia Central, foram fuziladas pela TchK (ou seja, sem julgamento, por fora dos tribunais) 8.389 pessoas, foram descobertas 412 organizações contrarrevolucionárias, e o número total de presos foi de 87 mil.[63]

E os júris? E como não?! Um mês depois da Revolução de Outubro, foram criados não só os júris como também os *Tribunais Revolucionários de Operários e Camponeses* (decreto sobre o júri nº 1, 24 de novembro de 1917, pp. 12-13).

Ainda foi necessário criar um sistema, único para o país inteiro, de *Tribunais Ferroviários Revolucionários*. Depois, um sistema único de *Tribunais Revolucionários de Tropas da Guarda Interna*.

Em 1918, todos esses sistemas já funcionavam em harmonia, porém o olhar perspicaz do camarada Trótski viu uma imperfeição nessa plenitude, e, em 14 de novembro de 1918, ele assinou uma ordem para a formação de mais um novo sistema, o de *Tribunais Militares Revolucionários*.

"Os Tribunais Militares Revolucionários são, em primeiro lugar, órgãos de destruição, isolamento, neutralização e aterrorização dos inimigos da Pátria dos Operários e Camponeses, e somente em segundo lugar são cortes que estabelecem o grau de culpabilidade de determinado sujeito... Juntamente com os órgãos judiciais, deveriam existir órgãos de repressão judicial, se quisermos assim chamá-los."[64]

Agora o leitor consegue distinguir? De um lado, a TchK era a repressão *extrajudicial*. Do outro, o Tribunal Revolucionário, muito simplificado, totalmente inclemente, mas ainda assim

62 Outro nome para a Tcheká, polícia política. [N. T.]

63 M. I. Latsis, *Dva goda borbý na vnútrennem fróntie: Populiárny obzor dvukhgodítchnoi déiatelnosti tchrezvytcháinoi komíssii po borbié s kontrrevoliútsiei, spekuliátsei i prestupléniem po dóljnosti* [Dois anos no front interno: resenha bienal popular da atividade da Comissão Extraordinária de Luta com a Contrarrevolução, a Especulação e os Crimes no Exercício da Função], Moscou, Gos. Izdátelsvo, 1920, pp. 74-76. [N. A.]

64 K. Kh. Danichevski, *Revoliutsiónnye voiénnye tribunály* [Os Tribunais Militares Revolucionários], Moscou, Izdánie Revvoentribunala Respúbliki, 1920, p. 5, p. 8 (Sob o grifo: "Secreto"). [N. A.]

algo próximo a um júri, em parte. E *entre* eles? consegue adivinhar? Entre eles falta precisamente *o órgão de repressão judicial* – e esse é o Tribunal Militar Revolucionário!

O fuzilamento "não pode ser considerado uma punição, ele é simplesmente a eliminação física de um inimigo da classe trabalhadora" e "pode ser aplicado com o objetivo de assustar tais criminosos (terror)" (p. 40).

"A sentença deve ser cumprida quase imediatamente, para que o efeito da repressão seja o mais forte possível" (p. 50).

É possível inserir mais e mais citações, mas chega! Deixaremos que a vista aprofunde-se naquele passado e passeie pelo ardente mapa atual de nosso país. Cada tomada de cidade, ao longo da Guerra Civil, era marcada não só pelos rolos de fumaça das espingardas no pátio da TchK, mas também pelas insones reuniões do tribunal. E, para tomar aquela bala, não necessariamente era preciso ser um oficial branco, um senador, um proprietário de terras, um monge, um *kadet*[65] ou SR. Mãos brancas, macias, sem calos, eram mais que suficientes naquela época para uma sentença de fuzilamento. Mas é possível imaginar que, em Ijevsk ou Vótkinsk, Iaroslavl ou Múrom, Kozlov ou Tambov, as rebeliões não saíssem barato mesmo para as mãos mais ásperas. Porque são inumeráveis as agitações e os levantes campesinos, de 1918 a 1921, embora ninguém tenha fotografado ou filmado essas multidões exaltadas com estacas, forcados e machados, avançando contra metralhadoras, e depois de mãos atadas – *dez para cada um*! –, enfileiradas para o fuzilamento. A rebelião de Sapojok só é lembrada em Sapojok, a de Pitélino, só em Pitélino. Naquele mesmo ano e meio, nas vinte províncias, ficamos sabendo também o número de rebeliões sufocadas: 344.[66] (E quantas outras pessoas completamente aleatórias não foram tragadas nessas mós, pessoas completamente aleatórias, cuja destruição compõe inevitavelmente a metade de qualquer revolução armada?)

65 Membro do Partido Constitucional Democrata (KD), principal organização política de centro durante os primeiros anos do século XX na Rússia. [N. T.]

66 M. I. Latsis, *Dva goda borbý na vnútrennem fróntie*, p. 75. [N. A.]

Eis que chegou até nós, por meio de uma pessoa benevolente, um exemplar que não fora destruído do livro com os discursos de acusação do exaltado revolucionário N. V. Krylenko[67], primeiro Comandante Supremo dos Operários e Camponeses, o glorioso promotor dos mais grandiosos processos, e depois desmascarado como um cruel inimigo do povo.

É claro que preferiríamos ver os estenogramas desses processos, ouvir as vozes tumulares e dramáticas daqueles primeiros réus e daqueles primeiros advogados.

Porém, explica Krylenko, publicar os estenogramas "seria inconveniente por uma série de considerações técnicas" (p. 4) – só eram convenientes seus discursos de acusação e as sentenças dos tribunais.

Dizia ele que, no fim das contas, os arquivos dos Tribunais Revolucionários de Moscou e do Supremo encontravam-se (em 1923) "longe de estar em ordem", e que "uma série de importantes processos tinha ficado sem nenhum estenograma" (pp. 4-5).

"O Tribunal não é o tipo de júri em que devem surgir pormenores e artifícios jurídicos... Nós estamos criando um novo direito e *novas normas éticas*" (p. 22). "Independentemente das qualidades individuais [do réu], pode-se aplicar a ele apenas um método de avaliação: a avaliação do ponto de vista da utilidade de classe" (p. 79).

Naqueles anos, era assim para muitos: viviam, viviam, de repente ficavam sabendo que sua existência era inútil.

A "conspiração militar" de 1919 "foi liquidada pela VTchK com base na repressão extrajudicial" (p. 7), com que também "foi provada sua existência" (p. 44). (Foram presas ali mais de mil pessoas; por acaso levariam todas elas a júri?)

Então tente contar direitinho e na ordem todos os processos judiciais daqueles anos...

Mesmo assim vamos folhear o livro de Krylenko.

67 N. V. Krylenko, *Za piat liet. 1918-1922 gg.: Obvinítelnye riétchi po naibólieie krúpnym protséssam, zaslúchannym v Moskóvskom i Verkhóvnom Revoliutsiónnykh Tribunálakh* [Cinco anos. 1918-1922: Os discursos de acusação dos mais importantes processos conduzidos pelos Tribunais Revolucionários de Moscou e Supremo], Moscou, Petrogrado, Gos. Izdátelstvo, 1923. [N. A.]

– O caso do jornal *Rússkie Viédomosti*. – Esse julgamento foi um dos primeiríssimos, um dos mais antigos – um julgamento acerca da *liberdade de expressão*. Em 24 de março de 1918, aquele famoso jornal de "professores universitários" publicou o artigo "Em viagem", de Sávinkov. Gostariam mesmo era de pegar o próprio Sávinkov, mas, com aquela maldita *viagem*, onde poderiam encontrá-lo? Assim, fecharam o jornal e arrastaram para o banco dos réus o redator P. V. Iegórov, um ancião; pediram que ele se explicasse: como ousa? Já se vão quatro meses da Nova Era, está na hora de se acostumar!

Iegórov deu a ingênua justificativa de que o artigo era de um "notório político cuja opinião era de interesse público, independentemente de ser compartilhada ou não pela redação". Ademais, ele não enxergava calúnia na afirmação de Sávinkov: "Não devemos nos esquecer de que Lênin, Natanson e companhia chegaram à Rússia através de Berlim, ou seja, que as autoridades alemãs colaboraram para seu retorno à pátria" – porque de fato isso ocorreu: a Alemanha do *Kaiser*, em guerra, ajudou o camarada Lênin a voltar.

Krylenko exclamou que ele não apresentaria acusação por calúnia (por quê?...): o jornal seria julgado por *tentativa de influenciar as mentes*!

A sentença: o jornal, publicado desde 1864, e que suportara os mais inconcebíveis períodos de reação, agora seria *fechado para sempre*! (Por um artigo, e para sempre! É assim que se deve manter-se no poder.) E o redator Iegórov... dá vergonha dizer... pegou três meses de solitária. (Não dá tanta vergonha se você pensar: ainda era apenas 1918! Se o velhinho sobrevivesse, seria preso de novo, e seria preso quantas vezes mais!)

• O caso dos "eclesiásticos" (11-16 de janeiro de 1920) ocupa, na opinião de Krylenko, "um lugar condigno nos anais da Revolução Russa".

Estes são os principais réus: A. D. Samárin, personalidade conhecida na Rússia, ex-procurador-chefe do Sínodo, que tentou libertar a Igreja do poder do tsar; Kuznetsov, professor de direito eclesiástico da Universidade de Moscou; alguns conhecidos proto-hierarcas moscovitas.

E esta foi a falta deles: criaram o "Conselho Moscovita das Paróquias Unidas", e este criou uma guarda voluntária do patriarca (desarmada, é claro, composta por fiéis de 40 a 80 anos), instituindo, em seu local, plantões permanentes, diurnos e noturnos, com a seguinte tarefa: se as autoridades colocassem o patriarca em perigo, reunir o povo, com um toque de alarme no sino e por telefone, e depois ir atrás do patriarca, a multidão inteira, até o lugar a que o levassem, e pedir ao Conselho de Comissariados do Povo que libertasse o patriarca!

Que fantasia da Rússia Antiga, da Santa Rússia! – ao toque do sino, reunir-se numa multidão, e irem todos prostrar-se!...

O promotor ficou surpreso: mas que perigo ameaçava o patriarca? Por que é que inventaram de defendê-lo?

Bom, na verdade, ao longo de dois anos, o patriarca Tíkhon não tinha permanecido calado: ele enviara missivas aos comissários do povo, e também ao sacerdócio e ao rebanho; suas missivas não foram tomadas por tipografias, foram datilografadas em máquinas (aí está o primeiro *samizdat*!); ele denunciava a destruição de inocentes, a ruína do país – como é que agora poderiam ficar tranquilos pela vida do patriarca?

E essa foi a segunda falta dos réus. Em todo o país, ocorriam penhoras e requisições de propriedade eclesiástica; o Conselho das Paróquias, então, emitiu um apelo aos leigos: resistir às requisições, dando o toque de alarme. (Pois era natural! Pois as catedrais eram defendidas dos tártaros do mesmo jeito!)

E a terceira: a impertinente e incessante entrega de requerimentos para o Conselho de Comissariados do Povo sobre o escárnio contra a Igreja levou ao descrédito de funcionários locais.

Contemplando agora todas as faltas dos réus, o que se poderia exigir por conta daqueles crimes tão horríveis? Será que a consciência revolucionária não dará uma dica ao próprio leitor? Pois *só o fuzilamento*! Como Krylenko de fato exigiu.

Pois então, o tribunal obedeceu, condenou Samárin e Kuznetsov ao fuzilamento, mas submeteu a anistia: enviar para um campo de concentração *até a vitória definitiva sobre o imperialismo mundial*! (Eles estariam presos até hoje...)

Pedimos ao leitor que tenha em mente a todo instante: desde 1918, instituiu-se o costume de que todo processo moscovita era um sinal da política judicial, uma vitrine. E o próprio Promotor Supremo nos explica, com gosto (p. 61): "em quase todos os Tribunais Revolucionários estrondeavam" processos semelhantes.

• O caso do "Centro Tático" (16-20 de agosto de 1920) – 28 réus e mais alguns acusados à revelia, por inacessibilidade.

Relata-nos o Promotor Supremo que, além dos proprietários de terras e dos capitalistas, "existia mais uma camada social, a *assim chamada intelligentsia*... Neste processo, abordaremos o julgamento que a história fez da ação da *intelligentsia* russa" e o julgamento que a Revolução fez dela (p. 34).

"Essa camada social... submeteu-se, nos últimos anos, a uma reavaliação geral. E como ela se saiu? Da seguinte maneira: "a *intelligentsia* russa, tendo entrado no cadinho da Revolução com o lema do poder ao povo, saiu dele como aliada dos generais negros (nem mesmo dos brancos!)" (Krylenko, p. 54).

Examinamos com antipatia os 28 rostos dos aliados dos generais negros. Aquele *Centro* nos chama particularmente atenção.

É verdade que o coração fica um pouco aliviado quando ouvimos, a seguir, que o Centro Tático, ora julgado, *não era uma organização*, porque ele não tinha: 1) um estatuto; 2) um programa; 3) contribuições dos membros. E o que era, então? Era o seguinte: eles *se encontravam*! (Dá um frio na espinha.) Ao se encontrarem, eles *tomavam conhecimento* do ponto de vista um do outro! (Um frio glacial.)

Estas foram suas ações mais terríveis: no auge da Guerra Civil, eles... escreveram trabalhos, fizeram anotações, projetos. Sim, "especialistas em direito público, em ciências contábeis, em relações econômicas, na causa judicial e na educação popular", eles escreveram trabalhos! O professor S. A. Kotliarévski, sobre o regime federativo da Rússia; V. I. Stempkóvski, sobre a questão agrária (provavelmente sem a coletivização...); V. S. Muralévitch, sobre a futura educação popular na Rússia;

o professor Kartachov, um projeto de lei sobre as confissões religiosas. E o (grande) biólogo N. K. Koltsov (que não recebeu nada de sua pátria além de perseguições e do suplício) permitiu que esses figurões burgueses se reunissem para conversar em seu instituto.

Nosso coração acusador chega a saltar do peito na expectativa da sentença. Afinal, qual punição, qual punição seria dada àqueles auxiliares de general? Só cabe uma punição a eles – *o fuzilamento*! Não é a exigência do promotor, já é a sentença do tribunal! (Infelizmente, depois abrandaram: campo de concentração até o fim da Guerra Civil.)

"E mesmo que os acusados não movessem uma palha aqui em Moscou – (parece que era assim mesmo...) – dava na mesma: naquele momento, até uma conversa, acompanhada de uma xícara de chá, a respeito do regime que deveria suceder o Poder Soviético, aparentemente em declínio, já era um ato contrarrevolucionário... Durante a Guerra Civil, não era só criminosa qualquer espécie de atividade [contra o Poder Soviético]... *era criminosa até a inatividade*" (p. 39).

Agora sim dá para entender. Eles foram condenados ao fuzilamento por inatividade. Por uma xícara de chá.

Como num aparelho de projeção reclinado, passam diante de nós, numa faixa oblíqua e indistinta, 28 rostos pré-revolucionários, masculinos e femininos. Nós não percebemos a expressão deles! – estão assustados? desdenhosos? orgulhosos?

Mas eles não têm resposta! Eles não têm suas últimas palavras! – *por motivos técnicos...*

E quem é essa mulher jovem que passou?

É a filha de Tolstói, Aleksandra Lvóvna. Krylenko perguntou: o que ela fazia naquelas reuniões? Ela respondeu: "Arrumava o samovar!". – Três anos de campo de concentração!

Assim nascia o Sol de nossa liberdade. A Lei, nosso outubrista, cresceu, tornou-se um gordinho travesso.

Agora não nos lembramos de nada disso.

Capítulo 9
A lei torna-se homem

Vamos acompanhar nossa lei mais um pouco, até a idade de pioneiro[68].

O ano de 1922 – o primeiro ano de paz – foi rico em processos judiciais públicos.

No fim da Guerra Civil, como sua consequência natural, prorrompeu na região do Volga uma fome sem precedentes. E essa fome chegou ao ponto do canibalismo, ao ponto de os pais comerem os próprios filhos – uma fome que a velha Rússia não conhecera nem durante os Tempos Conturbados[69].

Mas a genialidade do político está em extrair sucesso até da desgraça popular. Veio aquela iluminação – afinal, seriam três bolas na caçapa com uma só tacada: *deixe que os popes alimentem agora a região do Volga*! Afinal, eles é que são cristãos, eles é que são bonzinhos!

1. Se eles se recusarem, a culpa da fome será toda deles, e poderemos arrasar a Igreja;
2. se concordarem, varreremos as catedrais;
3. e, em todo caso, supriremos as reservas monetárias.

Como demonstra o patriarca Tíkhon, já em agosto de 1921, no começo da fome, a Igreja criou os comitês de eparquia e de toda a Rússia para auxílio das vítimas da fome, e iniciou a coleta

68 Os pioneiros eram membros de organizações políticas infantis, hierarquizadas e com atividades semelhantes às dos escoteiros. [N. T.]

69 Período da história russa que começa em 1598, com o fim da dinastia riurikida, e termina em 1613, com a ascensão dos Románov ao trono. Foi uma época marcada por escassez, disputas internas e intervenções estrangeiras. [N. T.]

de dinheiro. Mas permitir o auxílio direto da Igreja para alimentar as vítimas da fome significava minar a ditadura do proletariado. Os comitês foram proibidos, e o dinheiro foi recolhido pelo erário.

Na região do Volga, porém, comiam grama, meias-solas, roíam os umbrais das portas. Finalmente, em dezembro de 1921, o Pomgol[70] propôs à Igreja: doar seus bens materiais às vítimas da fome – não todos, mas aqueles que não tivessem um uso litúrgico canônico. O patriarca concordou e, em 19 de fevereiro de 1922, emitiu a epístola, permitindo aos conselhos paroquiais a doação dos objetos que não tivessem significado litúrgico.

E assim tudo poderia ter se dissolvido num acordo que toldasse a vontade proletária.

Uma ideia – como um relâmpago! Uma ideia – um decreto! Um decreto do VTsIK[71], de 26 de fevereiro: confiscar *todos* os bens materiais das catedrais para as vítimas da fome!

Então, no dia 28 de fevereiro, o patriarca emitiu uma nova e fatídica epístola: do ponto de vista da Igreja, semelhante ato era um sacrilégio, e ele não poderia assentir ao confisco; a doação deveria ser voluntária.

Imediatamente, começou nos jornais uma indefectível perseguição ao patriarca e aos escalões mais altos da Igreja, que sufocavam a região do Volga com a mão descarnada da fome! E, quanto mais o patriarca insistia, mais frágil tornava-se sua posição.

Em Petrogrado, as coisas pareciam se dar de maneira pacífica. Na reunião do Pomgol, em 5 de março de 1922, o metropolita de Petrogrado, Veniamin, proclamou: "A Igreja Ortodoxa está disposta a entregar tudo para o auxílio das vítimas da fome", vendo como sacrilégio apenas o confisco violento. Mas então nem seria necessário o confisco! O presidente do Petropomgol, Kanatchikov, assegurou que aquilo granjearia uma atitude benevolente do Poder Soviético em relação à Igreja. (E como não?!) Num ímpeto acalorado, todos se levantaram. O metropolita disse: "O

70 Comitê estatal de auxílio às vítimas da fome. [N. T.]

71 Comitê Executivo Central de Toda a Rússia, o mais alto órgão executivo da hierarquia dos sovietes da RSFSR; em 1938, foi renomeado como Soviete Supremo da RSFSR. [N. T.]

maior fardo de todos está na desunião e na discórdia. Mas virá o tempo em que o povo russo estará unido". Ele abençoou os bolcheviques – os membros do Pomgol –, que, de cabeça descoberta, o acompanharam até a entrada do edifício. E de novo a coisa era estragada por algum acordo! Os vapores tóxicos do cristianismo estavam envenenando a vontade revolucionária. As vítimas da fome na região do Volga não precisavam de uma união *como aquela* e de uma entrega de bens *como aquela*! Troca-se o pessoal irresoluto do Petropomgol, os jornais começam a latir contra os "maus pastores" e os "príncipes da Igreja", e torna-se claro aos representantes eclesiásticos: ninguém precisa de doação nenhuma! E não haverá negociação nenhuma com vocês! *Tudo pertence ao governo* – e ele vai tomar aquilo que considerar necessário.

E começou em Petrogrado, como em toda parte, o confisco compulsório, seguido de choques.

Agora havia base legal para que começassem os processos eclesiásticos.

• O processo eclesiástico de Moscou (26 de abril – 7 de maio de 1922). Ocorreu no Museu Politécnico, conduzido pelo tribunal Revolucionário de Moscou. Dezessete réus, proto-hierarcas e leigos, acusados de divulgação do apelo do patriarca. Essa acusação era mais importante que a entrega ou a não entrega dos bens. O proto-hierarca A. N. Zaozerski entregou os bens de sua catedral, mas, em princípio, defendia o apelo do patriarca, considerando sacrilégio o confisco violento. – Tornou-se a figura central do processo – e seria imediatamente *fuzilado*. (O que vem provar: o importante não era alimentar as vítimas da fome, mas alquebrar a Igreja no momento oportuno.)

No dia 5 de maio, o patriarca Tíkhon foi convocado ao Tribunal como testemunha. Embora o público do salão fosse todo selecionado e domesticado, o fermento da velha Rússia estava tão entranhado, e o fermento dos sovietes ainda era tão superficial, que, à entrada do patriarca, mais da metade dos presentes se levantaram para receber dele a bênção.

O patriarca tomou para si toda a culpa pela composição e pela disseminação do apelo.

Presidente — O senhor usou a seguinte expressão: enquanto conduzia as negociações com o Pomgol, o decreto foi emitido "pelas costas"?

Patriarca — Sim.

Presidente — Desse modo, o senhor considera que o Poder Soviético agiu de maneira incorreta?

Um argumento devastador! Ele ainda seria repetido milhões de vezes para nós, à noite, nos escritórios dos investigadores. E nós nunca ousaríamos responder de modo também simples como:

Patriarca — Sim.

Presidente — As leis que existem no Estado, o senhor considera obrigatório segui-las ou não?

Patriarca — Sim, admito, *desde que elas não contradigam as regras da devoção*.

(Se todos respondessem assim! Nossa história teria sido diferente!)

Seguiu-se uma discussão acerca da lei canônica. O patriarca esclareceu: se a própria Igreja entrega os bens, não é sacrilégio, mas, se forem tomados contra a vontade dela, é sacrilégio.

Fica estupefato *o presidente, camarada Bek* — O que é mais importante para o senhor, no fim das contas: os cânones da Igreja ou o ponto de vista do governo soviético?

Ocorre até uma análise filológica. "Sacrilégio" (*sviatotátsvo*) vem das palavras "santo" (*sviato*) e "ladrão" (*tat*).

Promotor — Então nós, representantes do Poder Soviético, somos ladrões de objetos sagrados? O senhor está chamando de ladrões os representantes do Poder Soviético, do VTsIK?

Patriarca — Só estou citando a lei canônica.

O tribunal determina que seja aberto um processo criminal contra o patriarca.

No dia 7 de maio, é dada a sentença: dos dezessete réus, onze receberam fuzilamento. (Cinco foram fuzilados.)

Como dizia Krylenko, não viemos aqui para brincadeiras.

Uma semana depois, o patriarca é afastado e preso. (Mas esse ainda não foi o fim. De início, ele foi levado para o monastério

Donskói, e lá seria mantido em severa reclusão. Lembre-se de que, não muito tempo antes, Krylenko parecia surpreso: mas que perigo corre o patriarca?...)

Duas semanas depois, o metropolita Veniamin também é preso em Petrogrado. Acessível, dócil, presença constante nas fábricas e indústrias, popular em meio ao povo e ao baixo clero – esse foi o metropolita que eles levaram para o...

• Processo eclesiástico de Petrogrado (9 de junho – 5 de julho de 1922). Havia algumas dezenas de acusados (por resistirem à entrega dos bens da Igreja), incluindo-se professores de teologia, de direito eclesiástico, arquimandritas, sacerdotes e leigos. O promotor-chefe, P. A. Krássikov, era coetâneo e amigo de Lênin; era ele que Vladímir Ilitch tanto amava ouvir, ao tocar seu violino.

Na avenida Névski e nas esquinas da Névski, todo dia o povo se amontoava, e, quando transportavam o metropolita, muitos ficavam de joelhos e cantavam: "Salva, Senhor, o Teu povo!". No salão, a maior parte do público era de soldados vermelhos, mas mesmo eles se levantavam sempre que o metropolita entrava com seu *klobuk*[72] branco. O promotor e o tribunal, porém, chamavam-no de *inimigo do povo* (a expressãozinha já existia, percebam).

Foram ouvidas só testemunhas da acusação, não foi permitido que as testemunhas da defesa prestassem depoimento.

O promotor Krássikov exclamou: "A Igreja Ortodoxa inteira é uma organização contrarrevolucionária. Na verdade, *seria necessário botar na cadeia a Igreja inteira*!".

Dispomos da rara oportunidade de inserir algumas frases remanescentes do advogado (Ia. S. Gurovitch), defensor do metropolita:

"Não há provas da culpa, não há fatos, não há nem acusação... O que dirá a história?" (Ah, que medo! Pois vai esquecer e não vai dizer nada!) O confisco dos bens da Igreja em Petrogrado transcorreu de maneira plenamente tranquila, mas o clero de Petrogrado foi para o banco dos réus, e mãos alheias

72 Adorno de cabeça usado pelos sacerdotes ortodoxos russos. [N. T.]

os empurravam para a morte. Mas não se esqueçam de que a Igreja cresce no sangue dos mártires. (Mas entre nós não há de crescer!)

O tribunal condenou à morte dez pessoas. Passaram mais de um mês esperando pela morte. Depois disso, o VTsIK perdoou seis delas, e quatro (entre elas o metropolita Veniamin) foram fuziladas na madrugada de 12 para 13 de agosto.

Pedimos ao leitor que não se esqueça do princípio da pluralidade provincial. Se aqui foram dois processos eclesiásticos, lá foram 22.

• O processo dos SR (8 de junho – 7 de agosto de 1922). Tribunal Supremo. Você involuntariamente se vê refletindo sobre as acusações proferidas nesse julgamento, relacionando-as com a longa e prolongada história dos Estados, que continua se desenrolando. Exceto por umas poucas democracias parlamentares, ao longo de umas poucas décadas, toda a história dos Estados é a história dos golpes e tomadas de poder. E, se alguém consegue dar um golpe ligeiro e resistente, no mesmo instante ele se reveste com a brilhante casula da Justiça, e cada passo seu, no passado e no futuro, torna-se legal e digno de odes, enquanto cada passo de seus desafortunados inimigos, no passado e no futuro, torna-se criminoso, está sujeito a julgamento e a uma punição legal.

Até vinte, até dez, até cinco anos antes, os SR tinham sido um partido revolucionário, companheiro de derrubada do tsarismo, um partido que tinha suportado (graças à sua tática de terror) o principal fardo dos trabalhos forçados, que quase não afetaram os bolcheviques.

Mas agora a primeira acusação contra eles era a seguinte: os SR eram iniciadores da Guerra Civil! Sim, foram *eles* que começaram! Quando o Governo Provisório, apoiado por eles e em parte composto por eles, foi legalmente varrido pelo fogo das metralhadoras dos marinheiros, os SR tentaram defendê-lo, de maneira totalmente ilegal.

A segunda acusação foi a seguinte: eles apoiaram sua Assembleia Constituinte ilegal (eleita por uma votação geral, livre, imparcial, secreta e direta) contra os marinheiros e guardas vermelhos, que legalmente dissolveram aquela assembleia e dispersaram os manifestantes. A terceira acusação: eles não reconheceram a paz de Brest – aquela paz de Brest legal e salvadora, que não cortou a cabeça da Rússia, mas só uma parte do tronco. Com isso – afirmou a acusação em sua conclusão –, estavam presentes "todos os sinais de *alta traição*".

E ainda uma quinta, uma sétima, uma décima acusação – reuniram um amontoado delas; e assim o tribunal já poderia recolher-se para deliberar e despachar a punição merecida a cada um – aí, porém, surgiu um entrave:

- todas as acusações contra o partido dos SR referiam-se aos anos de 1917 e 1918;
- em fevereiro de 1919, o conselho do partido dos SR determinou que fosse encerrada a luta contra o governo bolchevique.

Como resolver essa situação?

Não só não seguiriam com a luta: eles reconheceram o poder dos sovietes! E só pediam que fosse feita uma nova eleição dos sovietes, com campanha livre dos partidos. (E até mesmo ali no processo: "Deem-nos a possibilidade de gozar de toda a gama das assim chamadas liberdades civis, e nós não violaremos as leis". Deem a eles, e ainda por cima "toda a gama"!)

Ouviram? Vejam só onde foram meter seu focinho de animal, hostil e burguês? Mas será possível? Pois é *um momento sério*! Pois estamos *cercados de inimigos*! E vocês, seus filhos da puta, querem campanha livre dos partidos?!

Que o partido SR, no geral, não conduziu o terror, isso fica claro até pelo discurso de acusação de Krylenko.

Foi só isto que Krylenko conseguiu arrancar do galo, já morto: que os SR não tomaram medidas para acabar com os atos terroristas individuais de seus combatentes, aflitos e desocupados. E Krylenko simplesmente dispara, num rompante: "eternos e obstinados adversários" – esses eram os réus! E então, mesmo sem o processo, estava claro o que deveria ser feito deles.

O que é particularmente novo e importante é o seguinte: para nós, a intenção ou a ação dão no mesmo! Se foi apresentada uma resolução, nós julgaremos a partir dela. Se "ela foi aprovada ou não foi aprovada, isso não tem importância alguma" (p. 185). Se a pessoa, na cama, sussurrou para a esposa que seria bom derrubar o governo soviético, ou se fez campanha durante as eleições, ou se jogou uma bomba – é tudo igual! *A punição era a mesma*!!!

Essa foi a primeira experiência de processo público – até perante a Europa – e a primeira experiência de "indignação das massas". E a indignação das massas foi particularmente bem-sucedida.

No dia 8 de junho, começou o julgamento. Foram julgadas 32 pessoas.

Reuniram colunas das fábricas, com flâmulas e cartazes – "morte aos réus" –, colunas militares, obviamente. Até na Praça Vermelha começou um comício. Depois, os manifestantes seguiram até o edifício do tribunal, e os réus foram conduzidos até janelas abertas, debaixo das quais estava a multidão enfurecida. A tensão era tanta que os réus e seus familiares esperavam pelo linchamento ali mesmo.

Aqui já se identificam muitos traços conhecidos do futuro, mas o comportamento dos réus ainda está longe de ser alquebrado. Depois de anos desperdiçados, de resignação e rendição, a firmeza retorna a eles tardiamente. O réu Liberov diz: "Eu me declaro culpado por não ter me esforçado o suficiente, em 1918, para derrubar o governo dos bolcheviques" (p. 103). O réu Berg: "Eu me declaro culpado perante a Rússia operária por não ter conseguido lutar com todas as minhas forças contra o assim chamado governo dos operários e camponeses, mas espero que meu tempo ainda não tenha passado". (Passou, meu querido, já passou.)

É claro que "a sentença deve ser uma só – fuzilar cada um deles"!

Mas o tribunal cometeu uma audácia em sua sentença: ele não proferiu o fuzilamento de "cada um deles", mas só de doze pessoas. Para os demais, cadeia e campo de trabalho.

Ou talvez todo o processo valesse pela cassação do Presidium do VTsIK: a sentença de fuzilamento seria confirmada, mas a execução seria suspensa. E o destino dos condenados dependeria do comportamento dos SR que ficaram em liberdade. Se continuassem sua atividade ilegal e conspiratória, aqueles doze seriam fuzilados.

Assim, eles foram submetidos à tortura pela morte: qualquer dia poderia ser o dia do fuzilamento. Nos campos da Rússia, já se fazia a segunda colheita dos tempos de paz. Não se disparavam tiros em lugar nenhum, a não ser nos pátios da TchK. Debaixo do céu azul, em ondas azuladas, nossos primeiros diplomatas e jornalistas navegavam para o exterior. O Comitê Executivo Central dos Deputados Operários e Camponeses mantinha em seu seio reféns vitalícios.

Os membros do partido do governo tinham lido até então sessenta números do *Pravda* sobre o processo (todos eles liam os jornais), e todos diziam – sim, sim, sim. Ninguém proferia – um "não".

E por que depois ficaram surpresos em 1937? De que se queixaram?... Não haviam sido lançadas as bases de toda ilegalidade? Primeiro com a repressão extrajudicial da TchK, com a repressão judicial dos Tribunais Revolucionários Militares, depois com aqueles primeiros processos? Por acaso o ano de 1937 não foi também *pertinente*?

Só é ruim dar o primeiro golpe com a foice.

E, de todo modo, todos os processos mais famosos e importantes ainda estavam por vir...

Capítulo 10
A lei amadureceu

Nos anos em que o Código ainda estava sendo composto, Vladímir Ilitch escreveu, em 19 de maio de 1922:

"Camarada Dzerjínski! A respeito da questão do desterro dos escritores e professores que prestaram auxílio à contrarrevolução: é necessário preparar isso com mais cuidado. Sem os preparativos, nós faremos besteira... É preciso colocar a questão de maneira a capturar e seguir capturando de modo constante e sistemático esses 'espiões de guerra', e mandá-los para o exterior. Peço que isso seja mostrado secretamente, sem reprodução, aos membros do Politburo."[73]

O próprio camarada Lênin já caíra enfermo, mas os membros do Politburo, pelo visto, assentiram, e o camarada Dzerjínski conduziu a caçada, e, em dezembro de 1922, cerca de trezentos dos mais notórios pensadores russos das ciências humanas foram embarcados num vapor[74] e enviados para um aterro europeu. (Entre os nomes mais estabelecidos e famosos, estavam ali os filósofos S. N. Bulgákov, N. A. Berdiáiev, I. A. Ilin.)

Porém, seguir capturando, *de modo constante e sistemático*, não foi possível. Pelos berros que vinham da emigração, segundo os quais aquele tinha sido um "presente" para ela, ficou claro que aquela medida não era a melhor, que um bom material de fuzilamento tinha sido liberado, e que naquele aterro poderiam nascer florezinhas venenosas. E aquela medida foi abandonada.

73 V. I. Lênin, *Obras completas*, vol. 54, pp. 265-266. [N. A.]
74 Ele entrou para a história como o "navio dos filósofos". [N. E. R.]

A partir de então, todo resquício das limpezas era mandado ou para o Dukhónin[75] ou para o Arquipélago.

Ratificado em 1926, o aprimorado Código Penal amarrou juntos todos os antigos cordões dos artigos políticos na única e resistente teia do Artigo 58 – e essa teia foi utilizada na caçada. A caçada rapidamente se ampliou, alcançando a porção ligada à engenharia e à tecnologia da *intelligentsia*, ainda mais perigosa pelo fato de que ela ocupava uma posição forte na economia nacional e de que era difícil controlá-la somente com o auxílio da Doutrinação Progressista.

Pois finalmente nossa Lei amadureceu e poderia apresentar ao mundo algo realmente perfeito! – um processo único, graúdo, bem coordenado, dessa vez contra os engenheiros.

[NOTA DA EDIÇÃO RUSSA: *O capítulo descreve detalhadamente dois ruidosos processos públicos contra os "sabotadores" (o leitor já encontrou menção a eles no capítulo "A história de nosso sistema de esgoto"): o Processo Chákhty (1928), sobre uma suposta sabotagem e "contrarrevolução econômica" nas minas da bacia do Donets; e o processo contra o jamais existente "Partido Industrial" (1930), acusado de sabotagem em diversos ramos da indústria soviética e no transporte e de auxílio diversionista e de espionagem a favor das potências, na preparação de uma intervenção. Acusações foram fabricadas, confissões foram arrancadas dos acusados por meio de tortura (todos os condenados do Processo Chákhty e a maioria dos condenados do processo do "Partido Industrial" foram posteriormente reabilitados "por ausência de corpo de delito"). Os que se mantiveram firmes, mesmo sob tortura, foram julgados a portas fechadas, a maioria foi fuzilada. O espetáculo seguinte foi o processo do "Escritório Menchevique da União", montado pelo GPU (1931). Foram presos ex-mencheviques que trabalhavam no aparato de Estado – no Gosplan[76], no Gosbank[77],*

75 O general Nikolai Dukhónin foi morto em 1917 pelos bolcheviques. A partir de então, a expressão "mandar para o Dukhónin" tornou-se eufemismo para fuzilamento, execução. [N. T.]

76 Comitê Estatal de Planejamento. [N. T.]

77 Banco Central. [N. T.]

no VSNKh[78]*, no Comissariado do Povo para o Comércio. No capítulo, está inserido o relato de M. P. Iakubóvitch, o único participante do processo que sobreviveu até os anos 1960, que o autor do* Arquipélago Gulag *registra em suas próprias palavras: "Seu relato explica, em sua essência, toda a cadeia dos processos moscovitas dos anos 1930".*

O objetivo estipulado por Stálin – atribuir aos sabotadores a insatisfação que se alastrava pelo país, causada pela fome, pelo frio, pela falta de roupas, e assustar o povo com uma iminente intervenção – foi alcançado.

Agora, restava o acerto de contas com a "guarda leninista", com os camaradas do partido bolchevique.

Em agosto de 1936, ocorreu o processo do "Centro Antissoviético Unido Trotskista-Zinovievista". Foram julgados Zinóviev, Kámeniev e mais catorze pessoas. Todos foram fuzilados.

Em janeiro de 1937, ocorreu o processo do "Centro Paralelo Antissoviético Trotskista". Foram julgados Piatakov, Sokólnikov, Rádek; dezessete pessoas ao todo. De acordo com a sentença do tribunal, treze foram fuziladas e quatro foram mortas posteriormente.

Em março de 1938, ocorreu o processo do "Bloco Antissoviético dos Trotskistas de Direita". Foram julgados Bukhárin, Rýkov, mais dezenove pessoas, a maioria das quais foi fuzilada.]

Por causa da relevância dos nomes dos réus, *esses* julgamentos foram feitos diante dos olhos do mundo todo. A atenção sobre eles não diminuiu; escreveu-se sobre eles, eles foram comentados. E ainda vão comentar. A nós, caberá tocar de leve em seus mistérios.

Assombrado, o mundo assistiu a três peças seguidas, três espetáculos extensos e caros, nos quais graúdos líderes do destemido Partido Comunista, que tinham revirado e alarmado o mundo inteiro, agora apareciam entristecidos, submissos, balindo tudo que lhes era ordenado, e humilhando servilmente a si mesmos e a suas convicções, confessando crimes que de modo algum poderiam ter cometido.

78 Conselho Superior da Economia Nacional. [N. T.]

No que a memória podia alcançar, nunca se vira aquilo na história. Camaradas de partido, da coorte inflexível – e os mais graúdos dentre eles, os que eram chamados de "guarda leninista" –, agora apareciam perante o tribunal cobertos com a própria urina.

Impressiona sobretudo o fato de que todos eles eram, afinal, velhos revolucionários, que não tinham tremido nas câmaras de tortura tsaristas; eram combatentes aguerridos, enrijecidos, calejados, e assim por diante. Mas há aqui um erro simples. Aqui, *não eram aqueles* revolucionários; estes receberam a fama por herança, por proximidade aos populistas, aos SR e aos anarquistas. Aqueles, lançadores de bombas e conspiradores, sabiam o que era uma *sentença* – mas mesmo eles jamais tinham visto um genuíno e implacável inquérito (simplesmente porque não existia isso na Rússia). Mas *estes* não tinham conhecido nem o inquérito nem a sentença. Os bolcheviques não tiveram nada de "câmara de tortura" especial, nada de Sacalina, nada de trabalhos forçados especiais na Iakútia.

É sabido que, de todos, Dzerjínski foi o que recebeu a mais pesada; ele teria passado a vida inteira em prisões. Mas, na nossa medida, ele cumpriu uma de dez normal, uma simples *dezena*, como qualquer membro do *kolkhoz* na nossa época; tudo bem que, dos dez anos, três foram de trabalhos forçados na central; mas isso também não é lá grande coisa.

Bukhárin tinha muitas detenções pequenas, mas pareciam brincadeira. Kámeniev passou dois anos na cadeia, e um ano e meio no exílio. Mesmo os nossos moleques de 16 anos já recebiam cinco anos logo de cara. É ridículo dizer, mas Zinóviev *não passou nem três meses preso*! Não recebeu *uma sentença sequer*! Comparados ao habitante ordinário do nosso Arquipélago, eles eram bebês, eles não sabiam o que era a cadeia.

Mas todo o nosso assombro deriva somente da crença de que aquelas pessoas eram extraordinárias. Porque, no que se refere aos protocolos ordinários dos cidadãos ordinários, nós não vemos mistério nenhum: por que é que caluniaram tanto a si mesmos e aos outros? Nós achamos compreensível: a pessoa é fraca, a pessoa cedeu. Mas, se é Bukhárin, Zinóviev, Kámeniev, Piatakov, nós de antemão já os consideramos super-homens – e, em essência, é só daí que deriva nosso assombro.

Mas, de todo modo, existia uma seleção! Os mais previdentes e decididos dos condenados, esses não se entregavam, esses davam cabo de si mesmos antes de serem presos. Os que se deixavam ser presos eram os que *queriam viver*. E, de quem quer viver, você pode fazer gato e sapato!... Mas, mesmo entre eles, alguns pareciam comportar-se de outro modo durante o inquérito, voltavam a si, teimavam; morriam silenciados, mas pelo menos sem desonra.

Os mais maleáveis é que eram levados! De todo modo, existia uma seleção.

A seleção era feita nas fileiras mais baixas, mas, em compensação, o diretor bigodudo conhecia muito bem cada um. Ele sabia que no geral eram uns fracotes, e sabia também a fraqueza particular de cada um. Justamente nisto é que residiam sua sombria excepcionalidade, a principal orientação psicológica e a realização de sua vida: ver a fraqueza das pessoas no nível mais baixo da existência.

E mesmo aquele que, desde priscas eras, era visto como a mente mais elevada e mais brilhante em meio aos líderes difamados e fuzilados – N. I. Bukhárin –, Stálin conseguiu ver por meio dele, no nível mais baixo, em que o ser humano liga-se à terra, e o manteve em sua mão, com um aperto longo e morto, e até brincou com ele, como um camundongo, às vezes deixando escapar de leve. Bukhárin escreveu, palavra por palavra, a nossa Constituição inteira, a que estava em vigor (sem vigor), e que soava tão bem ao ouvido – e pensou que tinha derrotado Koba: ele tinha empurrado a Constituição para o outro, que seria forçado a abrandar a ditadura. Mas ele mesmo já estava nas garras.

Durante o processo Kámeniev-Zinóviev, no verão de 1936, ele estava no Tian Shan e não ficou sabendo de nada. Desceu das montanhas em direção a Frunze, e ali leu a condenação de ambos ao fuzilamento e alguns artigos de jornais; a partir deles, dava para ver que os dois tinham dado depoimentos devastadores contra Bukhárin. E ele então correu para deter aquela justiça sumária? Apelou ao Partido contra a monstruosidade que estavam fazendo? Não, apenas enviou um telegrama a Koba: detenha o fuzilamento de Kámeniev e Zinóviev para que... Bukhárin possa fazer uma acareação e justificar-se.

Era tarde! Para Koba, já bastavam justamente os protocolos; para que ele precisaria de acareações?

Porém, ainda demoraram muito para pegar Bukhárin. Ele perdeu o *Izvéstia*, todas as ocupações, todos os postos no Partido, e morou seis meses em seu apartamento no Kremlin como se fosse numa prisão. Ninguém o visitava mais, ninguém telefonava. E, ao longo de todos aqueles meses, ele escreveu cartas sem cessar: "Caro Koba!... Caro Koba!... Caro Koba!...", que ficaram sem nenhuma resposta.

Ele ainda buscava um contato afetivo com Stálin!

Mas o *caro Koba*, de olhos semicerrados, já tinha ensaiado... Havia muitos anos Koba já vinha fazendo testes para os papéis e sabia que *Bukhártchik* desempenharia muito bem o seu. Ele, afinal, já tinha renegado seus discípulos e partidários, presos e degredados; ele suportara a destruição deles. Suportara a destruição e o descrédito de sua linha de pensamento. E agora, sendo ainda candidato do Politburo, eis que ele também engoliu como legal o fuzilamento de Kámeniev e Zinóviev. Não manifestou sua revolta nem em voz alta nem sussurrando. Tudo aquilo era um teste para o papel!

Se eles se comportam assim ainda em liberdade, ainda no auge da honra e do poder, então, quando seus corpos, sua comida e seu sono estiverem nas mãos dos contrarregras da Lubianka, eles se sujeitarão de maneira impecável ao texto do drama.

Bukhárin não tinha (nenhum deles tinha!) seu *ponto de vista particular*, eles não tinham uma ideologia que fosse de fato de oposição, a partir da qual pudessem isolar-se, firmar-se. Stálin declarou-os como oposição antes que eles pudessem ter se tornado oposição, e assim privou-os de qualquer poder.

Estava reservado para Bukhárin aquele que, em essência, era o papel principal, e nada podia ser feito às pressas ou negligenciado no trabalho do diretor com ele, no trabalho do tempo e na própria assimilação do papel. E agora, debaixo das negras nuvens das acusações, a longa e interminável demora de sua prisão, aquele extenuante tormento doméstico – tudo aquilo era melhor para destruir a força de vontade da vítima do que a pressão direta da Lubianka. (E mesmo esta não vinha, ela também levaria um ano.)

Os jornais continuaram a publicar a indignação das massas. Bukhárin ligava para o Comitê Central. Bukhárin escrevia cartas: "Caro Koba!...", pedindo que retirassem publicamente as acusações contra ele. Então foi divulgada uma declaração vaga da promotoria: "da acusação contra Bukhárin, não foram encontradas provas objetivas".

E Bukhárin acreditou que sairia ileso, que não seria expulso do Partido – aquilo seria monstruoso!

Durante a manifestação de novembro (sua despedida da Praça Vermelha), ele e a esposa foram até a tribuna de convidados pela entrada de imprensa. De repente, veio na direção dele um soldado do Exército Vermelho, armado. Ele congelou! Ali? Naquele momento?... Não, o outro prestou continência: "O camarada Stálin está surpreso, quer saber por que o senhor está aqui. Ele está pedindo que o senhor ocupe seu lugar no topo do mausoléu".

Assim, durante seis meses ele foi jogado de um lado para outro, da frigideira para a geladeira. No dia 5 de dezembro, foi aprovada com júbilo a Constituição de Bukhárin, e declarada para sempre como de Stálin. Na plenária de dezembro do Comitê Central, trouxeram Piatakov, com os dentes arrancados; ele até parecia outra pessoa. Atrás dele estavam uns tchekistas, mudos. Piatakov deu os depoimentos mais infames contra Bukhárin e Rýkov, que estavam sentados ali mesmo, em meio aos chefes. Ordjonikidze levou as palmas das mãos aos ouvidos (ele não chegou a ouvir): "Diga-me, o senhor está dando todos esses depoimentos *de maneira voluntária*?". (Uma observação! Ordjonikidze também levaria uma bala.) "De maneira totalmente voluntária", hesitou Piatakov. Rýkov disse a Bukhárin no intervalo: "Tómski é que tinha força de vontade, em agosto ele já entendeu e acabou com tudo. Mas eu e você, idiotas, ficamos vivos".

Então, em tom colérico, de imprecação, discursaram Kaganóvitch (ele queria tanto acreditar na inocência de Bukhártchik! Mas não conseguia...) e Mólotov. Mas Stálin! Que grande coração! Que mente para o bem: "De todo modo, considero que a culpa de Bukhárin não foi provada. Rýkov, talvez, mas não Bukhárin". Da geladeira para a frigideira. Assim é que cede a força de vontade. Assim é que se assimila o papel de herói perdido.

Então, começaram a entregar em sua casa, sem cessar, os protocolos dos interrogatórios: dos antigos rapazes do Instituto de Professores Vermelhos, e de Rádek, e de todos os demais – e todos davam provas gravíssimas da negra traição de Bukhárin. Em geral, ao receber o novo material, Bukhárin dizia à sua esposa de 22 anos, que lhe dera um filho naquela mesma primavera: "Leia você, eu não consigo!", e enfiava a cabeça debaixo do travesseiro. Ele tinha dois revólveres em casa (até tempo Stálin lhe deu!), mas não se matou.

Será que ele não entrara no papel designado?...

Mais um processo público passou, e mais um grupo foi fuzilado... Mas Bukhárin foi poupado, Bukhárin não foi pego...

No início de fevereiro de 1937, ele decidiu declarar greve de fome em sua casa, para que o Comitê Central esclarecesse tudo e retirasse as acusações contra ele. Foi então convocada a plenária do Comitê Central, com a ordem do dia: 1. Dos crimes da Centro-Direita; 2. Do comportamento antipartidário do camarada Bukhárin, expresso em sua greve de fome.

Com a barba por fazer, descarnado, já com o aspecto de um detento, ele se arrastou até a plenária. "O que é que você foi inventar?", perguntou Koba cordialmente. "E como não, com essas acusações? Querem me expulsar do Partido..." Stálin fez uma careta, achando aquilo absurdo: "Mas ninguém vai excluir você do Partido!".

E Bukhárin acreditou, recobrou o ânimo, manifestou efusivamente seu arrependimento perante a plenária, encerrou ali mesmo a greve de fome. Mas, ao longo da plenária, Kaganóvitch e Mólotov (mas que ousados! pois não consideraram o que dissera Stálin!) chamaram Bukhárin de mercenário fascista e exigiram que fosse fuzilado.

Finalmente, amadureceu nele por completo a ideia de ser entregue nas mãos dos contrarregras e dos assistentes do diretor – aquele homem musculoso, caçador e lutador! (Nas brincadeiras de luta entre os membros do Comitê Central, quantas vezes ele não tinha colocado Koba no chão! Na certa, Koba também não perdoou aquilo.)

Então talvez não existisse nenhum grande mistério.

Era sempre a mesma melodia invencível, que já vinha aparecendo em alguns processos, só que variando: afinal, *eu e você somos comunistas*! E como é que você pôde inclinar-se, manifestar-se contra nós? Arrependa-se! Afinal, você e nós, juntos, somos *nós*!

É lentamente que amadurece na sociedade o entendimento histórico. E, quando amadurece, é muito simples. Nem em 1922, nem em 1924, nem em 1937, os réus já poderiam aferrar-se a seu ponto de vista para erguer a cabeça e gritar contra essa melodia de encantamento e congelamento:

— Não, eu *e vocês* não somos revolucionários!... Não, eu *e vocês* não somos russos!... Não, eu *e vocês* não somos comunistas!

E, aparentemente, bastaria gritar! – e a decoração se desfaria, o reboco dos cenários desmoronaria, o diretor sairia correndo pela escada de serviço, e os contrarregras se enfiariam em seus buracos de ratos.

Mas mesmo os espetáculos muito bem-sucedidos eram dispendiosos, atribulados. E Stálin decidiu não utilizar mais os processos abertos.

E, também, qualquer pessoa sensata há de concordar que, se fosse perder tempo com os processos abertos, o NKVD nunca conseguiria cumprir sua grandiosa tarefa.

E é por isso que os processos políticos abertos não vingaram em nosso país.

Capítulo 11
A pena máxima

A pena de morte na Rússia tem uma história entrecortada. No Código de Aleksei Mikháilovitch, a punição podia chegar à pena de morte em cinquenta situações; já no estatuto militar de Pedro, havia duzentos artigos do tipo. Elizavieta, porém, sem alterar as leis que previam a morte, não as aplicou uma vez sequer: dizem que, ao ascender ao trono, ela fez a promessa de nunca executar ninguém – e, nos vinte anos de seu reinado, não executou ninguém. E ainda participou da Guerra dos Sete Anos! – conseguindo passar sem ela. Para o meio do século XVIII, cinquenta anos antes do morticínio jacobino, é um exemplo impressionante. É verdade que fomos adestrados a zombar de nosso passado inteiro; nunca reconhecemos nenhuma atitude, nenhuma intenção boa vinda de lá. Com isso, até Elizavieta pode ser denegrida: ela substituiu a execução pelos açoitamentos, pela extração das narinas, pelo estigma de "ladrão" e pelo degredo perpétuo na Sibéria. Mas talvez o condenado à morte de hoje em dia, só para não deixar de ver o sol, aceitasse para si todo esse complexo, de boa vontade; e por que é que, por humanidade, nós não oferecemos isso? Talvez, ao longo deste livro, o leitor ainda fique inclinado a pensar que vinte ou até mesmo dez anos dos nossos campos de trabalho são mais pesados que a punição de Elizavieta.

De acordo com nossa terminologia atual, Elizavieta tinha, nesse ponto, uma visão humana universal; e Catarina II, uma visão classista. Não punir absolutamente ninguém parecia a ela terrível, temerário. Tanto em defesa de si mesma como do trono e do regime – ou seja, em casos políticos –, ela considerava as execuções plenamente adequadas.

No governo de Paulo, foi confirmada a abolição da pena de morte. (E guerras havia muitas, mas os regimentos não tinham tribunais.) Durante todo o longo reinado de Alexandre I, a pena de morte foi introduzida somente para os crimes militares cometidos em campanha (1812). (Nesse momento, hão de nos dizer: e as chibatadas até a morte? Não há o que falar, os assassinatos às escondidas evidentemente existiam, mesmo porque é possível levar uma pessoa à morte até com uma reunião de sindicato! Mas, de todo modo, entregar a alma a Deus graças a uma votação feita por magistrados foi algo que não aconteceu em nosso país por cinquenta anos, de Pugatchov aos dezembristas, nem mesmo aos que cometiam crimes contra o Estado.)

Desde os cinco dezembristas enforcados, a pena de morte por crimes contra o Estado não foi abolida entre nós; ela foi confirmada pelos Códigos de 1845 e de 1904, e ratificada ainda pelas leis penais do Exército e da Marinha; mas foi abolida para todos os delitos julgados pelos tribunais comuns.

Mas quantas pessoas foram executadas na Rússia nesse período? Essas são as rigorosas cifras de N. S. Tagántsev, especialista em direito penal russo.[79] Antes de 1905, a pena de morte na Rússia foi uma medida excepcional. Nos trinta anos entre 1876 e 1905 (período dos *narodovóltsy*[80] e dos atos terroristas; período das greves de massa e das agitações camponesas; período em que se criaram e se fortaleceram todos os partidos da futura Revolução), foram executadas 486 pessoas, ou seja, cerca de dezessete pessoas por ano no país. Nos anos da primeira revolução e de seu esmagamento, o número de execuções elevou-se muito, afetando a imaginação do povo russo, provocando lágrimas em Tolstói, indignação em Korolenko e em muitos, muitos outros: de 1905 a 1908, foram executadas cerca de

79 N. S. Tagántsev, *Smiértnaia kazn: sbórnik statiéi* [Pena de morte: uma coletânea de artigos], São Petersburgo, Tipografia Estatal, 1913. [N. A.] Republicado na revista *Pravovédenie*, 1993, nº 4-6, 1994, nº 1. [N. E. R.]

80 Membro da organização Naródnaia Vólia, "Vontade do Povo", que atuou entre 1879 e 1887 e organizou o atentado contra o tsar Alexandre II. [N. T.]

2.200 pessoas (45 pessoas por mês!). Em geral, executavam por terrorismo, assassinato, assalto. Foi uma *epidemia de execuções*, como escreve Tagántsev.

(É estranho ler que, em 1906, quando foram instituídos os tribunais marciais de campo, um dos maiores problemas era quem faria as execuções. Exigia-se que elas fossem realizadas dentro das primeiras 24 horas após a sentença. Se as tropas fuzilassem, aquilo causaria uma impressão negativa em seus homens. E não era comum encontrar carrascos voluntários. As mentes pré-comunistas não se davam conta de que um só carrasco, atirando na nuca, podia fuzilar muitos.)

Quando o Governo Provisório assumiu, ele aboliu totalmente a pena de morte. Em junho de 1917, ela foi trazida de volta, no Exército regular e nas regiões do front – para crimes militares, assassinatos, estupros, assaltos e roubos (que abundavam à época naquelas áreas). Foi uma das medidas mais impopulares, que arruinaram o Governo Provisório. O lema dos bolcheviques até o golpe foi: "Abaixo a pena de morte, restaurada por Kérenski!".

Persiste a história de que, no Smólny, precisamente na madrugada de 25 para 26 de outubro, surgiu a discussão: um dos primeiros decretos não deveria ser o da abolição eterna da pena de morte? E Lênin, então, zombou do utopismo de seus camaradas, porque ele sabia que, sem a pena de morte, de modo algum se poderia avançar em direção à nova sociedade. Porém, ao compor o governo de coalizão com os SR de esquerda, eles cederam às ideias equivocadas daqueles, e, de todo modo, a partir de 28 de outubro de 1917, a punição foi abolida. É evidente que nada de bom poderia vir dessa posição "boazinha".

A pena de morte foi restaurada na plenitude dos direitos a partir de junho de 1918 – não, não "restaurada", mas instaurada, como uma nova era de execuções. Nas vinte províncias centrais da Rússia, em dezesseis meses (de junho de 1918 a outubro de 1919), foram fuziladas mais de 16 mil pessoas, ou seja, *mais de mil por mês*.

Parece-nos ainda mais terrível a moda dos naufrágios de embarcações, toda vez com centenas de pessoas não contabilizadas, não registradas ou sequer nomeadas, principalmente oficiais e outros reféns – no golfo da Finlândia, no Mar Branco, no Cáspio e no Mar Negro, e também no Baikal. Essa é a história *dos costumes*, de onde vem todo o resto. Em todos os séculos, desde o início com Riúrik, existiu um período com tantas crueldades e assassinatos como o que fizeram os bolcheviques durante a Guerra Civil e na conclusão dela?

A Revolução tem pressa de renomear tudo, ver cada objeto de maneira nova. Assim, a "pena de morte" foi renomeada – tornou-se *a pena máxima*. As bases da legislação penal de 1924 nos explicam que essa pena máxima foi instaurada *provisoriamente, até sua abolição completa, pelo Comitê Central.*

E, em 1927, de fato começaram a *abolir*: ela foi mantida *apenas* para os crimes contra o Estado e o Exército; para os artigos que protegiam o indivíduo, para assassinatos, roubos e estupros, o fuzilamento foi abolido, em celebração aos dez anos do Outubro.

Mas, para os quinze anos do Outubro, a pena de morte foi acrescentada pela lei dos "sete oitavos" – aquela importante lei do socialismo já em curso, que prometia ao súdito uma bala para cada migalha do Estado.

Como sempre, especialmente no início, foram com tudo naquela lei – só na prisão de Kresty, em Leningrado, em dezembro de 1932, *de uma só vez 265 condenados à morte* esperavam por seu destino – e, ao longo do ano todo, só em Kresty, mais de mil se amontoaram.

E que tipo de malfeitores eram esses? De onde é que apareceram tantos conspiradores e desordeiros? Estavam presos lá, por exemplo, seis membros do *kolkhoz* da região de Tsárskoie Seló, acusados do seguinte: depois da sega do *kolkhoz* (feita pelas próprias mãos!), eles foram e fizeram uns montinhos de sobras para suas vacas. *Nenhum daqueles seis mujiques foi poupado pelo Comitê Central, a sentença foi executada!*

Que Saltytchikha?[81] Que dono de servos, ignóbil e repulsivo, poderia *matar* seis mujiques por umas infelizes aparas?... Pois, se só tivesse dado uma chibatada em cada um deles, nós já o

81 Apelido de Dária Nikoláievna Saltykova (1730-1801), proprietária de terras que se notabilizou pela crueldade com que torturava e matava seus mujiques. [N. T.]

conheceríamos na escola e amaldiçoaríamos seu nome.[82] Mas agora mandou apagar e tudo bem. Se Stálin nunca mais tivesse matado ninguém, só por aqueles seis mujiques de Tsárskoie Seló eu o consideraria digno de esquartejamento! E ainda ousam ganir para nós: "Como é que vocês se atreveram a perturbar a grande sombra?", "Stálin pertence ao movimento comunista mundial". Sim. E ao Código Penal.

Aliás, Lênin e Trótski – em que eles são melhores? Foram eles que começaram.

Desses fuzilamentos, que jurisprudente, que historiador penal há de nos trazer a estatística corrigida? Onde está o *spetskhran*[83] no qual poderemos entrar e conferir os números? Por isso, ousamos apenas repetir os boatos a respeito dos números que, frescos, circulavam em 1939-1940 sob as abóbadas da Butyrka e vertiam dos ejovianos caídos, graúdos e médios, que passavam pouco tempo naquelas celas (pois eles sabiam!). Os ejovianos diziam que, ao longo daqueles dois anos, em toda a União, tinham sido fuzilados *500 mil* "políticos" e 480 mil comuns (Art. 59-3, foram fuzilados como "apoio de Iagoda"; assim foi também podado o "velho e nobre" mundo dos ladrões).

Nos anos da guerra entre soviéticos e alemães, por diversas razões, a aplicação da pena de morte foi ora ampliada (por exemplo, a militarização das ferrovias), ora enriquecida em suas formas (a partir de 1943, veio o decreto sobre o enforcamento).

Todos esses acontecimentos atrasaram um pouco a prometida abolição da pena de morte, plena, definitiva e eterna; porém, por meio de sua paciência e de sua fidelidade, o nosso povo de todo modo a obteve: em maio de 1947, Ióssif Vissariónovitch ditou ao Presidium do Soviete Supremo a abolição da pena de morte em tempos de paz (com comutação para 25 anos, um *quarto*).

82 O que não se sabia na escola era que a Saltytchikha, de acordo com a sentença dada pelo tribunal (classista), pagou por sua bestialidade por onze anos na prisão subterrânea do monastério Ivánovski, em Moscou. (A. S. Prugávin, *Monastýrskie tiurmy v borbié s sektántstvom: k vopróssu o veroterpímosti* [As prisões dos monastérios na luta contra o sectarismo: para a questão do tolerantismo], Moscou, Posrédnik, 1905, p. 39.) [N. A.]

83 Seção de armazenamento especial em que, nas bibliotecas, ficavam guardados os livros e documentos censurados. [N. T.]

Mas nosso povo é ingrato e incapaz de apreciar a generosidade. Por isso, os governantes passaram dois anos e meio gemendo sem a pena de morte, e, em 12 de janeiro de 1950, foi publicado um decreto oposto: trouxeram de volta a pena de morte para os "traidores da pátria, espiões e diversionistas minadores", que já haviam se acumulado novamente.

Mas tudo isso era *provisório, até a abolição completa*.

E, no fim das contas, o maior tempo que passamos sem a punição foi no período de Elizavieta Petrovna.

Em nossa existência feliz e cega, os condenados à morte são representados como pessoas solitárias, pouco numerosas e funestas. Instintivamente, *nós* temos a certeza de que nunca poderíamos acabar na cela dos condenados à morte. Precisamos dar um nó em nossa cabeça para imaginar que, nas celas dos condenados, estiveram muitas pessoas totalmente banais, por causa de atos totalmente ordinários; dependendo da sorte, era muito frequente que elas não recebessem o perdão, e sim *a máxima*.

Um agrônomo do Departamento Distrital de Agronomia recebeu a sentença de morte por um erro na análise do grão do *kolkhoz*! Era o ano de 1937.

O presidente de uma corporação de artesãos (que produzia carretéis de linha!), Mélnikov, foi condenado à morte porque ocorreu um incêndio na oficina, por conta de uma faísca do locomóvel! Era o ano de 1937. (É verdade que ele recebeu clemência e ganhou uma dezena.)

Na mesma prisão de Kresty, em 1932, esperavam pela morte: Feldman, porque encontraram moeda estrangeira em sua casa; Faitelevitch, aluno de conservatório, por vender umas tiras de metal para canetas.

Será possível então ficar surpreso com o fato de que Geraska, rapaz do interior, de Ivánovo, recebeu a pena de morte? Na festa de São Nicolau da primavera, foi passear no vilarejo vizinho, bebeu demais e deu uma paulada no traseiro – não de um policial, não!, do cavalo do policial! (É verdade que, por desaforo dessa mesma polícia, ele arrancou as tábuas do revestimento do Soviete rural, depois arrancou o cordão do telefone e gritou: "Tomem essa, seus diabos!"...)

Nosso destino de ir parar na cela dos condenados não é decidido pelo fato de que fizemos ou não fizemos algo – ele é decidido pelo girar de uma enorme roda, pelo desenrolar de poderosas circunstâncias externas. Por exemplo: foi imposto o cerco a Leningrado. Deveriam ser reveladas grandes conspirações clandestinas, preparadas de fora pelos alemães? Por que é que, na época de Stálin, em 1919, essas conspirações foram reveladas, mas na época de Jdánov, em 1942, elas não existiam? Ordem dada, ordem cumprida: algumas conspirações intrincadas foram descobertas! Você está dormindo em seu apartamento sem aquecimento em Leningrado e as garras negras e afiadas já vêm se aproximando de você. E aí nada depende de você. Certa pessoa é apontada, o membro correspondente Ignatóvski – as janelas da casa dele dão para o Nevá; ele tira um lenço branco para assoar o nariz – isso é um sinal! E também Ignatóvski, como engenheiro, adora conversar com os marinheiros sobre o equipamento. Pego no flagra! Ignatóvski foi preso. Pois bem, dê o nome de quarenta membros de sua organização. Ele deu. Assim, se você é o lanterninha do Aleksandrínski, suas chances de ser apontado são pequenas, mas, se você é professor do Instituto de Tecnologia e – veja só – também está na lista, o que é que depende de você? Numa lista como essas, é fuzilamento para todo mundo.

E todos são fuzilados. E foi assim que Konstantin Ivánovitch Strakhovitch, grande especialista russo em hidrodinâmica, permaneceu vivo. Strakhovitch foi indicado como um ponto conveniente para a descoberta de uma nova organização. Foi convocado pelo capitão Altchuller: "O que é que há com o senhor? Confessou tudo bem depressa e decidiu partir para o outro mundo para esconder o governo clandestino? O que é que o senhor era lá?". Assim, enquanto continuava preso na cela dos condenados, Strakhovitch se viu envolvido em uma nova rodada de inquérito! O inquérito avançou, e, enquanto isso, o grupo de Ignatóvski foi fuzilado. Num dos interrogatórios, Strakhovitch foi tomado pela fúria: não que ele quisesse viver, mas estava cansado da demora para morrer e, principalmente, passara a sentir nojo daquela mentira. Então, num interrogatório cruzado, diante de algum funcionário graúdo, ele bateu na mesa: "Vocês todos é que serão fuzilados! Eu não vou mais mentir! Retiro completamente todos os meus depoimentos!". E aquele arroubo ajudou! Não só interromperam o inquérito como o esqueceram na cela dos condenados por um longo tempo.

É possível que, em meio à submissão generalizada, um arroubo de desespero sempre ajude.

E eis quantos foram fuzilados – primeiro milhares, depois centenas de milhares. Nós dividimos, multiplicamos, suspiramos, amaldiçoamos. E mesmo assim são números. Eles impressionam a mente, depois são esquecidos. E se, algum dia, os parentes dos fuzilados entregassem a uma editora as fotografias dos executados, e um álbum com essas fotografias fosse publicado, um álbum com alguns volumes, então, ao folheá-los, ao dar uma última olhada em seus olhos opacos, poderíamos haurir muita coisa para o resto de nossa vida. Essa leitura, quase sem letras, recobriria nosso coração com uma camada eterna.

Na casa de uns conhecidos meus, antigos zeks, existe o seguinte ritual: em 5 de março, no dia da morte do Assassino Chefe, são colocadas numa mesa as fotografias dos fuzilados e dos mortos nos campos – algumas dezenas que eles conseguiram recolher. E, durante todo o dia, há uma solenidade no apartamento – misto de igreja e de museu. Música fúnebre. Os amigos visitam, olham as fotografias, fazem silêncio, ouvem, conversam baixinho uns com os outros; vão embora sem se despedir.

Que fosse assim em todo lugar... Nós traríamos pelo menos uma marquinha no coração por causa dessas mortes.

Para que pelo menos *não tenham sido em vão*!...

Como é que acontece *tudo aquilo*? Como as pessoas *esperam*? O que elas sentem? Em que pensam? Que decisões tomam? E como é que são *levadas*? O que é que elas sentem nos momentos finais? E como é que exatamente... elas... são...?

É natural a vontade doentia das pessoas de olhar por detrás das cortinas (se nenhum de *nós* jamais chegar a isso, é claro). Também é natural que os sobreviventes não contem sobre o momento final – eles foram poupados, afinal.

O que vem depois, os carrascos é que sabem. Mas os carrascos não contam.

Porém, nem o carrasco conhece tudo até o fim. *O fim*, nem ele conhece! Só conhecem o fim aqueles que foram mortos – ou seja, ninguém.

Então, a partir dos que foram poupados, nós conseguimos imaginar o quadro aproximado da cela dos condenados. Sabemos, por exemplo, que na madrugada anterior eles não conseguem dormir, ficam *esperando*. Que só se acalmam de manhã.

Mas que fantasista poderia imaginar as celas dos condenados de 1937? Ele certamente urdiria sua trama psicológica: como esperam? A que seus ouvidos dão atenção?... Quem poderia prever e descrever para nós as seguintes sensações inesperadas dos condenados à morte:

1. Os condenados à morte sofrem com o *frio*. Eles têm de dormir no chão de cimento, perto da janela, com 3 graus negativos (Strakhovitch). Enquanto o fuzilamento não chega, você vai congelando.

2. Os condenados à morte sofrem com o *aperto e o calor*. Numa cela solitária, espremem sete (nunca menos que isso), dez, quinze ou *vinte e oito* condenados à morte (Leningrado, 1942). E eles ficam assim, esmagados por semanas ou *meses*! As pessoas nem pensam mais na execução, nem temem o fuzilamento, mas em como esticar as pernas à noite; como virar-se; como puxar o ar.

3. Os condenados à morte sofrem com a *fome*. Eles ficam tanto tempo esperando depois da sentença de morte que a principal sensação deles passa a ser não o medo do fuzilamento, mas o tormento da fome: como comer? No mais, qual é o recorde de permanência na cela dos condenados? Quem sabe qual é o recorde?... Glória de nossa ciência, o acadêmico N. I. Vavílov esperou pelo fuzilamento durante alguns meses; na condição de condenado à morte, foi evacuado para a prisão de Sarátov; ali, ficou numa cela subterrânea, sem janelas, e quando, no verão de 1942, depois de ter recebido clemência, foi transferido para

a cela comum, ele não conseguia andar, tinha de ser carregado para os passeios.

4. Os condenados à morte sofrem *sem auxílio médico*. Pois, quando um médico interfere, ele deve mesmo curar um condenado à morte, ou seja, deve prolongar sua espera pela morte? Ou a humanidade do médico está em insistir no fuzilamento imediato?

E é quase sempre de maneira submissa que o ser humano permite que o matem. Por que motivo a sentença de morte hipnotiza tanto? Os que recebem clemência raramente se lembram de alguém que tenha oferecido resistência em sua cela. Mas esses casos também existem. Na Kresty, em Leningrado, em 1932, os condenados à morte tomaram os revólveres dos carcereiros e atiraram. Depois disso, foi instituída uma técnica: depois de espiarem pela vigia para ver quem eles tinham de pegar, eles entravam com tudo na cela, cinco carcereiros de uma vez, desarmados, e corriam para agarrar a pessoa.

Esperança! O que você faz conosco: fortalece ou enfraquece? À beira do túmulo, por que não oferecer resistência?

Mas será que, no momento da prisão, tudo não estava fadado a ser assim? E, no entanto, todos os detentos, de joelhos, como que com as pernas amputadas, arrastam-se por obra da esperança.

Vassíli Grigórievitch Vlássov relembra que, na noite após a sentença, quando ele era conduzido pela escura Kadýi, e quatro pistolas brandiram em sua direção, uma de cada lado, seu pensamento era: por que não o baleavam ali mesmo, como provocador, como se fosse por tentativa de fuga? Portanto, ele ainda não acreditava em sua sentença! Ainda tinha esperança de viver…

Naquela prisão de Ivánovo, havia quatro celas de condenados – no mesmo corredor dos menores e doentes! Vlássov caiu na 61. Era uma solitária: tinha uns 5 metros de comprimento e pouco mais de 1 metro de largura. Duas camas de ferro estavam fortemente soldadas ao chão, com um grosso pedaço de ferro; em cada cama, ficavam deitados dois condenados à morte, um com os pés virados para a cabeça do outro. E outros catorze ficavam deitados no chão de cimento, de través.

À espera da morte, cada um deles tinha recebido menos de 1 *archin*[84] quadrado! Embora fosse sabido havia muito tempo que até um defunto tem direito a 3 *archines* de terra – e Tchekhov já achava que isso era pouco...

Vlássov perguntou se o fuzilariam logo. "É que já estamos presos faz tempo, e continuamos vivos..."

E começou a espera, como já era conhecida: ninguém dormiu durante a noite, esperando, em completo desânimo, que os levassem para a morte.

Às vezes, à noite ouvia-se o estrondo do cadeado, o coração parava: serei eu? não sou eu!! O carcereiro só abriu a porta de madeira por causa de alguma bobagem: "Tirem as coisas do peitoril!". Talvez, por conta dessa abertura, todos os catorze tenham ficado um ano mais próximo de sua futura morte; talvez, se tivessem aberto a porta daquele jeito umas cinquenta vezes, nem precisariam mais desperdiçar a bala! Mas como ficaram gratos por tudo ficar bem: "Vamos tirar agora mesmo, cidadão-chefe!".

Iákov Petróvitch Kolpakov, presidente do Comitê Executivo Distrital de Súdogda, bolchevique desde a primavera de 1917, veterano do front, passou dez dias preso, sem mudar a pose, segurando a cabeça com as mãos, os cotovelos nos joelhos, e sempre olhando para o mesmíssimo ponto da parede. A loquacidade de Vlássov o irritava: "Como é que você consegue?". "E você, está se preparando para o paraíso?", rosnava Vlássov, mantendo, mesmo na fala ligeira, a pronúncia redonda do *o*.[85] "Eu me propus a fazer uma única coisa. Dizer ao carrasco: 'Só você! Nem os juízes nem os promotores! Só você é culpado da minha morte! Pois agora viva com isso! Se não fosse por vocês,

84 Antiga medida russa, equivalente a 71 centímetros. [N. T.]

85 A pronúncia nítida do *o* em qualquer posição da palavra é uma característica do russo falado no sul do país e na Ucrânia, além do idioma eslavo usado na liturgia da Igreja Ortodoxa. [N. T.]

carrascos voluntários, nem haveria sentenças de morte!'. E que o miserável me mate!"

Kolpakov foi fuzilado.

Aos olhos dos companheiros de cela, alguns ficavam grisalhos depois de três ou quatro dias.

Um perdia a coerência na fala e a coerência no pensamento – mas mesmo assim eles continuavam a esperar seu destino ali mesmo. Quem ficava louco na cela dos condenados era fuzilado mesmo louco.

Muitas vezes havia clemência. Precisamente naquela primavera de 1937, pela primeira vez depois da Revolução, foram instituídas penas de quinze e de vinte anos, e elas levaram consigo muitos fuzilamentos.

Mas chega o limite em que a pessoa não quer mais ser um coelhinho ajuizado, em que ela já tem nojo disso. Em que ela quer gritar: "Malditos sejam vocês, fuzilem logo de uma vez!".

Depois de 41 dias de espera pelo fuzilamento, era precisamente esse sentimento de exasperação que cada vez mais tomava conta de Vlássov. Na prisão de Ivánovo, duas vezes propuseram que ele escrevesse uma solicitação de clemência – mas ele recusou.

No 42º dia, porém, ele foi convocado ao compartimento, onde proclamaram que o Presidium do Comitê Executivo Central da URSS tinha comutado a pena máxima por vinte anos de detenção nos campos de trabalhos correcionais, seguidos de cinco anos de privação dos direitos.

Vlássov, pálido, deu um sorriso torto e, mesmo naquele momento, conseguiu dizer:

— Que estranho. Fui condenado por não acreditar na vitória do socialismo em um só país. Mas será que o Kalínin acredita, se ele acha que, daqui a vinte anos, ainda vão ser necessários campos de trabalho no nosso país?...

Naquela época, parecia algo inalcançável – daqui a vinte anos.

O estranho é que eles continuaram necessários depois de quarenta anos.

Capítulo 12
Tiurzak

Ah, a excelente palavra russa *ostrog* – calabouço – mas como é forte! Como é bem-arranjada! Ela parece conter toda a força daquelas paredes, das quais não se pode escapar. E tudo isso como que se encaixa nesses seis sons: tanto *strógost* (severidade), como *ostrogá* (arpão), como *ostrotá* (agudeza) – a agudeza do ouriço, lançando as agulhas em sua cara; da fuça gélida da nevasca em seus olhos; a agudeza das estacas afiadas das entrezonas, e, novamente, a agudeza dos arames farpados –, como *ostorójnost* (cautela) – a cautela dos prisioneiros –, que fica bem ali ao lado, e *rog* (chifre)? Pois sim, o chifre sobressai, ele está apontado! Bem na nossa direção!

Mas, se formos observar todo o costume russo relativo aos calabouços, seu uso, enfim, todo o seu estabelecimento ao longo dos últimos noventa anos, digamos – não veremos mais um chifre, e sim dois: os *narodovóltsy* começaram pela pontinha do chifre, no ponto em que ele fere, em que é insuportável ser atingido, mesmo no esterno – e pouco a pouco ele foi se tornando mais redondo, mais abaulado, foi diminuindo, até virar um toco, e quase deixou de ser um chifre (isso no começo do século XX); mais tarde (depois de 1917), porém, rapidamente assomaram os primeiros caroços do segundo toco – e, a partir dali, ele começou a crescer de novo, a estreitar-se, a enrijecer-se, a fazer-se chifre – e, pelo ano de 1938, cravou-se novamente no ser humano, nessa cavidade da clavícula, debaixo do pescoço: o *tiurzak*[86]!

86 Termo oficial para "detenção prisional". [N. T.]

Embora o enorme Arquipélago já tivesse se espalhado, de modo algum definharam as prisões regulares. A velha tradição dos calabouços não careceu de uma diligente continuação.

Nem todos que eram tragados pela Grande Máquina deveriam se misturar com os nativos do Arquipélago. Tanto estrangeiros notáveis como indivíduos por demais conhecidos e prisioneiros secretos, como também tchekistas rebaixados – de modo algum eles podiam ser deixados à mostra nos campos: o trabalho deles empurrando um carrinho de mão não justificaria a divulgação e o prejuízo *moral e político*. De modo semelhante, os socialistas, em luta constante por seus direitos, de modo algum podiam ser admitidos em meio à massa – eles deviam ser mantidos e estrangulados separadamente. Muito mais tarde, nos anos 1950, como ainda veremos, as TONs[87] foram necessárias para o isolamento dos revoltosos do campo. Em seus últimos anos de vida, decepcionado com a "correção" dos ladrões, Stálin ordenou que os diversos *chefões* também recebessem o *tiurzak*, e não só o campo. Finalmente, foi necessário acolher, debaixo do sustento gratuito do Estado, aqueles que de modo algum seriam capazes de cumprir o trabalho nativo – como o cego Kopiéikin, um velho de 70 anos que passava o tempo todo na feira, na cidade de Iúrievets (do Volga). Seus cânticos e gracejos acarretaram dez anos por atividade contrarrevolucionária, mas foi preciso comutar o campo por detenção prisional.

Nos anos 1920, nas prisões isoladas para presos políticos (que os detentos ainda chamam de *fechadas políticas*) davam uma *comida* bem decente: os almoços sempre tinham carne, eles cozinhavam com legumes frescos, dava para comprar leite na vendinha. A alimentação piorou abruptamente em 1931-1933, mas, naquela época, não estava muito melhor do lado de fora. Naquele período, o escorbuto e as tonturas causadas pela fome não eram raridade nas fechadas políticas. Depois, a comida voltou, mas não a mesma. Em 1947, na TON de Vladímir, I. Kornêiev sentia fome constantemente: 450 gramas de pão, dois

87 Prisões Especiais. [N. T.]

cubos de açúcar, duas refeições quentes, mas que não saciavam, e só água quente "à vontade" (de novo podem dizer que não foi um ano típico, que do lado de fora também houve fome na época; no entanto, naquele ano, permitiram generosamente que o lado de fora enviasse comida à prisão: as encomendas não tinham restrição). – A *luz* das celas foi sempre racionada, tanto nos anos 1930 como nos anos 1940: os gradeamentos e o vidro armado turvo criavam nas celas uma penumbra constante (a escuridão é um importante fator de opressão da alma). Na TON de Vladímir, compensavam de madrugada essa falta de luz: uma iluminação elétrica forte ficava ligada a noite inteira, e não deixava dormir. – O *ar* também era regulado, os postigos ficavam fechados com cadeado e eram destrancados só na hora da evacuação, como relembram os da prisão de Dmitrov e de Iaroslavl. – O *passeio*, nas diferentes prisões e nos diferentes períodos, oscilava entre 15 e 45 minutos. Já não havia nenhum contato com a terra, como em Chlisselburg ou em Solovkí; todo o verde fora arrancado, pisoteado, coberto com concreto e asfalto. Durante o passeio, era proibido até erguer a cabeça para o céu – "Só pode olhar para os pés!" – como relembram Kózyrev e Adámova (prisão de Kazan). – Os *encontros* com os parentes foram proibidos em 1937 e não foram retomados. – Durante quase todos os anos, foi permitido enviar *cartas* aos parentes mais próximos duas vezes ao mês e receber a resposta (mas, em Kazan, um dia depois de ler, você tinha de devolver ao vigia), assim como usar, na *vendinha*, o limitado dinheiro que enviavam. Parte significativa do regime era a *mobília*. Adámova escreve, de maneira expressiva, sobre a alegria de ver na cela (Súzdal), de apalpar – depois dos leitos retráteis e das cadeiras aparafusadas ao chão –, uma simples cama de madeira com colchão de palha, uma simples mesa de madeira. – Na TON de Vladímir, I. Kornêiev experimentou dois *regimes* diferentes: tanto aquele em que não tiravam os objetos pessoais da cela, em que era permitido deitar-se durante o dia, e o carcereiro espiava pouco pela vigia (1947-1948); como aquele em que a cela ficava trancada com dois cadeados (um do carcereiro, outro do guarda de plantão), em que era proibido deitar-se, era proibido falar em voz alta (na de Kazan, só sussurravam!), tiravam todos os objetos pessoais e davam um uniforme feito com tecido listrado, de marinheiro (1949-1953); tornaram-se frequentes as *buscas* violentas, em ataques rápidos, com evacuação completa, e todos eram totalmente despidos. A comunicação entre as celas era tão vigiada que, depois de cada ida ao sanitário, os carcereiros examinavam as privadas com lâmpadas portáteis e iluminavam cada orifício. Por um rabisco na parede, todos na cela ganhavam *solitária*. As solitárias eram o flagelo das Prisões Especiais. Você podia ir parar na solitária por tossir ("tem de cobrir a boca com o cobertor, e aí tossir!"); por caminhar pela cela (Kózyrev: consideravam "inquietação"). Aconteceu o seguinte com Kózyrev (a descrição da solitária e muita coisa do regime a tal ponto coincidem para todos que dá a sensação de haver uma única marca do regime): por caminhar pela cela, deram a ele cinco dias de solitária. Era outono, o local da solitária não tinha calefação, fazia muito frio. Deixavam só com a roupa de baixo, tiravam os sapatos. Chão de terra, poeira (às vezes era uma lama úmida; na de Kazan, água). Kózyrev tinha um banquinho. Logo chegou à conclusão de que morreria congelado. Mas, pouco a pouco, começou a surgir um misterioso calor interno, e foi o que o salvou. Acostumou-se a dormir sentado no banquinho. Três vezes ao dia, davam uma caneca de água quente, que o deixava embriagado. Uma vez, um dos guardas de plantão enfiou um cubo de açúcar ilegal dentro da ração, dentro do pão de 300 gramas. Com base na ração e na distinção da luz que vinha de alguma janelinha do labirinto, Kózyrev fazia a conta do tempo. Depois da solitária, a cela parecia um palácio. Em seis meses, Kózyrev ficou surdo e começou a ter abscessos na garganta. Seu companheiro de cela, porém, devido às constantes idas à solitária, enlouqueceu, e Kózyrev passou mais de um ano preso sozinho com um louco.

Mas as opiniões divergem. Os veteranos dos campos de trabalho são unânimes ao dizer que a TON de Vladímir, nos anos 1950, era um *balneário*. Foi o que acharam Vladímir Boríssovitch Zeldóvitch, enviado para lá da estação de Ábez, e Anna Petrovna Skrípnikova, que foi parar ali (1956) vinda dos campos da região de Kémerovo. Skrípnikova ficou particularmente impressionada pelo envio regular de requerimentos, a cada dez dias (ela começou a escrever... para a ONU), e pela excelente biblioteca, que incluía línguas estrangeiras: traziam o catálogo completo até a cela, e você fazia uma requisição anual.

Mas não vá se esquecer da flexibilidade da nossa lei: condenaram mil mulheres ("esposas") ao *tiurzak*. De repente, davam o sinal – todos seriam comutados pelo campo de trabalhos forçados (em Kolimá, havia ouro a ser lavado)! E comutaram. Sem nenhum julgamento.

Então, será que *existe* mesmo esse *tiurzak*? Ou é só a antessala do campo de trabalhos forçados?

Foi da experiência do passado e da literatura do passado que tiramos a crença ingênua nas greves de fome. Mas a greve de fome é uma arma puramente moral, ela pressupõe que o carcereiro ainda não perdeu toda a sua consciência. Ou que o carcereiro teme a opinião pública. Só então a greve de fome tem força.

Os carcereiros tsaristas ainda estavam verdes: se um dos detentos fazia greve de fome, eles ficavam agitados, surpresos, tomavam conta, levavam ao hospital. Naqueles anos, além do tormento da fome, a greve de fome não oferecia nenhum outro perigo ou dificuldade ao detento. Não podiam surrá-lo por causa da greve de fome, julgá-lo uma segunda vez, aumentar a sentença, fuzilar ou transferir sob escolta.

Nos anos 1920, o animado cenário das greves de fome torna-se sombrio. É verdade que ainda são aceitos os informes por escrito a respeito das greves de fome, e por ora não enxergam nada de subversivo nelas. Mas novas regras estão sendo formuladas: quem faz greve de fome deve ser isolado numa solitária especial (na Butyrka, era a torre de Pugatchov);[88] ninguém deveria ficar sabendo da greve de fome – não só o povo do lado de fora, em deliberação, não só as celas vizinhas, mas até a própria

88 Uma das torres do castelo em que fica a prisão Butyrka, construído pelo arquiteto M. F. Kazakov em 1771. No porão dessa torre, em janeiro de 1775, Emelian Pugatchov esteve agrilhoado até o dia da execução. [N. E. R.]

cela em que o grevista esteve até aquele dia – afinal, também se trata de um coletivo, é preciso afastá-lo dele também.

Mas, apesar de tudo, nessa época era possível obter, por meio da greve de fome, pelo menos algumas exigências pessoais.

A partir dos anos 1930, acontece uma nova reviravolta no pensamento do Estado a respeito das greves de fome. Mesmo aquelas greves de fome enfraquecidas, isoladas, meio sufocadas – para que exatamente o Estado precisava delas? E então, a partir dos anos 1930, pararam de aceitar legalmente os informes sobre as greves de fome. "A greve de fome como forma de luta *não existe mais*!", declararam a Ekaterina Olítskaia em 1932, como declararam a muitos outros. O governo aboliu as suas greves de fome! – e basta.

No meio de 1937 aproximadamente, veio a diretiva: a partir de então, a administração das prisões *não responderia em absoluto pelas mortes em greves de fome*! Desaparecia a última responsabilidade pessoal dos carcereiros! Mais que isso: para que os investigadores não se preocupassem, os dias em que o investigado estivesse em greve de fome deveriam ser excluídos do período de inquérito; ou seja, não só considerar que não houve greve de fome – era como se o preso estivesse em liberdade naqueles dias! A única consequência perceptível da greve de fome seria a inanição do detento!

Isso significava o seguinte: quer morrer? Pois pode morrer!

E foi assim que a Prisão de Novo Tipo venceu as greves de fome burguesas.

Mesmo a uma pessoa forte, não restava nenhum caminho para resistir à máquina carcerária, talvez só o suicídio. Mas por acaso suicidar-se é lutar? Não é submeter-se?

E é só agora – só aqui! – que deveria começar este nosso capítulo. Ele deveria examinar essa luz cintilante que, com o tempo, como a auréola de um santo, a alma do detento solitário começa a emitir. Arrancado do rebuliço da vida de maneira tão absoluta que até a contagem dos minutos que se passam confere uma relação íntima com o universo, o detento solitário deve purificar-se de todas as coisas imperfeitas que o turvaram na vida pregressa, que não permitiram que ele se assentasse até alcançar a transparência. Como é nobre o seu movimento de estender os dedos para afofar e tatear os torrões de terra da horta (aliás, do asfalto!...). Como sua cabeça tomba sozinha para trás, para vislumbrar o Céu Eterno (aliás, é proibido!...). Com que ternura um passarinho saltitando no peitoril desperta sua atenção (aliás, o gradeamento, uma tela e um postigo com um cadeado...). E que pensamentos claros, que considerações por vezes surpreendentes ele anota no papel que lhe foi entregue (aliás, só se você conseguiu na vendinha; mesmo assim, depois de preencher, é preciso entregar permanentemente ao escritório da prisão...).

Mas, por alguma razão, nossas impertinentes ressalvas acabam por nos confundir. O plano do capítulo estala, desaba, e nós não sabemos mais: na Prisão de Novo Tipo, na Prisão Especial (especial em quê?), a alma humana purifica-se? ou perece definitivamente?

Se, a cada manhã, a primeira coisa que você vê são os olhos enlouquecidos de seu companheiro de cela, o que é que pode salvar você no dia que se inicia? Nikolai Aleksándrovitch Kózyrev, cuja brilhante carreira como astrônomo foi interrompida pela prisão, era salvo somente pelos pensamentos no que é eterno e infinito: a ordem do mundo e seu Espírito Superior; as estrelas; sua composição interna; e o que é afinal o Tempo e o desenrolar do Tempo.

E assim ele começou a descobrir uma nova área da física. Foi a única coisa que o fez sobreviver na prisão de Dmitrov. Mas, em seu raciocínio, ele se baseava em números já esquecidos. Ele não conseguia avançar: precisava de muitos números. Onde consegui-los naquela solitária, com uma lamparina para a noite, onde nem mesmo um passarinho conseguia entrar voando? E o cientista suplicou: Senhor! Eu fiz tudo que pude. Agora me ajude! Me ajude a continuar.

Naquela época, a cada dez dias ele só podia receber um livro (ele já estava sozinho na cela). Na pobre biblioteca da prisão, havia algumas edições do *Concerto vermelho*, de Demian Biédny, e elas continuavam chegando sem parar à cela. Meia hora se passou depois de sua oração – vieram trocar seu livro e, como sempre, sem perguntar, jogaram o *Curso de astrofísica*!

De onde ele tinha vindo? Não dava para imaginar que a biblioteca tivesse um daqueles! Pressentindo a brevidade daquele encontro, Nikolai Aleksándrovitch lançou-se ao livro e começou a memorizar, memorizar tudo que seria necessário naquele dia e que poderia ser necessário depois. Nem dois dias tinham se passado, ele ainda podia ficar oito dias com o livro – e de repente ocorreu uma visita do chefe da prisão. Perspicaz, ele logo percebeu. "A profissão do senhor não é astrônomo?" "Sim." "Tomem este livro!" Mas sua mística aparição abriu o caminho para o trabalho, que ele continuou no campo de Norilsk.

Pois então, agora devemos começar o capítulo sobre a oposição entre a alma e as grades.

Mas o que é isso?... Ouve-se na porta o insolente estrondo da chave do carcereiro. Um sombrio guarda com uma longa lista: "Sobrenome? Nome e patronímico? Ano de nascimento? Artigo? Sentença? Prazo da sentença?... Recolha suas *coisas*! Depressa!".

Pois é, meus amigos, é a transferência! A transferência!... Vamos partir para algum lugar! Senhor, abençoa! Recolheremos os ossinhos?...

E é o seguinte: se estivermos vivos, terminaremos de contar em outra oportunidade. Na Quarta Parte. Se estivermos vivos...

Segunda parte
Moto-perpétuo

As rodas também não param,
As rodas…
Giram, dançam as mós,
Giram…

– W. Müller

Capítulo 1
Os navios do Arquipélago

Do estreito de Bering quase até o Bósforo, espalham-se as ilhas do enfeitiçado Arquipélago. Elas são invisíveis, mas existem, e, de ilha em ilha, de modo igualmente invisível, mas constante, é preciso transportar prisioneiros invisíveis, que possuem corpo, volume e peso.

Por onde se deve transportá-los? Com que meio?

Para isso, existem grandes portos – as prisões de trânsito – e também portos menores – os postos de transferência dos campos. E também navios de aço, selados – os vagões-*zak*[89]. Nos ancoradouros, porém, em vez de botes ou lanchas, eles são recebidos por hábeis *camburões*, igualmente selados e de aço. Os vagões-*zak* têm seus horários. Mas, havendo necessidade, enviam de porto em porto, pelas diagonais do Arquipélago, outras caravanas inteiras – composições de vagões vermelhos, de carga, de gado.

Tudo isso está bem ao seu lado, juntinho de você, mas invisível a seus olhos (você pode até fechá-los). Nas grandes estações, a carga e descarga dos pestilentos ocorre longe da plataforma de passageiros, e portanto só é vista pelos agulheiros e guarda-linhas. Nas estações menores também arranjam uma passagenzinha entre dois galpões, onde o camburão entra de ré, junto aos degraus do vagão-*zak*. O detento nunca consegue observar a estação, olhar para você e para o trem inteiro: ele só tem tempo de ver os degraus (às vezes, o mais baixo bate na cintura dele e ele mal tem forças para trepar nele) e os soldados de escolta,

89 Detento, na palavra em russo da qual derivaria o termo "zek". [N. T.]

dispostos ao longo da estreita viela que vai do camburão ao vagão, rosnam, uivam: "Depressa! Depressa!... Vamos! Vamos!...".

E você, que segue apressado pela plataforma, com seus filhos, suas malas e sacolas, não tem tempo de olhar com atenção: por que é que atrelaram um segundo vagão de bagagem ao trem? Não há nada escrito nele, e é muito parecido com um vagão de bagagem – as mesmas barras tortas das grades, e a grande escuridão por detrás delas. A única diferença é que por algum motivo nele viajam soldados, defensores da pátria, e, nas paradas, dois deles caminham de um lado para o outro, assobiando, espiando debaixo do vagão.

O trem parte – e centenas daqueles destinos imprensados, daqueles corações agoniados, saem em disparada pelos mesmos trilhos serpejantes, debaixo da mesma fumaça, através dos mesmos campos, postes e medas, talvez até alguns segundos antes de você – mas, por detrás do seu vidro, a angústia que vai passando deixa no ar menos vestígios que rastros na água. E, em meio ao bem conhecido dia a dia dos trens, sempre igual – com seus pacotes abertos de roupa de cama, o chá servido com porta-copos –, acaso você conseguiria assimilar o horror obscuro e sufocado que, três segundos antes de você, atravessou o mesmo ponto do espaço euclidiano?

"Vagão-*zak*" – que abreviação infame! Como são, aliás, todas as abreviações feitas pelos carrascos. O que eles querem dizer é que são vagões para detentos.

O vagão-*zak* é um vagão de passageiros comum; a diferença é que, de nove compartimentos, cinco, destinados aos detentos (até aqui, como em todo lugar do Arquipélago, metade vai para o serviço!), são separados do corredor não por uma divisória inteiriça, mas por uma grade que deixa à mostra o compartimento, para que seja vigiado. As janelas na parte do corredor são comuns, mas com as mesmas grades tortas do lado de fora. Mas, no compartimento dos detentos, não há janelas – só uma pequena, também gradeada, fosca, no nível do segundo leito (por não ter janelas é que pensamos que se trata de um vagão de bagagem).

Do corredor, tudo isso lembra muito uma jaula de animais: atrás das grades contínuas, no chão e nos leitos, estão criaturas miseráveis, retorcidas, semelhantes a seres humanos, olhando para você com ar lastimável. Porém, numa jaula, nunca amontoam os animais dessa maneira.

Pelos cálculos dos engenheiros livres, seis pessoas podiam ficar sentadas na parte de baixo do compartimento stalinista; três, deitadas no leito do meio (ele era unido como uma tarimba inteiriça, e ficava só um vão na porta para que eles pudessem se arrastar para cima e para baixo); e duas, deitadas embaixo, no compartimento de bagagem. Agora, se por cima desses onze enfiarem no compartimento mais onze (os carcereiros empurram os últimos com o pé para fechar a porta), aí sim chegaremos à carga dos compartimentos stalinistas, a carga totalmente normal. Dois ficam encolhidos, meio sentados, no compartimento superior das bagagens, cinco ficam deitados no unificado do meio (e esses são os mais felizes, esses lugares são disputados a tapa; se há criminosos comuns no compartimento, são justamente eles que ficarão ali), e embaixo ficam treze pessoas: cinco sentadas nos leitos, três no espaço entre as pernas delas. Em algum lugar – misturadas às pessoas, em cima das pessoas e debaixo das pessoas – ficam as coisas delas. Assim, com as pernas comprimidas e imprensadas, elas ficam sentadas durante dias.

Não, isso não é feito especialmente para torturar as pessoas! O condenado é um soldado operário do socialismo; por que torturá-lo? Ele tem de ser usado nas construções. Mas convenhamos que ele não está indo visitar a sogra; ele não deve ser acomodado de maneira a provocar inveja em quem está em liberdade. Temos dificuldades nos transportes: eles vão chegar inteiros, não vão morrer.

Não, não é para atormentar propositalmente os detentos de sede que, durante todos esses dias no vagão, esgotados e aglomerados, eles dão só arenque e *vobla*[90] secos para comer, em vez de uma refeição comum (foi assim durante *todos* os anos, os 1930 e os 1950, no inverno e no verão, na Sibéria e na Ucrânia, e nem é preciso dar exemplos). Não é para atormentar com a sede; mas me diga: o que dar de comer a esses maltrapilhos durante a viagem? Não cabe a eles uma refeição quente no vagão; você não pode dar grãos secos, não pode dar bacalhau cru; se

90 Peixe geralmente consumido defumado ou seco. [N. T.]

der carne em conserva, será que não vão ficar empanturrados? Você não vai conseguir pensar em nada melhor que arenque e uma fatia de pão – o que mais?

Você pega a sua metade de arenque, pega enquanto ainda estão distribuindo, e fica feliz! Se você for esperto, não vai comer esse arenque na hora, vai resistir, vai escondê-lo no bolso, vai abocanhar na prisão de trânsito, onde há água. O pior é quando dão aquela anchova úmida do Azov, coberta com sal grosso; ela não para no bolso, melhor pegar logo com a aba do casaco, com um lenço, na palma da mão – e comer. A anchova é repartida em cima do casaco de alguém, e a *vobla* seca é derramada pela escolta direto no chão; ela é repartida em cima dos bancos, no colo.

E é claro que não é para torturar o detento que, depois do arenque, não lhe dão nem água fervida (isso nunca) nem mesmo água natural. É compreensível: o pessoal da escolta é reduzido, uns ficam a postos no corredor, de pé, fazem o serviço nas plataformas dos vagões, nas estações têm de se enfiar debaixo do vagão, subir no teto, para ver se não há nenhum buraco. Os outros ficam limpando as armas, mas em algum momento eles têm de receber a instrução política e estudar o estatuto militar. E o terceiro turno dorme, devem ganhar oito horas pela lei; afinal, a guerra acabou. Além disso: levar água em baldes, lá longe, é até ofensivo – por que é que um combatente soviético teria de ficar carregando água, como uma mula, para os inimigos do povo?

Mas a escolta suportaria tudo isso, até traria a água e daria de beber, se aqueles porcos, depois de encherem a pança de água, não pedissem para ir ao banheiro. Acontece assim: se você não der água durante um dia, eles nem pedem para ir; se der água uma vez, pedem para ir uma vez; se você ficar com dó e der água duas vezes, eles pedem para ir duas vezes. A conta mais simples, de uma maneira ou outra, é não dar água.

E nem é porque querem poupar o banheiro, poupar o sanitário, mas porque é uma operação delicada, talvez uma operação de guerra: um cabo e dois soldados ficam um bom tempo ocupados. São instalados dois postos: um junto à porta do sanitário, outro no corredor, do lado oposto, enquanto o cabo fica a todo instante abrindo e fechando a porta do compartimento, primeiro para deixar entrar o que está voltando, depois para deixar sair o próximo. O estatuto só permite liberar um por vez, para que não avancem de uma vez, não comecem um motim. E acontece que essa pessoa liberada para ir ao sanitário detém trinta prisioneiros em seu compartimento e 120 no vagão inteiro, além da patrulha da escolta! Por isso, "Vamos! Vamos!... Depressa! Depressa!" – o cabo e o soldado ficam apressando no caminho, e a pessoa corre, tropeça, como se estivesse furtando do Estado essa privada do sanitário.

E, mesmo nesse ritmo acelerado, os 120 levam mais de duas horas para ir ao sanitário – mais de um quarto do turno de três soldados da escolta!

Portanto: menos idas ao sanitário! Isso quer dizer menos água. E menos comida.

Menos água! Mas continuam distribuindo o arenque estabelecido! Não entregar água é uma medida racional; não entregar o arenque é um crime no cumprimento da função.

Ninguém, ninguém se propôs a nos torturar! As ações da escolta são totalmente sensatas! Mas, como os cristãos primitivos, ficamos enclausurados, enquanto despejam sal em nossa língua ferida.

De modo semelhante, os soldados da escolta encarregados de fazer a transferência não têm nenhum objetivo em particular ao misturar, no mesmo compartimento, os do Artigo 58 e os criminosos comuns e *bytoviki*; simplesmente há detentos demais, os vagões e compartimentos são poucos, o tempo é curto – em que momento haveriam de separá-los? Um dos quatro compartimentos é reservado para as mulheres; nos outros três, se forem organizar, vai ser pela estação de destino, para facilitar a descarga.

E por acaso Cristo foi crucificado entre bandidos porque Pilatos quis humilhá-lo? Foi simplesmente porque no dia tinham de crucificar, o Gólgota é um só, tinham pouco tempo. *E foi contado com os transgressores.*

Essa mistura, esse primeiro e impactante encontro, acontece ou no camburão ou no vagão-*zak*. Até então, por mais que tivessem oprimido, torturado e atormentado você no inquérito, tudo isso foi obra dos quepes-azuis, você não os confundiria com seres humanos. Mas, em compensação, seus companheiros de cela, embora fossem totalmente diferentes de você em desenvolvimento e experiência, embora você tenha discutido com eles, embora eles tenham *dedurado* você, todos eles faziam parte da mesma espécie humana, comum, pecadora e ordeira, em meio à qual você passou toda a sua vida.

Mesmo ao ser empurrado para dentro do compartimento stalinista, você só espera encontrar companheiros de infortúnio. Todos os seus inimigos e opressores ficaram do lado de lá da grade; do lado de cá, você não espera encontrá-los. E, de repente, você ergue a cabeça em direção à abertura quadrada no leito do meio e vê ali três ou quatro – não, não são rostos! Não, não são focinhos de macaco! Afinal, os macacos têm um focinho muito mais bondoso e pensativo! Não, não são carrancas! A carranca pelo menos tem alguma semelhança com um rosto! – você vê máscaras cruéis e abjetas, com uma expressão de cobiça e escárnio. Cada uma delas olha para você como uma aranha debruçada sobre uma mosca. As teias delas são as grades, e você caiu nelas!

Esses estranhos gorilões provavelmente estão de camiseta – afinal, no compartimento está abafado; o pescoço nodoso e rubro deles, seus ombros largos e esféricos, seu peito bronzeado e tatuado nunca experimentaram a privação da cadeia. Quem são eles? De onde vieram? De repente, em um daqueles pescoços, você vê pendurado: um crucifixo! Sim, um crucifixo de alumínio, num cordãozinho. Você fica impressionado e um pouco aliviado: entre eles há fiéis, então não pode acontecer nada de mau. Mas é justamente esse "fiel" que, de repente, passa por cima da cruz e da fé, e mete dois dedos bem diante dos seus olhos, apontando, como uma haste – não ameaçando, mas como que já começando a furar. Nesse gesto – de "vou furar seus olhos, seu verme!" – estão toda a filosofia e toda a fé deles! Se são capazes de esmagar seu olho como se fosse uma lesma, por que eles poupariam algo que você está vestindo ou carregando? O crucifixo balança, você observa esse baile de máscaras com seus olhos ainda não arrancados, perdendo sua referência: afinal, quem de vocês ficou louco? quem ainda está por ficar?

Você olha para seus vizinhos, olha para seus companheiros – vamos revidar ou fazer um protesto! –, mas todos os seus companheiros, os colegas do 58, foram roubados, um por um, antes ainda da sua chegada, e continuam sentados, submissos, encurvados.

Para lutar sem hesitar, a pessoa precisa sentir as costas protegidas, ter apoio nos flancos, o chão debaixo dos pés. Todas essas condições foram destruídas para os do 58. Depois de passar pelo moedor de carne do inquérito político, o corpo da pessoa está abatido: ela passou fome, não dormiu, congelou nas solitárias, foi espancada e largada. Mas se fosse só o corpo! A alma também está abatida. Naquela bolinha que a casa de máquinas do navio lança em direção ao comboio, só resta a vontade de viver. Abater definitivamente e desmembrar definitivamente: eis a tarefa do inquérito para o Artigo 58.

Mas, se é para não resistir no braço, por que é que as vítimas não reclamam? Afinal, qualquer som pode ser ouvido no corredor, e logo ele passa devagar por detrás das grades: o soldado da escolta.

Sim, boa pergunta. Qualquer som e qualquer reclamação enrouquecida podem ser ouvidos, mas o soldado não faz nada – por que é que ele não interfere? A 1 metro dele, na penumbra da caverna do compartimento, uma pessoa está sendo roubada – por que é que o combatente da guarda estatal não presta auxílio?

O motivo para isso é o seguinte: após muitos anos de prosperidade, o próprio soldado da escolta acabou pendendo para os ladrões. O próprio soldado da escolta *tornou-se um ladrão*.

De meados dos anos 1930 até meados dos anos 1940 – nessa década de enorme promiscuidade para os criminosos comuns e da mais vil opressão para os presos políticos –, ninguém se lembra de um caso sequer em que o soldado da escolta tenha detido o roubo de um preso político na cela, no vagão, no camburão. Mas contam muitos casos em que o soldado da escolta recebeu dos ladrões as coisas roubadas e deu em troca vodca, comida (melhor que a da ração), fumo. Esses exemplos já se tornaram antológicos.

Os passageiros do vagão-*zak* também se distinguem dos demais passageiros do trem pelo fato de que não sabem aonde o trem está indo e em que estação devem descer: afinal, eles não têm bilhetes e não recebem nos vagões as tabelinhas com as rotas. Se a equipe da escolta é fiel ao estatuto, eles não deixam escapar nada a respeito da rota para você ouvir. E assim avançamos, dormindo com os corpos entrelaçados, com o martelar das rodas, sem saber se, no dia seguinte, pela janela, veremos florestas ou estepes. Pela janela que fica no corredor, do leito do meio, através de uma grade, do corredor, de dois vidros e de mais uma grade, é possível ainda assim ver as vias das estações e um pedacinho do espaço que passa voando pelo trem. Se os vidros não estiverem cobertos de gelo, às vezes dá para ler até o nome das estações: uma tal de Avsiutino ou Úndol. Onde ficam essas estações?... Ninguém no compartimento sabe. Às vezes, pelo sol dá para dizer se estão levando para o norte ou para o leste.

Mas, mesmo sabendo a direção, você ainda não sabe nada: há muitos pontos de transferência na linha que está à sua frente, como pequenos nós; em qualquer um deles, podem virar você para outro lado. Você não tem vontade nenhuma de ir para Ukhtá, para Intá, para Vorkutá, mas pensa que a área de construção 501 é melhor, uma ferrovia no meio da tundra, na Sibéria Setentrional? Ela vale mais que todas.

Uns cinco anos depois da guerra, quando as torrentes de prisioneiros de um modo ou de outro entraram em seus cursos (ou será que eles aumentaram os quadros no Ministério do Interior?), cada condenado passou a ser acompanhado de um envelope lacrado contendo seu processo carcerário, em cuja abertura ficava visível a rota para a escolta ler. Só então, se você estivesse no leito do meio, e o sargento parasse bem do seu lado, e você conseguisse ler de cabeça para baixo, talvez você conseguisse ler que alguém estava sendo levado para Kniaj-Pogost, e você, para o Kargopollag.

Bom, agora a inquietação aumentava ainda mais! Como é esse Kargopollag? Quem já ouviu falar dele?... Como são os *gerais* lá?... (Alguns trabalhos gerais são mortais, mas outros são mais leves.) É uma *dokhodilovka*[91], não é?

Mas a melhor coisa mesmo é deixar logo de ser um *fráier*[92], um novato ridículo, uma presa e uma vítima.

E tenha o menor número possível de objetos, para não ficar temendo por eles! Não tenha botas novas, também não tenha sapatos da moda, também não tenha um terno de lã: ou no vagão-*zak*, ou no camburão, ou na recepção da prisão de trânsito – em algum momento vão roubar, tomar, surrupiar, trocar. Se você entregar sem luta, a humilhação vai envenenar seu coração. Se tomarem de você com luta, você vai acabar com a boca ensanguentada.

Não tenha! Não tenha nada! Foi o que nos ensinaram Buda e Cristo, os estoicos, os cínicos. Por que é que nós, cobiçosos, não incorporamos de jeito nenhum esse simples mandamento? Não entendemos que as posses arruínam nossa alma?

Bom, talvez seja o caso de deixar o arenque no seu bolso até a prisão de trânsito, para não ter de ficar pedindo por favor para darem de beber aqui. De pão e açúcar dão logo o suficiente para dois dias – e você come tudo de uma vez. Aí ninguém vai poder roubar. Não há com que se preocupar. Você voa livre como um pássaro!

Tenha só aquilo que você pode levar sempre: conheça a língua, conheça o país, conheça as pessoas. Que seu saco de viagem seja sua memória. Memorize! Memorize! Talvez só essas sementes amargas é que venham a crescer algum dia.

Olhe para os lados: ao seu redor há pessoas. Talvez, depois, você se lembre de alguma delas pelo resto da vida e morra de raiva por não ter perguntado nada. E também fale menos, e ouça mais.

91 Gíria dos campos de trabalho que designava uma região ou atividade que extenuava totalmente os detentos. [N. T.]

92 Qualquer prisioneiro que não pertença ao mundo dos bandidos. [N. T.]

De ilha em ilha do Arquipélago deslocam-se finas mechas de vida humana. Elas se entrelaçam, tocam umas nas outras, em alguma noite, num desses vagões que martelam em meio à penumbra, depois de novo se separam para sempre – você deve voltar seus ouvidos para o murmurar silencioso delas e para as batidas uniformes debaixo do vagão. Pois, afinal, o que está batendo é o fuso da vida.

Como em qualquer vagão, o dos detentos fica silencioso à noite. À noite, não há arenque, água ou idas ao sanitário.

E então, como qualquer outro vagão, ele fica repleto do ruído uniforme das rodas, que em nada perturba o silêncio. E, se além de tudo o guarda da escolta tiver saído do corredor, é possível conversar baixinho entre o terceiro compartimento masculino e o quarto, feminino.

Conversar com uma mulher na prisão é totalmente peculiar. Há algo nobre nela, mesmo se você estiver falando de artigos e sentenças.

Uma dessas conversas durou uma noite toda, e nas seguintes circunstâncias. Foi em julho de 1950. No compartimento feminino, quase não havia passageiras; havia só uma jovem, filha de um médico moscovita, presa de acordo com o 58-10. Enquanto isso, no dos homens, começou um barulho: a escolta começou a colocar todos os zeks de três compartimentos em dois (nem pergunte quantos foram amontoaram ali). Então, trouxeram um criminoso que em nada se parecia com um detento. Em primeiro lugar, o cabelo dele não tinha sido raspado: as bem cuidadas madeixas de seus cabelos ondulados e louro-claros enfeitavam de forma provocante sua grande cabeça de fidalgo. Ele era jovem, bem-apessoado, usava um uniforme militar inglês. Foi conduzido pelo corredor com um laivo de respeito (a própria escolta ficou intimidada com a instrução escrita no envelope do caso dele), e a moça conseguiu ver tudo isso. Mas ele não a viu (e como lamentou isso depois!).

Pelo barulho e pelo lufa-lufa, ela entendeu que um compartimento especial tinha sido liberado para ele – ao lado dela. Estava claro que ele não devia comunicar-se com ninguém. Ela quis ainda mais falar com ele. No vagão-*zak*, não dá para ver de um compartimento as pessoas do outro, mas no silêncio dá para ouvir. Tarde da noite, quando tudo começou a aquietar-se, a moça sentou-se na borda do seu banco, bem de frente para a grade, e chamou-o baixinho. (Ou talvez primeiro ela tenha cantarolado baixinho. Por tudo aquilo, a escolta deveria tê-la punido, mas a escolta estava tranquila, no corredor não havia ninguém.) O desconhecido ouviu e, instruído por ela, sentou-se do mesmo jeito. Agora, eles estavam sentados de costas um para o outro, comprimindo a mesmíssima tábua de 3 centímetros, e falando pela grade, baixinho, pelo contorno daquela tábua. As cabeças e os lábios estavam tão próximos que era como se fossem se beijar, mas não só não podiam tocar-se como nem mesmo podiam olhar um para o outro.

Erick Arvid Andersen já tinha um entendimento bem passável do russo, embora falasse com muitos erros; mas, no fim das contas, conseguia transmitir o pensamento. Ele contou à moça sua incrível história, e ela lhe contou a sua – a simples história de uma estudante moscovita que recebera o 58-10. Mas Arvid foi cativado: ele fez a ela muitas perguntas sobre a juventude soviética, sobre a vida soviética – e descobriu muita coisa bem diferente do que sabia antes pelos jornais da esquerda ocidental e por sua visita oficial.

Eles passaram a noite inteira conversando, e naquela noite tudo pareceu harmonioso a Arvid: o incomum vagão de prisioneiros num país estrangeiro; o melodioso martelar noturno do trem, que sempre encontra ressonância em nosso coração; e a voz melodiosa, o sussurro, a respiração da moça junto a seu ouvido – bem junto a seu ouvido, e ele nem conseguia olhar para ela! (E já fazia um ano e meio que ele nem sequer ouvia uma voz de mulher.)

E, unida a essa moça invisível (e indubitavelmente, naturalmente, certamente bela), ele começou a enxergar a Rússia pela primeira vez, e durante a noite toda a voz da Rússia contou a ele a verdade. Também é possível conhecer assim um país pela primeira vez... (De manhã, ele ainda pôde ver pela janela seus escuros telhados de palha, sob o triste sussurro daquela secreta guia de viagem.)

Para o passageiro comum é ruim embarcar numa pequena estação de trânsito, mas descer – não tem nada de mais: é só jogar as coisas e saltar. Não é assim para o detento.

Primeiro, a escolta ficava postada ao redor dos degraus do vagão e, mal você rolou deles, tombou, despencou, os soldados da escolta começam a gritar com você, de maneira ensurdecedora, por todos os lados (assim foram ensinados): "Sentado! Sentado! Sentado!". Isso funciona muito bem quando são muitos berrando, sem deixar que você erga os olhos. Como se estivesse em meio a explosões de projéteis, você involuntariamente fica encurvado, corre (mas para onde você poderia correr?), inclina-se em direção ao solo e senta, assim que alcança os que desceram antes.

"Sentado!" é um comando muito claro, mas, se você é um detento iniciante, ainda não o compreende de todo. Em Ivánovo, nas vias de resguardo, quando ouvi esse comando saí correndo, abraçado com minha mala (se a mala não for confeccionada no campo, mas do lado de fora, a alça dela sempre se solta, e sempre num momento delicado), joguei-a com a parte mais comprida no chão e, sem olhar para a maneira como os da frente estavam sentados, sentei-me em cima da mala – afinal, vestido com um capote de oficial, que ainda não estava tão sujo, com as abas ainda inteiras, eu não podia me sentar diretamente nos dormentes, na areia escura e coberta de resíduos de petróleo! O chefe da escolta – com uma tromba rosada, uma cara russa de boa qualidade – saiu correndo, e eu nem tive tempo de entender o que ele estava fazendo e a troco de quê. Pelo visto, ele queria dar com sua santa botina naquelas costas amaldiçoadas, mas alguma coisa o deteve – mas não poupou o bico reluzente, golpeou a mala e rachou a tampa. "Sen-tado!", ele esclareceu. E só então eu me dei conta de que me elevava como uma torre em meio aos zeks que me rodeavam – e, antes de conseguir perguntar: "Mas como devo ficar sentado?", eu entendi como, e, encoberto por meu capote, sentei-me como todos os outros, como os cães ficam sentados junto ao portão, como os gatos junto à porta.

(Guardei essa mala; até hoje, quando tenho a chance, passo os dedos pelo rasgo que ficou nela. Afinal, ela não consegue cicatrizar, como cicatriza o corpo, o coração. Os objetos são mais memoriosos que nós.)

Essa postura também é calculada. Se você se sentar com o traseiro no chão, com os joelhos erguidos à sua frente, o centro de gravidade vai para trás, é difícil levantar-se, e é impossível dar um salto. E ainda somos postos bem próximos, para que um atrapalhe o outro o máximo possível. Se, de repente, nós tentarmos avançar contra a escolta, antes de começarmos a nos mover eles já terão nos fuzilado.

Eles tentam nos botar sentados em lugares escondidos, para que os livres não nos vejam com frequência; mas às vezes eles nos deixam, com desleixo, bem diante da plataforma ou numa área aberta (em Kúibychev é assim). Temos então uma provação para os livres: nós olhamos para eles com todo o direito, com nossos olhos honestos bem abertos; mas eles, como podem olhar para nós? Com ódio? A consciência não permite (afinal, só os escritores e jornalistas soviéticos acreditam que as pessoas vão presas "por uma causa"). Com compaixão? Com pena? – mas então, vão anotar o sobrenome? A sentença eles logo vão preencher, é simples. E nossos orgulhosos cidadãos livres baixam sua cabeça culpada e tentam simplesmente não nos ver, como se o lugar estivesse vazio. As velhinhas são mais valentes que os demais: é tarde para viciá-las, e elas acreditam em Deus – e, partindo um pedaço de um modesto pão, elas o lançam em nossa direção. Quem também não tem medo são os veteranos de campo, os *bytoviki*, é claro. Os veteranos do campo sabem: "Quem não foi ainda vai; quem já foi não esquece"; e, quando você olha, eles jogam um pacote de cigarro, para que também joguem para eles na próxima sentença. Por causa das mãos fracas, o pão das velhinhas nem chega perto de nós, cai no chão, o pacote rodopia pelo ar bem no nosso meio, e a escolta, no mesmo instante, bate o ferrolho da arma – na direção da velhinha, da bondade, do pão: "Ei, circulando, vovó!".

E o santo pão, partido, continua jazendo no pó, até o momento em que somos levados.

Capítulo 2
Os portos do Arquipélago

Numa mesa grande, abra um amplo mapa de nossa Pátria. Distribua pontos negros e gordos sobre todas as capitais regionais, sobre todos os entroncamentos ferroviários, sobre todos os pontos de baldeação, os pontos-finais dos trilhos e os lugares onde começa um rio, ou o rio faz uma curva e começa uma trilha de pedestres. O que é isso? O mapa inteiro ficou coberto por moscas infectas? Pois agora você montou o grandioso mapa dos portos do Arquipélago.

É verdade que não são aqueles portos fantásticos aonde Aleksandr Grin nos conduziu, onde bebiam rum nas tabernas e galanteavam beldades. Aqui tampouco haverá um mar quente e azul (aqui, para o banho, é 1 litro de água por pessoa, e, para que se lavem com mais facilidade, dão 4 litros para quatro pessoas numa só bacia, e é para se lavar depressa!). Mas dos demais elementos românticos dos portos – a sujeira, os insetos, os impropérios, a azáfama, a pluralidade de línguas e as brigas – aqui há de sobra.

Raros são os zeks que só tenham passado por três ou cinco prisões de trânsito; muitos se lembram de pelo menos uma dezena delas, enquanto *os filhos* do Gulag contam, sem nenhum esforço, mais de cinquenta. E quem tem a memória mais afiada nem precisa mais viajar pelo país – com base nas prisões de trânsito, já assimilou muito bem toda a geografia. Nem venha ofender um especialista desse tipo dizendo que conhece uma cidade sem uma prisão de trânsito. Ele vai conseguir provar, com segurança, que uma cidade como essa não existe, e terá razão. Salsk? Pois lá eles mantêm os presos em trânsito no KPZ, junto com os investigados. E é assim em cada capital de distrito – onde não há prisão de trânsito? Em Sol-Iletsk? Há prisão de trânsito! Em Rýbinsk? E a prisão nº 2, o antigo monastério? Ah, tão tranquila, os pátios pavimentados abandonados, as velhas lápides cobertas de musgo, as dornas de madeira limpas das casas de banho. Em Tchitá? A prisão nº 1. Em Náuchki? Ali não há prisão, mas há campo de trânsito, dá no mesmo. Em Torjok? Pois ela fica num monte, também num monastério.

Mas queira entender, meu bom homem, não pode haver uma cidade sem uma prisão de trânsito! Afinal, os tribunais funcionam em toda parte! Como é que haveriam de levar as pessoas para o campo? Pelo ar?

É claro que há vários tipos de prisões de trânsito. Mas, discutindo, é difícil decidir qual é melhor e qual é pior. Se três ou quatro zeks se reunirem, cada um deles com certeza haverá de louvar a "sua".

— A de Ivánovo pode não ser uma prisão de trânsito lá muito conhecida, mas pergunte a quem passou por lá no inverno de 1937-1938. A cadeia *não tinha calefação* – e não só o pessoal não congelava como os da parte de cima das tarimbas ficavam deitados sem roupa. Quebraram todos os vidros das janelas para não sufocar. Na cela 21, em vez dos vinte detentos previstos, havia *trezentos e vinte e três*! A alimentação não era distribuída para todo mundo, mas para dividir por dez pessoas. Se um dos dez morresse, enfiavam este debaixo da tarimba e escondiam ali até começar a feder. E aí recebiam a cota dele. E, com a superlotação, eles ficaram três meses sem dar banho; começou a juntar piolho, e, por causa dos piolhos, apareceram úlceras nas pernas, veio o tifo. E, por conta do tifo, impuseram quarentena, e ficaram quatro meses sem fazer transferência.

— Pois é, pessoal, a questão não é Ivánovo, a questão é o ano. É claro que em 1937-1938 não eram só os zeks – até as pedras nas prisões de trânsito gemiam. A de Irkutsk também – nem era uma prisão de trânsito especial, mas, em 1938, os médicos nem ousavam olhar para dentro da cela, só passavam pelo corredor, enquanto o carcereiro gritava na porta: "Quem estiver *sem consciência, para fora*!".

— Mas por que é que ficam falando desse ano de 1937? E de 1949, na baía de Vánino, na quinta zona, não querem falar? Trinta e cinco mil! E – em alguns meses! – não conseguiram voltar para Kolimá. Toda noite, por algum motivo, ficavam levando os prisioneiros de barracão em barracão, de zona em zona. A mesma coisa que os fascistas faziam: apitos! gritos! "Sair sem o último!"[93] Traziam água de umas cisternas, mas não havia onde despejar, então esguichavam; quem conseguia pôr a boca bebia. Se alguma briga começasse nas cisternas – disparavam das torres! A mesmíssima coisa que os fascistas. Chegou o major-general Derevianko, chefe do USVITL[94]; em frente à multidão, um aviador do Exército foi na direção dele, rasgou a camisa militar que estava usando: "Eu tenho sete condecorações militares! Quem é que deu a vocês o direito de ficar atirando pela zona?". Derevianko disse: "Atiramos e vamos continuar atirando até vocês aprenderem a se comportar".

Mais ativa e menos dissimulada que muitas outras era a prisão de trânsito de Kotlas. Mais ativa porque era ela que abria o caminho para todo o nordeste da Rússia europeia; menos dissimulada porque ficava já nas profundezas do Arquipélago, e não era preciso esconder-se de ninguém. Era um simples lote de terra, dividido em quadrados por umas cercas, e todos os quadrados ficavam trancados. Embora os mujiques já tivessem sido enviados em massa para lá em 1930, quando foram degredados (pode-se imaginar que eles não tivessem um teto sobre a cabeça, mas não sobrou ninguém para contar), em 1938 estavam bem longe de conseguir alojar todos nos precários barracões de um só andar, feitos de ripas e cobertos... com lona. Debaixo da neve molhada do outono e das geadas, as pessoas viviam ali a céu aberto. É verdade que não as deixavam quietas para que congelassem: passavam o tempo todo contando, perturbando com chamadas (ficavam ali 20 mil pessoas simultaneamente) ou com súbitas buscas noturnas. No inverno de 1944-1945, quando

93 Tratava-se de uma espécie de revista em que o último prisioneiro a sair do barracão era espancado pelos guardas, geralmente até a morte. [N. T.]

94 Administração dos Campos de Trabalhos Correcionais do Nordeste (ou seja, da região de Kolimá). [N. T.]

todos estavam abrigados, a capacidade era de apenas 7.500 pessoas; delas, morriam cinquenta por dia, e as macas que as levavam ao necrotério não descansavam nunca. (Podem objetar, dizendo que isso é totalmente tolerável, a mortalidade era de menos de 1% ao dia, e que, naquele cenário, as pessoas podiam durar até cinco meses. Sim, mas a principal ceifa era o trabalho no campo, que também nem tinha começado.)

Pois bem, e nós sonhávamos em descansar e nos espreguiçar no porto! Depois de alguns dias comprimidos e encurvados no compartimento do vagão-*zak*, como nós sonhávamos com a prisão de trânsito! Que ali nós nos esticaríamos, nos endireitaríamos. Que ali iríamos sem pressa ao banheiro. Que ali beberíamos à vontade, não só água, como água fervida. Que ali não seríamos forçados a usar as nossas próprias coisas para comprar da escolta a nossa própria ração. Que ali nos dariam refeições quentes. E, finalmente, que nos levariam ao banheiro para tomar um banho quentinho, que pararíamos de nos coçar.

Mas ali, se algum dos nossos devaneios se realizasse, seria emporcalhado de algum modo.

O que nos espera no banho? É impossível saber. De repente começam a raspar a cabeça das mulheres (Krásnaia Présnia, 1950, novembro). Ou mandam só cabeleireiras para cortar nosso cabelo, uma fila de homens nus. Em Vólogda, na sala de vapor, uma tia corpulenta, Mótia, gritava: “Parem aí, mujiques!”, e cobria a fileira inteira com vapor vindo de um cano. Já me cansei de contar que existem até mesmo banhos sem água nenhuma; que queimam seus objetos na desinfecção; que, depois do banho, fazem você correr descalço e nu pela neve para buscar seus objetos.

Desde os primeiros passos na prisão de trânsito, você percebe que, ali, quem vai comandar você não são os carcereiros, não são as insígnias e os uniformes, que, bem ou mal, de algum modo ainda cumprem as leis escritas. Aqui, quem comanda você são os *pridúrki* da prisão de trânsito. Aquele carrancudo funcionário dos banhos que vem buscar o seu comboio: “Bom, vamos tomar banho, senhores fascistas!”; e o encarregado com aquela prancheta de compensado que, com os olhos, brada e apressa a nossa fileira; e aquele *educador* barbeado, mas com um topete, que fica batendo na perna com um jornal enrolado, ao mesmo tempo que olha de esguelha para o seu saco – como todos eles são parecidos uns com os outros! Onde foi que você viu todos eles em seu curto percurso de escolta?

Veja só-ó-ó! Se não são de novo os criminosos comuns! Se não são de novo os ladrões cantados por Utióssov! Se não são de novo o Jenka-Jogol, o Serioga Animal e o Dimka-Kichkeniá! Só que agora eles não estão mais atrás das grades: eles se lavaram, estão vestidos como homens de confiança do Estado e, *com brio*, observam a disciplina – agora a nossa.

Qualquer chefe de prisão de trânsito se dá conta antes disso: pelo trabalho de todo o efetivo, pode-se pagar o salário aos parentes, que estão em suas casas; ou repartir entre a chefia da cadeia. Já dos *socialmente próximos*, basta assobiar e você consegue quantos voluntários quiser para cumprir esse trabalho, unicamente porque eles estão *atados* à prisão de trânsito, não são enviados às galerias, às minas, à taiga. Todos esses encarregados, escrivães, contadores, educadores, funcionários dos banhos, barbeiros, almoxarifes, cozinheiros, lavadores de louça, lavadores de roupa, alfaiates que fazem consertos de roupa – todos ficam eternamente nas prisões de trânsito, eles consideram, com razão, que para eles não será melhor em nenhum campo de trabalho. Nós chegamos até eles ainda intocados, e eles nos roubam até não mais poder. Aqui, eles até nos revistam, em vez dos carcereiros, e, antes de uma busca, propõem que você entregue seu dinheiro para ser guardado, e anotam isso, muito a sério, numa lista – e só nós é que vimos essa lista do dinheiro! "Nós entregamos o dinheiro!" "Para quem?", surpreende-se o oficial recém-chegado. "Para uma pessoa que estava ali!" "Mas quem era exatamente?" Os *pridúrki* não viram... "Mas por que é que você foi entregar?" "Nós pensamos que..." "Pensou nada! Tem de pensar menos!" E pronto.

"Mas esses não são os comuns!", esclarecem os especialistas que há em nosso meio. "São as *cadelas*, os que aceitaram serviço. São inimigos dos *ladrões honrados*. Os ladrões honrados ficam nas celas, presos." Mas é meio difícil aquilo entrar em nossa mente de coelho. Os trejeitos são os mesmos, as tatuagens são as mesmas. Talvez esses sejam inimigos daqueles, mas amigos nossos eles não são, isso não...

Mas até um novato, que é descascado e debulhado pela prisão de trânsito, precisa dela, precisa! Ela lhe confere uma transição gradual em direção ao campo. O coração de uma pessoa não poderia suportar uma transição como essa em um só passo. A consciência dessa pessoa não conseguiria assimilar toda essa trabalheira de uma só vez. Tem de ser gradual.

Depois, a prisão de trânsito lhe proporciona o vislumbre de um vínculo com sua casa. Dali, ele escreve legalmente sua primeira carta: às vezes dizendo que não foi fuzilado, às vezes contando a direção do comboio; essas são sempre as primeiras e incomuns palavras que a pessoa, depois de ser bombardeada pelo inquérito, envia à sua casa. Lá, na casa, ainda se lembram da pessoa como era antes, mas ela nunca mais será a mesma – e de repente, como um raio, tudo isso irrompe em linhas retorcidas. Retorcidas porque, embora seja permitido enviar cartas da prisão de trânsito, e uma caixa de correio fique pendurada no pátio, não dá para conseguir nem papel nem lápis, que dirá alguma coisa para apontá-lo. Aliás, você encontra embalagens de *makhorka* alisadas, ou embalagens de açúcar, e alguém na cela de algum modo tem um lápis – e assim, em garatujas indecifráveis, são escritas as linhas das quais, depois, virá a concórdia ou a discórdia das famílias.

Por conta de cartas como essas, às vezes umas mulheres loucas ainda aparecem irrefletidamente para surpreender o marido nas prisões de trânsito – no entanto, elas nunca recebem autorização para um encontro e só conseguem sobrecarregá-lo com objetos. Uma dessas mulheres proporcionou, a meu ver, o tema para um monumento a todas as esposas – e até indicou o local.

Foi na prisão de trânsito de Kúibychev, em 1950. A prisão localizava-se numa baixada (da qual, no entanto, viam-se os Portões de Jiguli, no Volga), e, logo acima dela, circundando-a do leste, estendia-se uma elevada e comprida colina relvada.

Ela ficava além da zona e acima da zona, e, se alguém se aproximava dela de fora, nós não conseguíamos ver lá de baixo. Era raro que alguém aparecesse na colina – às vezes umas cabras pastavam, algumas crianças corriam. E eis que uma vez, num dia nublado de verão, apareceu na escarpa uma mulher da cidade. Tapando os olhos e observando um pouco, ela começou a examinar de cima a nossa zona. Naquele momento, três de nossas celas superlotadas passeavam pelos diversos pátios, e, em meio àquelas trezentas formigas, condensadas e despersonalizadas, ela queria, no abismo, enxergar a sua! Será que ela esperava que o coração a guiasse? Certamente, negaram seu pedido para o encontro, e então trepou naquela escarpa. Nos pátios, todos repararam nela, e todos ficaram olhando para ela. Naquela nossa depressão, não havia vento, mas lá em cima ele era considerável. Ele fazia balançar e esvoaçar seu longo vestido, seu casaco e seus cabelos, deixando evidentes todo o amor e toda a preocupação que havia nela.

Acredito que uma estátua daquela mulher, justamente ali, na colina sobre a prisão de trânsito, o rosto voltado para os Portões de Jiguli, como ela estava, poderia explicar pelo menos alguma coisa aos nossos netos.

Por algum motivo, demoraram um tempo para a enxotar dali – na certa, os guardas estavam com preguiça de subir. Depois, um soldado escalou até lá, começou a gritar, acenar com as mãos – e a espantou.

A prisão de trânsito também dá ao detento amplitude, uma visão mais larga. Como dizem, não há o que comer, mas a vida é mais alegre. No movimento constante que há ali, na alternância de dezenas e centenas de pessoas, na sinceridade dos relatos e das conversas (no campo de trabalho, ninguém fala tanto assim: lá, as pessoas sempre têm medo de cair nos tentáculos dos guardas), você se revigora, se refresca, espairece e começa a entender melhor o que está acontecendo com você, com o povo, até com o mundo. Um excêntrico qualquer na cela revela coisas que você jamais teria lido.

Essa sucessão de pessoas, esses destinos e esses relatos adornam sobremaneira a prisão de trânsito. Os veteranos de campo também infundem em você o seguinte: fique aí deitado, sem se preocupar! Ali, você recebe a *garantíika*[95], e não esfola o lombo. E, quando não está muito apertado, dá para dormir à vontade. Você se espicha e fica deitado, entre uma *balanda* e outra. Com fome, mas com sossego. Só quem experimentou os gerais do campo entende que a prisão de trânsito é uma casa de repouso, é uma alegria em nosso percurso. E tem mais uma vantagem: quando você dorme de dia, seu prazo passa mais depressa. Matando o dia, não veremos a noite.

Houve um tempo em que Krásnaia Présnia tornou-se quase a capital do Gulag – no sentido de que, não importava aonde você fosse, não havia como evitá-la, assim como Moscou. Como na União, em que Moscou era o caminho mais conveniente entre Tachkent a Sótchi e entre Tchernílgov a Minsk, os detentos de toda parte e para toda parte eram levados por Présnia. Foi lá que eu passei essa época. Présnia estava tão exaurida pela superlotação que tiveram de construir um pavilhão adicional.

Enfiaram na nossa cela de Présnia, para passar duas noites, um encarregado especial, e ele ficou deitado ao meu lado. Ele viajava com um encargo especial, ou seja, na Administração Central fora emitida para ele uma guia que seguia de campo em campo e determinava que, por ser técnico de construção, ele deveria ser utilizado, no novo local, somente nessa função. O encarregado especial viajava nos vagões-*zak* comuns, ficava preso nas celas comuns das prisões de trânsito, mas sua alma não se perturbava: ele estava protegido pela guia, ninguém o mandaria derrubar madeira.

Uma expressão cruel e decidida era a principal marca do rosto daquele veterano do campo, que já cumprira a maior parte de sua sentença. Sorridente, ele olhava para o nosso primeiro

95 A ração garantida pelo Gulag em caso de falta de trabalho. [N. T.]

chafurdar com o mesmo ar com que olham para filhotinhos de cachorro de duas semanas.

O que nos esperava no campo? Com pena de nós, ele ensinou:

— Desde o primeiro passo de vocês no campo, todo mundo vai tentar enganar vocês, roubar vocês. Não confiem em ninguém além de vocês mesmos! Olhem ao redor, para ver se ninguém está chegando de fininho para dar uma mordida. Depois vocês acabam se acostumando: no campo, ninguém faz nada de graça para ninguém, ninguém faz nada por ter bom coração. Tem de pagar por qualquer coisa. O mais importante de tudo: evitem os trabalhos gerais! Evitem desde o primeiro dia! Se no primeiro dia vocês caírem nos gerais, estão perdidos, e para sempre.

— Trabalhos *gerais*?...

— Trabalhos gerais são os trabalhos mais importantes e fundamentais de um determinado campo. Neles, trabalham 80% dos prisioneiros. E todos eles morrem. Todos. E trazem novos para o lugar deles: de novo para os gerais. Lá você deixa suas últimas forças. E vai estar sempre com fome. E sempre molhado. E sem botas. E será ludibriado. E será engazopado. E vai ficar nos piores barracões. E não vão tratar da sua saúde. No campo, só ficam *vivos* os que *não* estão nos gerais. Tente, a qualquer preço, não cair nos gerais! No primeiro dia.

A qualquer preço!

A qualquer preço?...

Em Krásnaia Présnia eu recebi e assimilei esses conselhos, em nada exagerados, de um cruel encarregado especial, só me esquecendo de perguntar: e onde é que se acha a medida desse preço? Onde é que fica seu limite?

Capítulo 3
As caravanas dos cativos

A viagem no vagão-*zak* é conturbada; no camburão, é insuportável; a prisão de trânsito logo também se torna um tormento – seria melhor passar por todos eles e ir direto para o campo, nos vagões vermelhos.

Os interesses do Estado e os interesses do indivíduo, como sempre, aqui também coincidem. Ao Estado, também é vantajoso enviar os condenados ao campo por um trajeto direto, sem sobrecarregar as vias principais das cidades, o transporte viário e o pessoal das prisões de trânsito. Em caravanas dos *rubros* (os vagões vermelhos, de transporte de gado): assim é que milhões de camponeses foram levados em 1929-1931. Assim é que Leningrado foi deportada de Leningrado. Assim é que se povoou, nos anos 1930, Kolimá – todo dia, Moscou, capital de nossa pátria, vomitava essas composições até Sovgávan[96], no porto de Vánino. E cada capital regional também enviava composições vermelhas, só não eram diárias. Assim é que, em 1941, a República dos Alemães do Volga foi degredada para o Cazaquistão, e, desde então, todas as demais nações seguiram do mesmo jeito. Em 1945, foi nesse tipo de composição que transportaram as filhas e os filhos pródigos da Rússia a partir da Alemanha, da Tchecoslováquia, da Áustria e das fronteiras ocidentais – que chegaram a esses locais por conta própria. Em 1949, foi assim que o Cinquenta e Oito foi recolhido aos Campos Especiais.

Os vagões-*zak* seguem a vulgar programação ferroviária; já as composições vermelhas possuem uma ordem especial, assinada

96 Abreviação de Soviétskaia Gávan, cidade no extremo oriente da URSS. [N. T.]

por um importante general do Gulag. O vagão-*zak* não pode seguir para um lugar vazio: ao fim de seu percurso designado, há sempre uma estação e, mesmo que seja uma cidadezinha miúda, um KPZ com um teto. Já o trem vermelho pode ir até para um ermo: ali aonde ele chega, imediatamente ao lado dele emerge do mar – da estepe ou da taiga – uma nova ilha do Arquipélago.

Não é qualquer vagão vermelho que pode transportar prisioneiros, e não de imediato – primeiro, ele deve ser preparado: devem ser verificadas sua integridade e a resistência do piso, das paredes e do teto; suas pequenas janelas devem receber um gradeamento confiável; deve ser feito no chão um buraco para escoamento, e esse ponto deve ser reforçado com um revestimento de lata, fixado com pregos espaçados; devem ser espalhadas pelo trem, com o espaçamento necessário, áreas livres nos vagões (nelas ficam os postos da escolta, com metralhadoras); devem ser instaladas rampas que levam ao teto; devem ser designados locais para a instalação de holofotes, e eles devem receber um fornecimento ininterrupto de energia elétrica; devem ser confeccionadas marretas de cabo longo, de madeira; devem ser instaladas cozinhas – para a escolta e para os prisioneiros. Somente depois disso é que é permitido caminhar ao longo dos vagões e escrever com giz, na diagonal: "equipamento especial", ou talvez "produto perecível".

A preparação do trem está concluída; agora vem uma complexa operação de guerra: o embarque dos detentos nos vagões. Aqui há dois objetivos, importantes e obrigatórios: esconder o embarque do povo e aterrorizar os prisioneiros.

É preciso ocultar dos cidadãos o embarque porque nas composições são acomodadas, logo de uma vez, cerca de mil pessoas (são 25 vagões, no mínimo); não é um pequeno grupo de um vagão-*zak*, que até pode ser conduzido na frente do público. É claro que todo mundo sabe que prisões são feitas todo dia, toda hora, mas ninguém deve ficar horrorizado pela visão deles *juntos*. Em Oriol, em 1938, não dava para esconder que, na cidade, não havia uma só casa na qual ninguém tivesse sido preso; além disso, a praça em frente à prisão de Orlov estava lotada de carroças camponesas, com mulheres em pranto, como na execução dos *streltsý*, de Súrikov.[97] (Ah, quem é que ainda haverá de pintar isso para nós no futuro?! Mas nem conte com isso: não está na moda, não está na moda...) Não se deve, contudo, mostrar à nossa gente soviética que era possível encher um trem em um único dia (em Oriol, naquele ano, era). E a juventude não deve ver isso: a juventude é o nosso futuro. E por isso só de noite – todas as noites, noite após noite, e é assim por alguns meses –, da prisão para a estação, são conduzidas as negras colunas pedestres do comboio. É verdade que as mulheres se dão conta, as mulheres de algum jeito ficam sabendo – e então, de toda a cidade, de madrugada, elas se esgueiram para dentro da estação e espiam os trens nas vias de resguardo; elas correm pelos vagões, tropeçando nos dormentes e nos trilhos, e gritando a cada vagão: tal pessoa está aqui?... tal pessoa e tal pessoa estão aqui?...

Essas cenas, indignas de nossa atualidade, atestam somente a organização inábil do embarque no trem. Os erros são considerados, e, a partir de certa noite, o trem é cercado por um amplo cordão de cães pastores, que rosnam e latem.

Mesmo em Moscou, fosse na velha prisão de trânsito da Srétenka (agora os detentos nem se lembram mais dela), fosse na Krásnaia Présnia, o embarque nas composições vermelhas era só de madrugada, por lei.

Bom, agora entramos ali, com alívio, nos metemos nas tábuas cheias de farpas das tarimbas. Mas que alívio podia ser esse, que vagão de passageiro era aquele?! Mais uma vez o detento se via comprimido nas garras do frio e da fome, da sede e do medo, dos criminosos e da escolta.

Se há prisioneiros comuns no vagão, eles ocupam seus tradicionais lugares privilegiados, nos leitos superiores, perto da

97 Os *streltsý* foram um grupo militar de elite que existiu na Rússia do século XVI até o início do século XVIII. Foram perseguidos por Pedro, o Grande, especialmente após um levante organizado por eles em 1698. A punição dada pelo tsar foi eternizada em um famoso quadro de Vassíli Súrikov (1848-1916), de 1881. [N. T.]

janela. Isso no verão. Mas vamos tentar adivinhar qual é o lugar deles no inverno! Pois ao lado do fogareiro, é claro! formam um círculo bem ao redor do fogareiro. Hoje quem morre é você; amanhã, eu!

Os zeks consideram que uma vantagem das composições vermelhas é a comida quente: em estações inóspitas (novamente, onde o povo não pode ver), eles param as composições e distribuem *balanda* e mingau pelos vagões. Mas mesmo a comida quente eles conseguem servir de um jeito que esfola a pança. Ou despejam a *balanda* nos mesmos baldes que usam para distribuir carvão. E não há com que lavar! Porque até a água potável é regulada no trem, e ela é ainda mais preciosa que a *balanda*. Então você engole a *balanda* enquanto raspa os grãozinhos de carvão.

Eles não dão calefação, não protegem dos prisioneiros comuns, não dão de beber, não dão de comer – e nem dormir deixam. Com marretas de madeira de cabo longo (padrão em todo o Gulag), durante a madrugada, em cada parada, eles batem com força em cada tábua do vagão, para verificar se por acaso alguém já não conseguiu serrar uma delas.

O trem vermelho difere dos demais trens diretos de longa distância pelo fato de que aquele que embarca nele ainda não sabe se vai desembarcar. Nos invernos de 1944-1945 e de 1945-1946, no povoado de Jeleznodorôjny (Kniaj-Pogost) – como em todos os principais entroncamentos do norte, de Ijma a Vorkutá –, as composições de detentos oriundas dos territórios liberados rodavam sem aquecimento, e vinham trazendo um ou dois vagões de cadáveres.

É terrível e mortal viajar no inverno. Mas viajar no calor também não é lá muito agradável: de quatro janelas minúsculas, duas são hermeticamente fechadas, o teto do vagão é superaquecido; e a escolta não vai se matar para levar água para mil pessoas, se já não dava conta nem de dar de beber a um vagão-*zak*.

Não, não, maldito seja ele também, com seu caminho direto e sem paradas, esse comboio vermelho de gado! Quem esteve nele não esquece. É melhor chegar logo ao campo, não?! É melhor chegar logo.

O Dviná Setentrional, o Ob e o Ienissei sabem quando começaram a transportar os detentos em lanchas: foi na deskulakização. Esses rios corriam para o norte em linha reta, e as lanchas eram rechonchudas, espaçosas – pois só assim conseguiam dar vazão àquela massa acinzentada da Rússia viva para o norte sem vida. No abaulado interior da lancha, as pessoas eram jogadas e ali ficavam amontoadas, e estremeciam como caranguejos numa cesta. Enquanto isso, no alto, nos bordos, como que sobre rochedos, ficavam as sentinelas. Às vezes, essa massa era levada assim, descoberta; às vezes, era coberta por uma lona grande. O transporte numa dessas lanchas em si não era mais uma escolta, mas uma morte em prestações. Além do mais, mal recebiam comida, e, depois de serem jogados na tundra, aí não recebiam mais comida alguma. Eram deixados para morrer, sozinhos com a natureza.

Os comboios de lanchas do Dviná Setentrional (e do Výchegda) não sumiram nem mesmo em 1940, e foram até reavivados: por eles, fluíam os ucranianos ocidentais e bielorrussos ocidentais *liberados*. No porão, os detentos ficavam *de pé*, bem juntos, e isso por mais de um dia.

As transferências de lancha pelo Ienissei foram reforçadas, tornaram-se constantes por décadas. As lanchas de comboio do Ienissei possuem instalados uns porões fixos, de três andares, escuros. Só por um vão do poço, onde fica um alçapão, passa uma luz difusa. A escolta fica alojada num quartinho no convés. As sentinelas guardam as saídas do porão e tomam conta da água, para o caso de alguém fugir nadando. A guarda não desce ao porão, nem que gemidos e berros de pedido de ajuda venham de lá. E nunca deixa os detentos subirem para um passeio.

O leitor arguto agora já consegue acrescentar sem o auxílio do autor: ali, os prisioneiros comuns ocupam o patamar superior, ficam mais perto do vão – do ar, da luz. Eles têm todo o acesso à distribuição de pão, recebem o necessário, e, se o comboio for complicado, eles não fazem cerimônia de *jogar a muleta sagrada* (tomar a ração do gado ordinário).

Mas não há resistência? Há, mas é muito raro. Foi registrado o seguinte caso. Em 1950, numa lancha de estrutura semelhante, só que maior – era marítima –, no comboio de Vladivostok para Sacalina, sete rapazes desarmados do Cinquenta e Oito ofereceram resistência aos prisioneiros comuns (*cadelas*), que eram cerca de oitenta pessoas (e que, como sempre, tinham facas). Essas cadelas tinham feito busca no comboio inteiro ainda na prisão de trânsito de Vladivostok, a "Três-Dez"; as buscas deles não são piores que as dos carcereiros, conhecem todos os esconderijos; acontece que nenhuma revista consegue encontrar tudo. Sabendo disso, já no porão eles avisaram, para enganar: "Quem tiver dinheiro pode comprar *makhorka*". Então, Micha Gratchov puxou 3 rublos que estavam escondidos no agasalho. Volodka Tártaro, uma das cadelas, gritou para ele: "O que é que é isso, seu verme? *Não pagou o imposto*?". E correu para tomar o dinheiro dele. Mas então um primeiro-sargento do Exército, Pável (o sobrenome se perdeu), empurrou-o para longe. Volodka Tártaro apontou os chifrinhos para seus olhos, Pável derrubou-o no chão. Logo apareceram umas vinte ou trinta cadelas, e, ao lado de Gratchov e de Pável, puseram-se Volódia Chpákov, ex-capitão do Exército, Serioja Potápov, Volódia Reunov, Volódia Tretiukhin, também ex-primeiros-sargentos do Exército, e Vássia Kravtsov. E como foi? Tudo se resumiu à troca de alguns golpes. Ou por manifestação da tradicional e genuína covardia dos criminosos (sempre encoberta por uma animação e uma desenvoltura afetadas), ou por influência da proximidade das sentinelas – o fato é que eles recuaram, limitando-se à ameaça: "Em terra, vamos fazer *mingau* de vocês!". (A briga acabou nem acontecendo, e eles não fizeram "mingau" dos rapazes.)

Mas então eu percebo que o leitor já sabe tudo de antemão: agora eles serão levados de caminhão por centenas de quilômetros, e depois ainda terão de percorrer mais algumas dezenas a pé. E lá eles abrirão novos campos e, já no primeiro minuto de sua estada ali, irão para o trabalho, e comerão peixe com farinha, rebatendo com neve. E dormirão em barracas.

Sim, será assim. E enquanto isso, nos primeiros dias, eles são alocados ali, em Magadan, também em barracas polares, ali serão *comissionados*, ou seja, serão examinados nus, e, pela situação do traseiro, será definida sua capacidade para o trabalho (e, no fim, todos estarão aptos).

Feche os olhos, leitor. Consegue ouvir o estrépito das rodas? São os vagões-*zak* rodando. São os rubros rodando. A qualquer momento do dia. A qualquer dia do ano. Ouça agora o murmúrio das águas – são as lanchas dos prisioneiros. E eis que rugem os motores dos camburões. O tempo todo, alguém é embarcado, posto à força, baldeado. E esse rumor? São as celas superlotadas das prisões de trânsito. E esse uivo? As queixas dos que foram roubados, violentados, espancados.

Nós revisamos todos os métodos de transporte, e achamos que todos eles eram o pior. Examinamos as prisões de trânsito, e não vimos nada bom. E mesmo a última esperança humana, de que o melhor estaria pela frente, de que no campo seria melhor, foi uma esperança enganosa.

No campo, será pior.

Capítulo 4
De ilha em ilha

E também transportam os zeks em simples jangadas solitárias, de ilha em ilha do Arquipélago. Isso se chama *escolta especial*. É o tipo menos desconfortável de transporte: ele quase não difere da viagem de um livre. Não se deve confundi-la com a *ordem especial*, que é assinada no aparato do Gulag. O preso da ordem especial frequentemente viaja nos comboios de escolta comuns, embora ele pegue os trechos mais maravilhosos do percurso.

A escolta especial é uma maravilha do início ao fim. Aqui, você nem fica sabendo o que é a escolta comum, não põe as mãos para trás, não é totalmente despido, não fica sentado com o traseiro no chão, e nem mesmo passa por nenhuma busca. No geral – a escolta adverte –, em caso de tentativa de fuga, nós atiramos, como de costume. Nossos revólveres estão carregados, eles ficam dentro do bolso. Mas você pode *simplesmente* viajar, ficar tranquilo, e fingir por um tempo que não é prisioneiro.

Minha vida no campo deu uma guinada no dia em que, com os dedos retorcidos (de tanto segurar a ferramenta, eles não dobravam mais), eu me espremia em meio à revista para o trabalho na brigada dos carpinteiros, e o encarregado me tirou da revista e, com um respeito súbito, disse: "Você está sabendo da determinação do ministro do Interior?...".

Fiquei aturdido. O grupo de trabalho foi embora, e os *pridúrki* da zona me rodearam. Uns diziam: "Vão arranjar outra sentença"; outros diziam: "Vão te libertar". Mas todos concordavam que eu não tinha como escapar do ministro Kruglov. Eu também oscilava entre uma nova sentença e a liberdade. Eu tinha me esquecido completamente de que, seis meses antes, um tipo tinha vindo ao nosso campo e entregado umas fichas de registro do Gulag para preencher. A coluna mais importante ali era "especialidade". E, para se fazerem de importantes, os zeks escreveram as especialidades mais valorizadas do Gulag: "barbeiro", "alfaiate", "almoxarife", "padeiro". Eu, por minha vez, cerrei os olhos e escrevi: "físico nuclear". Eu jamais tinha sido físico nuclear, só tinha assistido a umas aulas na universidade antes da guerra, conhecia os nomes das partículas atômicas e os parâmetros; e então decidi escrever aquilo. Era 1946, precisavam da bomba atômica para ontem. Mas eu mesmo não dei importância àquela ficha, me esqueci.

Há uma lenda distante, totalmente duvidosa e jamais confirmada, que de vez em quando se ouve nos campos, que diz que em algum lugar desse Arquipélago existem minúsculas ilhas paradisíacas. Ninguém as viu, ninguém esteve lá, e se alguém esteve mantém o silêncio. Nessas ilhas, dizem, há tudo do bom e do melhor; não dão de comer nada pior que *smetana*[98] e ovos; dizem que lá é limpinho, é sempre quente, o trabalho é intelectual e cem por cento secreto.

E foi nessas tais ilhas paradisíacas (no jargão dos detentos, *charachka*) que fui passar metade da minha sentença. É a elas que devo o fato de ter continuado vivo; não teria sobrevivido de jeito nenhum se tivesse passado a sentença inteira nos campos. É a elas que devo o fato de estar escrevendo esta investigação, embora, neste livro, não estivesse previsto um lugar para elas (já existe um romance sobre elas).[99]

Se as almas dos mortos às vezes voam em nosso meio e podem assim nos ver e ler facilmente nossas convicções mesquinhas, mas nós não as vemos nem desconfiamos que elas, imateriais, estejam ali; o mesmo acontece quando se viaja com a escolta especial.

Você mergulha no seio da *liberdade*, perambula no salão das estações. Você tem tempo de passar os olhos por anúncios que certamente não podem ter absolutamente nada a ver com

98 Creme azedo, típico da Europa Oriental. [N. T.]

99 *No primeiro círculo*. No romance, descreve-se a "*charachka* de Márfino", onde os detentos especialistas desenvolveram a "telefonia secreta". [N. E. R.]

você. Você fica sentado nas velhas "poltronas" de passageiros, ouvindo conversas estranhas e insignificantes: de certo marido que bateu na mulher ou a largou; e da sogra que por algum motivo não se dá bem com a noiva do filho; e dos vizinhos do apartamento comunitário que acendem a luz elétrica do corredor e não limpam os pés. Você ouve tudo isso – e calafrios de distanciamento de repente sobem por sua espinha e por sua cabeça: fica tão clara a você a verdadeira medida das coisas no universo! A medida de todas as fraquezas e medos! E a esses pecadores de modo algum foi dado vê-la. Verdadeiramente vivo, genuinamente vivo só você está, o imaterial, enquanto eles equivocadamente se consideram vivos.

E há um abismo intransponível entre vocês! Não se pode gritar na direção deles, não se pode chorar por eles, nem sacudi-los pelos ombros: você, afinal, é um espírito, um espectro, e eles são corpos materiais.

Como é que se pode incutir algo neles? Numa aparição? Numa visão? Num sonho? Irmãos! Meu povo! Para que é que lhes foi dada a vida? No meio da noite cerrada, escancaram-se as portas das celas dos condenados, e pessoas de alma grandiosa são arrastadas para o fuzilamento. Em todas as ferrovias do país, neste momento, agora, depois de comerem arenque, as pessoas lambem os lábios secos com sua língua amarga; elas sonham com a felicidade de esticar as pernas, com tranquilidade, depois da ida ao sanitário. Em Kolimá, é só no verão que a terra fica 1 metro congelada – e somente então é que enterram nela os ossos dos que morreram desde o inverno. Mas vocês, debaixo do céu azul, debaixo do sol quente, têm o direito de dispor do próprio destino, de ir beber água, de se esticar, ir aonde quiser sem uma escolta – o que é isso de luz elétrica no corredor? O que é que a sogra tem a ver? A principal coisa da vida, todos os mistérios dela – querem que eu despeje tudo em cima de vocês agora? Não corra atrás do que é ilusório – de bens, de títulos: isso é acumulado pelos nervos por décadas, mas é confiscado em uma só noite. Viva com uma superioridade uniforme sobre a vida – não se assuste com o infortúnio e não se desespere na busca da felicidade, pois, no fim das contas, o que é amargo não dura para sempre, e o que é doce também não tem de sobra. É o bastante se você não congela de frio e se as garras da sede e da fome não rasgam as suas entranhas. Se sua coluna não foi quebrada, ambas as pernas funcionam, ambos os braços se movem, ambos os olhos enxergam e ambos os ouvidos escutam, de quem é que você precisa ter inveja? A troco de quê? No mais, a inveja dos outros nos devora a nós mesmos. Esfregue os olhos, limpe o coração – e, acima de tudo, dê valor àqueles que amam você e que simpatizam com você. Não os ofenda, não os insulte, não se afaste de nenhum deles, brigado: afinal, você mesmo não sabe se aquele não terá sido seu último ato antes da prisão, e é assim que você vai permanecer na memória deles!...

Mas os soldados da escolta afagam os cabos negros dos revólveres em seus bolsos. E nós três ficamos sentados, bem juntinhos; um pessoal que não bebe, amigos sossegados.

Pela primeira vez eu vejo a prisão Butyrka pelo lado de fora, embora já seja a quarta vez que me levam para lá, e, sem esforço, consigo traçar seu mapa interior. Oh, aquele muro severo e alto, que ocupa dois quarteirões!

... Como se estivesse em casa, caminho através da torrezinha abobadada da guarda, e nem me importo que logo me colocarão com o rosto contra a parede – pois já me colocaram assim – e perguntarão: "Sobrenome? Nome e patronímico?... Data de nascimento?".

Sobrenome!... Eu sou o Errante Interestelar! Meu corpo foi enfaixado, mas a alma não está sujeita a eles.

Eu sei: depois de algumas horas de procedimentos inevitáveis em meu corpo – o compartimento, a revista, a distribuição de recibos, o preenchimento do cartão de entrada, a desinfecção a quente e o banho –, serei conduzido a uma cela e encontrarei pessoas a mim desconhecidas, mas certamente inteligentes, interessantes, amistosas, e elas me contarão coisas, e eu contarei coisas a elas, e, à noite, não terei vontade de dormir logo.

Uma das verdades que a prisão infunde em você é a de que o mundo é pequeno, mas muito pequeno. É verdade que o Arquipélago Gulag, espalhado pelo mesmíssimo espaço que a União

Soviética, é muito menor que ela em número de habitantes. Quantos deles exatamente há no Arquipélago é algo que não podemos dizer. Pode-se supor que, simultaneamente, nos campos, não tenha havido mais de 12 milhões (uns partiam para a terra, a Máquina já arrastava novos para lá). E menos da metade deles eram políticos. Seis milhões? Isso é o quê, um país pequeno, uma Suécia ou uma Grécia, lá muitos se conhecem. Não espanta que, caindo em qualquer cela de qualquer prisão de trânsito, você ouve, você conversa, e com certeza você encontra conhecidos em comum com seus companheiros de cela.

Adoro esse momento, em que trazem para a cela uma pessoa nova (não um novato – esse entra abatido, confuso –, mas um zek tarimbado). E também adoro entrar numa cela nova (aliás, Deus tenha misericórdia, o melhor seria não entrar) – é um sorriso despreocupado, um gesto amplo: "Salve, irmãos!". Larga o saco na tarimba. "Bom, quais são as novidades do último ano na Butyrka?"

...Ah, que cela era aquela! Talvez tenha sido a mais brilhante em toda a minha vida carcerária... Foi em julho. Fui trazido do campo para a Butyrka depois do almoço, mas a superlotação na cadeia era tamanha que os procedimentos de admissão levaram onze horas, e só às três da madrugada, extenuado pelos compartimentos, fui levado à cela 75. Iluminada, por debaixo de duas cúpulas, por duas fortes lâmpadas elétricas, a cela dormia amontoada, desvairada com o calor: o ar quente de julho não soprava das janelas, barradas por gradeamentos. Moscas insones zuniam e pousavam nos que dormiam, e eles estremeciam. A cela, concebida para 25 pessoas, nem estava tão abarrotada: havia oitenta pessoas.

Ao comando "toque da alvorada!", gritado na direção do comedouro, todos se remexiam: começavam a tirar os painéis transversais, a mover a mesa para junto da janela. Vieram me entrevistar, para ver se eu era novato ou veterano do campo. No fim das contas, duas torrentes tinham se encontrado na cela: uma torrente comum de recém-condenados, direcionados ao campo, e uma torrente que vinha no sentido oposto, de veteranos do campo, cheia de especialistas – físicos, químicos, matemáticos, engenheiros civis, direcionados não se sabe para onde, mas a algum instituto bem-sucedido de ciência e pesquisa. (Foi aí que eu me acalmei: o ministro não iria me *arranjar* outra sentença.) Aproximou-se de mim um homem não muito velho, de ossos largos (mas terrivelmente emagrecido), com um nariz aquilino, um pouquinho arredondado:

— Professor Timofêiev-Ressóvski, presidente da associação técnico-científica da cela 75. Nossa associação reúne-se diariamente depois da ração matinal, perto da janela da esquerda. O senhor não poderia fazer uma comunicação científica para nós? E qual, precisamente?

Pego desprevenido, fiquei parado diante dele com meu longo capote roto e com meu chapéu de inverno (os presos no inverno estão fadados a passar o verão com roupa de inverno). Meus dedos ainda não tinham se endireitado e estavam cheios de escoriações. Que tipo de comunicação científica eu poderia fazer? Aí lembrei que, recentemente, no campo, por duas madrugadas tinham me trazido de fora um livro, um relatório oficial do Departamento de Guerra dos Estados Unidos sobre a primeira bomba atômica. O livro tinha saído naquela primavera. Ninguém na cela tinha visto ainda? Uma pergunta fútil, é claro que não. Assim sorriu o destino, fazendo-me parar naquela mesma física nuclear com que eu me inscrevera no Gulag.

Depois da ração, reuniram-se, junto à janela esquerda, umas dez pessoas da associação técnico-científica; fiz minha comunicação e fui aceito na sociedade. Algumas coisas eu tinha esquecido, outras não tinha entendido bem – Nikolai Vladímirovitch, embora já estivesse na prisão havia um ano e não tivesse como saber nada da bomba atômica, vez por outra completava as lacunas de meu relato.

Ele realmente trabalhara com um dos primeiros cíclotrons da Europa, mas para o estudo de moscas drosófilas. Era um dos maiores geneticistas da atualidade. Já estava na cadeia quando Jebrak, sem saber disso (ou talvez sabendo), teve a ousadia de escrever para uma revista canadense: "A biologia russa não responde por Lyssenko, a biologia russa é Timofêiev-Ressóvski" (durante a derrocada da biologia, em 1948, relembraram isso a Jebrak).

E eis que ele estava ali, diante de nós, brilhando com seus conhecimentos de todas as ciências possíveis. Ele possuía aquela amplitude que os cientistas das gerações seguintes nem sequer desejam ter (ou teriam mudado as possibilidades de abarcar tanta coisa?). Agora, porém, ele estava tão exaurido pela fome do inquérito que aqueles exercícios tinham se tornado não tão fáceis para ele. Pela linha materna, ele vinha dos nobres decadentes de Kaluga, no rio Ressa; já pela paterna, era um descendente lateral de Stenka Rázin, e essa potência cossaca era muito perceptível nele – em seus ossos largos, no ar ponderado, na defesa obstinada contra o investigador, mas, em compensação, também na fome, mais forte nele que em nós.

Nos dois meses em que fui mantido naquela cela, dormi pelo ano anterior e pelo seguinte. De manhã, a associação técnico-científica; depois xadrez, livros (úteis que eram, havia três ou quatro deles para oitenta pessoas, faziam fila para ler), vinte minutos de passeio – o acorde maior! –, nós não recusávamos o passeio mesmo se tivéssemos de caminhar debaixo de uma chuva torrencial. Mas sobretudo – pessoas, pessoas, pessoas! Nikolai Andrêievitch Semiônov, um dos criadores da DneproGES[100]. Seu amigo de cativeiro, o engenheiro Fiódor Fiódorovitch Kárpov. O sarcástico e engenhoso Víktor Kágan, físico. Volódia Klempner, formado no conservatório, compositor. Um lenhador e caçador das florestas do Viatka, denso como um lago da floresta. Da Europa, o membro da NTS[101] Ievguêni Ivánovitch Dívnitch. Era também um pregador ortodoxo, mas não se mantinha nos limites da teologia: ele difamava o marxismo, declarando que, na Europa, havia muito tempo ninguém levava aquela doutrina a sério.

E de novo chegam prisioneiros de guerra, prisioneiros, prisioneiros – a torrente da Europa não cessa já há quase dois anos. E de novo emigrados russos, da Europa e da Manchúria.

100 DneproGES era o nome de uma grande hidrelétrica localizada no rio Dniepr, inaugurada em 1932. [N. T.]

101 União Popular Trabalhista dos Solidaristas Russos, organização anticomunista da emigração, criada pela juventude da emigração branca em Belgrado em 1930; nos anos 1990, a NTS foi legalizada na Rússia. [N. E. R.]

E evidentemente há na cela um virtuoso (semelhante ao promotor Krétov): "Fizeram bem em prender todos vocês, canalhas, contrarrevolucionários! A história vai triturar os ossos de vocês, vão virar adubo!". "Você também vai virar adubo, seu cão!", gritam para ele. "Não, minha causa vai ser revista, fui condenado injustamente!" A cela ruge, fervilha. Um professor de língua russa, de cabelos grisalhos, fica de pé na tarimba, descalço, e, como um Cristo recém-surgido, esfrega as mãos: "Meus filhos, façamos as pazes!... Meus filhos!". Rugem para ele também: "Seus filhos estão na floresta de Briansk! Nós não somos mais filhos de ninguém!". Somente filhos do Gulag...

Depois do jantar e da evacuação noturna, a noite chegava ao gradeamento das janelas; as extenuantes lâmpadas eram acesas no teto. O dia divide os detentos; a noite os aproxima. Durante a noite, não havia discussões: organizavam palestras ou concertos. E então brilhava novamente Timofêiev-Ressóvski: ele dedicava noites inteiras à Itália, à Dinamarca, à Noruega, à Suécia. Os emigrados contavam dos Bálcãs, da França. Um apresentava uma palestra sobre Corbusier; outro, sobre os costumes das abelhas; outro, sobre Gógol.

Fechava-se o comedouro, e a fuça do carcereiro vociferava: "Toque de recolher!". Não, mesmo antes da guerra, estudando em dois estabelecimentos de ensino de uma só vez, e ainda ganhando uns trocados como professor particular e tentando escrever – me parece que nem então eu experimentei dias tão plenos, explosivos, tão cheios de afazeres como na cela 75 naquele verão...

Dizem que, de 1944 para 1945, passou pela Lubianka Menor (regional de Moscou) um "partido democrático". De acordo com os rumores, ele consistia em uns cinquenta meninos – havia um estatuto, carteirinhas de membro. O mais velho – um aluno do décimo ano[102] de uma escola de Moscou – era o

102 Corresponde ao segundo ano do ensino médio. O estudante devia ter cerca de 16 anos. [N. T.]

"secretário-geral". Também apareceram estudantes nas prisões moscovitas no último ano da guerra, eu me encontrei com eles lá e aqui. Eu aparentemente não era velho, mas eles eram ainda mais jovens...

Quão inesperadamente aquilo chegou! Enquanto nós – eu, meu companheiro de processo, meus coetâneos – passávamos quatro anos lutando no front, aqui crescia mais uma geração! Fazia tanto tempo assim que nós tínhamos pisado o assoalho dos corredores das universidades, pensando ser os mais jovens e os mais inteligentes no país e na terra?!, e de repente, pelas lajes das celas da prisão, vêm até nós esses jovens pálidos e arrogantes, e nós, surpresos, descobrimos que já não somos nós os mais jovens e inteligentes, e sim eles! Mas eu não fiquei ofendido com isso, já naquela época fiquei feliz em ceder o lugar. Eu conhecia bem a paixão que eles tinham em discutir com todo mundo, em saber tudo. Eu entendia bem o orgulho deles por terem tomado a melhor decisão, da qual não se arrependiam. Era um formigamento, uma agitação da auréola prisional ao redor daquelas carinhas presunçosas e inteligentes.

Em junho de 1945, na cela da Butyrka, eu tinha acabado de entrar na passagem, ainda nem tinha visto um lugar para mim, quando veio ao meu encontro – com um pressentimento de conversa-discussão, quase suplicando por ela – um jovem pálido, amarelado, com uma ternura judaica no rosto, enrolado num capote de soldado esfarrapado e varado de balas, apesar do verão: ele tinha calafrios. Seu nome era Boris Gammerov. Ele começou a me fazer perguntas – a conversa se desenrolou, de um lado, por nossas biografias, e, do outro, pela política. Não lembro por quê, mencionei uma das orações do então já falecido presidente Roosevelt, publicada nos nossos jornais, e avaliei, como se fosse evidente:

— Bom, isso é uma carolice, é claro.

E, de repente, as sobrancelhas amareladas do jovem estremeceram, os lábios pálidos ficaram de prontidão, ele meio que se soergueu e perguntou:

— Por quê-ê-ê? Por que é que o senhor não admite que um estadista possa crer em Deus com sinceridade?

Pois tudo fora dito! Que Roosevelt, que nada – de que lado vinha aquele ataque? Ouvir aquelas palavras de alguém nascido em 1923?... Eu não consegui retrucar, só perguntei:

— E você acredita em Deus?

— É claro – ele me respondeu calmamente.

É claro? É claro... Sim, a juventude comunista já voava para longe, voava por toda parte. E o NKGB foi dos primeiros a perceber isso.

Apesar de sua juventude, Boris Gammerov não só já lutara na guerra, como sargento antitanquista, nos canhões de 45 milímetros "Adeus, Pátria!", como também ganhara um ferimento no pulmão, até então não curado, desenvolvendo um processo tuberculoso. Gammerov recebeu baixa do Exército como inválido, entrou na Faculdade de Biologia da Universidade de Moscou, e, assim, dois fios se entrelaçaram nele: um, do serviço militar; outro, da vida estudantil do fim da guerra, de modo algum estúpida e de modo algum morta. Reuniu-se o grupo deles, com pessoas que pensavam e meditavam sobre o futuro (embora ninguém tivesse dado essa ordem a eles) – e foi ali que o olho experiente dos Órgãos distinguiu e apanhou três deles. O pai de Gammerov tinha sido espancado ou fuzilado na prisão em 1937, e o filho tomava o mesmo caminho.

Por alguns meses, meu caminho se cruzou com os três companheiros de processo, e, na espera da Krásnaia Présnia, tive de me confrontar com seu ponto de vista unificado. Não me lembro de terem atacado Marx na minha presença, mas me lembro bem de terem atacado Liev Tolstói – e por que ângulo! Tolstói renegou a Igreja? Mas ele não levou em consideração seu papel místico e organizador! Ele renegou a doutrina bíblica? Mas, para a ciência mais recente, não há contradições na Bíblia, nem mesmo nas primeiras linhas sobre a criação do mundo. Ele renegou o Estado? Mas sem ele haveria o caos! Ele professava a fusão do trabalho mental e físico em uma só pessoa? Mas isso é um nivelamento absurdo das possibilidades! E, finalmente, como podemos ver pela arbitrariedade stalinista, o indivíduo histórico pode ser todo-poderoso, e Tolstói fazia pouco disso!

Por acaso não é ali, na cela da prisão, que se adquire a grande verdade? A cela é estreita, mas não será mais estreita a *liberdade*? Não estará o nosso povo, extenuado e enganado, deitado conosco, debaixo das tarimbas, na passagem?

Na igreja da Butyrka, já condenados, desligados e alheios, os estudantes moscovitas compuseram uma canção, que cantavam antes do crepúsculo, com a voz ainda enfraquecida:

... Três vezes ao dia a *balanda* nós buscamos,
À noite, matamos o tempo na canção
E, com a agulha do contrabando da prisão,
Um saco de viagem costuramos.
Por nós mesmos, já não nos preocupamos:
Já assinamos – que pelo menos fosse já!
E quan-do? Ainda volta-re-mos para cá?
Dos longínquos campos siberianos?...

Meu Deus, será que deixamos passar tudo isso? Enquanto amassávamos o barro dos campos de operações, nos torcíamos nos buracos de projéteis, os canóculos assomavam dos arbustos – aqui, mais uma juventude crescia e disparava! Será que ela disparou *para lá*?... Para lá, aonde nós não ousaríamos ir?

Terceira parte
Os campos de trabalho e extermínio

Só consegue nos entender quem provou a mesma taça que nós.

– Da carta de uma *hutsulka*[103], ex-zek

O que terá lugar nesta parte é inabarcável. Para que se compreenda e alcance esse sentido selvagem, é preciso que muitas vidas tenham sido arrastadas para os campos – aqueles campos nos quais é impossível, sem algum privilégio, sobreviver a uma só sentença, pois esses campos foram inventados para o extermínio.

Por isso, todos que cavaram mais fundo, que conheceram mais plenamente – esses já estão no túmulo, não poderão contar. O mais importante sobre esses campos ninguém nunca mais poderá contar.

E uma pena solitária não pode dar conta de todo o volume dessa história e dessa verdade. Para observar o Arquipélago, só tive a meu dispor uma fresta, não o panorama de uma torre. Mas, felizmente, mais alguns livros vieram e virão à tona. Talvez nos *Contos de Kolimá*, de Chalámov, o leitor tenha uma sensação mais fiel da desumanidade do espírito do Arquipélago e do limite do desespero humano.

Mas dá para provar o sabor do mar com uma só golada.

103 Os *hutsuls* são um subgrupo étnico que habita a porção mais ocidental da Ucrânia, próximo aos Cárpatos. [N. T.]

Capítulo 1
Os dedos da aurora

E aquela de dedos róseos, tão frequentemente citada por Homero, e chamada de Aurora pelos romanos, também afagava com seus dedos a primeira manhã do Arquipélago.

Quando nossos compatriotas ouviram pela BBC que existiam campos de concentração em nosso país desde o ano de 1921, muitos de nós (e no Ocidente também) ficaram perplexos: tão cedo assim? foi mesmo desde 1921?

Mas é claro que não! Em 1921 os campos de concentração já estavam em pleno funcionamento (já estavam até acabando). Terá sido muito mais correto dizer que o Arquipélago nasceu com os disparos do *Aurora*[104].

E como poderia ser diferente? Examinemos.

Protelar as prisões, fossem as velhas ou as novas, não era possível de modo algum. Já nos primeiros meses após a Revolução de Outubro, Lênin sondou novos caminhos. Em dezembro de 1917, ele supostamente apresentou a seguinte lista de punições: "confisco de todos os bens... detenção carcerária, envio para o front e trabalhos compulsórios a todos os desobedientes da presente lei".[105] Ou seja, poderíamos dizer que a ideia que norteava o Arquipélago – os trabalhos forçados – foi apresentada já no primeiro mês que sucedeu o Outubro. Mas essa legislação foi promulgada em 1918, na "Instrução Provisória sobre a

104 Nome do cruzador cujos disparos anunciaram a tomada do Palácio de Inverno, na Revolução de Outubro de 1917. [N. T.]

105 V. I. Lênin, *Obras completas*, vol. 35, p. 176. [N. A.]

Privação da Liberdade": "Os que foram privados da liberdade e estão em condições de trabalhar devem ser impreterivelmente conduzidos aos trabalhos físicos".

Pode-se dizer que foi dessa Instrução de 23 de julho de 1918 (nove meses depois da Revolução de Outubro) que vieram os campos de trabalho, e nasceu o Arquipélago. (Quem dirá que o parto foi prematuro?)

Em agosto de 1918, alguns dias antes do atentado de F. Kaplan contra ele, Vladímir Ilitch escreveu, num telegrama ao Comitê Executivo Provincial de Penza:

> Recolher os suspeitos [não os culpados, mas os *suspeitos* – A. S.] ao campo de concentração fora da cidade.

E, além disso:

> ... provocar um impiedoso terror em massa...[106]

(ainda não era o decreto sobre o terror).

E em 5 de setembro de 1918, uns dez dias depois desse telegrama, foi publicado o decreto do SNK, o Conselho dos Comissários do Povo, sobre o Terror Vermelho, no qual se dizia, entre outras coisas: "Proteger a República Soviética dos inimigos de classe por meio de seu isolamento em *campos de concentração*".[107]

Então foi *daí* – da carta de Lênin, e, depois, do decreto do Comissariado do Povo – que se encontrou e imediatamente se introduziu e se confirmou esse termo, "campo de concentração", um dos principais termos do século XX, que tinha pela frente um futuro internacional tão amplo! E o *quando* foi em agosto e setembro de 1918. A expressão em si já era usada na Primeira Guerra Mundial, mas em relação a prisioneiros de guerra, a estrangeiros indesejados. Foi aqui que ela foi empregada pela primeira vez para os cidadãos do próprio país.

106 Idem, vol. 50, pp. 143-144. [N. A.]

107 Coletânea de legislações e disposições do Governo de Operários e Camponeses, publicada pelo Comissariado do Povo para a Justiça. 1918, 1ª seç., nº 65, p. 710: Do Terror Vermelho. [N. A.]

A transformação do sentido é compreensível: um campo de concentração para prisioneiros de guerra não é uma prisão, mas uma forma indispensável e obrigatória de reuni-los. Agora, essa concentração compulsória e extrajudicial também era realizada para compatriotas suspeitos. Os campos de concentração eram mantidos sob gestão direta da Tcheká para *elementos particularmente hostis* e *reféns*. Por uma fuga do campo de concentração, a pena era aumentada (também sem julgamento) em *dez vezes*! (Era exatamente assim que falavam na época: "dez para um!", "cem para um!".) Já a segunda fuga do campo de concentração era punida com fuzilamento (o que evidentemente era feito com regularidade).

Na época, as autoridades pegaram gosto por implantar campos de concentração em antigos monastérios: muros cerrados e sólidos, edifícios de boa qualidade e – vazios (os monges, afinal, nem eram gente, de qualquer maneira acabariam enxotados). Assim, em Moscou, havia campos de concentração no monastério Andrónikov, no Novospásski, no Ivánovski. No *Jornal Vermelho*, de Petrogrado, de 6 de setembro de 1918, lemos que o primeiro campo de concentração seria "implantado em Níjni-Nóvgorod, num convento abandonado... *No primeiro momento*, estava previsto o envio de 5 mil pessoas para o campo de concentração de Níjni-Nóvgorod". (O grifo é meu – A. S.). Em Riazan, o campo de concentração também foi implantado num antigo convento (o Kazánski).

Vladímir Ilitch não poderia ter deixado de meditar a respeito do futuro sistema de punição quando ainda estava com seu amigo Zinóviev, pacificamente sentado em meio aos aromáticos capinzais do Razliv, em meio ao zumbido dos zangões. Já naquela época ele tinha calculado, e nos tranquilizava, dizendo que "a repressão da minoria de exploradores pela maioria, composta pelos escravos assalariados de ontem, seria um assunto relativamente fácil, simples e natural, que custaria muito menos sangue... sairia muito mais barato para a humanidade" que a antiga repressão da maioria pela minoria.[108]

108 V. I. Lênin, *Obras completas*, vol. 33, p. 90. [N. A.]

(E quanto foi que nos custou essa repressão interna "relativamente fácil", que veio do início da Revolução de Outubro? Mesmo agora já surgiram algumas pesquisas que utilizaram estatísticas soviéticas escondidas ou eliminadas – e de lá também surgem multidões de arruinados.)[109]

Toda essa alvorada do campo é válida para que se olhe bem para suas modulações.

109 Na fundamental compilação de documentos *Istória stálinskogo Gulaga* [A história do Gulag stalinista], de sete volumes, publicada pelo Arquivo Estatal da Federação Russa, há um material que prova que, de acordo com dados oficiais, entre 1930 e 1953, foram fuziladas cerca de 800 mil pessoas; nesse período, cerca de 20 milhões de pessoas passaram pelos campos, colônias e prisões; pelo menos 6 milhões eram colonos especiais (*kulacs*, povos deportados etc.). No ano da morte de Stálin (1953), o número total de prisioneiros nos campos era de 2.481.247 pessoas, e o número de colonos especiais, colonos exilados, exilados e desterrados que se encontravam nos povoados especiais e sob vigilância dos órgãos do Ministério do Interior era de 2.826.419 pessoas. (*A história do Gulag stalinista: fim dos anos 1920-primeira metade dos anos 1950*. Coletânea de documentos em sete volumes. Volume 4: *A população do Gulag, quantidade e conteúdo*, p. 135; Volume 5: *Migrantes especiais na URSS*, p. 172. Moscou, Rosspen, 2004-2005.)
Evidentemente, durante os anos em que Soljenítsyn escreveu o *Arquipélago Gulag*, nenhuma cifra oficial estava disponível. Além do mais, "a minha ideia, as cartas, o material", escreve ele no posfácio, "tiveram de ser escondidos e divididos, e tudo foi feito em enorme segredo". Porém, como mostram as cifras apresentadas acima, ele estimou corretamente a quantidade total de pessoas no Arquipélago: a população privada de liberdade na URSS num dado ano era comparável à população de países europeus como a Suécia ou a Grécia (ver Segunda Parte, Capítulo 4). [N. E. R.]

Capítulo 2
O Arquipélago surge do mar

No Mar Branco, onde durante seis meses as noites são brancas, a ilha Solovétski Grande ergue da água igrejas brancas, no contorno das muradas de pedra do *kremlin*, de um tom avermelhado e enferrujado, graças aos liquens que aderiram – e constantemente as gaivotas brancas e acinzentadas das Solovétski passam voando sobre o *kremlin*, gritando.

"Nesse esplendor, é como se não houvesse pecado... É como se essa natureza ainda não tivesse se desenvolvido a ponto de alcançar o pecado" – assim Príchvin percebeu as Ilhas Solovétski.

Sem nós, essas ilhas ergueram-se do mar; sem nós, recobriram-se com duzentos lagos, abundantes em peixes; sem nós, foram povoadas por tetrazes, lebres, cervos, enquanto raposas, lobos e outros animais ferozes nunca existiram ali.

Geleiras avançaram e recuaram, os penedos de granito acumularam-se ao redor dos lagos; os lagos recobriram-se de gelo nas madrugadas de inverno das Solovétski; o mar rugiu com o vento e ficou coberto pela massa de gelo, erguendo-se em alguns pontos; auroras boreais ardiam em metade do céu; e de novo clareava, e de novo esquentava, e os pinheiros cresciam e engrossavam, os pássaros cantavam e gritavam, os jovens cervos trombeteavam – o planeta girava com toda a história do mundo, os reinos caíam e erguiam-se – enquanto ali ainda não havia animais ferozes e não havia o homem.

Às vezes, desembarcavam ali os novgorodianos, e contavam as ilhas como parte da região do Onega. Os carélios também viveram por ali. Cinquenta anos depois da batalha de Kulikovo, e quinhentos anos antes do GPU, o mar de madrepérola foi cruzado, em barquinhos, pelos monges Savvati e Zossima, que consideraram santa aquela ilha sem animais ferozes. Deles é que veio o monastério Solovétski. Desde então, ergueram ali as catedrais da Dormição e da Transfiguração, a igreja da Ascensão do Senhor na colina Sekírnaia, e mais duas dezenas de igrejas, e mais duas dezenas de capelas, as ermidas do Gólgota, da Trindade, de Savvati, de Muksalma, e os solitários esconderijos dos eremitas e ascetas, de locais distantes. Muito trabalho foi depositado ali – primeiro dos próprios monges, depois também dos camponeses do monastério. Os lagos foram unidos por dezenas de canais. Em canos de madeira, a água dos lagos ia até o monastério. E o mais impressionante – havia um dique (século XIX) na ilha Muksalma, feito com os penedos inabaláveis, empilhados de algum modo nos baixios. Na Muksalma Grande e na Pequena, começaram a pastar rebanhos bem nutridos; os monges adoravam cuidar dos animais, domésticos e selvagens. A terra de Solovétski revelou-se não apenas santa como também rica e capaz de alimentar ali muitos milhares.[110] As hortas davam um repolho doce, branco e farto (os talos da couve eram as "maçãs das Solovétski"). Todos os legumes eram produzidos ali, e todos de boa qualidade, e também as estufas de flores, até as rosas. E também melões amadureciam ali. Desenvolveu-se a criação de peixes: a pesca marítima e a piscicultura nos "viveiros do metropolita", separados do mar. Com os séculos e as décadas, surgiram moinhos para moer os grãos, serrarias próprias, louça feita nas próprias oficinas de cerâmica, uma fundição, uma forja, uma oficina de encadernação, um curtume, uma cocheira e até uma usina elétrica. Até o complexo tijolo moldado e navios marítimos rústicos – tudo eles faziam sozinhos.

Porém, em nenhum momento o desenvolvimento nacional aconteceu ou acontece – e será que algum dia acontecerá? – sem a confluência do pensamento bélico com o pensamento carcerário.

110 Os especialistas da história da tecnologia dizem que Filipp Kolytchov (que ergueu a voz contra Ivan, o Terrível) introduziu na agricultura de Solovkí, no século XVI, uma tecnologia tal que, mesmo depois de três séculos, não faria vergonha em lugar algum. [N. A.]

O pensamento bélico. Não era possível que uns monges imprudentes simplesmente morassem numa simples ilha. Uma ilha na fronteira do Grande Império, que, pelo visto, tinha de ser defendida dos suecos, dos dinamarqueses, dos ingleses, e nela, pelo visto, era preciso construir uma fortaleza com muralhas de 8 metros de largura, e erigir oito torres, e fazer bombardeiras estreitas, e colocar um mirante panorâmico no campanário da catedral. (E realmente o monastério teve de lutar contra os ingleses, em 1808 e em 1854, e resistir.)

O pensamento carcerário. Que maravilhoso é – numa ilha isolada erguem-se essas boas muralhas de pedra. Tem lugar para prender criminosos importantes, e tem gente a quem pedir que façam a guarda. Não vamos impedir que suas almas sejam salvas, só guardem, por favor, os nossos cativos. (Quanta fé na humanidade essa acumulação carcerária não destruiu em certos monastérios cristãos!)

E terá pensado nisso Savvati ao desembarcar na ilha santa?...

Imagine o leitor o homem da Rússia tchekhoviana e pós-tchekhoviana, o homem do Século de Prata de nossa cultura, como chamaram os anos 1910, educado *lá* – mesmo que abalado pela Guerra Civil, ainda assim ele está acostumado ao que é comum às pessoas, à comida, às roupas, à expressão oral da época – e eis que então ele chega aos Portões de Jiguli, ao Kemperpunkt. É a prisão de trânsito de Kem, tristonha, sem uma arvorezinha, sem um arbusto, a ilha Popov, unida ao continente por um dique. A primeira coisa que a pessoa que se aproxima vê nesse cercado nu e sujo é a companhia de quarentena (os presos naquela época eram reunidos em "companhias", ainda não fora inaugurada a "brigada"), vestida... *com sacos*! com sacos comuns: por baixo, as pernas ficam de fora, como se fossem saias, e buracos são feitos para a cabeça e os braços (afinal, nem era permitido inventar alguma coisa, mas o que a sagacidade russa não supera!). O novato se esquiva desse saco enquanto ele tem a própria roupa, mas, antes mesmo de examinar o saco com o devido cuidado, ele vê o lendário capitão de cavalaria Kurilko.

Kurilko vem em direção à coluna do comboio, também vestido com o longo capote da Tcheká, com aterrorizantes canhões negros, que têm um aspecto feroz por sobre o velho feltro dos soldados russos – é como um prenúncio da morte. Ele trepa num barril, ou em algum outro palanque conveniente, e dirige-se aos recém-chegados com uma fúria inesperada e pungente: "E-e-ei! A-ten-ção! Aqui não é uma república so-vi-é-tica, mas das So-lo-vétski! Assimilem! O promotor ainda não pôs o pé na terra de Solovétski! E nem vai pôr! A ordem aqui vai ser a seguinte: se eu disser 'de pé', vão ficar de pé; se eu disser 'deitados', vão ficar deitados! As cartas que vocês escreverem para casa vão ser assim: estou vivo, saudável, satisfeito com tudo! ponto!...".

Emudecidos pela estupefação, nobres ilustres, intelectuais da capital, sacerdotes, mulás e figuras amorenadas da Ásia Central ouvem aquilo – algo jamais visto, ouvido ou lido. E Kurilko, que não fez fama na Guerra Civil, mas que agora inscrevia seu nome na crônica de toda a Rússia graças àquela acolhida histórica, erguia-se ainda mais e, admirando-se e enlevando-se, começava o ensinamento:

— Bom dia, primeira companhia de quarentena!... – (Tinham de gritar entrecortadamente: "Dia!".) — Ruim, mais uma vez! Bom dia, primeira companhia de quarentena!... Ruim!... Vocês têm de gritar "dia!" para que ouçam em Solovkí, do outro lado do estreito! Duzentas pessoas gritando, as paredes têm de cair! De novo! Bom dia, primeira companhia de quarentena!

Garantindo que todos tivessem gritado e já tombado, extenuados pela gritaria, Kurilko começa o ensinamento seguinte: a companhia de quarentena é posta para correr ao redor de um poste:

— Pernas pra cima!... Pernas pra cima!

Aquilo não é fácil nem para ele, ele mesmo já está como um ator trágico, no quinto ato, antes do último assassinato. E, aos que já caíram e tombaram, estendidos no chão, ele promete, com o último ronco daquela meia hora de ensinamento, com a confissão da essência das Solovétski:

— Vou fazer vocês chuparem o ranho dos defuntos!

E esse é só o primeiro treinamento para esmagar a vontade dos recém-chegados.

Nós por acaso nos esquecemos de que nosso novato é cria do Século de Prata? Ele ainda não sabe nada nem da Segunda Guerra Mundial nem de Buchenwald. Ele vê: os comandantes tocam seus trabalhadores com longos bastões, com cajados (todo mundo até já entende o verbo, *cajadear*). Ele vê: os trenós e carroças não são puxados por animais, mas por pessoas (diversas delas para cada um); e existe também a palavra *vridlo* (cavalo interino)[111].

E, de outros veteranos das Solovétski, ele fica sabendo de coisas ainda mais terríveis do que as que os olhos dele estão vendo. Pronunciam diante dele a funesta palavra Sekirka. Que significa monte Sekírnaia. Ali, numa catedral de dois pavimentos, foram instaladas celas. Nessas celas, as pessoas são mantidas assim: de uma parede a outra são fixadas umas varas, da largura de um braço, e os detentos assim punidos são obrigados a ficar sentados sobre elas o dia todo. A vara é posta numa altura tal que os pés não tocam o chão. Não é tão fácil manter o equilíbrio, o detento passa o dia todo fazendo força para ficar parado. Se ele desabar, os carcereiros vêm correndo para bater nele. Ou eles levam para fora, até uma escada com 365 degraus íngremes (que vai da catedral até o lago, foram os monges que erigiram); amarram a pessoa verticalmente num tronco, para dar peso, e empurram dos dois lados (os degraus são tão íngremes que a pessoa com o tronco não para, nem mesmo nos dois pequenos patamares).

Mas nem é preciso ir até o monte Sekirka para ver o *poleiro*: ele também existe nas sempre superlotadas celas moscovitas. Ou então botam você em cima de um penedo cheio de arestas, no qual também é impossível manter-se firme. E, no verão, o deixam "no toquinho", ou seja, nu e coberto de mosquitos. E também mandam companhias inteiras para a neve como punição. E também fazem a pessoa entrar nos brejos lacustres, até a garganta, e deixam assim. E também existe o seguinte método: atrelam um cavalo a um eixo de carroça vazio; amarram ao eixo as pernas de um culpado; um dos guardas monta o cavalo e o

111 A palavra *vridlo* é um acrônimo formado de uma locução em russo que significa literalmente "pessoa que ocupa temporariamente a função de cavalo". [N. T.]

conduz por uma clareira na floresta, até cessarem os gemidos e os gritos que vêm de trás.

"Dispersar! Dispersar!", gritam em plena luz do dia, no pátio do *kremlin*, repleto como a avenida Niévski, três jovens, meio almofadinhas, com cara de narcômano (o da frente vai abrindo a multidão de prisioneiros, não com o cajado, mas com uma vareta), arrastam depressa pelo braço uma pessoa emagrecida, com as pernas e braços fracos, só com a roupa de baixo – é terrível ver seu rosto, *que escorre* como um líquido! – ela é arrastada *para debaixo do campanário*, ali para dentro do arco, para aquela porta baixinha; fica na base do campanário. Eles empurram a pessoa para dentro dessa pequena porta e dão um tiro na nuca – lá dentro, há degraus íngremes, a pessoa desaba; dá para amontoar até sete ou oito pessoas, depois mandam alguém retirar os cadáveres e encarregam as mulheres (mães e esposas dos que fugiram para Constantinopla; fiéis que não abriram mão da fé e não permitiram que arrancassem delas os filhos) de lavar os degraus.

Mas por que isso? Não podiam fazer de madrugada, em silêncio? Mas em silêncio a troco de quê? Aí perderiam uma bala à toa. Na lotação diurna, a bala teria um sentido educativo. Ela como que previne dezenas de contágios.

Também fuzilavam de outro jeito – direto no cemitério de Onúfrievo, atrás do barracão feminino (a antiga hospedaria para romeiras) – e por isso o caminho que passava pelo barracão feminino era chamado de *caminho do fuzilamento*. Dava para ver, no inverno, a pessoa sendo levada por ali, na neve, descalça, só com a roupa de baixo (isso não era tortura! Era para que os sapatos e o uniforme não se perdessem), as mãos atadas com arame atrás das costas – e o condenado se mantinha altivo, reto, e, só com os lábios, sem o auxílio das mãos, fumava o último cigarro da vida. (Por esses modos é que reconhecem um oficial. Afinal, é gente que passou sete anos no front.)

Um mundo fantástico! Isso às vezes se dá assim. Muita coisa na história se repete, mas acontecem combinações completamente únicas, curtas no tempo e no espaço. Assim foi a nossa NEP. Assim foi também a Solovkí dos primeiros tempos.

Além do clero, ninguém tinha permissão de ir à última igreja do monastério – Ossorguin, aproveitando o fato de que trabalhava no serviço de saúde, foi assistir à missa de Páscoa, escondido. Levou o manto e a eucaristia ao bispo Piotr Vorónejski, isolado na ilha Ánzer com tifo exantemático. Denunciado, foi posto na solitária e condenado ao fuzilamento. E, naquele mesmo dia, sua jovem esposa chegou ao cais das Solovétski! (Ele mesmo tinha menos de 40 anos.) E Ossorguin pediu aos carcereiros que não atrapalhassem o encontro com a esposa. Ele prometeu que não permitiria que ela permanecesse por mais de três dias – assim que ela partisse, eles podiam fuzilá-lo. E é isso que significa esse autocontrole que, por trás do anátema da aristocracia, nós esquecemos, lamentando cada pequeno infortúnio e cada pequena dor: três dias seguidos com a esposa – sem deixar que ela percebesse! Não dar a entender com nenhuma frase! Não baixar o tom! Não deixar que os olhos se perturbassem! Somente uma vez (a esposa está viva e agora relembra), quando eles passeavam pelo lago Santo, ela se virou e viu o marido levando as mãos à cabeça, atormentado. "O que foi?" – "Nada", ele esclareceu imediatamente. Ela podia ficar mais um pouco – ele a persuadiu a ir embora. Um traço do tempo: ele a convenceu a levar as roupas quentes, ele receberia outras do serviço de saúde para o inverno seguinte – afinal, aquilo era uma preciosidade, ele queria entregar à família. Quando o vapor se afastou do cais, Ossorguin abaixou a cabeça. Dez minutos depois, ele já se despia para o fuzilamento.

Mas, de qualquer maneira, alguém lhes deu de presente aqueles três dias. Aqueles três dias de Ossorguin, assim como outros casos, mostram a que ponto o regime das Solovétski ainda não tinha se recoberto com a couraça do *sistema*. Essa impressão de que o ar de Solovkí continha em si a estranha mistura de uma crueldade já extrema com uma incompreensão quase benevolente: aonde tudo aquilo levaria? Quais traços das Solovétski haveriam de tornar-se germes do grande Arquipélago e quais estavam fadados a murchar na primeira fase de crescimento? De todo modo, os habitantes de Solovkí ainda não tinham a convicção, generalizada e firme, de que estavam acesos os fornos da Auschwitz polar, e de que suas fornalhas estavam abertas para todos que fossem um dia levados para lá. (E, afinal, foi assim mesmo!...)

Mas onde é que estavam os tais Savvati, Zossima e Guerman? Mas quem foi que inventou de viver no Círculo Polar, onde o gado não vinga, os peixes não abundam, os cereais e as verduras não crescem?

Ó mestres da devastação daquela terra tão viçosa! Levar tão depressa – em um ano ou dois – um monastério de administração exemplar à decadência mais completa e irreversível?! Como é que conseguiram isso? Pilharam tudo e levaram embora? Ou deram cabo de tudo ali mesmo? E, possuindo milhares de braços desocupados, não conseguir extrair nada da terra!

Só os livres recebiam leite, *smetana*, carne fresca e ainda o excelente repolho do pai Mefódi. Para os prisioneiros, sobrava bacalhau apodrecido, salgado ou seco; uma *balanda* péssima, de cevadinha ou painço, sem batata, nunca *schi*, nunca *borsch*[112]. E aí vinha o escorbuto... Das missões mais distantes, retornavam os "comboios de gatinhas" (porque vinham do cais assim mesmo, arrastando-se de quatro).

Mas como fugir de Solovkí? Durante metade do ano, o mar fica coberto de gelo – e ele não é inteiriço, há pontos degelados aqui e ali –, e as nevascas rodopiam, e o frio morde, erguem-se brumas e trevas. E, na primavera e na maior parte do verão, as noites são brancas: as lanchas da guarda conseguem enxergar muito longe. Só com o prolongamento da noite, no fim do verão e no outono, é que chega o momento apropriado. Não no *kremlin*, é claro, mas nas missões; aqueles que têm tanto a possibilidade de locomoção como o tempo, que construíram um barquinho ou uma jangada em algum lugar da floresta próximo à margem – eles zarpam de madrugada (ou simplesmente montados num tronco), a esmo, em geral com a esperança de encontrar um vapor estrangeiro. Era pela agitação dos soldados da guarda e pela partida das lanchas que, na ilha, ficavam sabendo das fugas – e uma alegre inquietação tomava conta dos habitantes das Solovétski, como se eles mesmos tivessem fugido. Perguntavam,

112 Dois tipos de sopa típicos da Rússia. A primeira é um caldo de carne com repolho e a segunda, sopa feita com beterraba. [N. T.]

sussurrando: ainda não apanharam? ainda não encontraram?... É possível que muitos se afogassem sem ter chegado a lugar algum. Talvez alguém tenha alcançado a costa da Carélia – esse alguém deve ter se escondido na cova mais profunda.

Mas de Kem aconteceu uma fuga famosa para a Inglaterra. Esse corajoso (não sabemos o sobrenome dele, esse é o nosso horizonte!) sabia inglês, e escondia isso. Ele conseguiu ser alocado no carregamento de caminhões de transporte de madeira em Kem – e combinou com os ingleses. Os soldados da escolta deram pela falta, detiveram o vapor por quase uma semana, fizeram algumas buscas por ele, mas não encontraram o fugitivo. (Ocorria que, a cada busca que vinha da costa, eles o desciam pelo outro lado do navio com a corrente da âncora, até debaixo d'água, usando um tubo de respiração na boca.) Uma multa enorme teria de ser paga pelo atraso do vapor, então decidiram a esmo que o detento tinha se afogado – e o vapor foi liberado.

Também pelo mar fugiu o grupo de Bessónov, de cinco pessoas (além dele, Malságov, Malbrodski, Sazónov, Priblúdin).

E começaram a sair livros na Inglaterra, até mais de uma edição, aparentemente. (Iur. Dm. Bessónov, *Moí 26 tiúrem i moió biégstvo s Solovkóv* [Minhas 26 prisões e minha fuga de Solovkí].)

Aquele livro espantou a Europa. É claro que o autor fugitivo foi acusado de exagero, porque, afinal, os amigos da Nova Sociedade não deviam acreditar em absolutamente nada daquele livro calunioso, uma vez que contrariava o que já era sabido: o modo como o jornal comunista alemão *Rote Fahne* descrevia o paraíso de Solovkí, e ainda os álbuns sobre Solovkí que eram distribuídos pelas representações plenipotenciárias soviéticas na Europa – com papel excelente, e fotos autênticas das confortáveis celas.

Calúnia ou não, aquilo se tornou um aborrecimento! E consideraram por bem enviar à ilha – não, pedir que fosse! – justamente o grande escritor proletário Maksim Górki, que recentemente retornara à pátria proletária. Pois o testemunho dele, precisamente, seria a melhor refutação daquela ignóbil falsificação estrangeira!

Adiantando-se, o boato chegou a Solovkí – o coração dos detentos martelou, os guardas ficaram agitados. É preciso conhecer os presos para imaginar a expectativa deles! No ninho da ilegalidade, da arbitrariedade e do silêncio irrompiam o falcão e o albatroz! O primeiro dos escritores russos! Pois ele escreveria para eles! Pois ele mostraria para eles! Pois ele nos defenderia, meu senhor! Esperaram por Górki quase como se fosse a anistia geral.

A chefia também ficou agitada: escondeu como pôde a monstruosidade e deu uma polida na fachada. Enviaram comboios do *kremlin* para missões distantes, para que ficasse menos gente ali; no departamento de saúde, deram alta a muitos pacientes e fizeram uma limpeza. Também montaram um "bulevar", com pinheiros sem raízes (eles deveriam ficar alguns dias sem secar), que ia até a colônia infantil, aberta três meses antes, orgulho do Uslon[113], onde todos estavam vestidos, e não havia crianças socialmente estranhas, e onde Górki evidentemente poderia observar com interesse os menores sendo educados e salvos para a vida futura sob o socialismo.

Só que, em Kem, deixaram passar: na ilha Popov, prisioneiros vestidos com a roupa de baixo e com sacos carregavam o *Gleb Bóki*, quando, de repente, a comitiva de Górki apareceu para embarcar naquele vapor. Inventores e pensadores! Aquela sim era uma tarefa digna: uma ilha nua, sem um arbusto, sem um abrigo, e, a trezentos passos, aparece a comitiva de Górki – qual seria a decisão deles? Onde enfiar aquela vergonha, aqueles homens vestidos com sacos? Toda a viagem do humanista perderia o sentido se ele os visse naquele momento. Bom, é claro que ele tentaria não percebê-los – mas deem uma ajuda! Afogá-los no mar? Aí eles se debateriam... Enterrá-los no chão? Não dava tempo... Não, só um digno filho do Arquipélago poderia encontrar uma saída! O comandante deu ordem: "Larguem o trabalho! Todo mundo junto! Mais perto! Sentados no chão! Tem de ficar assim!", e jogaram uma lona por cima deles. "Se alguém se mexer, eu mato!" E o ex-estivador subiu pela prancha, e ainda ficou olhando do vapor para a paisagem, por uma hora, até ele zarpar – e não percebeu...

113 Administração Especial dos Campos das Ilhas Solovétski. [N. T.]

Isso foi no dia 20 de junho de 1929. O famoso escritor desembarcou no cais da baía da Prosperidade. Ao lado dele, estava sua noiva, toda de couro (boné preto de couro, jaqueta de couro, culotes de couro e botas longas e estreitas) – um símbolo vivo do OGPU[114], lado a lado com a literatura russa.

Cercado de oficiais do GPU, Górki percorreu, em passos largos e rápidos, os corredores de alguns alojamentos. Todas as portas dos cômodos estavam abertas, mas ele mal passou por eles. No departamento de saúde, os médicos e enfermeiras foram alinhados perante ele em duas fileiras, usando aventais limpos; ele nem parou para ver, foi embora. Depois, os tchekistas do Uslon conduziram-no intrepidamente até a Sekirka. E então? Nas celas, afinal, não havia superlotação, e, acima de tudo, não havia poleiro algum! Nos bancos, estavam sentados ladrões (eles já eram muitos em Solovkí), e todos... liam jornais! Nenhum deles ousou levantar-se e queixar-se, mas eles pensaram no seguinte: segurar os jornais de cabeça para baixo. E Górki aproximou-se de um deles e, em silêncio, arrumou o jornal do jeito certo. Ele percebeu! Adivinhou! Não vai deixar assim! Vai nos defender!

Foram até a colônia infantil. Que civilizado! Cada um num leito separado, com colchão. Todos aconchegados, todos satisfeitos. Então, de repente, um menino de 14 anos disse: "Escute, Górki! Tudo que você está vendo é mentira. Quer saber a verdade? Quer que eu lhe conte?". Sim, acenou o escritor. Sim, ele queria saber a verdade. (Ah, menininho, por que é que você quis estragar a prosperidade recém-estabelecida do patriarca literário? Um palácio em Moscou, uma propriedade nos arredores de Moscou...) E foi dada a ordem para que todos saíssem – tanto as crianças como os agentes do GPU que o acompanhavam – e o menino passou uma hora e meia contando tudo ao macilento velhinho. Górki saiu do barracão desfazendo-se em lágrimas. Trouxeram uma carruagem para levá-lo à dacha do comandante do campo para almoçar. A criançada lançou-se para dentro do barracão: "Contou dos *mosquitinhos*?". "Contei!" "Contou dos poleiros?" "Contei!" "Contou dos *vridlos*?" "Contei!" "E que eles empurram da escada?... E dos sacos?... E das noites na

114 GPU unificado, outro nome da polícia política. [N. T.]

neve?...” O menino amante da verdade tinha contado tudo, tudo, tudo!!!

Mas nem o nome dele nós sabemos.

No dia 22 de junho, já depois da conversa com o menino, Górki deixou a seguinte nota no “Livro de referências”, feito especialmente para aquela ocasião:

> Não estou em condições de expressar minhas impressões em apenas algumas palavras. Não quero e teria vergonha de recair em elogios banais à estupenda energia das pessoas que, sendo guardiões vigilantes e incansáveis da Revolução, sabem, além disso, ser notáveis e valorosos criadores de cultura.[115]

No dia 23, Górki partiu. Seu vapor mal tinha se afastado, o menino foi fuzilado. (Um conhecedor do coração humano! Um especialista em pessoas! Como ele pôde não levar consigo o menino?!)

Assim se estabelece, na nova geração, a crença na justiça.

Comentam que, lá em cima, o chefe da literatura recusou-se, não quis publicar o elogio ao Uslon. Mas como assim, Aleksei Maksímovitch?... Mas perante a Europa burguesa! Mas *justamente agora, justamente neste momento*, tão perigoso e complicado!... E o regime? Nós mudaremos, nós mudaremos o regime.

E foi publicado e republicado na grande imprensa livre, a nossa e a ocidental, em nome do Falcão-Albatroz, que eram infundadas as ameaças de Solovkí, que os prisioneiros viviam ali de maneira esplêndida e que eram corrigidos de maneira esplêndida.

E, ao descer ao túmulo, abençoou o Arquipélago...

115 Ilhas Solovétski, 1929, nº 1, p. 3. (Esta nota não está nas *Obras completas* de Górki.) [N. A.]

E, a propósito do regime, foi como prometido. *Corrigiram* o regime – agora, na 11ª companhia do regime de cárcere, os detentos *passavam semanas em pé, apertados.* Uma comissão de inquérito e punição veio a Solovkí. E ainda por cima a malograda e absurda fuga de Kojévnikov, que enlouqueceu (era o ex-ministro da república do extremo oriente), com Chiptchínski – a fuga foi inflada, até virar um grande e fantasioso complô de guardas brancos, que supostamente pretendiam capturar um vapor e fugir – e começaram a prender, e, embora ninguém confessasse o complô, o caso acumulou prisões.

E, na madrugada de 29 de outubro de 1929, depois de terem dispersado e trancado todos nas dependências, abriram os Portões Sagrados, geralmente trancados, para encurtar o caminho até o cemitério. Passaram a madrugada inteira levando gente, em grupos. (E cada grupo era acompanhado pelo uivo desesperado do cachorro Black, amarrado em algum lugar, e que suspeitava que, precisamente naquele grupo, conduziam seu dono, Grabóvski. Na companhia, contavam os grupos pelo uivo do cachorro; por causa do vento forte, não se ouviam direito os tiros. Aquele uivo afetou tanto os carrascos que, no dia seguinte, Black também foi fuzilado, e, depois de Black, todos os outros cachorros.)

Quem fuzilou foram três morfinômanos, almofadinhas. Eles atiraram bêbados, sem precisão – e, de manhã, a grande cova, mal coberta, ainda se movia.

Capítulo 3
O Arquipélago dá metástase

Mas o Arquipélago não se desenvolveu por conta própria, e sim passo a passo com o país inteiro. Enquanto no país havia desemprego, também não havia demanda pelos braços operários dos prisioneiros, e as prisões não aconteciam como um recrutamento para o trabalho, e sim como meio de tirar gente do caminho. Mas, quando inventaram de misturar, no enorme misturador, todos os 150 milhões da época, quando o plano de hiperindustrialização foi rejeitado e, em seu lugar, iniciaram a hiper-hiper-hiperindustrialização, quando já tinham sido inventados a deskulakização e os amplos trabalhos sociais do Primeiro Plano Quinquenal, mudou também a visão sobre o Arquipélago, e tudo no Arquipélago.

Se, em 1923, não estavam detidas em Solovkí mais de 3 mil pessoas, em 1930 já eram cerca de 50 mil, e mais 30 mil em Kem. A partir de 1928, o câncer das Solovétski começou a espalhar-se – primeiro pela Carélia, nas construções de ferrovias, nas áreas de corte de madeira para exportação. Em todos os pontos da ferrovia de Murmansk, de Lodéinoie Pólie até Taibola, em 1929 já tinham aparecido postos de campos do Slon. Em 1930, em Lodéinoie Pólie, ganhara forças e ficara de pé o Svirlag; em Kotlas, formou-se o Kotlag. A partir de 1931, com centro em Medvejiegorsk, nasceu o BelBaltlag, destinado, nos dois anos seguintes, a fazer a fama do Arquipélago para todo o sempre e nos cinco continentes.

Mas as células malignas continuaram avançando, avançando. De um lado, elas eram detidas pelo mar e, do outro, pela fronteira finlandesa – mas estavam desobstruídos os caminhos para o Oriente, pelo norte russo. Rastejando até o Dviná Setentrional, as células dos campos formaram o SevDvinlag. Atravessando-o, elas logo geraram o Solikamlag e o SevUrallag, independentes. O campo de Berezniki iniciou a construção de um grande complexo industrial químico, muito louvado à sua época. Também em Ukhtá formou-se um campo, o Ukhtlag. Mas ele também não se deteve no lugar: lançou rapidamente metástases em direção ao nordeste, tomou Petchora e transformou-se no UkhtPetchlag. Logo ele tinha os departamentos de Ukhtá, Petchora, Intá e Vorkutá – todos eram base de futuros campos, grandes e independentes.

E muita coisa ainda ficou de fora.

Assim, das voragens da tundra e da taiga, erguiam-se centenas de novas ilhas, pequenas e médias. Toda a parte setentrional do Arquipélago foi gerada por Solovkí. Mas não só por ela! Ao grandioso chamado do Poder Soviético, os campos e as colônias de trabalhos correcionais intumesciam por todo o nosso interminável país. Cada região cultivou seus ITL[116] e seus ITK[117]. Milhões de quilômetros de arame farpado avançavam cada vez mais, entrecruzando-se, entrelaçando-se, cintilando alegremente como espinhos ao longo das ferrovias, das estradas de rodagem, ao longo dos arrabaldes das cidades.

E nós, enquanto isso, marchávamos ao som dos tambores!

Durante meio século, toda a longa história do Arquipélago não conheceu quase nenhum reflexo no debate literário público da União Soviética. Para isso, teve seu papel o pérfido acaso de as torres dos campos nunca terem aparecido em nenhuma filmagem, nem nas paisagens de pintor algum.

Mas não é assim com o Canal do Mar Branco. Temos à nossa disposição um livro, e pelo menos este capítulo nós podemos escrever baseados num testemunho documental soviético.

116 Campo de trabalho correcional. [N. T.]

117 Colônia de trabalho correcional. [N. T.]

A história do livro é a seguinte: no dia 17 de agosto de 1933, ocorreu um *passeio* de vapor pelo canal recém-concluído, com 120 escritores. O mestre de obras do canal, o detento D. P. Vitkóvski, testemunhou que, enquanto o vapor passava pelas eclusas, aquelas pessoas de terno branco que se amontoavam no convés acenavam, do território da eclusa, para os detentos, e perguntavam, tinham muitas perguntas, e todas foram feitas do navio, na presença da chefia, no instante em que o vapor passava pela eclusa. Depois daquela viagem, 84 escritores conseguiram de algum modo esquivar-se da participação no trabalho coletivo gorkiano, mas os demais 36 compuseram o coletivo dos autores. Com um intenso trabalho, no outono de 1933 e no inverno, eles criaram essa obra única.[118]

O livro foi publicado como que para a eternidade, para que a posteridade lesse e se espantasse. Mas, por uma confluência fatal de circunstâncias, em dois ou três anos os dirigentes louvados e fotografados nele foram em sua maioria desmascarados como inimigos do povo. Naturalmente, a tiragem do livro foi removida das bibliotecas e destruída. Em 1937, ele também foi destruído por proprietários particulares, que não desejavam ganhar uma sentença por causa dele. Agora, sobrevivem pouquíssimos exemplares, e não há esperança de uma reedição[119] – e isso só agrava o fardo que sentimos sobre nós de não deixar desaparecer perante nossos compatriotas as ideias e os fatos centrais descritos naquele livro.

Como aconteceu de terem escolhido precisamente o Canal do Mar Branco para ser a primeira grande construção do Arquipélago? Stálin foi constrangido por alguma incontornável necessidade econômica ou militar? Tendo chegado ao fim da construção, podemos responder com segurança que não. Stálin precisava que houvesse, em *algum lugar*, uma grande construção para os prisioneiros, que engolisse muitos braços de

118 *Belomorsko-Baltíiski Kanal ímeni Stálina: istória stroítelstva* [O Canal Stálin do Mar Branco ao Mar Báltico: a história da construção], organização de M. Górki, L. L. Averbakh, S. G. Fírin, Moscou, Istória Fábrikov i Zavódov, 1934, pp. 213-16. [N. A.]

119 Depois de 64 anos, em 1998, o livro foi reeditado, em fac-símile. [N. E. R.]

trabalhadores e muitas vidas (o restante das pessoas da deskulakização), com a garantia de uma *duchegubka*[120], mas mais barata que ela, e deixando ao mesmo tempo um grande monumento de seu reinado, como uma pirâmide.

"O canal deve ser construído num prazo curto e deve *custar pouco*! Essa foi a instrução do camarada Stálin!" (E quem viveu na época lembra bem o que significava uma Instrução do Camarada Stálin!) Vinte meses! esse foi o tempo que o Grande Líder concedeu a seus criminosos, não só para o canal, como para os reparos: de setembro de 1931 a abril de 1933. Nem dois anos completos ele conseguiu lhes dar, de tanta pressa. O Canal do Panamá, com 80 quilômetros de comprimento, levou 28 anos para ser construído; o de Suez, com 160 quilômetros de comprimento, dez anos; o do Mar Branco ao Mar Báltico, com 227, menos de dois anos – não está bom? Extrair o leito rochoso – 2,5 milhões de metros cúbicos; toda a terraplanagem – 21 milhões de metros cúbicos. E ainda a obstrução das localidades pelas rochas. E ainda o pântano. Sete eclusas da "Escadaria de Povenets"[121], doze eclusas na descida até o Mar Branco. Quinze represas, doze comportas, 49 diques, 33 canais. De concreto, 390 mil metros cúbicos; de madeira, 921 mil. E "isso aqui não é o Dneprostroi, que recebeu um prazo longo e fundos. O Belomorstroi foi designado ao OGPU, *e sem 1 copeque em recursos*!".

Então agora o intuito vai ficando mais e mais claro para nós: quer dizer que Stálin e o país precisam tanto desse canal que não haverá 1 copeque em recursos? *Cem mil* prisioneiros vão trabalhar simultaneamente para vocês – que capital pode ser mais precioso? E entreguem o canal em vinte meses! Nem um dia de prorrogação.

Estamos tão apressados que as composições com os zeks vão chegando e chegando ao futuro traçado, mas lá ainda não

120 Denominação informal que se deu aos "caminhões de gás", veículos adaptados para o extermínio de prisioneiros. [N. T.]

121 O povoado de Povenets é o ponto inicial do Canal Mar Branco-Mar Báltico, que liga o lago Onega ao Mar Branco. Na região de Povenets, começa a "Escadaria de Povenets", uma linha de 12 quilômetros do canal, que inclui sete eclusas, e ainda represas, diques e comportas ligados a elas. [N. E. R.]

existem barracões, nem mantimentos, nem ferramentas, nem um plano definido – o que deve ser feito?

Estamos tão apressados que os engenheiros que finalmente chegam ao traçado não têm papel de desenho, réguas, tachas (!) e nem mesmo luz no barracão de trabalho. Eles trabalham com lamparinas, é semelhante à Guerra Civil! – deleitam-se nossos autores.

Mas então você vai se enfurecer com os engenheiros sabotadores. Os engenheiros dizem: precisamos fazer estruturas de concreto. Os tchekistas respondem: não há tempo. Os engenheiros dizem: precisamos de muito ferro. Os tchekistas: substituam por madeira! Os engenheiros dizem: precisamos de tratores, guindastes, máquinas de construção! Os tchekistas: não vai haver nada disso, nem 1 copeque em recursos, façam tudo com as próprias mãos!

Num alegre tom de galhofeiros inveterados, eles nos contam: as mulheres chegaram com vestidos de seda e agora recebem carrinhos de mão! E "quem é que não encontrou alguém em Túnguda: estudantes de outrora, esperantistas, companheiros de destacamentos brancos!". Quase sufocando de rir, eles nos contam: trazem turcomenos e tadjiques dos campos de trabalho de Krasnovodsk, de Stalinabad, de Samarcanda, usando cambaias de Bukhará e turbantes, para cá, para o frio da Carélia! Mas que coisa inesperada para um *basmatch*![122]

Aqui a norma é: quebrar 2 metros cúbicos de rocha granítica e carregar por 100 metros com o carrinho de mão! E a neve caindo, e encobrindo tudo, o carrinho dando pulos, da prancha para a neve. "Uma pessoa com um daqueles carrinhos ficava parecida com um cavalo no arreio"; mesmo que não fosse leito rochoso, mas simplesmente congelado, "levava uma hora para encher o carrinho".

Ou um quadro mais amplo: "Uma horrenda depressão coberta de neve estava cheia de gente e de pedras. As pessoas perambulavam, esbarrando nas pedras. Dois de cada vez, três de cada vez, eles se encurvavam e, agarrando um penedo, tentavam

122 Membro de grupos contrarrevolucionários surgidos na Ásia Central durante a Guerra Civil. [N. T.]

erguê-lo. O penedo nem se movia...". Mas então a tecnologia de nosso glorioso século vinha em auxílio: "os penedos eram arrastados para fora do buraco de escavação com uma rede", e a rede era puxada por uma corda, e a corda, "por um tambor, que um cavalo ia girando"! Há ainda outro dispositivo, as *cegonhas de madeira* para erguer pedras. Um dos primeiros mecanismos da construção do canal – elas nos fazem recuar o quê, cinco séculos? Quinze séculos?

E eram esses os sabotadores? Pois eram engenheiros geniais! Do século XX, foram jogados na Idade das Cavernas – e, vejam só, eles deram um jeito!

E como derrubar árvores se não há nem serras nem machados? Até isso a nossa perspicácia resolve: amarram as árvores com cordas, e então as brigadas puxam alternadamente, em diferentes direções – eles *desmantelam* as árvores! A nossa perspicácia resolve tudo! E por quê? Ora, porque *o canal está sendo construído por iniciativa e comando do camarada Stálin*! – é o que está escrito nos jornais e o que se repete no rádio todos os dias.

Imagine esse campo de batalha, e, nele, "usando longos capotes cinzentos ou jaquetas de couro", os tchekistas. Eles são só 37 para 100 mil presos, mas todos os amam, e esse amor move os penedos carélios.

A grandeza dessa construção está justamente no fato de que ela é realizada sem a tecnologia contemporânea e sem quaisquer provisões do país. O livro inteiro louva precisamente o atraso tecnológico e o caráter artesanal. Não há guindastes? Teremos os nossos! E fazem os *derricks*, guindastes de madeira, cujas partes metálicas de fricção são fundidas por eles mesmos. "A nossa indústria está no canal!", regozijam-se os nossos autores. As rodas dos carrinhos de mão também são fundidas em fornalhas rústicas.

O país precisava do canal com tanta pressa que não deu para encontrar rodas para os carrinhos da construção! Para as fábricas de Leningrado aquilo seria uma encomenda impossível!

Não, seria injusto – seria injusto comparar essa construção selvagem do século XX – um canal continental, construído "na base do carrinho de mão e da picareta" – com as pirâmides do Egito: as pirâmides, afinal, foram construídas com o auxílio de uma tecnologia que lhes era contemporânea. Já nós usamos uma tecnologia de quarenta séculos atrás!

Nisso é que consistia a *duchegubka*, a máquina de matar. Nós não tínhamos gás para as câmaras de gás.

E, enquanto isso, os ouvidos não tinham sossego: "*O canal está sendo construído por iniciativa e comando do camarada Stálin!*".

"Rádio no barracão, no traçado, junto à corrente, na isbá carélia, no caminhão, o rádio *que não dorme dia e noite* (imaginem!), essas inúmeras bocas negras, máscaras negras sem olhos, gritando incansavelmente: o que pensam do traçado os tchekistas de todo o país, o que disse o Partido." Pense assim você também! Pense assim você também! Vivam a competição socialista e o trabalho de vanguarda! Competição entre brigadas! Competição entre falanges (250-300 pessoas)! Competição entre eclusas!

Como se tudo corresse bem. No verão de 1932, Iagoda percorreu o traçado e ficou satisfeito, o arrimo. Mas, em dezembro, um telegrama dele: as metas não foram cumpridas, acabar com *a vagabundagem de milhares de pessoas*! Tinham descoberto: de acordo com os boletins, 100% do volume métrico já tinha sido extraído *algumas vezes* – mas o canal não estava concluído!

No início de 1933, nova ordem de Iagoda: renomear todos os departamentos como *estados-maiores das seções militares*! Trabalhar em três turnos (na madrugada quase polar)! Dar de comer direto no traçado (com comida fria)! Levar a julgamento por qualquer engodo!

Em janeiro, a *Ofensiva* do divisor de águas! Todas as falanges foram jogadas no mesmo lugar, com suas cozinhas e suas posses! Não havia barraca para todo mundo, as pessoas dormiam na neve – tudo bem, venceremos! O canal está sendo construído por iniciativa...

De Moscou, a ordem nº 1: "Declarar *ofensiva total* até o fim da construção"!

Em fevereiro – proibição de encontros em todo o BelBaltlag – ou era a ameaça do tifo exantemático, ou pressão em cima dos zeks.

Em abril – ofensiva ininterrupta de 48 horas – hurra-a! – *30 mil pessoas sem dormir!*

E, no Primeiro de Maio de 1933, o comissário do povo[123] Iagoda informou ao amado Professor que o canal estava pronto no prazo estipulado.

Em julho de 1933, Stálin, Vorochílov e Kírov empreenderam um passeio de vapor para inspeção do canal. Existe uma fotografia: eles sentados em cadeiras de vime no convés, "brincando, rindo, fumando". (E, entretanto, Kírov já estava condenado, mas não sabia.)

Em agosto, vieram os 120 escritores.

Não havia ninguém do local para trabalhar no Canal do Mar Branco, então trouxeram os deskulakizados (os "colonos especiais").

A maior parte dos "soldados do canal" foi construir o próximo canal, o Moskvá-Volga.

Por mais sombrias que fossem as Solovétski, foi só ali que os solovetskianos enviados ao Mar Branco para terminar sua sentença sentiram que a brincadeira tinha terminado; só ali descobriram o que era o verdadeiro campo de trabalhos forçados, que todos nós viemos a conhecer pouco a pouco. Em vez do silêncio de Solovkí, os intermináveis xingamentos e o ruído selvagem das desavenças, misturadas à agitação educacional. Até nos barracões do campo de Medvejiegorsk, sob a direção do BelBaltlag, as pessoas dormiam no tabuado (que já tinha sido inventado), não quatro pessoas, mas oito de uma vez: em cada armação ficavam duas pessoas, com os pés virados para a cabeça da outra. Em vez dos edifícios de pedra dos monastérios, barracões provisórios e permeáveis, ou então tendas, ou então simplesmente a neve. Dias de recordes. Noites de ofensivas. Na aglomeração, na balbúrdia em meio às explosões das rochas, havia muitos mutilados, a morte. A *balanda* já fria, devorada entre as rochas. Nós já lemos que tipo de trabalho era. Que tipo

123 Nome que se dava aos ministros na Rússia soviética. [N. T.]

de comida – e que tipo de comida poderia ser em 1931-1933? A roupa era a nossa, gasta. E só um tratamento, só um incentivo, só um adágio: "Vamos!… Vamos!… Vamos!…".

Dizem que, no primeiro inverno, de 1931 para 1932, morreram 100 mil – a mesma quantidade que havia no canal, constantemente. Como não acreditar? É até mais provável que essa cifra tenha sido diminuída: em situações semelhantes, nos anos de guerra, a mortalidade de 1% ao dia nos campos era algo ordinário, sabido por todos. Então, no Mar Branco, 100 mil poderiam morrer em pouco mais de três meses.

Para não ser pego de surpresa, é preciso ter em mente esse revigoramento do efetivo por conta da mortalidade, essa troca constante dos mortos por novos zeks vivos: no início de 1933, o número total simultâneo de prisioneiros nos campos ainda não devia exceder 1 milhão. A "Instrução" secreta, assinada por Stálin e Mólotov no dia 8 de maio de 1933, dá a cifra de 800 mil.[124]

D. P. Vitkóvski, veterano de Solovkí, que trabalhou no Canal do Mar Branco como mestre de obras, e que fazia o tal "engodo", ou seja, o registro de um volume inexistente de trabalho, que salvou a vida de muitos, pinta o seguinte quadro noturno (*Meia vida*, publicado em *samizdat*)[125]:

> Depois do fim do dia de trabalho, no traçado ficavam cadáveres. A neve cobria levemente seus rostos. Um deles encolheu-se junto a um carrinho de mão virado, puxou as mãos para dentro das mangas e assim congelou. Dois ficaram congelados ali, com as costas apoiadas um no outro. Eram camponeses, os melhores operários que você poderia imaginar. Dezenas de milhares deles eram mandados para o canal de uma vez; e ainda tentavam fazer com que nenhum caísse no mesmo campo que um conhecido, separavam-nos. E logo eles recebiam uma meta, em meio a pedregulhos e rochas, impossível de cumprir mesmo no verão. Ninguém conseguia

124 Instrução a todos os operários soviéticos do Partido e a todos os órgãos do OGPU, da corte e da promotoria (8 de maio de 1933). (Arquivo do Comitê Regional de Smolensk do PCUS/b.) / Boletim socialista: um órgão da delegação estrangeira do RSDRP, Nova York, 1955, nº 4 (681), p. 52. [N. E. R.]

125 As memórias de D. P. Vitkóvski foram publicadas, pela primeira vez depois de mais de trinta anos, na revista *Známia* (1991, nº 6). [N. E. R.]

ensiná-los, adverti-los; como no campo, eles dedicavam todas as forças, enfraqueciam depressa – e aí congelavam, abraçados em duplas. De madrugada, passavam trenós e os recolhiam. Os carregadores jogavam os cadáveres nos trenós, produzindo um estalo de madeira.

E então, no verão, dos cadáveres não recolhidos a tempo só restavam os ossos, que iam parar nas betoneiras, junto com o pedregulho. Assim eles foram parar no concreto da última eclusa, na cidade de Belomorsk, e para sempre ficarão ali.

Em 1966, ao terminar este livro, eu quis ir ao grande Mar Branco, ver com meus próprios olhos. Bom, para competir com aqueles 120. Não dava: não havia transporte. Seria preciso solicitar a um navio de carga. E ali verificariam os documentos. E o meu nome já estava marcado, logo haveria suspeitas: por que motivo eu estava indo para lá? Então, para manter o livro inteiro, o melhor era não ir.

Mas, de todo modo, consegui me aproximar de lá sorrateiramente. Primeiro, Medvejiegorsk. Até hoje ainda há muitas estruturas de barracões daquele tempo. E um hotel grandioso, com uma torre de vidro de cinco andares. Afinal, eram os portões do canal! Afinal, ali haveriam de fervilhar visitantes nacionais e estrangeiros... Começou vazio, continuou vazio – acabaram concedendo o prédio, virou um internato.

O caminho para Povenets. Uma floresta débil, pedras a cada passo, rochedos.

De Povenets, logo alcanço o canal e por muito tempo caminho ao longo dele, próximo às eclusas, para vê-las. As zonas proibidas, a guarda sonolenta. Mas em alguns lugares dá para ver bem. Mas por que é tão silencioso? Uma solidão, nenhum movimento, nem no canal nem nas eclusas. Em nenhum lugar se vê correria de funcionários. Ali, onde 30 mil pessoas ficavam sem dormir de madrugada, agora todos dormem até durante o dia. Não se ouvem os apitos dos vapores. Os portões não se abrem. Um sereno dia de junho – por que razão?...

Assim eu passei pelas cinco eclusas da "Escadaria de Povenets" e, depois da quinta, me sentei na margem. Ilustrado em todos os maços de cigarro, tão terrivelmente necessário ao nosso país – por que é que você permanece calado, Grande Canal?

Alguém em trajes civis se aproximou de mim com olhar inquiridor. Eu disse com ar ingênuo: alguém vende peixe aqui? E como eu faço para ir embora pelo canal? No fim das contas, era o chefe da guarda da eclusa. Perguntei por que não havia transporte de passageiros. "Como assim", ele se surpreendeu. "E por acaso pode? Aí os americanos logo viriam surrupiar. Antes da guerra até existia, mas depois da guerra, não." "Eles que venham." "E por acaso pode mostrar para eles?!" "Mas por que não passa mais ninguém?" "Passa. Mas pouca gente. Está vendo, ele é miúdo, tem 5 metros. Queriam reconstruir, mas parece que vão fazer outro do lado, um bom."

É, chefinho, isso nós sabemos faz tempo: em 1934, mal tinham terminado de distribuir as condecorações, já existia o projeto de reconstrução. Mas o que transportar, e para onde? Bom, derrubaram ali perto uma floresta – agora de onde levar? O de Arkhánguelsk – para Leningrado? Mas se compram ali mesmo, em Arkhánguelsk, desde há muito os estrangeiros compram lá. E o canal fica seis meses debaixo do gelo, se não mais. Qual era a necessidade, afinal? Ah, sim, militar. Deslocar a frota.

— Tão miúdo – lamenta o chefe da guarda –, nem os submarinos passam, no ritmo deles: são postos em lanchas, e então arrastados.

E com relação aos cruzadores?... Ó tirano-ermitão! Louco noturno! Em que delírio você inventou tudo isso?!

E tinha pressa de ir aonde, maldito? O que o queimava e aborrecia – em vinte meses? Pois esse quarto de milhão poderia ter ficado vivo. Certo, os esperantistas estavam atravessados na sua garganta, mas os meninos camponeses, quanto eles não teriam produzido para você! Quantas vezes ainda você os teria levado ao ataque – pela pátria, por Stálin!

— Custou caro – eu disse ao guarda.

— Em compensação, construíram rápido! – ele respondeu, convicto.

Se tivessem sido os seus ossos!...

Eu me lembro de uma fotografia orgulhosa daquele volume do Mar Branco: uma cruz russa antiga, apoiada por fios elétricos. Se tivessem sido os ossos de vocês...

Naquele dia, fiquei oito horas junto ao canal. Nesse tempo, uma lancha motorizada passou de Povenets a Soroka; e uma, do mesmo tipo, de Soroka a Povenets. Os números delas eram diferentes, e só pelos números eu distingui que não era a mesma, voltando. Porque elas levavam a mesmíssima carga: os mesmíssimos troncos de pinheiro, já mofados, que só serviam para lenha.

Mas, subtraindo, temos zero.

E um quarto de milhão na mente.

Capítulo 4
O Arquipélago solidifica-se

Em 1933, o Grande Líder declarou, na plenária de janeiro do Comitê Central e da Comissão de Controle Central, que a "extinção do Estado", prometida por Lênin e tão esperada pelos humanistas, "não viria por meio do enfraquecimento do poder do Estado, mas de seu *fortalecimento máximo, indispensável para acabar com os vestígios das classes agonizantes...*"[126] (O grifo é meu – A. S.). Vychínski, que ocupava seu lugar de auxiliar, logo secundou: "E, consequentemente, o *incremento* máximo... das instituições de trabalhos correcionais"![127] O ingresso no socialismo por meio do incremento máximo das prisões! Isso não foi uma revista humorística fazendo piada, foi o promotor geral da União Soviética quem disse!

"Na época do ingresso no socialismo, o papel das instituições de trabalhos correcionais como instrumento da ditadura do proletariado, como órgão de repressão, como meio de coerção e educação, deverá *aumentar e fortalecer-se ainda mais.*"[128]

Quem acusará a nossa Teoria Progressista de ter ficado atrasada em relação à prática? Tudo isso foi impresso, preto no branco, mas nós ainda não sabíamos ler. O ano de 1937 foi publicamente previsto e fundamentado.

126 I. V. Stálin, *Obras* (em treze volumes), Moscou, 1949-1955, vol. 13, p. 211. [N. A.]

127 *Das prisões às instituições educacionais* (organização geral de A. Ia. Vychínski), Instituto de Política Criminal e de Trabalhos Correcionais da Promotoria da URSS e do Comissariado do Povo para a Justiça da RSFSR, Moscou, Soviétskoie Zakonodátelstvo, 1934. Prefácio de A. Ia. Vychínski, p. 7. [N. A.]

128 Idem, p. 449. [N. A.]

Mas o que ocorreu verdadeiramente no Arquipélago em 1937? De acordo com Vychínski, o Arquipélago "fortaleceu-se" muito: sua população multiplicou-se abruptamente. Mas, contrariando a noção mais difundida, isso nem de longe ocorreu somente por causa dos prisioneiros detidos em 1937: eles transformaram em zeks os "colonos especiais". Eram a sobra da coletivização e da deskulakização, aqueles que tinham conseguido sobreviver na taiga e na tundra, arruinados, sem abrigo, sem instalações, sem ferramentas. Graças à força da raça camponesa, ainda restavam milhões daqueles sobreviventes. E agora os "povoados especiais" de degredados eram totalmente integrados ao Gulag. Esses povoados foram rodeados por arame farpado, se já não eram, e tornaram-se pontos de campo (todo o complexo industrial de Norilsk surgiu dessa maneira). E foi essa adição – de novo camponesa! – o principal influxo do Arquipélago em 1937.

Assim o Arquipélago cresceu de maneira gigantesca – mas seu regime podia tornar-se ainda mais cruel? No fim das contas, podia, sim. Todos os lacinhos e fitinhas foram arrancados por uma mão hirsuta.

O Arquipélago foi sacudido, e eles se convenceram de que, começando por Solovkí, e mais ainda na época dos canais, toda a máquina dos campos tinha se afrouxado de modo inadmissível. Agora, essa fraqueza seria removida.

Em primeiro lugar, a guarda não servia de nada, não era nada digna de um campo: nas torres, só de madrugada havia sentinelas; na guarita de segurança, um vigia solitário, desarmado, que podia ser persuadido e sair por um tempo; na zona, eram permitidas lanternas de querosene; algumas dezenas de prisioneiros eram conduzidas ao trabalho por um fuzileiro solitário. Agora, instalaram iluminação elétrica ao longo das zonas. Os fuzileiros da guarda receberam estatuto militar e treinamento de combate. Nos efetivos obrigatórios de serviço, foram incluídos cães de guarda, com seus criadores, treinadores e estatuto próprio. Finalmente, os campos assumiram seu aspecto plenamente atual, conhecido por nós.

E a cortina de ferro desceu sobre o Arquipélago. Ninguém podia mais entrar e sair pela guarita de segurança do campo além dos oficiais e sargentos do NKVD.

E foi então que se arreganharam os dentes de lobo! E foi então que se escancaram os abismos do Arquipélago!

— *Com lata de conserva no pé, mas vai para o trabalho!*

— *Se não tem dormente para colocar, vai você mesmo!*

E só uma invenção dos anos anteriores não foi abandonada pelo Gulag: o incentivo à bandidagem, aos criminosos comuns. Foi de maneira ainda mais consistente que os comuns receberam todos os "altos postos de comando" do campo. Foi de maneira ainda mais consistente que eles açularam os comuns contra os detidos do Cinquenta e Oito, que deixaram que estes fossem roubados, surrados e oprimidos por aqueles, sem nenhum empecilho. Os larápios tornaram-se como que uma polícia de dentro do campo, como que tropas de assalto do campo.

Dizem que, em fevereiro-março de 1938, foi passada ao NKVD uma instrução secreta: *diminuir a quantidade de prisioneiros*! (não pela soltura deles, é claro). Não vejo aí nada impossível: era uma instrução lógica, porque faltava moradia, faltava roupa, faltava comida. O Gulag enfraquecia-se.

Foi então que começaram a jazer amontoados os pelagrosos[129], apodrecendo. Foi então que os chefes das escoltas começaram a conferir a precisão da regulagem das metralhadoras nos zeks que tropeçavam. Foi então que, todo dia de manhã, passaram a arrastar os cadáveres, em pilhas, para o posto de guarda.

Em Kolimá, aquele polo do frio e da crueldade do Arquipélago, a mesma mudança se deu, de maneira brusca, digna do polo.

Essas eram as *carruagens da morte*, na fonte Marisny (quilômetro 66 da rodovia de Srednekan). O chefe aturava dez dias inteiros de não cumprimento da meta. Apenas no décimo dia prendiam na cela isolada, com ração punitiva, e ainda tiravam dali para o trabalho. Mas, para os que nem assim cumpriam a

129 Pelagra (do italiano *pelle agra*, "pele áspera") é uma doença causada por avitaminose, após uma prolongada alimentação deficiente. [N. E. R.]

meta, havia a carruagem: encaixava-se sobre o trenó de um trator uma armação de 5 × 3 × 1,8 metro, feita de traves úmidas fixadas com grampos de construção. Uma portinha pequena, sem janelas nem nada dentro, nenhuma tarimba. À noite, tiravam da solitária de punição os que tinham cometido mais faltas, os embotados e os que já estavam indiferentes, enfiavam na carruagem, trancavam com um cadeado enorme e levavam com o trator até a distância de uns 3 ou 4 quilômetros do campo, numa baixada. Alguns lá dentro gritavam, mas o trator era desengatado e ia embora por um dia. Depois de um dia, soltavam o cadeado e jogavam fora os cadáveres. Tinham sido cobertos pela nevasca.

O recrudescimento do regime de Kolimá foi marcado externamente pelo fato de que Garánin foi nomeado chefe do USVITLag[130].

Ali aboliram (para os do Cinquenta e Oito) os últimos dias de folga; o dia de trabalho no verão foi aumentado para catorze horas; um frio de 45 ou 50 graus negativos foi considerado adequado para o trabalho, e só era permitido "pendurar" o dia a partir de 55 graus negativos.

Havia ainda o escorbuto, além da chefia, para derrubar as pessoas.

Mas mesmo tudo isso parecia pouco, ainda não era suficientemente produtivo. E começaram os "fuzilamentos de Garánin", assassinatos abertos. Às vezes, debaixo do estrépito dos tratores; às vezes, nem isso. Muitos pontos do campo eram famosos pelos fuzilamentos e pelos túmulos em massa: tanto Orotukan, como a fonte Poliárny, como Svistoplias, como Annuchka, e até a cooperativa agrícola Duktcha; mas, nesse quesito, mais famosos que os demais eram a mina Zolotísty e a Serpantinka. Na Zolotísty, durante o dia, tiravam as brigadas de dentro das galerias e fuzilavam ali mesmo, um por um. (Isso não substituía os fuzilamentos noturnos, estes aconteciam de qualquer maneira.) Na Serpantinka, todo dia fuzilavam entre trinta e cinquenta pessoas, debaixo do alpendre junto à cela isolada. Depois, os cadáveres eram arrastados nos trenós dos tratores para o outro lado da colina.

130 Administração dos Campos do Nordeste. [N. T.]

Eu quase excluo Kolimá do alcance deste livro. Kolimá, no Arquipélago, é um continente separado, ela é digna de seus próprios relatos. E Kolimá ainda teve "sorte": lá sobreviveu Varlam Chalámov; lá sobreviveram Ievguênia Ginzburg, Olga Sliozberg e outros, e todos escreveram memórias. Eu me permito apenas incluir aqui algumas linhas de V. Chalámov sobre os fuzilamentos de Garánin:

> Durante muitos meses, dia e noite, nas chamadas matutinas e noturnas, liam-se inúmeras ordens de fuzilamento. Num frio de 50 graus negativos, a banda musical dos presos comuns tocava uma fanfarra antes e depois da leitura de cada ordem. As fumacentas tochas de gasolina rompiam as trevas... O papel de seda da ordem estava coberto de geada, e um chefe qualquer, que lia a ordem, sacudia os cristais de neve da folha com a manga para poder decifrar e gritar o sobrenome do próximo fuzilado.

Assim o Arquipélago concluiu o Segundo Plano Quinquenal e, então, adentrou no socialismo.

Desde o início da guerra (provavelmente por questões de mobilização), as cotas de comida foram diminuídas nos campos. A cada ano, pioravam também os próprios víveres: os legumes foram trocados por nabo; os cereais, por ervilhaca e farelo.

Se você perguntar a um veterano dos campos da época da guerra qual era seu objetivo maior, final e obviamente inatingível, ele responderia: "Pelo menos uma vez, comer *pão preto* até me fartar; podia até morrer depois". Ali, durante a guerra, de modo algum se enterrava menos do que no front. L. A. Komogor passou o inverno inteiro de 1941-1942 na "equipe fraca", fazendo este trabalho fácil: empacotando, em caixões improvisados com quatro tábuas, dois cadáveres nus a cada vez, um com os pés virados para a cabeça do outro; e eram trinta caixas daquelas por dia. (Pelo visto, o campo ficava perto, por isso era necessário empacotar.)

Sete épocas dos campos brigarão entre si para ver qual delas era pior para o ser humano – dê ouvidos à época da guerra. Até dizem assim: quem não ficou preso durante a guerra também não experimentou o campo.

O campo dos anos de guerra era o seguinte: mais trabalho, menos comida, menos aquecimento, roupa pior, leis mais cruéis, punições mais severas – mas isso ainda não é tudo. Os zeks sempre foram privados do protesto externo – a guerra tirou deles também o interno. Qualquer aventureiro com insígnias que estivesse evitando o front sacudia o dedo e dava sermão: "E no front, como é que morrem?... E fora da prisão, como é que trabalham? E em Leningrado, quanto recebem de pão?...". E até mesmo internamente não havia o que contestar. Sim, no front morriam, deitados sobre a neve. Sim, fora da prisão estavam extenuados e passando fome. (E o *front do trabalho* dos livres, para onde levavam as moças solteiras dos vilarejos, onde havia áreas de derrubada de árvores, ração de pão de 700 gramas, onde usavam água de lavar louça para fazer comida, valia o mesmo que qualquer campo de trabalho.) Sim, no bloqueio de Leningrado davam uma ração ainda menor que a da solitária do campo. Durante a guerra, todo o tumor cancerígeno do Arquipélago ficou parecendo (ou passava a imagem de ser) como que um órgão importante e necessário do corpo russo; era como se ele também trabalhasse em prol da guerra! A vitória também dependia dele! E toda essa mentirosa luz de justificativa incidia sobre os fios do arame farpado, sobre o cidadão-chefe sacudindo o dedo – e, ao morrer com sua célula putrefata, você era privado até da última satisfação antes da morte, a de amaldiçoá-lo.

Para os do Cinquenta e Oito, os campos dos tempos de guerra eram especialmente difíceis, devido à prática de arrumar *novas sentenças*; era uma ameaça pior que o cadafalso. Os representantes de operação, eles mesmos livrando-se do front, descobriam, em arrabaldes afastados, em pequenas missões na floresta, conspirações com a participação da burguesia mundial, planos de levantes armados e fugas em massa. No UkhtPetchlag, choviam sentenças de fuzilamento e de vinte anos: "por incitação a fuga", "por sabotagem".

Havia muitos zeks – isso não é inventado, é verdade – que, já nos primeiros dias da guerra, entregaram requerimento: pediram para ser levados para o front. Eles tinham provado da poça mais terrivelmente fétida do campo – e agora pediam para ser enviados ao front! ("E continuarei vivo, voltarei para cumprir minha sentença"...) Este era o caráter russo: era melhor morrer em campo aberto que num chiqueiro apodrecido! Sair da condenação estagnada que havia ali, das novas sentenças que arranjavam, daquela perdição muda. E, para alguns, era ainda mais simples, mas de modo algum vergonhoso: lá, ainda haveriam de morrer, mas logo receberiam um uniforme, comida, bebida, seriam levados no vagão, quem sabe até poderiam olhar pela janela. E lá ainda havia certo perdão generoso: você foi ruim conosco, e veja só como nós somos com você!

Porém, para o Estado, não tinha sentido, em termos econômicos e organizacionais, fazer esses deslocamentos supérfluos, levar alguém do campo para o front e trazer alguém para o campo em seu lugar. Cada um tinha definido seu ciclo de vida e de morte; se, na primeira seleção, tivesse caído com os bodes, em meio aos bodes deveria morrer.

Mas as autoridades do campo não desprezavam totalmente esses arroubos de patriotismo. Nas áreas de corte de madeira, isso não aconteceu muito, mas estes aqui: "Vamos entregar carvão acima da meta, é luz para Leningrado!", "Vamos apoiar a Guarda com minas!" – esses vingaram, como contam as testemunhas. Arseni Formakov, homem respeitável e de temperamento equilibrado, conta que seu campo foi tomado pelo entusiasmo pelo trabalho para o front; os zeks ficaram ofendidos quando não receberam permissão para recolher dinheiro para uma coluna de tanques (a "Djidinets").

Já as condecorações eram de conhecimento geral, e foram anunciadas logo depois da guerra: aos desertores, trapaceiros e ladrões, a anistia; ao Cinquenta e Oito, os Campos Especiais.

Com essas formas, solidificaram-se as ilhas do Arquipélago; mas não se deve pensar que, ao solidificarem-se, elas pararam de irradiar metástases.

Dos anos que antecederam a guerra, data a conquista dos desertos despovoados do Cazaquistão pelo Arquipélago. Como um polvo, espalhou-se o ninho dos campos de Karagandá; as férteis metástases foram lançadas para Djezkazgan, com sua água envenenada de cobre, para Mointý, para Balkhach.

Incharam os neoplasmas na região de Novossibirsk (os campos de Mariinsk), no território de Krasnoiarsk (os de Kansk, o Kraslag), na Cacássia, na Mongólia Buriata, no Uzbequistão, até na Chória Montanhosa.

Não pararam de crescer o norte russo, tão amado pelo Arquipélago (UstVymlag, Nyroblag, Ussollag), e os Urais (Ivdellag).

Assim, não havia região alguma, fosse de Tcheliábinsk ou de Kúibychev, que não gerasse os próprios campos.

Em 1939, antes da guerra com a Finlândia, Solovkí, a *alma mater* gulaguiana, que ficara próxima demais do Ocidente, foi transferida, pelas vias marítimas do norte, ou para Nóvaia Zemliá ou para a foz do Ienissei, e lá confluiu com o recém-formado Norillag, que logo alcançou 75 mil pessoas. Solovkí era tão maligna que, mesmo ao morrer, deu uma última metástase – e que metástase!

Capítulo 5
Sobre o que se sustenta o Arquipélago

Havia no Extremo Oriente uma cidade com o nome fiel de Alekséievsk (em honra do Tsarévitche). A Revolução rebatizou a cidade de Svobódny[131]. Os cossacos do Amur que povoavam a cidade se dispersaram – e ela se esvaziou. De alguma forma era preciso povoá-la. Povoaram: com detentos e os tchekistas que os vigiavam. Toda a cidade de Svobódny tornou-se um campo (o Bamlag).

Assim os símbolos nascem da vida.

Os campos não são apenas o "lado escuro" da nossa vida pós-revolucionária. Sua latitude fez deles não uma lateralidade, não algo marginal.

A necessidade econômica revelou-se, como sempre, de forma franca e ávida: para o Estado que tencionava se fortalecer em um prazo curto (ali, três quartos da questão era o prazo, como no Mar Branco!), sem empregar nada de fora, era preciso mão de obra:

a) extremamente barata, ou melhor – gratuita;

b) despretensiosa, pronta para ser transferida de um lugar a outro em qualquer dia, livre da família, sem exigir construção de moradias, escolas, hospitais nem, por algum tempo, cozinha ou banhos.

Só era possível obter uma tal força de trabalho devorando os próprios filhos.

Havia, contudo, no Código Penal de 1926, o Artigo 9º, que conheci por acaso e decorei: "As medidas de defesa social não

131 "Livre", em russo. [N. T.]

podem ter como objetivo gerar sofrimento físico ou rebaixar a dignidade humana, e as tarefas de castigo e punição não se aplicam".

Tudo azul! Por gostar de *espezinhar* a chefia com bases legais, eu frequentemente despejava neles esse artigo – e todos os guardas só faziam arregalar os olhos de espanto e indignação. Já estavam no serviço havia vinte anos, preparavam-se para a aposentadoria – e nunca tinham ouvido falar de nenhum Artigo 9º e, aliás, não carregavam o Código Penal.

"Dignidade pessoal"! De quem foi condenado sem julgamento? De quem fica com a bunda na lama na estação? De quem, ao silvo do açoite do cidadão carcereiro, arranha com os dedos a terra regada de urina e carrega-a, para não ir para a solitária? Daquelas mulheres instruídas que, como se fosse uma grande honra, foram agraciadas com a lavagem da roupa de baixo e a alimentação dos porcos privados do cidadão-chefe do posto de transferência do campo?

... Fogo, fogo! Os galhos crepitam, e o vento noturno do outono tardio sacode as chamas da fogueira. A zona é escura, estou só junto à fogueira, posso trazer ainda restos da carpintaria. A zona é franca, tão franca que pareço estar em liberdade – é a Ilha Paradisíaca, é a "torre" de marfim em sua época mais franca. Ninguém olha para mim, nem me chama para a câmara, nem me expulsa da fogueira. Agasalhei-me na *telogreika*[132] – continuo gelado pelo vento cortante.

E ela, que já está há uma hora no vento, em posição de sentido, de cabeça baixa, ora chora, ora se congela, imóvel. Por vezes volta a pedir, queixosa:

— Cidadão-chefe!... Perdão!... Perdão, não vou mais...

O vento traz seu gemido até mim, como se ela gemesse bem no meu ouvido. O cidadão-chefe, no posto de guarda, aquece a fornalha e não responde.

132 Casaco pesado para neve. [N. T.]

É o quartel contíguo ao nosso campo, cujos trabalhadores vêm à nossa zona colocar encanamento, consertar o prédio decrépito do seminário. Afastada de mim pelo emaranhado múltiplo do arame farpado, e a dois passos do quartel, sob uma lanterna forte, está a moça punida, abatida, o vento agita seu saiote cinza de trabalho, esfriando as pernas e a cabeça, envolta em uma echarpe leve. De dia, quando escavavam uma trincheira, estava quente. E outra moça, descendo o barranco, rastejara até a rodovia de Vladynski e fugira – a vigilância estava distraída. E, pela rodovia, vinha um ônibus municipal de Moscou, deram-se conta disso – e não a capturaram mais. Fez-se o alarme, veio um pérfido major malvado, gritou, que fuga é essa, se não acharem a fugitiva, todo o campo será privado de encontro e comunicação por um mês. E todas as integrantes da brigada se enfureceram, e todas gritaram, especialmente uma, revirando os olhos com raiva: "Peguem essa maldita! Que tosquiem – trec, trec! – sua cabeça com uma tesoura na primeira fila!". (Isso ela não inventou, as mulheres são punidas assim no Gulag.) E essa moça suspirou e disse: "Que ela passeie em liberdade por nós!". O carcereiro ouviu, e ela foi punida: todas foram levadas para o campo, e ela foi posta em posição de "sentido" diante do quartel. Isso tinha sido às seis da tarde, e agora eram onze da noite. Ela tentava pular de um pé para o outro, para se aquecer, o vigia saíra e gritara: "Fique em sentido, sua puta, ou será pior!". Agora ela não se mexia, e só chorava:

— Perdoe-me, cidadão-chefe! Deixe-me ir para o campo, eu não vou mais fazer isso!...

Mas mesmo no campo ninguém lhe diz: *santa*! *Entre*!...

Se ficam tanto tempo sem deixá-la entrar, é porque amanhã é domingo e ela não é necessária para o trabalho.

Mocinha de cabelos tão claros, simplória, sem instrução.

Presa em um carretel. Que ideia perigosa você exprimiu, irmãzinha! Querem lhe dar uma lição para a vida inteira.

Fogo, fogo!... Combateram – viram na fogueira como seria a Vitória... O vento leva da fogueira a casca que não queimou até o fim.

A esse fogo e a você, moça, eu prometo: o mundo inteiro lerá sobre isso.

Isso ocorreu no fim de 1947, no trigésimo aniversário do Outubro, em nossa capital, Moscou, que acabara de festejar 800 anos de suas crueldades. A 2 quilômetros da Exposição Agrícola da União. E a menos de 1 quilômetro da Casa dos Servos Artistas de Ostánkino.

Servos! Não por acaso, essa comparação ocorreu a muitos, quando tiveram tempo de refletir. Não se tratava de traços isolados, mas toda a ideia principal da existência da servidão e do Arquipélago era uma só: uma organização social para o aproveitamento coercitivo e impiedoso do trabalho gratuito de milhões de escravos. Seis dias por semana, e frequentemente sete, os nativos do Arquipélago iam para a corveia extenuante, que não lhes trazia nenhum proveito pessoal. Só eram reconhecidos como doentes os que não conseguiam descer de jeito nenhum das estufas (das tarimbas). Também existia o castigo para os infratores, só que o proprietário de terras, agindo em interesse próprio, castigava com o açoite, no estábulo, com perda menor de dias de trabalho, e lá não havia solitária, enquanto o chefe do posto de transferência instala o culpado no Chizo (isolamento disciplinar) ou no BUR (barracão de regime intensivo). Assim como o proprietário de terras, o chefe do campo pode pegar qualquer escravo para si, como lacaio, cozinheiro, cabeleireiro ou bufão (pode até formar um teatro de servos, se lhe aprouver), utilizar qualquer escrava como sua governanta, concubina ou doméstica. Como o proprietário de terras, ele podia aprontar e mostrar seu temperamento à vontade.

Assim como o servo não escolhera sua sina de escravo, não sendo culpado de seu nascimento, o detento tampouco a tinha escolhido, tendo ido parar no Arquipélago por mera fatalidade.

Essa semelhança se fez notar há tempos na língua russa: "alimentou as pessoas?", "mandou as pessoas para o trabalho?", "quantos homens você tem?", "vieram-me uns homens!". *Pessoas, homens* – estão falando de quem? Falavam assim dos servos. Falam assim dos detentos. É impossível, contudo, falar assim de oficiais, de dirigentes – "quantos homens você tem?" – ninguém vai nem entender.

Mas vão nos retrucar que mesmo assim não são tantas as semelhanças com a servidão. Que há mais diferenças.

Concordamos: há mais diferenças. Mas que espantoso: todas as diferenças são a favor da servidão! Todas as diferenças são em desvantagem do Arquipélago Gulag!

Os servos não trabalhavam mais do que do nascente ao poente. Os zeks começam no escuro, terminam no escuro. Para os servos, o domingo era sagrado, assim como todos os doze grandes feriados ortodoxos, mais os da Igreja, e mais uns quantos do Natal (iam até fantasiados!). O detento, antes de cada domingo, apavora-se: vão dar ou não vão dar? E não conhece feriado nenhum: os dos dias Primeiro de Maio e Sete de Novembro são mais aflitivos, com suas buscas e regime especial, do que qualquer feriado. Os servos moravam em isbás de alojamento, consideravam-nas suas e, ao se deitarem, à noite – na estufa, nas tábuas, nos bancos –, sabiam: este lugar é meu, sempre dormi aqui e continuarei dormindo. O detento não sabe em que pavilhão estará amanhã. Não tem a "sua" tarimba, as "suas" tábuas. Vai para onde mandarem.

Os servos tinham seu cavalo, seu arado, machado, gadanha, fuso, cestas, louça, roupa. Mesmo os domésticos, escreve Herzen, sempre tinham uns trapos que deixavam como herança para os próximos – e que os proprietários rurais quase nunca tomavam. Já o zek é obrigado a entregar o que é de inverno na primavera, o que é de verão no outono, sacodem-lhe a bolsa ao fazer o inventário e recolhem ao erário cada trapo extra. Não lhe permitem nem um pequeno canivete nem uma tigela, e, de bicho, só piolho. O servo lança sua nassa e pesca peixes. O zek só pega peixe com colher, na *balanda*.

Durante a maior parte de sua história, a antiga Rússia não conhecia a fome. "Ninguém morreu de fome na Rus", diz o provérbio. E um provérbio não se forma a partir de mentiras. Os servos eram escravos, mas eram alimentados.[133] Já o

133 Há testemunhos assim em todos os séculos. No XVII, Juraj Križanić escreve que os camponeses e artesãos da Moscóvia viviam com mais abundância

Arquipélago viveu por décadas curvado sob uma fome cruel, os zeks brigavam por uma cauda de arenque da lata de lixo.

Os servos viviam em família. A venda ou troca de um servo separado da família era reconhecida por todos como uma barbaridade proclamada, com a qual se indignava a literatura russa pública. Centenas, talvez milhares (embora dificilmente tantos) de servos foram arrancados de suas famílias. Mas não milhões. O zek é separado da família desde o primeiro dia da prisão e, na metade dos casos, para sempre. Igualmente, todo zek que se unia, no campo, em um amor breve ou prolongado logo era punido com a solitária, isolado e despachado.

Pois, em geral, a situação dos servos era aliviada porque o proprietário de terras era constrangido a poupá-los; custavam dinheiro, seu trabalho trazia-lhe riqueza. O chefe do campo não poupa os detentos; não os adquiriu, não os deixará em herança para os filhos e, morrendo uns, chegam outros.

Não, é inútil continuar a comparar nossos zeks com os servos rurais. A situação dos servos merece ser reconhecida como muito mais tranquila e humana. A situação dos nativos do Arquipélago pode ser aproximada com a dos servos das fábricas, do Ural, de Altai, de Nértchinsk. Ou com os dos povoados de Araktchêiev. (E alguns vão retrucar: isso é um exagero, nos povoados de Araktchêiev também havia natureza, família e feriados. A comparação só seria exata com a antiga escravidão oriental.)

E só uma, só uma superioridade dos detentos sobre os servos vem à mente: o detento vai parar no Arquipélago, ainda que com pouca idade, entre 12 e 15 anos, mas mesmo assim não é servo desde o dia do nascimento! E, ainda assim, quantos anos de sua liberdade são ceifados antes de ele sair. Quanto às vantagens

que os ocidentais e que os habitantes mais pobres da Rus comiam um bom pão, peixe, carne. Mesmo no Tempo das Perturbações, "os velhos celeiros não estão esgotados, e os campos estão cheios de medas, as eiras repletas de pilhas e montes de feno para dez anos" (Abraão Pálitsyn). No século XVIII, Fonvízin, comparando a fartura dos camponeses russos e dos de Languedoc e da Provença, escreve: "considero, julgando com imparcialidade, a situação dos nossos incomparavelmente mais feliz". No século XIX, Púchkin escreveu sobre uma aldeia de servos: "Por toda parte, traços de satisfação e trabalho". [N. A.]

de um período judicial determinado, diante do caráter vitalício da servidão camponesa, há muitas ressalvas: se o prazo não for "um quarto de século", se o artigo não for o 58; se não for "até disposição especial"; se não lhe enfiarem um segundo período no campo; se, depois do período, não o mandarem automaticamente para o exílio; se, da liberdade, não voltar imediatamente para o Arquipélago, como reincidente. As ressalvas são tão numerosas que nos lembramos, afinal, que às vezes, na servidão, o fidalgo concedia a liberdade por extravagância.

É por isso que quando, numa cela na Lubianka, um novato nos informou que a sigla para Segunda Servidão (bolchevique) era a mesma que para Partido Comunista da União (bolchevique), isso não nos pareceu engraçado, mas profético.

Os comunistas buscavam um novo estímulo para o trabalho social. Achavam que seria a consciência e o entusiasmo diante da plena abnegação. Por isso, apoiaram tanto a "grande iniciativa" dos *subbótniks*[134]. Mas ela se revelou não o começo de uma nova era, mas os espasmos do autossacrifício de uma das últimas gerações da Revolução. Por mais uma dezena de anos, esse ímpeto ainda bastou para os membros do Komsomol e para nós, que éramos então pioneiros. Mas depois se interrompeu também em nós.

E então? Onde buscar o estímulo? No dinheiro, no trabalho pago por empreitada, nas gratificações? Mas isso nos cheirava ao capitalismo recente, e seria necessário um período mais longo, outra geração, para que o odor parasse de irritar e fosse possível aceitá-lo pacificamente como "princípio socialista de vantagem material".

A fórmula tornou-se conhecida, de tantas vezes que a repetiram: "Na nova construção social, não pode haver lugar nem para os bastões disciplinares, em que se apoiava a servidão, nem para a fome disciplinar, à qual se aferra o capitalismo".

134 "Sábados comunistas", dias de trabalho não remunerado, inicialmente voluntário, depois gradualmente compulsório. [N. T.]

Assim, o Arquipélago soube combinar maravilhosamente uma coisa e outra.

E as técnicas necessárias para isso são: 1. Panelinha; 2. Brigada; 3. Duas chefias.

O Arquipélago está assentado nesses três pilares.

E, se consideradas como "correias de transmissão", são elas que o fazem girar.

Panelinha é a redistribuição de pão e cereais, para que, em troca da ração média que o preso inativo recebe em sociedades parasitas, nosso zek tenha de se bater e se curvar para receber sua ração legal apenas em montinhos suplementares de 100 gramas, sendo considerado, por isso, um trabalhador exemplar. Produtividade acima de 100% dava direito a colheres de mingau complementares (que lhe tinham sido retiradas de antemão). Nem esses pedacinhos de pão nem essas quirelas de cereal eram comparáveis às forças despendidas para adquiri-los. Mas, por um traço eternamente desastroso, o homem não sabe mensurar a coisa e seu valor. Como o soldado, em uma guerra alheia, lança-se ao ataque por um copo barato de vodca, e entrega sua vida, o zek, por essas esmolas miseráveis, arrasta-se em um tronco, molha-se na enchente de um rio do norte ou, na água congelada, amassa o barro para o adobo com os pés descalços, que não o levarão mais à terra da liberdade.

Contudo, a panelinha satânica não é onipotente. Nem todos mordem sua isca. Como os servos certa vez aprenderam que "trabalho precipitado não dá bom resultado", os zeks aprenderam que, no campo, o que mata não é a ração pequena, mas a grande.

Preguiçosos! Broncos! Bestas insensíveis! Não querem esse adicional! Não querem um pedacinho desse pão nutritivo, misturado com batata, ervilhaca e água! Não querem nem condicional! Não querem nem entrar no quadro de honra![135] Dispersam-se pelas vielas das minas, pelos andares das construções, ficam felizes ao se esconder da chuva em buracos escuros, só para não trabalhar.

135 Na URSS, havia esse quadro com as fotos e os nomes de quem se destacava em seu trabalho. [N. T.]

Pensaram. E inventaram a *brigada*. E como não teríamos atinado? Nossos *naródniks* queriam chegar ao socialismo pela comuna rural; e os marxistas, pelo "coletivo".

De acordo com os objetivos da brigada, são estabelecidas as tarefas correspondentes e quem serão os chefes de brigada (na língua do campo, "bossas"). Atiçando os detentos com bastão e ração, o chefe de brigada tem de dar conta de tudo na ausência de chefia, inspeção e escolta. Chalámov cita exemplos em que, em uma temporada de mineração de ouro em Kolimá, o efetivo pereceu algumas vezes, mas o chefe de brigada continuou o mesmo. No Kemerlag, o chefe de brigada Perelómov era assim – não utilizava a língua, apenas o porrete.

Contudo, a que as pessoas não se adaptam? Seria rude de nossa parte não levar em conta que, às vezes, a brigada se tornou a célula natural da sociedade nativa – como, em liberdade, acontece com a família. Eu mesmo conheci brigadas assim – mais de uma. Verdade que, normalmente, eram brigadas especiais: de eletricistas, torneiros, carpinteiros, pintores. Quanto menores eram essas brigadas (entre dez e doze homens), mais nitidamente surgia nelas o princípio de defesa e amparo mútuo.

Para essa brigada e esse papel, o chefe também deve ser adequado: moderadamente cruel; perspicaz e justo; com seu trato curtido no confronto com a chefia – uns usando um balido rouco, outros sendo furtivos; assustador para todos os *pridúrki*; sem perder uma ocasião de arranjar para a brigada uma dose extra, calças de algodão, um par de botas; bom conhecedor do trabalho e dos setores vantajosos e desvantajosos; com olhar aguçado para o engodo – onde será mais fácil obtê-lo em cinco dias: no controle ou nos volumes? –; defendendo o engodo de forma inabalável diante do mestre de obras; sabendo *molhar a mão* do apontador; sabendo quem em sua brigada é dedo-duro (e, se não for muito inteligente e nocivo, mantê-lo lá, senão botam um pior no lugar). Ele deve sempre saber quem encorajar com um olhar, quem xingar e a quem dar um trabalho mais leve no dia. E uma brigada dessas, com um chefe de brigada desses, acostuma-se à severidade, e sobrevive-se com severidade. Não há ternura, mas ninguém cai. Trabalhei com chefes de brigada assim – com Sinebriúkhov, com Pável Baraniuk. E muitas narrativas coincidem em que, na maioria das vezes, esses chefes de brigada racionais e parcimoniosos são filhos de "*kulaki*".

E as *duas chefias* são cômodas para o campo da mesma forma que uma pinça precisa de ambas as hastes, a esquerda e a direita. Duas chefias são o martelo e a bigorna, que extraem do zek aquilo de que o Estado precisa e, quando se despedaça, largam no lixo.

Concentram-se nas mãos de uma chefia a produção, os materiais, instrumentos, transporte, e só uma coisa não falta – mão de obra. Todo dia, a escolta tira essa mão de obra do campo, e toda noite leva para o campo. Para a chefia de produção, é importante induzir o detento a fazer mais a cada dia, e registrar o menos possível nos relatórios, pois é preciso encobrir, assim, as despesas ruinosas e os desfalques da produção, pois todos roubam: os trustes, a SMU[136], os mestres de obras, os capatazes, os almoxarifes e, menos do que todos, os zeks, não para si (não teriam para onde carregar), mas para a chefia do campo e a escolta.

Nas mãos da chefia do campo está apenas a *rabsila* (como a língua sabe abreviar!)[137]. Mas isso é decisivo. Os chefes do campo costumam dizer: "Podemos pressioná-los (os da produção), não vão encontrar outros trabalhadores assim em lugar nenhum". (Na taiga e no deserto – onde encontrá-los?) Por isso tentam obter mais dinheiro por sua mão de obra.

E o que também é importante: essas duas chefias não são em nada hostis uma à outra, como seria possível pensar, considerando suas desavenças constantes e enganos mútuos. Quando é necessário oprimir, eles ficam juntos, bem de perto. Embora o chefe do campo seja uma espécie de pai de seus zeks, sempre confessa de bom grado e assina uma declaração em que o culpado pela mutilação é o próprio zek, e não a produção; nunca vai insistir muito que o detento precisa de roupa especial, ou que em alguma oficina não há ventilação (de fato, não tem, mas fazer o quê?, são dificuldades temporárias).

136 Direção de Construção e Montagem. [N. T.]

137 *Rabsila* é acrônimo de "mão de obra", mas tem ressonância da palavra *rab*, "escravo". [N. T.]

E se sempre deixam passar um engodo nas roupas, se estão registrados escavações e aterros de trincheiras que nunca existiram no solo; o conserto de uma calefação ou uma máquina que não estão quebradas; a troca de postes intactos, que ainda aguentariam mais dez anos – isso é feito pelos próprios detentos (chefes de brigada, apontadores, capatazes), pois todas as metas estatais não são calculadas para a vida terrena real. Um homem abnegado, saudável, bem alimentado, disposto não consegue cumprir essas metas! Que dizer então do preso extenuado, fraco, faminto e oprimido?

A direção instaurou três pilares sob o Arquipélago: a panelinha, a brigada e as duas chefias. E o quarto e principal pilar – o engodo – foi inserido pelos nativos, e pela própria vida.

O engodo é uma invenção para sobreviver, e jamais para se empanturrar, e jamais para roubar o Estado.

O Estado não deve ser tão excessivamente feroz – e empurrar os súditos para o engano.

Assim, é comum dizer entre os detentos: "Sem engodo e amonal não construiriam o canal".

Sobre isso tudo está assentado o Arquipélago.

Capítulo 6
Trouxeram os fascistas!

— Trouxeram os fascistas! Trouxeram os fascistas! – gritavam, empolgados, correndo pelo campo, uns jovens zeks, rapazes e moças, quando dois caminhões nossos, cada um carregado com trinta *fascistas*, cruzaram a linha do pequeno quadrado do campo de Nóvy Ierussalim.

Tínhamos acabado de experimentar uma das horas mais extremas de nossa vida – a hora de transferência entre Krásnaia Présnia até ali –, caminho denominado comboio próximo. Mesmo tendo sido transportados com as pernas apertadas contra a carroceria, tínhamos todo o ar, toda a velocidade, todas as cores. Ó claridade esquecida do mundo! Os bondes, vermelhos; os trólebus, azuis; a multidão com roupas pretas e multicoloridas – será que eles mesmos veem essas cores, sufocados ao embarcar? E ainda, por algum motivo naquele dia, todos os prédios e postes estavam enfeitados com bandeiras e bandeirolas: algum feriado inesperado – o dia 14 de agosto, que coincidia com o feriado de nossa libertação da cadeia. (Naquele dia, foi declarada a capitulação do Japão, o fim de uma guerra de sete dias.) Na rodovia de Volokolamsk, lufadas de cheiro de feno segado e o frescor vespertino dos prados cingiam nossas cabeças tosquiadas. Esse vento do prado – quem pode inspirá-lo com mais avidez que os detentos? Eu e Gammerov caímos no mesmo comboio, ficamos sentados juntos, e achamos que o fim daquela viagem não podia ser nada sombrio.

Então saltamos da carroceria, desentorpecemos as pernas e costas adormecidas e olhamos ao redor. A zona de Nóvy

Ierussalim nos agradou: não era rodeada por uma cerca inteiriça, mas apenas por um arame farpado entrelaçado, e, de todos os lados, via-se a terra de Zvenígorod, cheia de colinas, viva, campestre, com suas dachas.

— Então vocês são fascistas? Vocês todos são fascistas? – uns zeks que se aproximaram nos perguntaram, com esperança. E, tendo confirmado que sim, éramos fascistas, imediatamente saíram correndo, foram embora. Não tínhamos mais nenhum interesse para eles.

(Já sabíamos que "fascista" era um apelido para os do Cinquenta e Oito inventado pelos bandidos e muito aprovado pela chefia: antes gostavam de chamar de "KRs", mas depois aquilo perdeu a força, e eles precisavam de um estigma adequado.)

— E o que tem? Aqui não é ruim... de algum modo... – falávamos entre nós, tentando convencer um ao outro e a nós mesmos.

Um rapazinho se deixou ficar mais tempo perto de nós, observando com interesse os fascistas. Tinha o boné preto e gasto jogado sobre a testa, torto; mantinha as mãos nos bolsos, e assim ficou, ouvindo nossa tagarelice.

— N-não é ruim! – O peito dele sacudiu. Entortando os lábios, ele nos examinou mais uma vez com ar de desdém e escandiu: – Aqui é mi-sé-ria!... Vão é bater as botas!

E, depois de ter cuspido a nossos pés, foi embora. Era insuportável para ele continuar ouvindo idiotas como nós.

Nosso coração desanimou.

A zona. Duzentos passos de arame a arame, e nem era permitido chegar perto dele. Sim, ao redor podiam verdejar e cintilar as colinas de Zvenígorod, mas ali era o refeitório de fome, a adega de pedra do Chizo, o resguardo grosseiro sobre o fogão de "cozimento individual", o galpãozinho de banhos, a cabine cinzenta do sanitário descuidado, com tábuas apodrecidas – e não havia mais onde se enfiar, era isso. Talvez aquela ilhota de pedra fosse o último pedaço de terra que estaríamos fadados a pisar com nossos pés.

Os cômodos eram cheios de tabuados nus. O tabuado é uma invenção do Arquipélago, um mecanismo criado para os nativos dormirem, algo que não se encontra mais em nenhum lugar do mundo: são quatro ripas de madeira, de dois andares, sobre dois apoios em forma de cruz, na cabeça e nos pés. Quando uma das pessoas dormindo se mexe, as outras três balançam.

Nesse campo, não distribuem colchões; tampouco sacos para serem acolchoados. A expressão "roupa de cama" é desconhecida dos nativos da ilha de Nóvy Ierussalim: ali não há lençóis, e também não distribuem ou lavam a roupa do corpo. O administrador daquele campo também não conhece a palavra "travesseiro"; travesseiro, só quem já tem o seu, e só para as mulheres e para os bandidos. À noite, deitado em sua ripa nua, você pode tirar os sapatos, mas lembre-se: vão surrupiar suas botas. É melhor dormir calçado. A mesma coisa para as roupas, não as espalhe aqui e ali: elas também serão surrupiadas. Ao sair de manhã para o trabalho, você não deve deixar nada no barracão: o que os ladrões desdenharem vai ser tomado pelos carcereiros – *não é permitido*! De manhã, você sai para o trabalho como os nômades levantando acampamento; fica até mais limpo: você não deixa nem as cinzas das fogueiras nem ossos roídos de animais, o cômodo fica vazio, às moscas, de modo que outras pessoas podem até ocupá-lo durante o dia. E a sua ripa de dormir não difere em nada das ripas dos seus vizinhos. São nuas, sebentas, lustradas apenas pelos corpos.

Mas você também não leva nada para o trabalho. É preciso recolher sua tralha de manhã, entrar na fila para o depósito de coisas pessoais e esconder tudo numa mala, num saco. Quando voltar do trabalho, tem de entrar na fila do depósito e pegar tudo que, de acordo com a sua previsão, você vai precisar para pernoitar. Não pode errar: você não vai conseguir passar no depósito uma segunda vez.

E isso por dez anos. Mantenha a cabeça erguida!

— Trouxeram os fascistas! Trouxeram os fascistas! – gritavam assim não só em Nóvy Ierussalim. No fim do verão e no outono de 1945, foi assim em todas as ilhas do Arquipélago. Nossa chegada – dos "fascistas" – abria o caminho para a liberdade aos criminosos comuns. Eles ficaram sabendo de sua anistia já no dia 7 de julho; desde então, foram fotografados, emitiram certificados de libertação para eles e acertaram a contabilidade – mas primeiro por um mês, depois um segundo, depois um terceiro, os zeks anistiados padeceram nos limites extenuantes do arame farpado – não havia gente para substituí-los.

Não havia gente para substituí-los! E nós, cegos de nascença, ainda conseguimos passar a primavera inteira e o verão inteiro sonhando, em nossas celas calafetadas, com a anistia! Esperando que Stálin *teria pena* de nós!... Que ele "levaria em conta a Vitória"!... Que, tendo nos deixado de lado na primeira anistia de julho, daria depois uma segunda, especialmente para os políticos... Mas, se fôssemos perdoados, quem desceria às minas? Quem iria para a floresta com serras? Quem cozinharia os tijolos e os assentaria nas paredes?

"Trouxeram os fascistas!" Tendo sempre nos odiado ou desprezado, os presos comuns agora olhavam para nós quase com amor, pelo fato de que nós iríamos substituí-los. Pois essa acabou sendo a grandiosa anistia stalinista, que "o mundo jamais vira". Na verdade, onde foi que se viu, no mundo, uma anistia que não se estendia aos presos políticos?!

Ficaram totalmente livres aqueles que tinham roubado apartamentos, assaltado transeuntes, estuprado moças, corrompido menores, ludibriado os fregueses, feito arruaça, mutilado indefesos, rapinado nas florestas e reservatórios de água, praticado a poligamia, cometido extorsão, chantageado, recebido propina, cometido fraude, caluniado, feito denúncias falsas (se bem que esses nem eram presos), vendido narcóticos, alcovitado, coagido à prostituição, causado vítimas humanas por ignorância ou negligência (estou simplesmente listando os artigos do Código que receberam a anistia, não é uma figura retórica).

Reduziram pela metade as sentenças: para peculadores, falsificadores de documentos e de cartões de pão, para especuladores e para os que haviam roubado do Estado (de um modo ou de outro, mexer no bolso estatal ainda deixava Stálin ofendido).

Mas nada machucou mais os veteranos do front e os prisioneiros de guerra que a *remissão* geral e irrestrita aos *desertores* do período da guerra! Todos que tinham se acovardado, fugido de sua divisão, abandonado o front, que não tinham comparecido aos postos de recrutamento, que tinham passado anos e anos escondidos nas covas da horta da mãe, nos porões, nos vãos dos fornos, transformando-se em animais arqueados e peludos – todos eles, se tivessem sido pegos ou aparecido por conta própria no dia da anistia, agora eram declarados cidadãos soviéticos com plenos direitos, imaculados, sem nenhuma condenação. (Foi aí que se justificou a adequação do velho ditado: "Fugir não é bonito, mas é saudável".)

Aos que não tremeram, que não se acovardaram, que, em nome da pátria, receberam o golpe e pagaram por ele com o cativeiro inimigo – a estes não podia haver perdão, assim entendia o Comandante Supremo.

Toda a olaria era composta por duas fábricas, uma de prensa úmida e uma a seco. A nossa argileira trabalhava só com prensa úmida. Por causa da anistia, faltavam braços por toda parte para o trabalho, e era preciso fazer remanejamentos. Por um curto tempo, fui "jogado" da argileira para a oficina. Ali, sobrava para todo mundo, mas quem fazia o trabalho mais impressionante era uma mocinha, uma verdadeira heroína do trabalho, embora não apropriada para os jornais. O lugar que ela ocupava e sua função na oficina não tinham nome, mas ela poderia ser chamada de "distribuidora superior". Junto à esteira que vinha da prensa com os tijolos úmidos cortados (que tinham acabado de ser moldados com argila e eram muito pesados), ficavam duas moças: a distribuidora inferior e a entregadora. Essas não precisavam se encurvar, apenas virar-se, e não era um ângulo muito agudo. Mas a distribuidora superior – que ficava na tribuna da tsarina da oficina – precisava incessantemente dobrar-se; segurar, junto às pernas, o tijolo molhado que a entregadora lhe passava; sem desfazê-lo, erguê-lo até o nível de sua cintura ou até os ombros; sem mudar a posição das pernas, formar um ângulo reto com o corpo (às vezes para a direita, às vezes para a esquerda, dependendo da vagoneta que estava sendo carregada); e distribuir os tijolos sobre cinco prateleiras de madeira, doze em cada uma. Seus movimentos não tinham descanso, parada, mudança; eram feitos num ritmo acelerado de ginástica – e assim durante o turno inteiro, de oito horas, se a prensa não se danificasse. Ela recebia mais e mais tijolos – metade de todos os produzidos pela fábrica. Embaixo, as moças trocavam de função, mas ela não era rendida por ninguém durante oito horas. Depois de cinco minutos de um trabalho como aquele, com aqueles giros de cabeça e torcidas de dorso, ela deveria ter muitas tonturas. Mas a moça, na primeira metade do turno, ainda sorria (com o estrondo da prensa, era impossível conversar), talvez ela gostasse de ser posta no pedestal, como uma rainha de beleza, com todos vendo seus pés descalços, as pernas, fortes e nuas, por debaixo da saia dobrada, e a cintura flexível de bailarina.

Por esse trabalho, ela recebia a maior ração do campo: 300 gramas de pão a mais (no total do dia, 850) e, no jantar, além do *schi* preto geral, "três stakhanovistas", três miseráveis porções de um mingau de semolina líquido, à base de água – serviam tão pouco que ele mal cobria o fundo da tigela de barro.

"Nós trabalhamos por dinheiro, e vocês, por pão, isso não é segredo", me disse um imundo mecânico livre, que consertava a prensa.

Quando faltaram escavadores de argila – eles também foram libertados –, fui enxotado de volta para a argileira. Bória Gammerov também foi mandado para lá, e começamos então a trabalhar juntos. A meta era conhecida: por turno, cada um tinha de cavar, carregar e levar até a grua seis vagonetas (6 metros cúbicos) de barro. Duas pessoas tinham de levar doze. Em clima seco, nós dois juntos conseguíamos cinco. Mas começava aquela chuvinha miúda de outono, aquela garoa. Por um dia, dois dias, três dias, sem vento, ela caía, sem aumentar e sem parar. Não era torrencial, e ninguém assumia a responsabilidade de parar os trabalhos externos. "No canteiro de obras não chove!", o famoso lema do Gulag. Mas, em Nóvy Ierussalim, por algum motivo não nos davam nem *telogreikas*, e, debaixo daquela chuvinha aborrecida, na argileira rubra, nós chafurdávamos e nos sujávamos, usando nossos velhos capotes do front, que absorviam, já pelo terceiro dia, um balde inteiro de água. Também não ganhávamos sapatos do campo, e, no barro líquido, nossas últimas botas do front se desmantelavam.

Boris é mais fraco que eu e mal consegue virar a pá, pesada por conta do barro que a ela adere; mal consegue jogar cada torrão por cima da borda da vagoneta. Mesmo assim, pelo segundo dia, ele tenta nos manter no nível de Vladímir Soloviov. Nisso ele também me ultrapassou, em quanto já leu de Soloviov, enquanto eu não li uma linha, por causa das minhas funções de Bessel.

E o que ele relembra, ele me conta, e eu tento memorizar, mas à toa, minha cabeça não está para isso agora.

— Vladímir Soloviov ensinava a alegrar-se com a morte. Pior que aqui não haverá.

Isso é verdade...

Carregamos o máximo que podemos. É ração punitiva – e que seja ração punitiva, o diabo que a carregue! Encerramos o dia e nos arrastamos até o campo. Mas nada alegre nos espera lá: três vezes ao dia, o mesmíssimo caldo preto e insosso de folha de urtiga e, uma vez, uma conchinha de mingau, um terço de litro. O pão já foi partido e dão 450 gramas de manhã, mas, à tarde e à noite, nem uma migalha. Ainda debaixo da chuva, entramos em formação para a chamada. Novamente dormimos em tarimbas nuas, todos molhados, cobertos de barro, e passamos frio, porque os barracões não têm calefação.

No dia seguinte, continua caindo e caindo a mesma chuva fina. A argileira está ensopada, e estamos totalmente atolados nela. Por mais que você pegue a pá e bata com ela na borda da vagoneta, o barro não desgruda dela. É necessário, toda vez, esticar a mão e tirar com ela o barro da pá para a vagoneta. Foi então que nós percebemos que estávamos fazendo um trabalho supérfluo. Largamos as pás e começamos a simplesmente recolher com as mãos o barro que nossos pés chapinhavam e a jogá-lo para dentro da vagoneta.

Bória tosse; no pulmão dele ficou o estilhaço de um projétil de um tanque alemão. Ele está magro e amarelo; seu nariz, suas orelhas, os ossos de seu rosto estão afilados, como os de um defunto. Eu observo, e já não sei se ele vai passar o inverno no campo.[138]

138 No inverno daquele ano, Boris Gammerov morreu no hospital da Butyrka, de inanição e tuberculose. Eu vejo nele um poeta a quem não permitiram dar

Assim, ficamos em silêncio e juntamos o barro com as mãos. A chuva continua... Mas não apenas eles não nos tiram da argileira como ficamos sabendo que hoje não vão liberar a brigada no fim do turno, às duas da tarde, vão nos manter na argileira até que a meta seja cumprida. Só depois virão almoço e jantar.

A chuva aumenta. Formam-se poças de um vermelho-claro por toda parte, sobre o barro e na vagoneta ao nosso lado. Os canos de nossas botas estão enrubescidos, nossos capotes estão cheios de manchas rubras. As mãos estão enregeladas com o barro frio, já não conseguimos juntar nada na vagoneta. Então abandonamos aquela tarefa inútil, trepamos um pouco mais para cima, até a grama, ficamos sentados ali, com a cabeça abaixada, e a gola do capote levantada por sobre nossa nuca.

De lado, duas pedras avermelhadas sobre o campo.

Em algum lugar, nossos coetâneos estudam – na Sorbonne ou em Oxford –, jogam tênis em suas amplas horas de lazer, discutem os problemas do mundo em cafés estudantis. Eles já são publicados, expõem quadros. Fazem força para dar nova forma ao mundo que os rodeia, um mundo insuficientemente original. Irritam-se com os clássicos por terem esgotado os assuntos e temas. Irritam-se com seus governos e com seus reacionários, que não querem compreender e aproveitar a vanguardista experiência soviética. Gravam entrevistas nos microfones dos radiorrepórteres, prestando atenção na própria voz, explicando com ar *coquette* o que eles *quiseram dizer* com seu último ou seu primeiro livro.

A chuva tamborila na nuca, calafrios correm pela espinha molhada.

Olhamos ao redor. As vagonetas sem a carga total, jogadas de lado. Todos foram embora. Não há ninguém em toda a argileira, e não há ninguém em todo o campo além da zona. Por detrás de uma cortina cinzenta, a velada aldeola, e todos os galos se esconderam em algum lugar seco.

sequer um pio. Sua forma espiritual era elevada, e seus versos me pareceram, à época, muito fortes. Mas não memorizei nenhum deles, e agora não consigo encontrá-los em lugar algum, para ao menos fazer uma lápide com essas pedrinhas. [N. A.]

Pegamos as pás, para que ninguém as leve: estão registradas em nosso nome, e, arrastando-as como se fossem pesados carrinhos, contornamos a fábrica, até debaixo do resguardo.

Perto de nós, jaz um monte de carvão. Dois zeks escavam dentro dele, procurando animadamente alguma coisa. Quando encontram, provam com o dente, enfiam no saco. Depois, sentam-se e comem um pedaço de alguma coisa escura e cinzenta.

— O que vocês estão comendo, pessoal?

— É argila marinha. O médico não proibiu. Ela não tem benefício, mas não causa dano. Mas, se você acrescentar 1 quilo por dia à ração, parece que comeu bem. Procurem aí, no meio do carvão há bastante...

...Assim, nem até o fim do dia a argileira cumpre a meta. Dão ordem de nos manter até de madrugada. Mas a luz elétrica acaba em toda parte, a zona fica sem iluminação, e todos são convocados para o posto da guarda. Dão ordem para que todos deem as mãos, e, com escolta reforçada, debaixo do latido dos cães e de xingamentos, somos conduzidos até a zona residencial. Tudo escuro. Caminhamos sem ver onde está molhado, onde está firme, patinhando por tudo, um depois do outro, tropeçando e puxando um ao outro.

Na zona residencial, também está escuro – só um infernal fogo avermelhado arde no fogão de "cozimento individual". E, no refeitório, duas lamparinas de querosene ao lado da bancada.

Amanhã também será assim, e todos os dias: seis vagonetas e argila rubra, três conchas de *balanda* escura. Claro que ficamos enfraquecidos na cadeia, mas aqui é muito mais rápido. É como se já ressoasse na cabeça. Vem chegando aquela agradável fraqueza, quando é mais fácil render-se que lutar.

Também nos barracões há uma treva completa. Nós nos deitamos, com a roupa toda molhada, no leito todo nu, e parece que fica mais quente se você não tirar nada, como se fosse uma compressa.

Olhos abertos, em direção ao teto negro, ao céu negro.

Senhor, Senhor! Debaixo de projéteis e de bombas, eu Te pedi que protegesses a minha vida. Mas agora eu Te peço – envia-me a morte...

Capítulo 7
O modo de vida nativo

Narrar a monotonia exterior da vida nativa no Arquipélago parece o mais fácil e mais alcançável de tudo. Mas é ao mesmo tempo o mais difícil. Como em todo modo de vida, é preciso narrar de uma manhã à manhã seguinte, de um inverno ao outro, do nascimento (chegada ao primeiro campo) até a morte (a morte). E, simultaneamente, falar de tudo – de todas as ilhas e ilhotas.

E a vida dos nativos consiste em trabalho, trabalho, trabalho; em fome, frio e astúcia. Esse trabalho, para quem não soube empurrar para os outros e se arrumar na moleza, é o trabalho *geral*, o mesmo que levanta o socialismo do chão e nos enterra no solo.

Os aspectos desse trabalho geral não são enumeráveis, não são recordáveis, a língua não dá conta. Rolar o carrinho de mão ("o carrinho é da OSO, duas alças, uma roda só"). Carregar macas. Descarregar tijolos com as mãos nuas (com o sangue, a pele rapidamente solta dos dedos). Quebrar pedra e carvão nas pedreiras, apanhar argila e areia. Extrair 6 metros cúbicos de minério de ouro e levar à peneira rotativa. Ou simplesmente roer a terra (um solo pedregoso, e no inverno; na estrada Taichet-Abakan, a 40 graus negativos, escavar 4 metros cúbicos com picareta e pá). Ainda é possível moer minério de cobre (um gosto doce na boca, uma aguinha escorre do nariz). É possível embeber de creosoto os dormentes (e todo o seu corpo). É possível cortar túneis para estradas. Juntar vias. É possível fundir minérios. É possível derramar metal. É possível segar cômoros em prados úmidos (e andar com metade da perna dentro da água).

Mas o centro de tudo é nosso bosque russo, com troncos verdadeiramente dourados (tiram ouro de lá). O trabalho mais antigo do Arquipélago é derrubar árvores. Ele convoca todos, aloja todos, e não está fechado sequer para os inválidos (um trio de homens sem braço é mandado para pisotear meio metro de neve). A neve está na altura do peito. Você é um lenhador. Primeiro você a pisoteia em torno do tronco. Você derruba o tronco. Depois, mal se movendo pela neve, você poda todos os galhos. Sempre se arrastando na neve mole, você forma um monte com todos os galhos e queima (eles soltam fumaça, não ardem). Agora você serra o tronco na medida e coloca na pilha. A meta é 5 metros cúbicos por dia para uma pessoa, e 10 para duas. (Em Burepolom são 7, mas é preciso ainda quebrar os cepos grossos em blocos.) Suas mãos não erguem mais o machado, suas pernas não andam mais.

Nos anos da guerra (com a alimentação da guerra), os internos do campo chamavam as três semanas de derrubada de árvores de *fuzilamento a seco*.

Esse bosque, essa beleza da terra, cantada em verso e prosa – você odeia! Caminhará sob as copas de pinheiros e bétulas com um tremor de repulsa! Mesmo décadas depois, mal tendo fechado os olhos, você verá os cepos de abeto e de choupo que arrastou até o vagão, afundando na neve, caindo e agarrando-se, com medo de perdê-los, sem esperança de depois erguê-los do lodaçal nevado.

Os trabalhos forçados na Rússia pré-revolucionária por décadas foram limitados pelo Regulamento Normativo de 1869, promulgado para gente livre. Para designar o trabalho, eram levados em conta: as forças físicas do trabalhador e o grau de experiência (dá para acreditar nisso agora?!). O dia de trabalho era fixado no inverno em sete horas (!); no verão, em 12,5. Na atroz prisão de forçados de Akatui, o dia de trabalho no verão, incluindo o trajeto, consistia em oito horas; a partir de outubro, sete; e, no inverno, apenas seis. Muitos de nós enfrentaram treze horas – incluindo os trabalhos de terraplanagem no Karlag e nas derrubadas de árvore no norte –, e isso como horas líquidas, sem contar o trajeto de 5 quilômetros até o bosque, e 5 de volta. Não há ninguém para contar isso: todos morreram.

E como nos alimentavam em troca disso tudo? Derramavam água no caldeirão e, quando acrescentavam algo de bom, era uma batata pequena com casca; se não, repolho preto, folha de beterraba, todo tipo de lixo. E ainda ervilhaca, farelo, isso eles não poupavam. Tudo que valia a pena era sempre e impreterivelmente roubado para a chefia, para os *pridúrki* e para os bandidos – os cozinheiros eram aterrorizados, só se mantinham nos postos pela submissão. Encomendava-se do armazém uma quantidade de gordura, de "subprodutos" de carne, de peixe, de ervilha e de cereais – mas pouco disso era posto na boca do caldeirão. Em lugares remotos, a chefia pegava até o sal para suas conservas. (Em 1940, na ferrovia Kotlas-Vorkutá, serviam pão e *balanda* sem sal.)

Seguindo as normas do Gulag, alimentar um homem que trabalhava treze, ou até dezesseis horas no gelo, era impossível. E isso ficava absolutamente impossível depois de os víveres fornecidos terem sido roubados. Então o caldeirão fervente recebia a mistura satânica da panelinha: alimentar uns trabalhadores à custa dos outros. Os "caldeirões" eram divididos (cada campo contabilizava isso à sua maneira): para os que cumprem, digamos, menos de 30% da norma, um caldeirão de solitária: 300 gramas de pão e uma tigela de *balanda* por dia; de 30% a 80%, o caldeirão punitivo: 400 gramas de pão e duas tigelas de *balanda*; de 81% a 100%, o caldeirão produtivo: 500-600 gramas de pão e três tigelas de *balanda*; acima, vinham os caldeirões dos recordistas, aliás variados: 700-900 gramas de pão e um mingau suplementar, ou dois mingaus, um "prato-prêmio" – um pãozinho de centeio escuro amargo, recheado de ervilha.

E por toda essa comida aguada, que não consegue repor os gastos do corpo, destroem os músculos em um trabalho frenético, e os recordistas e *stakhanovistas* vão para debaixo da terra antes dos que se recusam a ele. Isso é entendido pelos velhos internos do campo, que dizem o seguinte: "Melhor o mingau não devorar que se matar de trabalhar!".

Claro que nem em todos os lugares e nem sempre a alimentação era tão escassa, mas essas são as cifras típicas no Kraslag, durante a guerra. Em Vorkutá, nessa época, a ração dos mineiros – provavelmente, a mais alta do Gulag (pois com seu carvão aquecia-se a heroica Moscou) – era: pelo cumprimento de 80% embaixo da terra e 100% na superfície, 1 quilo e 300 gramas.

E *antes* da Revolução? Na prisão de Akatui, a mais terrível e mortal, em um dia *sem trabalho* ("nas tarimbas"), davam 2,5 libras de pão (1 quilo!) e 32 *zolótniki*[139] de carne – 133 gramas! Em um dia de trabalho, 3 libras de pão e 48 *zolótniki* (200 gramas) de carne – não é mais do que a ração de nossos soldados no front? Os presos levavam tinas inteiras de *balanda* e mingau para os porcos dos carcereiros. O perigo de morrer de exaustão jamais pairou sobre os trabalhadores forçados de Dostoiévski[140]. Em Sacalina, os presos das minas e "das estradas" recebiam, nos meses de maior trabalho: de pão, 4 libras (1 quilo e 600 gramas!); de carne, 400 gramas; de cereal, 250! E Tchekhov[141], consciencioso, investiga: essas normas realmente bastam ou, devido à má qualidade do cozimento e do preparo, são insuficientes? Pois, se ele desse uma olhada na tigela do nosso trabalhador, morreria ali mesmo.

Que fantasia, no começo do século, poderia imaginar que, "dali a trinta, quarenta anos", não apenas em Sacalina, mas em todo o Arquipélago, ficariam felizes com um pão ainda mais úmido, indigesto, duro, com uma mistura dos diabos – e 700 gramas dele seriam a invejável ração dos "recordistas"?!

Não, ainda mais! Que, em toda a velha Rússia, os trabalhadores do *kolkhoz* ainda invejariam essa ração dos prisioneiros! "Não temos uma dessas!..."

139 Antiga medida russa equivalente a 4,26 gramas. [N. T.]

140 Fiódor Mikháilovitch Dostoiévski (1821-1881) passou quatro anos nos trabalhos forçados, na prisão de Omsk (de 1849 a 1853). Em 1860-1861 escreveu *Recordações da casa dos mortos*, em que descreve detalhadamente o modo de vida e os costumes dos forçados. [N. E. R.]

141 Anton Pávlovitch Tchekhov (1860-1904) visitou, em 1890, a ilha de Sacalina, onde reuniu por três meses um material imenso sobre o trabalho e o modo de vida dos forçados e dos habitantes locais; em 1895, publicou o livro *A ilha de Sacalina*, que teve enorme repercussão na Rússia. [N. E. R.]

E como são vestidos e calçados nossos nativos?

Todos os arquipélagos são como sabemos: o oceano azul marulha ao redor, os coqueiros crescem, e a administração das ilhas não assume a despesa de vestir os nativos – eles andam descalços e quase nus. E nem dá para imaginar nosso maldito Arquipélago sob o sol ardente: está eternamente coberto de neve, as nevascas caem eternamente.

Felizmente, nascidos fora dos limites do Arquipélago, os presos não chegam aqui completamente nus. É possível deixá-los com o que têm – mais precisamente, com o que lhes deixam os *socialmente próximos* –, só que, como marca do Arquipélago, arrancando um pedaço, como o ato de tosar a orelha dos cordeiros: cortam-se as abas do capote na diagonal, podam o topo da *budiônovka*[142], abrindo um buraco no cocuruto.

O palco russo ainda verá isso! A tela russa! Havia *buchlat*[143] de uma cor; suas mangas, de outra. Ou tantos remendos no *buchlat* que não se vê mais como era originalmente. Ou os remendos nas calças – seu revestimento é feito com o material de embrulho das remessas, e por muito tempo ainda dá para ler, nos cantos, o endereço, escrito a lápis preto.

E, nos pés, as experimentadas *lápti* russas, só que sem meias boas. Ou um pedaço de pneu de automóvel, amarrado direto no pé descalço com um arame, ou fio elétrico. (A desgraça também tem seus achados…) Se esse pedaço de pneu preso por arame formar um calçado em forma de barco, trata-se da célebre TchTZ[144].

De manhã, no quartel de guarda, ouvindo queixas pelo frio, o chefe do OLP[145] responde a elas com a sagacidade gulaguiana:

— Meu ganso anda descalço o inverno inteiro e não se queixa; verdade que tem as patas vermelhas. E vocês ainda têm algo sob os pés.

142 Chapéu de lã típico, usado no início do século pelo Exército Vermelho, depois pelos camponeses soviéticos. [N. T.]

143 Casaco de inverno pesado, geralmente com tecido duplo. [N. T.]

144 Fábrica de Tratores de Tcheliábinsk. [N. T.]

145 Campo local, unidade de base do Gulag. [N. T.]

O rosto cinzento e de bronze dos internos do campo vai aparecer na tela com tudo isso. Olhos lacrimejantes, pálpebras avermelhadas. Lábios brancos rachados, recobertos de erupções. Barba malhada por fazer. No inverno, um quepe de verão, com tapa-orelhas pregado.

Eu os reconheço! São vocês, moradores do meu Arquipélago!

Porém, sejam quantas forem as horas do dia de trabalho, em algum momento essa gente trabalhadora chega ao barracão.

O barracão? Um buraco escavado no solo. E, no norte, mais frequentemente, uma tenda – verdade que coberta de terra, tapada aqui e ali de tábuas finas. Não é raro, no lugar de eletricidade, haver lâmpadas de querosene, mas há também lascas acesas e pavios de algodão embebidos em gordura de peixe. Com essa iluminação melancólica, encaramos nosso mundo arruinado.

Tarimbas de dois andares, tarimbas de três andares, um sinal de luxo – tabuado. As tábuas normalmente estão nuas, não há nada em cima delas: quando os outros estão de serviço, roubam-nos tão completamente (e depois distribuem entre os livres) que não dão mais nada que seja do governo nem mantêm nada de seu nos pavilhões; levam para o trabalho as marmitas e canecas (até mochilas nas costas – cavam o chão assim), ou confiam-nos a *pridúrki* conhecidos em um barracão vigiado. De dia, o barracão fica vazio, como se fosse desabitado. À noite, poderiam colocar a roupa úmida de trabalho no secador (há secador), mas, nu, você acabaria congelando. Então secam as roupas em si mesmos.

A tudo isso, acrescente-se ainda como o pão da brigada é levado da cortadora ao refeitório em uma bandeja, sob guarda dos membros mais saudáveis da brigada, de porrete – senão roubam, abatem, levam embora. Some a isso tudo a eterna inconstância da vida no campo, uma convulsão de mudanças: ora boatos de um comboio de presos com escolta, ora o próprio comboio. E ainda essa tenaz contínua (aflitiva para quem é da *intelligentsia*) de não existir separadamente, não em estado individual, mas como membro de uma brigada, e a exigência de agir por dias inteiros, anos inteiros e por períodos arrastados não como você decidiu, mas como é necessário à brigada.

Eis o modo de vida do meu Arquipélago.

Foi descoberto há séculos que a Fome governa o mundo. (Aliás, sobre a Fome, sobre o fato de que os famintos inevitavelmente hão de se insurgir contra os alimentados, foi construída toda a Teoria Progressista. E não é nada disso: insurgem-se os que estão um pouco esfomeados, mas os famintos de verdade não estão para insurreições.) A Fome, que leva uma pessoa honrada a ser capaz de roubar ("barriga vazia – consciência vadia"). A Fome, que eclipsa o cérebro e não o deixa se distrair com nada, pensar em nada, falar em nada que não seja comida, comida, comida. A Fome, da qual não dá para escapar em sonho: os sonhos são com comida, a insônia é por causa de comida. E logo só há insônia.

Assim como nada em que há vida pode existir sem expelir o que parou de funcionar, o Arquipélago não poderia se mover a não ser empurrando para o fundo seu dejeto principal – os *dokhodiágui*[146].

E isto a tela russa também deveria ver: como os *dokhodiágui*, fitando os rivais de forma atravessada, com ciúmes, ficam de plantão no alpendre da cozinha, aguardando os restos serem levados à lixeira. Como se atiram, brigam, procurando uma cabeça de peixe, um osso, cascas de vegetais. A tela mostrará ossos ainda articulados jazendo debaixo da manta do hospital, morrendo quase sem se mexer – e sendo levados embora. Como (nos postos de transferência de Unja, de Nuchka) um supervisor socialmente próximo de cara grande cai da tarimba com as pernas separadas e de repente está morto, com a cabeça no chão. "Caiu, acabou!"

O que a tela não capta é descrito por nossa prosa lenta e atenta, que distingue esses matizes do caminho para a morte, chamados ora de escorbuto, ora de pelagra, ora de angioedema,

146 Prisioneiros totalmente enfraquecidos, à beira da morte por inanição, por má alimentação e pelo trabalho pesado. [N. T.]

ora de distrofia alimentar. Se após a mordida fica sangue no pão, é escorbuto. Depois, os dentes começam a cair, a gengiva a apodrecer, aparecem chagas nos pés, e vão cair pedaços inteiros de tecido, o corpo vai passar a feder a cadáver, não levam gente assim ao hospital, e eles se arrastam, de quatro, pela zona. Se o rosto escurece como se fosse queimado pelo sol, descasca, e a pessoa inteira é tomada por diarreia, é pelagra. A pessoa enfraquece, enfraquece e, quanto mais alta, mais rápido vai. Ela embrutece, fica abobada, perde a capacidade de chorar, mesmo quando é arrastada pelo chão, com um trenó. Não teme mais a morte, passou de todos os limites, esqueceu como se chamam a mulher e os filhos, esqueceu como se chamava. Por vezes, todo o corpo de quem morre de fome é coberto de bolotas azuis e pretas, com cabecinhas pustulentas, menores do que um alfinete. Não podem tocar nele, de tão dolorido. O homem está apodrecendo vivo.

Ah, que naturalismo. Por que falar disso tudo?

E, em suma: por que recordar isso tudo? Por que reabrir velhas feridas?

Liev Tolstói já respondeu a isso: "Como assim, por que recordar? Se eu tivesse uma doença grave, me tratasse e me visse livre dela, sempre me lembraria com alegria. Só não vou me lembrar quando estiver tão doente quanto, ou pior, e tiver vontade de me iludir... Se nos lembrarmos do passado e o fitarmos direto na cara, nossa nova violência atual irá se revelar".[147]

Mas há uma *libertação antecipada* que nenhum quepe-azul pode tirar do preso. Essa libertação é a morte.

E essa é a produção mais contínua do Arquipélago, e sem nenhuma regulamentação.

Algumas brigadas morreram por inteiro, incluindo seus chefes. No outono de 1941, o Petchorlag (ferroviário) tinha um efetivo anotado de 50 mil; na primavera de 1942, de 10 mil. *Nessa época, não mandaram comboio com escolta para lugar*

147 P. I. Biriukov, *Biografia de L. N. Tolstói*, tomo 3, capítulo 5. [N. E. R.]

nenhum – para onde então foram *40 mil*? E em todos os campos, todos os anos? Não dá para apurar, não dá para somar. Na quinta central do campo de Burepolom, no pavilhão dos *dokhodiágui*, em fevereiro de 1943, de cada quinze pessoas, morriam doze por noite – nunca menos de quatro. De manhã, seus lugares eram ocupados por novos *dokhodiágui*, que sonhavam em recuperar as forças com *magara*[148] rala e 400 gramas de pão.

Os mortos ressequidos pela pelagra, apodrecidos pelo escorbuto, eram verificados na casinha do necrotério, ou mesmo a céu aberto. Isso raramente parecia uma autópsia, frequentemente nem sequer uma dissecação; era a escolta que verificava se o zek morrera de fato ou se estava fingindo. Para isso, perfuravam o tronco com uma baioneta, ou rebentavam a cabeça com um martelo grande. Ali mesmo, no dedão do pé direito do morto, amarravam uma chapinha com o número de prisão com o qual ele era identificado no registro do campo.

Numa época, eram enterrados com a roupa de baixo, depois com a pior, de terceira categoria, cinza de tão suja. Depois veio uma ordem unificada: não desperdiçar roupa de baixo (que os vivos podiam aproveitar), e enterrar nus.

Nos tempos da velha Rússia, considerava-se que um morto não passa sem caixão. Os mais baixos servos, mendigos e vagabundos eram enterrados em caixões. Em Sacalina, na prisão de Akatui – também em caixões. Mas, no Arquipélago, seria um desperdício improdutivo de material de lenha e trabalho. Quando, em Intá, depois da guerra, um contramestre de uma madeireira foi enterrado em um caixão, a Seção de Cultura e Educação deu uma instrução para a propaganda: trabalhe bem – *e você também será enterrado em caixão de madeira*!

Levavam de trenó ou de carroça – de acordo com a estação. Às vezes, por comodidade, arrumavam uma caixa com seis cadáveres e, quando não havia caixa, amarravam braços e pernas com barbantes, para não balançarem. Depois, empilhavam como madeira, então cobriam com uma esteira. Se houvesse amonal, uma brigada especial de coveiros usaria para abrir valas. Senão tinham de escavar o solo, sempre valas comuns: grandes

148 Refeição à base de um cereal semelhante ao painço. [N. T.]

para muitos, ou pequenas para quatro. (Na primavera, o campo começava a feder com as covas pequenas, e os *dokhodiágui* eram mandados para aprofundá-las.)

Em compensação, ninguém pode nos acusar de ter câmaras de gás.

Onde havia mais tempo livre – por exemplo, em Kenguir –, colocaram uns pauzinhos nos montículos, e um representante da Divisão de Distribuição e Registro, que não era qualquer um, inscrevia solenemente em seu inventário os números dos finados. Porém, em Kenguir alguém fez uma sabotagem: mostrou onde ficava o cemitério às mães e esposas que vinham. Elas iam até lá e choravam. Então o chefe do Steplag, o camarada coronel Tchetchev, mandou tratores derrubarem os pauzinhos e aterrarem os montículos, já que não sabiam dar valor.

Foi assim, leitora, que enterraram seu pai, seu marido, seu irmão.

Capítulo 8
A mulher no campo

E como não pensar nelas, ainda durante o inquérito?! Afinal, elas estavam em algum lugar ali, nas celas vizinhas! Nessa mesma prisão, sob esse mesmo regime, esse inquérito insuportável – como é que elas, tão fracas, poderiam suportar?!

Mas, no fim das contas, não era mais difícil para elas, e sim, talvez, até mais fácil. Nas memórias femininas a respeito dos inquéritos, impressiona justamente o seguinte: as "bobagens", do ponto de vista de um detento (mas de maneira nenhuma do ponto de vista feminino), que elas conseguiam pensar ali. Nádia Súrovtseva, bonita e ainda jovem, calçou, às pressas, meias diferentes para ir ao inquérito, e depois, no escritório do investigador, ficou constrangida porque o interrogante ficou olhando para as suas pernas. Mas também, ao diabo com ele, ele que se danasse, ela não estava indo ao teatro com ele; e além disso ela era quase doutora (no sentido ocidental) em filosofia e uma tórrida ativista política – então espere aí! Aleksandra Ostretsova, presa na Grande Lubianka em 1943, me contou depois, no campo, que elas sempre brincavam: ora se escondiam debaixo da mesa, e o carcereiro, assustado, entrava para procurar a que faltava; ora se pintavam com uma beterraba e saíam assim para o passeio.

Depois, no pátio da Krásnaia Présnia, tive de ficar ao lado de um comboio de mulheres que, como nós, eram recém-condenadas, e eu, surpreso, vi com clareza que elas não estavam tão magras, tão exauridas e pálidas como nós. No fim, a ração da cadeia, igual para todos, e as provações da cadeia são, na média, mais leves para as mulheres. Elas não cedem tão depressa à fome.

Mas para todos nós, e especialmente para a mulher, a cadeia são só flores. As bagas são o campo. É justamente lá que ela deve quebrar-se ou, torcendo-se, transfigurando-se, adaptar-se.

No campo, pelo contrário, é muito mais difícil para a mulher do que para nós. Começando pela sujeira do campo. Já tendo sofrido com a sujeira nos campos de transferência e nos comboios, ela também não encontra limpeza no campo. No campo médio, na brigada de trabalho feminina – ou seja, também no barracão comum –, ela quase nunca consegue se sentir verdadeiramente limpa, não consegue água quente (às vezes, nem água nenhuma: no primeiro posto prisional de Krivoschôkovo, no inverno, não havia lugar nenhum para lavar-se no campo, só água congelada, e não havia onde derreter). Imagine lavar roupa!...

A casa de banho? Ah! Pois é na casa de banho que começam as primeiras boas-vindas no campo – isso se não considerarmos o desembarque na neve do vagão de gado e a passagem em meio à escolta e aos cães, com suas coisas jogadas no lombo. Na casa de banho do campo, as mulheres, despidas, são examinadas como mercadorias. (Pelas estatísticas dos anos 1920, tínhamos em detenção uma mulher para cada seis ou sete homens. Depois dos decretos dos anos 1920 e 1930, essa relação se equilibrou um pouco, mas não tanto a ponto de não valorizarem as mulheres, especialmente as atraentes.) As mulheres são conduzidas a seu barracão – e imediatamente entram os *pridúrki*, bem alimentados, usando *telogreiki* novas, com ar confiante e insolente. Sem pressa, eles passeiam em meio aos tabuados, escolhendo. Sentam-se ao lado delas, conversam. Fazem convites para que elas os visitem. E eles não moram em barracões, em instalações comunitárias, mas em "cabines", com apenas algumas pessoas. Lá, eles têm até fogão elétrico, frigideira. Eles têm até batata frita! Um sonho da humanidade! Na primeira vez, era só para se regalar, para comparar e tomar consciência das proporções da vida no campo. Os impacientes já exigem o pagamento logo depois das batatas; os mais contidos levam de volta para casa e explicam o futuro. Arranje-se, querida, arranje-se na zona, enquanto a proposta é feita de modo cavalheiresco. Limpeza, roupa limpa, roupa decente, trabalho suportável – é tudo seu.

É nesse sentido que se considera que é "mais fácil" para as mulheres no campo. É mais fácil para elas manter a própria vida. Mas, para algumas, do início ao fim, esse passo é mais insuportável que a morte. Outras encolhem-se, hesitam, constrangidas, mas quando se decidem, quando se conformam, elas olham e pode ser tarde – elas podem não encontrar mais demanda no campo.

Porque essa proposta não é para todas.

E, além de mulheres casadas, de mães de família, essa escolha também era feita por meninas, quase. E precisamente as meninas, sufocadas com a nudez da vida no campo, logo se tornam as mais desesperadas.

O que é que tem se você amava alguém lá do lado de fora e queria manter-se fiel a ele? Que proveito há na fidelidade de uma morta? "Quando você estiver em liberdade, quem vai precisar de você?", eram as palavras que constantemente ressoavam no barracão feminino. Um alívio é que aqui ninguém julga ninguém. "Aqui todo mundo vive assim."

Algo que também facilita é o fato de que a vida não tem mais nenhum sentido, nenhum objetivo.

As que não cediam logo no início acabavam mudando de ideia ou eram forçadas a ceder de qualquer maneira. E quem esperasse mais acabaria tendo de arrastar-se por conta própria até o barracão masculino – agora não seria mais até os *pridúrki* –, passar pelo corredor entre os tabuados e repetir, em tom monótono: "Meio quilo... Meio quilo...". E, se o libertador fosse atrás dela com ração, era hora de cobrir três lados do tabuado com lençóis e, nessa tenda, nessa *chalacha* (daí é que vinha a "*chalachovka*"[149]), conseguir o seu pão. Isso se o carcereiro não flagrasse antes.

O tabuado isolado das vizinhas por trapos é uma imagem clássica dos campos. Mas há coisa muito mais simples. Falo novamente do primeiro posto prisional de Krivoschôkovo, 1947--1949. (Conhecemos esse, mas quantos são eles?) No posto

149 *Chalacha*, literalmente "cabana", "choupana". O termo *chalachovka* ainda é empregado coloquialmente no sentido de "mulher depravada", "prostituta" etc. [N. T.]

prisional, os bandidos, os *bytoviki*, os menores, os inválidos, as mulheres e as mães de leite ficavam todos misturados. Só havia um barracão feminino, mas para cinquenta pessoas. Era indescritivelmente sujo, incomparavelmente sujo, descuidado, com um cheiro forte, os tabuados sem nenhuma roupa de cama. Existia uma proibição oficial aos homens de entrar ali, mas a regra não era respeitada nem fiscalizada por ninguém. Não só homens iam até lá: os menores também apareciam aos montes, meninos de 12 ou 13 anos, que iam até lá para aprender. No início, eles simplesmente observavam: ali não havia esse falso pudor, mas – por falta de trapos ou de tempo – os tabuados não eram cobertos, e a luz, evidentemente, nunca era apagada. Tudo era feito com total naturalidade, a descoberto e em vários lugares de uma só vez. Só a velhice evidente e a feiura evidente serviam de defesa às mulheres – e nada mais. Ser atraente era uma maldição; o leito dessas tinha incessantes convidados, elas eram constantemente cercadas, recebiam pedidos, mas também ameaças de surras e facadas – e a esperança não estava mais em resistir, e sim em ser hábil na hora de entregar-se, em escolher um que depois, pela ameaça de seu nome e de sua faca, haveria de defendê-las dos demais, dos seguintes, dessa ávida fila e desses menores ensandecidos, instigados por tudo que tinham visto ali e inspirado ali.

E o trabalho? Nas brigadas mistas, ainda havia algum refresco para as mulheres, algum trabalho mais fácil. Mas, se a brigada fosse toda feminina, aí não haveria clemência alguma, aí elas teriam de entregar os *cúbicos*! E existiam postos prisionais inteiros, totalmente femininos, onde eles têm mulheres lenhadoras, escavadoras, extratoras de barro. Só para as jazidas de cobre e tungstênio é que não designavam mulheres. Veja o "ponto 29" do Karlag – quantas mulheres havia naquele ponto? Nem mais nem menos 6 mil! No que uma mulher poderia trabalhar ali? Elena Orlova trabalhava de carregadora – arrastava sacos de 80, até de 100 quilos! É verdade que ela recebia ajuda para botá-los nos ombros, e também que, na juventude, ela tinha sido ginasta.

E onde mais, se não obviamente no campo, você poderia ter seu primeiro amor se você foi presa (por um artigo político!) *aos 15 anos*, uma aluna do nono ano, como Nina Peregud? Como não se apaixonar pelo belo jazzista Vassíli Kozmin, que, pouco tempo antes, em liberdade, era admirado por toda a cidade, e que parecia inacessível em sua aura de glória? E Nina escreveu o poema "Um ramo de lilás branco", e ele fez a música para o poema, e cantava para ela, do outro lado da zona (eles já tinham sido separados, ele novamente estava inacessível).

As moças do barracão de Krivoschôkovo também punham flores no cabelo – um sinal de que, no campo, eram casadas; mas, talvez, também de que estavam apaixonadas.

As instruções do Gulag exigiam: os que fossem surpreendidos em concubinato deveriam ser imediatamente separados, e o menos valioso deles seria transferido sob escolta.

Privadas de tudo que preenche a vida feminina – e, no geral, humana –, da família, da maternidade, do círculo de amigos, de um trabalho costumeiro e, quem sabe, até interessante, algumas também da arte, dos livros, e ainda por cima oprimidas pelo medo, pela fome, pelo esquecimento, pela crueldade, a que mais as mulheres do campo poderiam recorrer senão ao amor? Pela bênção de Deus, surgia um amor que quase não era mais carnal, porque em meio aos arbustos seria uma vergonha, no barracão, na frente de todos, era impossível, e além disso qualquer *ocultação* (ausência) fazia a vigilância do campo levar você e prender na solitária. Mas essa imaterialidade – relembram agora as mulheres – tornava ainda mais profunda a espiritualidade do amor do campo. Justamente pela imaterialidade é que ele se tornava mais agudo que em liberdade! Nas madrugadas, mulheres já idosas ficavam sem dormir graças a um sorriso casual, a uma atenção fugaz. E com que nitidez se destacava a luz do amor em meio à existência suja e sombria do campo!

N. Stoliarova via a "conspiração da felicidade" no rosto de sua amiga, uma atriz moscovita, e de seu iletrado companheiro de carregamento de feno, Osman. A atriz descobriu que ninguém nunca a tinha amado assim – nem o marido, diretor de cinema, nem seus antigos admiradores. E só por isso ela não saiu do carregamento de feno, dos trabalhos gerais.

E ainda por cima este risco, quase de guerra, quase mortal: por um encontro descoberto, pagar com a perda de um lugar habitável, ou seja, com a vida. Um amor no limite do perigo, em que o caráter se aprofunda e se desenvolve tanto; em que cada palmo é pago com sacrifícios – esse, afinal, é um amor heroico! Algumas viravam concubinas dos *pridúrki*, sem amor, para se salvar; mas outras iam para os trabalhos gerais e pereciam, por amor.

Mas não só a vigilância e a chefia podem separar os casais do campo. O Arquipélago é uma terra tão virada do avesso que, nela, um homem e uma mulher são afastados por aquilo que, mais do que tudo, deveria uni-los: o nascimento de uma criança. Um mês antes do parto, a grávida é transferida para outro posto prisional, onde se localiza um hospital carcerário com uma seção obstétrica, e onde vozinhas vívidas gritam que não querem ser zeks por causa dos pecados dos pais. Depois do parto, a mãe é enviada para o posto prisional especial mais próximo das *mámki*, as *mães de leite*.

Aqui é preciso fazer uma interrupção. Aqui é impossível não fazer uma interrupção. Quanta autozombaria nessa palavra! A língua dos zeks ama muito e empreende com afinco essa adição de sufixos depreciativos: não *mat* (mãe), e sim *mamka*; não *bolnitsa* (hospital), e sim *bolnitchka*; não *svidánie* (encontro), e sim *svidanka*; não *pomílovanie* (perdão), e sim *pomilovka*; não *vólny* (livre), mas *volniachka*; não *jenítsia* (casar-se), e sim *podjenítsia*, amasiar-se – aqui a mesma zombaria, embora não no sufixo.

Pois bem, as *mámki* moram e trabalham em seu posto prisional até serem levadas de lá sob escolta para dar de mamar aos recém-nascidos dos nativos. A criança, a essa altura, já não se encontra no hospital, mas num "vilarejo infantil", ou numa "casa de nenês", como chamam em diversos lugares. Depois do fim da amamentação, não é mais permitido às mães ter encontros com eles – ou só como exceção, "em casos de trabalho e disciplina exemplares". Mas, com muita frequência, a mulher também não volta mais para seu velho posto prisional, para seu marido "de campo". O pai também em geral não vê seu filho enquanto ele está no campo. Já as crianças, depois da retirada do peito, ainda são mantidas no vilarejo infantil por um ano, às vezes mais. Algumas não conseguem acostumar-se à alimentação artificial sem a mãe, acabam morrendo. As crianças sobreviventes, depois de um ano, são enviadas para um orfanato geral. Assim, o filho de um nativo e de uma nativa sai por ora do Arquipélago, não sem a esperança de retornar para lá como um *menor*.

Quem acompanhou isso diz que é raro, depois da libertação, essas mães buscarem seus filhos no orfanato (entre as bandidas, nunca): são amaldiçoadas muitas dessas crianças, cujos pequenos pulmões, em seu primeiro suspiro, inalaram o ar infeccioso do Arquipélago. Outras até buscam, ou, ainda antes, mandam alguma vovozinha obtusa buscá-los (provavelmente religiosas).

As mães *zakhídnitsy* (ucranianas ocidentais) sempre faziam de tudo para batizar seus filhos; e as russas incultas, às vezes (isso já nos anos depois da guerra). O crucifixo ou era enviado escondido dentro de um embrulho muito bem-feito (os vigias não deixariam passar tamanha contrarrevolução), ou era encomendado, em troca de pão, a um hábil artesão do campo. Conseguiam até uma fitinha para o crucifixo, que costuravam, uma blusinha de gala, uma touquinha. Economizavam o açúcar da ração, cozinhavam com alguma coisa um bolo minúsculo, e convidavam as amigas mais próximas. Sempre encontravam uma mulher que fazia uma oração, mergulhavam a criança em água morna, batizavam, e a mãe, radiante, convidava à mesa.

Tudo que foi dito até agora refere-se aos campos mistos, com ambos os sexos – como eles foram dos primeiros anos da Revolução até o fim da Segunda Guerra Mundial.

Mas em 1946 começou no Arquipélago – e acabou em 1948 – a grande e total separação das mulheres e dos homens. Eles foram enviados para ilhas diferentes, e, nas ilhas únicas, estenderam, entre as zonas masculinas e femininas, o experimentado amigo: o arame farpado.

Se, antes da separação, havia coabitação amigável, casamento do campo e até amor, agora Eros debatia-se. Sem encontrar outras esferas, ele ia ou muito alto – até a correspondência platônica – ou muito baixo – até o amor de mesmo sexo.

Os bilhetes eram jogados de um lado a outro da zona, deixados na fábrica em lugares acordados. Nos pacotinhos, o endereço também era escrito de modo combinado: para que os carcereiros, se apanhassem, não conseguissem entender de quem era e para quem. (Agora, correspondência rendia prisão no campo.)

Às vezes até se conheciam à distância; correspondiam-se sem terem visto um ao outro; e despediam-se sem se terem visto. (Quem manteve esse tipo de correspondência conhece sua doçura desesperada, sua desesperança, sua cegueira.) Nessa mesma Kenguir, lituanas se *casavam* por detrás da parede com conterrâneos seus que elas nunca tinham visto antes: o padre católico (vestindo, obviamente, o mesmo *buchlat* dos prisioneiros) testemunhava por escrito que tal mulher e tal homem estavam unidos para sempre perante os céus. Nessa união com um cativo desconhecido por detrás de uma parede – e para uma católica a união era irreversível e sagrada –, eu ouço o coro dos anjos. É como uma contemplação desinteressada de corpos celestes. É algo elevado demais para o século do interesse e do jazz saltitante.

Capítulo 9
Os *pridúrki*

Um dos primeiros conceitos nativos que o novato que chega ao campo fica sabendo é o de *pridúrok*. Desse modo tão grosseiro os nativos chamavam aqueles que conseguiam não compartilhar do terrível destino geral: ou eram retirados dos *gerais* ou nem caíam neles.

Havia muitos *pridúrki* no Arquipélago. De acordo com estatísticas do Comissariado do Povo para a Justiça, em 1933 o pessoal dos locais de detenção – somado, é verdade, à *autovigilância* – consistia então em 22% do número total de nativos. Se diminuirmos essa cifra até 17-18% (tirando a guarda própria), ainda assim será a sexta parte. Mas há muito mais *pridúrki* que a sexta parte, pois aqui são contados só os *pridúrki* da zona, mas existem ainda *os da produção*. E o principal: entre os sobreviventes, entre os que são libertos, os *pridúrki* compõem uma fatia bem considerável; entre os sobreviventes de sentenças longas, do Cinquenta e Oito, acredito que sejam nove a cada dez.

Porque os campos são de extermínio, não se pode esquecer.

Na vida, nenhuma classificação tem fronteiras definidas, as mudanças são todas graduais. Aqui também é assim: os limites são dissolvidos. No geral, qualquer um que não saia da zona de habitação durante o dia de trabalho pode ser considerado um *pridúrok* da zona. Um funcionário da parte administrativa já tem uma vida muito mais fácil que a do trabalhador comum: ele não passa pela revista, ou seja, pode levantar-se e tomar o desjejum mais tarde; ele não tem de ir e voltar, sob escolta, do local de trabalho; menos rigidez, menos frio, menos gasto de forças, e, além disso, seu dia de trabalho também termina antes; seu trabalho ou é em lugar quente ou com acesso constante ao aquecimento. Depois, seu trabalho geralmente não é numa brigada, mas consiste no trabalho individual de um artesão, ou seja, ele não tem de ouvir a instigação dos companheiros, só da chefia. E, como ele frequentemente faz as coisas por ordem pessoal dessa chefia, em vez de instigação ele recebe até gorjetas, indulgência, autorização para pegar primeiro calçados e roupas. Ele também tem uma boa chance de fazer bicos sob encomenda dos outros zeks. Para que fique mais claro: é como se esse funcionário fosse da parte privilegiada dos criados da propriedade. Se, dentro dela, um serralheiro, um marceneiro, um padeiro ainda não é um *pridúrok* pleno e patente, um sapateiro e, ainda mais, um alfaiate já são *pridúrki* da mais alta classe.

A lavadeira, a enfermeira, a lavadora de louça, o fornalheiro e os funcionários da casa de banho, o caldeireiro, os padeiros mais simples, os faxineiros do barracão também são *pridúrki*, mas de uma classe mais baixa. Eles têm de trabalhar com as mãos e, às vezes, muito. Todos eles, porém, são bem alimentados.

Os legítimos *pridúrki* da zona são: os cozinheiros, os cortadores de pão, os almoxarifes, os médicos, os enfermeiros-chefes, os barbeiros, os "educadores" da Seção de Cultura e Educação, os administradores das casas de banho, os administradores das padarias, os administradores dos depósitos, os administradores da expedição, os chefes dos barracões, os comandantes, os encarregados, os contadores, os escrivães do barracão do estado-maior, os engenheiros da zona e os funcionários administrativos. Todos eles não só são bem alimentados, não só andam limpos, não só estão livres de levantar peso e de sentir dores nas costas, como ainda possuem grande poder sobre as coisas que são necessárias às pessoas, e, portanto, têm poder sobre as pessoas. Todos os destinos dos que chegam e dos que partem em comboios, todos os destinos dos simples trabalhadores são decididos por esses *pridúrki*.

É difícil, muito difícil ao *pridúrok* da zona ter uma consciência tranquila.

Os *pridúrki* de produção são os engenheiros, os técnicos, os mestres de obras, os capatazes, os mestres de oficinas, os encarregados de planejamento, os encarregados de normas, e ainda as contadoras, as secretárias, as datilógrafas. Eles diferem dos *pridúrki* da zona por serem alinhados para a revista e caminharem em colunas escoltadas (às vezes, porém, sem escolta). Mas sua posição na produção é privilegiada, não exige deles provações físicas, não os extenua. Pelo contrário, o trabalho, a alimentação, a vida dos trabalhadores dependem muito deles. Embora menos ligados à zona residencial, eles tentam também ali defender sua posição e receber uma parte significativa dos mesmos privilégios dos *pridúrki* da zona, embora nunca consigam comparar-se a eles.

Em geral eles vivem no campo, praticamente como os trabalhadores, frequentemente compondo também brigadas operárias; só que a zona de produção é quente e tranquila para eles, e ali, nos escritórios e gabinetes de trabalho, quando não há nenhum livre, eles podem adiar o serviço público e conversar sobre a vida cotidiana, sobre as sentenças, sobre o passado e o futuro, e, mais do que tudo, sobre os boatos de que os do Cinquenta e Oito (e eles na maioria das vezes são Cinquenta e Oito) logo serão realocados para os *gerais*.

Mas de modo algum seria justo acusar os *pridúrki* da produção de "comer a parte dos outros", de "montar nas costas": os trabalhadores não são pagos por seu trabalho, mas não porque ele alimenta os *pridúrki*; os *pridúrki* também não são pagos por seu trabalho – vai tudo para o mesmo sorvedouro.

Mas existiram também aqueles gênios de cabeça brilhante, os que contornaram o arbítrio do campo ajudando a organizar a vida geral de maneira a fazer que nem todos morressem; esses heróis do Arquipélago que entenderam sua função não como a própria alimentação, mas como sacrifício e dever perante o gado prisional – a língua nem ousa chamar estes de "*pridúrki*". E a maioria deles era de engenheiros. A eles, glória!

Mas, para os demais, não há glória alguma. Não há por que botá-los no pedestal.

Sim, para recusar qualquer tipo de "arranjo" no campo e deixar as forças da gravidade arrastarem você livremente para o fundo, é preciso ter uma alma muito resistente, uma consciência muito lúcida, a maior parte da sentença já cumprida e ainda, provavelmente, encomendas vindas de casa – do contrário, é suicídio na certa.

Como diz o gratamente culpado e veterano de campo Dmítri Serguêievitch Likhatchov: se hoje eu estou vivo, significa que alguém foi fuzilado no meu lugar, de acordo com a lista daquela madrugada; se hoje eu estou vivo, significa que alguém morreu no meu lugar, asfixiado no porão inferior; se hoje eu estou vivo, significa que eu consegui aqueles 200 gramas a mais de pão que faltaram a alguém que morreu.

Nada disso foi escrito como recriminação. Neste livro já foi determinado, e assim continuará até o fim: todos que sofreram, todos que foram tolhidos, todos que foram postos diante de uma escolha cruel – é melhor absolvê-los que acusá-los. O mais certo é absolvê-los.

Capítulo 10
Em vez dos políticos

Mas, nesse mundo lúgubre, onde cada um rói o que pode; onde a vida e a consciência do homem compram-se por uma ração de pão úmido; nesse mundo, o que são e onde estavam os *presos políticos*, os que mantêm a honra e a luz de todas as populações carcerárias da história?

Nós já acompanhamos como os "políticos" foram separados, sufocados e exterminados.

Mas e no lugar deles?

O que está no lugar deles? Desde então, não temos políticos. E nem podemos tê-los. Quais seriam os "políticos", se foi estabelecida a justiça universal? Simplesmente aboliram os políticos. Não há e não haverá!

E esses que estão presos, bem, são os KR (os *contrarrevolucionários*), inimigos da Revolução. Com os anos, sumiu a palavra "Revolução", pois bem, que sejam *inimigos do povo*, soa ainda melhor. (Se fizermos um cálculo pelo exame de nossas torrentes de todos os presos por esse artigo, e somarmos ainda a quantidade triplicada de membros da família – exilados, postos sob suspeita, humilhados e constrangidos –, será preciso admitir com assombro que, pela primeira vez na história, um povo se tornou inimigo de si mesmo.)

É conhecida a anedota camponesa que conta que uma mulher condenada ficou muito tempo sem entender por quê, no julgamento, o procurador e o juiz chamavam-na de "compra milionária" (e era "contrarrevolucionária"!). Depois de ter ficado preso e de ter examinado os campos, posso admitir essa anedota como verídica.

Um alfaiate, depois de ter pegado uma agulha, espetou-a em um jornal na parede para não perdê-la, acertando por acidente o olho de Kaganóvitch. Um cliente viu. Artigo 58, dez anos (terror).

Uma vendedora, pegando a mercadoria com um expedidor, anotou em uma folha de jornal, pois não havia outro papel. O número de pedaços de sabão acabou ficando na testa do camarada Stálin. Artigo 58, dez anos.

Um tratorista da estação de máquinas e tratores Známenskaia aqueceu sua botina velha com o folheto de candidatos à eleição do Soviete Supremo. A faxineira, que respondia por esses folhetos, deu pela falta e descobriu com quem estavam. KRA, agitação contrarrevolucionária, dez anos.

Irado, um pastor xingou uma vaca desobediente de "puta do *kolkhoz*". Artigo 58, sentenciado.

Um carpinteiro surdo-mudo também recebeu uma sentença por agitação contrarrevolucionária! Como? Estava assoalhando o chão de um grande salão, e o haviam esvaziado completamente, sem restar um cravo ou gancho. Durante o trabalho, largou o paletó e a boina em cima de um busto de Lênin. Alguém entrou e viu. Artigo 58, dez anos.

Quantos deles havia antes da guerra, no Volgolag! Velhos analfabetos de aldeias das regiões de Tula, Kaluga, Smolensk. Todos eles pelo Artigo 58-10, ou seja, agitação antissoviética. E, quando tinham de assinar, botavam um xis. (Segundo Loschílin.)

Depois da guerra, estive no campo com Maksímov, de Vetluga. No começo da guerra, servira em uma unidade antiaérea. No inverno, o instrutor político reuniu a todos para que debatessem o editorial do *Pravda* (16 de janeiro de 1942: "Vamos arrasar os alemães no inverno de tal modo que na primavera eles não vão conseguir se levantar!"). Fizeram Maksímov intervir. Ele disse: "É verdade! É preciso enxotar esses canalhas enquanto houver nevasca, enquanto eles estiverem sem botas de feltro, embora estejamos momentaneamente de botina. Na primavera será pior, com a técnica deles...". O instrutor político aplaudiu, como se tudo estivesse certo. Porém, convocaram-no ao Smerch, e meteram-lhe oito anos: "Louvor da técnica alemã", Artigo 58.

Uma molecada estava brincando em um clube de um *kolkhoz*, brigaram e, com as costas, derrubaram um cartaz da parede. Os dois maiores receberam uma sentença pelo Artigo 58. (Segundo o decreto de 1935, as crianças têm responsabilidade penal pelos crimes a partir dos 12 anos!)

Absurdo? Selvagem? Insensato? Não tem nada de insensato, pois isso é "terror como meio de persuasão". Há um provérbio: "Atire na pega e no corvo, e vai chegar até o cisne branco!".

No Arquipélago, gostam de brincar que nem todos os artigos do Código Penal são *acessíveis*. Alguém queria infringir a lei de manutenção da propriedade socialista, mas não o deixaram chegar até ela. Outro, sem hesitar, teria cometido um desfalque – mas não tinha como chegar ao caixa. O próprio Artigo 58 não é tão acessível: como você se associa à burguesia mundial, segundo o parágrafo 4º, se você mora em Khanty-Mansiisk? Como vai danificar a indústria e o transporte do Estado, segundo o parágrafo 7º, se trabalha de cabeleireiro? Mas o parágrafo 10º do Artigo 58 é de *acesso geral*. É acessível a idosas provectas e estudantes de 12 anos. É acessível a casados e solteiros, grávidas e virgens, esportistas e aleijados, bêbados e sóbrios, cegos e gente que vê. O parágrafo 10º pode funcionar com o mesmo êxito em um dia útil e no domingo, no trabalho e em casa, na estação de metrô, em um bosque denso, no intervalo do teatro e durante um eclipse solar.

Reunov e Tretiúkhin, comunistas, começaram a se preocupar, como se uma vespa lhes picasse o pescoço, porque fazia muito tempo que estavam sem convocar um Congresso do Partido, infringindo o estatuto (como se fosse da conta desses cães!...). Foram sentenciados pelo parágrafo 10º.

Faína Efímovna Epstein, impressionada pelos crimes de Trótski, perguntou em uma reunião do Partido: "Mas por que o deixaram sair da URSS?". (Como se o Partido tivesse de prestar contas a ela. Talvez Ióssif Vissariónovitch estivesse se remoendo!) Por essa pergunta ridícula, ela merecidamente recebeu (e cumpriu na prisão) *três sentenças*, uma atrás da outra. (Embora nenhum dos juízes de instrução e procuradores conseguisse lhe explicar no que consistia sua culpa.)

E a proletária Grucha simplesmente assombra pela dureza de seus crimes. Por 23 anos, trabalhou numa fábrica de vidros, e nunca seus vizinhos a viram com ícones. E, quando os alemães ameaçaram chegar a seu vilarejo, ela pendurou ícones (simplesmente parara de ter medo, pois os ícones tinham sido banidos) e – coisa que a investigação, a partir da denúncia dos vizinhos, assinalou especialmente – lavou o chão! (E os alemães nem vieram.) Além disso, perto de casa, pegou um belo folheto alemão com uma estampa e colocou em um vasinho, em cima da cômoda. Mesmo assim nosso juiz humanitário, levando em conta a origem proletária, deu a Grucha *apenas* oito anos no campo, mais três anos de privação de direitos. Nesse meio-tempo, seu marido morreu no front. E a filha – que estudava em uma escola técnica e sempre era importunada pelos *funcionários*: "Cadê a sua mãe?" – se envenenou. (Depois da morte da filha, Grucha não conseguia contar mais nada: chorava e ia embora.)

Protestam que todo esse rol é monstruoso? Inimaginável? Que nem dá para acreditar? Que a Europa não acredita?

A Europa, é claro, não acredita.

Nós também, há cinquenta anos, não acreditaríamos de jeito nenhum.

Na Rússia de antigamente, os políticos e as pessoas comuns estavam em dois polos opostos da população. Não era possível encontrar dois modos mais excludentes de vida e de pensamento.

Na URSS, as pessoas comuns começaram a ser atingidas como "políticas".

E, assim, os políticos igualaram-se às pessoas comuns.

Metade do Arquipélago era do Cinquenta e Oito. Mas não havia políticos... Enquadravam nesse Cinquenta e Oito qualquer um que não fosse imediatamente pego por um artigo de crime comum. Isso dava em uma mixórdia e uma mistura inimaginável.

O Cinquenta e Oito ia ficando cada vez mais cinzento e acanhado, perdia qualquer resquício de sentido político, e convertia-se em um rebanho perdido de gente perdida.

"Inocente"! – essa é a principal sensação das imitações de políticos que juntaram no campo. Provavelmente, trata-se de um evento inédito na história mundial das prisões: *milhões* de presos alegam que estão certos, todos certos, e ninguém é culpado. Contudo, essa multidão de pessoas aleatórias que, reunidas detrás do arame farpado não pela consistência de suas convicções, mas por um lance do destino, de modo algum fortaleceram a consciência de estarem certas, de modo algum manifestaram prontidão para sacrifício, nem unidade, nem espírito combativo.

Tendo ido parar em um campo comum em 1938, E. Olítskaia fitou com surpresa esse Cinquenta e Oito, com os olhos de uma socialista que conhecia Solovkí e o isolamento. Lembrava que, certa feita, os políticos compartilhavam tudo, mas agora cada um vivia e ruminava por si, e que até os "políticos" negociavam objetos e rações!...

Ralé política – assim Anna Skrípnikova os (nos) chamava.

Constantemente misturando-os com bandidos e criminosos comuns, os Cinquenta e Oito nunca eram deixados sozinhos – para que não se olhassem nos olhos e não reconhecessem, de repente, *quem somos nós*.

Contudo, segundo uma característica importante da vida, notada já na doutrina do Tao, devíamos esperar que, quando não houvesse políticos, eles haveriam de aparecer.

Arrisco-me agora a dizer que, no tempo soviético, não apenas havia políticos como:

1. havia *mais* do que no tempo dos tsares, e

2. eles manifestaram *mais* firmeza e coragem que os antigos revolucionários.

Isso parecerá contraditório com o que foi dito antes, mas não é. Os políticos, na Rússia tsarista, estavam em uma situação muito vantajosa, muito em evidência – com repercussão instantânea na imprensa. Na Rússia soviética, com os socialistas, ficou incomparavelmente mais difícil.

E não apenas os socialistas eram agora políticos. Mera tina salpicada em meio a um oceano criminoso, eles eram invisíveis e inaudíveis para nós. Eram mudos. O peixe é a sua imagem.

O peixe, símbolo dos antigos cristãos. E os cristãos eram seu grupo principal. Toscos, pouco letrados, incapazes de proferir um discurso nas tribunas ou de fazer um apelo à clandestinidade (aliás, segundo sua fé, isso nem é necessário), iam para a tortura e a morte no campo – só para não renunciar à fé! Sabiam bem *por que* estavam presos, e eram inflexíveis em suas convicções! Talvez sejam os únicos que não aderiram à filosofia nem à língua do campo. Por acaso não são políticos? Só que não, você não vai chamá-los de ralé.

E as mulheres, dentre eles, são especialmente numerosas. Diz o Tao: quando a fé entra em colapso, existe o verdadeiro crente. Devido à zombaria instruída contra os padres ortodoxos, aos miados dos membros do Komsomol na noite de Páscoa e aos assobios dos bandidos durante o transporte, negligenciamos que, na Igreja Ortodoxa pecadora, assim mesmo cresceram filhas dignas das primeiras eras do cristianismo, irmãs daqueles que eram atirados aos leões, nas arenas.

Os cristãos eram muitos, comboios e tumbas, comboios e tumbas – quem contará esses milhões? Pereceram ignotos, iluminando como uma vela apenas os mais próximos. Esses foram os melhores cristãos da Rússia. Os piores de todos vacilaram, renegaram ou silenciaram.

Então, por acaso não são *mais*? Será que alguma vez a Rússia tsarista conheceu tantos políticos? Ela nem sabia contar em dezenas de milhares.

E os engenheiros? Quantos dentre eles não assinaram confissões estúpidas e torpes de sabotagem, foram dispersos e fuzilados?

Algum dia, os historiadores investigarão: a partir de que momento começou a verter entre nós a torrente da *juventude política*? Parece-me que em 1943-1944. Estudantes, quase secundaristas (lembremo-nos do "partido democrático" de 1944), de repente inventaram de buscar uma plataforma separada da que lhes propunham à força e metiam embaixo de seus pés. Pois bem, de que chamá-los?

Em 1950, estudantes de uma escola técnica de mecânica de Leningrado formaram um partido, com programa e estatuto. Muitos foram fuzilados. Quem contou isso foi Aron Lévin, condenado a 25 anos. E é tudo o que se sabe: um poste de beira de estrada.

E o fato de que nossos políticos de hoje necessitam de firmeza e coragem incomparavelmente maiores do que os antigos revolucionários não precisa sequer ser demonstrado. O que significava, antes da Revolução, pregar uns folhetos? Uma diversão, a mesma coisa que soltar pombos, você não recebia nem três meses de sentença. Mas, quando cinco meninos do grupo de Vladímir Gershwin produziram o folheto "Nosso governo se comprometeu", necessitam exatamente da mesma determinação dos cinco meninos do grupo de Aleksandr Uliánov[150] para o atentado contra o tsar.

E como isso entra em autoignição, como desperta sozinho! Na cidade de Lêninsk Kuznétsk, há uma única escola masculina. Cinco meninos do nono ano (Micha Bakst, responsável pela organização de base do Komsomol; Tólia Tarantin, também ativista do Komsomol; Velvett Reichtnal, Nikolai Kónev e Iúri Anikónov) não levam mais uma vida despreocupada. Não se atormentam com as moças nem com as danças novas, não contemplam a atrocidade e a bebedeira de sua cidade e se incomodam, folheando o manual de história, tentando de alguma forma fazer associações e comparações. Ao passarem para o décimo ano, nas eleições dos sovietes locais (1950), produzem, com letras de forma, seu primeiro (e último) folheto simplório:

> Ouça, trabalhador! Será que vivemos agora a vida pela qual lutaram e morreram nossos avós, pais e irmãos? Trabalhamos e recebemos uns míseros tostões, e mesmo esses são regateados... Leia e pense na sua vida...

Eles mesmos só estão pensando – por isso, não há nenhuma convocação. (Em seus planos, estavam um ciclo de folhetos como aquele e a ideia de fazerem um mimeógrafo.)

150 Irmão mais velho de Lênin, executado em 1887 por participar de uma tentativa de assassinar o tsar Alexandre III. [N. T.]

Agiram assim: andavam à noite pela cidade, em bando, um preparava quatro bolas de miolo de pão, outro colava o panfleto com elas.

No começo da primavera, chegou à classe deles um novo pedagogo, e propôs... preencherem questionários com letra de forma. O diretor implorou que não fossem presos antes do fim do ano letivo. Detidos e sob investigação, os meninos lamentaram mais do que tudo o fato de que não estariam na própria formatura. "Quem guiou vocês? Admitam!" (Os funcionários da KGB não podiam acreditar que a consciência dos meninos simplesmente se abrira – pois o acaso é improvável, pois a vida só é dada uma vez e, assim, para que *ficar pensando*?) Solitárias, interrogatórios noturnos, forçados a ficar de pé. A sessão do tribunal regional foi (naturalmente) encerrada. (O juiz, Púchkin, logo foi condenado por suborno.) Defensores lastimáveis, assessores judiciais perdidos, o feroz procurador Trútnev. Todos receberam entre dez e oito anos, e todos, que tinham 17 anos, foram mandados para os Campos Especiais.

Não mente o provérbio alterado: "Busque o ousado na cadeia, e o estúpido na instrução política!".

Sim, havia verdadeiros políticos. E muitos. E se sacrificaram.

Mas por que os resultados de sua resistência foram tão insignificantes? Por que não deixaram nem leves bolhas na superfície?

Também examinaremos isso. Mais tarde.

Capítulo 11
Os legalistas

Mas eu ouço um rumor de vozes indignadas. A paciência dos *camaradas* esgotou-se! Fecham meu livro com estrondo, jogam-no fora, cobrem-no de cusparadas:

— Mas, afinal, isso é um descaramento! uma calúnia! Onde é que ele procura os verdadeiros políticos? Sobre quem ele escreve? Sobre uns popes, uns tecnocratas, sobre uns fedelhos de escola... Mas os genuínos políticos somos *nós*! Nós, os inabaláveis! Nós, os ortodoxos, os cristalinos (Orwell os chamou de *bem-pensantes*)[151]. Nós, que, mesmo nos campos, permanecemos leais até o fim ao unicamente fiel...

E, a julgar pela nossa imprensa, vocês foram mesmo os únicos a serem presos. Só vocês sofreram. Só é permitido escrever sobre vocês. Então vamos lá.

Concordará o leitor com o critério de que prisioneiros políticos são aqueles que sabem *por que razão* estão presos e são firmes em suas convicções?

Se concordar, eis a resposta: nossos inabaláveis, que, a despeito da detenção pessoal, permaneceram leais ao unicamente fiel etc., são firmes em suas convicções, *mas não sabem por que razão estão presos*! E, por isso, não podem ser considerados prisioneiros políticos.

Se meu critério for ruim, tomemos o critério de Anna Skrípnikova; ao longo de suas cinco sentenças, ela teve tempo de pensar bem nele. Ei-lo: "O prisioneiro político é aquele que tem

151 George Orwell (1903-1950), no romance distópico *1984*, chama de "bem-pensantes" (*goodthinkers*) os membros ortodoxos da sociedade totalitária. [N. E. R.]

convicções e que poderia receber a liberdade, renegando-as. Os que não têm essas convicções são vigaristas políticos".

Parece-me um bom critério. Ele é compatível com os que foram perseguidos por motivos ideológicos em todos os tempos. É compatível com todos os revolucionários, é compatível até com as "monjas"; mas com esses ortodoxos não é compatível. Porque: onde estão as convicções que eles foram forçados a *renegar*?

Elas não existem. Ou seja, os ortodoxos – embora seja até ofensivo proferir isso –, de modo semelhante àquele alfaiate, ao surdo-mudo e ao pastor, caem na categoria das vítimas desamparadas, desavisadas. Mas com arrogância.

Sejamos precisos e definamos o objeto. De quem este capítulo tratará?

De todos aqueles que, a despeito de seu aprisionamento, da zombaria do inquérito, da condenação imerecida, e, depois, da existência calcinante no campo, daqueles que a despeito de tudo isso mantiveram sua consciência comunista?

Não, não de todos. Entre eles havia pessoas para quem essa crença comunista era algo interno, às vezes o único sentido do que restava de sua vida, mas:

- elas não se orientavam por essa crença para assumir uma atitude "partidária" em relação a seus companheiros de detenção; nas discussões nas celas e nos barracões, não gritavam que os outros tinham sido presos "justamente" (e eu injustamente);
- não se apressavam a declarar ao cidadão-chefe (e ao representante de operações) "sou comunista", não utilizavam essa fórmula para a sobrevivência no campo;
- agora, ao falarem do passado, não veem a principal e única arbitrariedade dos campos no fato de que comunistas foram presos, e os demais que se danem.

Resumindo, precisamente aqueles para os quais as convicções comunistas eram íntimas, e não estavam o tempo todo na ponta da língua.

Veja, por exemplo, Avenir Boríssov, professor rural: "Vocês se lembram de nossa juventude (eu sou de 1912), quando o auge da felicidade para nós era o uniforme do Jungsturm, de tecido grosseiro verde, com cinto e bandoleira,[152] quando não ligávamos para dinheiro, para as coisas pessoais, e estávamos dispostos a *aderir a qualquer causa, desde que nos chamassem*. Entrei no Komsomol aos 13 anos. E então, quando eu tinha apenas 24, os órgãos do NKVD me acusaram de quase todos os parágrafos do Artigo 58".

Ou Boris Mikháilovitch Vinográdov, com quem tive a oportunidade de estar preso. Na juventude, tinha sido maquinista, e tornou-se, depois da Universidade Operária e do Instituto, engenheiro ferroviário, um bom engenheiro (na *charachka*, ele fazia complicados cálculos de dinâmica de gases para a turbina de um motor a jato). Mas é verdade que, em 1941, acabou se tornando um líder do Partido no Instituto Moscovita de Engenharia de Transportes. Nos dias de pânico de outubro de 1941 (os dias 16 e 17), tentando conseguir instruções, ele telefonava, e ninguém atendia – então saiu andando, e descobriu que não havia ninguém no Comitê Distrital, no Comitê Municipal, no Comitê Regional: todos tinham desaparecido como que por encanto, os salões estavam vazios, e, aparentemente, ele não foi mais alto que isso. Voltou aos seus e disse: "Camaradas! Todos os diretores fugiram. Mas nós somos comunistas, nós mesmos faremos a defesa!". E eles fizeram. Mas, por conta daquele "todos fugiram", ele, que não fugira, foi posto na cadeia por aqueles que fugiram, durante oito anos (por "agitação antissoviética"). Ele era um labutador, um amigo abnegado, e só numa conversa íntima ele revelou que acreditara, acreditava e continuaria acreditando. Nunca usou isso como trunfo.

Ou também o geólogo Nikolai Kallistrátovitch Govorko, que, sendo um *dokhodiaga* de Vorkutá, compôs uma "Ode a Stálin" (preservada até hoje), mas não para publicação, não para receber privilégios por conta dela, e sim porque ela brotou de

152 No fim dos anos 1920 e início dos 1930, na URSS, entre os membros ativos do Komsomol, estava na moda a "*jungsturmovka*", uma roupa militar cáqui, composta de jaqueta ou camisa militar com gola dobrada e bolsos falsos. O nome vem do Jungsturm Vermelho, os batalhões da Juventude Comunista alemã, criado em 1924. [N. E. R.]

sua alma. E ele escondeu essa ode dentro da mina (mas por que esconder, afinal?).

Às vezes, pessoas como essas mantêm a convicção até o fim. Às vezes (como Kovacs, um húngaro da Filadélfia, que pertencia a uma das 39 famílias que tinham vindo fundar uma comuna perto de Kakhovka, e foi preso em 1937), depois da reabilitação, não aceitam a carteirinha do Partido.

Pois bem, neste capítulo não haveremos de lidar nem com os primeiros nem com os segundos.

Examinaremos aqui justamente aqueles ortodoxos que demonstraram sua convicção ideológica desde o primeiro momento perante o investigador, depois nas celas das cadeias, depois no campo, diante de todos, e que agora relembram o passado no campo por meio desse matiz.

Por uma estranha seleção, nenhum deles foi um trabalhador comum, de maneira alguma. Em geral, as pessoas desse tipo ocupavam postos elevados antes da prisão, uma posição invejável, e, no campo, a coisa mais dolorida para eles seria concordar em serem destruídos; eles é que tentavam, com mais fúria que todos, destacar-se da nulidade geral. Entram aqui todos os investigadores, promotores, juízes e chefes de campos que tinham ido parar atrás das grades.

Vamos tentar entendê-los, não vamos zombar deles. Para eles, foi sofrido cair. "Quando derrubam uma floresta, farpas saem voando", era o bem-humorado ditado que eles usavam como justificativa. E, de repente, eles mesmos tinham sido reduzidos a essas farpas.

Dizer que foi sofrido para eles é quase como não dizer nada. Para eles, era inconcebível sofrer tamanho golpe, tamanha ruína – e vindo de *sua gente*, de seu adorado Partido, e, ao que tudo indicava, a troco de nada. Afinal, eles não tinham culpa nenhuma perante o Partido; perante o Partido, culpa nenhuma.

Eles eram gente do seguinte tipo. O marido de Olga Sliozberg já tinha sido preso, e agora vinham fazer busca e prender a própria. A busca durou quatro horas, e ela passou esse tempo todo pondo em ordem as atas do congresso de stakhanovistas da indústria de escovas de cerdas onde, até o dia anterior aquilo, ela era secretária. O fato de que as atas não estavam prontas deixou-a mais preocupada do que abandonar para sempre os filhos! Até o investigador que conduzia a busca não suportou e deu-lhe o conselho: "Mas despeça-se dos seus filhos!".

Eles eram gente desse tipo. Em 1938, na prisão permanente de Kazan, Elizavieta Tsvetkova recebeu uma carta da filha de 15 anos: "Mamãe! Diga-me, escreva: você é ou não é culpada?... Eu prefiro que você não seja culpada, e então eu não entrarei no Komsomol e não perdoarei o que fizeram com você. Mas, se você for culpada, não escreverei mais e passarei a odiá-la". E a mãe se remoía naquela úmida cela tumular, com uma lampadazinha turva: como é que a filha viveria sem o Komsomol? Como é que ela poderia odiar o Poder Soviético? É melhor que ela me odeie. E escreveu: "Sou culpada... Entre no Komsomol".

Quão árduo não deve ter sido! Pois é insuportável ao coração humano, depois de cair debaixo do mais amado machado, ter de justificar sua sensatez.

Mas esse é o preço que o homem paga por confiar sua alma, dada por Deus, a um dogma humano.

Qualquer ortodoxo garantiria, mesmo agora, que Tsvetkova agiu corretamente. Mesmo hoje, não se pode convencê-los de que isso é que é o "desvio das pequenas forças", de que a mãe desviou a filha, ferindo sua alma.

Essas pessoas não eram presas antes de 1937. E depois de 1938 muito poucas delas foram presas. Por isso são chamadas de "a seleção de 1937", e até poderia ser assim, desde que isso não venha a encobrir o quadro geral, no qual, mesmo nos meses de pico, elas não eram presas sozinhas, mas continuavam sendo levados mujiques, operários, jovens, engenheiros e técnicos, agrônomos, economistas e fiéis comuns.

A "seleção de 1937", muito eloquente, com acesso à imprensa e ao rádio, criou a "lenda de 1937".

No início de nosso livro, já mostramos o volume das *torrentes* que fluíram em direção ao Arquipélago duas décadas antes de 1937. Por quanto tempo isso se arrastou! E quantos milhões eram! Mas a futura seleção de 1937 não moveu uma palha; eles continuaram tranquilos enquanto prendiam a *sociedade*. "Ferveu sua mente, indignada"[153] só quando começaram a prender a *companhia deles*.

É claro que você fica aturdido! É claro que é algo complicado de assimilar! Nas celas, perguntavam, inflamados:

— Camaradas! Não sabem de quem foi o golpe? Quem tomou o poder na cidade?

E depois, durante muito tempo, convencidos de que aquilo era irrevogável, suspiravam e gemiam: "Se Ilitch estivesse vivo, isso nunca estaria acontecendo!".

(Mas o que era *isso*? Não era exatamente *isso* que tinha acontecido antes com os outros?)

E que saída encontraram para si? Que decisão eficaz a sua teoria revolucionária lhes ditava? A decisão deles vale por todas as suas explicações. Ei-la.

Quanto mais prendiam, mais depressa *percebiam o erro* lá em cima! E, por isso, era o caso de esforçar-se para *citar o maior número possível de nomes*! Dar o maior número possível de depoimentos fantasiosos contra inocentes! Não prenderiam o Partido inteiro!

(E Stálin nem precisava do Partido inteiro, ele queria só os cabeças e os veteranos.)

Era claro que eles não tinham guardado na memória que, pouquíssimo tempo antes, eles mesmos tinham ajudado Stálin a esmagar a oposição, e quase a si mesmos. Stálin, afinal, dava a suas débeis vítimas a possibilidade de arriscar-se, a possibilidade de rebelar-se; esse jogo proporcionava a ele certa satisfação. Para a prisão de cada membro do Comitê Central, era exigida a sanção de todos os demais! Isso foi invenção do tigre jocoso. E, enquanto ocorriam ociosas plenárias e reuniões, pelas fileiras repassavam um papel em que se indicava, de maneira impessoal: chegou material que compromete tal pessoa; e propunha-se

153 "Ferve nossa mente, indignada/ E prepara-se para conduzir à batalha mortal" são versos da *Internacional* [em sua versão russa], o hino internacional dos partidos comunistas. De 1918 a 1944, foi o hino do Estado Soviético; a partir de 1944, o hino oficial do Partido Comunista (bolchevique) de Toda a União, depois do PCUS. Desde 2009, é o hino do Partido Comunista da Federação Russa. [N. E. R.]

assim que fosse dada a concordância (ou discordância!...) para a exclusão dessa pessoa do Comitê Central. (E ainda alguém observava se a pessoa que estava lendo ficava muito tempo segurando o papel.) E todos punham o visto. Assim o Comitê Central do Partido Comunista (bolchevique) de Toda a União fuzilava a si mesmo.

E eles ainda por cima esqueceram (ou nem sequer leram) uma velharia como a epístola do patriarca Tíkhon ao Conselho dos Comissários do Povo, de 26 de outubro de 1918. Clamando por clemência e pela libertação dos inocentes, o severo patriarca advertiu-os: "Será cobrado de vós qualquer sangue justo que derramardes (Lucas 11,51), e morrereis pela espada, vós que ergueis a espada (Mateus 26,52)". Mas à época isso pareceu ridículo, impossível! Como eles poderiam imaginar que a história, de um modo ou de outro, conhece às vezes o castigo, uma voluptuosa justiça tardia, escolhendo, porém, para ela formas estranhas e executores inesperados.

As memórias de E. Ginzburg, na parte que trata da prisão, trazem um testemunho profundo da seleção de 1937. Ali está Iúlia Ánnenkova, cabeça dura, exigindo da cela: "Não ousem zombar do carcereiro! *Aqui ele representa o Poder Soviético*!". (Ahn? Está tudo de cabeça para baixo! Mostre essa cena numa mágica bola de cristal às impetuosas revolucionárias das prisões tsaristas!)

E em que consiste a elevada verdade dos legalistas? No fato de que a prisão não deve influenciar sua concepção de mundo! O campo não deve influenciar! Somos marxistas! Somos materialistas! Como é que podemos mudar pelo simples fato de que casualmente viemos parar na prisão?

Esta é sua moral indefectível: fui preso à toa, ou seja, eu sou bom, mas todos ao redor são inimigos e estão presos por uma causa.

Ali está V. P. Golítsyn, filho de um médico de distrito, engenheiro viário. Ele passou 140 (cento e quarenta!) dias numa cela da morte (teve tempo para pensar!). Depois, quinze anos; depois, o exílio permanente. "Na minha mente, não mudou nada. Sou o mesmo bolchevique sem partido. O que me ajudou foi a crença no Partido, a crença em que o mal não era feito pelo

Partido e pelo governo, mas pela vontade malévola de *algumas pessoas* (que análise!) que iam e vinham (mas não iam embora de jeito nenhum...), mas todo o resto permanecia..."

É dessas pessoas que se diz: passou por todas as fundições, mas não voltou forjado.

Capítulo 12
Toc-toc-toc...[154]

Em nossos anos tecnológicos, câmeras e elementos fotoelétricos trabalham parcialmente no lugar dos olhos; microfones, gravadores e aparelhos de escuta a laser, no lugar dos ouvidos. Mas, durante toda a época abarcada por este livro, praticamente os únicos olhos e ouvidos da Tcheká-KGB eram os *dedos-duros*.

Nos primeiros anos da Tcheká, essas pessoas recebiam uma denominação de acordo com seu serviço: funcionários secretos (para diferenciar dos funcionários de quadros, abertos). Seguindo a moda daqueles anos, isso foi abreviado: *seksoty*, e assim entrou em uso geral. Quem inventou essa palavra não tinha o dom de entender, com seu ouvido imparcial, e, apenas pelo som, quanto de asqueroso se entrelaçou a ela. Com os anos, ela se encheu do sangue castanho-amarelado da traição – e não houve palavra mais repulsiva na língua russa.

Mas essa palavra foi empregada apenas em liberdade. O Arquipélago tinha suas próprias palavras: na cadeia, "alcaguete"; no campo, "dedo-duro". Contudo, assim como muitas palavras do Arquipélago, partiu para a amplidão da língua russa e tomou o país inteiro, de modo que "dedo-duro", com o tempo, tornou-se um termo conhecido por todos. Isso refletiu o caráter único e geral do fenômeno do dedurismo.

Sem ter experiência nem refletir o suficiente a esse respeito, é difícil avaliar quanto somos atravessados e tomados pelo dedurismo. Do mesmo modo que, sem termos um transistor nas

154 Dedurar, em russo, é o mesmo verbo que "bater" (*stutchat*). Daí a onomatopeia do título. [N. T.]

mãos, não sentimos no campo, na floresta e no lago que muitas ondas de rádio passam constantemente por nós.

É difícil acostumar-se a essa questão constante: *quem de nós é dedo-duro*? Há no nosso apartamento, no nosso quintal, na nossa relojoaria, na nossa escola, na nossa redação, na nossa oficina, no nosso escritório de construção e até mesmo na nossa polícia. Enquanto isso, o *seksot* é aquela gentil Anna Fiódorovna, que, como vizinha, foi-lhe pedir fermento e correu para informar, no lugar combinado (pode ser no quiosque, pode ser na farmácia), que você estava com um forasteiro que não se registrou. Aquele boa-praça Ivan Nikíforovitch, com o qual você tomou 200 mililitros de vodca, e ele o delatou, contando como você praguejou porque não conseguia comprar nada nas lojas, enquanto as autoridades se viravam com pistolão. Você não reconhece os *seksóty* pelo rosto, e depois fica surpreso, sem saber como os onipresentes órgãos da Segurança se inteiraram de que, enquanto a massa cantava a "Canção de Stálin", você só abria a boca, sem soltar a voz. Ou souberam que você não estava feliz na manifestação de Sete de Novembro. Afinal, onde eles estão, esses olhos penetrantes e abrasadores dos *seksóty*? E os olhos dos *seksóty* podem ter o azul da languidez e as lágrimas da velhice. Não precisam de jeito nenhum reluzir com o caráter sombrio da maldade. Não espere que seja obrigatoriamente um vilão de aparência repulsiva. Se a admissão dos *seksóty* fosse completamente voluntária, baseada no entusiasmo, não conseguiriam contratar muitos (talvez nos anos 1920).

O recrutamento está no ar de nosso país. No fato de que tudo que é estatal está acima do pessoal. No fato de que Pávlik Morózov[155] é um herói. No fato de que a delação não é uma delação, mas uma *ajuda* a quem delatamos.

O lado técnico do recrutamento está acima do elogio. Infelizmente, nossos autores de histórias em quadrinhos de detetive não descrevem esses métodos. O artesão está sentado em seu cubículo, consertando artigos de couro. Entra um homem simpático: "O senhor não poderia me consertar essa fivela?". E em

155 Menino que, na década de 1930, delatou o pai; foi morto em consequência disso e condecorado postumamente como mártir. [N. T.]

voz baixa: "Agora você vai fechar a oficina e sair para a rua, lá está o carro 37-48, abra a porta e entre, será levado para o devido lugar". (E lá se sabe o que se segue: "O senhor é um homem soviético? Então deve nos *ajudar*".) Essa oficina é um ponto maravilhoso de coleta de delações de cidadãos. E, para encontros pessoais com os investigadores, o apartamento dos Sídorov, segundo andar, três toques, das seis às oito da noite.

A seleção de ferramentas de recrutamento é como a seleção de gazuas: nº 1, nº 2, nº 3. Nº 1: "O senhor é um homem soviético?"; nº 2: prometer aquilo que o recrutado há muitos anos busca inutilmente por vias legais; nº 3: acertar o ponto fraco, ameaçar com o que o recrutado mais teme; nº 4...

Pois, afinal, só é preciso pressionar um pouco. Convocam um certo A. G., sabendo-se que o seu caráter é o de um pateta. E imediatamente: "Redija uma lista de conhecidos seus de disposição antissoviética". Ele se perde, hesita: "Não tenho certeza...". (Não se levantou de um salto, não bateu o punho: "Mas como você ousa?!".) "Ah, não tem certeza? Então redija uma lista de gente que você garante que é completamente soviética. Mas você está garantindo, veja bem! Se o atestado de pelo menos um deles for mentira, *você* vai preso! Então por que não escreve?" – "Eu... não posso garantir" "Ah, não pode? Então quer dizer que você *sabe* que eles são antissoviéticos! Escreva a respeito de quem sabe!" E A. G., um coelho honrado e bondoso, transpira, agita-se e se aflige.

Uma pessoa não é uma pedra, e mesmo elas desmoronam.

Em liberdade, há mais gazuas, pois a vida é mais variada. No campo, são mais simples, a vida é mais simples, nua e crua, e as roscas e o diâmetro do cabeçote são conhecidos. O nº 1, claro, permanece: "O senhor é um homem soviético?". Muito aplicável aos legalistas, a chave de fenda nunca escorrega, o cabeçote logo cede e vai. O nº 2 também funciona de forma excelente: promessa de tirar dos trabalhos comuns, de assentar na zona, de dar mingau suplementar, de pagar um adicional, de reduzir a sentença. Tudo isso é a vida; cada um desses degraus, a preservação da vida. (Nos anos da guerra, o dedurismo baixou bastante de nível: os objetos encareceram, e as pessoas baratearam. Penhorava-se até por um pacote de *makhorka*.) E o nº 3 funciona ainda melhor: vamos tirar dos *pridúrki*! Mandamos para os comuns! Mudamos para o posto de transferência penal! Cada um desses degraus é um degrau para a morte. E aquele que não é comprado com um pedacinho de pão pode estremecer e implorar para não ser lançado no abismo.

Um que, como dizem, não é dentista, mas gosta de dar com a língua nos dentes, é apanhado sem dificuldades. Para outro, é preciso lançar a isca algumas vezes: vai engolir o lucro. A quem se esquiva, dizendo que tem dificuldade de reunir informação precisa, explicam: "Entregue a que tem, nós verificamos". – "Mas e se eu não tiver certeza nenhuma?" – "Como assim, você é um inimigo de verdade?"

Porém, em um campo da Sibéria, um homem instruído e sem religião, U., descobriu que só se defenderia deles protegendo-se em Cristo. Isso não era muito escrupuloso, mas infalível. Mentiu: "Devo lhes dizer com franqueza. Recebi educação cristã e, por isso, é completamente impossível para mim trabalhar para vocês!".

E pronto! A tagarelice do tenente, que já durava muitas horas, parou por completo! Ele entendeu que aquele quarto estava vazio. "Precisamos de você como o cachorro precisa de uma quinta pata!", gritou, agastado. "Redija uma recusa por escrito! (Novamente por escrito.) E escreva uma explicação a respeito de Deus!"

A referência a Cristo também convinha completamente ao tenente: nenhum funcionário da operação poderia recriminá-lo por não ter feito todo o esforço.

E o leitor imparcial não acha que eles fogem de Cristo como demônios fogem da cruz ou dos sinos das matinas?

Capítulo 13
Já deu uma pele, dê a segunda!

É possível cortar uma cabeça que já foi cortada? Sim. É possível arrancar a pele de uma pessoa que já foi esfolada uma vez? Sim.

Tudo isso foi inventado em nossos campos. Tudo isso foi elaborado no Arquipélago. E não venham dizer que a *brigada* é a única contribuição do comunismo à ciência penal. E *a segunda sentença no campo*, não é uma contribuição? As torrentes que açoitam o Arquipélago por dentro não se aplacam ali, não se espalham livremente, mas voltam a ser bombeadas pelos canos da segunda sentença.

Oh, benditos sejam os tiranos impiedosos, os déspotas, os países selvagens onde quem foi preso uma vez não pode ser preso de novo! Onde quem é jogado na cadeia não tem mais como ser detido. Onde o condenado não é mais levado a julgamento. Onde não é possível condenar mais quem já foi condenado!

Mas entre nós tudo isso é possível.

O inquérito do campo e o tribunal do campo também nasceram em Solovkí, mas lá simplesmente levavam para o campanário e davam uns sopapos. Na época dos planos quinquenais e das metástases, em vez de balas, começaram a adotar a segunda sentença nos campos.

A regeneração das sentenças, como o crescimento dos anéis das serpentes, é uma forma de vida do Arquipélago. Enquanto nossos campos palpitarem e nosso degredo congelar, continuará a se estender sobre a cabeça dos condenados esta ameaça negra: receber uma nova sentença sem haver terminado a primeira. Segundas sentenças eram dadas em todos os anos, mas com maior frequência em 1937-1938, e nos anos da guerra.

(Em 1948-1949, o fardo das segundas sentenças foi transferido para fora: perderam, deixaram escapar do campo quem devia ser julgado de novo, e então tiveram de reconduzi-los ao campo. Foram chamados de *reincidentes*, enquanto nem sequer davam nome aos que já estavam lá.)

E houve ainda misericórdia – uma misericórdia automática, quando, em 1938, davam uma segunda sentença no campo sem segunda prisão, sem inquérito no campo, sem julgamento no campo, simplesmente chamando a brigada para a Seção de Contabilidade e Distribuição e mandando assinar o recibo de uma nova sentença. (Pela recusa em assinar era-se apenas enviado à solitária, como por fumar em lugar proibido. Explicavam-no de forma humanitária: "Não dizemos que você é culpado de nada, apenas assine que está ciente".) Em Kolimá davam dez anos assim, e em Vorkutá era até mais brando: oito anos, e cinco anos por OSO. Era inútil resistir: na infinitude escura do Arquipélago, era tão difícil distinguir oito de dezoito como uma década no começo de uma década no fim. Só era importante que não arranhassem nem rasgassem seu corpo hoje.

Agora dá para entender: a epidemia de condenações nos campos em 1938 foi uma diretiva de cima. Foi lá em cima que se aperceberam de que até então estavam pressionando pouco, de que era preciso aumentar a carga (e fuzilar alguns) e, dessa forma, assustar os demais.

Mas a epidemia de casos no campo no tempo da guerra deve ser atribuída também a fagulhas alegres de baixo. Que o historiador imagine o espírito desses anos: o front recuava, os alemães cercavam Leningrado, estavam em Moscou, em Vorónej, no Volga, nos sopés das montanhas do Cáucaso. Na retaguarda havia cada vez menos homens, e cada figura masculina saudável suscitava olhares de reproche. Tudo para o front! E apenas os oficiais dos campos (e também seus irmãos da Segurança do Estado) estavam em seus postos, na retaguarda, e, quanto mais profundamente na Sibéria e no norte, mais sossegados. Mas é preciso entender de forma prática: era um bem-estar precário. Ficar na reserva é a vida! Ficar na reserva é a felicidade! E como se manter na reserva? Uma ideia simples e natural – é preciso provar que é necessário! É preciso provar que, se não for pela vigilância tchekista, os campos estouram, são um caldeirão de alcatrão fervendo! Justamente ali, nos postos de transferência da tundra e da taiga, os agentes detinham a quinta coluna, detinham Hitler! Essa era sua contribuição para a Vitória! Sem se pouparem, abriam constantemente inquéritos, descobriam novas e novas conspirações.

Então *apresentaram*, em Ust-Vym, um "grupo rebelde": dezoito homens! Queriam, obviamente, pegar as armas da Guarda Interna da República (meia dúzia de espingardas velhas)! E depois? Depois é difícil imaginar a amplitude de seus desígnios: queriam rebelar todo o norte! Ir para Vorkutá! Para Moscou! Unir-se a Mannerheim! E voam, voam telegramas e relatórios: uma grande conspiração foi neutralizada! O campo está irrequieto!

E o que era isso? Em cada campo descobriam-se conspirações! Conspirações! Conspirações! E cada vez maiores! Cada vez mais ardilosas! Esses *dokhodiágui* traiçoeiros! Fingiam que estavam sendo levados pelo vento, mas esticavam seus braços ressequidos pela pelagra na direção das metralhadoras! Oh, obrigado, unidade tchekista!

Mas e você? Você achava que no campo poderia finalmente desafogar a alma? Que aqui poderia pelo menos se queixar em voz alta: Deram uma pena muito grande! A comida é muito ruim! Eles nos dão muito trabalho! Ou achava que aqui poderia *repetir* o motivo pelo qual recebeu a pena? Se você dissesse qualquer dessas coisas em voz alta, estava arruinado! Estava condenado a mais uma década. (Verdade que, com o começo da segunda década no campo, a primeira se interrompe, de modo que você não vai ficar vinte anos, mas uns treze, quinze... De todo modo, mais tempo do que conseguirá sobreviver.)

Mas você tem certeza de que ficou mudo como um peixe? E mesmo assim foi pego? Muito justo! Não podiam não pegá-lo, não importa como você se portou. Pois não pegam *por algo*, pegam *porque sim*.

Poderia parecer que, para alguém que já está detido num campo, pouco importa ser preso lá dentro. Pois o preso já foi uma vez retirado de sua cama quente e levado para lá. Que diferença poderia fazer agora, que vem de um barracão desconfortável com tarimbas nuas? Pois há muita! O barracão é aquecido por uma estufa, no barracão lhe dão a ração completa. Assim, quando vem o carcereiro e puxa-lhe a perna à noite dizendo: "Prepare-se!" –, ah, ele não quer sair dali!... Gente, gente, eu amei vocês!...

A prisão de inquérito do campo: como ela seria de fato uma prisão, e como ela poderia contribuir para a confissão se não fosse *pior* do que o campo?

Escolhamos uma prisão de inquérito – o posto de transferência de Orotukan, em Kolimá, a 506 quilômetros de Magadan. Inverno de 1937 para 1938. Um povoado de lona e madeira, ou seja, tendas com buracos, mas com cobertura de ripa. Chega um novo comboio, um grupo de novos condenados ao inquérito, e já na porta de entrada veem: cada tenda do vilarejo, dos três lados, excluindo a porta, *está cercada de pilhas de cadáveres*! (Isso não é para apavorar. Simplesmente não há saída: as pessoas morrem, a camada de neve tem 2 metros, e embaixo dela há gelo eterno.) E, depois, há o esgotamento da espera. É preciso aguardar nas tendas até ser transferido para a prisão de madeira, para o inquérito. Mas o número de capturados é grande demais – juntaram muitos coelhos de toda a Kolimá, os investigadores não dão conta, e a maioria dos trazidos acaba por morrer sem chegar ao primeiro interrogatório.

Antes do almoço, o carcereiro de plantão grita na porta: "Tem morto?". – "Tem." – "Quem quiser ganhar ração arraste!" Levam-nos e colocam em cima da pilha de cadáveres. *Ninguém pergunta os nomes dos mortos*: as rações são distribuídas por conta.

O inquérito? Vai como o investigador planejou. Quem sai da linha nem fala. Como disse o tchekista Komárov: "Preciso só da sua mão direita, para que assine a ata...".

Capítulo 14
Mudar o destino!

Defender-se nesse mundo selvagem é impossível. Fazer greve – é suicídio. Greve de fome – é infrutífero.

E, para morrer, sempre dá tempo.

O que resta ao prisioneiro? Escapar! Ir *mudar o destino*! (Os zeks *ainda* chamam a fuga de "procurador verde". É o único procurador popular entre eles. Assim como os outros procuradores, ele deixa muitos casos na situação anterior, e até pior, mas às vezes liberta, e completamente. Ele é a floresta verde, os arbustos e a grama da relva.)

Tchekhov diz que se o preso não for um filósofo, que está igualmente bem em todas as circunstâncias (ou digamos assim: que pode fugir para dentro de si), ele não pode e *não deve* não querer fugir!

Não deve não querer! Eis o imperativo da alma livre. Verdade que os nativos do Arquipélago estão longe de ser assim, são muito mais resignados. Mas mesmo entre nós sempre há aquele que planeja uma fuga, ou logo, logo vai planejar.

A zona é bem guardada: a cerca é reforçada, a área interna é segura, as torres foram dispostas corretamente – podem observar e atirar em qualquer lugar. Mas, de repente, você fica inconsolavelmente nauseado de estar fadado a morrer justo aqui, nesse pedaço cercado de terra. Então por que não tentar a sorte? Não tomar uma atitude para mudar o destino? Especialmente no começo da sentença, no primeiro ano, ocorre esse ímpeto forte, até mesmo impensado. É nesse primeiro ano, em geral, que se decidem todo o futuro e a personalidade do preso.

Evidentemente, não foram poucas as fugas em todos os anos dos campos. Alguns dados casuais: apenas em março de 1930, fugiram 1.328 pessoas das áreas de detenção da RSFSR. (E como isso ficou inaudível e silencioso em nossa sociedade!)

Com o enorme desenvolvimento do Arquipélago depois de 1937, e especialmente nos anos da guerra, quando os atiradores capazes foram levados ao front, ficou mais difícil formar as escoltas. Provavelmente, fizeram as contas no Gulag alguma vez e se convenceram de que era muito mais barato deixar escapar certa porcentagem de detentos do que formar uma guarda verdadeiramente severa em todas as numerosas ilhas. Além disso, confiavam em uns grilhões invisíveis, que mantinham bem os nativos em seus lugares.

O mais firme desses grilhões era a submissão generalizada, a entrega completa à sua situação de escravo. Tanto os do Cinquenta e Oito como os presos comuns eram gente de família, amantes do trabalho. Mesmo presos por cinco e dez anos, não imaginavam como poderiam agora se insurgir individualmente (ou, Deus me livre, coletivamente!...) por sua liberdade, vendo contra si o Estado (*seu* Estado), o NKVD, a polícia, a guarda, os cachorros; como seria possível, mesmo que a fuga fosse bem-sucedida, viver depois – com passaporte falso, com nome falso – se a cada cruzamento os documentos eram verificados, se a cada portão seguiam os transeuntes com olhos de suspeita.

Havia outro grilhão – o esgotamento, a fome do campo. Embora exatamente essa fome por vezes levasse as pessoas exasperadas a se arrastar à taiga, na esperança de lá se alimentar melhor do que no campo, o fato é que, ao enfraquecê-las, ela não lhes deixava forças para uma arrancada longa e, por causa dela, não era possível reunir estoques de comida para a jornada.

Havia mais um grilhão – a ameaça de uma nova sentença. Pela fuga, um político recebia mais uma década, segundo o Artigo 58.

A geografia do Arquipélago também era uma barreira cerrada contra a fuga: esses espaços de desertos de neve ou areia a perder de vista, tundras, taigas. Kolimá não é uma ilha, mas é pior do que uma ilha: é um torrão ilhado. Para onde fugir de Kolimá? Lá só se foge por desespero. Verdade que, numa época, os iacutos se davam bem com os detentos, e diziam: "Em nove sóis eu o levo para Khabárovsk". E levavam em seus cervos. Mas depois os bandidos, durante as fugas, começaram a roubar os iacutos, e os iacutos mudaram com relação aos fugitivos, entregando-os.

A hostilidade da população ao redor, incentivada pelas autoridades, tornou-se o principal empecilho às fugas. Os poderes não eram parcimoniosos em recompensar os captores (isso era, ademais, educação política). E as nacionalidades que povoavam as áreas que rodeavam o Gulag gradualmente se habituaram a que a captura de um fugitivo fosse um feriado, como uma caça bem-sucedida ou a descoberta de uma pequena pepita. Tunguses, comiaques e cazaques eram pagos com farinha, com chá, e, nos lugares mais próximos de densidade populacional, os moradores do além-Volga, perto dos campos de Burepolomsk e Unja, pagavam por cada capturado 2 *puds* de farinha, 8 metros de tecido e uns quilos de arenque. Nos anos de guerra, não dava para obter arenque de outra forma, e os moradores locais passaram a chamar os fugitivos de *arenque*. Na aldeia de Cherstki, por exemplo, à aparição de qualquer pessoa desconhecida, as criancinhas corriam todas juntas: "Mamãe! Lá vem um arenque!".

O fugitivo capturado, se fosse apanhado morto, podia ser largado por alguns dias, apodrecendo perto do refeitório do campo – para que os detentos valorizassem mais sua *balanda* rala. Apanhado vivo, podia ser enviado ao posto da guarda e, na hora da revista, atiçavam os cachorros. E ainda, na Seção de Cultura e Educação, podiam escrever uma tabuleta: "Eu fugi, mas os cachorros me pegaram", prendê-la ao pescoço do capturado e mandá-lo percorrer o campo.

E, se for para bater, que seja para acabar com os rins. Se for para usar algemas, que seja para perder a sensibilidade nas articulações do pulso *pelo resto da vida*. (G. Sorókin, Ivdellag.) Se for para prender na solitária, que não saia dali sem tuberculose. (Nyroblag, Baránov, fuga em 1944. Depois das surras da escolta, tossiu sangue e em três anos perdeu o pulmão esquerdo.)

Em suma, espancar e matar o fugitivo é a principal forma de luta do Arquipélago contra a fuga.

E quem encontra dentro de si desespero suficiente para não vacilar diante disso? E ir! E chegar! Mas *chegar aonde*? Lá, no fim da fuga, onde o fugitivo alcança o lugar secretamente designado – quem o receberia, esconderia, acolheria? Só os bandidos, em liberdade, são aguardados por sua *malina*[156] tranquilizadora, enquanto para nós, do Cinquenta e Oito, o apartamento se chama *ponto*, e é quase uma organização clandestina.

Vejam as muitas barreiras e fossos contra a fuga.

Mas o coração desesperado às vezes não pesa as coisas. Ele vê: o rio corre, tem um tronco flutuando – e ele pula! Flutuaremos! Viatcheslav Bezródny, do posto de transferência de Oltchan, recém-saído do hospital, ainda totalmente fraco, correu pelo rio Indiguirka em dois troncos pregados – na direção do Oceano Ártico! Para onde? O que ele esperava? Foi capturado e recolhido em mar aberto, e restituído, pela estrada de inverno, para Oltchan, para o mesmo hospital.

Não se pode dizer de todos que não voltaram para o campo sozinhos, nem dos que não foram trazidos semimortos, ou dos que não foram trazidos mortos, que podemos dizer que fugiram. Talvez eles apenas tenham trocado uma morte prolongada de trabalho forçado no campo por uma morte livre, de animal, na taiga.

Mas um homem que fugiu a sério muito rapidamente torna-se terrível. Alguns, para despistarem os cachorros, queimaram a taiga atrás de si, que depois ficou ardendo por dezenas de quilômetros, durante semanas.

No Kraslag, um ex-combatente, herói de Khálkin-Gol, atacou um membro da escolta com um machado, aturdiu-o com a cabeça da ferramenta, tomou-lhe a espingarda e trinta cartuchos. Mandaram cachorros em seu encalço, ele matou dois e feriu seu treinador. Depois de o terem capturado, não apenas o fuzilaram como, ensandecidos, vingando a si mesmos e aos cachorros, espetaram o morto com baionetas e largaram-no nesse estado, por uma semana, perto do posto da guarda.

Em 1951, no mesmo Kraslag, cerca de dez homens de sentenças longas estavam sendo escoltados por quatro fuzileiros da guarda. Subitamente, os zeks caíram em cima da escolta, tiraram-lhes as automáticas, vestiram seus uniformes (mas pouparam os fuzileiros! Os oprimidos frequentemente são mais

156 Literalmente, “framboesa”. Gíria criminosa para “gangue”. [N. T.]

magnânimos que os opressores), e quatro deles, escoltando *com pompa*, conduziram seus camaradas até a ferrovia de bitola estreita. Lá havia um trem vazio, preparado para receber madeira. A escolta fictícia emparelhou com a locomotiva, fez sua brigada desembarcar e, a pleno vapor (um dos fugitivos era maquinista), levou sua equipe à estação Rechóty, na principal artéria da Sibéria. Mas eles tinham de percorrer cerca de 70 quilômetros. Enquanto isso, eles foram denunciados (a começar pelos fuzileiros poupados), algumas vezes tiveram de trocar tiros com grupos da guarda no caminho e, a alguns quilômetros de Rechóty, conseguiram minar a estrada e colocar um batalhão da guarda. Todos os fugitivos pereceram no combate desigual.

Normalmente, as fugas silenciosas acabavam sendo mais bem-sucedidas. Algumas tiveram um êxito espantoso, mas raramente ouvimos essas narrativas felizes: *os que escaparam* não dão entrevistas, mudaram de nome, esconderam-se. Kuzikov-Skatchínski, que fugiu com êxito em 1942, só conta sobre isso porque foi descoberto em 1959 – dezessete anos depois!

E só ficamos sabendo da fuga exitosa de Zinaída Iakóvlevna Povaliáieva porque, afinal, ela fracassou. Ela havia recebido uma sentença por ter continuado como professora de sua escola durante a ocupação alemã. Mas, com a chegada das tropas soviéticas, não foi presa instantaneamente e, antes da prisão, casou-se com um aviador. Então a detiveram, mandando-a para a mina de Vorkutá, por oito anos. Por intermédio de uns chineses que trabalhavam na cozinha, comunicou-se com o mundo livre e com seu marido. Ele servia na aviação civil, e arranjou um voo para Vorkutá. No dia marcado, Zina foi para o banheiro da zona de trabalho, tirou a roupa do campo e soltou os cabelos, que amarrara em um lenço durante a noite. O marido aguardava-a na zona de trabalho. Havia funcionários da Segurança de plantão junto ao transporte fluvial, mas eles não deram atenção à moça de cabelo crespo, de braço dado com um aviador. Voaram de avião. Zinaída passou um ano com documentos alheios. Mas não aguentou, quis ver a mãe – que estava sendo vigiada. No novo inquérito, conseguiu inventar que tinha fugido em um vagão de carvão. Não ficaram sabendo, assim, da participação do marido.

Quase não narramos fugas em grupo, e houve muitas. Em Ust-Syssolsk, houve uma fuga em massa graças a uma rebelião, em 1943. Fugiram pela tundra, comeram amora-ártica com mirtilo. Foram perseguidos por aeroplanos, e fuzilados do alto. Dizem que em 1956 fugiu um campo inteiro, perto de Montchegorsk.

A história de todas as fugas do Arquipélago seria uma lista impossível de ler ou folhear. E mesmo quem escrevesse um livro apenas sobre as fugas, para poupar o leitor e a si mesmo, teria de deixar centenas de fora.

Capítulo 15
Chizo, BUR, ZUR

Em meio às muitas privações benfazejas que o novo mundo nos trouxe – a privação da exploração, a privação das colônias, a privação do serviço militar obrigatório, a privação da polícia secreta, a privação da "lei de Deus", e muitas outras privações fabulosas –, não havia, é verdade, a privação das prisões, mas havia uma indubitável privação de solitárias, essa tortura impiedosa que só poderia ter nascido na mente dos carcereiros burgueses, deturpada pela maldade. O ITK-1924 (o Código de Trabalhos Correcionais de 1924) admitia, é verdade, o isolamento de prisioneiros especialmente faltosos numa cela separada, mas advertia: essa cela separada não deveria ter semelhança alguma com uma solitária – deveria ser seca, iluminada e provida de roupas de cama para o preso dormir.

O ITK-1933, que esteve "em vigor" (sem vigor) até o início dos anos 1960, foi ainda mais humano: ele até proibia o isolamento numa cela separada!

Mas isso não porque os tempos tivessem se tornado mais complacentes, mas porque, a essa altura, por meio da experiência, já haviam sido assimiladas outras gradações de punições dentro dos campos; agora, o que dava asco não era a solidão, e sim o "coletivo", e os punidos ainda tinham de *suar* com:

- o RUR – Batalhão de Regime Intensivo, depois substituído pelo
- BUR – Barracão de Regime Intensivo, brigada punitiva, e a
- ZUR – Zona de Regime Intensivo, a missão punitiva.

Mas aí, mais tarde, como que imperceptivelmente, também foram adicionados a eles – não, solitárias não! – os

- Chizo – Isolamento Disciplinar.

Afinal, se o prisioneiro não estiver assustado, se ele não tiver pela frente nenhum outro castigo, como é possível fazê-lo submeter-se ao regime?

E os fugitivos que foram pegos, para onde devem ser mandados?

O que é punido com o Chizo? O que você quiser: não agradou à chefia, não cumprimentou da maneira certa, não levantou na hora, não se deitou na hora, atrasou-se para a chamada, foi pelo caminho errado, vestiu-se da maneira errada, fumou no lugar errado, manteve objetos pessoais no barracão – tome lá um dia, três, cinco. Não cumpriu a meta, foi pego com mulher – tome lá cinco, sete, dez. Já os *recalcitrantes* tomavam até quinze.

O que se exige do Chizo? Ele deve ser: a) frio; b) úmido; c) escuro; d) sem comida. Dão a *ração stalinista* – 300 gramas por dia, e a "quente", ou seja, uma *balanda* rala, dão apenas no terceiro, no sexto e no nono dia de sua reclusão ali. Mas, em Vorkutá-Vom, davam só 200 gramas de pão e, em vez da quente, no terceiro dia, um pedaço de peixe *cru*. É dentro desses limites que se devem imaginar todas as solitárias.

É ingênua a noção de que a solitária deve ser necessariamente algo como uma cela, com um teto, uma porta e um cadeado. Não é nada parecido. Em Kuranakh-Sala, num frio de 50 graus negativos, a solitária era uma armação encharcada. (Disse o médico Andrêiev, um livre: "Eu, como *médico*, declaro que *é possível* ficar preso nessa solitária!".) Vamos saltar para o outro lado do Arquipélago: nessa mesma Vorkutá-Vom, em 1937, a solitária para os recalcitrantes era uma armação *sem teto*; ainda por cima era uma *cova simples*.

No campo de Mariinsk (como em muitos outros, evidentemente), havia neve nas paredes da solitária – e não ficavam presos nessa solitária usando a roupinha do campo, mas vestidos *só com a roupa de baixo*.

O BUR era para uma permanência mais longa. Prendiam ali por um mês, por três meses, seis meses, um ano ou, com frequência, sem prazo definido, simplesmente porque o preso era considerado perigoso. Uma vez que tivesse caído na lista negra, você seria arrastado para o BUR na primeira oportunidade: a cada feriado, fosse o de maio ou o de novembro, a cada fuga ou a cada acontecimento incomum no campo.

O BUR também pode ser o barracão mais comum, separado e cercado por arame farpado, com os presos dali sendo levados para o trabalho mais pesado daquele campo. Ou talvez uma prisão de pedra dentro do campo, com todos os traços prisionais: surras nos presos, chamados um por um à sala do carcereiro (para não deixar marcas, batiam com uma bota de feltro, com um tijolo dentro); com ferrolhos, cadeados e vigias em cada porta; com celas de chão de cimento, e ainda uma solitária própria, para os presos do BUR.

Era justamente assim o nosso BUR de Ekibastuz (aliás, lá também havia do primeiro tipo). Os presos ali eram mantidos em celas sem tarimbas (dormiam no chão, de *buchlat* e *telogreika*). Nunca havia nenhuma ventilação. Durante *seis meses* (em 1950), não houve nenhum passeio. De maneira que o nosso BUR pendia para uma prisão brutal, não se sabe o que restava ali de um campo. A evacuação era sempre na cela. A retirada da enorme latrina era uma alegria para os responsáveis de cada cela: dava para respirar um pouco de ar.

Nesse clima abafado e de imobilidade, os detentos iam se consumindo, e os candidatos a criminosos – enervados, enérgicos –, mais que os outros. (Os bandidos que iam parar em Ekibastuz também eram considerados como do Cinquenta e Oito, e não recebiam indulgência.) A coisa mais popular entre os detentos do BUR era engolir as colheres de alumínio do refeitório, quando eles as recebiam na hora do almoço. Cada um dos que engoliam era levado para o raio-x, e, depois de certificarem-se de que não estava mentindo, de que realmente havia uma colher dentro dele, eles o internavam no hospital e abriam o estômago. Liochka Karnoukhi engoliu três vezes, de modo que não sobrou nada de seu estômago. Kolka Salopáiev *fez-se de doido*: enforcou-se de madrugada, mas o pessoal com quem ele tinha combinado "viu", cortou o laço, e ele foi levado ao hospital.

Mas a conveniência de também extrair trabalho dos punidos forçava os patrões a destacá-los em zonas punitivas separadas (ZUR). Na ZUR, em primeiro lugar, a comida era pior; a ração, reduzida. Pode nem ter refeitório, mas nos barracões não distribuem a *balanda*, e, depois de recebê-la perto da cozinha, é preciso levá-la, debaixo do frio, até o barracão, e lá comê-la, fria. Morrem aos montes, o pronto-socorro fica cheio de moribundos.

Para as zonas punitivas eram designados os seguintes trabalhos. A sega do feno, em local distante, a 35 quilômetros da zona, onde ficam alojados em choupanas de palha, com goteiras, e ceifam em pântanos, com os pés sempre dentro da água. Ensilamento de forragem nessas mesmas localidades pantanosas, em meio a nuvens de mosquitos, sem nenhum equipamento de proteção. (O rosto e o pescoço ficam todos picados, cobertos de crostas, as pálpebras, inchadas, a pessoa fica quase cega.) Ensilamento de turfa na várzea do Výtchegda: no inverno, batendo com um martelo pesado, expor as camadas de lodo congelado, retirá-las, recolher a turfa derretida por debaixo delas, depois arrastar um trenó por 1 quilômetro montanha acima (o campo toma cuidado com seus cavalos). Ou mesmo o trabalho punitivo predileto: a jazida de calcário e a calcinação. E as pedreiras. Não dá para contar tudo. Tudo que há de mais pesado nos trabalhos mais pesados, de ainda mais insuportável nos mais insuportáveis – isso é o trabalho punitivo. Cada campo tem o seu.

Para as zonas punitivas eram enviados preferencialmente: os religiosos, os teimosos e os bandidos. Mantinham ali barracões inteiros de "monjas", que tinham se recusado a trabalhar para o diabo. (Na "subescolta" punitiva do *sovkhoz*[157] de Petchora, elas eram mantidas na solitária com água até o joelho. No outono de

157 Fazenda mantida pelo Estado soviético, cerca de três vezes maior que um *kolkhoz*. [N. T.]

1941, receberam 58-14, "sabotagem contrarrevolucionária", e foram todas fuziladas.) Enviavam fugitivos capturados. E, com o coração aflito, enviavam os socialmente próximos que não queriam de jeito nenhum ir ao encontro da ideologia proletária. (Graças ao complexo trabalho mental de classificação, não acusaremos a chefia de às vezes fazer confusões involuntárias: eis que enviaram, de Karabás, duas telegas com mulheres religiosas ao vilarejo infantil, para cuidar das crianças do campo, e umas bandidas e sifilíticas para Konspai, o setor punitivo de Dolinka. Mas confundiram a telega em que deveriam pôr as coisas de cada grupo, e as bandidas sifilíticas foram cuidar das crianças, e as "monjas" foram para o setor punitivo. Depois até se deram conta, mas acabaram deixando por isso mesmo.)

Havia ali também histórias femininas. Não é possível julgá-las de maneira suficientemente detalhada e rígida, porque sempre permanece desconhecido para nós um elemento íntimo. Porém, esta é a história de Irina Náguel, de acordo com o próprio relato. Ela trabalhava como datilógrafa no setor administrativo do *sovkhoz* de Ukhtá, ou seja, era uma *pridúrok* em posição muito confortável. Bem-apessoada, corpulenta, ela atava suas longas tranças ao redor da cabeça e, em parte por comodidade, usava calças largas e uma jaqueta que parecia de esqui. Quem conhece o campo entende como isso era chamativo. O segundo-tenente de operações especiais Sidorenko demonstrou o desejo de conhecê-la mais de perto. Náguel respondeu a ele: "Prefiro ser beijada pelo último dos gatunos! Como é que o senhor não tem vergonha, o seu filho está chorando no quarto ao lado!". Rechaçado por um empurrão, o *oper*[158] de repente mudou de expressão e disse: "Você pensou mesmo que eu gostava de você? Eu só queria provar você. Pois bem, agora você vai colaborar conosco". Ela se recusou e foi enviada para o posto prisional punitivo.

Essas são as impressões que Náguel guarda da primeira noite: no barracão feminino, havia bandidas e "monjas". Cinco moças andavam enroladas em lençóis; jogando cartas na véspera, as

158 Encarregado de operações, representante da polícia política soviética dentro dos campos. [N. T.]

bandidas tinham perdido tudo, então ordenaram que elas tirassem as roupas e entregassem. De repente, outros bandidos entram correndo, irritados. Eles agarram uma das moças deles, jogam no chão, batem com o banco e pisam nela. Ela grita, depois nem consegue gritar mais. Todas continuam sentadas, não só não se intrometem como fingem nem perceber. Depois, chega o chefe da enfermaria: "Quem bateu em você?". "Eu caí da tarimba", responde a que foi espancada. Naquela mesma noite, elas também perderam nas cartas a própria Náguel, mas a cadela[159] Vaska Krivói livrou-a: ela delatou ao chefe, e ele levou Náguel para passar a noite no posto de guarda.

Se não há lei e justiça nos campos, não é nos punitivos que você vai encontrá-las. Ali os bandidos aprontam o que querem, andam livremente com facas (OLP "da terra" de Vorkutá, 1946), os carcereiros se escondem deles do lado de fora da zona, e isso ainda quando a maioria é composta por Cinquenta e Oito.

Para o simples trabalhador do Cinquenta e Oito, sobreviver num posto prisional punitivo como esses é quase impossível.

Só a enumeração das zonas punitivas, em algum momento, já consistiria numa pesquisa histórica.

159 Como eram chamados os prisioneiros que se afastavam da lei dos ladrões, colaborando com a chefia do campo. [N. T.]

Capítulo 16
Os *socialmente próximos*

Que minha pobre pena também se una à celebração dessa tribo! Eles foram celebrados como piratas, como flibusteiros, como vagabundos, como foragidos das galés. Foram celebrados como nobres bandoleiros – de Robin Hood aos das operetas, nos asseguraram de que eles tinham um coração sensível, de que roubavam dos ricos para repartir com os pobres. Pois não foram louvados os bandidos por toda a literatura mundial? Até Púchkin louvou o princípio da bandidagem entre os ciganos. Mas eles nunca foram celebrados de maneira tão ampla, tão amigável, tão consistente como na literatura soviética.

Isso tudo não se formou de imediato, mas *historicamente*, como adoram dizer entre nós. Existia na velha Rússia (e no Ocidente ainda existe) uma visão errônea a respeito dos ladrões: de que são incorrigíveis, de que são criminosos permanentes (o "núcleo da criminalidade"). Por isso, nos comboios e prisões, os políticos eram resguardados deles. Por isso é que a administração destruía a liberdade e a supremacia que tinham no mundo prisional, colocava-se de maneira decisiva ao lado dos demais forçados. Na velha Rússia, para os criminosos reincidentes, havia uma só fórmula: "Incline-lhes a cabeça sob o jugo férreo da lei!". Assim, em 1917, os ladrões não eram senhores nem do país nem das prisões russas.

Mas os grilhões caíram, brilhou a liberdade. Logo depois da Revolução de Fevereiro, os criminosos afluíram largamente à liberdade, misturando-se aos cidadãos livres. Acharam muito útil e divertido o fato de que eles eram inimigos da propriedade privada, ou seja, uma força revolucionária. Pensando socialmente:

a culpa de tudo não era do *meio*? Então vamos reeducar esse saudável lúmpen e incluí-lo no sistema da vida consciente!

Agora, porém, é possível olhar ao redor e ter dúvidas: quem reeducou quem? Os tchekistas aos gatunos, ou os gatunos aos tchekistas? O gatuno que adotou a fé tchekista já é uma cadela, os outros gatunos dão cabo dele. Já o tchekista que assimilou a psicologia do gatuno é um *enérgico* investigador dos anos 1930-1940, ou um *resoluto* chefe de campo, é respeitado e recebe promoções no serviço.

Quanto não buzinaram em nossos ouvidos a respeito do "código próprio" dos bandidos, de sua palavra "de honra". Você lê, e são dom-quixotes, são patriotas! Mas se você encontra um miserável desses na cela ou no camburão...

Ei, chega de mentir, suas penas mercenárias! Os gatunos não são Robin Hood! Quando eles precisam roubar de um *dokhodiaga*, eles roubam de um *dokhodiaga*! Se precisam tomar a última meia de alguém que está congelando, nem isso eles poupam. O grandioso lema deles é: "Que hoje morra você, e eu, amanhã!".

Mas será que eles não são patriotas de verdade? Por que eles não roubam do Estado? Por que eles não assaltam as dachas especiais? Por que não param os longos automóveis negros? Porque o realista Stálin havia muito entendera que tudo aquilo era só um zunido, a reeducação dos gatunos. E redirecionou a energia deles, atiçando-os contra os cidadãos do próprio país.

Assim foram as leis durante trinta anos (até 1947): roubo do erário, no exercício da função, contra o Estado? Levou uma caixa do depósito? Três batatas do *kolkhoz*? Dez anos! (E, a partir de 1947, vinte anos!) Roubo *livre*? Limparam o apartamento, levaram num caminhão tudo que uma família tinha acumulado ao longo da vida? Se durante o ato não houve homicídio, é *menos de um ano*, às vezes seis meses...

Com suas leis, o poder stalinista dizia claramente aos gatunos: não roube de mim! roube de particulares! Afinal, a propriedade privada é uma sobrevivência do passado. E os gatunos entenderam.

Anos 1920, 1930, 1940, 1950! Quem é que não se lembra dessa ameaça pairando eternamente sobre os cidadãos: não ande no escuro! não volte tarde! não leve relógio! não leve dinheiro com você! não deixe o apartamento sem ninguém! Cadeados! Tapumes! Cachorros!

Finalmente, virá sem falta a redução das sentenças, e será para os criminosos, é claro. Ei, tome cuidado, testemunha do júri! Logo, todos eles estarão de volta, e aí é faca no lombo de quem testemunhou!

Se você tiver visto alguém trepando numa janela, furando um bolso, abrindo a mala do seu vizinho, feche os olhos! passe reto! você não viu nada!

Assim fomos educados, pelos ladrões e pelas leis!

E para tudo sempre existe a elevada e esclarecedora teoria. Tudo isso decorria da Doutrina Unicamente Verdadeira, que explica toda a matizada vida da humanidade pela luta de classes, e somente por ela.

Eis como isso se estabeleceu. Os criminosos profissionais não podem de modo algum ser equiparados aos elementos capitalistas (ou seja, a engenheiros, estudantes, agrônomos e monjas): estes últimos são invariavelmente hostis à ditadura do proletariado; os primeiros são apenas politicamente inconstantes. (Um assassino profissional é apenas politicamente inconstante!) O lúmpen não é um proprietário, e por isso não pode unir-se a elementos da classe hostil, mas preferirá unir-se ao proletariado (espere só!). E é por isso que, de acordo com a terminologia oficial do Gulag, eles são chamados de "socialmente próximos". (Diga-me com quem andas...)

Mas, quando essa teoria desceu à terra dos campos de prisioneiros, o que surgiu foi o seguinte: conferiu-se aos bandidos mais inveterados e encarniçados um poder irrestrito sobre as ilhas do Arquipélago, sobre os distritos prisionais e pontos prisionais – poder sobre a população do próprio país, sobre camponeses, sobre pequeno-burgueses e sobre a *intelligentsia*, um poder que eles nunca tiveram na história, em Estado algum, e que, em liberdade, eles nem poderiam conceber – e agora todas as demais pessoas eram entregues a eles, como escravos. E que malfeitor recusaria tamanho poder? Os *ladrões centrais*, os gatunos do topo, dominavam completamente os pontos prisionais, viviam em "cabines" ou tendas separadas, com suas esposas temporárias. Eles tinham as *senas*, serviçais escolhidos entre os trabalhadores, que esvaziavam o urinol por eles. Cozinhavam separadamente para eles, com o pouco de carne e gordura boa que admitiam no caldeirão comum. Os gatunos de patente mais baixa eram encarregados, auxiliares, administradores; de manhã, formavam dupla na entrada de uma tenda para duzentas pessoas, segurando bastões e dando o comando: "É para sair *sem o último*!". Os ladrões mais miúdos eram usados para surrar os recalcitrantes, ou seja, os que não tinham forças para se arrastar até o trabalho.

Mas, mesmo onde os ladrões não ganhavam poder, eles eram tratados com muita complacência, graças a essa mesma teoria de classe. O maior sacrifício pedido para eles era que fossem para fora da zona. Durante o trabalho, eles podiam ficar deitados quanto quisessem, fumar, contar suas historinhas da bandidagem (sobre vitórias, sobre fugas, sobre heroísmo), e aquecer-se debaixo do sol, no verão, e perto da fogueira, no inverno. A escolta nunca encostava na fogueira deles, enquanto as fogueiras do Cinquenta e Oito eram desmontadas e pisoteadas. E os *cúbicos* (de madeira, de terra, de carvão) do Cinquenta e Oito eram depois atribuídos a eles. Assim eram os caminhos trilhados pelos bandidos nos campos.

Podem objetar dizendo que só as *cadelas* iam ocupar cargos, enquanto os "ladrões honrados" mantinham a lei dos ladrões. Mas eu, por mais que tenha observado uns e outros, não pude perceber que uma gentalha fosse mais nobre que a outra. Ladrões (no Kraslag, em 1941) afogaram uns lituanos na privada por terem se recusado a lhes entregar um pacote. Ladrões roubavam condenados à morte. Ladrões, por brincadeira, matavam o primeiro companheiro de cela que aparecia, só para arranjar um novo inquérito e outro julgamento e passar o inverno num lugar quente ou para sair de um campo difícil em que já tivessem caído. Para que falar de coisa pequena, como tirar as roupas e os sapatos de uma pessoa, no frio? O que dizer das rações tomadas?

De jeito nenhum; você não tira fruto de uma pedra nem bondade de um ladrão.

Mas basta! Também devemos dizer uma palavra em defesa dos bandidos. Eles têm, afinal, um "código próprio" e uma concepção própria de honra. Mas não se trata de serem patriotas, como desejariam nossos administradores e literatos, e sim de serem materialistas perfeitamente coerentes e piratas coerentes. E, embora a ditadura do proletariado os tratasse tão bem, eles não a respeitavam nem por um minuto.

É uma tribo que veio ao mundo para *viver*! E, uma vez que acabam tendo quase tanto tempo na prisão como têm em liberdade, querem colher as flores da vida também na prisão – e que lhes importa para que foi inventada essa prisão e como sofrem os outros ao redor? Eles são insubmissos e aproveitam os frutos dessa insubmissão – então por que deveriam preocupar-se com os que baixam a cabeça e morrem como escravos? Eles precisam comer e tomam tudo que veem de comestível e saboroso. Precisam beber e, em troca de vodca, vendem à escolta objetos tomados dos vizinhos. Precisam dormir no conforto, e, mesmo com seu aspecto viril, entre eles é considerado completamente honrado carregar consigo um travesseiro e uma manta de algodão ou de penas (ainda mais porque é totalmente possível esconder ali uma faca). Eles têm músculos magníficos e bem nutridos, de formato esférico. Eles dedicam sua pele bronzeada às tatuagens, e, desse modo, são constantemente satisfeitas as suas necessidades artísticas, eróticas e até morais: no peito, na barriga, nas costas uns dos outros, eles observam poderosas águias, pousadas em rochedos ou voando no céu; o *malho* (o sol), com raios para todos os lados; e, de repente, perto do coração, Lênin, ou Stálin, ou até ambos (mas isso valia rigorosamente o mesmo que um crucifixo no pescoço de um bandido). E até uma modesta e minúscula frase moral num braço que já cravara dezenas de facas debaixo de costelas: "Lembre-se das palavras de sua mãe!"; ou "Eu me lembro do carinho, eu me lembro da minha mãe". (Os bandidos têm um culto à mãe, mas formal, sem o cumprimento de seus mandamentos. Entre eles, é popular a "Carta à mãe", de Iessiénin, e, por extensão, todo o Iessiénin, que é mais simples. Eles cantam alguns de seus poemas: essa "Carta", "A noite franziu o negro cenho".)

Mas – e nisso eles têm muito mais princípios que o Cinquenta e Oito! – nenhum Jenka Jogol ou Vaska Kichkeniá, com os canos das botas dobrados, que pronunciam respeitosamente, com uma careta de um lado só, a sagrada palavra "ladrão", jamais ajudaria a fortalecer a prisão: instalar postes, estender arame farpado, escavar a antezona, reformar o posto de guarda, consertar a iluminação da zona. Nisso está a honra do bandido. A prisão foi criada contra a liberdade dele – e ele não pode trabalhar em favor da prisão! (Aliás, por essa recusa ele não corre o risco de receber o Artigo 58, enquanto ao pobre inimigo do povo logo emendariam uma sabotagem contrarrevolucionária. É graças à impunidade que os bandidos são valentes; agora, quem foi esfolado pelo urso tem medo até de cepo.)

Ver um bandido com um jornal é totalmente impossível; os bandidos têm a ideia fixa de que política é só tagarelice, que ela não se relaciona com a vida de verdade. Os bandidos também não leem livros, é muito raro. Mas gostam de literatura oral, e o contador que, depois do toque de recolher, consegue *tecer romances* para eles sem parar estará sempre bem alimentado com seus despojos, e será honrado, como todos os contadores de histórias e cantores entre os povos primitivos. Esses romances são uma mistura fantástica e bastante monótona de uma pasquinada barata da vida da alta sociedade (tem de ser da alta sociedade) – em que surgem títulos de visconde, conde, marquês – com as próprias lendas da bandidagem, o autoelogio, o jargão da bandidagem e a noção que os bandidos têm da vida luxuosa, que o herói sempre alcança no fim: a condessa deita-se em seu "leito", ele só fuma Kazbek, tem uma "cebola" (um relógio), e seu "botim" (sua bota) brilha de tão engraxado.

A comuna deles, ou, mais precisamente, o mundo deles, é um mundo separado dentro do nosso mundo, e as severas leis que existem ali há séculos para fortalecimento daquele mundo de modo algum dependem de nossa legislação "de *fráier*" nem dos congressos do Partido. Eles têm as próprias regras de hierarquia, de acordo com as quais seus chefões não são eleitos de modo algum, mas, ao entrar na cela ou na zona, já trazem consigo sua coroa de poder, e logo são reconhecidos como cabeças. Esses chefões podem ter um intelecto forte, mas sempre têm uma compreensão clara da visão de mundo dos bandidos e carregam nos ombros uma quantidade considerável de assassinatos e roubos. Os bandidos têm os próprios tribunais (os *pravílki*), baseados no código de "honra" dos ladrões e na tradição. As sentenças dos tribunais são impiedosas e executadas de maneira irrevogável, mesmo se o condenado estiver inacessível e numa zona completamente diferente. (Os tipos de punição são incomuns: podem pular do alto da tarimba, um de cada vez, em cima da pessoa deitada no chão, e assim quebrar-lhe a caixa torácica.)

E o que significa a própria expressão "de *fráier*"? "De *fráier*" significa humano, aquilo que se refere a todas as pessoas normais. Precisamente esse mundo humano, o nosso mundo, com sua moral, seus costumes de vida e suas relações mútuas, é que é mais detestável aos bandidos, que é mais ridicularizado por eles, que mais se opõe a seu *covil* antissocial, contrário à sociedade.

Não, não foi a "reeducação" que começou a quebrar a espinha do mundo dos bandidos (a "reeducação" só os ajudava a voltar mais depressa a novos roubos), e sim quando, nos anos 1950, deixando de lado a teoria de classe e a proximidade social, Stálin deu ordem de encerrar os bandidos em isoladores, em celas solitárias de longo prazo, e até de construir para eles novas prisões (as *seladas*, como os ladrões as chamavam).

Nessas seladas, os ladrões rapidamente se enfraqueceram, definharam e foram morrendo. Porque um parasita não pode viver solitário. Ele tem de viver em cima de alguém, enroscado.

Capítulo 17
Os moleques

Há muitas carrancas no Arquipélago, muitas bocarras. De qualquer lado que você se aproximar delas, não vai ficar admirando. Mas talvez a goela mais abjeta de todas seja aquela que engole os *moleques*.

Os moleques não são as crianças sem teto, de farrapos cinzentos, zanzando, roubando e se aquecendo junto aos caldeirões, sem as quais não havia vida urbana nos anos 1920. Nas colônias de criminosos menores de idade, nas casas de trabalho, essas crianças eram tiradas das ruas, não das famílias. Ficaram órfãs devido à Guerra Civil, à fome causada por ela, à desordem, ao fuzilamento dos pais, à morte deles no front, e então a justiça realmente tentou restituí-las à vida social, arrancando-as do treinamento das ruas para o roubo. Nas comunas de trabalho, iniciavam-se no treinamento fabril, o que, nas condições daqueles anos de desemprego, era um arranjo vantajoso, e muitos rapazes aprendiam de bom grado. Por essa via, talvez a questão se acertasse.

E de onde vinham os jovens criminosos? Do Artigo 12 do Código Penal de 1926 que permitia julgar crianças a partir de 12 anos de idade por roubo, violência, trauma e assassinato, mas com parcimônia, não "com todo o rigor", como os adultos. Esse foi o primeiro buraco no Arquipélago para os futuros moleques – mas ainda não era um portão.

E, em 1935, o Grande Facínora deixou a marca de seu polegar na argila maleável da história. Entre atos como a destruição de Leningrado e a destruição do próprio Partido, não deixou de se lembrar das crianças – as crianças que ele tanto amava, de quem era o Melhor Amigo e, portanto, com as quais era fotografado. Sem ver como frear de outra forma esses moleques maliciosos, que infringiam a legalidade socialista de forma descarada, elaborou um presente para eles: essas crianças de 12 anos (sua amada filha já estava se aproximando desse limite, e ele podia contemplar essa idade de forma palpável) deviam ser julgadas *com todo o rigor* do Código! Ou seja, "tomando todas as medidas de punição". (Ou seja, incluindo o fuzilamento.)

Daí, um pequeno empecilho: começou a Guerra Patriótica. Mas Lei é Lei! E, em 7 de julho de 1941 – quatro dias depois do discurso de Stálin, em pânico, nos dias em que os tanques alemães irrompiam na direção de Leningrado, Smolensk e Kíev –, foi promulgado mais um decreto do Presidium do Soviete Supremo, segundo o qual os julgamentos estavam aplicando erroneamente o decreto de 1935: as crianças só eram condenadas quando tinham cometido crimes *de forma premeditada*. Mas isso era uma brandura inadmissível! E eis que, no fogo da guerra, o Presidium decreta: julgar as crianças tomando todas as medidas de punição (ou seja, "com todo o rigor") igualmente nos casos em que não cometiam os crimes de forma premeditada, mas *por descuido*!

Então é assim! Talvez, em toda a história mundial, ninguém ainda tenha se aproximado de uma solução tão radical da questão infantil! Aos 12 anos, por descuido – direto para o fuzilamento! Só então todos os buracos dos ratos ávidos foram tapados! Só então as espiguinhas dos *kolkhozy* ficaram protegidas! Agora o celeiro devia se encher e se encher, a vida, florescer, e as crianças pervertidas de nascença seriam mandadas para a longa senda da correção.

E nenhum dos procuradores do Partido, que tinham filhos daquela idade, estremeceu! Emitiram ordens de prisão sem dificuldade.

E nenhum dos juízes do Partido estremeceu! Com olhos cintilantes, condenaram crianças a três, cinco, oito e dez anos nos campos!

Por cortar espigas, não davam menos de oito anos a esses pequeninos!

Por umas batatas no bolso – um bolso de batatas em uma calça de criança! –, também oito!

Os pepinos não eram tão valorizados. Por dez pepinos da horta do *kolkhoz*, Sacha Blókhin recebeu cinco anos.

E Lida, menina faminta de 14 anos, de Tchinguirlau, centro distrital da região de Kustanai, saiu pela rua para recolher um filete de grão misturado com areia que caíra de um caminhão (e que estava mesmo estragado). Então a condenaram apenas a três anos, devido à circunstância atenuante de não ter dilapidado a propriedade socialista diretamente no campo de cultivo ou no celeiro.

E quando meninos de 12 anos cruzaram o limiar das celas de prisão para adultos, sendo igualados aos adultos como cidadãos de plenos direitos, igualados nas sentenças selvagens, praticamente nivelados em sua vida inconsciente, igualados na ração de pão, na tigela de *balanda*, no lugar nas tarimbas, então o próprio Gulag gerou uma expressão sonora e insolente: *moleque*! E, em tom orgulhoso e amargo, começaram a repeti-la, a respeito de si mesmos, esses cidadãos amargos – ainda não cidadãos do país, mas já cidadãos do Arquipélago.

Tão cedo e tão estranhamente começava sua maioridade – ao cruzarem o limiar da prisão.

Despencou nas cabecinhas de 12 e 14 anos um modo de vida que nem pessoas resistentes e corajosas aguentavam. Mas os jovens, segundo as leis da juventude, não deviam ser achatados por esse modo de vida, porém crescer e se adaptar. Assim como, com pouca idade, apossam-se de línguas novas, de novos hábitos, os moleques, *de passagem*, pegaram a língua do Arquipélago – a língua dos bandidos – e a filosofia do Arquipélago. E que filosofia é essa?

Tomaram dessa vida a essência mais desumana, o suco mais venenoso e podre – e de forma tão acostumada, como se desde pequenos tivessem sugado esse suco, esse, e não leite.

Mesmo em liberdade, não tinham crescido em meio a linho e veludo: quem cortava espiga, enchia os bolsos de batata, chegava atrasado ao posto de controle da fábrica e fugia da escola de treinamento fabril não eram os filhos de pais poderosos e abastados. Os moleques eram filhos de trabalhadores. Mesmo em liberdade, entendiam que a vida estava baseada na injustiça. Mas nem tudo lá estava desnudado até a derradeira extremidade, algo estava envolvido pelo decoro, algo era suavizado por uma palavra boa da mãe. Já no Arquipélago, os moleques viam o mundo como se apresenta aos olhos dos quadrúpedes: só a força é justiça! Só o abutre tem direito a viver! E, em alguns *dias* por lá, as crianças viram animais! E animais dos piores, sem noção de ética (olhando nos olhos calmos e imensos de um cavalo, ou acariciando as orelhas contraídas de um cachorro culpado, como negar-lhes a ética?). O moleque aprendeu: se alguém tem dentes mais fracos do que os seus, arranque-lhe o pedaço, é seu!

Há dois meios principais de manutenção dos moleques no Arquipélago: colônias infantis separadas (principalmente para os mais novos, que não completaram 15 anos) e postos de transferência mistos, normalmente com inválidos e mulheres (para os moleques mais velhos).

Ambos os métodos conseguem o desenvolvimento da maldade animal. E nenhum deles livra os moleques de serem treinados no espírito das regras dos ladrões.

Vejam Iura Iermólov. Conta que, ainda aos 12 anos (em 1942), via ao seu redor muita falcatrua, roubalheira, especulação, e julgou a vida assim: só não rouba e engana quem tem medo. E eu não quero ter medo de nada. Isso quer dizer que vou roubar, enganar e viver bem. Contudo, em sua vida, por um tempo, tudo correu diferente. Foi atraído pelos exemplos brilhantes de sua educação escolar. Porém, depois de ter decifrado o Amado Pai (laureados e ministros dizem que isso estava acima de suas forças), aos 14 anos redigiu um folheto: "Abaixo Stálin! Viva Lênin!". Daí o capturaram, bateram nele, deram-lhe o 58-10 e o prenderam com os moleques-gatunos. E Iura Iermólov rapidamente assimilou a lei dos ladrões.

E o que ele viu na colônia infantil? "Ainda mais injustiça do que em liberdade. Uma parte da ração dos moleques sai da cozinha para a pança dos instrutores. Os moleques apanham com botas, para ficarem calados e obedientes." (Aqui é preciso esclarecer que a ração dos moleques menores não é a ração normal dos campos. Ao condená-los a muitos anos, o governo não deixou de ser humano, não se esqueceu de que aquelas crianças seriam os futuros senhores do comunismo. Por isso, acrescentou a suas rações leite, manteiga e carne de verdade. Como então os *instrutores* resistiriam à tentação de meter a colher na marmita deles? E como fazer um moleque se calar, senão com as botas? Talvez um moleque que tenha crescido assim venha a nos contar uma história ainda mais sombria do que *Oliver Twist*.)

A resposta mais simples à injustiça reinante é: cometa você mesmo injustiça! Essa é a conclusão mais fácil, e essa, agora, por muito tempo (talvez para sempre) torna-se a regra de vida do moleque.

Mas veja que interessante! Ao ingressarem na luta do mundo cruel, os moleques não lutam uns com os outros. Não veem uns aos outros como inimigos. Entram em luta como um coletivo, conjuntamente. Germes do socialismo? Sugestão dos educadores? Ah, chega de papo furado, seus tagarelas! É a lei do mundo dos ladrões baixando sobre eles. Afinal, os ladrões são unidos, os ladrões têm disciplina e chefões. E os moleques são os pioneiros dos ladrões, assimilam os preceitos dos mais velhos.

Nas colônias infantis, quem é o inimigo do moleque? Os carcereiros e os instrutores. A luta é contra eles.

Levam uma coluna de moleques sob escolta severa pela cidade, parece até vergonhoso vigiar meninos de forma tão séria. Nada disso! Combinaram – um assobio!! –, e quem quer sai correndo em diversas direções. O que a escolta vai fazer? Atirar? Exatamente em quem? E pode atirar em crianças? Assim acabava a sentença delas na cadeia! Imediatamente, 150 anos escapavam do Estado. Não gosta de passar ridículo? Não prenda crianças!

Um futuro romancista (que passou a infância entre os moleques) descreve-nos as diversões deles com uma infinidade de detalhes, como aprontavam nas colônias, vingavam-se e emporcalhavam os instrutores. Diante da aparente severidade de suas sentenças e do regime de internação, os moleques, a partir da impunidade, desenvolveram grande ousadia.

O interesse pelo corpo feminino, entre os meninos, desenvolvia-se em geral cedo e, nas celas dos moleques, ele esquentava fortemente com relatos e gabolices coloridas. E eles não perdiam uma oportunidade de se aliviar. Daí já são moleques de 16 anos, na zona mista, dos adultos. (Estavam no mesmo pavilhão que abrigava quinhentas mulheres, onde todas as relações sexuais aconteciam a descoberto, e onde os moleques caminhavam com imponência, como homens.)

Nas colônias infantis, as crianças trabalham quatro horas, e devem estudar outras quatro (aliás, todos esses estudos são um engodo). Com a transferência para o campo adulto, recebiam dez horas de trabalho por dia, apenas com metas de produtividade menor. Depois da colônia infantil, sua situação mudava abruptamente. Não havia mais a ração infantil, tão cobiçada pelo carcereiro – e, por isso, o carcereiro deixava de ser o principal inimigo. Apareciam mulheres, nas quais era possível testar a própria maturidade. Apareciam também animados ladrões de verdade, assaltantes do campo, de cara gorda, que de bom grado guiavam a visão de mundo dos moleques e os treinavam para o roubo. Aprender com eles era sedutor; não aprender, impossível.

Para o leitor que está livre, a palavra "ladrão" poderia talvez soar como uma reprovação? Então ele não entendeu nada. No mundo criminal, essa palavra é proferida como "cavaleiro" no mundo da nobreza, e até com mais respeito, não a plena voz, como uma palavra sagrada. Vir a se tornar um ladrão digno é o sonho dos moleques.

Nos campos adultos, os moleques conservam o principal traço de sua conduta – unidade de ataque e unidade de resistência. Isso os fortalece, livrando-os de limitações. Na consistência deles, não há bandeirinha demarcando o lícito e o ilícito, e nenhuma noção de bem e de mal. Para eles, o bom é o que querem, e o ruim é o que os estorva. Assimilaram o jeito descarado e insolente de se portar porque é a forma mais proveitosa de conduta no campo. Ao levarem uma caixa do local onde se corta o pão, sob escolta da brigada, os moleques desencadearam uma briga de mentira, empurraram-se e derrubaram a caixa. Os membros da brigada foram pegar as rações caídas no chão. De 21, só conseguiram apanhar 14. Já não havia nem sinal dos moleques "brigões".

Quanto mais fraca a vítima, mais impiedosos os moleques. De um velho absolutamente fraco, levaram a ração a descoberto, arrancando-a dos dedos. O velho chorava, implorava que devolvessem. "Vou morrer de fome!" – "Você vai mesmo bater as botas logo, que diferença faz?"

Se um trabalhador livre entrasse na zona com seu cachorro e se virasse por um instante, era suficiente – à noite, poderia comprar a pele do cachorro, do lado de fora: em um instante, o cão fora atraído, degolado, esfolado e cozinhado.

Não há nada mais belo que roubo e bandidagem! Dão de comer, são divertidos! Mas o corpo jovem também necessita de exercício simples, distração desinteressada e correria. Não importa se estão correndo em pernas de pau, em cima de coisas, o que derrubam, quem acordam, quem deixam prostrado – estão brincando!

Os moleques encontram diversão em cada coisa! Arrancam a camisa militar de um inválido e brincam de pega-pega, forçando-o a correr como se tivesse a idade deles. Ele se ofende e foge? Então não vai voltar a ver a roupa! Eles a vendem fora da zona e fumam. (Depois ainda se aproximam dele, de forma inocente: "Papai, tem fogo? Está bem, não fique bravo. Por que você foi embora e não pegou?".)

Os moleques não fazem de propósito, não têm a menor intenção de ofender, não estão fingindo: realmente não consideram ninguém como gente, a não ser a si mesmos e os ladrões mais velhos! Assim apreenderam o mundo! Durante as longas verificações na zona, os moleques ficam correndo uns atrás dos outros, torpedeando a multidão, derrubando umas pessoas nas outras. ("Que foi, homem, ficou no meio do caminho?"), ou correm em volta de uma pessoa, como se fosse uma árvore, melhor do que a árvore porque dá para se tapar com ela, sacudir, puxar, balançar para todos os lados.

Isso é ofensivo mesmo num instante alegre, mas, quando toda a vida está transformada, a pessoa foi largada em uma cova distante em um campo para perecer, a morte pela fome se espalha, um turvamento lhe paira nos olhos... – a pessoa envelhecida e exaurida é tomada pela raiva e grita para eles: "Que a peste os carregue, suas víboras!", "Canalhas! Cães raivosos!", "Piores que as bestas fascistas!", "Foram mandados para nos matar!". (E esses gritos dos inválidos tinham tamanha carga que, se palavras matassem, teriam matado.) Sim! E realmente parecia terem sido mandados de propósito – pois, nem se tivessem pensado por muito tempo, os chefes do campo teriam inventado um flagelo pior.

Assim as pequenas feras obstinadas eram preparadas pela ação conjunta da legislação stalinista, da educação do Gulag e do espírito dos ladrões. Não seria possível inventar jeito melhor de brutalizar uma criança! Não seria possível incutir de forma mais sólida e rápida todos os vícios do campo em um peito estreito e débil!

Vítia Koptiáiev está preso incessantemente desde os 12 anos. Foi condenado *catorze* vezes, nove das quais por fuga. "Ainda não estive legalmente livre." Iura Iermólov, depois da libertação, conseguiu trabalhar, mas foi despedido: deram prioridade à contratação de um soldado desmobilizado. Teve de "sair em turnê". E receber uma nova sentença.

As imortais leis de Stálin sobre os moleques sobreviveram vinte anos (até o decreto de 24 de abril de 1954, que suavizou um pouco: libertando os moleques que tinham cumprido mais de um terço da pena – só que da *primeira* sentença! E se fossem catorze?). Vinte safras tinham sido colhidas. Desencaminharam vinte gerações para o crime e a depravação.

E quem ousa lançar uma sombra na memória de nosso Grande Corifeu?

Há aquelas crianças rápidas que conseguem pegar o 58 bem cedo. Por exemplo, Guéli Pávlov recebeu-o aos 12 anos (ficou preso de 1943 a 1949 na colônia de Zakovsk). Para o Artigo 58, *não existia idade mínima* em absoluto! Mesmo nas populares conferências jurídicas – Tállin, 1945 – diziam isso. O dr. Usma conhecia um menino de 6 anos preso em uma colônia pelo 58 – mas isso, obviamente, era o recorde!

Onde, senão neste capítulo, mencionaremos as crianças que ficaram órfãs devido à prisão de seus pais?

Os filhos das mulheres da comunidade religiosa de Khosta ainda foram felizes. Quando, em 1929, as mães foram enviadas para Solovkí, os filhos, por delicadeza, foram deixados em suas casas e fazendas. As próprias crianças cuidavam dos jardins, dos pomares, ordenhavam as cabras, estudavam aplicadamente na escola e mandavam aos pais, em Solovkí, as notas e observações de que estavam prontas para sofrer por Deus, assim como suas mães. (Evidentemente, o Partido logo lhes deu essa oportunidade.)

Segundo a instrução de "separação" de filhos e pais exilados, quantos moleques desses havia ainda nos anos 1920? E quem nos contará seu destino?...

Vejam Gália Venedíktova. Seu pai era um tipógrafo de Petrogrado, anarquista; a mãe, uma costureira da Polônia. Gália lembra bem que festejaram com alegria seu sexto aniversário (1933). Na manhã seguinte, ela acordou – nem pai nem mãe, um militar estranho estava revirando os livros. Verdade que, um mês depois, restituíram-lhe a mãe: mãe e filhos foram para Tobolsk, apenas os homens em um comboio com escolta. Lá viveram em família, mas não durou três anos: voltaram a prender a mãe, fuzilaram o pai, a mãe morreu depois de um mês na cadeia. Gália foi mandada para o orfanato. As condições lá eram tais que as meninas viviam em constante medo de violência. O diretor incutia-lhes: "Vocês são filhas de inimigos do povo, mas ainda lhes dão de comer e as vestem!". (Não, como essa ditadura do proletariado é humana!) Gália virou uma lobinha. Aos 11 anos, já estava em seu primeiro interrogatório político. Daí foi agraciada com uma *nota de dez*, que, contudo, ela não cumpriu por inteiro. Aos 40 anos, mora sozinha no Ártico, e escreve: "Minha vida acabou com a prisão de meu pai. Amo-o tanto desde então que tenho até medo de pensar. Era outro mundo, e minha alma padece de amor por ele...".

Relembra também Nina Sedova: "Nunca vou me esquecer do dia em que todas as nossas coisas foram levadas para a rua, e eu fui colocada sobre elas, e caía uma forte chuva. Desde os 6 anos eu era 'a filha de um traidor da Pátria' – não pode haver nada mais terrível que isso na vida".

Eram levadas para os preventórios do NKVD, para a *casa especial*. A maioria mudava de sobrenome, especialmente se era dos mais notórios. (Iura Bukhárin só ficou sabendo de seu verdadeiro sobrenome em 1956.)

Veja Nina Peregud, do nono ano. Em novembro de 1941, vieram prender seu pai. Uma busca. De repente, Nina se lembrou de que, na estufa, havia uma quadrinha que ela amarrotara mas não queimara. Podia ter ficado lá, mas Nina, inquieta, resolveu rasgá-la. Arrastou-se para a calefação, o policial sonolento pegou-a. Nina foi presa. Foram apreendidos para o inquérito o diário que mantinha desde o sétimo ano e uma fotografia contrarrevolucionária: uma imagem da igreja destruída de Santa Bárbara. "Do que o seu pai falava?" – queriam saber os cavaleiros de coração quente e mãos limpas. Nina só chorava. Condenaram-na a cinco anos, mais três de perda de direitos (embora não pudesse lamentá-lo, pois ainda não tinha tais direitos).

No campo, naturalmente, separaram-na do pai. Só de ver um ramo de lilases brancos ficava dilacerada: era época dos exames, suas amigas estavam todas fazendo provas! Nina sofreu como idealmente uma criminosa deveria sofrer ao se regenerar: vejam o que fez Zóia Kosmodemiánskaia, da minha idade, e como eu sou má! Os investigadores pisaram nesse pedal: "Mas você ainda pode se igualar a ela! *Ajude*-nos!".

Ó cultivadores de almas jovens! De que maneira feliz estão terminando sua vida! Nunca terão de levantar-se e admitir, corando e tartamudeando, com que lixo inundaram as almas!

Mas Zóia Leschova conseguiu superar a família inteira. Foi assim. Seu pai, mãe, avô, avó e os irmãos mais velhos, adolescentes, foram todos espalhados por campos distantes, devido à fé em Deus. E Zóia não tinha mais de 10 anos. Levaram-na ao orfanato (região de Ivánovo). Lá, ela afirmou que jamais tiraria do pescoço o crucifixo que a mãe estava usando quando se separaram. E amarrou bem apertado o nó do cordão, para que não o tirassem no sono. A luta foi longa, Zóia se exasperou: podem me enforcar, vão tirar de uma morta! Então, como não se submetia à educação, mandaram-na para um orfanato *para deficientes*! Lá, havia a escória, um tipo de moleque pior do que os descritos neste capítulo. A luta pelo crucifixo prosseguiu. Zóia manteve-se firme: mesmo ali, não aprendera a roubar nem a dizer obscenidades. "A filha de uma santa como a minha mãe não pode ser uma criminosa. Prefiro ser presa política, como toda a família."

E ela virou presa política! Quanto mais os instrutores e o rádio glorificavam Stálin, com maior certeza ela se assegurava da culpa de todos aqueles desgraçados. E, sem ceder aos criminosos, agora os atraía! No pátio, havia uma estátua-padrão de gesso de Stálin. Nela começaram a aparecer inscrições zombeteiras e indecentes. (Os moleques adoram esporte! É importante apenas dirigi-los no sentido certo.) A administração repintou a estátua, impôs vigilância, informou até o Ministério da Segurança do Estado. E as inscrições continuaram aparecendo, e a criançada caía na gargalhada. Por fim, certa manhã, encontraram a cabeça da estátua quebrada, virada de ponta-cabeça, e, dentro dela, excremento.

Um ato terrorista! Vieram os agentes da Segurança do Estado. Começaram interrogatórios e ameaças, segundo as regras deles: "Entreguem o bando de terroristas, senão *fuzilaremos todos* por terror!". (E não havia nada de excepcional, pense que fuzilaram 150 crianças. Se Ele soubesse, teria dado a ordem pessoalmente.)

Não se sabe se os moleques aguentaram ou vacilaram, mas Zóia Leschova declarou:

— Fiz isso tudo sozinha! Para que mais presta a cabeça de papai?

E ela foi julgada. E condenada *à pena capital*, sem brincadeira. Mas, devido ao humanitarismo inadmissível da lei da volta da pena de morte (1950), não se podia fuzilar alguém de 14 anos. Por isso, deram-lhe dez anos (é espantoso que não tenham sido 25). Até os 18 anos, ficou em campos normais; a partir dos 18, em Especiais. Por sua franqueza, e pela língua, deram-lhe uma segunda sentença e, ao que parece, uma terceira.

Já libertaram os pais e os irmãos de Zóia, mas ela continua presa.

Viva nossa tolerância religiosa!
Vivam as crianças, senhoras do comunismo!
E diga um país que amou tanto suas crianças como o nosso!

Capítulo 18
As musas no Gulag

É comum dizer que *tudo é possível* no Gulag. A mais ignóbil baixeza e qualquer reviravolta de traição; um encontro terrivelmente inesperado e o amor à beira do abismo – tudo é possível. Mas se alguém, com os olhos cintilantes, vier dizer a você que uma pessoa foi reeducada com recursos estatais pela KVTch[160], responda com firmeza: isso é balela!

No Gulag, todos são reeducados; são reeducados sob a influência uns dos outros e das circunstâncias, são reeducados em diversos sentidos – mas nem um moleque sequer, e muito menos um adulto, jamais foi reeducado por meio da KVTch.

Eles eram organizados da seguinte maneira. O chefe da KVTch era livre e tinha os direitos de um ajudante de chefe de campo. Ele escolhia seus educadores (de acordo com a norma, era um educador para 250 tutelados) sempre entre as "camadas próximas ao proletariado"; ou seja, intelectuais (da pequena burguesia) obviamente não serviam (e o mais digno para eles era brandir uma picareta mesmo). O educador deve, pela manhã, conduzir os detentos ao trabalho, depois disso inspecionar a cozinha (ou seja, ele era bem alimentado), então podia tirar um cochilo em seu escritório. A própria KVTch "não tem direito de prisão", "mas pode pedir à administração" (que não haverá de recusar). Além disso, o educador "apresenta, sistematicamente, informes sobre a disposição dos detentos". (Quem tem ouvidos que ouça! Aqui a Seção de Cultura e Educação passa sutilmente à operação tchekista, mas isso não está escrito nas instruções.)

160 Seção de Cultura e Educação. [N. T.]

Porém, devemos amargurar o leitor, pois falamos aqui sobre o fim dos anos 1920, início dos 1930, dos melhores e mais florescentes anos da KVTch, quando no país ia sendo construída uma sociedade sem classes e ainda não se dera essa terrível explosão de luta de classes que houve a partir do momento em que se terminou de construí-la.

E quão multicoloridas, quão variadas eram as formas de trabalho! Como a própria vida. A organização da competição. A luta pela disciplina do trabalho. As expedições culturais. As conversas com os recalcitrantes. Os cursos técnicos e profissionalizantes para os detentos do campo oriundos do meio operário (os gatunos se matavam para fazer o curso de motorista: liberdade!). E o cantinho vermelho em cada barracão! Os números das tarefas! Os diagramas de cumprimento. E que cartazes! Que lemas!

Naquela época feliz, sobre as escuras vastidões e abismos do Arquipélago, pairavam as musas – e a primeira, a mais elevada entre as musas, é Polímnia, a musa dos hinos (e dos lemas).

À brigada exemplar toda honra e distinção!
Quem trabalha além da cota recebe a quitação!

Ou:

Vamos aderir à investida exemplar
em homenagem ao 17º aniversário do Outubro!

Ah, mas quem resistiria?

E os quadros dramáticos ressaltando temas políticos (um pouco da musa Tália)? Por exemplo: o serviço do Calendário Vermelho! Um jornal vivo! O esquete musical “A marcha dos artigos do Código Penal” (o 58 era uma Baba-Iagá manca)! E bastava a uma brigada de propaganda desse tipo vir a um setor punitivo e fazer um concerto ali:

Rio Volga, eu vou te dizer!
Se do lado do zek você perceber
Que dia e noite, na construção, tem um tchekista,

Isso apenas quer dizer
Que a mão do operário é forte a valer,
E que o pessoal do OGPU é mesmo comunista!

– para que todos os punidos, e especialmente os reincidentes, logo largassem as cartas e simplesmente saíssem correndo para o trabalho!

Bom, e a imprensa, evidentemente a imprensa! – a arma mais afiada de nosso Partido. Eis aí a prova genuína de que em nosso país há liberdade de imprensa: a existência da imprensa nos locais de reclusão! Sim! E em que outro país isso ainda seria possível? Os jornais exibiam até fotos dos trabalhadores exemplares. Os jornais mostravam. Os jornais descobriam. Os jornais explicavam até as investidas da classe inimiga. E, no geral, os jornais representavam a vida no campo como ela transcorria, e eram testemunhas inestimáveis para a posteridade.

Vejam, por exemplo, o jornal da casa de detenção de Arkhánguelsk, que em 1931 nos traça a abundância e a prosperidade em que vivem os detentos: "Escarradeiras, cinzeiros, oleado nas mesas, aparelhos de rádio com alto-falantes, retratos dos líderes e lemas nas paredes, que expressam com clareza a linha geral do Partido – esses são os *merecidos* frutos de que usufruem os privados de liberdade!".

Sim, frutos preciosos!

E onde, onde isso tudo foi parar?... Oh, quão efêmero é tudo o que é belo e perfeito sobre a Terra! Todo aquele sistema de educação, otimista, animado e intenso – para onde foi?

Já não se valorizava a forma artística e poética dos lemas, e os próprios lemas agora eram simples: vamos cumprir! vamos exceder!.

Ou no que se transformaram as palestras políticas? Eis que um palestrante chegou ao quinto posto isolado do Unjlag, vindo de Sukhobezvódnoie (isso já em 1952). Depois do trabalho, levaram os detentos à palestra. O camarada, na verdade, não tinha nem o ensino médio, mas, politicamente falando, proferia de maneira irrepreensível a sua palestra, necessária e oportuna: "Sobre a luta dos patriotas gregos". Os zeks ficaram ali sentados, com sono, escondidos uns atrás dos outros, sem nenhum interesse. O palestrante contava das terríveis perseguições aos patriotas e de como as mulheres gregas, com lágrimas nos olhos, tinham escrito uma carta ao camarada Stálin. A palestra terminou, levantou-se Cheremeta, uma mulher de Lvov, meio rude mas astuta, e perguntou: "Cidadão-chefe! Pois diga – para quem *nós* devemos escrever?...". E assim a influência positiva da palestra foi propriamente reduzida a nada.

As formas de trabalho correcional e educativo que a KVTch manteve foram as seguintes: no requerimento do detento ao chefe, fazer uma observação a respeito do cumprimento das metas e de seu comportamento; distribuir pelas salas as cartas enviadas pela censura; costurar jornais e escondê-los dos detentos, para que não os usassem para fumar; umas três vezes por ano, fazer espetáculos amadores. Bom, e ajudar um pouco o representante de operações, embora isso não fosse oficial.

Sim! Havia mais um trabalho muito importante: cuidar das caixas! Às vezes abri-las, limpá-las e trancá-las novamente. Eram caixinhas pequenas, pintadas com uma cor amarronzada, que ficavam penduradas em algum lugar visível da zona. E, nas caixas, a inscrição: "Ao Soviete Supremo da URSS", "Ao Conselho de Ministros da URSS", "Ao Ministro do Interior", "Ao Promotor-Geral".

Escreva, por favor! – temos liberdade de expressão. E aí nós é que vamos decidir quem vai e para onde. Há uns camaradas designados especialmente para ler isso.

Na atmosfera do campo, fétida e sem oxigênio, ora surge inflamada, ora mal reluz a chama enegrecida da KVTch. Mas mesmo uma chama como essa atrai gente – de diversos barracões, de diversas brigadas. Algumas com o objetivo claro de arrancar páginas de jornais ou livros para fumar, conseguir papel para pedir indulto ou escrever com as tintas dali (no barracão elas não são permitidas, e mesmo ali elas ficam trancadas: afinal, é com essas tintas que se fazem carimbos falsos). E alguns vão só para se mostrar: vejam como sou culto! E alguns para se encontrar e bater papo com pessoas novas, que não sejam seus enfadonhos companheiros de brigada. E alguns para ouvir e dedurar para o *compadre*. Mas também há aqueles que nem mesmo sabem que coisa inexplicável os atrai até ali, cansados, para aquela curta meia hora noturna, em vez de deitar-se nas tarimbas e dar um descanso ao corpo dolorido.

Por meios imperceptíveis, não evidentes, essas visitas à KVTch trazem à alma um pouquinho de refresco. Embora frequentado pelas mesmas pessoas famintas que encontramos sentadas nos tabuados das brigadas, nesse lugar não se fala de ração nem de mingau ou de metas. Ali não se fala daquilo de que é urdida a vida no campo, e é justamente aí que estão o protesto da alma e o descanso da mente. Ali, fala-se de um passado fabuloso, que aquelas pessoas cinzentas, esfomeadas e esfarrapadas não poderiam ter tido. Ali, fala-se também da vida em liberdade – uma vida indescritivelmente abençoada, desimpedida e livre – dos felizardos que tiveram a sorte de não ir parar na cadeia. Até arte discutem ali, e às vezes de modo fascinante!

É como se, em meio a uma orgia de forças malignas, alguém tivesse traçado na terra um círculo de luz tênue e bruxuleante, e ele está quase se apagando – mas, enquanto não se apaga, temos a sensação de que, dentro do círculo, naquela meia hora, não estamos sujeitos ao mal.

E aqui, ainda por cima, alguém dedilha um violão. Alguém cantarola a meia-voz, algo totalmente diferente daquilo que é permitido no palco. E algo estremece em você: a vida existe! Ela existe! E, olhando alegremente ao redor, você também quer expressar alguma coisa para alguém.

Se há excêntricos no campo (e sempre há pessoas assim por lá), o caminho deles de modo algum poderá deixar de cruzar com o da KVTch, eles com certeza vão espiar ali dentro.

Vejam o professor Aristid Ivánovitch Dovátur – como não seria um excêntrico? Petersburguense, de origem romena e francesa, filólogo clássico, desde sempre e para sempre um solteirão e solitário. Arrancaram-no de Heródoto e César e o puseram na prisão. Sua alma seguia repleta de textos ainda não interpretados, e ele agia no campo como se estivesse em um sonho. Teria sucumbido ali logo na primeira semana, mas foi apadrinhado pelos médicos, que o acomodaram na invejável posição de estatístico médico; além disso, umas duas vezes por mês, de maneira bastante útil aos recém-recrutados chefes de enfermagem, Dovátur era incumbido de fazer palestras para eles! Isso no campo, em latim! Aristid Ivánovitch aproximava-se da lousa minúscula e brilhava, como em seus melhores anos de universidade. Ele traçava estranhas coluninhas de conjugações, que os olhos dos nativos jamais haviam divisado, e o som do giz esfarelando-se fazia seu coração palpitar.

E também o seguinte excêntrico, que sempre ia à KVTch depois do trabalho – aonde mais ele poderia ir? Tinha uma cabeça grande, traços fortes, apropriados para maquiagem, que se viam bem de longe. Eram particularmente expressivas as suas hirsutas sobrancelhas. E um ar sempre trágico. Do canto da sala, ele olhava abatido para nossos modestos ensaios. Era Kamill Leopóldovitch Gontuar[161]. Nos primeiros anos de Revolução, ele veio da Bélgica para Petrogrado para criar o Novo Teatro, o teatro do futuro. Quem é que poderia então prever como seria aquele futuro e que diretores seriam presos? Gontuar lutou contra os alemães em ambas as guerras mundiais: a Primeira, no Ocidente; a Segunda, no Leste. E agora aplicavam uma década nele, por traição à pátria... Qual?... Quando?...

Mas é claro que as pessoas mais notáveis da KVTch eram os pintores. Ali, eles são os senhores. Se há uma sala separada, é para eles. Se alguém é liberado dos gerais regularmente, são eles. De todos os servidores das musas, só eles criam coisas verdadeiramente valiosas – do tipo que você pode tatear com as mãos, pendurar no quarto, vender por dinheiro. É claro que eles não pintam os quadros de cabeça – e nem pediriam isso a eles. Mas simplesmente fazem cópias de cartões-postais – uns usam o quadriculado, outros conseguem até sem o quadriculado. Nos confins da taiga e da tundra, você não conseguiria encontrar artigo estético melhor que aquele. Os pintores criavam

161 Camille Gontoir, na grafia em francês. [N. T.]

também imagens com beldades navegando em gôndolas, com cisnes, crepúsculos e castelos – tudo isso era muito consumido pelos camaradas oficiais. Não sendo tolos, os pintores fazem também esses quadrinhos para si mesmos, às escondidas, e os carcereiros combinam de vendê-los no mercado externo. A demanda é grande. No geral, um pintor consegue viver no campo.

Para os escultores é pior. A escultura, para o pessoal do Ministério do Interior, não é tão bela, eles não estão acostumados a exibi-las, e ela ainda toma o lugar da mobília; e, se você esbarrar em uma, pode quebrá-la. É raro escultores trabalharem no campo, e geralmente é um trabalho paralelo à pintura.

Se alguém se declarasse poeta no campo, recebia permissão de fazer legendas para caricaturas dos detentos e de compor quadrinhas – também sobre os perturbadores da disciplina.

Prosadores não havia em absoluto no campo.

"Quando a prosa russa partiu para o campo" – conjecturava um poeta soviético. Partiu – e não retornou. Partiu – e não voltou à tona...

Milhões de membros da *intelligentsia* russa foram jogados ali, e não era uma excursão: para a mutilação, para a morte, e sem esperança de retorno. Pela primeira vez na história, tantas pessoas desenvolvidas, maduras, ricas culturalmente, viam-se, sem nenhum alívio e para sempre, na pele do escravo, do detento, do lenhador e do mineiro.

De tudo o que se passou, do número de mortos e do nível que eles puderam alcançar, nunca poderemos fazer um juízo. Ninguém poderá nos contar dos cadernos queimados apressadamente antes do comboio, dos trechos prontos e dos grandes projetos, que eram guardados na cabeça e que, juntamente com as cabeças, foram jogados em valas comuns cobertas de gelo. Poemas ainda são soprados ao ouvido, ainda podem ser memorizados e transmitidos ou mantidos na memória – mas a prosa não pode ser contada antes da hora, para ela é mais difícil sobreviver, ela é grande demais, inflexível, presa demais ao papel para vencer as vicissitudes do Arquipélago.

E, no entanto, foi justamente o Arquipélago que deu uma possibilidade única, excepcional, para nossa literatura – talvez para a literatura mundial. Esse inaudito sistema de servidão, no florescer do século XX, abriu aos escritores, num sentido único e nada redentor, um caminho fértil, ainda que mortal.

Assim foram para debaixo da terra prosadores filósofos. Prosadores historiadores. Prosadores líricos. Prosadores impressionistas. Prosadores humoristas.

Assim, uma filosofia e uma literatura inéditas foram sepultadas, logo após o nascimento, sob a férrea crosta do Arquipélago.

Os mais assíduos dos visitantes da KVTch eram os participantes dos grupos amadores. Essa função – a de dirigir os amadores – continuou com a KVTch decrépita, assim como fora quando ela era jovem.

Nos postos prisionais mais remotos, era feito assim. O chefe da KVTch convocava um acordeonista e lhe dizia:

— É o seguinte. Arranje um coral! Para se apresentar daqui a um mês.

— Mas eu não conheço as notas, cidadão-chefe!

— E para que diabo você precisa das notas? Você toca uma canção que todos conheçam, e os outros vão cantando junto.

Então é anunciada uma seleção, às vezes junto com um círculo dramático.

E como atrair os zeks para a arte amadora? Bom, entre quinhentas pessoas na zona, talvez existissem três ou quatro verdadeiras amantes do canto – mas com quem formar o coro? E os encontros no coral eram o principal chamariz nas zonas mistas. Brotavam mais e mais participantes novos, sem voz nenhuma, nunca tinham cantado, mas todos pediam para entrar! Porém, nos ensaios de verdade apareciam muito menos coristas. (A questão era que os participantes dos grupos amadores tinham permissão de mover-se pela zona duas horas depois do toque de recolher – ir ao ensaio, voltar do ensaio, e era nessas duas horas que faziam as suas coisas.)

E, para alguns, o coro e o círculo dramático não eram simplesmente um local de encontro, mas também uma imitação da vida, uma lembrança de que, apesar de tudo, a vida continuava existindo, no geral continuava existindo... Então traziam do depósito um papel pardo áspero, do saco de grãos, e o distribuíam para a cópia dos papéis. Aquele querido procedimento teatral! E a própria distribuição dos papéis! E a discussão a respeito de quem beijaria quem no espetáculo! Quem vestiria o quê! Como maquiar-se! Na noite do espetáculo, era possível pegar na mão um espelho de verdade e ver-se usando uma veste de verdade, de gente livre, com as faces coradas.

E às vezes tudo já estava ensaiado, mas o chefe da KVTch, o major Potápov (SevJelDorlag), natural de Komi, pegava o programa e via *A dúvida*, de Glinka.

— Como assim? Dúvida? Não tem dúvida nenhuma! Não, não, nem venham pedir! – e rabisca com a mão.

Os teatros de servos existiam em cada administração regional, e em Moscou havia até alguns. O mais famoso era o teatro de servos de Khóvrino, do coronel Mamulov, do Ministério do Interior. Ciumento, Mamulov cuidava para que nenhum dos artistas notáveis presos em Moscou passasse direto pela Krásnaia Présnia. Os agentes dele fuçavam até em outras prisões de trânsito. Assim ele reuniu ao seu redor uma grande companhia de teatro e o esboço de uma ópera. Era o orgulho de um senhor de terras: tenho um teatro melhor que o do vizinho! No campo de Beskúdnikovo, também havia um teatro, mas ficava bem atrás. Os senhores de terras levavam seus artistas em suas visitas aos outros senhores, para gabar-se.

Esses teatros de servos existiam em Vorkutá, em Norilsk, em Solikamsk, em Magadan, em todas as maiores ilhas do Gulag. Lá, esses teatros viraram quase municipais, quase acadêmicos, e apresentavam espetáculos para os livres.

O grupo de Moscou, que fazia excursão pelos postos prisionais apresentando espetáculos, mas vivia na prisão de Matrósskaia Tichiná, de repente foi transferido por um tempo para onde estávamos, na barreira de Kaluga. Que sorte! Ah, que sensação estranha! Assistir, no refeitório do campo, a uma montagem de atores profissionais zeks! Risada, sorrisos, canto, vestes brancas, sobrecasacas negras...

Calhou de a heroína do conjunto, Nina V., ser do 58-10, cinco anos. Logo encontramos um conhecido em comum – nosso professor do Departamento de História da Arte do MIFLI[162]. Ela não tinha concluído os estudos, por ser muito jovem. No grupo, como qualquer prima-dona, Nina tinha seu amante (um dançarino do Teatro Bolchói), mas tinha também um pai espiritual na arte teatral – Osvald Glazunov (Glaznek), um dos mais velhos discípulos de Vakhtángov. Ele e sua esposa tinham sido capturados pelos alemães numa dacha nos arredores de Istra. Passaram três anos da guerra em sua pequena pátria, em Riga, atuando num teatro letão. Com a chegada dos nossos, ambos receberam uma década por traição à Grande Pátria. Agora, ambos estavam no grupo.

Izolda Vikéntievna Glaznek já envelhecera, e dançar se tornara difícil para ela. Só uma vez nós a vimos numa dança incomum para nossa época. Ela usava um traje prateado, escuro e fechado, num palco mal iluminado. Eu me lembro muito bem dessa dança. A maioria das danças modernas é uma exibição do corpo feminino, e é quase só isso. Mas a dança dela era uma espécie de recordação espiritual e mística.

Mas, alguns dias depois, subitamente, à moda dos ladrões, como os comboios sempre são preparados no Arquipélago, Izolda Vikéntievna foi levada para o comboio, separada do marido, arrastada para não se sabe onde.

Isso, entre os proprietários de terras e donos de servos, era uma crueldade, uma barbaridade: desmembrar uma família camponesa, vender o marido e a mulher separados. Em compensação, eles levaram de Nekrássov, de Turguêniev, de Leskov, de todos. Mas, entre nós, isso não era uma crueldade, era só uma medida racional: uma velha não fez jus à sua ração, estava ocupando uma unidade de pessoal.

No dia da transferência da esposa, Osvald se arrastava com olhar vago, apoiando-se no ombro de sua franzina filha adotiva, como se só ela ainda pudesse segurá-lo. Estava num

162 O Instituto de História, Filosofia e Literatura de Moscou; a partir de 1941, fundiu-se com a Universidade de Moscou. A. I. Soljenítsyn, quando estudava na Faculdade de Física e Matemática da Universidade Estatal de Rostov (de 1936 a 1941), ingressou, em 1939, no departamento de estudo por correspondência da Faculdade de História da Arte do MIFLI, onde estudou por dois anos, até a guerra. [N. E. R.]

estado enlouquecido, alguns receavam que ele desse um fim em si mesmo.

Eu os guardei na memória como esculturas: o velho puxando a jovem para junto de si pela nuca, e ela, debaixo de seus braços, olhando para ele com ar compassivo e tentando não chorar.

Mas o que se pode dizer? A velha não fez jus à sua ração…

Capítulo 19
Os zeks como nação
(Um ensaio etnográfico de Fan Fánytch)

Neste ensaio, se nada nos impedir, pretendemos fazer uma importante descoberta científica.

O autor destas linhas, atraído pelo caráter misterioso da tribo nativa que habita o Arquipélago, empreendeu ali uma longa missão científica e reuniu um material abundante.

Como resultado, tentaremos agora provar que os zeks constituem uma *nação* especial e separada.

Quem de nós, ainda no ensino médio, não aprendeu a amplamente conhecida definição de nação dada pelo camarada Stálin, a única verdadeiramente científica: a nação é uma comunidade formada historicamente por pessoas que possuem um território comum; uma língua comum; uma vida econômica comum; uma conformação psicológica comum, que se manifesta numa cultura comum? Assim, todas essas exigências são plenamente cumpridas pelos nativos do Arquipélago! e até muito mais! (Aqui, ficamos particularmente desobrigados pela genial observação do camarada Stálin de que uma comunidade de sangue, racial ou tribal, não é de modo algum obrigatória.)

Nossos nativos ocupam um *território comum* plenamente definido (embora fragmentado em ilhas; no Oceano Pacífico, porém, isso não nos surpreende), onde não vivem outros povos. Sua *estrutura econômica* é espantosamente uniforme: ela toda pode ser descrita, de maneira exaustiva, em duas páginas datilografadas (a panelinha e as instruções da contabilidade para transferir o pagamento imaginário dos zeks para o sustento da zona, da guarda, da direção das ilhas e do Estado). Se incluirmos na economia também os modos e costumes, eles serão a tal ponto regulares nas ilhas (mas em nenhum lugar mais!) que os zeks, deslocados de ilha em ilha, não se surpreendem com nada, não fazem perguntas estúpidas, e logo procedem sem nenhum erro no novo local. Eles comem uma comida que ninguém mais no mundo come, usam roupas que ninguém mais usa, e até as tarefas do dia são as mesmas em todas as ilhas, e obrigatórias para todos os zeks. (Que etnógrafo poderia nos indicar outra nação em que todos os membros têm as mesmas tarefas do dia, a mesma comida e a mesma roupa?)

O que se entende, na definição científica de nação, por comunidade *cultural* é algo que lá não foi devidamente decifrado. Não podemos exigir dos zeks uma unidade na ciência e nas belas-letras, pela razão de que eles não têm escrita. (Se bem que isso ocorre em quase todos os povos insulares nativos; a maioria, por falta precisamente de cultura; os zeks, por excesso de censura.) Em compensação, esperamos mostrar fartamente em nosso ensaio a comunidade psicológica dos zeks, a uniformidade de seu comportamento vital, até mesmo a unidade das visões filosóficas, com a qual os demais povos só podem sonhar. É precisamente um *caráter nacional* claramente expresso o que o pesquisador logo percebe entre os zeks. Eles têm o próprio folclore e as próprias imagens de herói. Por fim, eles também são fortemente unidos por um recanto da cultura que já se fundiu indissoluvelmente com a *língua*, e que só podemos descrever aproximadamente com o pálido termo *materschina*[163] (do latim *mater*). É aquela forma peculiar de expressão das emoções que chega a ser mais importante que todo o restante da língua, porque permite aos zeks comunicar-se uns com os outros de modo mais enérgico e breve que os meios linguísticos comuns. Por isso, todo o resto da língua como que passa a segundo plano.

Tudo que foi dito nos permite afirmar, sem hesitações, que a condição nativa no Arquipélago é uma condição nacional especial, na qual é extinto o pertencimento nacional prévio da pessoa.

Prevemos a seguinte objeção. Haverão de nos dizer: será mesmo um povo, se ele não se renova pelo método comum, de

163 Substantivo russo comum que denota xingamento ou imprecação, geralmente envolvendo a mãe. [N. T.]

geração de crianças? Responderemos: sim, ele se renova pelo método técnico da *detenção* (mas, por um estranho capricho, ele entrega as próprias crias aos povos vizinhos). Mas os pintinhos, afinal, são criados em chocadeiras, e nem por isso deixamos de considerá-los frangos quando utilizamos sua carne.

Mas, se alguma dúvida pode ser suscitada a respeito de como os zeks iniciam sua existência, não é possível hesitar em relação a como essa existência é *interrompida*. Eles morrem, como todo mundo, mas de maneira muito mais profusa e prematura. E seu ritual funerário é sombrio, sóbrio e cruel.

Duas palavras a respeito do próprio termo "zek". Até 1934, o termo oficial era *privado de liberdade*. Isso era abreviado como "l/s"[164], e, se os nativos, por causa dessas letras, reconheciam-se como "eleesses", não sobrou nenhuma testemunha disso. Mas, a partir de 1934, o termo foi mudado para "detento"[165] (relembremos que o Arquipélago já começara a solidificar-se, e até a linguagem oficial adaptou-se: ela não podia suportar que, na definição dos nativos, houvesse mais *liberdade* que na prisão). Começaram a escrever abreviadamente: para o singular, "z/k" (ze-ká), para o plural, "z/k z/k" (ze-ká ze-ká). No entanto, a palavra gerada pelo Estado não devia ser flexionada, e não só em caso, mas nem mesmo em número: ela era o rebento legítimo de uma época morta e iletrada. O ouvido vivo dos perspicazes nativos não podia conformar-se com isso, e, rindo daquilo, nas diversas ilhas, nas diversas localidades, começaram a modificá-la a seu modo, de várias maneiras: em alguns lugares, diziam "Zakhar Kuzmitch", ou (Norilsk) "*zapoliárnyie komsomóltsy*"[166]; em outros (Carélia), era mais "zak" (a forma mais correta etimologicamente); em outros ainda (Intá), "zyk". Eu acabei ouvindo "zek". Em todas essas variantes, a palavra reavivada começava a ser flexionada em caso e número. E escreveremos

164 O acrônimo refere-se, em russo, a *lichônnyie svobódy*. [N. T.]

165 A partir do original russo *zakliutchônnyie*. Por isso, a abreviação explicada a seguir. [N. T.]

166 Literalmente, os "membros polares da Juventude Comunista". [N. T.]

essa palavra com *e*, não com *ie*, porque, do contrário, seria impossível transmitir a pronúncia dura do som *z*.[167]

O *clima* do Arquipélago é sempre polar, mesmo se uma ilhota tenha se intrometido nos mares do sul. O clima do Arquipélago tem *doze meses de inverno, o resto é verão*. O próprio ar queima e fustiga, e não só pelo frio, não só pela natureza.

Mesmo no verão, os zeks ficam vestidos com a couraça cinzenta e macia da *telogreika*. Só isso, junto com a cabeça completamente raspada dos homens, já lhes confere uma uniformidade de *aparência externa*: severidade, impessoalidade. Mas, observando-os mesmo que de relance, vocês ficariam impressionados também pelo caráter comum de suas expressões faciais – sempre inquietas, nada afáveis, sem nenhuma benevolência, que assumem facilmente um ar resoluto e até cruel. Numa conversa, ele será taciturno, falará sem expressão, em tom monótono e apático, ou com servilismo, se precisar pedir alguma coisa a vocês. Mas se vocês tiverem conseguido de alguma maneira, sem serem vistos, surpreender os nativos enquanto eles conversam entre si, talvez guardem para sempre na memória esse peculiar *modo de falar* – zombeteiro e malicioso, exigente e nunca cordial, com sons como que regurgitados. Mas não se pode negar que a fala dos zeks tenha uma grande energia. Em parte, isso se dá porque ela é livre de quaisquer expressões desnecessárias, de incisos como "perdão", "por favor", "se não se importar", e também de pronomes e interjeições supérfluas.

Já dissemos que os zeks não têm escrita própria. Mas, no exemplo pessoal dos velhos ilhéus, na tradição oral e no folclore, elaborou-se e transmite-se aos novatos todo o código do comportamento *correto* dos zeks, os preceitos fundamentais

167 No russo, existem duas letras, uma com som mais "duro" e a outra com som mais "brando", palatalizado. Essa segunda é a mais comum na língua russa, sendo a primeira quase exclusivamente empregada em palavras de origem estrangeira. Daí a necessidade do autor de justificar a grafia escolhida. [N. T.]

em relação ao trabalho, aos empregadores, aos que os rodeiam e a si mesmos. Todo esse código, tomado conjuntamente, é o que proporciona aquilo que chamamos de *tipo nacional do zek*. A marca desse pertencimento está entranhada na pessoa, profundamente e para sempre. Depois de muitos anos, se a pessoa se vir fora do Arquipélago, nela você reconhecerá primeiro um zek, e, somente depois, um russo, ou um tártaro, ou um polonês.

Na sequência do relato, tentaremos examinar, linha por linha e em seu conjunto, o que são o caráter nacional, a psicologia de vida e a ética normativa da nação dos zeks.

Quanto à *atitude* em relação ao *trabalho* para o Estado, os zeks sabem bem: não há como fazer todo o trabalho (nunca se apresse, pensando que ah!, vou acabar mais depressa e me sentar para descansar um pouco: assim que você se sentar, vão imediatamente passar outro trabalho). *O trabalho adora os tolos.*

Mas então o que fazer? Recusar-se abertamente a trabalhar? Não há nada pior! – vão deixá-lo apodrecer na solitária, vão matá-lo de fome. Sair para o trabalho é inevitável, mas lá, durante o dia de trabalho, não é para *pegar no pesado*, e sim "fazer no mole", não *mourejar*, e sim *enrolar*, *embromar* (ou seja, não trabalhar, de qualquer maneira). O nativo não recusa uma só ordem abertamente, categoricamente – isso seria a ruína dele. Mas ele *puxa a borracha*. "Puxar a borracha" é um dos principais conceitos e expressões do Arquipélago, é o principal feito salvador dos zeks (mais tarde, foi amplamente aplicado também pelos trabalhadores livres). O zek ouve tudo que lhe ordenam, e assente com a cabeça. E sai para cumprir a ordem. Mas não cumpre! O mais frequente é ele nem mesmo começar. Isso por vezes leva ao desespero os motivados e infatigáveis comandantes da produção. Naturalmente, surge a vontade de dar-lhe um murro na fuça ou no cangote, nesse animal apalermado e obtuso – afinal, todas as instruções foram dadas em russo!...

Incapacidade de entender? Pelo contrário, uma enorme capacidade, adaptada às condições. Com que ele pode contar? O trabalho, afinal, não vai se fazer sozinho, os zeks assimilaram bem:

não faça hoje o que pode ser feito amanhã. Para o zek, *onde embarcou é onde vai descer*. Ele evita gastar uma caloria a mais além do necessário. (O conceito de calorias existe entre os nativos, e é muito popular.) Entre si, os zeks até falam abertamente: *o que carrega é o que é açoitado* (e o que não puxa é deixado de lado). No geral, o trabalho do zek é *só para chegar do dia até a noite*.

Mas aqui a integridade científica nos força a reconhecer certa fraqueza em nossa linha de raciocínio. Primeiramente porque, afinal de contas, a regra do campo – "o que carrega é o que é açoitado" – é, ao mesmo tempo, um velho ditado russo. Nós também encontramos em Dal[168] outra expressão inteiramente típica dos zeks: "vive *como que para chegar do dia até a noite*". Continuando essas perigosas comparações, encontramos, em meio aos ditados russos que se formaram durante o regime da servidão, que já estavam bem estabelecidos no século XIX, os seguintes:

- Não faça a tarefa nem fuja da tarefa (impressionante! afinal, é precisamente esse o princípio de *puxar a borracha* do campo!).
- Deus permita saber fazer tudo, mas não precisar fazer tudo.
- Não dá para fazer todo o trabalho senhorial.
- O cavalo diligente não vive muito.
- Dão o bocado, mas forçam você a moer. (Muito parecido com a teoria reacionária dos zeks de que até uma ração grande não compensa o dispêndio do trabalho.)

O que é que se conclui? Que, por meio de todos os luminosos limiares de nossas reformas libertadoras, da ilustração, das revoluções e do socialismo, o servo mujique da época de Catarina e o zek stalinista, apesar da total diferença de suas posições sociais, podem apertar a mão enegrecida e áspera um do outro?... Não pode ser!

Aqui se interrompe nossa erudição, e retomamos nossa exposição.

168 *Poslóvitsy rússkogo naroda* [Ditados do povo russo], coletânea de V. Dal, Moscou, Khudójestvennaia Literatura, 1957, p. 257. [N. A.]

Da atitude do zek em relação ao trabalho, deriva sua *atitude em relação à chefia*. Na aparência, ele é muito obediente a ela, tem muito medo dela, arqueia as costas quando o chefe o repreende. Na realidade, o zek despreza completamente sua chefia – tanto do campo como da produção. Quando o bando se dispersava depois de qualquer anúncio de trabalho, reprimenda ou sermão, os zeks imediatamente riam entre si a meia-voz: *podem ter falado, mas a gente consegue esquecer*! Os zeks internamente consideram que são superiores à sua chefia – tanto em instrução como no domínio das atribuições profissionais, como ainda na compreensão geral das circunstâncias da vida.

No geral, toda a escala de valores dos zeks é distorcida; mas isso não deveria nos surpreender, se lembrarmos que entre os selvagens foi sempre assim: por um mísero espelhinho, eles entregam um porco gordo; por um colar barato, uma cesta cheia de cocos. O que é caro para mim e para você, leitor – os valores ideológicos, a capacidade de sacrificar-se e o desejo de trabalhar desinteressadamente pelo futuro –, não só está ausente nos zeks como é até considerado ninharia por eles. Basta dizer que os zeks são *inteiramente privados de sentimentos patrióticos*, eles não amam nem um pouco suas ilhas natais. Relembremos ao menos algumas palavras de sua canção nacional:

Maldita sejas tu, Kolimá!
Vermes inventaram o planeta!...

Por causa disso, eles empreendem, com frequência, distantes e arriscadas buscas pela felicidade, que são chamadas vulgarmente de *fugas*.

Acima de tudo, o zek valoriza e põe em primeiro lugar a assim chamada ração, esse pedaço de pão preto com aditivos, malcozido, que eu e você nem ousaríamos comer. E, quanto maior e mais pesada for essa ração, mais valiosa ela é considerada entre eles. Em segundo lugar vem a *makhorka*, ou fumo caseiro; aliás, entre eles a *makhorka* é como uma moeda universal (não há um sistema monetário nas ilhas). Em terceiro lugar vem a *balanda* (a sopa das ilhas, sem gordura, sem carne, sem grãos e legumes, de acordo com os costumes nativos).

A próxima preciosidade entre os zeks é o sono. Um ser humano normal pode apenas ficar espantado com quanto um zek é capaz de dormir e em que circunstâncias diversas. Nem é preciso dizer que eles desconhecem a insônia, eles não tomam soníferos, dormem a noite inteira, do início ao fim, e, se ganham um dia livre de trabalho, também passam o dia todo dormindo. Foi provado com segurança que eles conseguem pegar no sono sentados ao lado de padiolas vazias enquanto elas são carregadas; conseguem pegar no sono durante a revista, com as pernas separadas; e até indo para o trabalho, em formação, sob escolta, também conseguem pegar no sono, mas não todos: alguns, nesse instante, caem e acordam. Para tudo isso, o argumento deles é o seguinte: durante o sono, a sentença passa mais depressa. E ainda: *a noite é para o sono, e o dia é para o descanso*.

Observamos que, ao considerar o povo dos zeks, de certa forma quase não podemos imaginar individualidades, pessoas e nomes separados. Mas isso não é um defeito de nosso método, mas um reflexo do *modo gregário de vida* criado por esse estranho povo, que recusou algo tão comum entre outros povos como a vida familiar e a produção de descendentes (eles tinham certeza de que seu povo seria renovado por outros meios).

Eis como é a entrada noturna da brigada de zeks no refeitório em busca da *balanda*: cabeças raspadas, touquinhas, farrapos atados por barbantes, rostos ferozes, tortos (de onde é que vieram toda essa força e esse ímpeto pela *balanda*?), e 25 pares de botas, sapatos e *lápti – toc-toc, toc-toc, entregue a ração, chefinho!* Abra caminho quem não for da nossa fé! Vemos aqui a expressão de um dos principais traços do povo dos zeks: a *energia vital* (e isso não contradiz a inclinação de dormir com frequência. Eles dormem justamente para, no meio-tempo, ter forças para esse ímpeto). Nas cruéis condições das ilhas, é comum que a própria vida dependa do êxito ou do fracasso na luta por um lugar – e, nesse ato de abrir caminho para si à custa dos outros, os nativos não conhecem quaisquer princípios éticos que os detenham. Até dizem abertamente: *consciência? ficou na ficha do meu processo*. Para as mais importantes decisões da vida, eles se guiam pela famosa regra do Arquipélago: *melhor o que vira cadela do que o que se flagela*.

Mas o ímpeto pode ser bem-sucedido se for acompanhado por uma destreza vital, por certo *engenho* nas circunstâncias mais difíceis. O zek deve demonstrar essa qualidade diariamente, pelos motivos mais simples e insignificantes: para proteger da destruição seus miseráveis e ínfimos bens – uma marmita amassada, um trapo fedorento, uma colher de pau, uma agulha útil.

De acordo com a situação, e avaliando psicologicamente o adversário, o zek deve demonstrar *flexibilidade de comportamento* – de uma ação mais grosseira, com o punho ou a garganta, até o mais refinado fingimento; do mais completo descaramento até uma fidelidade sagrada à palavra dada olho no olho, de um modo, ao que tudo indica, totalmente voluntário. É justamente essa flexibilidade de comportamento que se reflete na famosa regra dos zeks: *se estão dando, pegue; se estão batendo, corra*.

A condição mais importante de sucesso na luta vital para os ilhéus do Gulag é sua *dissimulação*. Seu caráter e suas intenções estão a tal ponto escondidos que, no início, o empregador iniciante e desacostumado acha que os zeks curvam-se como grama: pelo vento e pela bota. (Apenas mais tarde ele se convence, com amargura, da malícia e da insinceridade dos ilhéus.) A dissimulação é quase o traço mais característico da tribo dos zeks. O zek deve esconder suas intenções, seus atos, tanto do empregador como dos carcereiros, dos chefes de brigadas e dos chamados dedos-duros. É preciso esconder os planos, os cálculos, as esperanças – quer esteja preparando sua grande "fuga", quer esteja pensando num lugar para recolher aparas para fazer um colchão.

A dissimulação do zek deriva de sua *desconfiança circundante*: ele não confia em nenhuma das pessoas que o circundam. Um ato aparentemente desinteressado provoca nele uma suspeita particularmente forte. *A lei da taiga*: é assim que ele formula o mais alto imperativo das relações humanas. O nativo que reunir, de maneira mais completa, e que demonstrar possuir essas qualidades da tribo – a energia vital, a crueldade, a destreza, a dissimulação e a desconfiança – chama a si mesmo e é chamado pelos outros de "filho do Gulag". Entre eles, esse é como que um título de cidadão honorário, e é adquirido, evidentemente, com muitos anos de vida insular.

Os filhos do Gulag são também os principais portadores das tradições e dos chamados *mandamentos dos zeks*. Como asseguram os filhos do Gulag: vivendo de acordo com seus mandamentos, você não perecerá no Arquipélago.

Há mandamentos como: *não dê com a língua nos dentes* (como entender isso? Pelo visto, é para que não façam barulho demais); *não lamba as tigelas*, ou seja, a dos outros, o que se considera entre eles um perecimento rápido e abrupto; *não rapine*.

Finalmente, existe um mandamento composto: *não creia, não tema, não peça!* Nesse mandamento, molda-se, com grande clareza, quase como uma escultura, o caráter nacional geral do zek.

Como seria possível governar (em liberdade) um povo se ele estivesse totalmente imbuído de tão orgulhoso mandamento?... É até terrível imaginar.

Esse mandamento nos leva a examinar não mais seu comportamento vital, mas sua essência psicológica.

A primeira coisa que percebemos no filho do Gulag, logo de saída, e que depois observamos cada vez mais: *o equilíbrio espiritual*, a estabilidade psicológica. Aqui, é interessante a visão filosófica geral do zek a respeito de seu lugar no universo. Diferentemente do inglês e do francês, que passam a vida inteira orgulhosos de terem nascido um inglês e um francês, o zek não tem orgulho algum de sua filiação nacional; pelo contrário: ele a compreende como uma cruel provação; mas quer cumprir essa provação com dignidade. Os zeks até possuem um mito notável: supostamente existem, em algum lugar, os "portões do Arquipélago" (compare com as colunas de Hércules da Antiguidade), e então, na parte frontal desses portões, para quem entra, há uma inscrição: "*Não esmoreça!*", e, na parte oposta, para quem sai: "*Não se anime demais!*". E o mais importante, acrescentam os zeks: só os inteligentes enxergam essas inscrições, os tolos não conseguem enxergá-las. Essa filosofia é a fonte da estabilidade psicológica do zek. Por mais sombrias que estejam as circunstâncias, ele franze o cenho em seu rosto áspero e rachado e diz: *mais baixo que uma mina eles não podem me descer*.

O zek está sempre *preparado para o pior* e vive, assim, esperando constantemente os golpes do destino e as aguilhoadas dos espíritos malignos. Assim, ele encara qualquer melhora temporária como um descuido, como um erro. Nessa espera constante pela desgraça, amadurece a austera alma do zek, imperturbada com seu destino e impiedosa com o destino dos outros.

A visão de mundo mais difundida entre eles é o *fatalismo*. Esse é seu traço mais generalizado e profundo. É explicado por sua posição subordinada, por seu completo desconhecimento do que ocorrerá com eles no futuro próximo e pela incapacidade prática de influenciar nos acontecimentos. Com um destino tão obscuro, há inúmeras *superstições* entre os zeks. Uma delas está fortemente relacionada ao fatalismo: se você se preocupar muito com sua acomodação e até com o conforto, na certa *vai se ver queimado num comboio*.

Mas a reviravolta psicológica mais interessante aqui talvez seja o fato de que os zeks entendem seu estado estável de indiferença, em suas frugais e deploráveis condições, como uma vitória do *amor à vida*. Basta a série de infortúnios rarear só um pouco, os golpes do destino enfraquecerem um pouco, e o zek já expressa uma *satisfação pela vida*, e orgulha-se de seu comportamento nela. Talvez o leitor acredite mais nesse traço paradoxal se nós citarmos Tchekhov. Em seu conto "No exílio", o barqueiro Semion Sensato expressa esse sentimento da seguinte maneira:

> Eu… me levei até um ponto em que posso dormir nu no chão e comer grama. E *que Deus dê uma vida como essa a todos*. [O grifo é meu – A. S.] Não preciso de nada, e não temo ninguém, e me entendo a tal ponto que não existe ser humano mais rico e mais livre que eu.

Essas palavras surpreendentes permanecem em nossos ouvidos: nós as ouvimos muitas vezes dos zeks do Arquipélago (e a única coisa que nos surpreende é: onde A. P. Tchekhov poderia tê-las recolhido?). E que Deus dê uma vida como essa a todos! O que acham disso?

Até o momento, falamos dos aspectos positivos do caráter nacional. Mas não se pode fechar os olhos também a seus aspectos negativos, a certas fraquezas nacionais tocantes.

Quanto mais imperturbada, quanto mais severa é a incredulidade desse povo aparentemente ateu (que zomba inteiramente, por exemplo, da tese evangélica "não julgueis, para que não sejais julgados"; eles consideram que o julgamento não depende disso), mais febris são os acessos de credulidade temerária que os acometem. Pode-se fazer a seguinte distinção: no estreito horizonte que o zek vê, ele não crê em nada. Mas, privado de uma visão abstrata, privado de uma noção histórica, ele se entrega com uma ingenuidade selvagem à crença em qualquer boato distante, nos milagres nativos.

Um antigo exemplo da *credulidade* nativa foram as esperanças relacionadas à vinda de Górki a Solovkí. Mas não há necessidade de ir tão longe. Há uma religião quase permanente e quase generalizada no Arquipélago: é a crença na chamada *Anistia*. É difícil explicar o que é isso. Não é o nome de uma divindade feminina, como poderia pensar o leitor. É algo semelhante ao Segundo Advento entre os povos cristãos, é a chegada de um resplendor tão ofuscante que fará instantaneamente o gelo do Arquipélago derreter, e até as próprias ilhas haverão de fundir-se, e todos os nativos, em cálidas ondas, serão carregados em direção a regiões ensolaradas, em que eles encontrarão imediatamente pessoas amigáveis e agradáveis. Talvez seja a crença, um pouco transfigurada, no Reino de Deus na terra. Tal crença, jamais confirmada por um milagre real sequer, é, no entanto, muito resistente e persistente.

Os zeks têm também certa fraqueza nacional, que, de maneira incompreensível, mantém-se entre eles a despeito de toda a organização de sua vida: é a *sede recôndita de justiça*.

Começando pela chegada dos zeks ao Arquipélago, a cada dia e a cada hora, a vida deles ali é uma completa injustiça, e eles mesmos, nesse ambiente, só cometem injustiças – e, assim, poderíamos pensar que há muito tempo eles deveriam ter se acostumado com isso e aceitado a injustiça como a norma geral da vida. Mas não! Cada injustiça dos mais velhos da tribo e dos tutores tribais continua a feri-los, e a ferir da mesma maneira que no primeiro dia. (Mas a injustiça que vem de baixo para cima provoca neles um impetuoso riso de aprovação.)

Que não se confunda, em contradição com o já mencionado traço nativo da dissimulação, outro traço nativo: o amor por *contar sobre o passado*. Para todos os demais povos, esse é um costume de velhos, enquanto as pessoas de meia-idade, precisamente, não gostam e até evitam falar do passado (especialmente as mulheres, especialmente quem preenche questionários, e todos, no geral). Os zeks, porém, em relação a isso, comportam-se como uma nação inteiramente de idosos. Você não consegue arrancar uma palavra deles a respeito dos pequenos segredos cotidianos do presente (onde esquentar a marmita, com quem trocar *makhorka*), mas contam tudo do passado para você, sem esconder nada, escancaram tudo: como viviam antes do Arquipélago, com quem viviam, como vieram parar aqui. (Eles passam horas ouvindo como cada um "foi parar" ali, e essas histórias monótonas não os aborrecem nem um pouco.)

Aqui é interessante comparar com as observações de Dostoiévski. Ele nota que cada um suportava e guardava só dentro de si, com sofrimento, a história de como fora parar na "Casa dos Mortos", e era totalmente incomum falar sobre isso entre eles. Podemos compreender isso: porque quem ia parar na "Casa dos Mortos" era por um crime, e aos forçados era difícil recordá-lo.

No Arquipélago, porém, o zek ia parar por um movimento inexplicável do destino, ou por uma perversa confluência de circunstâncias vingativas – mas, em nove entre dez casos, ele não sentia sobre si nenhum "crime", e, por isso, não há no Arquipélago relato mais interessante, e que desperte uma compaixão mais vívida do público, que a do "como foi parar".

Os abundantes relatos dos zeks sobre o passado, que preenchem todas as noites em seus barracões, têm ainda outro objetivo e outro sentido. Na mesma medida que o presente e o futuro do zek são instáveis, seu passado é inabalável. Ninguém mais pode tirar o passado do zek, e, além disso, cada um deles foi, na vida passada, algo maior que agora (pois é impossível ser algo mais baixo que um zek). Por isso, nas recordações, o amor-próprio do zek recupera aquela elevação da qual a vida o derrubou (e o amor-próprio, afinal, para um funileiro velho e surdo ou para um menino servente de pintor não é nem um pouco menor que para um célebre diretor da capital, é preciso ter isso em mente).

Os zeks apreciam e adoram o *humor*, e essa é a principal testemunha da base psíquica saudável dos nativos que conseguiram não morrer no primeiro ano. Eles partem do princípio de que as lágrimas não absolvem e o riso não provoca dívidas. O humor é seu constante aliado, sem o qual a vida no Arquipélago talvez fosse completamente impossível.

Passando para a questão da *língua* dos zeks, nós nos vemos em grandes dificuldades. Sem mencionar que qualquer investigação sobre uma língua recém-descoberta é sempre um livro à parte e um curso científico especial, em nosso caso incluem-se ainda algumas dificuldades específicas.

Uma delas é a mistura aglutinada de língua com imprecação, que já mencionamos. Ninguém conseguiria separar isso (porque não se pode dividir algo vivo!), mas o cuidado com nossa juventude nos impede de incluir, em páginas científicas, tudo da maneira como é.

Outra dificuldade é a necessidade de distinguir a língua do povo dos zeks propriamente dita da língua da tribo dos canibais (também chamados de "bandidos" ou "gatunos"), espalhados no meio deles. A língua da tribo dos canibais é um ramo totalmente separado do tronco linguístico, que não é parecido nem aparentado com nada. Esse objeto é digno de uma pesquisa especial, e nós aqui ficaríamos apenas confusos com o incompreensível léxico canibal (do tipo: "maço" é documento, "estampilha" é lenço de assoar, "canto" é mala, "cebola" é relógio, "pisante" é bota). Mas a dificuldade consiste no fato de que outros elementos lexicais da língua canibal, ao contrário, foram apropriados pela língua dos zeks, enriquecendo-a figurativamente:

assobiar; escurecer; esparramar a escuridão; enrolar; arrojar-se; embromar; mourejar; de cor; meia cor; de sopro; xilindró; revista; muleta; pavio; sena; míngua; rejeitada; com pompa; mimosa; cabanada; bacilos; bancar o gatuno; abandidar; e outros, muitos outros.

Não se pode negar que muitas dessas palavras tenham precisão, caráter figurado, até alcance geral. Mas a pérola é o grito *na ferradura*! Ele só pode ser traduzido para o russo de maneira descritiva e complexa. Correr ou entregar algo "na ferradura" significa: ou na ponta dos dedos, ou com ímpeto, ou com zelo sincero – ou tudo isso ao mesmo tempo.

Parece-nos simplesmente que essa expressão também faz muita falta à língua russa contemporânea! – especialmente porque na vida é frequente encontrarmos essa ação.

Mas esse cuidado já é supérfluo. O autor destas linhas, tendo concluído sua longa expedição científica ao Arquipélago, ficou muito preocupado: conseguiria retornar ao ensino no Instituto Etnográfico? Quer dizer, não só por conta da Seção de Pessoal, mas não teria ele se afastado da língua russa contemporânea? E seria ele bem compreendido pelos estudantes? E de repente, com perplexidade e alegria, ele ouviu dos primeiranistas as mesmas expressões com as quais seu ouvido se acostumara no Arquipélago e que até então fizeram tanta falta à língua russa: "na marcha", "a vida toda", "na nova", "desmazelar", "moquear", "bisonho", "tonto de orelha gelada", "ela se enrolou com o rapaz", e muitas, muitas outras!

Isso atesta a grande energia da língua dos zeks, que a ajudou a infiltrar-se inexplicavelmente em nosso país, e sobretudo na língua dos jovens. Isso traz a esperança de que, no futuro, o processo ocorra de maneira ainda mais decisiva, e de que todas as palavras relacionadas acima sejam incorporadas à língua russa, e talvez até lhe sirvam como adorno.

Mas fica ainda mais difícil a tarefa do pesquisador: dividir agora a língua russa e a língua zek!

Como conclusão, algumas linhas pessoais. No início, os zeks se esquivavam do autor deste artigo quando ele fazia suas perguntas: eles supunham que as perguntas eram feitas para o *compadre* (um tutor espiritualmente próximo deles, com o qual, no entanto, eles são ingratos e injustos, como com todos os seus tutores). Convencidos de que não era assim, e além disso presenteados de quando em quando com *makhorka* (as variedades mais caras eles não fumam), eles passaram a tratar o pesquisador de maneira bastante bondosa, expondo toda a candura de seu íntimo. De modo bastante carinhoso, passaram até a chamar o pesquisador, em alguns lugares, de Endro Tomátovitch; em outros, de Fan Fánytch. É preciso dizer que, no Arquipélago, os patronímicos não são usados em absoluto, e por isso essa forma respeitosa de tratamento traz uma nuance humorística. Ao mesmo tempo, refletia-se nisso quão inalcançável era, para o intelecto deles, o sentido de tal trabalho.

O autor supõe que a presente pesquisa teve êxito, a hipótese foi plenamente comprovada; no meio do século XX, foi descoberta uma nação completamente nova, desconhecida por todos, com um componente étnico de muitos milhões de pessoas.

Capítulo 20
Serviço de cão

O título deste capítulo não foi dado propositadamente como uma ofensa mordaz, mas estamos obrigados a seguir a tradição do campo. Se pensarmos bem, eles mesmos escolheram esse fado: seu serviço é o mesmo de cães de guarda, e está ligado a cachorros. E existe até uma equipe especial para o trabalho com cães, e comissões de oficiais acompanham o trabalho de cachorros isolados, forjando neles uma *raiva boa*.

E ainda, no decorrer de todo este livro, experimentamos uma dificuldade: como chamá-los, em geral? "Chefia", "chefes" é amplo demais, relaciona-se também à liberdade, a toda a vida do país, e já está muito gasto. "Administradores", também. Chamá-los simplesmente de "cães", como dizem no campo? Seria rude, um xingamento. No pleno espírito da língua, haveria a palavra *láguerschik*: distingue-se de *láguernik* (interno do campo), assim como carcereiro (*tiurémschik*) de encarcerado (*tiurémnik*), e expressa de forma precisa uma única ideia: os que põem em funcionamento e administram os campos.

Então o capítulo é sobre isto: os *láguerschiki* (e também os *tiurémschiki*). Poderíamos começar com os generais, e seria excelente – mas não temos material. Para nós, vermes e escravos, seria impossível vê-los de perto e saber a seu respeito.

Neste capítulo, estão submetidos à nossa observação os de coronel para baixo.

Não perdemos de vista as palavras elevadas de Dzerjínski: "Aquele de vocês que tiver endurecido, cujo coração não puder tratar de forma sensível e atenta quem está submetido à prisão, que saia desta instituição!". Contudo, não conseguimos relacioná-las à realidade de jeito nenhum. A quem isso foi dito? E quão a sério? E quem atendeu? Nem o "terror como meio de persuasão", nem as prisões dos "duvidosos", nem os fuzilamentos dos reféns, nem os campos de concentração precoces, quinze anos antes de Hitler, transmitem-nos alguma noção de coração sensível da parte desses cavaleiros. E se alguém saiu dos órgãos de segurança por iniciativa própria nesses anos, então os que Dzerjínski propôs que ficassem não tinham como não endurecer. E quem endureceu ou se tornou insensível ficou.

E como se tornam pegajosas as expressões correntes que estamos inclinados a aprender, sem refletir nem verificar. *Velho tchekista!* Quem não ouviu essas palavras, proferidas de forma prolongada, em sinal de respeito especial? Quando querem distinguir um *láguerschik* de um inexperiente, afobado, que grita em vão e não tem a pegada de buldogue, dizem: "O chefe lá é um ve-e-lho tchekista!". "Velho tchekista" – afinal, isso pelo menos quer dizer: foi bom para Iagoda, para Iejov e para Béria, satisfez a todos.

A semelhança dos caminhos de vida e a semelhança das situações dão origem à semelhança de caráter? Em geral, não. Para pessoas com espírito e raciocínio elevados, não, elas têm suas decisões, suas particularidades, e costumam ser muito inesperadas. Porém, nos *láguerschiki*, que passaram por uma seleção negativa severa – moral e intelectual –, a semelhança de caráter é impressionante, e provavelmente conseguiremos examinar os traços básicos *gerais* de um *láguerschik*.

Arrogância. Ele vive em uma ilha isolada, debilmente conectada a um poder exterior distante, e, nessa ilha, ele é o primeiro incontestável: todos os zeks estão humildemente subordinados a ele, e os livres também. Aqui, ele tem a maior estrela dentre as dragonas. Seu poder não tem limites e não conhece erros: qualquer queixoso sempre se revela errado (esmagado). Tem a melhor casa da ilha. O melhor meio de transporte. Todo dia e toda ocasião corriqueira deixam visível sua superioridade: levantam-se diante dele, aprumam-se, curvam-se, ao serem chamados não se aproximam, mas vêm correndo, após uma ordem não se afastam, mas saem correndo.

A autossatisfação sempre é obrigatoriamente seguida pela *estupidez*. Quem é deificado em vida sabe tudo de forma definitiva, não precisa ler, aprender, ninguém pode comunicar-lhe nada digno de consideração. Entre os funcionários de Sacalina, Tchekhov encontrou uns inteligentes, ativos, com inclinações científicas, que estudaram muito a localidade e até escreveram pesquisas geográficas e etnográficas – mas nem como piada dá para imaginar um *láguerschik* assim em todo o Arquipélago!

Autocracia. Arbitrariedade. Nisso, os *láguerschiki* equiparavam-se plenamente aos piores senhores de escravos dos séculos XVIII e XIX. Há incontáveis exemplos de incontáveis ordens cujo único objetivo era mostrar poder. Quanto mais afastado na Sibéria e no norte, mais frequente; mas mesmo em Khímki, bem do lado de Moscou (hoje já fica dentro de Moscou), o major Vólkov reparou, no Primeiro de Maio, que os zeks não estavam alegres. Mandou: "Todos alegres, sem demora! Quem eu perceber que está chateado vai para a cela punitiva!".

Todos os chefes de campo têm uma *sensação patrimonial* característica. Entendem seu campo não como parte de um sistema estatal, mas como um patrimônio que lhes é dado de forma indivisível enquanto se encontrarem nessa função. Do que decorre toda a arbitrariedade contra as vidas e as pessoas, do que também decorre toda a jactância de uns diante dos outros. O chefe de um posto de transferência de Kenguir: "No meu campo, um professor trabalha no banheiro!". Mas o chefe de outro ponto de transferência, o capitão Stádnikov, corta pela raiz: "E no meu um acadêmico é faxineiro, carrega latrina!".

Avidez, *cobiça*. Esse é o traço mais universal dos *láguerschiki*. Nem todos são estúpidos, nem todos são arbitrários, mas todos tentam enriquecer à custa do trabalho não remunerado dos zeks e da propriedade do Estado. Não apenas nunca vi como nenhum dos meus amigos consegue se lembrar de um *láguerschik* desinteressado, e nenhum dos ex-zeks que me escreveram tampouco designou algum.

Em sua avidez de arrancar o máximo possível, nenhum dos inúmeros lucros e vantagens legais podia saciá-los. Nem o salário alto (com aumento triplo "pelo Ártico", "pela distância", "pelo perigo"). Nem as gratificações. Nem o cálculo vantajoso de tempo de serviço. Não! Ainda em Solovkí, os chefes começaram a se apropriar dos detentos que eram cozinheiros, lavadeiras, cavalariços, lenhadores. Desde então, jamais se interrompeu (nem foi proibido pelos superiores) esse costume lucrativo, e os *láguerschiki* pegaram igualmente pastoras, hortelãos ou professores para seus filhos. E quem podia comer ou beber por conta da ração dos detentos – não em copos, mas em baldes e sacos – fazia isso obrigatoriamente!

Os administradores dos campos distinguem-se dos velhos senhores de escravos porque seu poder não é vitalício nem hereditário. Por isso, os senhores de escravos não precisavam roubar de si mesmos, enquanto os chefes dos campos tinham a cabeça ocupada apenas por como roubar algo da propriedade.

Exponho os exemplos com parcimônia para não atravancar a narrativa. Em nosso campo, no posto de Kaluga, toda semana um capitão barrigudo, chefe do 15º OLP do cais Kotelnítcheski, vinha de carro buscar óleo de linhaça e betume (isso era ouro na Moscou do pós-guerra). E tudo isso tinha sido previamente roubado para ele da zona de produção, e levado para o campo pelos mesmos zeks que tinham recebido dez anos por um feixezinho de palha ou um punhado de pregos!

Luxúria. Claro que não são todos, e isso está ligado à fisiologia, mas a posição do chefe do campo e o caráter total de seu poder abriam um espaço amplo às tendências de montar harém. Grinberg, chefe do posto de transferência de Burepolom, requisitava imediatamente toda jovem recém-chegada. (E o que mais ela podia escolher, além da morte?) Em Kotchemas, Podlenski, o chefe do campo, adorava dar batidas noturnas nos pavilhões femininos (como vimos também em Khóvrino). Tirava ele próprio as cobertas das mulheres, supostamente buscando homens escondidos. Na frente da bela esposa, tinha três amantes zeks ao mesmo tempo.

Raiva, crueldade. Não havia freio real ou moral que detivesse essas características. O poder ilimitado nas mãos de gente limitada sempre leva à crueldade. Tatiana Merkúlova, uma fera (13º OLP feminino de lenhadoras do Unjlag), andava a cavalo entre suas escravas como uma fazendeira selvagem. O major Grómov, segundo se lembra Pronman, ficava doente no dia em que não prendia ninguém no barracão de regime intensivo. O capitão Medvédev (terceiro posto de transferência do Ust-Vymlag) ficava na torre algumas horas por dia, anotando os nomes dos homens que entravam no pavilhão feminino, para prendê-los em seguida. Gostava de ter sempre a solitária cheia.

Todos eles sabiam (e os nativos também): *todas as linhas de telégrafo terminavam ali!*

E me retrucam! E me retrucam! Sim, foram fatos isolados... E principalmente na época de Béria... Mas por que não nos dão os exemplos luminosos? Descrevam, então, os bons!

Não há, quem viu que mostre. E eu não vi. Já tirei a conclusão geral de que o chefe do campo *não pode ser bom* – tem de mudar de cabeça, ou então é posto para fora. Mas suponhamos por um minuto: um *láguerschik* resolve fazer o bem e trocar o regime canino de seu campo por um humano: vão deixar? Permitir? Admitir?

Bem, falando francamente, conheci um homem muito bom do Ministério do Interior, não um *láguerschik*, mas um *tiurémschik* – o tenente-coronel Tsukánov. Por um breve tempo, foi chefe da Prisão Especial de Márfino. Não apenas eu, como todos os zeks de lá admitem: ninguém viu seu lado mau, todos viram seu lado bom. Sempre que podia direcionar uma instrução em proveito dos zeks, fazia-o obrigatoriamente. Sempre que podia amenizar, amenizava impreterivelmente. E então? Passaram nossa prisão especial para uma categoria mais severa – e ele foi removido. Ele não era jovem, servia no Ministério do Interior havia tempos. Não sei como. Um enigma.

E Arnold Rappoport ainda me assegura que o coronel engenheiro Mikhail Mitrofánovitch Máltsev, um sapador do Exército, chefe do Vorkutlag (das obras e do campo) entre 1943 e 1947, era bom. Na presença de tchekistas, dava a mão aos engenheiros presos e tratava-os por nome e patronímico. E, quando lhe concederam uma patente da Segurança – comissário-geral do terceiro grau –, não aceitou (pode uma coisa dessas?): sou engenheiro. E conseguiu o que queria: tornou-se um general normal. Nos anos de sua gestão, Rappoport assegura que não foi armado nenhum *caso* em Vorkutá (e eram os anos da guerra, a época desses "casos"), sua mulher era procuradora da cidade de Vorkutá e paralisou a obra dos agentes de segurança do campo. É um testemunho muito importante.

Contudo, quem grita particularmente a respeito dos "bons tchekistas" nos campos – ortodoxos leais – não fala de "bons" no sentido que entendemos: não são aqueles que tentaram criar um ambiente geral humano para todos, ao custo de se afastarem das instruções bestiais do Gulag. Não, eles consideram "bons" os *láguerschiki* que cumpriram honradamente todas as instruções caninas, dilaceraram e envenenaram toda a multidão de detentos, mas foram condescendentes com os antigos comunistas. "Bons" desse tipo, claro que havia, e não poucos. (Como é ampla a visão dos leais! Eles sempre são os herdeiros da cultura humana universal.)

Os carcereiros do campo são considerados a equipe inferior do comando do Ministério do Interior. São os suboficiais do Gulag. Sua tarefa é arrastar e não deixar escapar. Estão na escala hierárquica do Gulag, só que embaixo. Por causa disso, têm menos direitos, e têm de empregar as mãos com maior frequência. Diante dele, o detento é tão desprovido de direitos e defesa quanto diante da alta chefia. Descarregar a raiva, manifestar crueldade – não lhes são colocadas barreiras para isso. Repetem de bom grado as condutas e os traços de caráter de seus oficiais de carceragem – mas não têm ouro nos ombros, os capotes são meio sujos, andam por toda parte a pé, não podem ter detentos como servos, cavam eles mesmos suas hortas, cuidam eles mesmos de seus bichos. Bem, claro que conseguem *desviar* um zek para casa por meio período – para cortar lenha, lavar o chão –, isso é possível, mas não de forma muito pródiga! Na produção, é possível forçar um detento a fazer algo miúdo – soldar, cozer, forjar, amolar. E uma banqueta grande, que você nem sempre consegue carregar. Essa limitação ao roubo ofende dolorosamente os carcereiros, especialmente suas esposas, e daí decorre muita amargura contra a chefia, pois a vida parece bastante injusta, e surgem, no peito do carcereiro, não exatamente cordas sensíveis, mas incompletudes, vazios, em que ressoa um lamento humano. E acontece de uns carcereiros menores às vezes serem capazes de falar com os zeks com compaixão. Isso não chega a ser frequente, mas não é absolutamente raro. Em todo caso, na carceragem da cadeia e do campo é possível encontrar um ser humano, todo detento encontrou mais de um em seu caminho. Já no oficialato é quase impossível.

Essa é precisamente a lei geral da proporção inversa entre posição social e humanidade.

"A escolta abre fogo sem advertência!" Nessa fórmula, está todo o estatuto especial da escolta, seu poder sobre nós, do outro lado da lei.

Ao dizermos "escolta", empregamos uma palavra cotidiana do Arquipélago: também diziam (no ITL até mais frequentemente) Guarda Interna da República, ou simplesmente "guarda". O nome completo era Guarda Militar de Fuzileiros do Ministério do Interior, e a "escolta" era apenas um dos serviços possíveis da guarda, além dos serviços "de vigilância", "na zona", "no cordão de isolamento" e "na divisão".

O serviço da escolta, mesmo quando não há guerra, é como no front. A escolta não teme nenhuma investigação, e não tem de dar nenhuma explicação. Todos que atiram estão certos. Todos que são mortos têm culpa, por terem fugido ou cruzado a linha.

Peguem dois assassinatos no posto de transferência de Ortau (e multipliquem pelo número de postos de transferência). Um fuzileiro estava escoltando um grupo, alguém de fora da escolta aproximou-se de sua namorada, que estava no grupo, e se pôs a caminhar a seu lado. "Afaste-se!" "Que mal lhe fiz?" Atirou. Matou. Na comédia de julgamento, o atirador é absolvido: insultado no cumprimento dos deveres de sua função.

No posto da guarda, um zek foi correndo até outro fuzileiro com uma lista de saída (seria libertado no dia seguinte), e pediu: "Deixe-me sair, vou correndo à lavanderia (fora da zona), é só um instante!". "Não pode." "Mas amanhã estarei livre, imbecil!" Atirou. E nem foi julgado.

Em 1938, na região dos Urais, no rio Víchera, um incêndio florestal espalhou-se, com velocidade de furacão, da floresta aos dois postos de transferência. O que fazer com os zeks? Era preciso resolver na hora, não dava tempo de tratativas. A guarda não os soltou – e todos queimaram. Assim era mais tranquilo. Se tivessem sido soltos e depois fugido, a guarda seria julgada.

Não há dúvida de que se conferia grande importância, no ministério, à seleção da guarda de fuzileiros do Ministério do Interior. Mas o verdadeiro equipamento e adestramento científico dessas tropas começou apenas ao mesmo tempo que os Campos Especiais – no fim dos anos 1940 e início dos 1950. Começaram a levar para lá meninos de apenas 19 anos e imediatamente a submetê-los a uma intensa radiação ideológica.

Mas, até essa época, o efetivo da guarda era variegado. Suavizou-se especialmente nos anos da guerra soviético-germânica: os jovens mais bem treinados (os de "raiva boa") tinham de ser entregues ao front, e arrastavam para a guarda reservistas doentios, que, pela saúde, não eram úteis ao Exército efetivo, e cuja raiva não estava em nada preparada para o Gulag (não tinham sido educados nos anos soviéticos).

Nina Samchel lembra-se de seu pai, que, em idade avançada, foi convocado para o Exército em 1942, e mandado para servir na guarda de um campo na região de Arkhánguelsk. A família foi junto. "Em casa, meu pai contava amargamente da vida no campo, e das pessoas boas de lá. Quando papai tinha de guardar sozinho uma brigada na fazenda, frequentemente eu ia com ele, e ele me deixava conversar com os detentos. Os detentos respeitavam muito meu pai: ele nunca lhes dizia grosserias, e eles me falavam: 'Se todas as escoltas fossem como seu pai'. Ele sabia que muita gente inocente estava presa, e sempre se indignava, mas apenas em casa – no pelotão era impossível dizer isso, julgavam por isso". No fim da guerra, foi imediatamente desmobilizado.

Mas não se pode medir a guarda dos tempos de guerra por Samchel. Seu destino subsequente comprova-o: já em 1947, foi preso segundo o Artigo 58! Em 1950, moribundo, foi liberado, e cinco meses mais tarde morreu em casa.

Depois da guerra, essa guarda afrouxada ainda continuou por uns dois anos, e deu-se que muitos guardas começaram a também se referir a seu serviço como "sentença": "Veja quando vou terminar a sentença". Entendiam a vergonha de seu serviço, do qual não se falava aos vizinhos. No mesmo Ortau, um fuzileiro roubou de propósito coisas da KVTch, foi degradado, julgado e imediatamente anistiado – e os fuzileiros invejavam-no: foi esperto! Bravo!

Natália Stoliárova lembra-se de um fuzileiro que a deteve no começo de uma fuga e escondeu sua tentativa – ela não foi punida. Outro deu um tiro em si mesmo por amor a uma *zetchka* despachada em um comboio. Antes da introdução de autênticas severidades nos postos de transferência femininos, frequentemente surgiam, entre mulheres e sua escolta, relações amistosas, bondosas, e até de amor. Nem o nosso grande Estado conseguiu esmagar a bondade e o amor por toda parte.

Capítulo 21
O mundo adjacente ao campo

Do mesmo modo que um pedaço de carne podre é malcheiroso não apenas em sua superfície, mas envolto por uma nuvem molecular malcheirosa, também assim cada ilha do Arquipélago cria e mantém ao redor de si uma zona malcheirosa. Essa zona, mais abrangente que o próprio Arquipélago, é uma zona intermediária, de mediação entre a pequena zona de cada ilha separada e a Grande Zona do país inteiro.

Tudo que nasce de mais infeccioso no Arquipélago – nas relações humanas, nos costumes, nas visões e na linguagem –, de acordo com a lei universal da infiltração celular nas plantas e nos animais, penetra primeiro nessa zona intermediária, e só depois espalha-se pelo país todo. É precisamente aqui, na zona intermediária, que são verificados e escolhidos, por conta própria, os elementos da ideologia e da *cultura* do campo que são dignos de ingressar na cultura mais geral do Estado. E, quando as expressões do campo ressoam nos corredores do novo edifício da Universidade de Moscou, ou quando uma mulher independente, da capital, pronuncia um juízo a respeito da essência da vida que é inteiramente típico do campo, não fique surpreso: isso chegou ali através da zona intermediária, através do mundo adjacente ao campo.

Enquanto o governo tentava (ou talvez nem mesmo tentasse) reeducar os prisioneiros por meio de lemas, da Seção de Cultura e Educação, da censura postal e dos representantes de operações, os prisioneiros foram mais rápidos em reeducar o país inteiro por meio do mundo adjacente ao campo. A concepção de mundo dos bandidos, tendo submetido primeiro o Arquipélago, facilmente foi além e, sem esforço algum, subjugou o mundo adjacente ao campo, e depois influenciou profundamente toda a *liberdade*.

Assim o Arquipélago vinga-se da União por sua criação.

Assim nenhuma crueldade passa de graça.

Assim sempre pagamos caro, correndo atrás do que é mais barato.

Enumerar esses lugares, lugarejos e povoados é quase o mesmo que repassar a geografia do Arquipélago. Nenhuma zona do campo pode existir por conta própria: perto dela tem de haver um povoado de livres. Às vezes, esse povoado, localizado junto a algum posto prisional temporário de corte de madeira, ficava de pé por alguns anos, e desaparecia junto com o campo. Às vezes ele se arraigava, ganhava um nome, um conselho de povoado, uma estrada de acesso, e permanecia para sempre. E, às vezes, desses povoados surgiam cidades famosas, como Magadan, Norilsk, Dudinka, Igarka, Temir-Tau, Balkhach, Djezkazgan, Angren, Taichet, Bratsk, Sovgávan.

Das capitais de província do Arquipélago, a maior é Karagandá. Ela foi criada e preenchida com exilados e antigos prisioneiros, de maneira que o velho zek mal consegue andar pela rua sem encontrar conhecidos aqui e acolá. Nela, há diversas administrações de campo. E, ao redor dela, os postos prisionais estão espalhados como se fossem areia do mar.

Quem é que vive no mundo adjacente ao campo? 1. Os moradores locais originais (que podem até nem existir). 2. A Vokhra, a guarda militarizada. 3. Os oficiais do campo e suas famílias. 4. Os carcereiros e suas famílias. 5. Ex-zeks (libertados desse campo ou de um campo vizinho). 6. Diversos prejudicados por semirrepressão, com passaportes “sujos”. 7. A chefia da produção. Eram todos dignitários, alguns poucos deles para um povoado inteiro. 8. Os *livres* propriamente ditos: forasteiros diversos, gente perdida, e os que foram até lá para receber salários insanos. Afinal, nesses lugares distantes e remotos, é possível trabalhar três vezes pior que na metrópole e receber um salário quatro vezes maior: pela proximidade com o polo, por ser afastado, pela insalubridade, e ainda tomando a atribuição do trabalho dos prisioneiros. Para os que sabiam lavar o ouro das ordens de serviço da produção, o mundo adjacente ao campo era como Klondike. Eram atraídas para lá pessoas com diploma falso, iam para lá aventureiros, trapaceiros, aproveitadores.

Os livres eram contratados como mestres de obras, capatazes, contramestres, almoxarifes, encarregados de normas. Eles eram também contratados para os cargos em que o uso dos prisioneiros dificultaria muito a montagem da escolta: motoristas, carroceiros, expedidores, tratoristas, operadores de escavadeira, raspadores, eletricistas de linha, fornalheiros noturnos.

Esses livres de segunda classe, trabalhadores simples, assim como os zeks, travavam amizade conosco no mesmo instante e sem nenhuma cerimônia, e faziam tudo que era proibido pelo regime do campo e pela lei penal: jogavam com prazer as cartas dos zeks nas caixas de correio "livres" do povoado; vendiam, nas feirinhas livres, coisas de uso diário afanadas pelos zeks no campo, mantinham o dinheiro lucrado com isso e levavam alguma coisa para os zeks *abocanharem*; junto aos zeks, pilhavam também a produção.

Mais complicadas eram as relações dos zeks com os capatazes e contramestres de oficinas. Como "comandantes da produção", eles eram colocados para oprimir e açular os prisioneiros. Mas deles era também exigido o bom andamento da própria produção, e isso nem sempre podia ser obtido em meio a francas hostilidades com os zeks: nem tudo pode ser atingido pela vara e pela fome, alguma coisa tem de sair por um bom acordo, por propensão, por sagacidade. Só eram bem-sucedidos os capatazes que se entendiam com os chefes de brigada e com os melhores contramestres prisioneiros. Os próprios capatazes eram não só bêbados, debilitados e envenenados pelo uso constante de trabalho escravo, mas também iletrados; não sabiam nada de sua produção ou sabiam muito mal, e, por isso, dependiam ainda mais dos chefes de brigada.

E de que maneira interessante se entrelaçavam às vezes ali os destinos russos! Eis que, antes de um feriado, o capataz dos carpinteiros, Fiódor Ivánovitch Muravliov, veio falar, bêbado, com o chefe da brigada dos pintores, Sinebriúkhov, um excelente mestre, rapaz sério e firme, que já estava preso havia dez anos, e abriu-se:

— O quê? Está *preso*, filho de um *kulak*? O seu pai ficava só arando a terra e juntando vaca. Pensou que ia levar para o Reino dos Céus? E onde é que ele está agora? Morreu no exílio? E você foi preso? Nã-ã-ão, meu pai foi mais esperto: ele desde cedo bebeu tudinho, a isbá ficou depenada, não entregou uma galinha sequer para o *kolkhoz*, porque nem tinha nada, e logo virou chefe de brigada. Eu sigo o exemplo dele e bebo vodca, não sei o que é desgraça.

E, no fim das contas, ele estava certo: depois da sentença, Sinebriúkhov foi para o exílio, enquanto Muravliov virou presidente do Comitê Local do Sindicato da Construção.

E temos o capataz Fiódor Vassílievitch Gorchkov, um velhote macilento com bigodes grisalhos e eriçados. Ele tinha um conhecimento de construção muito apurado, conhecendo tanto o próprio trabalho como o das áreas adjacentes; mas sua principal característica, incomum em meio aos livres, era o fato de que ele tinha um interesse genuíno pelo resultado da construção, como se estivesse construindo todo aquele edifício enorme só para ele mesmo e quisesse que fosse o melhor possível. Ele também bebia com cuidado, sem perder de vista a construção. Mas ele também tinha uma grande falha: não estava adaptado ao Arquipélago, não se acostumara a manter os prisioneiros com medo. Ele adorava caminhar pela construção e ver com os próprios olhos, adorava ficar palestrando com os carpinteiros, sentado nas vigas, com os pedreiros nas alvenarias, com os rebocadores junto à caixa de argamassa. Às vezes, ele dava bombons para os prisioneiros, o que era singular para nós. Havia um trabalho em particular que ele não podia largar, mesmo na velhice: o corte de vidro. Ele sempre levava no bolso o próprio diamante, e, se alguém começasse a cortar vidro na presença dele, ele logo começava a ralhar, dizendo que estavam cortando do jeito errado, empurrava o vidraceiro e cortava ele mesmo. Seu pai, Vassíli Gorchkov, tinha sido um capataz do governo. Então dava para entender por que Fiódor Vassílievitch gostava tanto de pedra, madeira, vidro e tinta: desde pequeno, ele tinha crescido em construções. Mas, embora na época os capatazes fossem chamados *do governo*, e agora não sejam mais chamados assim, eles viraram *do governo* precisamente agora, enquanto antes eles eram artistas.

Mesmo agora, Fiódor Vassílievitch elogiava a antiga ordem:

— O que é um mestre de obras agora? Ele não pode mover 1 copeque de uma verba para outra. Mas, antes, o empreiteiro chegava para os operários no sábado e falava: "E aí, pessoal: *antes* do banho ou *depois*?". Falavam "depois, depois, tio!". "Bom, então está aqui o dinheiro para o banho de vocês, e de lá para o botequim tal." Do banho, o pessoal ia em bando para o botequim, e ele já estava lá esperando, com vodca, tira-gostos, samovar... Experimente só trabalhar mal na segunda-feira.

Para nós, agora, tudo tinha nome e tudo era conhecido: era o sistema de extenuação, a exploração desavergonhada, o jogo com os instintos mais baixos do ser humano. E uma bebida com tira-gosto não compensava o que era espremido do trabalhador na semana seguinte.

E a ração, a ração crua, jogada por mãos indiferentes através do guichê de distribuição de pão, será que compensava mais?...

Capítulo 22
Nós construímos

Depois de tudo que foi dito sobre os campos, eclode uma questão: ora, basta! Mas o trabalho dos detentos foi lucrativo para o Estado? E, se não foi lucrativo, valeu a pena engendrar todo esse Arquipélago?

Nos próprios campos, havia os dois pontos de vista entre os zeks, e adorávamos discutir a esse respeito.

Claro que, se formos acreditar nos líderes, não há o que discutir. O camarada Mólotov, que já foi o segundo homem do Estado, no VI Congresso dos Sovietes da URSS, declarou, a respeito do emprego do trabalho dos detentos: "Fizemos isso antes, estamos fazendo agora, e faremos doravante. É lucrativo para a sociedade. É vantajoso para os criminosos".

Isso não é lucrativo para o Estado, notem! É para a própria sociedade. E, para os criminosos, é vantajoso. E faremos doravante! O que discutir?

E todo o regime das décadas stalinistas, quando primeiro planejavam as obras, e depois o recrutamento dos criminosos para elas, confirma que o governo aparentemente não duvidava da lucratividade econômica dos campos. A economia ia à frente da justiça.

Mas é evidente que a pergunta feita requer precisão e desmembramento:

- Os campos se justificam no sentido político e social?
- Justificam-se economicamente?
- Eles se pagam (apesar da semelhança aparente da segunda e da terceira questão, aqui há uma diferença)?

Não é difícil responder à primeira pergunta: para os objetivos stalinistas, os campos eram um lugar maravilhoso, aonde milhões podiam ser enviados para serem atemorizados. Ou seja, justificavam-se politicamente. Os campos eram também cobiçosamente lucrativos para um imenso estrato social – o número incontável de oficiais do campo –, davam-lhes "serviço militar" na retaguarda segura, rações especiais, soldo, uniformes, apartamentos, uma posição na sociedade. Lá também se abrigavam miríades de carcereiros e rapazes da guarda, cochilando nas torres do campo (nessa época, meninos de 13 anos eram enfiados em escolas profissionais). Todos esses parasitas apoiavam o Arquipélago com todas as forças, temiam uma anistia geral como temiam a peste.

Mas nós já entendemos que, nos campos, estavam longe de se reunirem apenas os que pensavam diferente, estava longe de ser apenas quem se desgarrava do caminho gregário delineado por Stálin. A composição do campo superava claramente as necessidades políticas, superava as necessidades do terror. Não era o número de "criminosos" reais (ou mesmo de "pessoas duvidosas") que determinava a atividade dos campos, mas as requisições da direção econômica. No começo do Canal do Mar Branco, logo se manifestou a insuficiência de zeks em Solovkí, e ficou claro que três anos para os Cinquenta e Oito era uma sentença demasiado breve e não rentável, que era necessário condená-los logo a dois planos quinquenais.

O fato de os campos terem se tornado economicamente lucrativos fora previsto já por Thomas Morus, o bisavô do socialismo, em sua *Utopia*. Para trabalhos humilhantes e especialmente pesados, que ninguém queria fazer no socialismo – para isso era necessária a mão de obra dos zeks. Para o trabalho em locais selvagens e afastados, onde por muitos anos não se construiriam moradias, escolas, hospitais e lojas. Para o trabalho com picareta e pá – no alvorecer do século XX. Para erigir os grandes projetos de obras do socialismo, quando ainda não havia os meios econômicos para isso.

No grande Canal do Mar Branco, havia escassez até de automóvel. Tudo era feito, como dizem no campo, "com muito suor". No Canal do Volga, ainda maior (sete vezes maior em proporções de trabalho que o do Mar Branco, e comparável aos do Panamá e de Suez), foram cavados 128 quilômetros, com uma profundidade maior do que 5 metros, uma largura superior de 85 metros, e praticamente tudo com picareta, pá e carrinho de mão.[169] O futuro fundo do mar de Rýbinsk era coberto de florestas maciças. Tudo isso foi cortado à mão, sem que se avistasse uma serra elétrica, e quem queimou os galhos e os ramos foram absolutos inválidos.

Quem, a não ser prisioneiros, trabalharia cortando lenha por dez horas, caminhando ainda, na escuridão matinal, por 7 quilômetros até a floresta, e o mesmo tanto na volta, com 30 graus negativos e sem conhecer no ano outros dias de folga a não ser o Primeiro de Maio e o Sete de Novembro (Volgolag, 1937)?

Quem, a não ser os nativos, desencavaria cepos no inverno? Arrastaria pelas alças, nas lavras abertas de Kolimá, caixas de minério extraído?

E quem poderia descer para a perfuração seca nas minas de Djezkazgan, com uma jornada de trabalho de doze horas? O pó de sílica contido no minério pairava em nuvens, não havia máscaras, e, em quatro meses, os homens eram mandados para morrer de silicose irreversível. Quem poderia descer às minas sem proteção contra entupimento, sem defesa contra inundação, em elevadores sem calço? Quem era o único, no século XX, com o qual não era preciso gastar em dispendiosa tecnologia de segurança?

E como então os campos eram economicamente desvantajosos?...

Os campos eram de uma lucratividade única pela submissão do trabalho escravo e seu baixo custo – não, não é nem baixo custo, é mesmo gratuito, pois na Antiguidade sempre se pagava pela compra do escravo, mas, pela compra do interno do campo, ninguém pagou nada.

Ou a forma como, antes da guerra, foi construída outra estrada de ferro, Kotlas-Vorkutá, onde ficaram duas cabeças para cada dormente. Como, de ferro? Se, antes desse ferro, apenas

169 Quando estiver deslizando de lancha no canal, lembre-se toda vez de quem jaz em seu fundo. [N. A.]

botaram uns dormentes no meio de uma floresta impenetrável – mãos esquálidas, machados cegos e baionetas ociosas.

E quem teria feito isso sem os detentos? E como, então, de repente os campos não eram lucrativos?

Mesmo nas conferências do campo no pós-guerra, os capitães da indústria reconheciam: "Os z/k z/k desempenharam um grande papel na vitória, na retaguarda do trabalho".

Mas ninguém jamais inscreverá seus nomes esquecidos em um mármore sobre seus ossos.

Ficou claro quão insubstituíveis eram os campos nos anos de Khruschov, durante os apelos afanosos e ruidosos do Komsomol para o desbravamento e a construção da Sibéria.

Outra coisa era eles se pagarem. Havia tempos o Estado gastava saliva com isso. Ainda em 1921, o regulamento dos campos de detenção solicitava: "A manutenção dos locais de detenção deve, se possível, ser paga com o trabalho dos detentos". Queriam muito, muito, ter uns campinhos – e de graça! Em 1929, todas as instituições de trabalho corretivo do país foram incluídas no plano econômico nacional. E, em 1º de janeiro de 1931, foi decretada a passagem de todos os campos e colônias da RSFSR e da Ucrânia para o pleno autossustento!

Mas, por mais que quisessem, que quebrassem as unhas de todos nas rochas, que corrigissem os boletins preenchidos vinte vezes e ralassem nos buracos, não chegavam ao Arquipélago autossustentável, e nunca chegarão.

Eis os motivos. O primeiro, e principal, é a falta de consciência dos detentos, a falta de empenho desses escravos obtusos. Não apenas não dá para esperar deles o autossacrifício socialista como eles nem sequer demonstram simples aplicação capitalista. Só ficam tentando descobrir como danificar o calçado para não ir trabalhar; como estragar a grua, virar uma roda, quebrar a pá, afundar um balde, como pretexto para ficarem sentados e fumarem. Por toda parte há descuido e erro. Os tijolos que eles fazem podem ser quebrados com a mão, a tinta dos painéis descasca, o estuque solta, os postes caem, as mesas são bambas, os pés soltam, as maçanetas saem. Nos anos 1950, levaram ao Steplag uma turbina sueca novinha. Veio numa armação de troncos, como uma isbazinha. Era inverno, estava frio, então os malditos zeks se enfiaram nessa armação, entre os troncos e a turbina, e acenderam uma fogueira para se esquentar. A soldadura de prata das pás da turbina derreteu, e ela foi jogada fora. Tinha custado 3,7 milhões. Isso é que é autogestão financeira.

E, diante dos zeks – esse é o segundo motivo –, os livres faziam como se não precisassem de nada, como se não trabalhassem para si, mas para outra pessoa, e ainda roubavam bastante, roubavam muito mesmo. (Estavam construindo um alojamento, e os trabalhadores livres roubaram umas banheiras – mas elas tinham sido enviadas de acordo com o número de apartamentos. Como, então, poderiam entregar o prédio? Claro que não dava para admitir ao mestre de obras, ele estava mostrando solenemente à comissão de admissão o primeiro andar, e não deixava de entrar em cada banheiro, e de mostrar a banheira de cada um. Depois, levou a comissão ao segundo andar, ao terceiro, sem se apressar, entrando em todos os banheiros – e zeks ágeis e adestrados, sob a direção de um experiente capataz de instalações sanitárias, arrancavam, enquanto isso, as banheiras do primeiro andar, colocavam-nas, na ponta dos pés, no sótão do quarto andar, e, lá, rapidamente as instalaram e as fixaram antes da chegada da comissão. Era uma comédia de mostrar em cinema, mas não deixam.)

O terceiro motivo é a falta de independência dos detentos, sua incapacidade de viver sem carcereiros, sem administração do campo, sem vigilância, sem a zona com as torres de vigilância, sem o Planejamento de Produção, Registro e Distribuição, sem a Seção Operacional da Tcheká, sem a Seção de Cultura e Educação, sem a mais alta direção dos campos, até o próprio Gulag; sem censura, sem Chizo, sem BUR, sem os *pridúrki*, sem depósitos e armazéns militares; a incapacidade de se moverem sem escolta e sem cachorro. E assim, para cada trabalhador nativo, o Estado tem de manter pelo menos um capataz (e o capataz tem família).

E ainda, acima de todos esses motivos, há os descuidos naturais e plenamente perdoáveis da própria direção. Como disse o camarada Lênin, só quem não faz nada não se engana.

Por exemplo, por mais que se planejasse o trabalho na terra, raramente ele ocorria no verão, mas sempre, por algum motivo, no outono e no inverno, na lama e no gelo.

Assim, no rio Súkhona, perto da aldeia de Okópi, os detentos se esfalfaram e fizeram uma represa. Mas veio uma enchente. Tudo desabou.

Ou a direção da operação de corte de lenha de Talagui, em Arkhánguelsk, recebeu um plano para produzir móveis, mas não planejaram o fornecimento da madeira para fazer esses móveis. Plano é plano, tem de cumprir! Talagui teve de mandar brigadas especiais de criminosos comuns sem escolta para pescar madeira avariada no rio – ou seja, que o transporte de lenha tinha deixado para trás. Não bastou. Então, sem mais aquela, puseram-se a quebrar balsas inteiras e levá-las embora. Só que essas balsas pertenciam a outro plano, e agora elas estavam em falta. Isso é que é autogestão financeira...

Ou quando, no Ust-Vymlag (1943), quiseram ultrapassar o plano de transporte de troncos soltos de madeira por via aquática, pressionaram os lenhadores, levaram todos os que podiam e que não podiam, e reuniram, na barragem correspondente, bastante madeira – 200 mil metros cúbicos. Não conseguiram tirá-la da água antes do inverno, ela congelou. E, abaixo da barragem, havia uma ponte de ferrovia. Se na primavera a floresta não se desfizesse em troncos, mas caísse por inteiro, derrubaria a ponte, coisa fácil, e o chefe seria julgado. E tiveram de encomendar vagões de dinamite; colocá-la no fundo, no inverno; desfazer a massa congelada, e depois rolar esses troncos para a margem quanto antes – e queimar (na primavera, não serviriam mais como lenha). Esse trabalho ocupou todo o posto de transferência, duzentas pessoas, que, pelo trabalho na água gelada, receberam toucinho – mas a operação não podia ser remunerada com vales, pois tudo aquilo era supérfluo. E a madeira queimada também se perdeu. Isso é que é se pagar!

Bem, esses pequenos erros são inescapáveis em qualquer trabalho. Nenhum Dirigente está a salvo deles.

E toda aquela estrada Salekhard-Igarka? Centenas de quilômetros de aterro através do pântano, e, à morte de Stálin, restavam 300 quilômetros para unir as duas pontas. E também abandonaram. Mas dava medo dizer de quem era esse erro. Pois era do Próprio...

Às vezes, levam essa autogestão financeira a um ponto em que o chefe do campo não sabe onde se meter, como ligar as pontas. Depois da guerra, ordenaram que o campo de inválidos Katch, em Krasnoiarsk (1.500 inválidos), também adotasse a autogestão financeira: fazendo móveis. Então, os inválidos cortavam a madeira com serras manuais (não era um campo de lenhadores, e não lhes forneceram máquinas), levavam-na para o campo em cima de vacas (o transporte tampouco foi fornecido, e havia uma granja leiteira). O custo de fabricação de um sofá era de 800 rublos; e o preço de venda, de 600... De modo que a própria chefia do campo tinha o interesse de transferir a maior quantidade possível de inválidos para o primeiro grupo, ou reconhecer que estavam doentes e não levá-los para a zona: então, imediatamente, da autogestão financeira que dava prejuízo, eles passavam para o sólido orçamento estatal.

Por todos esses motivos, não apenas o Arquipélago não se paga como o país tem de despender ainda mais pelo prazer de tê-lo.

Quando, em Moscou, na rua Ogariov, para liberar espaço para prédios novos, demoliram os antigos, de mais de um século, não apenas não jogaram fora os barrotes entre os andares, não apenas não os transformaram em lenha, como mandaram para a marcenaria! Era madeira pura, preciosa. Assim era a secagem de nossos ancestrais.

Estamos sempre apressados, nunca temos tempo para nada. Ainda precisamos esperar as vigas secarem? Na barreira de Kaluga, lambuzávamos os barrotes com antissépticos novíssimos – e as vigas igualmente apodreciam, apareciam uns fungos, e tão rápido que ainda antes da entrega do prédio devíamos quebrar o piso e trocar esses barrotes. Por isso, daqui a cem anos, tudo que nós, zeks, construímos, e o país inteiro, não será tão precioso quanto essas velhas vigas da rua Ogariov.

Seria oportuno encerrar este capítulo com a longa lista de obras concluídas pelos prisioneiros desde o Primeiro Plano Quinquenal stalinista até a época de Khruschov. Mas é claro que não estou em condições de terminá-la. Posso apenas começá-la para quem quiser inserir outras e continuar.

- Canal do Mar Branco (1932), canal do Volga (1936), Volga-Don (1952);
- ferrovia Kotlas-Vorkutá, ramal até Salekhard;
- ferrovia Salekhard-Igarka (abandonada);
- ferrovia Karagandá-Mointý-Balkhach (1936);
- segunda trilha da ferrovia Transiberiana (1933-1935, cerca de 4 mil quilômetros);
- ferrovia Taichet-Lena (começo da Baikal-Amur);
- autopista Moscou-Minsk (1937-1938);
- construção da hidrelétrica de Kúibychev;
- construção da hidrelétrica de Ust-Kamenogórsk;
- construção do complexo de fundição de cobre de Balkhach (1934-1935);
- construção do complexo papeleiro de Solikamsk;
- construção do complexo químico de Bereznikí;
- construção do complexo de Magnitogorsk (parcial);
- construção do complexo de Kuznetski (parcial);
- construção da Universidade Estatal de Moscou M. V. Lomonóssov (1950-1953, parcial);
- edificação da cidade de Komsomólsk-no-Amur;
- edificação da cidade de Sovgávan;
- edificação da cidade de Norilsk;
- edificação da cidade de Dudinka;
- edificação da cidade de Vorkutá;
- edificação da cidade de Molotovsk (Severodvinski, a partir de 1935);
- edificação do porto de Nakhodka;
- oleoduto Sacalina-continente;
- extração de minério em Djezkazgan, sul da Sibéria, Mongólia Buriata, Chória, Khakássia, península de Kola;
- mineração de ouro em Kolimá, Tchukótka, na Iakútia, na ilha Vaigatch;

- extração de apatita na península de Kola (a partir de 1930);
- corte de lenha para exportação e para as necessidades internas do país. Todo o norte europeu russo e a Sibéria. Não temos como contar todos os campos de corte de lenha, é metade do Arquipélago.

Mais fácil contar o que os detentos nunca fizeram: preparo de linguiça e produtos de confeitaria.

Quarta parte
A alma e o arame farpado

Eis aqui vos digo um mistério: Na verdade, nem todos dormiremos, mas todos seremos transformados.

– 1 Coríntios 15,51

Capítulo 1
A ascensão

E os anos passam...

Não em um *staccato* alegre, como se costuma brincar pelos acampamentos: "inverno-verão, inverno-verão". Mas com um outono longo, um inverno infindável, uma primavera preguiçosa e um verão apenas curto. No Arquipélago, o verão é curto.

O passar de um ano... Ahhhh, como demora! No intervalo de um ano, quanta coisa há para pensar. Por 330 dias, em silêncio, você vai querer abominar o lamaçal da garoa fria, a tempestade severa ou a geada congelante. Por 330 dias, você vai se deslocar rumo ao detestável trabalho com a cabeça ociosa, empurrando a vagoneta para dentro e para fora, ou no seu cubículo de madeira, cochilando e despertando.

E tudo isso em apenas 1 ano. Logo serão 10, 25 anos...

E, quando você estiver no hospital com distrofia muscular, eis uma ótima oportunidade para voltar a pensar.

Repensar. Ruminar sobre as desgraças.

Acontece há séculos: é para isto que dão uma pena ao criminoso, para que pense sobre o crime que cometeu, atormente-se, arrependa-se e gradualmente se corrija.

Mas *o Arquipélago Gulag não conhece a dor do remorso*! De cada cem cativos, cinco são bandidos, não se arrependem de seus crimes. Pelo contrário, eles sonham em sair mais audazes e agressivos. Outros cinco se consideram *notáveis*, mas não dos tipos populares – nos dias de hoje, um notável de verdade tem de saber esfregar o dinheiro na fuça do povo, sem perdão nem razão. De que um tipo desses pode se arrepender? Talvez de não ter tomado mais, repartido, e assim ter se conservado em liberdade? Os outros 85 cativos não cometeram crime algum. E precisarão se arrepender de quê? De terem pensado o que pensaram? De terem se rendido numa situação de desespero? De terem trabalhado para os alemães em troca de migalhas para não morrer de fome? (Quando muitos dos prisioneiros são incapazes até de discernir o que é permitido do que é proibido, vivem atormentando uns aos outros. Talvez fosse melhor morrer que comer daquele pão.) Ou de terem tirado um tanto da colheita para alimentar os filhos quando trabalhavam de graça num *kolkhoz*? Ou de terem subtraído algo de uma fábrica com o mesmo fim?

Não, você não só não se arrepende como a consciência da inocência que resplandece nos seus olhos é tão cristalina quanto a água dos lagos das montanhas.

Para a maioria de nós, a consciência da inocência aumentou ainda mais. Eis a principal diferença entre nossos prisioneiros e aqueles de Dostoiévski: lá, eles aceitam a sentença como uma criança castigada, enquanto nós temos a cristalina consciência de que qualquer pessoa neste mundo está mais livre do que nós, de que há um arame farpado que separa nossas vidas definitivamente. Lá, a maioria está bastante consciente de que sua culpa pertence apenas ao universo pessoal, enquanto aqui carregamos a culpa de muitos milhões de desafortunados.

E desses desafortunados não nos apartamos. Nós precisamos sobreviver.

Não seria essa uma resposta ao baixo número de casos de suicídio nos campos de confinamento? Sim, raros são os casos, embora a ideia de tirar a vida passe constantemente pela mente dos aprisionados. Porém, muito mais presente é o pensamento da fuga. Há mais fugas do que suicídios.

As pessoas morrem às centenas, aos milhares, levadas às condições mais extremas de trabalho; mas de suicídio, raramente. Homens, ainda que condenados a uma existência ultrajante, à fome, à lida desgastante – mesmo assim não dão cabo de si!

O suicídio sempre será uma atitude de fracasso. O ato de uma pessoa encurralada, que perdeu as rédeas da própria vida e não encontra motivos para continuar. Ao olhar para esses milhões de desamparados que aqui estão, e que ainda não ousaram cometer suicídio, saiba que é porque há dentro de cada um deles um sentimento inquebrantável de consciência da própria inocência. Uma ideia invencível.

Era um sentimento de justiça universal. Algo similar à força do povo russo durante o período do jugo tártaro.

Mas, se não há nada do que se arrepender, por que o prisioneiro está sempre pensando em algo o tempo todo? "A prisão e o sofrimento dão sabedoria ao homem." Sim, dão, mas a troco de quê? Onde ele poderá usar esse aprendizado?

Muitos se questionaram sobre isso, não apenas eu. Nosso primeiro céu de prisioneiros foi carregado por nuvens escuras, cujos pilares negros se elevavam como erupções vulcânicas que lembravam o céu de Pompeia ou o dia do Juízo Final. E era assim porque não era qualquer outro que estava preso, mas eu – o coração deste mundo.

Nosso último céu de prisioneiros foi de uma singular profundidade, de uma clareza única, de um azul que empalidecia até o branco.

De início, decidimos que rasparíamos nossos cabelos (menos os crentes): por que não? Toda cabeça é careca! Mas como poderíamos, se nossos cabelos já eram raspados bem baixinho! E como fazê-lo sem sermos dedurados pelos informantes? Seríamos presas fáceis para os nossos inimigos. Que cegueira! Quantos erros! E como reparar tudo isso? Tudo tem de ser corrigido rapidamente! É preciso escrever... é preciso contar... é preciso comunicar...

Não precisamos de nada. Tampouco nada nos redimirá. No momento adequado, ouviremos pessoalmente nossa sentença, pelo tribunal ou, à revelia, pelo OSO.

E assim começa a movimentação de trânsito entre as prisões. Entremeados pelos nossos receios acerca do novo confinamento, nós nos damos conta de como vivemos bem aqui (embora ainda seja muito ruim). E quantas oportunidades não foram aproveitadas! Quantas flores deixamos de recolher na terra! Onde iremos experimentar isso agora? Se eu puder viver, ao menos... Oh, quão novo, quão inteligente serei! Quando será o nosso dia da liberdade? Esse dia que brilha em minha mente como a luz do sol.

A conclusão a que chego é: preciso sobreviver para alcançá-lo! Sobreviver! A qualquer preço!

Pode parecer só um jogo retórico, verborragia, mania de declarar algo "a qualquer preço".

Mas aqui as palavras se inflamam e atingem todo o seu significado, assumindo o terrível compromisso: sobreviver *a qualquer preço*!

E aquele que assume esse compromisso não pisca o olho nem diante de um clarão escarlate – e é por isso que seu infortúnio é capaz de ofuscar o mundo inteiro.

Essa é a grande bifurcação da vida no campo. Como se as estradas seguissem caminhos opostos: uma para a direita, e a outra para a esquerda; uma que sobe, e outra que desce – quem tomar o caminho da direita perderá a vida, enquanto quem tomar o da esquerda perderá a consciência.

Uma ordem mental constante: sobreviver! A lei natural de todo ser vivo. Quem não pretende sobreviver? Quem não quer ter o direito de viver? Tensionam-se assim todas as forças do nosso corpo! Ordena-se a todas as células: sobreviva! E logo aparece a imagem de trinta prisioneiros, emaciados, rijos de frio, caminhando 5 quilômetros por uma estrada enlameada do Círculo Polar até que possam chegar à casa de banho. Casa de banho é uma palavra um tanto calorosa para a situação que vivemos: temos seis prisioneiros que tomam banho por vez, em cinco turnos; enquanto um grupo se aquece na água quente, os outros são obrigados a esperar, lá fora, na temperatura negativa – e eles não podem voltar até que o último grupo termine, por causa da escolta. E nenhum deles contrai pneumonia. Nem ao menos uma gripezinha. (Um velho prisioneiro tomou banho aqui por dez anos seguidos, ele tinha entre 50 e 60 anos e nunca adoeceu. Quando finalmente voltou à liberdade da sua casa, aquecido e cuidado por sua família, ficou doente por um mês inteiro após um banho quente no tempo frio. Tudo porque lá fora a ordem do confinamento – "Sobreviva!" – não lhe dizia mais nada...)

Mas apenas “sobreviver” não implica que seja necessariamente a qualquer preço; “a qualquer preço” significa à custa dos outros.

Digamos a verdade: nessa bifurcação das almas que vivem no campo, não é a maior parte que toma o caminho da direita. Infelizmente, não é a maior parte. Mas, felizmente, também não são solitários. São muitas as pessoas que se decidiram por esse caminho. Mas não chamam atenção para si, é preciso procurar bem por elas. Dezenas de vezes antes essa proposta se apresentou a elas, mas elas conseguiram se manter firmes.

Há séculos se sabe que a prisão causa um renascimento profundo na alma humana. Inúmeros são os exemplos que podemos relatar. Ibsen escreveu: “A falta de oxigênio debilita as consciências”.[170] Não, não é bem assim! Na realidade, é exatamente o contrário. Veja o caso do general Gorbátov, que desde a juventude lutou e se dedicou a crescer nas fileiras do Exército. Ele nunca teve muito tempo para pensar! Porém, desde o momento em que foi preso, uma enormidade de eventos ocorreu por aqui – da simples suspeita de um jovem preso inocente por espionagem à execução por engano de um jovem polaco, também inocente.[171] (Como ainda pude me lembrar disso!)

Há um ditado que diz: “A liberdade estraga o homem, mas a sua falta ensina”.

Mas qual falta de liberdade ensina?

O campo, por acaso?...

Aqui só se faz pensar, ruminar.

Ainda assim, será realmente impossível uma alma resistir à vida no campo?

E mais: é possível que se possa cultivar a espiritualidade no campo?

Lá, onde não há como lutar contra o destino?
É lá que uma alma pode ressuscitar?

170 Henrik Ibsen, *O inimigo do povo*. [N. A.]

171 *Gueneral ármii A. V. Gorbátov. Gódy i vóiny* [O general do Exército A. V. Gorbátov. Os anos e as guerras], *Nóvy Mir*, 1964, nº 4, p. 109. [N. A.]

Você não entendeu coisa nenhuma! Quando estiver lá é que vai desmoronar.

Ao longo dessa estrada, escolhas, caminhos e descaminhos. À montanha ou ao céu? Venham, vamos cambalear!

O dia da libertação? O que ele poderá nos dar após tantos anos? Nós estaremos mudados a ponto de sermos irreconhecíveis, nossos parentes estarão mudados. E lugares outrora familiares nos parecerão mais estranhos que os estranhos!

Ah, o dia da "libertação"! Como se eles pudessem libertar alguém que já teve sua alma liberta.

As pedras rolam da montanha e passam pelos nossos pés, seguem para os abismos do passado em forma de cinzas...

E nós continuamos subindo.

Se a prisão é um bom lugar para pensar, o campo de prisioneiros não deixa nada a dever. Principalmente porque lá não temos encontros. Uma vida tomada por obrigações banais lhe dá ímpeto para longas e importantes reflexões. Quando dava na veneta dos administradores, de três em três anos traziam um filme para passar no nosso campo, uma comédia esportiva de quinta categoria chamada *A primeira luva*. Uma chatice! Mas da tela emanava a lição de moral que retumbava na audiência:

"O que importa é o resultado, mas ele não está a seu favor."

Os atores riem na tela, e a plateia, na sala de projeção. Mas, olhando para o lado de fora do campo, iluminado pela luz solar, você pondera sobre o poder dessa frase. E à noite, antes de dormir em seu beliche, você pensa novamente. E na segunda-feira de manhã, enquanto estiver na fila, reflete novamente. E aquilo fica se repetindo em sua mente por um longo tempo. E onde mais você poderia se ocupar disso por tanto tempo? E, lentamente, a clareza da mensagem recai sobre suas ideias.

Isso não é brincadeira. É um pensamento recorrente e que tem sido difundido há muito tempo em nossa pátria – e eles continuam estimulando isso repetidamente. A ideia de que apenas o resultado material é o que importa tornou-se parte de nossa formação, tanto que, por exemplo, eles chegam a declarar que Tukhatchévski é um traidor, capaz de se vender aos inimigos, enquanto o povo se pergunta, em coro: "*O que mais se pode querer*?!". Uma vez que se tem a barriga cheia, vinte ternos, duas casas de campo, automóveis, um jatinho e fama, o que mais se pode querer? Milhões de nossos compatriotas são incapazes de pensar que uma pessoa (e não falo dele especificamente) possa almejar algo além de vantagem material.

Foi assim que todos absorveram e aprenderam o lema: "o que importa é o resultado".

De onde isso chegou até nós? Voltando trezentos anos no tempo, pergunto-me: será que era assim no tempo dos Velhos Crentes?[172]

Isso veio com Pedro, que impôs à nossa pátria a sentença: o que importa é o resultado.

E assim nossos Demídov, Kabanikha e Tsybúkin[173] tomaram a estrada de cima sem olhar para trás e sem perceber quem estavam pisoteando com suas botas. E ainda com mais tenência se estabelecia, no coração do piedoso e caridoso povo russo, a ideia de que o que importa é o resultado.

Depois, de todos os tipos de socialistas, e sobretudo da mais moderna, infalível e intolerante Doutrina, que se resumia a uma única ideia: o que importa é o resultado! E passou a ser importante guerrear dentro do Partido! manter-se no poder! eliminar os inimigos! forjar o ferro e o aço! lançar foguetes!

E se, para o bom funcionamento dessas indústrias e para o lançamento desses foguetes, for necessário sacrificar um estilo de vida, a unidade de algumas famílias e a integridade espiritual do povo russo, junto a nossas florestas, rios e campos – danem-se! O que importa é o resultado!

172 Mantenedores das práticas da fé ortodoxa anteriores às mudanças propostas pelo patriarca Níkon em 1666, durante o reinado de Pedro I, o Grande. [N. T.]

173 Demídov foi um proprietário de siderúrgicas e de uma indústria de armas no século XVII que fez fama pelo modo cruel como tratava seus funcionários. Por sua vez, a referência a Marfa Ignátievna Kabánova (Kabanikha) vem da peça *A tempestade*, de A. N. Ostróvski. Já a referência a Tsybúkin vem de um conto de Tchekhov, "No fundo do barranco". [N. T.]

Mas isso não passa de uma mentira! Eis que aqui estamos, vivendo todos esses anos num campo de confinamento da União! Eis-nos aqui, girando em círculos lentos, anuais, tentando compreender o que é a vida. A esta altura das coisas, algo é claro: o resultado não é o que importa! Não, não é o resultado, mas *o espírito*! Não *o que* foi feito, mas *como* foi feito. Não o que foi alcançado, mas a que preço.

Para nós, prisioneiros, se há um resultado que realmente importa, este é a sobrevivência a qualquer custo.

Não há dúvida de que alcançar os objetivos seja importante. Mas nunca à custa da perda da forma humana.

Porém, se o que importa realmente é o resultado, você deve dispor de todas as forças e pensamentos para se afastar dos trabalhos gerais. Aqui é preciso se rebaixar, se comportar bem, agir de modo servil, mas manter-se um *pridúrok*. E assim... sobreviver.

Mas, se o que vale é a essência do ser humano, então é tempo de conformar-se com os gerais. Com os farrapos, com as mãos em carne viva, lutar por um pedaço de pão a cada dia pior e menor. E, assim, talvez se morra. Mas, enquanto estiver vivo, ostentar com orgulho as costas marcadas. Até que deixe de temer as ameaças e de perseguir as esmolas. Assim, você terá se tornado a figura mais temida pelos olhos rapinantes dos seus supervisores. O que eles poderão tomar de você agora?

Gália Venedíktova, filha de um anarquista, trabalhava como enfermeira na unidade médica do campo, mas, percebendo que aquele tipo de trabalho não curava, era apenas um cargo burocrático bem-sucedido dentro das possibilidades oferecidas, largou tudo, pegou um martelo e uma pá e foi para os gerais. E ela dizia que aquilo tinha salvado sua espiritualidade.

Para o homem bom, até o pão seco é saudável, mas, para o vil, nem mesmo uma carne lhe fará bem.

(Mas e quando nem pão seco ele tem?)

E se você renunciar de uma vez por todas a esse objetivo de "sobreviver a qualquer custo" e seguir a trilha dos homens mansos e simples, então o cativeiro transformará sua personalidade em um padrão completamente diferente daquele inicial.

Em outros tempos, você já foi por demais intolerante, apressado e sem tempo para compreender a si mesmo. Agora, observa o tempo com mais interesse. Sua cabeça fica sobrecarregada com tantas imagens de meses e anos que passaram ou que virão – e a paciência começa a correr no seu corpo como um líquido manso e fértil.

Você está ascendendo...

Você nunca perdoou ninguém antes, condenava as pessoas com exaltação e uma impiedade sem-fim – agora, uma brandura consciente tornou-se a senhora de seus arbítrios. Aquele que é capaz de reconhecer as próprias fraquezas pode entender a fraqueza dos outros. E também se encantar com a espetacular força que emana das pessoas – e, assim, aprender com elas.

As pedras estalam debaixo dos nossos pés. E continuamos subindo...

Uma armadura blindada reveste o seu coração e toda a sua pele; seus olhos não se animam mais com boas-novas, tampouco se turvam com o pesar.

Para tal, é preciso saber o que cada coisa significa, para que se possa descobrir o que são boas-novas ou o pesar. Doravante, eis a regra da sua vida: não se alegre quando encontrar motivo, tampouco chore quando tudo estiver perdido.

Sua alma, antes seca, agora amadurece diante do sofrimento. E mesmo que você não ame o próximo, no sentido cristão, aos poucos aprende a amar aqueles que estão mais próximos no cativeiro.

Os próximos de espírito, que estão à sua volta no cativeiro. Quantos de nós admitem: foi justamente no cativeiro que conhecemos pela primeira vez a verdadeira amizade!

E também os parentes de sangue, que o rodeavam na vida antiga e o amavam, e para quem você era um tirano...

Sim, você não está preso por um bom motivo; perante o Estado e suas leis, você não tem motivo algum para se arrepender.

Mas e para sua própria consciência? E em relação aos outros indivíduos?...

...Após a operação, estou deitado no leito da ala cirúrgica do hospital do campo. Não consigo me mexer. Meu corpo está febril, mas minha mente não se deixa esmorecer, graças ao dr. Boris Nikoláievitch Kornfeld, que se encontra sentado ao lado da minha cama e conversou comigo a noite inteira. A luz está apagada para não ferir a vista. Apenas ele e eu, mais ninguém.

Ele me contou, fervorosa e pacientemente, a história de sua conversão da religião judaica para o cristianismo. A conversão foi feita por um homem muito educado, um velho bondoso, companheiro de cela, do tipo parecido com Platón Karatáiev. Fico maravilhado com sua convicção e com o modo arrebatado com que narra a conversão.

Nós sabemos muito pouco um do outro. Ele não é o médico que geralmente me acompanha, mas, como não há nenhum outro por aqui, ele resolveu compartilhar comigo os seus sentimentos. O doutor é um sujeito tranquilo, manso e cortês. Eu não conseguia observar nada naquele homem que remetesse à ideia de maldade, tampouco escutara algum comentário negativo a respeito dele. No entanto, é absolutamente alarmante que o dr. Kornfeld esteja vivendo há dois meses em um cubículo no acampamento do hospital, sem poder sair.

Isso significa que ele tem medo de ser degolado. De uns tempos para cá, virou moda cortar a garganta de informantes no acampamento. Mas quem pode garantir que alguém seja realmente um delator? Um foi decaptado apenas por se meter em questões de ninharias rancorosas. E, por isso, o autocontrole de Kornfeld, no hospital, de modo algum endossa que ele esteja envolvido em delações.

Já é tarde e o hospital inteiro dorme. Kornfeld termina de contar sua história assim:

— De fato, me convenci de que, nesta vida terrena, não há castigo que recaia sobre nós que não seja merecido. Aparentemente, ele pode não vir por aquilo que fomos julgados como culpados. Mas, se você revirar sua vida profundamente, encontrará alguma transgressão que justifique todo e qualquer golpe do destino.

Eu não vejo o seu rosto. Através da janela entram feixes dispersos de luzes vindas da zona exterior. A porta do corredor brilha com uma mancha de luz elétrica amarela. Há uma sabedoria mística em suas palavras que me dá arrepios por todo o corpo.

Essas foram as últimas palavras que escutei de Boris Kornfeld. Ele saiu silenciosamente pelo corredor escuro para uma das câmaras vizinhas, onde dorme. Tudo no hospital dorme. Não há ninguém com quem ele possa conversar, e eu também adormeço.

Na manhã seguinte, sou acordado com o som da correria nos corredores: os enfermeiros levavam o corpo de Kornfeld para a mesa cirúrgica. Foram desferidos oito golpes com um martelo de gesso contra seu crânio enquanto dormia (no nosso acampamento, há o costume de matar um pouco depois do toque de alvorada, pois os ferrolhos ainda não estão trancados e toda a gente ainda dorme). Na mesa de cirurgia, ele morre sem recuperar a consciência.

Acontece que aquelas palavras proféticas foram as últimas pronunciadas por Kornfeld na terra. E, depois de endereçadas a mim, tornaram-se minha herança. De tal herança, um homem não pode se apartar, nem dar de ombros a ela.

Naquela época mesmo, eu já tinha amadurecido para um pensamento semelhante.

Eu estava inclinado a encontrar o significado universal das leis da vida. E é neste ponto que as coisas podem parecer um pouco confusas. Há que se admitir que aqueles que são castigados têm o destino mais cruel na prisão do que os que são fuzilados ou queimados vivos – estes são espécies de supervilões. Há também os casos dos inocentes, que são executados com muito zelo. E o que dizer dos nossos evidentes torturadores: por que o destino não os pune? Por que ainda assim eles prosperam?

(A resposta para esta questão talvez esteja no entendimento de que o sentido da existência terrena não está na busca pela prosperidade, como estamos habituados a pensar, mas no desenvolvimento dos valores da alma. Partindo do pressuposto *anterior*, nossos torturadores são como os porcos da raça humana, que ocupam a escala mais baixa da existência. Deste ponto de vista, então, a punição é, para aqueles que estão se desenvolvendo, uma espécie de *promessa*.)

Há algo de insistente nas últimas palavras de Kornfeld que carrego comigo e que aceito completamente. E acredito que muitos também aceitarão.

Naquele mesmo leito do quarto pós-operatório em que Kornfeld se despediu para a eternidade, passei várias noites sem conseguir dormir, ponderando sobre a minha vida e sua capacidade de mudanças drásticas.

Revisitando meu passado, percebi como eu não compreendia a mim mesmo nem as minhas aspirações. O que por muito tempo considerei como uma bênção vi que era, na verdade, destrutivo, e continuei correndo na direção contrária daquilo que era realmente necessário para mim. Mas, tal qual o mar arremessa o banhista inexperiente de volta para a areia da praia, também os golpes do infortúnio me fizeram retornar ao chão. E foi graças a eles que pude trilhar o caminho que sempre almejei.

Os anos aprisionados me deixaram calejado o suficiente para identificar com clareza como uma pessoa pode se tornar boa ou má. No afã tóxico da juventude, eu me sentia infalível e, portanto, cruel. Nos meus momentos mais execráveis, eu tinha certeza de que estava fazendo o bem, agindo de acordo com razões excelsas. Mas foi na palha suja da prisão que eu senti pulsar pela primeira vez o arrebatamento do bem.

Gradualmente, percebi que a linha divisória entre o bem e o mal não atravessa fronteiras estatais, não penetra em classes sociais, nem tem cores de partidos políticos – ela se manifesta pelo coração humano, no coração de qualquer humano. Essa linha não é fixa, flutua dentro de nós com o passar dos anos. E, mesmo nos corações mais oprimidos pela maldade, uma pequena centelha de bondade pode ser encontrada. Assim como no mais puro e amável dos corações se esconde um cantinho intocável de maldade.

Desde então, eu tenho compreendido a verdade de todas as religiões do mundo: elas lutam contra o mal que reside na alma humana (em cada um de nós). Sabemos que é impossível banir completamente o mal do planeta, mas é possível constringi-lo individualmente.

Desde então, eu entendi a mentira de todas as revoluções do mundo: elas extirpam apenas os *portadores* do mal que lhes são contemporâneos (e, em sua ânsia, não distinguem os portadores do bem). Assim, o próprio mal é herdado e ampliado.

O Tribunal de Nuremberg entrou para a história como um dos momentos mais brilhantes do século XX: ele matou a ideia do mal em si, e poucos dos infectados por ele. (Neste ponto, não houve crédito para a figura de Stálin, ele teria preferido falar menos e fuzilar mais.) Se no século XXI a humanidade não implodir ou se estrangular, talvez essa direção prevaleça.

Sim, mas, se não prevalecer, toda a história da humanidade não terá sido mais que mero exercício de deslocamento, sem o menor sentido. E para onde estamos nos deslocando, afinal? Se for para espancar o inimigo com um porrete, o homem das cavernas já havia encontrado esse sentido.

"Conhece-te a ti mesmo!" Nada pode contribuir mais para o despertar da nossa consciência do que o aprendizado advindo das reflexões acerca de nossos erros, crimes e transgressões.

É por isso que eu sempre retorno aos meus anos de prisão e digo muitas vezes, para o assombro de todos: "Deus te abençoe, prisão!".

Todos os escritores que escreveram sobre a vida na prisão, mas nunca passaram pela real experiência de viver lá, consideram sua obrigação demonstrar admiração pelos prisioneiros e ojeriza pela prisão. Eu, que vivi lá o suficiente, que nutri minha alma em sua convivência, digo sem hesitação: "Deus te abençoe, prisão, por ter feito parte da minha vida!".

(E lá das sepulturas eles respondem: é fácil dizer isso, você que conseguiu ficar vivo!)

Capítulo 2
Ou corrupção?

Muitos companheiros de confinamento se oporão ao que eu disse e replicarão que não houve nenhuma "ascensão" da alma humana, que tudo não passa de delírio e que no campo encontrávamos apenas corrupção a cada passo.

Mais significantes e insistentes são as palavras de Chalámov (porque ele, antes de mim, já escrevera tudo):

> No campo de prisioneiros, as pessoas não agem como humanos, até porque os campos de prisioneiros não foram criados para isso.

> Todas as emoções humanas, como o amor, a amizade, a inveja, a camaradagem, a misericórdia, o arrebatamento, a honestidade... afastaram-se de nós junto com a carne que habitava nosso corpo. Só nos restou o ódio – o sentimento humano mais profundo e duradouro.

> Viemos aqui para perceber que a verdade e a mentira são irmãs.

> Uma amizade saudável não surge da necessidade ou do infortúnio. Se uma amizade nasceu entre dois seres humanos, significa que as condições para que ela se desenvolvesse não foram necessariamente difíceis. Se a necessidade e o infortúnio podem dar as mãos, significa que não são extremos. O infortúnio não é agudo e profundo o suficiente se pode ser compartilhado com os amigos.

Há uma questão, entretanto, com que Chalámov concorda: a ascensão, o aprofundamento e o desenvolvimento da alma humana são possíveis dentro da *prisão*, mas...

> ... o campo é uma escola inteiramente negativa da vida. Não há nada de útil que se possa retirar de lá. O detento só aprende a mentira, a lisonja, a mesquinhez e a maldade em larga escala... Ao retornar para casa, ele se dá conta de que não apenas deixou de crescer, como seus valores se tornaram rudes e escassos.

E. Ginzburg concorda com essa distinção: "A prisão enobrece o condenado, o campo o corrompe".

E quem ousaria discordar?

Como não é o momento de discordar? Não queremos construir um tipo imaginário de campo "elevado", mas por isso devemos narrar centenas, milhares de casos de genuínos presos degenerados? Vamos mostrar que ninguém é capaz de sobreviver à filosofia do campo, expressa pelo encarregado Iáchka, de Djezkazgan: "Quanto mais você cuspir nas pessoas, mais vão estimar você"?

O acirramento das tensões entre os prisioneiros pode conduzir a uma terrível degeneração da alma humana. Em 1950, no Unjlag, a prisioneira Moisseievaitie, que já não estava sob domínio completo de suas faculdades mentais, afastou-se do cordão de isolamento e foi "buscar mamãe" pelos arredores do campo. Eles a pegaram, amarraram-na a um poste ao lado do posto da guarda e anunciaram que, por conta da fuga, todos os confinados estariam privados do próximo domingo (um truque habitual). Assim, as brigadas de prisioneiros, ao retornarem para o campo, cuspiram e estapearam a mulher amarrada: "Por sua causa, vagabunda, não teremos o domingo de folga!". Moisseievaitie sorriu debilmente.

Sim, sim, mas eu não estou aqui para narrar apenas os inúmeros casos de corrupção da alma humana. Esses já foram e são descritos o suficiente. Há tempos não me reconheço neles. Esse é o padrão seguido.

Para que repetir que durante o inverno as casas se tornam frias? Não seria mais surpreendente notar que há casas que conservam o calor mesmo no frio abaixo de zero?

Chalámov diz que todos aqueles que passaram pela experiência do campo se tornaram pessoas de alma empobrecida. Mas, sempre que relembro ou reencontro um detido, identifico uma personalidade genuína.

O próprio Chalámov escreve em outro lugar: "Eu nunca me tornarei um dedo-duro de outros detentos. Não quero me tornar um capitão à custa do trabalho dos outros!".

E por que isso, Varlam Tíkhonovitch? Por que você não se torna um capitão ou comandante, uma vez que ninguém do acampamento pode escapar ao fatal destino desse precipício que é a corrupção? Então, quer dizer que a verdade e a mentira são irmãs de sangue? Quer dizer que durante a sua queda encontrou um galho para se segurar? Ou mesmo uma pedra para equilibrar os pés e evitar deslizar ainda mais para baixo? E, apesar de tudo, o ódio não é o sentimento humano mais profundo e duradouro? Você não refuta seu próprio conceito em seus personagens e poemas?

E como os verdadeiros religiosos sobrevivem à vida no campo? (Sim, estamos tocando neste assunto mais uma vez.) Ao longo deste livro, já narramos sua marcha confiante pelo Arquipélago – um tipo de procissão silenciosa, com velas invisíveis. Como se uma espécie de metralhadora abatesse os fiéis da primeira fila e os seguintes continuassem a marcha. Uma firmeza nunca vista durante o século XX inteiro! E essa não é uma imagem de um quadro ou uma declamação poética. Veja o exemplo da tia Dússia Tchmil – uma senhora corpulenta, calma e completamente analfabeta. O comboio de soldados brada:

— Tchmil! Qual é seu artigo?

Ela, calma e gentilmente, responde:

— O que você está perguntando, paizinho? Está tudo anotado lá, nem me lembro mais. (Ela tem um dos parágrafos do 58.)

— Sentença!

Tia Dússia suspira. Ela não respondia contraditoriamente com o objetivo de irritar ou confundir o comboio. A resposta foi elaborada na inocência do próprio coração de mulher ingênua. Sentença? E por acaso foi dado às pessoas saber qual a sua sentença?

— Que sentença!... Até que Nosso Senhor perdoe meus pecados estarei aqui servindo a vocês.

— Como você é tola! Uma verdadeira tola! – riram os guardas do comboio. — Você ainda tem uns quinze anos pela frente. Talvez até mais!

E, quando se passaram dois anos e meio de sua sentença, sem que ela tenha enviado nenhuma petição, chega de repente um pedaço de papel com a seguinte recomendação: libertem-na.

Como não sentir inveja de pessoas assim? As circunstâncias eram mais favoráveis para elas? Dificilmente! Sabe-se que muitas dessas "monjas" eram mantidas como prostitutas para ladrões e oficiais da polícia do campo. Então, como saber quantos desses crentes se tornaram corruptos? Eles morriam, sim... mas não se corrompiam?

E como explicar o fato de que algumas pessoas de temperamento agitado no campo se voltaram para a fé, fortaleceram-se e, por conta disso, sobreviveram de modo incorruptível?

E muitos outros, espalhados e imperceptíveis, passaram pela conversão e não cometeram mais nenhum erro após sua escolha. Aqueles que conseguiam perceber que suas atividades e o fardo do cotidiano não eram tão ruins e pesados para eles quanto eram para os seus vizinhos.

Então, não seria mais correto dizer que nenhum campo de prisioneiros é capaz de corromper aquele que tem um núcleo espiritual bem estabelecido? E que a lamentável ideologia de que "o homem foi criado para buscar a felicidade" já foi nocauteada pelo cassetete de um oficial?

Essas pessoas se enriqueceram espiritualmente no campo. Antes do campo não haviam passado por nenhuma tentativa de engrandecimento moral ou nenhuma educação espiritual. (Entenda, esse não é um caso teórico; mas, nesse cinquentenário de sociedade soviética, milhões desses apareceram.)

Aqueles que permaneceram corruptos após a experiência no campo já apresentavam essa degeneração moral ou tinham inclinação para tal. Porque as pessoas são corrompidas na liberdade também. Muitas vezes até com maior vigência que no campo.

Aquele oficial do comboio que amarrou Moisseievaitie ao poste para que fosse humilhada pelos prisioneiros não seria mais corrupto do que os próprios confinados que cuspiram?

E será que todos do comboio de prisioneiros cuspiram nela? De cada comboio, talvez dois ou três, provavelmente.

Se uma pessoa se comporta de modo torpe no campo, não quer dizer, necessariamente, que ela tenha se tornado torpe ali.

O campo apenas abriu as portas para um comportamento que não se manifestara antes.

E talvez, Varlam Tíkhonovitch, a amizade sincera surja realmente entre as pessoas nos momentos de maior necessidade e infortúnio, mesmo diante de desgraças profundas. Mas dificilmente entre pessoas ressequidas e desagradáveis, como nós, paridos nessas últimas décadas.

Se a corrupção é um mal inevitável, então por que Olga Lvóvna Sliozberg não deixou sua amiga congelar sozinha na estrada da floresta? Mas decidiu ficar, sob o risco de morrerem juntas, só pelo desejo de salvá-la. Não é esta uma situação extrema de infortúnio?

E, se a corrupção era tão inevitável, como explicar um Vassíli Mefódievitch Iakovenko? Ele, que cumprira dois mandatos e acabara de ser libertado, vivia como um trabalhador livre em Vorkutá, estava começando a caminhar sem a ajuda de muletas e a construir seu cantinho para viver em paz. Foi quando, em 1949, começaram a prender novamente os ex-detentos e dar-lhes novas sentenças. Uma psicose de prisão! Houve pânico entre os trabalhadores livres. Como fariam para manter a liberdade? Como poderiam ser menos visíveis? Até que I. D. Grodzenski, amigo do mesmo campo de Iakovenko, foi preso... Durante o interrogatório ele desfaleceu e esteve à beira da morte. Não havia quem pudesse levar-lhe comida. Mas Iakovenko, destemido, levou as provisões: "Se quiserem me levar, seus cães, eis-me aqui também!".

Como uma pessoa *dessas* pode ter a alma corrompida?

E *todos* os sobreviventes não se lembrarão daqueles que, em algum momento, lhes estenderam a mão e os salvaram em um momento de infortúnio?

Sim, os campos de prisioneiros foram criados para infectar e contaminar a alma humana. Mas isso não significa que eles conseguiram esmagar a *todos*.

Assim como na natureza, o processo de oxidação nunca acontece sem uma redução concomitante (ao mesmo tempo, uma substância oxida enquanto a outra se restaura), e assim também acontece no campo (e na vida, em geral). Não há corrupção sem ascensão.

Capítulo 3
A liberdade amordaçada

Ainda que tudo o que tivesse para ser escrito, lido e discutido sobre o Arquipélago Gulag já tenha sido feito, sempre haverá alguém que questione: o que era viver em *liberdade* entre nós? Que tipo de país foi esse que sustentou dentro de si o Arquipélago?

Eu tive de carregar dentro de mim um tumor do tamanho do punho de um homem adulto. Esse tumor revirou meu estômago, me impediu de comer e dormir – e eu sempre estive ciente de sua presença (embora o tumor não representasse nem 0,5% do meu corpo, enquanto o Arquipélago constituía quase 8% do total do nosso país). Entretanto, a coisa mais horrenda desse tumor não era o fato de ele afetar os outros órgãos do meu corpo, mas a maneira como liberava venenos e me infectava.

Do mesmo modo, nosso país também foi infectado pelo Arquipélago. E só Deus sabe se algum dia será capaz de se livrar desse mal.

Esta não é a tarefa do nosso livro, mas tentaremos listar rapidamente os sinais de *liberdade* que vivemos nas vizinhanças do Arquipélago, ou mesmo nele, ao seu estilo.

Medo constante. Como o leitor já deve ter percebido, nem os anos de 1935, 1937 e 1949 foram capazes de estancar o fluxo de deportados para o Arquipélago. O recrutamento nunca cessava. Assim como nascem e morrem pessoas a cada minuto, do mesmo modo nunca paravam de chegar novos prisioneiros aos campos. No Arquipélago, abaixo de cada ominoso prisioneiro, ficava o abismo (e a morte) do trabalho do mundo lá fora, do mesmo modo que abaixo de cada habitante do país estava o abismo (e a morte) do Arquipélago. Evidentemente, o país é muito maior que o Arquipélago, mas todos eles, assim como seus habitantes, vivem sob a sombra fantasmagórica de sua garganta enforcada.

O medo que se sentia nem sempre era aquele da prisão em si. Havia outras etapas anteriores: o vasculhamento, a checagem, o preenchimento dos questionários, a demissão do trabalho, a privação de sua residência e a expulsão ou o exílio.[174] Os questionários eram tão inquisitivos e amedrontadores que mais da metade dos entrevistados se sentia culpada e atormentada pela proximidade dos prazos e pela obrigatoriedade em responder a eles.

O medo acumulado levava à consciência absoluta da própria insignificância e da ausência de quaisquer *direitos*.

Uma coisa é certa: nossa vida é tão impregnada de prisões que alguns verbos polissêmicos, como "levaram", "prenderam", "detiveram" e "liberaram", mesmo descontextualizados, aqui são entendidos por todos com um único sentido!

A paz de espírito é algo que nossos cidadãos nunca conheceram.

Desconfiança, incredulidade. Esses sentimentos substituíram a antiga bondade, a hospitalidade (que ainda não morrera nos anos 1920). Esses sentimentos são as defesas naturais de qualquer família e pessoa, sobretudo porque ninguém podia abandonar o trabalho e simplesmente ir embora. Todos os pormenores da sua vida eram mantidos à vista e ao alcance de ouvidos suspeitos.

Essa desconfiança mútua universal aprofundou o fosso de nossa fraterna servidão. Se alguém começasse a falar francamente diante de um pequeno grupo, logo as pessoas se afastavam, assustadas: "É uma provocação!". Do mesmo modo, uma pessoa que tivesse uma atitude explosiva e irrompesse num protesto sincero seria condenada à solidão e à alienação.

Ignorância generalizada. Ao nos escondermos e evitarmos uns aos outros, estamos implementando um estado de

174 Havia outras formas menos conhecidas, como a expulsão do Partido, a proibição de trabalhar e o envio de um civil para o campo como trabalhador livre. Foi desse modo que Stepan Grigórievitch Ontchul foi exilado em 1938. Era comum que alguns civis fossem listados como "não confiáveis". Durante a guerra, Ontchul foi convocado para um batalhão de trabalho, onde morreu. [N. A.]

incredulidade, desinformação absoluta, que foi a causa maior de tudo o que aconteceu – incluindo os milhões de detenções e as suas aprovações em massa. Dedurando uns aos outros por nada, com medo de gritar, sussurrar e de conversar, ficamos completamente presos às informações oficiais dos jornais e dos oradores estatais. Todos os dias éramos bombardeados por informações de sabotagens contra o governo – uma explosão numa ferrovia a 5 mil quilômetros de distância –, mas o que acontecia na escadaria do nosso prédio, que era aquilo que mais deveria nos interessar, não tínhamos meios de descobrir.

Como se tornar um bom cidadão se você não sabe nada sobre a vida ao seu redor? Apenas quando você mesmo é pego na armadilha é que se dá conta. Mas aí já é tarde demais.

Delação. Essa foi extensivamente desenvolvida. Centenas de milhares de trabalhadores: operadores de máquinas, oficiais em seus escritórios burocráticos, nas salas inocentes dos prédios de repartição, nos apartamentos pré-arranjados, sem economizar papel nem tempo ocioso, recrutando e convocando novos informantes – em números tão alarmantes que nunca seria possível conhecer a quantidade de investigações reportadas. Um dos objetivos de tal recrutamento era, obviamente, fazer todo cidadão sentir o ar dos departamentos de informação; para que cada repartição, cada apartamento e ambiente de trabalho tivesse um informante, ou então, mesmo que não houvesse, as pessoas sentissem medo.

Traição como modo de sobrevivência. Após muitos anos de convivência com o medo, para si e sua família, uma pessoa torna-se um vassalo do medo, submete-se a ele. E percebe que a forma menos arriscada de existência é a traição constante.

A forma mais amena e mais difundida de traição não é aquela em que se faz um mal direto a outra pessoa, mas aquela em que não se percebe o outro que está sendo condenado – afastar-se, encolher-se, evitá-lo. Eles prendem o seu vizinho, o seu camarada de trabalho e até o seu melhor amigo. Você permanece em silêncio, finge que não percebeu (não pode se dar ao luxo de perder o atual emprego!). E então declaram no trabalho, na reunião geral, que a pessoa presa no dia anterior era um inimigo inveterado do povo! E você, que se debruçou com ele por vinte anos na mesma escrivaninha, agora, com seu nobre silêncio (e até mesmo recriminando seu antigo colega), deve mostrar como repudia seus crimes (faça esse sacrifício por sua querida família! Você tem o direito de não pensar *neles*?). Mas aquele homem que fora preso deixa para trás uma esposa, uma mãe e filhos que você poderia ajudar, sim? Não, não, muito perigoso! Afinal, aquela é a esposa de um *inimigo*, a mãe e os filhos de um inimigo (e você ainda tem uma bela graduação a alcançar).

Aquele que acoberta um inimigo também é um inimigo. E o cúmplice de um inimigo também se torna um deles. Com o tempo, o telefone da família sentenciada para de tocar, as cartas não chegam mais, e, nas ruas, as pessoas passam e fingem não reconhecê-los. Emprestar dinheiro, nem pensar. Na agitação de uma cidade grande, essas pessoas se sentiam sós como em um deserto.

Era bem conhecida a situação das famílias dos detentos. V. Ia. Kavechan, de Kaluga, relembra: "Depois da prisão do meu pai, todos se afastaram de nós como se fôssemos leprosos. Eu tive de sair da escola, pois os meninos me caçavam (os traidores aumentam, os caçadores crescem!), e minha mãe foi demitida do seu emprego. Tivemos de mendigar".

A família de um moscovita preso em 1937 – a mãe e os filhos pequenos – foi levada pela polícia até a estação de trem, em direção ao exílio. No vaivém do fluxo de passageiros, o menino de 8 anos se perdeu da mãe e dos irmãos. Os policiais procuraram por toda parte e não o encontraram. Mandaram a família sem o menino. Acontece que o pequeno estava escondido, apavorado, debaixo de um manto vermelho, sob o pedestal de Stálin. Parecia esperar que o perigo passasse. Então, ele voltou para casa, o apartamento estava fechado. Foi até os vizinhos, os conhecidos, os amigos do pai e da mãe, mas não só não quiseram ficar com a criança como não deixaram que ele dormisse uma noite sequer na casa deles. Então, ele foi para um orfanato... Nossos contemporâneos! Compatriotas! Você se reconhece nessa face imunda?

E o afastamento é apenas o primeiro degrau de uma longa jornada de traições. Quantos outros degraus tentadores não há? E quantos não são aqueles que acabam descendo por eles?

Quantas *renúncias* não havia então! Umas anunciadas em público, outras na imprensa: "Eu, fulano, a partir de tal data renego meu pai e minha mãe, inimigos do povo soviético". E assim se compra uma vida!

Para quem não viveu naquele tempo (ou não vive agora na China), é praticamente impossível entender e perdoar. Nas sociedades comuns, o ser humano vive tranquilamente seus 60 anos sem cair nesse tipo de armadilha. Ele se convence de sua decência, assim como seus compatriotas que discursam diante do seu túmulo. Aqui, uma pessoa se afasta da vida sem nunca compreender em que tipo de poço profundo e maléfico pode cair.

A corrupção maciça dessas almas não se espalha pela sociedade instantaneamente. Durante as décadas de 1920 e 1930, muitas pessoas conservavam as ideias e os costumes da sociedade antiga: ajudar os pobres, defender alguém diante de uma injustiça. Há um período mínimo necessário para que um aparato estatal tenha tempo de contaminar uma sociedade. Na Rússia, esse período durou cerca de vinte anos.

Ao avaliarmos o ano de 1937 para o Arquipélago, nós recusamos a coroação da glória máxima. Mas aqui, pensando na *liberdade*, rejeitamos veementemente essa coroa corrosiva de traição: esse foi um ano crucial para a corrupção de nossa alma e de nossa *liberdade*, pois ampliou enormemente a degradação entre nós.

Mas mesmo isso não representou o fim de nossa sociedade. (Como se vê, o fim nunca chega para nós, o fio da vida da sociedade russa sobreviveu, alcançou tempos melhores em 1956 e, tenho certeza, não morrerá jamais.) A resistência pode não ter sido tão evidente, não embelezou a época da queda, mas, com suas veias quentes e invisíveis, seu coração continuava batendo, batendo e batendo.

Nesse tempo terrível de apreensiva solidão, estimadas cartas, fotografias e diários tiveram de ser queimados. Quantos pedacinhos de papel amarelado saíam do armário da família para brilhar, como uma samambaia ardente da morte, na lareira do fogão! Era preciso coragem para preservar os arquivos dos outros condenados (como Florênski), ou daqueles cuja desgraça era bem conhecida do público geral (como o filósofo Fiódorov).

E que ato ardente de rebeldia clandestina e antissoviética não deve ter parecido a novela *Sófia Petrovna*, de Lídia Tchukóvskaia. Ela foi salva por Issídor Glikin. Percebendo a morte à espreita, ele percorreu toda a Leningrado sitiada para deixá-la com a irmã, e assim salvá-la.

Cada ato de resistência ao governo requer heroísmo, desproporcional à magnitude do ato. Era mais seguro esconder dinamite em casa no reinado de Alexandre II do que acolher uma criança, filho de um inimigo do Estado, na era Stálin. Ainda assim, quantas dessas crianças foram mantidas e salvas... Deixem que elas mesmas contem suas histórias. Houve assistência secreta para as crianças? Houve. Também houve casos de pessoas que se passaram pela esposa de um detento e a substituíram por três noites num dos abrigos para que ela pudesse se aquecer e descansar um pouco. Também havia quem enfrentasse o medo para ir ao encontro de uma pessoa para quem a emboscada estava armada em seu apartamento, para avisar que ela não deveria voltar para lá. E, nos tempos de censura militar, durante a guerra (Riazan, 1941), uma garota rasgou a carta de um censor que incriminava um soldado do front, desconhecido dela; mas eles perceberam que ela havia colocado os pedacinhos numa lixeira, refizeram a carta e *prenderam-na*. Ela se sacrificou por um homem totalmente desconhecido!

Atualmente, é muito cômodo declarar que a *prisão* era uma loteria. Sim, pode até ser uma loteria, mas algumas cartas já estavam marcadas de antemão. É como se fosse uma atividade de pesca: eles lançam uma rede aleatória e, de acordo com as cifras atribuídas, alguns são agarrados, e aqueles que se opõem publicamente também são levados no mesmo minuto! E assim se tornou uma seleção baseada na espiritualidade, não uma loteria! Aqueles que eram mais ousados caíam sob o machado, eram enviados ao Arquipélago – e a imagem da monotonamente obediente *liberdade* permaneceu inalterada. Todos aqueles que eram mansos e bons não tinham como permanecer naquela sociedade. E suas saídas silenciosas eram, de fato, a morte da alma do povo russo.

A mentira como forma de sobrevivência. Influenciadas pelo medo, motivadas por interesses particulares ou pela inveja, as pessoas não podem, no entanto, se tornar tão rapidamente estúpidas. Sua alma pode até estar anuviada, mas sua mente está límpida. E, se lermos o apelo dos trabalhadores da educação superior ao camarada Stálin:

> Ao aumentarmos nossa vigilância revolucionária, ajudaremos o nosso glorioso Serviço de Inteligência, liderado pelo verdadeiro leninista, o comissário do povo stalinista Nikolai Ivánovitch Iejov, que expurgará de nossas instituições de ensino superior, bem como de todo o país, os remanescentes do trotskismo-bukharinismo e outras escórias contrarrevolucionárias.[175]

nós não reduziremos essa conferência de mil pessoas a idiotas, mas somente a mentirosos degenerados, resignados com a própria prisão num amanhã próximo.

Mentir permanentemente torna-se a única maneira segura de existência, como a traição. Cada movimento da língua pode ser percebido por alguém, cada expressão do rosto pode ser tida como suspeita. E o que dizer dessas reuniões estridentes e inúteis, dos almoços em que você é compelido a votar contra a própria consciência e opinião, em que você finge estar contente com o que, na realidade, o aflige? (Seja um novo empréstimo estatal, a redução das taxas de produção, doações para uma nova coluna de tanques, deveres que o forçam a trabalhar no domingo ou o envio de crianças para ajudar nos *kolkhozy*.) E você libera sua mais profunda raiva sobre temas distantes em que não pode ser afetado (como uma violência qualquer na Índia Ocidental ou uma rebelião no Paraguai).

Mas se pelo menos tudo acabasse por aí! Mas não, ainda havia muito mais: todas as conversas com a gerência, todos os colóquios na Seção de Pessoal, toda conversa burocrática com qualquer pessoa soviética, tudo envolvia mentiras – às vezes olhando nos olhos, outras de soslaio, de forma pensativa ou condescendente. E, se seu estúpido interlocutor lhe dissesse que estávamos recuando para o Volga a fim de atrair

175 "Da Primeira Conferência dos Trabalhadores do Ensino Superior da URSS ao Camarada Stálin", *Pravda*, 1938, 20 de maio, p. 2. [N. A.]

Hitler para as profundezas da União Soviética, ou que os venenosos besouros do Colorado foram lançados em nosso país pelos americanos, diante de tudo isso era necessário concordar. Era obrigatório concordar! Uma concordância com um simples gesto de cabeça poderia demonstrar desleixo e significar um envio ao Arquipélago.

Mas não é só isso: pois os seus filhos crescem. Se eles crescerem o suficiente, você e sua esposa não deverão falar abertamente com eles o que vocês pensam. Afinal, eles estão crescendo para se tornar um Pávlik Morózov, para trair os próprios pais. E eles não hesitariam nessa façanha. E, se seus filhos são pequenos, você precisa decidir como educá-los corretamente: se lhes deve ensinar a mentira em vez da verdade (o que garantiria uma vida mais *fácil*) e assim viver na mentira até o fim dos dias; ou dizer a verdade, sob o risco de eles tropeçarem, e desde cedo incutir na mente deles a certeza de que a verdade é assassina, de que, ao romper o limiar de nossa casa, você precisaria mentir, apenas mentir, como fazem seus pais.

A escolha era tão enormemente difícil que era preferível não ter filhos.

Crueldade. E onde, após tantas qualidades relatadas, poderíamos encontrar algum lugar para a bondade? Como preservar a gentileza enquanto se repelem as mãos de um homem que se afoga? Minha correspondente anônima (rua Arbat, 15) pergunta "sobre as raízes de tamanha crueldade", se é inerente a "certas pessoas soviéticas". Por que, quanto mais indefesa a pessoa aparenta, mais cruel ela se mostra? E ela cita um exemplo, pode não ser o mais contundente, mas vamos lá.

A história se passou no inverno de 1943-1944, na estação ferroviária de Tcheliábinsk, sob um alpendre próximo ao depósito de bagagens, numa temperatura de 25 graus negativos. Atrás do telhado do galpão, havia um piso de cimento que estava todo pegajoso de neve suja, pisoteada. Do lado de dentro da janela, estava a bilheteira, vestida com um paletó acolchoado, e, do outro lado, um policial rechonchudo em um casaco marrom de pele de carneiro. Eles entabulavam uma conversa animada, em tom de flerte. Próximo deles, no chão, havia dois homens esfarrapados, deitados sobre a neve, em andrajos tão sujos de terra que chamá-los de trapos seria até um elogio. Esses jovens colegas – inchados, exaustos e com feridas nos lábios – tiritavam de febre. Um deles revirou-se, encostou o peito nu contra a neve e gemeu. A narradora se aproximou deles para cobri-los e soube que um deles tinha terminado sua incumbência no campo e o outro tinha sido libertado por doença. Porém, seus novos documentos foram feitos incorretamente, e, por isso, eles não conseguiam comprar passagens para voltar para casa de trem. Tampouco tinham forças para voltar ao campo, pois estavam padecendo de diarreia. Então, a nossa narradora começou a cortar pedaços de pão para repartir entre os jovens miseráveis. Nesse momento, o policial interrompeu sua alegre conversa com a bilheteira e disse-lhe ameaçadoramente: "O que aconteceu, titia? Reconheceu algum parente, foi? É melhor a senhora sair daqui! Eles vão morrer sem a sua ajuda!". E ela pensou: "Eles podem me pegar por qualquer razão e me levar à prisão". (E, realmente, quem os impediria?) E, assim, ela partiu.

Como tudo aqui é típico da nossa sociedade! O modo como a senhora pensou e como ela partiu... E esse policial implacável, a bilheteira com seu paletó acolchoado, negando aos jovens seus bilhetes; a enfermeira do campo, que não os levou para o hospital da cidade; o idiota civil que emitiu os documentos errados...

Era uma vida feroz e cruel, e a essa altura você não iria, como Dostoiévski e Tchekhov, chamar um prisioneiro apenas de "infeliz", mas talvez de "carcaça". Em 1938, as crianças de Magadan atiraram pedras contra um comboio de prisioneiras (relembra Súrovtseva).

E pode-se continuar enumerando outros casos. Podemos citar ainda –

A psicologia da escravidão.

E ainda é possível relatar mais.

Mas reconheçamos também o seguinte: se Stálin não organizou tudo isso *sozinho*, ele elaborou para nós, ponto a ponto – ele, afinal, era um gênio!

Capítulo 4
Alguns destinos

[NOTA DA EDIÇÃO RUSSA: *No livro* Arquipélago Gulag, *o autor fragmentou o destino de todos os prisioneiros mencionados até então, subordinando suas histórias ao plano do livro, aos contornos do Arquipélago e às jornadas através de suas ilhas. Ele se afastou das biografias: "Teria sido muito monótono, é como se eles escrevessem e escrevessem, transferindo toda a carga de investigação dos ombros do autor para o leitor".*

Mas, precisamente por isso, ele considerou que, no fim desta quarta parte, tinha o direito de citar na íntegra várias histórias de prisioneiros.]

Quinta parte
A kátorga

Transformaremos a Sibéria da kátorga, *dos grilhões, na Sibéria soviética, socialista!*

— Stálin

Capítulo 1
Os condenados

A Revolução é apressadamente generosa. Ela não tarda em rejeitar uma porção de coisas. Por exemplo, a palavra *kátorga*[176]. E é uma palavra boa, pesada, não é um aborto qualquer, como DOPR[177], ou a corrediça ITL. A palavra *kátorga* desaba do palanque do tribunal como uma guilhotina que falha por pouco, e, ainda no salão do tribunal, ela despedaça a espinha do condenado, esmigalha qualquer esperança que ele possa ter.

Stálin gostava muito das palavras antigas; ele recordava que Estados podem manter-se durante séculos baseados nelas. Sem nenhuma necessidade proletária, ele se apropriou das que haviam sido extirpadas de maneira precipitada: "oficial", "general", "diretor", "superior". E, 26 anos depois de a Revolução de Fevereiro ter abolido a *kátorga*, Stálin instituiu-a novamente. Isso foi em abril de 1943. Os primeiros frutos cívicos da vitória popular em Stalingrado foram: o Decreto da Militarização das Ferrovias (julgar menininhos e mulheres no tribunal) e, um dia depois (17 de abril), o Decreto da Instauração da *Kátorga* e da Forca. (A forca também é uma boa e velha instituição, não é mero estampido de pistola; a forca estende a morte e permite mostrá-la em detalhes a uma grande multidão logo de uma vez.) Todas as vitórias seguintes conduziram novos contingentes de condenados

176 Sistema penal vigente na Rússia Imperial, pelo qual os prisioneiros eram enviados a campos remotos nas vastas regiões desabitadas da Sibéria e submetidos a um regime de trabalhos forçados. O sistema começou a ser usado no século XVII. [N. T.]

177 Casa de Trabalhos Forçados, um dos tipos de prisão do início do período soviético. [N. T.]

à *kátorga* e à forca – primeiro do Kuban e do Don, depois da Ucrânia da margem esquerda, dos arredores de Kursk, de Oriol, de Smolensk. No encalço dos exércitos, iam os tribunais; alguns eram enforcados publicamente, no mesmo lugar, outros eram enviados para postos de trabalhos forçados recém-criados.

O primeiríssimo deles, pelo visto, foi o da mina 17, em Vorkutá (e logo também em Norilsk e em Djezkazgan).

Os condenados foram instalados em "tendas" de 7 metros por 20, comuns no norte. Revestidas de tábuas e cobertas com serragem, essas tendas tornavam-se algo semelhante a barracas leves. Eram feitas para receber oitenta pessoas, se fossem com tabuado, ou cem, se fossem com tarimbas compactas. Mas eles colocavam logo duzentos forçados dentro de cada uma delas.

Mas isso não era superlotação! Era só o uso racional do espaço de moradia. Estipularam aos forçados uma jornada de trabalho de doze horas, em dois turnos, sem folga – por isso, sempre havia cem deles no trabalho e cem no barracão.

No trabalho, eram rodeados por uma escolta com cães, eram surrados por quem tivesse vontade, eram encorajados por submetralhadoras. Era fácil distinguir ao longe a exaurida coluna dos forçados da coluna de prisioneiros simples – tamanhos eram o desarranjo e o esforço com que vagavam.

Contava-se a duração completa das doze horas de trabalho deles. (Eles, que reduziam manualmente as pedras a cascalho, debaixo das nevascas polares de Norilsk, recebiam uma vez, naquelas doze horas, dez minutos de aquecimento.) E aproveitavam suas doze horas de *descanso* da maneira mais absurda possível. Dentro dessas doze horas, eles eram transportados de zona em zona, postos em formação, revistados; e ainda havia a verificação matutina e a noturna, que não eram uma simples contagem por cabeça, como entre os zeks, mas uma chamada minuciosa, por nome, na qual cada um dos cem forçados deveria, duas vezes ao dia, sem hesitação, proferir seu número, a lista que se tornou odiosa de seu sobrenome, nome, patronímico, ano e local de nascimento, artigos, sentença, por que fora condenado e a data do fim da sentença. Na zona de habitação, eram levados imediatamente para uma barraca nunca arejada, sem janelas, e ali ficavam trancados. No inverno, condensava-se um ar fétido, úmido, azedo, que uma pessoa desacostumada não aguentaria por dois minutos. Nunca era permitido que fossem ao banheiro, ao refeitório, ao serviço de saúde. Para tudo havia a latrina e o comedouro: pelo comedouro, distribuíam tigelas, e por ele recolhiam. Assim, das doze horas de "ócio", mal e mal sobravam quatro horas de sossego para dormir.

Foi assim que se delineou a *kátorga* stalinista dos anos 1943-1944: a união do que havia de pior no campo com o que havia de pior na cadeia.

E ainda não pagavam dinheiro algum aos forçados, é claro; eles não tinham direito de receber encomendas nem cartas.

Com tudo isso, os forçados cediam logo e morriam depressa.

Do primeiro *alfabeto* de Vorkutá (28 letras; para cada letra, uma numeração de um a mil), os primeiros 28 mil forçados de Vorkutá – todos foram parar debaixo da terra em um ano.

Só nos surpreende que não tenha sido em um mês. (Em Tchekhov, em toda a Sacalina da *kátorga*, o total de forçados – quantos você pensava que eram? – era de 5.905 pessoas; seis letrinhas teriam bastado. O nosso Ekibastuz tinha quase o mesmo, e Spassk era muito maior. Só a palavra é terrível – "Sacalina" –, mas, na realidade, era só um departamento de campo! Apenas no Steplag, havia doze desses. E, de campos como o Steplag, eram dez. Faça a conta de quantas Sacalinas isso dá.

Na mina 2 de Vorkutá, havia um posto prisional de *kátorga* para mulheres. As mulheres portavam os números nas costas e nos lenços de cabeça. Elas participavam de todos os trabalhos subterrâneos, e até... e até... superavam as metas!... (Em Sacalina, não havia trabalhos forçados em absoluto para as mulheres.)

Mas já consigo ouvir meus compatriotas e contemporâneos gritando para mim, com raiva: pare! De *quem* é que você ousa falar para nós? Sim! Eles eram mantidos ali para serem exterminados – e justamente! Afinal, eram traidores, antigos *polizei*, burgomestres! Com eles tem de ser assim! Ou você está com pena deles?! E as mulheres ali eram *esteira dos alemães*!, gritam para mim vozes de mulheres. (Terei exagerado? Afinal, não eram as nossas mulheres que chamavam as nossas outras mulheres de esteira?)

Primeiramente, sobre as mulheres. Não foi a literatura mundial inteira (pré-stalinista) que louvou a liberdade do amor em relação às delimitações nacionais? Em relação à vontade dos generais e diplomatas? Mas, mesmo nisso, nós adotamos a medida stalinista: não tenha relações sem um decreto do Presidium do Soviete Supremo.

Em primeiro lugar, que idade tinham quando se engajaram com o inimigo, não em combate, mas na cama? Certamente não mais de 30 anos, ou até 25. Quer dizer que, desde as primeiras impressões da infância, elas foram educadas *depois* do Outubro, em escolas soviéticas, com uma ideologia soviética! Então ficamos assim irritados com o fruto de nossas mãos? Para algumas moças, ficou gravado aquilo que não nos cansamos de gritar durante quinze anos: que não havia pátria nenhuma, que a nação era uma invenção reacionária. Outras estavam fartas da insipidez puritana de nossas reuniões, comícios, manifestações, do cinema sem beijo, das danças sem contato. Outras ainda foram cativadas pela gentileza, pela amabilidade, por aqueles detalhes da aparência do homem e aqueles indícios claros de galanteio que ninguém ensinou aos rapazes dos nossos planos quinquenais e aos oficiais do Exército de Frunze. Outras ainda simplesmente tinham fome – sim, uma fome primitiva, ou seja, não tinham o que engolir.

Todas aquelas mulheres talvez devessem ter sido entregues a exortações morais (mas antes deveriam ter ouvido as delas), talvez devessem ter sido ridicularizadas de maneira ferina – mas enviadas para aqueles trabalhos forçados? Para a câmara da morte polar?

— Tudo bem, mas os homens não foram por uma causa?! São traidores da pátria e traidores da sociedade.

Bom, já que começamos, então vamos.

A Rus existe há onze séculos, ela conheceu muitos inimigos e lutou muitas guerras. Mas havia muitos traidores na Rus? Saíram dela *multidões* de traidores? Parece que não. Parece que nem os inimigos acusaram o caráter russo de traição, de propensão a virar casaca, de infidelidade. E tudo isso foi durante um regime que, como dizem, era hostil ao povo trabalhador.

Mas eis que veio a guerra mais justa de todas, sob o regime mais justo de todos – e, de repente, nosso povo desvelou dezenas e centenas de milhares de *traidores*.

De onde vieram? E por quê?

Talvez a Guerra Civil, que não fora totalmente extinta, estivesse prorrompendo de novo. Os brancos que não tinham sido destruídos. Não! Já foi mencionado antes que muitos emigrados brancos (inclusive o amaldiçoado Deníkin) ficaram do lado da Rússia soviética contra Hitler. Eles tinham liberdade de escolha, e escolheram assim.

Pois essas dezenas e centenas de milhares de *traidores* eram todos cidadãos soviéticos. E, entre eles, não eram poucos os jovens, que também tinham crescido depois do Outubro.

O que os levou a isso?... Quem são eles?

Eram sobretudo aquelas pessoas por cima das quais – e por cima de cujas famílias – as lagartas dos anos 1920 e 1930 tinham passado. Pessoas que, em meio às conturbadas torrentes de nosso sistema de esgoto, tinham perdido os pais, os parentes, os amados. Ou tinham elas mesmas submergido e voltado à tona em campos de prisioneiros ou no exílio, submergido sem cessar e depois retornado. Pessoas cujos pés gelados e enrugados tinham passado pelas filas do guichê de alimentação. E aquelas pessoas que, durante essas décadas cruéis, tiveram cortado, tiveram barrado o acesso à coisa mais cara da terra: a própria terra, prometida, aliás, pelo Grande Decreto[178], e pela qual, a propósito, foi preciso verter sangue durante a Guerra Civil.

Em nosso meio, fala-se a respeito de todas essas pessoas com uma careta de desdém: "ofendidas com o Poder Soviético", "filhotes de *kulak*", "pessoas que guardam um rancor profundo do Poder Soviético".

178 O Decreto sobre a Terra foi aprovado pelo II Congresso dos Sovietes de Deputados Operários e Soldados de Toda a Rússia, na madrugada de 26 para 27 de outubro de 1917. "A propriedade latifundiária da terra é abolida imediatamente sem nenhuma indenização"; todas as terras de apanágio, dos monastérios e da Igreja, com todo o inventário e com todas as construções da propriedade, são postas à disposição dos comitês da terra e dos sovietes dos deputados camponeses; as terras dos camponeses ordinários e dos cossacos não estão confiscadas. [N. E. R.]

Um fala enquanto o outro assente com a cabeça. Como se aquilo explicasse alguma coisa. Como se o poder popular tivesse o direito de ofender seus cidadãos.

E ninguém grita: mas com licença! mas que diabos estão pensando?! mas afinal de contas, para vocês, a existência determina a consciência ou não determina? Ou só define quando é vantajoso para vocês? então quando não é vantajoso, não determina?

E os professores de escola? Os professores que foram abandonados por nosso Exército em seu recuo apavorado, com suas escolas e com seus alunos, alguns por um ano, outros por dois, outros por três anos. Por terem sido estúpidos os intendentes, por terem sido ruins os generais – que fazer agora com os professores? – ensinar as suas crianças ou não ensinar? E o que as criancinhas deveriam fazer? Não as que já tinham 15 anos, que já podiam trabalhar ou se juntar aos *partisans*, mas as criancinhas pequenas? Tinham de estudar ou viver como carneiros por dois ou três anos para expiação dos erros do Comandante Supremo? Se o papai não der um gorro, você deve deixar as orelhas congelarem, é isso?...

Por algum motivo, essa questão não surgiu nem na Dinamarca, nem na Noruega, nem na Bélgica, nem na França. Lá, ninguém considerou que, entregue facilmente ao poder alemão por seus governos insensatos ou pela força esmagadora das circunstâncias, o povo deveria então parar totalmente de viver. Lá, funcionavam tanto as escolas como as ferrovias e as administrações locais.

Enquanto isso, os nossos professores recebiam cartas anônimas dos *partisans*: “Não ousem dar aula! Vão pagar por isso!”. Todos sabem que uma criança, uma vez arrancada do estudo, pode depois não voltar mais. Então se o Estrategista mais genial de todos os tempos e de todos os povos cometesse uma falha, a grama deveria continuar crescendo ou deveria secar? As crianças deveriam continuar estudando ou não?

É claro que era preciso pagar por isso. Era preciso tirar da escola os retratos do bigode, e talvez trazer uns retratos do bigodinho. Era preciso montar o pinheirinho não mais para o Ano-Novo, e sim para o Natal, e o diretor precisava proferir, junto a ele, um discurso glorificando a nova e magnífica vida – quando ela, na verdade, era ruim. Mas antes também eram feitos discursos glorificando a vida magnífica, e ela também era ruim.

Antes, em todas as aulas, fosse aquilo pertinente ou não, ao estudar a anatomia dos vermes ou as conjunções subordinadas, era obrigatório espezinhar Deus (mesmo que você pessoalmente acreditasse Nele); ao ler Turguêniev em voz alta ou ao fazer o traçado do Dnepr, era impreterível amaldiçoar a miséria do passado e louvar a abundância do presente (quando, bem diante dos seus olhos e dos olhos das crianças, muito antes da guerra, povoados inteiros sumiam, e, nas cidades, com uma cartela infantil, você recebia 300 gramas).

E nada disso era considerado crime, nem contra a verdade, nem contra a alma da criança, nem contra o Espírito Santo.

E agora proibiam a língua materna, a geografia, a aritmética e as ciências naturais. Vinte anos de *kátorga* por fazer esse trabalho!

Compatriotas, acenem com a cabeça! Ali estão eles, sendo conduzidos por cachorros para um barracão com latrina. Joguem pedras neles – eles ensinaram seus filhos.

E os fiéis? Por vinte anos seguidos, perseguiram a fé e fecharam as igrejas. Vieram os alemães e começaram a abrir as igrejas. Em Rostov do Don, por exemplo, a solenidade de abertura das igrejas provocou júbilo nas massas, uma grande confluência de multidões.

Ao falarmos da cidade, não deixemos de lado o interior. É comum acusar o interior de estupidez política e conservadorismo. Mas, antes da guerra, o interior inteiro era esmagadoramente sóbrio, incomparavelmente mais sóbrio que a cidade – de modo algum compartilhava o endeusamento do papai Stálin (e o mesmo para a revolução mundial). O interior simplesmente tinha um raciocínio normal, e lembrava-se bem de que lhe prometeram terra e depois a tomaram; de como vivia, comia e se vestia antes do *kolkhoz* e de como ficou depois dele; de que levaram da roça o bezerro, a ovelha e até a galinha; de que profanaram e conspurcaram as igrejas.

E ainda são capazes de dizer, entre nós: “Sim, foram permitidos certos erros”. E sempre essa forma impessoal, inocente e esquiva – *foram permitidos* – só não se sabe por quem. Ninguém tem a coragem de dizer: o *Partido Comunista* permitiu! Os vitalícios e irresponsáveis dirigentes soviéticos permitiram! E quem mais permitiria, senão os que detêm o poder. De que outro modo eles poderiam ter "sido permitidos"? Despejar tudo em Stálin? Só tendo senso de humor. Stálin permitiu – então onde é que estavam vocês, os milhões que governavam?

Aliás, esses erros só são reconhecidos porque comunistas prenderam comunistas. Mas o fato de que 15, 17 milhões de camponeses foram arruinados, enviados para o aniquilamento, espalhados pelo país sem o direito de lembrar e mencionar o nome de seus pais – isso não foi bem um erro. E todas as torrentes do sistema de esgoto analisadas no início deste livro também não foram exatamente um erro. Mas o fato de que não estavam nem um pouco preparados para a guerra contra Hitler, de que se vangloriaram ilusoriamente, de que recuaram vergonhosamente, mudando pelo caminho as palavras de ordem, e de que só Ivan, "pela Santa Rus", deteve os alemães no Volga – tudo isso deixa de ser um erro e passa a ser, talvez, o principal mérito de Stálin.

Não que alguém tenha sentido uma dor no coração pelo fato de que os alfabetos da *kátorga* estavam morrendo: era simplesmente a guerra terminando; essa coisa de meter medo não era mais necessária, a mão de obra era necessária, e na *kátorga* estavam morrendo à toa. E, já em 1945, os barracões dos forçados deixaram de ser celas prisionais, as portas passaram a ficar destrancadas durante o dia, as latrinas foram levadas para o sanitário, os forçados ganharam o direito de ir ao serviço de saúde com as próprias pernas, e eles eram tocados para o refeitório a trote, para dar ânimo. Depois, até cartas foram permitidas, duas vezes ao ano.

Nos anos de 1946-1947, a fronteira entre a *kátorga* e o campo foi em grande parte apagada: a chefia de engenharia, politicamente inescrupulosa, com a finalidade de cumprir o plano de produção, começou a transferir os melhores especialistas da *kátorga* para os postos prisionais comuns.

E assim os insensatos administradores teriam gorado a grandiosa ideia stalinista de ressuscitar a *kátorga* se, em 1948, Stálin não tivesse aparecido com uma nova ideia: dividir totalmente os nativos do Gulag, separar os socialmente próximos, bandidos e criminosos comuns, dos socialmente irremediáveis do Cinquenta e Oito.

Foram criados os Campos Especiais, que eram dotados de um estatuto particular: eram um pouquinho mais brandos que a antiga *kátorga*, mas piores que os campos comuns.

Para distingui-los, inventaram de dar a esses campos denominações fantásticas e poéticas, em vez de chamá-los pela localidade. Surgiram: o Gorlag (o campo das montanhas), em Norilsk; o Berlag (das margens), em Kolimá; o Minlag (dos minerais), em Intá; o Retchlag (dos rios), em Petchora; o Dubravlag (dos bosques), em Potma; o Oziorlag (dos lagos), em Taichet; o Steplag (das estepes), o Pestchanlag (das areias) e o Luglag (dos prados), no Cazaquistão; o Kamychlag (dos juncos), na região de Kémerovo.

Pelos campos de trabalhos correcionais, começaram a circular boatos sombrios de que os do Cinquenta e Oito seriam enviados para os Campos Especiais de extermínio.

O trabalho ia a todo vapor nos setores de Registro e Distribuição e nos departamentos de Operação de Segurança. Listas secretas eram escritas e levadas para aprovação. Depois, compridos trens vermelhos traziam os batalhões de soldados da escolta, bem-dispostos, com divisas vermelhas, submetralhadoras, cachorros, martelos — e os inimigos do povo, respondendo à chamada, saíam, de modo inapelável e inexorável, dos barracões aquecidos para o comboio de longa distância.

Assim, de modo semelhante ao germe que morre para gerar a planta, o germe da *kátorga* stalinista transformou-se nos Campos Especiais.

Pelas diagonais da Pátria e do Arquipélago, os trens vermelhos transportavam o *novo contingente*.

Capítulo 2
A brisa da Revolução

Eu nunca teria acreditado, no início da minha sentença, oprimido por sua inabarcável extensão e abatido pelo primeiro contato com o mundo do Arquipélago, que minha alma pouco a pouco haveria de desentortar-se; que, com os anos, depois de subir, de maneira imperceptível para mim mesmo, a alturas insondáveis, eu observaria de lá, com total tranquilidade, a vastidão do Arquipélago, e até me sentiria atraído pela cintilação do mar traiçoeiro.

Passei metade de minha sentença numa ilhota dourada, onde os detentos recebiam comida e bebida e eram mantidos em local quente e limpo. Em troca de tudo isso, exigia-se pouca coisa: ficar sentado em frente a uma escrivaninha durante doze horas e agradar à chefia.

Mas eu de repente perdi o gosto por me aferrar àquelas benesses. Eu já tentava desvendar um novo sentido na vida carcerária. O preço pago por nós me pareceu desproporcional.

A prisão havia liberado dentro de mim a capacidade de escrever, e, agora que eu me dedicava o tempo todo a essa paixão, passei a protelar o trabalho público descaradamente. Para mim, endireitar-me tornou-se mais caro que a manteiga e o açúcar.

E alguns de nós fomos "endireitados" no comboio para o Campo Especial.

O nosso transporte para lá demorou muito: três meses (de cavalo, no século XIX, dava para ir mais depressa).

Nosso caminho acabou sendo animado, significativo. Nossos rostos eram fustigados por uma brisa das mais frescas e fortes – da *kátorga* e da liberdade. De todos os lados, achegavam-se pessoas e situações que nos certificavam de que a verdade estava conosco! conosco! conosco! e não com nossos juízes e carcereiros.

Na "estação" da Butyrka, fomos misturados aos novatos do embarque de 1949. Todos eles tinham sentenças engraçadas: não a costumeira década, mas *quarteirões*. Ao que parecia, cumprir uma sentença dessas era impossível. Seria o caso de arranjar um alicate e cortar o arame.

Essas sentenças de 25 anos criavam, elas mesmas, uma nova qualidade no mundo prisional. O poder disparara contra nós com tudo que tinha. Agora, a palavra estava com os detentos.

Estávamos no vagão de prisioneiros. A escolta era como qualquer outra: eles tinham enfiado quinze de nós dentro de cada compartimento, dado arenque para comer, mas, é bem verdade, não só tinham trazido água como tinham permitido sair para evacuar à noite e de manhã; e nós nem teríamos o que discutir com eles se um rapazola não tivesse jogado em nossa cara, de maneira descuidada e quase sem maldade, que éramos inimigos do povo.

Aí começou! Do nosso compartimento e do compartimento vizinho, começaram a retrucar para ele:

— Nós somos inimigos do povo, então por que não há nada para comer no *kolkhoz*?

— Se nós somos inimigos, por que é que vocês ficam repintando os camburões? Que levassem com tudo aberto!

— Ei, filho! Eu tinha dois iguais a você, mas eles não voltaram da guerra. E eu sou um inimigo, é isso?

Um sargento realistado aproximou-se do desconcertado rapaz, mas não arrastou ninguém para a solitária, não começou a anotar nenhum sobrenome, e sim tentou ajudar seu soldado a se defender. E nisso também sentimos indícios de um novo tempo – ainda assim, que "novo" tempo poderia ser em 1950!

Os meninos deram uma boa olhada para nós e já não tinham tanta segurança em chamar de inimigos do povo ninguém daquele compartimento e nem do vizinho.

— Olhem lá, pessoal! Olhem pela janela! – dissemos a eles. — É a esse ponto que vocês levaram a Rússia!

E, por detrás das janelas, arrastava-se um país feito de palha apodrecida, tão arrebentado, esfarrapado e miserável (era a estrada de Ruzáievka, por onde os estrangeiros não viajam) que, se Baty o tivesse visto tão emporcalhado assim, ele nem teria desejado conquistá-lo.

Na pacata estação de Torbêievo, uma velha camponesa parou diante de nossa janela, que estava aberta, e, através das grades, através da grade interna, ficou imóvel olhando por muito tempo para nós, espremidos no compartimento superior. Ela olhava com aquele eterno olhar com que nosso povo sempre olhou para os "pobres coitadinhos". Por suas faces, escorriam lágrimas espaçadas. Ali estava ela, enrugada, olhando como se o próprio filho estivesse deitado conosco. "Não pode olhar, mamãezinha", disse-lhe o soldado da escolta, sem rispidez. Ela nem moveu a cabeça. Ao lado dela, estava uma menina de uns 10 anos, com fitinhas brancas nas tranças. Ela olhava com ar severo, quase dorido, que não combinava com a idade, arregalando os olhinhos e sem piscar. Olhou tanto que, creio eu, guardou nossa imagem para sempre. O trem se moveu de leve – a velha ergueu os dedos negros e, com devoção, sem pressa, nos benzeu.

E, na outra estação, uma moça de vestido de bolinha, muito desembaraçada e destemida, chegou bem perto da nossa janela e começou a perguntar, em tom desenvolto, quais eram o nosso artigo e a nossa sentença. "Fora daqui", rosnou para ela o soldado de escolta que andava pela plataforma. "E você vai fazer o quê comigo? Eu sou como eles! Aqui, um pacote de cigarro, é para levar para o pessoal!", e alcançou um pacote na bolsa. "Fora daqui! Vou prender você!", saltou do vagão o subchefe da patrulha. Ela olhou com desdém para o rosto pensativo do outro. "Mas vá se...!" E para nos encorajar: "É para meter bronca neles, pessoal!". E se afastou com dignidade.

E assim seguimos viagem, e não consigo pensar que a escolta se sentia como uma escolta popular. Seguimos viagem, e ficávamos cada vez mais arrebatados por nossa justeza, pelo fato de que a Rússia estava conosco e de que se aproximava o momento de acabar, acabar com aquela instituição.

Na prisão de transferência de Kúibychev, onde passamos mais de um mês *tomando sol*, outras maravilhas esperavam por nós. Pelas janelas da cela vizinha, de repente ouviram-se os gritos histéricos e endemoniados dos bandidos (até as lamúrias deles são um tanto repugnantes e esganiçadas): "Ajudem! Socorro! Os fascistas estão batendo em nós! Os fascistas!".

Onde já se viu isso?! "Fascistas" batendo nos bandidos? Antes sempre tinha sido o contrário.

Mas logo descobrimos: ainda não havia milagre algum. Ainda era só a primeira andorinha, Pável Baraniuk. O peito era uma mó; as mãos eram cepos, sempre prontos para o aperto de mão, mas também para o golpe. Era escuro, com nariz aquilino, e parecia mais um georgiano que um ucraniano. Tinha sido oficial do front; com uma metralhadora antiaérea mantivera um duelo com três *Messer*; recomendado a herói, foi recusado pela Seção Especial; foi enviado para o batalhão punitivo, voltou com uma condecoração; agora estava com uma década, uma "sentença infantil", de acordo com os novos tempos.

Ele já tinha conseguido decifrar os bandidos durante o período em que viajava da prisão de Novograd-Volýnski, e já tinha brigado com eles. Ali, toda a cela era do Cinquenta e Oito, mas a administração tinha colocado dois bandidos lá dentro. Fumando negligentemente seu Belomor, os bandidos jogaram seus sacos nos lugares determinados pela lei, nas tarimbas junto à janela, e saíram andando pela cela para inspecionar os sacos dos outros e procurar motivo para briga. Sessenta homens esperavam, submissos, a hora em que viriam e roubariam deles. Mas Baraniuk já revirava seus olhões ameaçadores, imaginando como seria a briga. Quando um bandido parou diante dele, ele balançou com toda a força a perna e deu na fuça dele com a bota, pulou, agarrou a pesada tampa de madeira da latrina e atordoou o segundo bandido com um golpe de tampa na cabeça. Então, ele começou a bater neles com aquela tampa, alternadamente, até que ela se despedaçou – sendo que a cruzeta ali era feita com barras de 40 milímetros. Os bandidos pediram compaixão, mas não se pode negar que havia certo humor em seus berros, eles não perdiam seu lado cômico: "O que está fazendo? Batendo com uma *cruz*!", "Só porque é fortão fica ofendendo o *próximo*?!". Porém, conhecendo o valor deles, Baraniuk continuava batendo, e foi então que um dos bandidos começou a gritar na janela: "Socorro! Os fascistas estão batendo!".

Aí vieram os oficiais da prisão, para esclarecer quem era o instigador daquilo e para meter medo, ameaçando dar novas sentenças por banditismo. Baraniuk, com o sangue fervendo, apresentou-se por conta própria: "Eu bati nesses canalhas e vou continuar batendo enquanto estiver vivo!". O camarada da cadeia advertiu que nós, contrarrevolucionários, não tínhamos do que nos orgulhar, e que o mais seguro era manter a língua dentro da boca. Nisso, saltou Volódia Guerchúni, que ainda era quase um menino, tirado do ensino médio: "Nós não somos contrarrevolucionários!", gritou ele ao compadre, como um galo. "Isso já passou. Agora somos outra vez re-vo-lu-cio-nários! Só que contra o Poder Soviético!"

Ah, como foi divertido! Vivemos para ver aquilo! E o camarada da cadeia apenas fazia careta e franzia o cenho, engolindo tudo. Não levaram ninguém para a solitária, os oficiais carcereiros saíram de maneira inglória.

Então, no fim das contas, dava para viver *assim* na prisão? Brigar? Mostrar os dentes? Dizer em voz alta o que você pensava? Quantos anos nós não suportamos todo aquele absurdo! É bom bater em quem chora. Nós chorávamos, então eles nos batiam.

Agora, nesses novos e lendários campos para onde estávamos sendo levados, em que eram usados números, como nos campos nazistas, mas onde finalmente haveria só presos políticos, livres da escória dos prisioneiros comuns, talvez lá fosse começar essa tal vida.

Fomos recebidos na prisão de Omsk, e depois na de Pavlodar, porque nessas cidades – um importante descuido! – não havia então prisões de trânsito especializadas. Em Pavlodar – ah, que vergonha! –, não havia sequer camburão, e fomos conduzidos em colunas, da estação até a prisão, vários quarteirões, sem nenhuma vergonha da população. Nos quarteirões pelos quais passamos, ainda não havia nem calçadas nem canalização, os predinhos térreos afundavam na areia cinzenta. A cidade propriamente dita começava na prisão de dois andares, de pedra branca.

Mas, de acordo com as normas do século XX, aquela prisão não provocava terror, e sim um sentimento de sossego; não medo, mas riso. As janelas das celas do segundo pavimento eram cruzadas por grades espaçadas, não tapadas com gradil cerrado – dava para ficar no peitoril, estudando os arredores. Para lá do muro, logo se via a rua e uma vendinha com cerveja; todas as pessoas que estavam lá, andando ou paradas, tinham acabado de trazer uma encomenda para a prisão ou esperavam a devolução de sua embalagem. Ainda mais adiante, quarteirões e quarteirões daqueles predinhos térreos, e os meandros do Irtych, e até as vastidões para além do Irtych.

Uma moça animada, para quem o posto de guarda tinha acabado de devolver a cesta de encomenda vazia, ergueu a cabeça, nos viu na janela e viu também os nossos gestos de saudação, mas fez que não viu. Com um andar decoroso, passou solenemente pela venda de cerveja, para que não pudessem observá-la do posto de guarda, e ali, de repente, com ímpeto, transformou-se totalmente, abaixou a cesta, acenou, acenou com os braços abertos, sorriu! Depois, com rápidos gestos dos dedos, mostrou: "escrevam, escrevam bilhetes!", e, imitando o voo, "joguem, joguem para mim", e, na direção da cidade, "eu levo, eu repasso!". E abriu bem os braços: "De que mais precisam? Como posso ajudar? Amigos!".

Aquilo foi tão sincero, tão franco, tão diferente de nossa *população livre* extenuada, de nossos cidadãos aturdidos! – mas o que era aquilo??? Esse tempo tinha chegado? Ou no Cazaquistão era assim? Afinal, ali, a metade era de degredados...

Querida e destemida moça! Com que rapidez, com que fidelidade você dominou a ciência do contato com a prisão! Que felicidade (pois não tenho uma lágrima no cantinho do olho?) saber que gente como você ainda existe!... Aceite nossa reverência, ó desconhecida! Ah, se todo o nosso povo fosse assim, diabo nenhum teria conseguido prendê-lo! As malditas engrenagens teriam emperrado!

Fomos levados para o deserto. Até a despretensiosa e interiorana Pavlodar logo ficará em nossa memória como uma resplandecente capital.

Agora tínhamos passado para a escolta do campo da estepe. Para nos buscarem, trouxeram uns caminhões com bordas reforçadas e com grades na parte dianteira da carroceria, que mantinham os fuzileiros protegidos de nós, como se fôssemos animais. Fomos colocados sentados no fundo da carroceria, bem juntos, com as pernas arqueadas, o rosto voltado para a traseira, e, nessa posição, fomos sacudidos e amassados em meio aos buracos da estrada durante oito horas. Os fuzileiros ficaram sentados no teto da cabine e mantiveram a boca das submetralhadoras apontada para nossas costas durante todo o caminho.

Nas cabines dos caminhões, iam tenentes e sargentos, enquanto na nossa cabine estava a esposa de um dos oficiais, com uma garotinha de uns 6 anos. Nas paradas, a menina saltava para fora, corria pela grama dos prados, colhia flores, gritava bem alto para a mãe. Ela não ficava nem um pouco perturbada, nem com as submetralhadoras, nem com os cachorros, nem com as cabeças disformes dos detentos, que assomavam das bordas das carrocerias; nosso terrível mundo não lhe obscurecia os prados e as flores, e ela não olhou para nós uma vez sequer, nem por curiosidade...

Cruzamos o Irtych. Viajamos muito tempo por prados inundados, depois por estepes totalmente planas. O sopro do Irtych, o frescor do vento da estepe, o cheiro do absinto nos envolviam nos momentos de parada, quando se assentavam os turbilhões de poeira, clara e cinzenta, que as rodas levantavam. Inteiramente empoados com aquela poeira, nós olhávamos para trás, em silêncio, e pensávamos no campo para onde estávamos indo, com aquele complicado nome não russo, *Ekibastuz*. Ninguém conseguia imaginar onde ele ficava no mapa, pensavam até que era em algum lugar perto da fronteira com a China. O capitão de segunda classe Burkovski (um novato de 25 anos, que ainda olhava meio assustado para todos, afinal, era um comunista, e tinha sido preso por engano, enquanto ao redor dele havia inimigos do povo; ele me reconhecia apenas porque eu era um ex-oficial soviético e não tinha sido feito prisioneiro) me relembrou uma lição esquecida da universidade: antes do dia do equinócio de outono, podíamos traçar um meridiano junto ao chão e, no dia 23 de setembro, subtrairíamos de 90 graus o ponto de culminação do Sol – eis a nossa latitude geográfica. Era um consolo, embora não desse para saber a longitude.

Éramos levados adiante e mais adiante. Anoiteceu. Pelo céu negro de estrelas graúdas, agora ficava claro que estávamos sendo levados para o sul-sudoeste.

Na luz dos faróis dos automóveis de trás, surgia uma estranha miragem: o mundo inteiro era negro, o mundo inteiro balouçava, e só os farrapos da nuvem de poeira reluziam, rodopiavam e desenhavam os funestos quadros do futuro.

Para que confim do mundo? Para que buraco estavam nos levando? Onde estaríamos fadados a fazer nossa revolução?

As pernas dobradas estavam tão adormecidas que já pareciam nem ser nossas. Só perto da meia-noite é que chegamos ao campo, cercado por um alto arame farpado, iluminado em meio à estepe negra e ao lado do negro povoado que dormia pela brilhante eletricidade do posto de guarda e do entorno da zona.

Chamados mais uma vez pelo processo – "... março de 1975!" – em direção ao que nos faltava daquele quarto de século, fomos conduzidos através daqueles elevados portões duplos.

O campo dormia, mas um brilho forte vinha de todas as janelas de todos os barracões, como se de lá irradiasse vida. Luz noturna significava regime prisional. As portas do barracão eram trancadas por fora por pesados cadeados. Contra os retângulos das janelas iluminadas, negrejavam grades.

Saiu um encarregado, coberto com retalhos de *números*.

Você já leu nos jornais que, nos campos dos fascistas, as pessoas tinham números?

Capítulo 3
Correntes, correntes...

Mas o nosso entusiasmo e as nossas esperanças fugazes rapidamente se provaram inúteis. Os ares da mudança só ventavam às lufadas nas prisões provisórias. Aqui, atrás das altas cercas dos Campos Especiais, eles não chegavam.

Dizem que, no Minlag, os metalúrgicos recusaram-se a forjar as grades para as janelas dos barracões. Glória a esses até então anônimos! Eles eram gente. Foram mandados para o BUR. Terminaram de fazer as grades para o Minlag em Kotlas. E ninguém apoiou os metalúrgicos.

Os Campos Especiais começaram com essa obediência tola, e até subserviente, que foi criada pelas três décadas de campos de trabalhos correcionais.

Acostumados com o norte polar, os comboios de presos nem chegaram a se alegrar com o solzinho cazaque. Na estação de Novorúdnoie, os presos saltaram dos vagões vermelhos para a terra também avermelhada. Era o cobre de Djezkazgan, cuja extração nenhum pulmão aguenta mais de quatro meses. Aqui, nos primários, os carcereiros satisfeitos exibiam suas novas armas: as algemas, que não eram usadas nos campos de trabalhos correcionais, eram de um brilho niquelado; uma remessa imensa foi fabricada na União Soviética em comemoração aos 30 anos da Revolução de Outubro. Essas algemas eram memoráveis, porque se podia apertá-las com muita força. Usadas pelos guardas para impedirem qualquer movimento, transformaram-se em instrumentos de tortura: elas apertavam os pulsos com uma dor pungente, constante, e eles nos deixavam assim por horas, sempre com as mãos cruzadas atrás das costas.

No Berlag, as algemas eram usadas religiosamente: por qualquer ninharia, até por esquecer-se de tirar o chapéu diante do carcereiro. Prendiam as algemas (com as mãos nas costas) e deixavam-no parado perto da guarda. As mãos inchavam, ficavam dormentes, e os homens adultos se punham a chorar: "Cidadão-chefe, eu não faço mais! Solte as algemas!".

Bom, naturalmente, acirraram as medidas de segurança. Em todos os Campos Especiais, instalaram mais uma fileira de arame farpado nas cercas e espalharam bobinas desse arame pelos pátios. Pelo caminho das colunas de trabalhadores em todos os principais cruzamentos e pelos portões, distribuíram metralhadoras, e os atiradores ficavam de prontidão atrás delas.

Em cada divisão dos campos, havia uma prisão de pedra – chamada BUR (de agora em diante, vou chamá-la de BUR, como nós dizíamos, seguindo o costume dos campos de trabalhos correcionais, apesar de não ser totalmente correto nesse contexto – era justamente uma prisão de campo). Sempre tiravam a *telogreika* de quem fosse mandado ao BUR: a tortura pelo frio era uma de suas peculiaridades significativas.

Então eles passaram a usar a valiosa experiência nazista de maneira totalmente escancarada: trocavam o nome do prisioneiro por um número. Davam ao detento quatro (em alguns campos eram três) remendos brancos, medindo 8 por 15 centímetros. Ele mesmo deveria costurá-los no lugar, o que não era feito da mesma forma em todos os campos, mas geralmente nas costas, no peito, na aba do chapéu, e também nas pernas ou nos braços.[179]

O trabalho escolhido para os Campos Especiais era o mais pesado das regiões vizinhas. Os primeiros esquadrões do Steplag, com os quais ele começou, eram todos de extração de cobre (o primeiro e o segundo esquadrão, Rudnik; o terceiro, Kenguir; o quarto, Djezkazgan). A perfuração era seca, a poeira fina das rochas vulcânicas rapidamente causava silicose e tuberculose.

179 Durante todo o período em Ekibastuz, usei o número Sch-232, mas nos últimos meses me deram ordem de trocar por Sch-262. Eu trouxe esses números de Ekibastuz em segredo e os guardo até hoje. [N. A.]

Depois, levavam os prisioneiros doentes para morrerem no famoso campo de Spassk (perto de Karagandá), o Campo Especial "para os inválidos de toda a nação".

Daria para falar só sobre Spassk.

Mandavam para Spassk os inválidos irrecuperáveis, que já haviam se tornado inúteis em seus campos prisionais. Surpreendentemente, ao atravessarem a cerca medicinal de Spassk, os inválidos imediatamente se transformavam em trabalhadores valiosíssimos. Para o coronel Tchetchev, chefe de todo o Steplag, o ramo de Spassk era um de seus favoritos. Depois de pegar um avião para cá saindo de Karagandá, esse homem atarracado mal pisava na zona e já se punha a procurar quem não estivesse trabalhando. Ele adorava dizer: "Aqui comigo em Spassk só há um inválido, ele não tem nenhuma das pernas. E mesmo ele vai para um serviço leve, trabalha de mensageiro". Todos os que tinham apenas uma perna eram usados para os trabalhos que se faziam sentado: quebrando pedras em cascalhos, separando lenha. Tchetchev inventou o seguinte: botar quatro manetas (dois só com o braço direito e dois só com o esquerdo) para carregar as macas. E alguém inventou para Tchetchev: operar manualmente as ferramentas das oficinas quando não havia energia elétrica. Tchetchev queria ter "o seu professor" e decidiu construir em Spassk um "laboratório" (com mesas livres) para o biofísico Tchijévski. Mas, quando Tchijévski desenvolveu, a partir de materiais inúteis, uma máscara contra silicose para os trabalhadores de Djezkazgan, Tchetchev não permitiu a produção. Eles sempre trabalharam sem máscaras, não há por que se preocupar com isso. Deve haver rotatividade de contingente.

Ao fim de 1948, estiveram quase 15 mil zeks, de ambos os sexos, em Spassk. Seis mil pessoas trabalhavam na represa a uma distância de 12 quilômetros. Como eram inválidos de todos os tipos, eles demoravam mais de duas horas para ir e duas para voltar. *Some-se* a isso uma jornada de trabalho de onze horas. (Raramente alguém aguentava dois meses nesse trabalho.)

Davam aos inválidos sem trabalho 550 gramas de pão; aos trabalhadores, 650.

Spassk ainda não conhecia medicamentos (onde conseguir o bastante para uma multidão dessas? Também não importava se eles morressem), tampouco roupas de cama.

É, e havia mais um trabalho: todos os dias, entre 110 e 120 pessoas saíam para cavar as covas. Dois Studebakers traziam os corpos em caixas de madeira, das quais despontavam braços e pernas. Mesmo nos alegres meses de verão de 1949, morriam entre sessenta e setenta pessoas por dia; já no inverno, o número chegava a cem.

(Nos demais Campos Especiais, a mortalidade não era tão grande, e as pessoas comiam melhor, mas o trabalho também era mais pesado, já que não eram inválidos, isso o leitor já pode imaginar sozinho.)

Tudo isso aconteceu em 1949, no 32º ano da Revolução de Outubro, quatro anos depois de terem terminado a guerra e suas severas necessidades, três anos depois de terem acabado os Julgamentos de Nuremberg, e de toda a humanidade ter ficado sabendo dos horrores dos campos de concentração fascistas e respirado aliviada: "Isso não vai se repetir!"...

A todo esse regime ainda se somava o fato de que a ida ao Campo Especial praticamente rompia sua ligação com o mundo, com a esposa, que esperava você e suas cartas, com os filhos, para quem você havia se tornado um mito. (Duas cartas por ano, mas mesmo assim não eram enviadas, depois de meses juntando o melhor e o principal. Quem arriscaria corrigir as censoras, essas trabalhadoras do Ministério da Segurança do Estado? Geralmente elas aliviavam seu trabalho queimando uma parte das cartas, para não ter de verificar tudo. E daí, quando a carta não chegava, sempre dava para jogar a culpa nos correios. Certa vez, em Spassk, chamaram um prisioneiro para consertar a calefação na seção da censura, e descobriram centenas de cartas extraviadas, mas que ainda não tinham sido queimadas, porque as censoras tinham se esquecido de incinerar. Essas censoras do Ministério da Segurança do Estado, que queimavam a *alma* dos prisioneiros para sua conveniência, seriam mais humanas do que as mulheres da SS que juntavam a pele e os cabelos dos executados?) Quanto às visitas familiares nos Campos Especiais, era impossível, os endereços dos campos estavam cifrados, e também não deixavam ninguém chegar perto.

Se ainda considerarmos que a questão de *ter ou não ter*, tipicamente encontrada em Hemingway, ela raramente aparecia nos Campos Especiais, pois já tinha sido resolvido, desde a criação deles, que *não se teria*. Não ter dinheiro e não receber pagamento (no campo de trabalhos correcionais, ainda era possível juntar algum, mas, aqui, nem 1 copequezinho). Não ter uma troca de sapatos ou de roupa, nada para usar por baixo, quente ou seco. As roupas de baixo (e o que eram aquelas roupas de baixo!, dificilmente os pobretões de Hemingway concordariam em vestir aquilo) eram trocadas duas vezes por mês; as demais roupas e os sapatos, duas vezes por ano, com uma clareza cristalina.

A escolta era mais uma força capaz de esmagar o prisioneiro como um passarinho preso em uma engrenagem. Esses vermelhinhos, soldados normais, essas crianças com metralhadoras, eram uma força sombria, irracional, que não sabia nada a nosso respeito nem queria explicações. Nada conseguia chegar de nós até eles, e deles só nos chegavam os gritos, latidos, barulhos de ferrolho e tiros. E eles sempre estavam certos; nós, nunca.

Nos dois primeiros anos dos Campos Especiais, nós éramos escravos miseráveis e oprimidos; mas esse período já está bem descrito no *Ivan Deníssovitch*.

Como isso aconteceu? Por que esses muitos milhares de bestas, os Cinquenta e Oito – mas são *presos políticos*, com mil diabos?, porque agora tinham sido separados, discriminados, agrupados: com certeza, agora eram presos políticos – por que agiam de maneira tão desprezível? tão submissa?

Esses campos de prisioneiros não poderiam ter começado de outra forma. Tanto os oprimidos como os opressores vieram dos campos de trabalhos correcionais, ambos traziam décadas dessa tradição de senhores e servos, e ela começou a dar as caras. Eles trouxeram consigo a crença, sólida e reprimida, de que, no mundo dos campos de trabalho, os homens são ratos, de que um come o outro e de que não poderia ser diferente.

E não se previa nenhuma mudança.

Nós, os 25 recém-chegados, ficamos em uma brigada e conseguimos negociar com os supervisores para que escolhêssemos um chefe de brigada entre os nossos, aquele mesmo Pável Baraniuk. Nomearam um mestre de obras entre nós, os demais viraram serventes, e, assim, nós viramos uma brigada de pedreiros. Assentávamos bem.

Deram uma pilha de tijolos do BUR para a brigada e explicaram que esse, o que estava de pé, era só metade do BUR, e que agora era preciso construir a segunda metade, e a nossa brigada faria isso.

Assim, para a nossa desgraça, nós tínhamos de construir uma prisão para nós mesmos.

Vinha sendo um outono longo e seco, e não caiu uma gota de chuva durante setembro inteiro e metade de outubro. Pelas manhãs, era tranquilo, depois ventava; ao meio-dia, ficava mais forte; à noite, o vento amansava de novo. Às vezes, ventava constantemente, um vento fino, chato, que nos fazia mais conscientes de quão planas e opressivas são as estepes que se espraiavam diante de nós a partir dos andaimes ao redor do BUR, e nem um acampamento com as primeiras construções da fábrica, nem a pequena cidadezinha militar dos guardas, nem mesmo as cercas da zona conseguiam esconder a amplidão, a infinitude, a perfeita planeza e a falta de esperança dessa estepe.

Outras vezes, o vento de repente esfriava e, por uma hora, fazia um frio siberiano, que nos obrigava a agarrar a *telogreika* e ainda fustigava o rosto, fustigava atrozmente com os finos grãos que cobriam a estepe. E não há mais o que dizer, é mais fácil repetir os versos que escrevi nos dias da construção do BUR.

O PEDREIRO

Eu sou um pedreiro. Como o poeta constrói,
De pedra virgem, eu faço uma prisão.
Mas por aqui não há cidade: Campo. Cercado.
No céu límpido, um milhafre dança, acanhado.
O vento pela estepe... E não há ninguém na estepe,
O que me faz pensar: para *quem* construo?

Esperam as cercas, os cachorros, as metralhadoras,
É pouco! Na prisão, eles precisam de mais uma prisão...
A colher na mão. Trabalho sem parar,
E o trabalho vai sozinho.
Foi o major. A parede está fora de prumo.
Prometeram que seríamos os primeiros a ficar ali.
Ora essa! A língua não tem osso,
Meu histórico é marcado como por lepra,
Denunciam-me por alguma coisa,
Ligada a alguma figura sombria.
Chamam a quebrar e cortar os martelos ligeiros.
Uma parede vai levantando atrás da outra, paredes entre paredes...
Depois de acender um cigarro perto da caçamba, a gente brinca.
Esperamos pelo almoço caprichado de pão e um mingau de aveia.
E de cima dos andaimes, entre as pedras, as celas são negros abismos,
Que sufocarão o sofrimento dos nossos semelhantes...
E o caminho deles é um só, o automóvel,
Isso e os zumbidos dos fios dos novos postes.
Meu Deus! Como somos impotentes!
Meu Deus! Como somos escravos!

Muitos dos nossos ainda seriam presos naquele mesmo BUR, naquelas mesmas celas, que nós levantávamos com todo o cuidado. E, durante o trabalho, quando rapidamente manuseávamos o cimento e a pedra, na estepe, subitamente abriram fogo. De repente, um camburão se aproximou do quartel de guarda do campo, perto de nós. De lá, saíram quatro prisioneiros, arrebentados e ensanguentados; dois tropeçavam, um foi empurrado; só o primeiro, Ivan Vorobiov, andava com orgulho e malícia.

Dessa forma, levaram os fugitivos sob os nossos pés, sob os nossos andaimes, para conduzi-los à ala direita do BUR, aquela que já estava pronta.

Enquanto isso, nós assentávamos as pedras...

Uma fuga! Que coragem desesperada! Sem ter roupas de cidadão, sem ter comida, com as mãos vazias, atravessar a zona debaixo de tiros e sair correndo pela estepe vazia, seca e imensurável! Isso nem é um plano, é um chamado, é um modo orgulhoso de suicídio. Só os mais fortes e corajosos dos nossos são capazes de uma resistência dessas.

Já nós... assentávamos as pedras.

E debatíamos. Essa era a segunda fuga do mês. A primeira também não tinha dado certo.

Chegam à zona as brigadas de trabalho e contam sobre a fuga do grupo de Vorobiov: cruzaram a zona com um caminhão.

Mais uma semana. Bastante tempo para os 4 mil ekibastuzes se convencerem de que fugir é loucura, que não daria em nada. E, em um desses dias ensolarados, novamente retumbaram os tiros na estepe. Uma fuga!!! Mas isso já é uma epidemia: novamente o camburão de transporte chegou trazendo os dois (o terceiro morreu lá mesmo). Esses dois ensanguentados, Batánov e um jovem pequeno, foram conduzidos, pelo nosso lado, sob os nossos andaimes, até a ala que já estava pronta, iam bater mais neles, jogá-los contra o chão de pedra, deixá-los passar fome e sede. O que você acha, escravo, olhando ali para eles, arrebentados e orgulhosos?

Nós... assentávamos as pedras. O capitão de segunda classe Burkovski traz a argamassa. Tudo o que se construísse era pelo bem da Pátria.

Não se passaram nem cinco dias, e ninguém ouviu tiro nenhum, mas quando a notícia chegou foi como se o céu fosse todo de metal e nele batessem com uma barra de ferro imensa. Uma fuga!! Outra fuga!! E, dessa vez, bem-sucedida!!

A fuga aconteceu no domingo, dia 17 de setembro, e funcionou tão bem que passou com sucesso a verificação noturna, os números dos guardas bateram. Só na manhã seguinte é que começaram a se dar conta, então cancelaram a separação e fizeram uma recontagem geral. Algumas inspeções gerais em fila, a inspeção nos barracões, depois a inspeção nas brigadas de trabalho, depois a chamada a partir de formulários; afinal, os cães só serviam para contar o dinheiro no caixa. Todas as vezes os resultados eram diferentes! Até então não sabiam: *quantos* tinham fugido? De fato quem? Quando? Para onde? Como?

Já anoitecia a segunda-feira, e ainda não tinham nos alimentado, mas nós não nos importávamos, estávamos muito felizes!

Qualquer fuga bem-sucedida é uma alegria imensa para os prisioneiros. Apesar da brutalidade da escolta, depois disso, apesar de o regime enrijecer, era como se todos nós fôssemos aniversariantes! Andávamos com orgulho. Alguns dos nossos são mais inteligentes do que vocês, senhores cães! Alguns dos nossos fugiram! (E, olhando nos olhos da chefia, sempre pensávamos secretamente: que não os peguem! Que não os peguem!)

Além do mais, não nos levaram para o trabalho, e a segunda-feira foi para nós um segundo feriado. (Ainda bem que o pessoal não *escapuliu* no sábado.)

Mas quem foi? Quem foi?

Na segunda-feira à noite, descobriu-se: eram Gueórgui Tenno e Kolka Jdanok.

Nós aumentamos os muros da prisão. Já tínhamos feito os escoramentos dos batentes, fechado as janelas minúsculas por cima e estávamos deixando os encaixes para as vigas.

Três dias desde a fuga. Sete. Dez. Quinze. Nenhuma notícia!

Escaparam!!

Capítulo 4
Por que suportamos?

De acordo com a interpretação aceita entre os *kadets*[180] (não digo nem entre os socialistas), toda a história russa é uma sequência de tiranias. A tirania dos tártaros. A tirania dos príncipes moscovitas. Cinco séculos de despotismo nacional, do tipo oriental, e de uma franca e arraigada escravidão. (Nada do Ziémski Sobor, nada da comunidade rural, nada dos cossacos livres ou do campesinato do norte.) Fosse Ivan, o Terrível; ou Aleksei, o Pacato; ou Pedro, o Rude; ou Catarina, a Aveludada; ou até Alexandre II: antes da Grande Revolução de Fevereiro, dizem eles, todos os tsares só sabiam fazer uma coisa: *oprimir*. Esmagar seus súditos como besouros, como lagartas. O regime curvava seus súditos, as rebeliões e levantes eram invariavelmente esmagados.

Porém! porém! Eles esmagavam, mas com um desconto! Esmagava-se, mas não em nosso sentido altamente tecnológico. Por exemplo, os soldados dezembristas que foram punidos: *cada um deles foi perdoado* depois de quatro dias. (Compare: em Berlim em 1953, em Budapeste em 1956, em Novotcherkassk em 1962, houve fuzilamento dos nossos soldados – e não que eles tenham se rebelado, apenas se recusaram a atirar contra a multidão desarmada.) E, dos revoltosos dezembristas que eram oficiais, só cinco foram executados. Entre nós, hoje, teria permanecido vivo um sequer?

180 Membros do Partido Constitucional Democrata, principal organização política de centro durante os primeiros anos do século XX na Rússia. [N. T.]

E não deram sentenças nem a Púchkin nem a Lérmontov por sua literatura insolente; não encostaram um dedo em Tolstói, que abertamente minava o Estado. "Onde você estaria em Petersburgo no dia 14 de dezembro?", perguntou Nicolau I a Púchkin. Púchkin respondeu com sinceridade: "Na praça do Senado". E, por conta disso, foi... mandado para casa. E, no entanto, nós sabemos muito bem o que custaria a resposta de Púchkin: Artigo 58, parágrafo 2º, rebelião armada – na hipótese mais branda, pelo Artigo 19 (intenção) – e, ainda que não acarretasse fuzilamento, de jeito nenhum seria menos de uma dezena. (E Gumiliov nem conseguiu chegar ao campo de prisioneiros, a Tchecká meteu-lhe uma bala antes.)[181]

A Guerra da Crimeia – a mais feliz de todas as guerras para a Rússia – não trouxe só a libertação dos servos e as reformas alexandrinas: juntamente com elas, nasceu na Rússia uma poderosa opinião pública.

Nas aparências, a *kátorga* siberiana ainda supurava, e até se espalhava; prisões de trânsito parecem ter sido estabelecidas, comboios eram feitos, tribunais reuniam-se. Mas como era isso? Depois de todo aquele tempo em reunião, Viera Zassúlitch, que tinha ferido gravemente o chefe de polícia da capital (!), foi absolvida??...[182] E nem foi Viera Zassúlitch quem comprou o revólver para atirar em Trépov: alguém comprou para ela, depois trocaram por um de calibre maior, deram um de matar urso; e o júri nem mesmo perguntou: mas *quem* foi que comprou? onde está essa pessoa? Esse cúmplice, pelas leis russas, não era considerado um criminoso. (Pelas soviéticas, a pessoa tomaria logo uma *capital*.)

Houve *sete* atentados contra o próprio Alexandre II. E então? Ele assolou e degredou metade de Petersburgo, como foi

181 Nikolai Stepánovitch Gumiliov (1886-1921), poeta, preso pela Tchecká no dia 3 de agosto de 1921, fuzilado no dia 21 de agosto, nos arredores de Petrogrado, como integrante de um complô contrarrevolucionário. Em 1991, o processo contra Gumiliov foi encerrado "por ausência de corpo de delito". [N. E. R.]

182 Viera Ivánovna Zassúlitch, revolucionária, populista. Em janeiro de 1878, feriu com alguns tiros de revólver o governador da cidade de Petersburgo, F. F. Trépov, que, seis meses antes, dera ordem de submeter a açoitamento um estudante em detenção. Foi absolvida pelo júri. [N. E. R.]

depois de Kírov? Como assim? isso nem lhe passaria pela cabeça. Prendeu suspeitos? Mas como seria possível?!... Executou milhares? Foram executadas cinco pessoas. Nesse período, nem trezentas pessoas foram condenadas. (Mas, se *um* atentado assim tivesse acontecido contra Stálin, quantos milhões de almas isso não teria nos custado?)

A cada ano de ilustração e liberdade literária, uma opinião pública invisível, mas terrível para os tsares, ia crescendo, e os tsares já não seguravam nem as rédeas nem a crina, e, na vez de Nicolau II, ele já segurava a anca e o rabo. Ele não tinha coragem para agir. Nem ele nem qualquer um de seus dirigentes tinham mais a firmeza de lutar por seu poder. Eles ficavam só olhando ao redor, ouvindo o que diria a opinião pública.

Examinemos aqui a biografia de Lênin, bem conhecida de todos. Na primavera de 1887, seu irmão foi condenado por um atentado contra Alexandre III. E então? Naquele mesmo ano, no outono, Vladímir Uliánov ingressou na Universidade Imperial de Kazan, e ainda por cima no curso de direito. Isso não é impressionante?

É verdade que, naquele mesmo ano letivo, Vladímir Uliánov foi expulso da universidade. Mas foi expulso por organizar uma reunião estudantil antigovernista. Ou seja, o irmão mais novo de um regicida incitando os estudantes à insubordinação? O que ele ganharia hoje em dia? Pois certamente seria fuzilado (e os demais ganhariam 25 ou dez anos cada um)! Mas ele – foi expulso da universidade. Que crueldade... Mas também foi exilado... para Sacalina? Não, para Kokúchkino, a propriedade da família, aonde ele já ia no verão de qualquer maneira. Ele quis trabalhar, deram-lhe a possibilidade... de derrubar árvores na taiga? Não, praticando o direito em Samara, onde também participava de círculos ilegais. Depois disso, prestar o exame como aluno externo na Universidade de São Petersburgo. (Mas e os seus dados biográficos? A Seção Especial não olharia aquilo?)

E eis que, alguns anos depois, esse mesmo jovem revolucionário foi preso por ter criado, na capital, a União de Luta pela Libertação, nada menos que isso! Reiteradas vezes ele fizera discursos "indignados", escrevera panfletos. Ele foi torturado, deixado sem comida? Não, foi mandado a um regime adequado para o trabalho intelectual. Na prisão provisória de Petersburgo, onde ele passou um ano e onde recebia dezenas de livros de que precisava, ele escreveu a maior parte do *Desenvolvimento do capitalismo na Rússia*; enviou – de maneira ilegal, por meio da promotoria! – os *Estudos econômicos* para a revista marxista *Nóvoie Slovo*.

Mas então depois ele foi condenado pela troica e fuzilado? Não, nem cadeia levou, foi exilado. Para a Iakútia, pela vida toda? Não, para o abençoado território de Minussinsk, e por três anos. Foi levado para lá de algemas, no vagão de prisioneiros? Ah, não! Viajou como livre – Lênin nunca conheceu nenhum comboio, nenhuma prisão de transferência no caminho para a Sibéria (nem no caminho de volta, é claro). Mas com que meios ele iria viver naquele povoado distante, se não conseguia achar um trabalho? Pois pediu um ordenado ao Estado, que lhe foi pago, além do que ele precisava (embora sua mãe fosse um tanto abastada e lhe enviasse tudo que ele pedia). Seria impossível criar condições melhores que as que Lênin teve em seu único exílio. Comida saudável por um preço extraordinariamente baixo, abundância de carne (um carneiro por semana), leite, legumes, a satisfação da caça sem nenhuma limitação; ele se curou das doenças do fígado e de outras doenças de sua juventude, ganhou peso depressa. Nenhuma obrigação, nenhum serviço, nenhum encargo, e não se exigia nada nem mesmo da esposa e da sogra: por 2 rublos e 50 copeques ao mês, uma menina camponesa de 15 anos fazia todo o trabalho pesado para a família.

Ele cumpriu seu exílio. A sentença foi automaticamente aumentada? Virou perpétua? Mas como, se isso seria inconstitucional? Permitiram que ele vivesse em Pskov. Depois, ficou completamente livre, podia viajar pela Rússia e para o exterior ("a polícia não viu empecilhos" em dar-lhe o passaporte internacional)!

Assim pode-se observar a fraqueza das perseguições tsaristas contra qualquer social-democrata mais graúdo (e especialmente contra Stálin).

É verdade que os SR foram perseguidos de maneira consideravelmente mais severa. Mas como assim, mais severa? Por acaso foram pequenos os crimes de Guerchúni (preso em 1903)?

Os de Sávinkov (em 1906)? Eles orquestraram o assassinato de algumas das mais importantes figuras do império. Mas não foram executados. Nem mesmo Maria Spiridónova, que disparou à queima-roupa contra ninguém menos que um conselheiro de Estado, foi executada por eles: foi mandada para a *kátorga*. Mas se em 1921 uma ginasiana de 17 anos matasse a tiros o esmagador da rebelião camponesa de Tambov, quantos *milhares* de ginasianos e intelectuais não teriam sido fuzilados, imediatamente e sem julgamento, na onda do Terror Vermelho "retaliatório"?

A principal peculiaridade da perseguição (da não perseguição) durante o período tsarista talvez tenha sido justamente esta: de modo algum os parentes do revolucionário sofriam. Em 1907, Natália Sedova (esposa de Trótski) retornou à Rússia sem nenhum obstáculo, enquanto Trótski era um criminoso condenado. Tanto a mãe de Lênin como a mãe de Krúpskaia recebiam do Estado volumosas pensões vitalícias, graças à posição de general civil e de oficial de seus falecidos maridos, e seria absurdo imaginar que alguém fosse pressioná-las.

Quando Tukhatchévski sofreu, como dizem, "repressão", eles não só arrasaram e prenderam sua família inteira como também prenderam dois irmãos seus com as esposas, quatro irmãs suas com os maridos, e todos os sobrinhos e sobrinhas foram dispersos por orfanatos e tiveram os sobrenomes trocados para Tomachévitch, Rostov etc. Sua esposa foi fuzilada em um campo do Cazaquistão, a mãe pediu esmola nas ruas de Ástrakhan e morreu.[183] E o mesmo pode ser dito dos parentes de centenas de outros executados famosos. Isso é o que significa perseguir.

Recorda-se Ivanov-Razúmnik de como puniram os estudantes (por causa de uma grande manifestação em Petersburgo em

183 Dou esse exemplo por causa dos parentes, dos parentes inocentes. O próprio Tukhatchévski atualmente tem sido alvo de um novo culto, que eu não pretendo apoiar. Ele colheu o que plantou, por ter conduzido o esmagamento de Kronchtadt e do levante camponês de Tambov. [N. A.]

1901): a prisão de Petersburgo era como um piquenique estudantil – gargalhadas, cantoria em coro, circulação livre entre as celas. Ivanov-Razúmnik teve até o descaramento de pedir à chefia da prisão para ir ao espetáculo do Teatro de Arte, que estava em turnê, para não perder o ingresso! E depois ele foi condenado ao "exílio", em Simferópol, de acordo com sua escolha, e ficou perambulando de mochila por toda a Crimeia.

Nessa época, Górki estava no bastião Trubetskói, escrevendo *Os filhos do sol*.[184]

Foi em condições como essas que se formou, em Tolstói, a convicção de que a liberdade política era inútil e de que só o aperfeiçoamento moral era necessário.

É claro que a liberdade não é necessária para quem já a tem. Nisso até concordamos: no fim das contas, a questão não é a liberdade política, não! E nem mesmo uma bem-sucedida organização política da sociedade, não! A questão, evidentemente, são as bases morais da sociedade! – mas isso no fim; e no princípio? E no primeiro passo? Iásnaia Poliana, naquela época, era um clube de pensamento, um clube aberto. Mas se ela tivesse sido apreciada durante o cerco, como foi o apartamento de Akhmátova, quando pediam o passaporte a cada visitante, e se tivesse sido oprimida como todos nós fomos no tempo de Stálin, quando três pessoas tinham medo de reunir-se debaixo do mesmo teto? Aí até Tolstói teria pedido por liberdade política.

No período mais terrível do "terror de Stolýpin", o jornal liberal *Rus* anunciou na primeira página, em letras garrafais, sem nenhum empecilho: "Cinco execuções!... Vinte execuções em Kherson!". Tolstói soluçou, disse que era impossível viver, que *não se podia imaginar nada mais horrível.*

"Não há nada mais horrível", exclamou Tolstói! E, no entanto, é muito fácil imaginar o que é mais horrível. O mais horrível é quando as execuções não são de quando em quando, na cidade

184 O bastião Trubetskói é uma das prisões da Fortaleza de Pedro e Paulo. Por causa de sua proclamação de 9 de janeiro de 1905, em que conclamava à derrubada da autocracia, M. Górki foi preso no bastião Trubetskói, onde passou um mês. A peça *Os filhos do sol*, escrita no bastião, foi montada no mesmo ano no Teatro de Arte de Moscou. [N. E. R.]

tal, conhecida por todos, mas *em todo lugar e todo dia*, e não vinte por vez, mas duzentas por vez, e os jornais não escrevem nada sobre isso, nem em letras garrafais nem em letras miúdas, mas escrevem que "a vida ficou melhor, a vida ficou mais feliz".

Eles partem sua fuça e dizem que sempre foi assim.

Não, não foi sempre assim! Não foi assim de jeito nenhum, embora o Estado russo já então fosse considerado o mais opressor da Europa.

A opinião pública russa, no início do século, constituía o ar da liberdade. O tsarismo não foi destruído quando a Petrogrado de Fevereiro se levantou: foi muito antes. Ele já tinha sido irrevogavelmente derrubado quando, na literatura russa, ficou estabelecido que retratar um gendarme ou um policial com um pouco de simpatia que fosse era uma bajulação digna das Centúrias Negras. Quando não só apertar-lhes a mão, não só ser conhecido deles, não só acenar para eles na rua, mas até mesmo passar na mesma calçada que eles já parecia uma vergonha.

Opinião pública. Não sei como os sociólogos a definem, mas é claro para mim que ela só pode ser constituída por opiniões individuais que se influenciam mutuamente, que se expressam de maneira livre e completamente independente da opinião do governo, ou do partido, ou da voz da imprensa.

E, enquanto não houver no país uma opinião pública independente, não haverá garantia alguma de que toda essa destruição gratuita de milhões e milhões de pessoas não se repetirá, de que ela não começará certa madrugada, qualquer madrugada, na madrugada de hoje.

É à seguinte resposta que eu venho conduzindo. Nós suportamos os campos porque, do lado de fora, não havia opinião pública.

Pois, no geral, quais são os meios concebíveis de resistência do detento ao regime a que é submetido? Evidentemente, os seguintes:

1. Protesto
2. Greve de fome

3. Fuga
4. Rebelião

Portanto, como gostava de dizer o Falecido, "fica claro a todos" que os primeiros dois métodos possuem força (e os carcereiros têm medo deles) *somente* por causa da opinião pública! Sem ela, eles riem dos nossos protestos e das nossas greves de fome bem na nossa cara.

É muito efetivo fazer o seguinte: diante da chefia da prisão, rasgar a camisa, como Dzerjínski, e assim obter as suas reivindicações. Mas isso só com opinião pública. Pois, sem ela, é mordaça na boca – e você ainda paga pela camisa do Estado que você rasgou.

Mas a inutilidade das nossas greves de fome já foi mostrada na Primeira Parte.

E as *fugas*? No momento, não me é possível recolher dados a respeito de como eram vigiadas as principais localidades da *kátorga* tsarista, mas nunca ouvi falar que então houvesse fugas desesperadas, com chance de 1 em 100 mil, como acontecia na nossa *kátorga*. Aparentemente, só quem era preguiçoso não fugia do exílio tsarista. Para o fugitivo, não havia a ameaça de fuzilamento na captura, nem de surra, nem de vinte anos de trabalhos forçados, como era para nós. Geralmente, os capturados eram devolvidos ao local anterior, com a sentença anterior. Só isso. Era um jogo em que não se podia perder.

Já as *nossas* fugas – começando pelas Solovétski, em frágeis barquinhos, pelo mar, ou em porões cheios de troncos, e terminando pelas escapadas suicidas, insanas e desesperançadas dos campos stalinistas tardios (aos quais são dedicados alguns capítulos adiante) – as nossas fugas eram empreitadas de gigantes, mas de gigantes condenados. Nunca se despendeu tanta coragem, tanta criatividade, tanta força de vontade nas fugas dos anos pré-revolucionários – mas aquelas fugas davam certo, enquanto as nossas, quase nunca.

Não davam certo porque o êxito da fuga, em seus estágios tardios, depende da disposição da população. E a nossa população tinha medo de ajudar, ou até mesmo *vendia* os fugitivos – por interesse ou ideologia. Os lábios de Stálin conclamaram o país a *abdicar da benevolência* de uma vez por todas! E Dal define "benevolência" como "bondade da alma, capacidade de amar, misericórdia, disposição para o bem comum". É disso que os bolcheviques nos conclamaram a abdicar, e nós logo abdicamos – da disposição para o bem comum! Ficamos fartos de nossa própria manjedoura.

No que se refere às rebeliões de presos, as de 3, de 5, de 8 mil pessoas, a história de nossas revoluções não as conheceu em absoluto.

Mas nós conhecemos.

Porém, devido à mesma maldição, os maiores esforços e sacrifícios nos renderam os resultados mais insignificantes.

Porque a sociedade não estava pronta. Porque, sem opinião pública, uma rebelião, mesmo num campo imenso, não tem nenhum espaço para se desenvolver.

Então, à pergunta "Por que suportamos?" – é hora de responder: pois nós não suportamos! Vocês vão ler que nós não suportamos coisa nenhuma.

Nos Campos Especiais, nós erguemos a bandeira dos presos *políticos*, e foi isso que nos tornamos!

Capítulo 5
Poesia debaixo da lápide, verdade debaixo da pedra

No começo da minha jornada pelos campos, eu queria muito sair dos trabalhos gerais, mas não consegui. Ao chegar a Ekibastuz, no sexto ano desde a minha prisão, eu, pelo contrário, decidi-me imediatamente a abandonar as especulações, ligações e combinações dos diferentes campos que não permitissem a dedicação às coisas mais profundas. Então, aqui, na labuta, decidi aprender um ofício. Na brigada de trabalho de Baraniuk, deparei com o ofício de pedreiro. E, em meio às voltas do destino, também me tornei fundidor.

No começo havia timidez e insegurança: isso está certo? Será que aguento? Mas realmente, a partir do dia em que eu conscientemente desci ao fundo do poço e o senti firmemente sob os pés – esse fundo universal, duro, silicoso –, começaram os anos mais importantes da minha vida, que deram os retoques finais ao meu caráter. Agora, é como se minha vida já não mudasse nem para melhor nem para pior, e estou seguro das perspectivas e hábitos adquiridos naquela época.

Eu precisava da cabeça livre de ruído porque eu já estava tentando escrever um poema havia dois anos. Ele me recompensou muito, ajudando a não notar o que faziam com o meu corpo. Às vezes, no fim da fila, sob os gritos dos atiradores, eu sentia a pressão das linhas, das imagens, como se eu fosse levado pelo ar, por sobre a fila, depressa para lá, para a *obra*, para achar algum canto para escrever. Em momentos assim, eu era livre e feliz.

Mas como *escrever* num Campo Especial? A memória era o único abrigo no qual se podia *esconder* um texto, no qual se podia guardá-lo durante as buscas e comboios. A princípio eu não acreditava muito na capacidade da memória e, por isso, decidi escrever versos. Claro que isso era uma violência contra o gênero. Depois eu descobri que a prosa também não é ruim para mergulhar nos abismos secretos que levamos dentro da cabeça. Livre do peso dos saberes ruidosos e inúteis, a memória do detento é capaz de absorver o conteúdo e moldar-se a tudo. Nós confiamos pouco na nossa memória!

Eu decorava especialmente cada cinquenta ou cem linhas, como linhas de controle. Uma vez por mês, eu repetia tudo o que estava escrito. Se acontecesse de errar a quinquagésima ou a centésima linha, eu repetia tudo de novo e de novo até que eu não tropeçasse nas fujonas.

Mas, para se lembrar de algo, é desejável começar a botar no papel e a revisar. Eu decidi escrever pequenos trechos de doze a vinte linhas, que, quando terminados, eu decorava e incinerava. Dificilmente eu confiava num simples pedaço de papel. E não se podia demorar para queimar os papéis. Três vezes eu acabei ficando com eles, e só escapei dessa porque nunca botava no papel as palavras mais perigosas, trocando-as por traços.

Um dia eu mudei o meu hábito; no trabalho, escrevi de uma só vez umas sessenta linhas de uma peça (*O banquete dos vencedores*), e não consegui esconder esse papelzinho ao entrar no campo. Para falar a verdade, lá também havia traços nos lugares de muitas palavras. O carcereiro, um jovem simplório de nariz largo, olhou o excerto com espanto:

— Uma carta? – perguntou.

(Uma carta levada para a obra só podia dar em solitária. Mas pareceria uma "carta" bem estranha se eles a entregassem ao superior!)

— É para uma apresentação amadora – ousei. — Lembrei-me de uma ceninha. Quando montarem, venha ver.

O rapaz olhou para o papel, olhou para mim e disse:

— Está bem, mas é tolice!

E rasgou minha folhinha em duas, em quatro, em oito. Fiquei com medo de que ele jogasse no chão, porque os pedacinhos ainda eram bem grandes; aqui, na frente do quartel de guarda, eles poderiam acabar nas mãos de um funcionário mais observador, como o próprio chefe do regime, que estava a alguns passos de nós, supervisionando a busca. Mas o carcereiro pôs os pedacinhos rasgados na minha mão, como em uma urna. Atravessei os portões e corri para jogá-los no forno.

Outra vez, trabalhando na construção do BUR, escrevi "O pedreiro". Nós não íamos além da cerca, então não faziam buscas pessoais diárias. Já devia ser o terceiro dia em que eu trabalhava em "O pedreiro", eu estava na sombra antes da inspeção e passei a repeti-lo pela última vez para depois incinerar. Eu procurava a solidão e o silêncio, por isso estava mais perto das extremidades, e não pensei que era perto do lugar por onde, não fazia muito tempo, Tenno tinha fugido por baixo da cerca. E um carcereiro aparentemente se escondeu para uma emboscada, logo me pegou pelo colarinho e me levou para o BUR por um caminho escuro. Aproveitando-me da escuridão, amassei com cuidado o meu "O pedreiro" e, sorrateiramente, joguei-o para um lado qualquer. O vento começou a bater, então o carcereiro não ouviu o papel amassar. No BUR, me inspecionaram e tiraram a minha arma, meia lâmina de barbear, e eu ainda queria sair correndo para pegar "O pedreiro". Mas, a essa hora, a inspeção da noite já tinha ocorrido, e não podíamos ficar andando por aí, o próprio carcereiro me levou para o barracão e me trancou lá.

Dormi mal naquela noite. Lá fora, ventava muito forte. Onde acabaria o meu "O pedreiro" amassado? Apesar de todas as inspeções, o sentido do poema continuava claro. E, pelo texto, ficava evidente que o autor era da brigada de trabalho que construía o BUR.

Então tudo que escrevi por tantos anos – já passados e ainda por vir – não passava de uma impotente bolinha de papel soprada para algum canto da zona ou da estepe. E eu só podia rezar. Quando estamos mal, não temos vergonha de Deus. Temos vergonha de Deus quando estamos bem.

De manhã, com o toque da alvorada, às cinco horas em ponto, lutando para respirar, fui para o lugar em questão. O vento chegava a jogar umas pedrinhas no rosto. Era inútil ficar procurando! O vento batia no barracão dos funcionários, depois nas solitárias (onde também frequentemente ficavam os carcereiros e muitos emaranhados de arame farpado), então fora da zona, na rua do vilarejo. Durante uma hora até o nascer do sol, vaguei sem rumo, olhando para tudo. E já estava sem esperanças. E quando raiou o dia, a bolinha de papel apareceu para mim, a três passos de onde eu tinha jogado! Ela rolou para o lado com o vento e ficou presa entre umas tábuas empilhadas.

Até hoje acredito que foi um milagre.

Então continuei escrevendo. Durante o inverno, na barraca de aquecimento; no outono e no verão, sobre os andaimes; nos intervalos entre duas levas de argamassa, eu apoiava o papelzinho contra os tijolos e, escondendo-me dos vizinhos, rabiscava com um toco de lápis as linhas, que iam aumentando até que eu batesse as últimas levas. Eu vivia como se estivesse em um sonho, sentava-me para comer a santa *balanda* e nem sempre sentia o seu gosto, não escutava os demais, tudo seguia seu caminho e se ajustava a ele, como os tijolos na parede. Eles me investigavam, contavam e me arrebanhavam pela estepe, e eu via o palco da minha peça, a cor das cortinas, a disposição dos móveis, a luz dos refletores, os movimentos do ator.

Uns rapazes atravessaram a cerca em um caminhão, outros se arrastaram por baixo delas; outros, durante as nevascas, atravessaram pelos montes de neve, mas para mim era como se não houvesse arame farpado, eu sempre estive em minha própria fuga, longuíssima, mas que a supervisão não podia perceber ao contar as cabeças.

Entendo que eu não era o único a ser tocado pelo grande Mistério, esse mistério que se escondia nos peitos solitários, como o meu, das ilhas do Arquipélago e que se revelaria em alguns anos, talvez depois da nossa morte, somando-se à literatura russa futura.

Em 1956, eu li a primeira coletânea de versos de Varlam Chalámov em *samizdat*, que nessa época já existia, e comecei a tremer, como quem encontra um irmão:

> Eu bem sei que isso não é brincadeira,
> Que isso é a morte. Mas abro mão da vida,
> Como Arquimedes, antes de largar a pena,
> Antes de amassar o longo caderno.

Ele também escrevia no campo! Escondendo-se de todos, sem esperar um interlocutor para seu grito solitário na escuridão:

Agora só uma fila longa de túmulos
Fica em minha memória,
Onde eu me deitarei nu
Se eu não tivesse prometido
Cantar e chorar até cansar
A qualquer custo,
Como se começasse de novo
A vida de um cadáver...

Quantos de nós havia no Arquipélago? Eu tenho certeza: muito mais do que apareciam nesses anos de mudanças. Nem todos puderam viver, por isso morreram na memória. Alguém registrou e escondeu a garrafa com o papel em um buraco no chão, mas ninguém marcou o lugar. Alguém ficou de guardar, mas acabou em mãos descuidadas ou, ao contrário, demasiadamente cautelosas.

Nos campos não é como lá fora. Lá fora, cada um tenta enfatizar e expressar-se exteriormente. É mais fácil ver quem quer o quê. Na prisão, pelo contrário, todos são despersonalizados – usam o mesmo corte de cabelo, a mesma barba, os mesmos chapéus, os mesmos casacos. A expressão do espírito é distorcida pelos ventos, pelas queimaduras de sol, pela lama, pelo trabalho pesado. Para ver a luz da alma através dessa aparência impessoal e servil, é preciso ter prática.

Mas as chamas da alma queimam involuntariamente, interpenetram-se. É incompreensível como dois semelhantes podem se reconhecer e se aproximar.

O melhor e mais rápido jeito de conhecer uma pessoa é saber pelo menos um pedacinho da sua biografia. Logo ao lado, trabalhavam uns escavadores. Caía uma neve contínua e leve. Talvez por ser um breve intervalo, toda a brigada entrou na escavação para se proteger. Mas um ficou para trás. À beira da trincheira, ele se apoiou contra a pá e ficou completamente parado, como se estivesse confortável, como se fosse uma estátua. E a neve cobre-lhe a cabeça, os ombros, os braços, deixando-o ainda mais parecido com uma estátua. Ele olha através dessa camada de neve para o campo, para a estepe branca. Tem ossos largos, ombros largos, rosto largo, coberto pela barba dura e clara. Fica ali parado olhando para o nada e pensando. Ele não está ali.

Eu não o conhecia, mas seu amigo Redkin me contou dele. Esse rapaz era um tolstoísta. Ele cresceu com a ideia de que não se pode matar e, por isso, não se pode pegar em uma arma. Em 1941, alistaram-no. Ele abandonou o rifle e atravessou a fronteira afegã perto de Kuchka, para onde ele foi enviado. Não havia nenhum alemão ali, e ninguém esperava que houvesse, então ele serviria tranquilamente durante toda a guerra, sem atirar uma única vez, mas ainda assim só o fato de carregar a arma às costas feria seus valores. Ele considerava que os afegãos o respeitariam justamente por não matar ninguém e o deixariam atravessar para a tolerante Índia. Mas o governo afegão era egoísta, como todos os governos, e se protegeu da ira onipotente do vizinho prendendo o desertor. E justamente assim, na cadeia, deixaram-no por três anos, esperando para ver quem venceria a guerra. Os soviéticos levaram a melhor, e os afegãos prontamente devolveram o desertor. A pena dele começou a contar só a partir dali.

Ser compatriota de Liev Tolstói não é ruim, é uma marca. Dá para fazer um cartão-postal. E até se pode levar os estrangeiros a Iásnaia Poliana. Nós nos deleitávamos com sua oposição ao tsarismo e com sua excomunhão (a voz do locutor até treme nesse momento). Mas, compatriotas, se alguém levasse Tolstói a sério, se tivesse nascido algum tolstoísta de verdade entre nós – ei, olhe lá! Não vá seguir o nosso caminho!

... Às vezes, na construção, você corre para pedir a régua dobrável ao prisioneiro mestre de obras para medir quanto você ainda precisa assentar. Ele gosta muito dessa régua e não conhece você nem de vista, as brigadas são muitas, mas, por algum motivo, ele empresta seu tesouro (nos campos, diriam que isso é simplesmente burrice). E, quando você devolvesse a régua, ele agradeceria efusivamente. Como um tonto desses poderia ser um mestre de obras em um campo? Ele tem sotaque. Ah, parece que é polaco, seu nome é Iúri Venguerski. Você vai ouvir mais dele.

... Às vezes, você está andando pela coluna, talvez manuseando as contas do seu rosário ou pensando sobre as suas próximas estrofes, e você nota que há um rosto novo na fila. Um judeu velho e intelectual, com uma expressão inteligente e debochada. Ele se chama Massamed, tinha feito faculdade... qual era mesmo? A Faculdade de Biopsicologia de Bucareste. Entre outras coisas, era especialista em fisionomia e grafólogo. E, além disso, era um iogue e poderia começar no dia seguinte um curso de *hatha yoga* com você.

Depois olhei bem para ele na construção e na área de convivência. Os compatriotas o puseram em um escritório, mas ele não foi: era-lhe importante mostrar que os judeus também poderiam ser excelentes nos trabalhos gerais. E, aos 50 anos, ele batia a picareta sem medo. Mas, como um verdadeiro iogue, ele realmente era capaz de comandar seu corpo: 10 graus negativos, ele se despe e pede que os colegas borrifem o extintor nele. Ao contrário dos demais, que enfiavam o mingau boca adentro, ele come devagar, concentrado, aos bocadinhos, com uma colherzinha especial. (E, no entanto, logo morre, como um simples mortal, com um simples ataque do coração.)

Quantas pessoas são poetas! São tantas que nem dá para acreditar. (Às vezes eu fico até impressionado.) Esses dois rapazes só esperam o fim da sentença e a fama literária futura. Eram poetas assumidos, nem escondiam. Tinham em comum o brilho e a pureza. Ambos eram alunos que não terminaram os estudos. Kólia Borovikov admirava Píssariev (e, portanto, um inimigo de Púchkin) e trabalhava como enfermeiro na ala médica. Iúrotchka Kirêiev, de Tver, um seguidor de Blok, escrevia como ele, saía do campo para trabalhar no escritório das oficinas de mecânicos. Seus amigos (e que amigos! vinte anos mais velhos e pais de família) zombavam dele por causa de uma mulher que tinha se oferecido para ele num campo de trabalhos correcionais do norte, mas ele não entendeu e escreveu uns sonetos para ela. Quando se olha para a sua carinha pura, é fácil acreditar nisso. Agora, a virgindade tinha se tornado uma maldição que ele deveria carregar pelos campos de trabalho.

Você caminha entre os trabalhadores do campo como se passasse por um campo minado, fotografando, a cada passo, cada um deles, com os relampejos da intuição, para não explodir. E, apesar dessa precaução geral, quantos personagens encontrei sob o crânio raspado, sob a jaqueta preta dos zeks!

E quantos não se contiveram para não serem descobertos?

E quantos, milhares de vezes mais, eu nem sequer encontrei?

E quantos, ao longo dessas décadas, você não terá matado, maldito Leviatã?!?

Capítulo 6
Um fugitivo convicto

Hoje em dia, quando Gueórgui Pávlovitch Tenno conta as fugas do passado, tanto as suas como as de seus camaradas e as de outras pessoas que ele só conhece de ouvir falar, ele diz o seguinte a respeito dos mais implacáveis e persistentes – Ivan Vorobiov, Mikhail Khaidárov, Grigóri Kudla, Khafiz Khafízov –, em tom de elogio: "Esse era *um fugitivo convicto*!".

Um *fugitivo convicto* é aquele que não duvida por um minuto sequer que o ser humano não pode viver atrás das grades! Nem mesmo o mais abastado dos *pridúrki*, seja na contabilidade, na Seção de Cultura e Educação ou no corte de pão! É aquele que, ao ver-se detido, fica o dia inteiro pensando na fuga e, de madrugada, sonha com a fuga. É aquele que se comprometeu a ser implacável, e que submete todos os seus atos a uma só coisa: a fuga! Que não fica um dia sequer no campo simplesmente por ficar: todos os dias ele está ou se preparando para a fuga, ou está precisamente em fuga, ou já foi pego, já levou uma surra, e agora está preso no xadrez do campo, como punição.

Um *fugitivo convicto* é aquele que sabe o que vai encontrar. Que viu os cadáveres dos fugitivos fuzilados, deixados em exibição ao lado do posto de revista. Que viu os que foram trazidos vivos – a pele azul, tossindo sangue, carregados pelos barracões e forçados a gritar: "Presos! Vejam bem o que aconteceu comigo! O mesmo vai acontecer com vocês!". Que sabe que, com muita frequência, o cadáver de um fugitivo é pesado demais para ser transportado até o campo. E que por isso eles trazem, dentro de uma sacola, só a cabeça, ou ainda (o que é mais fidedigno, de acordo com o estatuto) o braço direito, decepado do cotovelo para baixo, para que a seção especial possa conferir a impressão digital e dar baixa na pessoa.

Um *fugitivo convicto* é aquele graças a quem grades são fixadas nas janelas; graças a quem a zona é cercada por dezenas de fios de arame farpado, torres, cercas e tapumes são erguidos, ciladas e emboscadas são armadas, cães cinzentos são alimentados com carne vermelha.

Um *fugitivo convicto* é, ainda, aquele que rejeita as recriminações desanimadoras dos habitantes do campo: por causa dos fugitivos fica pior para os outros! Eles reforçam o regime! Passam a fazer dez inspeções ao dia! A *balanda* fica mais rala! É aquele que afasta de si não só os sussurros dos demais prisioneiros a respeito de resignação ("mesmo no campo dá para viver, principalmente com as encomendas de fora"), mas até mesmo os protestos e as greves de fome; pois isso não é luta, mas autoengano. De todos os meios de luta, ele só vê um, só confia em um, só serve a um: a fuga!

Para ele, simplesmente não pode ser de outro modo! Assim ele foi criado. Da mesma forma que o pássaro não tem liberdade para rejeitar o voo migratório, o fugitivo convicto não consegue não fugir.

No intervalo entre duas fugas malsucedidas, o pessoal pacato do campo perguntava a Gueórgui Tenno: "Por que você não fica preso? Por que foge? O que é que você vai encontrar do lado de fora, especialmente hoje em dia?". "Como? O quê?", Tenno ficava surpreso. "A liberdade! Passar uns dias na taiga, sem os grilhões, isso é liberdade!"

O Gulag e os Órgãos não conheceram outros como ele, como Vorobiov, durante seu período médio, o período dos coelhos. Presos como eles só se encontravam bem no início do período soviético, e depois só após a guerra.

Esse era Tenno. Em todo novo campo (porque ele era transferido toda hora), ele primeiro ficava abatido, triste – até que amadurecia nele um plano de fuga. Quando o plano surgia, Tenno iluminava-se todo, e o sorriso triunfava em seus lábios.

Neste livro, não há espaço para sua complicada história de vida. Mas uma veiazinha para a fuga ele já tinha desde o nascimento. Quando criança, fugiu do internato de Briansk "para a América", ou seja, de barco pelo Desná; no orfanato de Piatigorsk, no inverno, ele pulou os portões de aço, só com a roupa de baixo, e foi para a casa da avó. E há nele algo muito original: em sua vida, entrecruzam-se uma vertente naval e uma circense. Ele concluiu a escola naval, foi marinheiro num quebra-gelo, mestre num pesqueiro, piloto da Marinha Mercante. Concluiu o Instituto Militar de Línguas Estrangeiras, lutou a guerra no front setentrional; como oficial de ligação, foi para a Espanha e para a Inglaterra em navios escoltadores ingleses. Mas, desde a infância, ele também praticava acrobacia, apresentava-se em circos, na época da NEP, e, mais tarde, nos intervalos entre duas viagens; era treinador de traves; fazia apresentações com números de "técnica mnemônica", "memorização" de uma grande quantidade de números e palavras, de "adivinhação" de pensamentos à distância. O circo e a vida nos portos proporcionaram-lhe certo contato com o mundo criminal: tinha um pouco da linguagem deles, do caráter aventureiro, da habilidade, da ousadia. Depois, preso com os bandidos em inúmeras cadeias diferentes, ele ia pegando mais e mais coisas deles. Isso também vinha a calhar para um fugitivo convicto.

Toda a experiência de vida molda a pessoa – é assim que surgimos.

Em 1948, ele subitamente recebeu baixa. Já era um sinal do outro mundo (conhecia línguas, tinha navegado num navio inglês, além de tudo era estoniano, mesmo que de Petersburgo), mas fomos ensinados a esperar pelo melhor. Na véspera do Natal daquele mesmo ano, em Riga, onde ainda existe aquela sensação de Natal, onde a data ainda é celebrada, ele foi preso e levado para um porão na rua Ámatu, ao lado do conservatório.

Prisão? Mas por quê? Não pode ser! *Vão esclarecer!* Antes da transferência para Moscou, chegaram até a tranquilizá-lo, de propósito (isso é feito para a segurança do transporte), o chefe do serviço de contraespionagem, coronel Morschínin, foi até mesmo à estação despedir-se dele, apertou-lhe a mão: "Faça boa viagem!". Com a escolta especial, eles eram quatro, viajaram num compartimento separado do vagão de primeira classe.

O luxo da escolta especial terminou na estação, em Moscou. Eles esperaram todos os passageiros saírem do vagão, então um primeiro-sargento com insígnias azuis saiu do camburão e entrou no vagão: "Onde ele está?".

A entrada na prisão, a insônia, compartimentos e mais compartimentos.

Ali estava o investigador. "Pois bem, conte a respeito de sua atividade criminosa." "Sou totalmente inocente!" "Só o papa Pio é totalmente inocente."

Na cela, só ele e um *olheiro*. Ele fica só *cercando*: mas o que aconteceu, na realidade? Depois de alguns interrogatórios, ele entendeu tudo: não iam esclarecer nada, não iam mais colocá-lo em liberdade. Ou seja, o jeito era fugir!

A glória mundial da prisão de Lefórtovo não desanimou Tenno. O plano de fuga lhe foi sugerido pelo investigador, Anatóli Liévchin, entre raiva e ódio.

As pessoas, os povos têm diferentes medidas. Quantos milhões não tinham suportado surras entre aquelas mesmas paredes, sem sequer chamá-las de tortura? Mas, para Tenno, a consciência de que ele poderia ser surrado impunemente era insuportável. Era um ultraje, então o melhor era deixar de viver. E quando Liévchin, depois de ameaças verbais, aproximou-se pela primeira vez com o braço erguido, Tenno levantou-se de um salto e respondeu, com um tremor de fúria: "Escute aqui, tanto faz se eu morrer! Mas eu posso muito bem *arrancar um olho* ou dois da sua cara agora mesmo! Isso eu posso!".

E o investigador se afastou. Aquela permuta de seu olho bom pela vida condenada de um detento não lhe era muito conveniente. Então ele tentou extenuar Tenno nas solitárias, enfraquecê-lo. Depois, inventou que a mulher gritando de dor no gabinete vizinho era a esposa de Tenno e que, se ele não confessasse, ela seria torturada ainda mais.

Novamente julgava mal a pessoa que ele estava atacando. Assim como o soco, Tenno também não pôde suportar o interrogatório da esposa. Ficava cada vez mais claro para o detento que seria preciso matar aquele investigador. Isso vinha a calhar com seu plano de fuga! O major Liévchin também usava uniforme de marinheiro, também era alto, também era louro. Para o posto de guarda do bloco de investigação, Tenno podia muito bem passar por Liévchin. É verdade que ele tinha o rosto gordo, lustroso, enquanto Tenno estava emagrecido.

Nesse meio-tempo, eles tiraram da cela o dedo-duro inútil. Tenno fez uma busca na cama que ele deixou ali. Uma haste metálica transversal estava enferrujada no ponto de encontro com o pé do leito, a ferrugem tinha corroído uma parte da espessura, o rebite estava mal fixado. De comprimento, a haste tinha uns 70 centímetros. Como arrancá-la?

Primeiro era preciso... desenvolver em si uma contagem ritmada dos segundos. Depois, calcular, para cada carcereiro, o intervalo entre duas espiadas que ele dava pela vigia. O intervalo era de 45 a 65 segundos.

Num desses intervalos, fez força, e a haste estalou em sua ponta enferrujada. A outra estava inteira, seria mais difícil arrancar. Ele teria de ficar de pé em cima dela, com os dois pés – mas aí ela faria barulho ao cair no chão. Ou seja, naquele intervalo ele teria de: colocar um travesseiro no chão de cimento, levantar-se, quebrar a haste, devolver o travesseiro e colocar a haste em sua cama, pelo menos por enquanto. E contar os segundos o tempo todo.

Quebrou. Estava feito!

Mas essa ainda não era a saída: entrariam ali, achariam a haste, ele morreria na solitária. Vinte dias de solitária, e ele não só perderia as forças para a fuga como não conseguiria sequer se defender do investigador. Ele teria de fazer o seguinte: descosturar o colchão com as unhas. De lá, tirar um pouco de algodão. Com o algodão, embrulhar as pontas da haste e colocá-la de volta no lugar. Contar os segundos. Pronto, feito!

Mas isso também seria por pouco tempo. Uma vez a cada dez dias, havia banho, e durante o banho faziam busca na cela. Podiam descobrir a avaria. Ou seja, ele tinha de agir logo. Como levar a haste para o interrogatório?... Na saída do bloco prisional, não havia revista. Só davam uma batida de leve na volta do interrogatório, e só nos lados e no peito, onde ficavam os bolsos. Procuravam por lâminas, tinham medo de suicídios.

Debaixo da túnica de marinheiro, Tenno usava a tradicional camisa listrada, que aquece o corpo e a alma. "Mais tempo no mar, menos tempo a chorar!" Pediu uma agulha para o carcereiro (eles dão, em determinados momentos), como se fosse pregar um botão feito com pão. Desabotoou a túnica, desabotoou as calças, puxou para fora a barra da camisa e, na parte de dentro dela, embaixo, costurou uma barra; ficou como se fosse um bolsinho (para a ponta inferior da haste). De antemão, ele já tinha arrancado um pedaço de fita de seu calção. Agora, fingindo que estava pregando o botão na túnica, pregou essa fita na altura do peito, no avesso da camisa – seria um laço para posicionar a verga.

Agora era virar a camisa de trás para a frente e começar a treinar dia após dia. A verga ficava alojada nas costas, debaixo da camisa: era passada pelo laço superior e apoiada no bolsinho inferior. A ponta de cima da verga acabava ficando na altura do pescoço, debaixo da gola da túnica. O treinamento consistia no seguinte: entre uma espiada e outra, levar a mão à nuca, pegar a verga pela ponta, curvar o tronco para trás, endireitar-se com uma flexão para a frente, como a corda de um arco, simultaneamente puxando para fora a verga, e, com um movimento brusco, acertar a cabeça do investigador. E depois tudo de volta no lugar! Vinha a espiada. O detento estava folheando um livro.

O movimento saía cada vez mais rápido, a verga já assobiava no ar. Mesmo se o golpe não fosse mortal, o investigador cairia inconsciente. Se também tinham prendido sua esposa, ele não teria pena de nenhum deles!

Deixou prontos também dois rolinhos de algodão, tirados daquele mesmo colchão. Dava para colocá-los na boca, atrás dos dentes, para imitar a gordura do rosto.

Evidentemente, ainda seria preciso estar barbeado no dia – e eles só passavam uma lâmina cega no rosto uma vez por semana. Portanto, o dia não era indiferente.

Não esquecer, não deixar nada importante de lado e arrumar tudo em quatro ou cinco minutos. Quando o outro estivesse ali deitado, tombado,

1. tirar a túnica, vestir a do outro, mais nova, com insígnias;

2. tirar os cadarços das botas do outro, passá-los nas botas arrebentadas dele – nisso iria muito tempo;

3. encaixar a lâmina de barbear num lugar especialmente preparado, no salto (se capturassem e jogassem na primeira cela, abrir uma veia ali mesmo);

4. repassar todos os documentos, pegar o necessário;

[...]

11. fazer bolinhas com o algodão, colocar dentro da bochecha;

12. cortar o fio do interruptor. Se alguém entrasse de repente, estaria tudo escuro – a pessoa tentaria o interruptor – pensaria que na certa a lâmpada havia queimado, por isso o investigador foi para outro escritório. Mas, mesmo se trocassem a lâmpada, não perceberiam de imediato o que tinha acontecido.

Eram, portanto, doze coisas, e a 13ª seria a própria fuga...

As chances, evidentemente, eram muito pequenas: por enquanto, talvez de três a cinco em cem. Era quase impossível, ele nem sabia como era o posto de guarda externo. Mas não morreria ali como escravo!

Então, uma noite, logo depois de ter sido barbeado, Tenno foi para o interrogatório com a verga de ferro nas costas. O investigador conduziu o interrogatório, xingou, ameaçou, mas Tenno só olhava para ele, surpreso: como é que ele não sentia que suas horas estavam contadas?

O coração batia. O dia seguinte seria de festa para ele. Ou de execução.

Mas acabou sendo tudo diferente. Perto da meia-noite, outro investigador entrou depressa e começou a sussurrar alguma coisa no ouvido de Liévchin. Isso nunca tinha acontecido. Liévchin apressou-se e apertou o botão, para que o carcereiro viesse buscar o detento.

E tudo acabou por aí... Tenno voltou para a cela, colocou a verga no lugar.

Na outra vez, o investigador convocou-o quando estava com a barba por fazer (não fazia sentido levar a verga).

E era um interrogatório diurno.

Logo substituíram o investigador, e ele foi transferido para a Lubianka. Ali, Tenno não preparou uma fuga (o andar do inquérito passara a lhe inspirar mais esperança, e ele não tinha a certeza da fuga), mas ele observava constantemente, e acabou criando um plano de treinamento.

Só na Butyrka é que ele se livrou do peso: por meio de um pedacinho de papel oriundo do Conselho Especial, foi declarada a pena de 25 anos nos campos de trabalho. Ele assinou, e sentiu uma leveza sobre si mesmo, surgiu um sorriso; com que facilidade suas pernas o levaram até a cela dos punidos com 25! Aquela sentença o libertava das humilhações, dos acordos, da submissão, da adulação, daquela promessa miserável dos cinco a sete anos: 25 anos, seus filhos da mãe??? Não se podia esperar outra coisa de vocês – o negócio então é fugir!!

Ou morrer. Afinal, será que a morte era pior que um quarto de século em escravidão? O simples fato de rasparem sua cabeça depois do julgamento – um mero corte de cabelo, quem é que poderia ficar desgostoso com aquilo? – foi encarado por Tenno como uma ofensa, como uma cusparada no rosto.

Agora teria de procurar aliados. E estudar a história de outras fugas. Nesse mundo, Tenno era um novato. Seria possível que ninguém tivesse fugido antes?

As fugas de cativos, como qualquer atividade humana, têm a sua história, têm a sua teoria. É bom conhecê-las antes de tentar por conta própria.

A história são as fugas que já aconteceram. A Divisão de Operações dos Serviços de Segurança não vai publicar folhetos de popularização a respeito de sua tecnologia: ela guarda a experiência para si mesma. Você pode conhecer a história a partir de outros fugitivos, os que foram capturados. A experiência deles custou muito caro – sangue, sofrimento, quase a própria vida. Mas perguntar os detalhes das fugas, passo a passo, para um fugitivo, para três, para cinco, não é uma coisa inocente: é muito perigoso. Talvez seja tão perigoso quanto perguntar: quem sabe como fazer para ingressar numa organização clandestina?

E a teoria das fugas é muito simples: fuja como puder. Se conseguiu fugir, quer dizer que conhecia bem a teoria. Se foi capturado, quer dizer que ainda não a tinha dominado. Mas os princípios básicos são os seguintes: você pode fugir de uma obra ou você pode fugir da zona de habitação. Da obra é mais fácil: elas são muitas, e a vigilância não é tão rígida, e o fugitivo tem ferramentas. Dá até para fugir sozinho – é mais difícil, mas ninguém vai vender você. Dá para fugir em grupo, mas tudo depende de todos estarem no mesmo barco. Há ainda a seguinte condição nessa teoria: é preciso conhecer muito bem a geografia, como se você pudesse ver o mapa de olhos fechados. E, no campo, você não vê mapa nenhum. (Os ladrões, aliás, não sabem nada de geografia; eles consideram como norte a prisão de trânsito em que estava frio da última vez.) Há também a seguinte condição: é preciso conhecer o povo em meio ao qual se dá a fuga. E existe a seguinte prescrição metodológica: você deve sempre preparar a fuga *de acordo com um plano*, mas estar a todo instante pronto para fugir de um modo totalmente diferente – *de acordo com o acaso*.

O primeiro campo de Tenno foi o Novorúdnoie, perto de Djezkazgan. Pois bem, esse é o grande lugar em que você foi condenado a morrer. E é precisamente dali que você deve fugir! Ao redor, está o deserto, cheio de salinas e dunas, firme só onde há grama ou erva de camelo. Em alguns lugares, vagam por aquela estepe cazaques com seus rebanhos; em outros, não há ninguém. Não há rios e é quase impossível encontrar um poço. A melhor época para fugas é em abril e maio: aqui e acolá, ainda se mantêm alguns laguinhos, formados pelo degelo. Mas os vigilantes também sabem disso muito bem. Nesse período, as revistas ficam muito mais severas na saída para o trabalho, e eles não deixam levar nem um pedacinho a mais, nem um trapinho a mais.

Naquele outono de 1949, três fugitivos – Slobodianiuk, Bazitchenko e Kójin – arriscaram disparar para o sul: pensaram em ir pelo curso do rio Sary-Su até Kzyl Ordá. Mas o rio tinha secado completamente. Quando foram capturados, estavam à beira da morte, de tanta sede.

Com base na experiência deles, Tenno decidiu que não deveria fugir no outono. Ele continuou frequentando a Seção de Cultura e Educação com assiduidade – afinal, ele não era um fugitivo, não era um revoltoso, era um daqueles detentos sensatos que têm a esperança de *corrigir-se* antes do fim de sua sentença de 25 anos. Ele ajudou como pôde, prometeu apresentações amadoras de acrobacia, de técnica mnemônica, e, enquanto isso, foi folheando tudo que havia na Seção de Cultura e Educação, até encontrar um mapa meio ruim do Cazaquistão, que o camarada não tinha escondido. Muito bem. Havia uma velha rota de caravanas até Djussaly, de 350 quilômetros; talvez desse até para encontrar um poço nela. E 400, na direção de Ichim, para o norte; ali era possível que encontrasse prados. Já na direção do lago Balkhach, eram 500 quilômetros de puro deserto, o Bet-Pak-Dalá. Mas, nessa direção, dificilmente o perseguiriam.

Essas eram as distâncias. Essa era a escolha...

Durante aquele inverno, Tenno elaborou o plano e escolheu quatro companheiros. Mas, enquanto o plano, teoricamente, ia sendo pacientemente elaborado, aconteceu de ele ser levado por acaso para uma obra recém-aberta: uma pedreira. A pedreira ficava numa região cheia de colinas, não era visível do campo. Ali, ainda não havia nem torres nem zona: tinham fincado umas estacas e passado alguns fios de arame farpado. Em um ponto da cerca de arame, havia um intervalo: eram os "portões".

Para além deles, a estepe de abril, coberta por uma grama ainda fresca e uma explosão de tulipas – de tulipas! O coração do fugitivo não podia suportar aquelas tulipas e aquele ar de abril! Talvez aquela fosse a Ocasião... Enquanto ainda não estava sob suspeita, enquanto ainda não tinha ido para o xadrez – agora era a hora de fugir!

Àquela altura, Tenno já tinha conhecido muita gente no campo e agora já reunira uma turma de quatro pessoas: Micha Khaidárov (tinha estado na Coreia do Norte com os fuzileiros navais soviéticos e fugido da Corte Marcial pelo Paralelo 38; por não desejarem estragar as boas e fortes relações na Coreia, os americanos o devolveram: levou um *quarteirão*); Jadzik, um motorista polonês do Exército de Anders (ele narrava sua biografia, de maneira expressiva, com seus pés desaparelhados de botas: "essas botas, uma é de Hitler, a outra é de Stálin"); e ainda Serguei, um ferroviário de Kúibychev.

Então, chegou um caminhão carregando os postes de verdade para a futura zona, além de rolos de arame farpado – isso bem no início do intervalo para o almoço. A turma de Tenno, por amar os trabalhos forçados, mas sobretudo por amar fortificar uma zona, começou voluntariamente a descarregar o veículo, mesmo sendo o intervalo. Enfiaram-se na carroceria. Mas, como de qualquer maneira era o horário do almoço, eles mal se mexeram, ficaram pensando. O motorista foi para outro lado. Os prisioneiros estavam todos deitados, pegando sol, cada um no seu lugar.

Fugir ou não? Eles não tinham nada para levar: nem faca, nem equipamento, nem comida, nem o plano. Porém, estariam de carro, e Tenno sabia, graças ao mapa miúdo: tocar para Djezdy, e depois para o Ulutau. O pessoal ficou entusiasmado: é a ocasião! A ocasião!

O caminho dali até os "portões", até a sentinela, era um declive. E, logo depois, a estrada dobrava uma colina. Se fossem rápidos o suficiente, já não conseguiriam atirar de lá. E, também, as sentinelas não poderiam deixar seu posto!

Terminaram de descarregar – o intervalo ainda não tinha terminado. Jadzik guiaria. Ele saltou, enrolou um pouco ao lado do veículo, enquanto os outros três deitaram-se preguiçosamente no fundo da carroceria e se esconderam; talvez as sentinelas nem tivessem visto onde eles tinham se metido. Jadzik trouxe o motorista: adiantamos a descarga, então vamos fumar um cigarro. Fumaram. Bom, dê a partida! O motorista entrou na cabine, mas o motor, como que de propósito, por algum motivo não queria pegar. (Os três da carroceria não sabiam do plano de Jadzik e pensaram que tudo tinha dado errado.) Jadzik começou a girar a manivela. Mesmo assim não pegava. Jadzik já estava cansado, propôs ao motorista que trocassem de lugar. Agora Jadzik estava na cabine. E logo o motor roncou! E o veículo saiu ladeira abaixo, em direção à sentinela do portão! (Depois, Jadzik contou: ele havia fechado a chave de fornecimento de gasolina para as tentativas do motorista, e depois teve tempo de abrir quando ele mesmo entrou.) O motorista nem correu atrás, pensou que Jadzik pararia. Mas o veículo atravessou os "portões" a toda velocidade.

Dois gritos de "pare"! O veículo seguiu em frente. Disparos das sentinelas – primeiro para o ar, porque parecia muito que era algum erro. Talvez até fossem contra o veículo, mas os fugitivos não sabiam, estavam deitados. Uma curva. Deram a volta na colina, conseguiram fugir dos tiros! Os três na carroceria ainda não tinham erguido a cabeça. O veículo ia depressa, sacudindo. E de repente parou, e Jadzik gritou, desesperado: ele tinha pegado o caminho errado! Foram dar nos portões de uma mina, com a própria zona e as próprias torres.

Tiros. A escolta sai correndo. Os fugitivos rolam para o chão, ficam de bruços e cobrem a cabeça com as mãos. E os soldados de escolta chutam, mirando justamente a cabeça, as orelhas, as têmporas, a parte de cima da coluna.

Aquela regra universal e salvadora, "não bater numa pessoa deitada", não vale na *kátorga* stalinista! Em nosso meio, batem justamente nos que estão deitados. Quem está de pé é fuzilado.

Mas, no interrogatório, esclareceu-se que *não tinha acontecido fuga nenhuma*! Sim! Todos os rapazes disseram o mesmo: que estavam dormindo no veículo, o veículo disparou, aí vieram os tiros, era tarde para pular para fora, podiam tomar um tiro. E Jadzik? Era inexperiente, não tinha conseguido controlar o veículo. Mas ele não tocou para a estepe, e sim na direção de uma mina vizinha.

Acabaram levando só uma surra.

Mas a fuga *de acordo com o plano* já tinha sido preparada. Como fizeram uma bússola: numa caixinha de plástico, marcaram as direções. Prenderam uma agulha imantada num pedaço de madeira flutuante. Então, puseram água. Lá estava a bússola. Quanto à água potável, o melhor era encher uma câmara de pneu e, durante a fuga, levá-la como se fosse um capote enrolado. Todas essas coisas (e também comida e roupas) foram levadas aos poucos para o DOK[185] de onde pretendiam fugir, e lá foram escondidas num buraco próximo à serraria. Algum motorista livre vendeu-lhes a câmara. Cheia de água, ela também foi posta dentro do buraco. Às vezes, trens chegavam de madrugada, e os carregadores eram deixados na zona de trabalho para passar a noite. Era nesse momento que deveriam fugir. Algum livre, em troca de um lençol trazido da zona (esses são os

185 A usina de processamento de madeira. [N. T.]

nossos preços!), já tinha cortado os dois fios inferiores do arame em frente à serraria, e a madrugada da descarga dos troncos já ia se aproximando! Porém, havia um prisioneiro, um cazaque, que encontrou o buraco, o esconderijo deles, e denunciou.

Prisão, surras, interrogatórios. Para Tenno, havia "coincidências" demais, coisas demais semelhantes a uma fuga.

No dia 9 de maio de 1950, no aniversário de cinco anos da Vitória, o marinheiro Tenno, veterano do front, entrou na cela da famosa prisão de Kenguir. Naquele verão, desencadeou-se uma onda de calor de 40 a 50 graus, todo mundo ficava deitado, nu. Era mais fresco debaixo das tarimbas, mas, de madrugada, dois saíram aos pulos de lá: umas aranhas tinham subido neles.

Na prisão de Kenguir, havia uma companhia seleta, reunida de diversos campos. Em todas as celas, havia fugitivos com experiência, uma rara seleção de águias. Finalmente Tenno encontrava seus fugitivos convictos!

Naquele mesmo verão, toda essa companhia seleta foi algemada e levada para Spassk por algum motivo. Lá, foram alojados num barracão com vigilância exclusiva. Já na quarta madrugada, os fugitivos convictos arrancaram a grade da janela, saíram para o pátio de serviço, mataram o cachorro que ficava ali, sem fazer barulho, e tentaram atravessar o telhado, para chegar à enorme zona comum. Mas o telhado de ferro começou a ceder debaixo de seus pés, e, no silêncio noturno, aquilo fazia um estrondo. Os vigias deram o alarme. Porém, quando chegaram ao barracão deles, todos dormiam pacificamente, e a grade estava no lugar. Os inspetores tinham se enganado.

Não, não estavam fadados a permanecer muito tempo no mesmo lugar! Os fugitivos convictos, como holandeses voadores, eram levados adiante por sua sina inquieta. E, se eles não fugissem, seriam levados dali. Agora, toda aquela ousada companhia seria transferida, de algemas, para a prisão de Ekibastuz.

Por serem condenados e estarem sob regime punitivo, eles são levados para a caieira. Eles descarregam a cal viva dos caminhões em meio ao vento, e a cal entranha-se em seus olhos, na boca, na traqueia. Durante a descarga dos fornos, seus corpos suados e nus ficavam cobertos com a poeira da cal. Esse envenenamento diário, inventado para sua correção, só os forçava a apressar a fuga.

O plano acaba se impondo por conta própria: a cal é trazida em veículos – então teriam de escapar num veículo. Romper a zona, que ali ainda era cercada por arame farpado. Pegar um carro com mais combustível. Entre os fugitivos, o motorista escolado era Kólia Jdanok, companheiro de Tenno na fuga malsucedida da serraria.

Jdanok era moreno, pequeno, muito ágil. Tinha 26 anos, era bielorrusso; de lá, foi levado para a Alemanha, trabalhou de motorista para os alemães. A sentença dele também era um *quarto*. Quando se entusiasmava, era muito enérgico: ele se entregava ao trabalho, ao ímpeto, à luta, à fuga. É claro que lhe faltava controle, mas Tenno tinha controle.

Tudo indicava a ele: tinham de fugir a partir da caieira. Mas o chefe da brigada punitiva, Liochka, o Cigano (Navzurov), uma cadela, franzino, mas que inspirava terror em todos e que, em sua vida no campo, tinha matado dezenas de pessoas (ele matava facilmente por causa de uma encomenda, até por causa de um maço de cigarros), chamou Tenno de lado e advertiu:

— Eu mesmo sou um fugitivo e adoro os fugitivos. Veja, meu corpo é crivado de balas, foi uma fuga pelo meio da taiga. Mas não fuja pela zona de trabalho: aqui sou eu que respondo, eles vão me prender de novo.

Então talvez fosse verdade, as fugas de Ekibastuz estavam se tornando uniformes. Todos fugiam pela zona de trabalho, ninguém da zona de habitação. Deveria arriscar? Certa vez, na caieira, estragaram o fio elétrico de um misturador de argamassa. Chamaram um eletricista livre. Tenno ajudou-o a fazer o conserto, enquanto Jdanok afanava um alicate do bolso dele. Ali mesmo, na caieira, os fugitivos fizeram duas facas: com um escopro, talharam-nas a partir de uma pá; na ferraria, afiaram, temperaram, forjaram cabos de estanho usando moldes de barro. A de Tenno era “turca”: ela não só servia ao seu propósito como também amedrontava, com seu aspecto curvo e brilhante, e isso era ainda mais importante. Afinal, eles não pretendiam matar ninguém, mas assustar.

Tanto o alicate como as facas foram levados para a zona de habitação dentro dos calções de baixo, perto do tornozelo, e escondidos nos alicerces do barracão.

Novamente, a chave para o sucesso da fuga deveria ser a Seção de Cultura e Educação. Enquanto as armas estavam sendo feitas e transportadas, Tenno, por sua vez, fez um requerimento para participar das apresentações amadoras juntamente com Jdanok. E, assim, Tenno e Jdanok receberiam autorização para sair do barracão punitivo depois de este ter sido trancado, quando a zona inteira ainda vivia e se agitava durante duas horas. Eles perambularam pela zona de Ekibastuz, ainda desconhecida por eles, prestando atenção à escolta nas torres, em como e quando trocavam o turno, em quais eram os pontos mais convenientes para arrastar-se em direção à zona. Na própria Seção de Cultura e Educação, Tenno lia atentamente o jornalzinho da região de Pavlodar, tentando memorizar os nomes dos bairros, dos *sovkhozy*[186], dos *kolkhozy*, os sobrenomes dos presidentes, dos secretários e de diversos trabalhadores de vanguarda. Depois, ele fez outro requerimento, afirmando que seria montada uma esquete e que, para tanto, ele precisava receber do depósito os seus trajes civis e uma valise qualquer. (Uma valise numa fuga, isso era incomum! Isso daria um ar de chefia!) A autorização foi dada. Tenno já estava com a túnica de marinheiro, agora ele pegaria também seu traje islandês, recordação de uma escolta naval. Jdanok pegou da mala do companheiro um terno belga, cinza, tão elegante que era até estranho olhar para ele no campo. Entre os pertences de um letão, havia uma valise. Pegaram essa também. E quepes de verdade, em vez daqueles bonés do campo.

Mas a esquete demanda tantos ensaios que nem sobra tempo antes do toque de recolher geral. Por isso, uma noite, e depois outra noite, Tenno e Jdanok nem mesmo voltam para o barracão punitivo, passam a noite no mesmo barracão da Seção de Cultura e Educação, acostumando os carcereiros do

186 Plural de *sovkhoz*, fazenda mantida pelo Estado soviético, cerca de três vezes maior que um *kolkhoz*. [N. T.]

barracão punitivo. (Afinal, é preciso ganhar pelo menos uma noite na fuga.)

Qual seria o momento mais adequado para a fuga? A verificação noturna. Quando se formava a fila em frente ao barracão, todos os carcereiros ficavam ocupados com a entrada, e os zeks ficavam olhando para a porta, querendo dormir logo; ninguém olhava para o resto da zona. Os dias iam ficando mais curtos, e era preciso pegar justo aquele dia em que a verificação acontecesse já depois do crepúsculo, no lusco-fusco, mas antes ainda do posicionamento dos cachorros ao redor da zona. Era preciso aproveitar esses únicos cinco a dez minutos, porque era impossível arrastar-se para fora perto dos cachorros.

Escolheram um domingo, 17 de setembro. Era conveniente, domingo era dia de folga, poderiam recuperar as forças até o fim do dia, fazer os últimos preparativos sem pressa.

A última noite antes da fuga! Quem consegue dormir? Pensamentos, pensamentos... Estarei vivo daqui a um dia?... Talvez não. Mas ficar no campo? uma morte prolongada, como um *dokhodiaga*, num monturo... Não, não se deixar conformar com a ideia de que não se é livre.

A questão é a seguinte: você está pronto para morrer? Estou pronto. Então, também estou para fugir.

Um domingo ensolarado. Graças à esquete, ambos foram liberados do barracão punitivo durante o dia todo. Os fugitivos iam muito mal de comida: no barracão punitivo, eles estavam sob rédeas curtas, e juntar pão levantaria suspeitas. Mas eles contavam com um avanço rápido e esperavam conseguir um carro no povoado. Porém, naquele mesmo dia, chegou uma encomenda enviada pela mãe – era a bênção materna para a fuga. Pastilhas de glicose, macarrão, flocos de aveia – isso iria na valise. Os cigarros, eles podiam trocar por *makhorka*. Mas era preciso separar um pacote para o enfermeiro do serviço de saúde. Com isso, Jdanok já estaria na lista dos liberados do dia. O motivo era o seguinte: Tenno iria à Seção de Cultura e Educação, diria que Jdanok estava doente, que naquele dia não haveria ensaio, não iriam. Enquanto isso, no barracão punitivo, diriam a Liochka, o Cigano: hoje à noite temos ensaio, não voltaremos ao barracão. Assim, não esperariam por eles nem lá nem cá.

Ainda precisavam arrumar uma *katiucha*, uma pederneira com um pavio dentro de um tubo. Na fuga, isso era melhor que fósforos.

O domingo ia terminando. O sol dourado ia se pondo. O alto e vagaroso Tenno e o pequeno e ágil Jdanok jogaram também a *telogreika* por cima dos ombros, pegaram a valise (no campo, as pessoas já tinham se acostumado àquele visual excêntrico deles) e foram até o ponto de partida – entre os barracões, na grama, próximo à zona, bem de frente para uma torre. Os barracões os escondiam das outras duas torres. Havia uma única sentinela diante deles. Eles estenderam a *telogreika*, deitaram-se sobre ela e ficaram jogando xadrez, para que a sentinela se acostumasse.

O dia fica acinzentado. O sinal da verificação. Os zeks convergem em direção aos barracões. Já veio o crepúsculo, e a sentinela da torre não deve perceber que dois deles ficaram deitados na grama. Seu turno está se aproximando do fim, já não está prestando muita atenção. Com uma sentinela cansada, é sempre mais fácil escapar.

A intenção era cortar a cerca não em algum ponto do terreno, mas bem juntinho à torre. Certamente a sentinela fica observando muito mais o que está distante na zona, não o que está bem debaixo dos seus pés.

As cabeças já estavam na grama; além disso, o crepúsculo já viera, eles não conseguiam enxergar a passagem pela qual logo deveriam rastejar. Mas ela já tinha sido muito bem examinada antes: logo depois da zona, um buraco para um poste tinha sido cavado, eles poderiam se esconder nele por um momento; mais além, havia montículos de lixo, e uma estrada vinha dos alojamentos dos guardas até o povoado.

O plano era o seguinte: no povoado, conseguir imediatamente um carro. Parar alguém e dizer ao motorista: quer ganhar um dinheiro? Precisamos trazer duas caixas de vodca da velha Ekibastuz para cá. Que motorista não aceitaria uma bebidinha?! Regateariam com ele: meio litro para você? Um litro? Tudo bem, então vamos, só não conte a ninguém! E depois, na estrada, sentados com ele na cabine, agarrá-lo, levá-lo até a estepe e largá-lo ali, amarrado. Aí correr para alcançar o Irtych ainda na madrugada, largar o carro ali, atravessar o Irtych de barco, e seguir para Omsk.

Escureceu mais um pouco. Nas torres, os holofotes foram acesos, iluminando ao longo da zona; mas, por enquanto, os fugitivos estavam deitados num setor com sombra. Era hora! Logo seria a troca de turno, e os cachorros seriam trazidos e posicionados para a noite.

Nos barracões, as lâmpadas já se acendiam, dava para ver os zeks entrando depois da verificação. Estaria bom ali no barracão? Quente, confortável... Aqui, de repente, você podia ser crivado por balas de metralhadora, e, o que era ultrajante, estaria ali deitado, estirado.

Bastava que ninguém tossisse ao pé da torre, que ninguém pigarreasse.

Pois tomem conta, cães de guarda! A sua tarefa é segurar, a nossa é fugir!

Capítulo 7
O gatinho branco
(O relato de Gueórgui Tenno)

[NOTA DA EDIÇÃO RUSSA: *Uma encantadora história de vinte dias de liberdade, dia após dia. No oitavo dia, os fugitivos, quase mortos, alcançaram o Irtych; no vigésimo, já estavam nos arredores de Omsk. No 21º, foram capturados. Surras, nove meses de prisão, inquérito. E mais 25 anos.*]

Capítulo 8
Fugas com moral e fugas com engenho

As fugas dos campos de trabalhos correcionais, desde que não fossem para algum lugar como Viena, ou pelo estreito de Bering, eram aparentemente encaradas com resignação pelos dirigentes do Gulag. Eles as consideravam um fenômeno natural, uma perda econômica inevitável em uma propriedade excessivamente vasta, semelhante à mortandade do gado, ao apodrecimento da madeira, ao tijolo que vem quebrado em vez de inteiro.

Não era assim nos Campos Especiais. Para cumprir a vontade especial do Pai dos Povos, esses campos foram equipados com uma guarda fortemente reforçada e com armamentos igualmente reforçados, no nível da infantaria motorizada contemporânea. Ali, já não eram mantidos os *socialmente próximos*, cuja fuga não traria grande prejuízo. Ali, já não havia o pretexto de que os fuzileiros eram poucos, ou de que o armamento era obsoleto. Na própria fundação dos Campos Especiais, foi incluído nas instruções: nesses campos, de modo algum poderia haver fugas, pois qualquer fuga de um detento dali era o mesmo que um espião graúdo cruzar uma fronteira nacional – seria uma mancha política para a administração do campo e para o comando das tropas de escolta.

Mas foi precisamente a partir desse momento que o Cinquenta e Oito passou a não receber mais a década, e sim o *quarteirão*, ou seja, o teto do Código Penal. Assim, esse recrudescimento absurdo e uniforme tinha, na realidade, certa fraqueza: agora, o Código Penal não refreava mais os presos políticos das tentativas de fuga.

E, embora o número de fugas fosse menor nos Campos Especiais que nos campos de trabalhos correcionais (até porque os Campos Especiais existiam havia menos tempo), essas fugas eram mais ásperas, mais árduas, mais irreversíveis, mais desesperançadas – e por isso mesmo mais gloriosas.

Os relatos a respeito delas nos ajudam a determinar se nosso povo era mesmo tão paciente, tão submisso durante aqueles anos.

Uma foi um ano antes da fuga de Tenno, e serviu de exemplo para ele. Em setembro de 1949, dois forçados escaparam do primeiro departamento do Steplag (Rudnik): Grigóri Kudla, um velho ucraniano troncudo, grave e ponderado, e Ivan Duchetchkin, um bielorrusso tranquilo, de uns 35 anos. Na mina em que trabalhavam, eles encontraram, numa velha escavação, um poço tapado, com uma grade na abertura superior. Em seu turno da noite, eles iam soltando aquela grade, e, enquanto isso, dentro do poço iam juntando torradas, facas, uma bolsa térmica roubada do serviço de saúde. Na noite da fuga, ao descer para a mina, cada um avisou ao chefe de brigada, separadamente, que se sentia indisposto, que não podia trabalhar. De madrugada, debaixo da terra, não há inspetores, o chefe de brigada é a única autoridade, mas ele tinha de pegar mais leve, porque ele mesmo poderia ser encontrado com a cabeça partida ao meio. Os fugitivos puseram água na bolsa térmica, pegaram seus mantimentos e foram em direção ao poço. Quebraram a grade e se arrastaram para dentro. A saída, no fim das contas, era perto das torres, mas fora da zona. Foram embora sem serem notados.

De Djezkazgan, eles foram em direção noroeste, pelo deserto. Deitavam-se durante o dia, caminhavam durante a noite. Não deram com água em lugar nenhum, e, em uma semana, Duchetchkin não podia mais se levantar; Kudla incutiu nele a esperança de que havia colinas adiante, poderia haver água do outro lado delas. Arrastaram-se até lá, mas ali, nas depressões, encontraram só lama, nada de água. E Duchetchkin disse: “Eu realmente não vou conseguir continuar. Você vai ter de me *furar* e beber meu sangue”.

Moralistas! Qual era a decisão correta? Kudla também já estava com a vista turva. Duchetchkin, afinal, morreria: por que Kudla deveria perecer também?... Mas, se ele encontrasse água logo, *como* é que depois, pelo resto da vida, ele poderia lembrar-se de Duchetchkin?... Kudla decidiu: vou seguir adiante mais um pouco, se eu voltar sem água antes do amanhecer, vou livrá-lo desse sofrimento; assim não morremos os dois. Kudla alcançou o morro, viu uma fenda, e, como nos romances mais inacreditáveis, havia água nela! Kudla saiu em disparada e bebeu, bebeu com sofreguidão! (Só de manhã é que foi ver os girinos e as algas nela.) Ele voltou até Duchetchkin com a bolsa térmica cheia: "Trouxe água para você, água!". Duchetchkin não acreditava, bebia e não acreditava (durante aquelas horas, ele já tinha sonhado que estava bebendo água...). Arrastaram-se até aquela fenda e ficaram ali, bebendo.

Depois de terem bebido, veio a fome. Mas, na madrugada seguinte, eles atravessaram uma serra e desceram até um vale abençoado: um rio, grama, arbustos, cavalos, vida. Com a escuridão, Kudla chegou pertinho dos cavalos e matou um deles. Beberam seu sangue direto da ferida.

Assaram a carne do cavalo numa fogueira, ficaram muito tempo comendo, depois partiram. Contornaram Amangueldy, no Tungai, mas, na estrada principal, veio um caminhão na direção deles, com uns cazaques que exigiram documentos e ameaçaram entregá-los para a polícia.

Adiante, eles passaram a encontrar regatos e lagos com frequência. Kudla ainda apanhou e abateu um carneiro. Já estavam havia *um mês* em fuga! Outubro ia terminando, estava ficando frio. No primeiro bosque, encontraram um abrigo de terra e fixaram-se nele: não tinham vontade de deixar aquela farta região. O fato de que pararam ali, o fato de que sua terra natal não os atraía, não prometia uma vida mais tranquila – foi isso que condenou e desorientou a fuga deles.

Nas madrugadas, eles faziam incursões ao povoado vizinho, ora furtavam ali um caldeirão, ora arrombavam o cadeado de uma despensa e pegavam farinha, sal, um machado, louças. (Inevitavelmente, o fugitivo, assim como o *partisan*, em meio à pacífica vida comum logo se transforma em ladrão...) Em outra ocasião, eles levaram uma vaca do povoado e abateram na floresta. Mas então nevou, e eles tiveram de ficar no abrigo de terra, sem sair, para não deixar vestígios. Mal Kudla saiu para buscar ramagem, foi visto por um guarda-florestal, que logo começou a atirar. “São vocês os ladrões? Vocês é que roubaram a vaca?” Junto ao abrigo, foram encontrados vestígios de sangue. Eles foram levados para o povoado e trancafiados. O povo gritava: é para matar os dois aqui mesmo, sem piedade! Mas um investigador da região chegou com o documento de busca nacional e declarou aos moradores do povoado: “Muito bem! Vocês não capturaram ladrões, mas destacados bandidos políticos!”.

Então tudo mudou. Ninguém mais gritou. O dono da vaca – revelou-se que era um tchetcheno – trouxe pão para os detentos, carne de carneiro, até dinheiro recolhido entre os tchetchenos. “Ora”, ele disse, “se você tivesse vindo e falado *quem* você era, eu mesmo teria entregado tudo para você!...”. (Não dá para duvidar disso, é o modo dos tchetchenos.) E Kudla começou a chorar. Depois de tantos anos endurecido, o coração não suportou a compaixão.

Os detentos foram levados para Kustanai; ali, no xadrez da estação ferroviária, não só tomaram (para si) tudo que os tchetchenos tinham dado como *não deram comida nenhuma*! Antes do embarque, eles foram postos de joelhos na plataforma de Kustanai, as mãos foram atadas nas costas, com algemas. E assim foram mantidos, à vista de todos.

Se aquilo tivesse acontecido numa plataforma em Moscou, Leningrado, Kíev, ou qualquer cidade próspera, todos passariam reto por aquele velho grisalho, de joelhos e algemado, que parecia tirado de um quadro de Riépin, sem percebê-lo e sem se virar – todos aqueles colaboradores de editoras literárias, diretores de cinema progressistas, palestrantes de humanismo, oficiais do Exército, isso sem falar dos funcionários dos sindicatos e do Partido. E todos os cidadãos ordinários, nada destacados, que não ocupavam posto algum, também tentariam passar sem perceber, para que a escolta não perguntasse ou anotasse seus nomes – porque, afinal, se você tem um registro de domicílio em Moscou, não dá para pôr isso em risco...

Mas os moradores de Kustanai tinham pouco a perder, todos ali eram ou irreconciliáveis, ou corrompidos, ou exilados. Eles começaram a se amontoar ao redor dos detentos, jogar-lhes *makhorka*, cigarros, pão. As mãos de Kudla estavam presas atrás das costas, e ele se encurvou para mordiscar o pão do chão, mas o soldado da escolta *chutou o pão de sua boca*. Kudla rolou, de novo arrastou-se para mordiscar o pão – o soldado chutou o pão para mais longe! (Quem sabe os senhores cineastas progressistas não guardem na memória essa cena do velho?) O povo começou a avançar e a fazer barulho: "Soltem os dois! Soltem!". Chegou um destacamento da polícia. O destacamento era mais forte que o povo e o dispersou.

O trem parou, os fugitivos embarcaram para a prisão de Kenguir.

Um grupo especial de fugas é composto por aqueles que não começam num ímpeto e no desespero, mas com um cálculo técnico e por mãos dotadas.

Em Kenguir, foi concebida a famosa fuga do vagão ferroviário. Uma das obras recebia com frequência um trem de carga, que transportava cimento e asbesto. Na zona, ele era descarregado e ia embora vazio. Então, cinco zeks prepararam a seguinte fuga: fizeram uma parede postiça de madeira para o interior do vagão de carga, ainda por cima retrátil, com dobradiças, como um biombo, de maneira que, quando eles a levassem para dentro do vagão, ela não parecesse nada mais que uma tábua larga, apropriada para passar com um carrinho de mão. O plano era assim: enquanto o vagão fosse descarregado, os zeks seriam os donos dele; levariam o dispositivo para dentro do vagão, ali o abririam; usariam linguetas para prendê-lo na parede fixa; todos os cinco ficariam de costas para a parede e, com o auxílio de cordas, ergueriam e fixariam a parede postiça. O vagão inteiro estaria coberto de poeira de asbesto, e ela também. A diferença de profundidade dentro do vagão não era visível. Mas havia uma complicação com o cálculo do tempo: era preciso liberar o vagão inteiro para a partida enquanto os zeks ainda estivessem na obra, e não dava para embarcar antes, era preciso ter certeza de que partiriam de imediato. Então, no último minuto, eles correram com as facas e os víveres – e, de repente, um dos fugitivos pisou numa agulha da ferrovia e quebrou a perna. Isso os atrasou, e eles não conseguiram terminar a montagem antes da verificação do trem pela escolta. Assim eles foram descobertos. Aquela tentativa de fuga gerou um processo.[187]

Em Ekibastuz, no verão de 1951, os líderes do barracão punitivo 2, que ficava a 30 metros da zona, tiveram a ideia de começar a escavação de um túnel de primeira classe. O barracão punitivo 2 era uma zona pequena, cercada por arame farpado, dentro da zona grande de Ekibastuz. A cancela ficava constantemente trancada com cadeado. Além do tempo que passava na caieira, o grupo tinha permissão de andar em seu pátio minúsculo, ao lado do barracão, por apenas vinte minutos. Todo o resto do tempo, os presos ficavam trancados em seu barracão, atravessavam a zona comum só na revista para o trabalho e na volta. Nunca eram admitidos no refeitório comum, os cozinheiros traziam-lhes a comida em latas.

Lá, havia muitos "fugitivos convictos", e no verão começou a tomar forma, de grãozinho em grãozinho, um sólido grupo para uma fuga, com doze pessoas (Magomet Gadjíev, líder dos muçulmanos de Ekibastuz; Vassíli Kustárnikov; Vassíli Briúkhin; Valentin Ryjkov; Mutiánov; um oficial polonês que amava cavar túneis; e outros). Todos ali eram iguais, mas Stepan Konoválov, um cossaco do Kuban, era sem dúvida o cabeça. Eles selaram um juramento: quem abrisse a boca, para uma alma que fosse, estava morto – teria de dar um fim em si mesmo ou seria furado pelos outros.

Nesse ínterim, a zona de Ekibastuz já tinha sido rodeada por um tapume de 4 metros de altura, uma cerca inteiriça. Ao longo dela, uma antezona lavrada, de 4 metros de largura, e, depois da cerca, havia sido demarcada uma faixa proibida, de 15 metros, que terminava em uma trincheira de 1 metro de profundidade. Ficou decidido que atravessariam com o túnel toda essa faixa defensiva.

Uma primeira inspeção, porém, mostrou que o alicerce era raso: o espaço subterrâneo do barracão todo era tão pequeno

187 Meu companheiro de enfermaria no pavilhão dos cancerosos em Tachkent, um soldado de escolta uzbeque, me contou dessa fuga como se, ao contrário, tivesse sido bem-sucedida, e com certa admiração involuntária. [N. A.]

que não haveria onde despejar a terra escavada. Parecia um problema insolúvel. Então não poderiam fugir?... Aí alguém sugeriu: o sótão, em compensação, é espaçoso, levar os pedregulhos para o sótão! Aquilo pareceu inconcebível. Carregar até o sótão muitas dezenas de metros cúbicos de terra, sem que percebessem, passando pelo espaço habitado do barracão, que era vigiado e revistado, carregar aquilo todo dia, toda hora – e ainda por cima sem derrubar um punhadinho sequer, sem deixar vestígio!

Mas, quando descobriram como fazer aquilo, ficaram em júbilo e decidiram que fugiriam definitivamente. Aquele barracão finlandês tinha sido concebido para trabalhadores livres, fora armado na zona do campo por um equívoco, e não havia nenhum outro como aquele em todo o campo: ele tinha quartos pequenos, nos quais não tinham conseguido enfiar sete tabuados, como em todos os lugares, mas só três; ou seja, cabiam doze pessoas. Com o auxílio de diversos métodos – trocando voluntariamente de lugar, ou constrangendo os que atrapalhavam com risadas e piadas ("você ronca, e você... demais") –, eles conseguiram afastar os estranhos para outros cômodos e concentrar ali só os seus.

Quanto mais separavam o barracão punitivo da zona, quanto mais os dali eram punidos e oprimidos, maior se tornava sua relevância moral dentro do campo. Um pedido do barracão punitivo era, para o campo, a mais alta lei, e, agora que precisavam de coisas técnicas, eles pediam, em algum lugar da obra aquilo era feito; depois, era passado, com algum risco, pela revista do campo e entregue ao barracão punitivo com um novo risco – dentro da *balanda*, com o pão ou com os remédios.

A primeira coisa que encomendaram e receberam foram as facas e as pedras de afiar. Depois, pregos, parafusos, betume, cimento, caiadura, fios elétricos, rodízios. Com as facas, serraram cuidadosamente os encaixes de três tábuas do chão, tiraram o rodapé que as mantinha fixas, arrancaram os pregos nas bordas dessas tábuas, junto à parede, e os pregos que as prendiam numa viga no centro do cômodo. Depois de terem soltado as três tábuas, eles as juntaram em um só painel com uma prancha transversal na parte de baixo, e o prego principal dessa prancha foi pregado de cima para baixo. A ampla cabeça do prego foi besuntada com betume da cor do chão e coberta com poeira. O encaixe do painel no chão ficou bem firme, não havia como levantá-lo, e eles não forçaram as frestas com um machado nenhuma vez. O painel era erguido da seguinte maneira: tiravam o rodapé, passavam um arame pelo pequeno jogo que havia ao redor da ampla cabeça do prego e puxavam por ela. A cada turno de escavadores, o rodapé era novamente retirado e recolocado. Todo dia eles "lavavam o chão": umedeciam as tábuas com água para que inchassem e não ficassem com vãos ou frestas. Essa *tarefa de entrada* era uma das principais. Em geral, o cômodo da escavação era sempre mantido especialmente limpo, numa ordem exemplar. Ninguém se deitava de botas no tabuado, ninguém fumava, os objetos não ficavam espalhados, não havia migalhas nos criados-mudos. Qualquer um que fosse averiguar ficaria muito pouco tempo ali. "Civilizado!" E seguiria adiante.

A segunda tarefa era de *elevador*, o transporte do chão para o sótão. No cômodo de escavação, como em todos os outros, havia um fogão. Entre ele e a parede, ficava um pequeno espaço, onde mal caberia uma pessoa. O que eles pensaram foi em tapar aquele espaço, passá-lo do espaço de habitação para o de escavação. Em um dos cômodos vazios, eles desmontaram completamente um dos tabuados, sem deixar rastro. Com essas tábuas, eles fecharam o vão, logo na sequência revestiram com ripas, estucaram e caiaram com a cor do fogão. Será que os funcionários do campo conseguiriam lembrar em qual dos vinte quartinhos do barracão o fogão era contíguo à parede e em qual era um pouco afastado? No fim, deixaram passar até o desaparecimento do tabuado.

Só quando o reboco e a caiadura secaram é que eles talharam, com as facas, o chão e o teto do vão, agora oculto; ali, puseram uma escada de mão, montada com aquele mesmo tabuado desmembrado – e assim o porão lá de baixo ficou unido às câmaras do sótão. Era uma *mina*, escondida dos olhos dos vigias – e a primeira mina em muitos anos em que aqueles homens jovens e fortes tinham vontade de trabalhar e dar o suor!

É possível, no campo de prisioneiros, haver um trabalho que se misture com seus sonhos, que domine toda a sua alma, que tire seu sono? Sim, mas só este trabalho: o trabalho para a fuga!

A tarefa seguinte era cavar. Cavar com as facas, e afiá-las, é claro; mas aqui surgiam muitas outras tarefas. Aqui entrava o cálculo do pesquisador de minas (o engenheiro Mutiánov): ir fundo, até um lugar seguro, mas não descer mais que o necessário; traçar a linha pelo caminho mais curto; determinar a melhor seção para o túnel; sempre saber onde se encontravam e determinar com precisão o local de saída. Também havia a organização dos turnos: cavar o maior número possível de horas por dia, mas não trocar de turno com tanta frequência, e sempre passar pela revista matinal e noturna de maneira impecável, com o efetivo inteiro. Havia também a questão da roupa de trabalho e do lavar-se: não dava para subir lá de baixo todo coberto de barro! Havia também a iluminação: como abrir um túnel de 60 metros no escuro? Puxaram um fio até o porão e para dentro do túnel (ainda tinham de saber ligar aquilo sem que ninguém percebesse!). E também a sinalização: como chamar os escavadores lá do fundo do túnel se alguém entrasse de repente no barracão? Ou como eles mesmos poderiam avisar, de maneira segura, que precisavam sair depressa?

Mas o rigor do regime era também sua fraqueza. Os carcereiros não podiam chegar de fininho e entrar no barracão sem que ninguém percebesse: eles tinham de passar sempre pelo mesmíssimo caminho, no meio de um emaranhado de arame, até a cancela, destrancar o cadeado nela, depois ir até o barracão e destrancar o cadeado dele, chacoalhar a tranca – tudo isso podia ser observado com facilidade pela janela, não do cômodo da escavação, é verdade, mas da "cabine" vazia, perto da entrada; só era necessário manter ali um observador. Os sinais para a galeria eram feitos com luzes: se piscasse duas vezes – atenção, preparar para sair; se fosse um piscar contínuo – *atenção!* alerta! depressa para fora!

Depois de descerem até o porão, eles se despiam totalmente; depois de um alçapão, eles se enfiavam por uma fresta estreita, atrás da qual nem se podia imaginar que existisse uma câmara ampla, onde uma lâmpada ficava sempre acesa e onde eles mantinham os casacos e calças de trabalho. Outros quatro, sujos e nus (o outro turno), emergiam de lá e se lavavam com cuidado (ficavam umas bolinhas de barro endurecido nos pelos do corpo, elas tinham de ser dissolvidas ou arrancadas com os pelos).

No início de setembro, depois de uma passagem de quase um ano pela cadeia, Tenno e Jdanok foram transferidos (restituídos) àquele mesmo barracão punitivo. Tenno mal tinha tomado fôlego ali e já começava a demonstrar impaciência: precisava planejar uma fuga! Mas ninguém do barracão punitivo, os fugitivos mais convictos e desesperados, deu atenção a suas reprimendas: o melhor período para fugir estava passando, não se podia ficar ali parado, sem fazer nada! (Os escavadores tinham três turnos de quatro pessoas, e eles não precisavam de uma 13ª.) Então, foi Tenno quem propôs a eles que fizessem um túnel! Mas eles responderam que já tinham pensado nisso, contudo que o alicerce era raso demais. Então, ele e Jdanok puseram-se a observá-los, com todo o zelo e experiência – algo de que os carcereiros não seriam capazes. Estavam cavando, claramente estavam cavando! Mas onde? Por que não falavam nada?... Tenno tentou com um, depois com outro, e foi *blefando* com eles: "Pessoal, vocês estão cavando sem cuidado, sem cuidado! Eu ter percebido, tudo bem. Mas e se fosse um dedo-duro?".

Finalmente, eles organizaram um *debate* e decidiram admitir Tenno e seu condigno grupo de quatro pessoas. Propuseram que ele inspecionasse o quarto para encontrar vestígios. Tenno esquadrinhou e farejou cada tábua e cada parede – e não encontrou! – para admiração sua e de todo o pessoal. Tremendo de felicidade, ele deslizou até o subsolo, para trabalhar para *si mesmo*!

O turno subterrâneo era dividido assim: um ia sulcando a terra na galeria, deitado; outro, encolhido atrás dele, botava a terra escavada em pequenos sacos de lona, costurados especialmente para aquele fim; o terceiro, rastejando, puxava os sacos (com as alças nos ombros) de volta pelo túnel, depois pelo porão em direção à mina, onde prendia, um por um, os sacos num gancho que pendia do sótão. O quarto ficava no sótão. Ele jogava de volta os vazios, erguia os sacos, espalhava-os, caminhando com cuidado, por todo o sótão, formando uma camada fina; no fim do turno, ele cobria os pedregulhos com escória, que havia em grande quantidade no sótão.

Primeiro, levavam dois sacos de cada vez, depois logo quatro; para isso, eles *fisgaram* uma bandeja de madeira dos cozinheiros, que usavam para puxar pela alça; na bandeja, iam os sacos. A alça ia atrás do pescoço, depois metiam nas axilas. O pescoço ficava esfolado, os ombros ficavam doloridos, os joelhos ficavam machucados; depois de uma só viagem, a pessoa ficava coberta de espuma; depois de um turno inteiro, dava para *bater as botas*.

O que se extraía era ora pedra, ora um barro enrijecido. Eles tinham de contornar as pedras maiores, entortando o túnel. Durante um turno de oito a dez horas, eles não avançavam mais de 2 metros no comprimento, às vezes menos de 1 metro.

O mais difícil era a falta de ar dentro do túnel: eles sentiam tonturas, perdiam os sentidos, tinham náuseas. Tiveram de resolver também a *questão da ventilação*.

A passagem ou túnel tinha meio metro de largura, 90 centímetros de altura e teto arqueado. De acordo com os cálculos, ele estava a 1,30 ou 1,40 metro da superfície. As laterais do túnel tinham sido reforçadas com tábuas; ao longo dele, conforme avançavam, iam estendendo o fio e pendurando mais e mais lâmpadas elétricas.

Se você desse uma olhada, era como o metrô, o metrô do campo de prisioneiros!...

Faltavam 6 ou 8 metros para a trincheira de derivação. (Os últimos metros tinham de ser escavados com particular precisão, para sair no fundo da trincheira – nem abaixo nem acima.)

E o que viria a seguir? Nesse ínterim, Konoválov, Mutiánov, Gadjíev e Tenno já tinham elaborado um plano, aceito por todos os dezesseis. A fuga seria à noite, por volta das dez horas, quando, em todo o campo, a verificação noturna já tivesse sido feita, os vigias se dispersado para casa ou voltado para o barracão do estado-maior, a guarda trocado de turno nas torres, e a revista da guarda passado.

Um após o outro, todos desceriam até a passagem subterrânea. O último ficaria na "cabine", observando a zona; depois, ele e o penúltimo pregariam bem a parte móvel do rodapé às tábuas do alçapão, de maneira que, quando eles fechassem o alçapão atrás de si, o rodapé também ficasse no lugar. Com a larga cabeça do prego, puxariam ao máximo para baixo, e ainda deixariam preparado um fecho na parte de baixo do chão, com o qual o alçapão seria totalmente selado, mesmo que fosse puxado para cima.

E ainda: antes da fuga, remover a grade de uma das janelas do corredor. Na verificação matutina, ao descobrirem a falta de dezesseis pessoas, os carcereiros não iam pensar de imediato que tinham cavado um túnel e fugido, mas sairiam procurando pela zona, pensando: os punitivos foram acertar as contas com os dedos-duros. Procurariam ainda em outras áreas do campo – talvez tivessem pulado o muro para lá. Um trabalho impecável! Não encontrariam a escavação, não haveria vestígios debaixo da janela – dezesseis pessoas levadas ao céu, como anjos!

Arrastar-se até a trincheira de derivação, depois arrastar-se pelo fundo da trincheira, um por um, para longe da torre (a saída do túnel era muito próxima dela); um por um, ir até a estrada; fazer intervalos a cada quatro, para não despertar suspeitas e ter tempo de orientar-se.

O ponto de encontro geral seria ao lado de uma passagem de nível ferroviária, por onde muitos carros atravessavam. A passagem de nível fazia uma curva por cima da estrada, todos ficariam deitados no chão, bem juntos, e não seriam vistos. A passagem era ruim (eles a atravessavam para ir ao trabalho, já tinham visto), as tábuas tinham sido assentadas de qualquer jeito; os caminhões, carregados com carvão ou vazios, passavam ali devagar, com dificuldade. Dois deles deveriam erguer o braço, parar um veículo logo depois da passagem de nível, aproximar-se da cabine pelos dois lados. Pedir carona. De madrugada, o motorista provavelmente estaria sozinho. Ali mesmo sacar as facas, dominar o motorista, forçá-lo a sentar-se no meio, enquanto Valka Ryjkov assumiria o volante, todos pulariam para dentro da carroceria e – tocariam para Pavlodar! Uns 130 ou 140 quilômetros eles certamente conseguiriam cobrir em algumas horas. Antes de alcançarem a balsa, virariam rio acima (quando foram trazidos ali, os olhos tinham captado algumas coisas); ali, amarrar o motorista em meio aos arbustos, deixá-lo deitado, abandonar o veículo, atravessar o Irtych de barco, dividir-se em grupos e – cada um para o seu lado! Bem naquela época, estavam armazenando grãos; todas as estradas estariam cheias de veículos.

Eles deveriam terminar o trabalho no dia 6 de outubro. Dois dias antes, 4 de outubro, dois participantes foram transferidos: Tenno e Volodka Krivochéin, um ladrão. Assim, Tenno não tirou proveito de sua insistência em integrar a escavação. Não foi ele o 13º, e sim alguém introduzido por ele, apadrinhado por ele: Jdanok, por demais desengonçado e enervado. Stepan Konoválov e seus amigos tinham cedido e se revelado para Tenno num momento ruim para si mesmos.

Terminaram de cavar, saíram no lugar certo: Mutiánov não tinha errado. Mas estava nevando, adiaram a fuga até que estivesse seco.

No dia 9 de outubro, à noite, fizeram tudo precisamente como tinham planejado. O primeiro grupo de quatro pessoas saiu com êxito – Konoválov, Ryjkov, Mutiánov e o polonês, seu eterno cúmplice de fugas engenhosas.

Mas, depois, quem se arrastou até a trincheira foi o malfadado Kólia Jdanok. É claro que não foi por culpa dele, mas ouviram-se uns passos não muito longe dali, acima. Ele deveria ter resistido, deveria ter ficado deitado, escondido, e, quando tivessem passado, continuado a se arrastar. Mas, por excesso de vivacidade, ele pôs a cabeça para fora. Ele queria *ver* quem é que estava passando.

O piolho ligeiro é sempre o primeiro a cair no pente. Mas *aquele* piolinho estúpido arruinou a tentativa de um grupo de fugitivos, uma tentativa rara por sua organização e por sua força – catorze vidas longas, difíceis, que tinham se cruzado naquela fuga. Em cada uma daquelas vidas, essa fuga tinha um significado importante, especial, que conferia sentido ao passado e ao futuro; de cada um deles, pessoas ainda dependiam em algum lugar, mulheres, crianças e crianças ainda não nascidas. Mas o piolhinho levantou a cabeça – e tudo voou pelos ares.

Pois quem ia passando, no fim das contas, era um ajudante do chefe da guarda. Ele viu o piolhinho, deu um grito, atirou.

E todos os fugitivos, que já tinham se arrastado pela passagem, que já tinham arrancado a grade, que já tinham martelado o rodapé ao alçapão, agora se arrastavam de volta – de volta – de volta!

Quem é que alcançou e conheceu as profundezas de tamanho desespero e desgosto? De tamanho desdém por seus esforços?

Eles voltaram, desligaram a luz do túnel, arrumaram a grade do corredor em seu caixilho.

Muito rapidamente, o barracão punitivo ficou lotado de oficiais do campo, de oficiais de divisão, de soldados de escolta, de carcereiros. Começaram as verificações de acordo com as fichas, e todos foram enviados para a prisão de pedra.

Mas a escavação a partir do cômodo não foi encontrada! (Quanto eles não teriam procurado se tudo tivesse saído como planejado?!) Perto do lugar em que Jdanok tinha *espanado*, encontraram o buraco, meio atulhado. Mas, mesmo indo até debaixo do barracão pelo túnel, não dava para entender por onde as pessoas tinham descido e onde tinham enfiado a terra.

Só que no cômodo "civilizado" faltavam quatro pessoas, e as oito que restaram foram impiedosamente *esmagadas* – o método mais fácil para os néscios arrancarem a verdade.

E por que haveriam de esconder agora?...

Depois, foram organizadas excursões naquele túnel para toda a guarnição e para os vigias. O major Maksimenko, o pançudo chefe do campo de Ekibastuz, mais tarde se vangloriou na administração perante os demais chefes de departamentos dos campos:

— No meu campo houve a escavação de um túnel, pois é! Igual ao metrô! Mas nós... a nossa vigilância...

E tudo por causa de um piolhinho...

O estado de alerta que aquilo gerou também não permitiu que os quatro que saíram alcançassem a passagem de nível ferroviária. O plano foi arruinado. Eles pularam a cerca de uma zona de obras vazia, do outro lado da estrada, atravessaram essa zona, pularam mais uma vez e avançaram em direção à estepe. Não se atreveram a permanecer no povoado para capturar um veículo, porque o povoado já estava repleto de patrulhas.

Assim como Tenno um ano antes, eles logo perderam a velocidade e a possibilidade de fugir.

Foram para sudeste, em direção a Semipalátinsk. Para fazer o caminho a pé, eles não tinham nem víveres nem forças – afinal, nos últimos dias, eles tinham se exaurido para terminar a escavação.

No quinto dia de fuga, eles alcançaram uma iurta e pediram comida aos cazaques. Como era de imaginar, os cazaques recusaram e, com uma espingarda de caça, atiraram nos que pediam comida. (Isso faz parte da tradição daquele povo pastoril da estepe? Se não faz parte da tradição, de onde é que veio isso?...)

Stepan Konoválov avançou com a faca contra a espingarda, feriu o cazaque, tomou a espingarda e os víveres. Continuaram avançando. Mas os cazaques seguiram em seu encalço em cavalos, alcançaram-nos já próximo ao Irtych, chamaram o grupo de operações especiais.

Então eles foram cercados, surrados até ficar em carne viva; e depois veio tudo aquilo que já conhecemos bem...

Se agora alguém puder me indicar fugas de revolucionários russos, do século XIX ou do XX, que tenham enfrentado tantas dificuldades, tanta ausência de ajuda externa, uma atitude tão hostil do meio em que se encontravam, punições tão arbitrárias aos capturados – pois que as mencionem!

E, depois disso, que digam que nós não lutamos.

Capítulo 9
Moleques com submetralhadoras

A guarda foi feita por homens de capotes longos de mangas negras. A guarda foi feita por soldados do Exército Vermelho. A guarda foi feita por guardas próprios. A guarda foi feita por velhos reservistas. Finalmente, vieram uns meninos jovens e robustos, nascidos durante o Primeiro Plano Quinquenal, que não tinham visto a guerra; pegaram suas submetralhadoras novinhas e foram fazer a nossa guarda.

Duas vezes por dia, ficamos vagando durante uma hora, unidos por uma pena de morte silenciosa: qualquer um deles é livre para matar qualquer um de nós.

Nós andamos sem sequer olhar para seus casacos curtos, para suas submetralhadoras – por que é que eles nos olham? Caminham olhando o tempo todo para nossas fileiras. Pelo estatuto, eles têm de olhar para nós o tempo todo, eles receberam essa ordem, esse é o serviço deles. Eles devem interromper a tiros qualquer movimento e qualquer passo nosso.

Qual é a nossa aparência para eles, com nossos casacos negros, nossos chapéus stalinistas de pele cinzenta, nossas botas monstruosas, já em sua terceira sentença, costuradas quatro vezes? E todos revestidos com aqueles remendos de números: como é que poderiam agir como se fôssemos pessoas de verdade?

Surpreende que nosso aspecto cause repugnância? Pois ele foi concebido para essa finalidade. Os habitantes livres do povoado, especialmente os alunos das escolas e as professoras, em suas calçadas estreitas, olham com medo para nossas fileiras, quando elas são levadas pela rua larga. Falam o seguinte: eles têm muito medo de que nós, rebentos do fascismo, possamos avançar contra a escolta de repente, todos de uma vez, e esmagá-la – então começaríamos a roubar, estuprar, queimar, matar. E quem protege os moradores do povoado dessas feras? A escolta. A nobre escolta.

Esses moleques ficam o tempo todo olhando para nós, tanto do cordão como das torres; não têm autorização para saber nada de nós, mas têm o direito de atirar sem avisar.

Ah, se eles pudessem ir até os nossos barracões à noite, se pudessem se sentar em nossos tabuados e ouvir: o motivo pelo qual esse velho está preso, o motivo pelo qual esse pai está preso. Aquelas torres ficariam vazias, e as submetralhadoras não disparariam.

Mas toda a astúcia e toda a força do sistema residem no fato de que nossa ligação mortal é baseada na ignorância. A compaixão deles por nós é punida como uma traição à Pátria; o desejo deles de falar conosco, como a violação de um juramento sagrado. E para que falar conosco, se o instrutor político vem na hora indicada no cronograma e leva uma conversa com eles sobre o caráter político e moral dos inimigos do povo ali vigiados? Ele esclarece, detalhada e repetitivamente, quão nocivos são esses espantalhos e o peso que geram ao Estado.

O instrutor político nunca se confunde, nunca se equivoca. Ele nunca vai contar para os meninos que as pessoas estão presas ali simplesmente pela crença em Deus, ou simplesmente pelo desejo da verdade, ou pelo amor à justiça. E também que estão presas sem motivo algum.

Toda a força do sistema está no fato de que uma pessoa não pode simplesmente conversar com outra, a não ser por meio de um oficial ou de um instrutor político.

Toda a força desses meninos está em seu desconhecimento.

Toda a força dos campos está nesses meninos. Nos de divisas vermelhas. Nos assassinos das torres e nos caçadores de fugitivos.

Eis aqui uma dessas palestras políticas, de acordo com as memórias de um soldado de escolta da época (Nyroblag): "Os inimigos do povo que vocês vigiam são a mesma coisa que os fascistas, são canalhas. Nós representamos a força e a espada vingadora da Pátria, e devemos ser duros. Nada de sentimentalismo, nada de misericórdia".

E é assim que se formam os meninos que tentam chutar um fugitivo caído, e sempre na cabeça. Os que arrancam a pontapés o pão da boca de um velho grisalho, algemado. Os que olham com indiferença enquanto um fugitivo, de mãos atadas, é atirado contra as espinhosas tábuas da carroceria, enquanto lhe arrancam sangue, abrem-lhe a cabeça – eles olham com indiferença. Afinal, eles são a espada vingadora da Pátria.

Já depois da morte de Stálin, já como um perpétuo degredado, eu estava internado numa clínica comum para "livres", em Tachkent. De repente ouvi um jovem uzbeque, doente, contando aos vizinhos do seu serviço no *Exército*. A divisão dele vigiava carrascos e animais.

Foi uma situação interessante olhar para o Campo Especial pelos olhos de um soldado de escolta! Comecei a perguntar que tipo de verme eram, e se o uzbeque conversava pessoalmente com eles. E ele, bem ali, me contou que ficava sabendo tudo através dos instrutores políticos.

Ó vós que seduzis os pequeninos!... Melhor seria se não tivésseis nascido!...

Ele contou diversos casos. Por exemplo, um camarada dele estava no cordão e teve a impressão de que alguém *queria* fugir da coluna. Ele apertou o gatilho e, com uma só rajada, matou *cinco* prisioneiros. Uma vez que, mais tarde, todos os soldados testemunharam que a coluna avançava tranquilamente, o soldado sofreu uma severa punição: pelas cinco mortes, ganhou quinze dias de detenção (numa cela aquecida no quartel, é claro).

Mas, entre os nativos do Arquipélago, quem é que não conhece, quem é que não poderia contar outros casos como esse?!... Quantos desses não vimos nos campos de trabalhos correcionais: nas áreas de trabalho onde não havia zona, mas um cordão de isolamento invisível, ouvia-se um tiro, e o prisioneiro caía morto. Diziam que ele tinha cruzado a linha. Talvez nem tivesse cruzado a linha em momento algum – afinal, a linha era invisível –, mas agora ninguém mais iria até lá para verificar, para não ficar estirado ao lado do primeiro.

Uma pessoa com uma espingarda! O poder de uma pessoa, sem nenhum controle, de matar ou não matar outra pessoa.

E ainda por cima há vantagens! A chefia está sempre do seu lado. Nunca vão punir você por causa de um assassinato. Pelo contrário, vão elogiar, vão condecorar, e, quanto mais rápido você for para abatê-lo – antes ainda do primeiro passo –, maior dirão que é a sua prontidão, mais alta será a sua condecoração! Um mês de ordenado. Um mês de licença.

Em maio de 1953, em Kenguir, esses moleques com submetralhadoras dispararam uma rajada súbita e totalmente gratuita contra uma coluna que já tinha chegado ao campo e aguardava a revista de entrada. Houve dezesseis feridos. Mas se fossem só feridos! Atiraram com projéteis expansivos, havia muito tempo proibidos por todas as convenções de capitalistas e socialistas. As balas abriam crateras ao sair do corpo: dilaceravam as vísceras, os maxilares, trituravam os membros.

Por que a escolta dos Campos Especiais estava equipada precisamente com projéteis expansivos? *Quem* tinha aprovado aquilo? Nunca saberemos...

Mas um desses moleques – um dos melhores, é verdade – não se ofendia, mas quis defender a verdade – Vladilen Zadórny, de 1933, que serviu na Guarda dos Fuzileiros Paramilitares do Ministério do Interior, no Nyroblag, dos seus 18 aos 20 anos. Ele me escreveu algumas cartas:

> Os meninos não iam para lá por conta própria: eram convocados pelo serviço de alistamento. O serviço de alistamento repassava-os ao Ministério do Interior. Os meninos eram ensinados a atirar e a montar guarda. Os meninos passavam frio e choravam de madrugada; por que raios eles precisariam de algo como o Nyroblag, com tudo que ele continha?! Não dá para culpar o pessoal: eles eram soldados, serviam à Pátria, e, embora nem tudo fosse compreensível nesse serviço absurdo e terrível [mas *o que* era compreensível?... Ou tudo ou nada. – A. S.], eles fizeram um juramento. O serviço deles não era fácil.

É algo sincero, pense nisso. Mas quer dizer então que a humanidade devia ter nele uma base fraca, porque ela não se rebelou contra as palestras políticas. Nem todas as gerações nem todos os povos poderiam moldar meninos como esses.

Talvez esta seja a principal questão do século XX: é admissível cumprir ordens confiando sua consciência a outras pessoas? É possível não ter a própria noção do que é mau e do que é bom e hauri-la de instruções impressas e ordens dadas verbalmente pela chefia?

É claro que nem os contemporâneos nem a história haverão de ignorar a hierarquia de culpabilidade. É claro que todos consideram mais culpados os seus oficiais; seus superiores, ainda mais; os que escreviam as instruções e ordens, ainda mais; e os que davam o comando para escrevê-las, mais que todos.

Mas quem atirava, quem vigiava, quem segurava em riste as submetralhadoras não eram *eles*, de qualquer maneira, eram os meninos! Mas quem dava botinadas na cabeça de pessoas deitadas, de qualquer maneira, eram os meninos!...

Vladilen escreve ainda:

> Enfiavam na nossa cabeça, nos forçavam a decorar o USO-43 ss, o regulamento da guarda de fuzileiros de 1943, um regulamento totalmente secreto, cruel e aterrador. E havia ainda o juramento. E a supervisão dos oficiais de operação e dos subcomandantes políticos. Alcaguetagem, delação. *Processos* eram instaurados contra os próprios fuzileiros... Divididas pelas paliçadas e por arame farpado, as pessoas de casacos curtos e as pessoas de capote militar eram igualmente prisioneiros: uns por 25 anos, outros por 3.

É uma maneira forte de expressar: que os fuzileiros também estavam como que *presos*, só que não pelo tribunal militar, e sim pelo serviço de alistamento. Mas *iguais*, iguais, eles não eram! Porque as pessoas de capote militar fustigavam bastante, com suas submetralhadoras, as pessoas de casaco curto.

Vladilen segue seu esclarecimento:

> Havia gente de todo tipo. Havia os tarimbeiros medíocres, que tinham um ódio cego pelos *z-k*. Aliás, eram muito zelosos os recrutas das minorias nacionais: basquires, buriates, iacutos. Depois, havia os indiferentes, que eram os mais numerosos. Faziam o serviço de maneira tranquila e resignada. Do que eles mais gostavam era da folhinha e da hora em que traziam a correspondência. E,

finalmente, havia os bons moços, que tinham compaixão pelos *z-k* e viam neles pessoas que tinham caído em desgraça. E a maioria de nós compreendia que o nosso serviço era impopular em meio ao povo. Quando saíamos em férias, não levávamos o uniforme.

Mas ao contar a própria história é que Vladilen faz a melhor defesa de sua forma de pensar. Embora houvesse pouquíssimos como ele.

Ele foi admitido nas tropas de escolta por descuido ou preguiça da seção especial. Seu padrasto, um antigo funcionário de sindicato, foi preso em 1937, e sua mãe foi expulsa do Partido por conta disso. O pai, comandante de brigada da VTchK, membro do Partido desde 1917, apressou-se a renegar a ex-mulher e, além disso, o próprio filho (assim ele manteve a carteirinha do Partido; mas mesmo assim perdeu a patente do NKVD).[188] A mãe limpou suas máculas doando sangue durante a guerra. (Tudo bem, o sangue dela foi aceito por gente do Partido e por gente sem partido.) Diz o menino:

> Odiei os quepes-azuis desde criança, e agora tinham posto aquilo bem na minha cabeça... Na minha memória infantil, ficou profundamente gravada a noite terrível em que umas pessoas usando um uniforme igual ao do meu pai reviraram minha caminha de criança. Eu não era um bom soldado de escolta: entrava em conversas com os zeks, cumpria tarefas para eles. Deixava o fuzil perto da fogueira, então ia comprar coisas para eles na vendinha ou postar cartas. Acho que nos campos isolados de Promejútotchnaia, Myssakort, Parma alguém ainda deve se lembrar do fuzileiro Volódia... Por causa de tudo isso, pela insubordinação descarada, pela relação com os *z-k*, fui colocado sob inquérito... O magricela Samútin [...] me deu um tabefe no rosto, bateu com um peso de papel nos meus dedos, porque eu não assinei uma confissão a respeito das cartas dos *z-k*. Se aquela lombriga estivesse de bobeira... eu era boxeador

188 Mesmo estando acostumados a tudo há muito tempo, às vezes ainda nos surpreendemos: prenderam o segundo marido da esposa que você largou – e por isso você tem de renegar seu filho de 4 anos? E isso com um comandante de brigada da VTchK? [N. A.]

de segunda classe, levantava mais de 30 quilos em cada braço – mas havia dois carcereiros bem ali do lado... Só que o inquérito não me pegou: o Ministério do Interior passava por um momento de hesitação e de indecisão em 1953. Não me deram sentença nenhuma, mas fui expulso e colocado na lista negra: Artigo 47-G. E me expulsaram do xadrez da guarda da divisão, me mandaram para casa, espancado e congelado... O chefe de brigada Arsen, que tinha sido libertado, cuidou de mim no caminho.

Agora imaginemos que um *oficial* da escolta quisesse demonstrar indulgência com os prisioneiros. Pois ele só poderia fazer isso na presença dos soldados e por meio dos soldados. Ou seja, em meio à exasperação geral, seria impossível para ele, e ainda por cima “incômodo”. E alguém haveria de delatá-lo imediatamente.

É o sistema!

Capítulo 10
Quando a terra queima na zona

Não, o que realmente surpreende não é que não houvesse motins e rebeliões nas colônias penais, mas que, apesar de tudo, eles de fato *acontecessem*.

Como todos os pontos negros em nossa história, três quartos são reais, e essas rebeliões foram cortadas cirurgicamente e suturadas; os participantes delas, destruídos, e mesmo as testemunhas distantes foram intimidadas, os relatórios dos responsáveis pelo silêncio foram queimados ou trancados a sete chaves; assim, essas revoltas já se transformaram em mitos, embora algumas tenham acontecido há quinze anos e outras há apenas dez. (Não é de surpreender que digam que não houve Cristo, nem Buda, nem Maomé. Isso é milenar...)

Quando isso já não incomodar ninguém vivo, os historiadores terão acesso aos papéis que sobraram, os arqueólogos escavarão algum canto e descobrirão as datas, os lugares, os contornos dessas revoltas e os nomes dos seus líderes.

Ao mandar os Cinquenta e Oito para os Campos Especiais, Stálin pensou que isso causaria mais medo. Mas acabou sendo o contrário.

Todo o sistema de repressão criado sob seu comando era baseado no *isolamento* dos insatisfeitos; para que eles não olhassem nos olhos uns dos outros e se dessem conta de quantos eram; para inculcar nos demais, e até nos insatisfeitos, a ideia de que não havia detratores, de que só havia alguns párias de alma vazia, isolados e corrompidos.

Mas, nos Campos Especiais, os insatisfeitos se encontravam aos milhares. E se deram conta disso. E perceberam que a alma deles não era de forma alguma vazia; pelo contrário, eles tinham concepções sobre a vida maiores do que as dos presos, do que as dos seus delatores, do que as dos teóricos que explicavam o porquê de eles precisarem apodrecer nas colônias penais.

A princípio, essa novidade do Campo Especial quase passou em branco. Por fora, parecia que era uma continuação dos campos de trabalhos correcionais. Só que os bandidos, os pilares do regime dos campos e da administração, rapidamente perderam o interesse.

E assim que os ladrões perderam o interesse, não se roubou mais nos campos. Passou a ser possível deixar as rações nos armários. Se você deixasse os coturnos no chão, e não sob o travesseiro, de manhã eles ainda estariam lá. Podia até deixar uma tabaqueira cheia no armário, sem ter de metê-la no bolso e estragar todo o tabaco de tanto virar.

Isso parece pouco? Não, é muito! Assim que cessaram os furtos, as pessoas deixaram de suspeitar dos vizinhos e passaram a olhar uns aos outros com simpatia. Sabe, gente, será que nós realmente somos aquilo... presos *políticos*?...

Na brigada, começaram a sussurrar não sobre a ração, nem sobre o mingau, mas sobre esses assuntos que não se escutam lá fora, e com cada vez mais liberdade! Cada vez mais! Cada vez mais!

E a principal divisão das pessoas tornou-se menos evidente do que era no campo de trabalhos correcionais: *pridúrki*, trabalhadores, presos comuns, os Cinquenta e Oito; a separação passou a ser muito mais complexa e interessante: conterrâneos, grupos religiosos, pessoas experientes, estudiosos.

Em um dia ainda muito, muito distante, a chefia há de entender e perceber. Mas os supervisores já não levavam os cassetetes e já não gritavam tanto quanto antes. Eles se dirigiam *amigavelmente* às brigadas: por exemplo, está na hora da separação, Komov. (Não porque a alma dos supervisores se enterneceu, mas porque havia algo de novo e perturbador no ar.)

Mas tudo isso aconteceu devagar. Essa mudança demorou meses, meses e mais meses.

Um pensamento destemido, um pensamento desesperado, um pensamento que elevava: e como fazer *para que não sejamos nós a fugir deles, mas eles a fugir de nós*?

Basta só fazer essa pergunta; assim que algumas pessoas pensassem e a fizessem, e outras pessoas a tivessem escutado, acabaria a época de fugas dos campos. E começaria a época das revoltas.

Mas como começá-las? Por onde? Nós estávamos presos, envolvidos por tentáculos, privados da liberdade de movimento, por onde começar?

De repente, um suicídio. No barracão 2 do pavilhão, encontraram um enforcado. (Estou começando a expor todas as etapas do processo em Ekibastuz. Mas veja que, nos demais Campos Especiais, todas as etapas eram iguais!) A chefia não se preocupou muito, eles o tiraram dali e levaram para a vala.

Mas o boato correu pela brigada: era um informante. Ele não se enforcou. Foi enforcado.

Um exemplo.

"Morte ao dedo-duro!", essa era a união. Faca no peito dos dedos-duros! Fazer as facas para furar os delatores, é isso!

Agora que estou escrevendo este capítulo, as estantes de livros humanos na parede me reprovam com seu brilho opaco, como estrelas através de uma nuvem: nada no mundo se resolve com a violência. Ao pegarmos uma espada, uma faca, um rifle, nós rapidamente nos igualamos aos nossos torturadores e opressores. E não vai ter fim...

Não vai ter fim... Aqui, atrás da mesa, em um lugar quente e limpo, eu concordo totalmente com eles.

Mas se você recebesse 25 anos por nada, se vestisse quatro números, sempre com as mãos para trás, fosse inspecionado de manhã e à noite, se matasse de trabalhar, fosse arrastado para o BUR por denúncias, jogado cada vez mais para baixo no poço;

lá do fundo, todos esses discursos dos grandes humanistas pareceriam conversa dos livres e satisfeitos.

Não vai ter fim!... e haveria um *começo*? Aconteceria durante a nossa vida ou não?

O povo oprimido concluiria: não se vence a maldade com gentileza.

Eu não sei como foi nos outros lugares (começaram a matar em *todos* os Campos Especiais, até em Spassk, o campo dos inválidos!), mas entre nós isso começou com a chegada do comboio de Dubovka, principalmente de ucranianos ocidentais. Todo o movimento devia muito a essas pessoas, porque elas deram o pontapé inicial. O comboio de Dubovka chegou e trouxe consigo o germe da revolta.

Trazidos diretamente das barricadas da guerrilha, esses rapazes jovens e fortes chegaram a Dubovka, olharam em volta, ficaram horrorizados com a letargia e a servidão e sacaram as facas.

Em Dubovka, isso rapidamente levou à revolta, ao incêndio e ao desmanche dos grupos. Mas a chefia do campo nem pensou em separar os revoltosos de nós. Eles foram espalhados pelo campo, pelas brigadas. Esse era o procedimento do campo de trabalhos correcionais: a dispersão sufocaria os protestos. Mas, no nosso meio, que já estava se purificando, a dispersão só ajudou a espalhar o ímpeto mais rapidamente por toda a massa.

Agora, os assassinatos eram mais frequentes do que as fugas em seu auge. Eles eram cometidos de maneira confiante e anônima: no melhor momento, às cinco da manhã, quando os barracões eram destrancados por um único supervisor, que continuava a ronda, e os prisioneiros ainda estavam quase todos dormindo; vestindo máscaras, os vingadores entravam na seção designada, aproximavam-se de determinada cama e matavam sem medo o delator, que podia já estar acordado, soltando gritos selvagens, ou dormia ainda. Quando tinham certeza de que ele estava morto, saíam com ares de ocupados.

Eles usavam máscaras, e não se viam seus números, que tinham sido arrancados ou cobertos. Se os vizinhos do assassinado o reconhecessem pela silhueta, em vez de irem pessoalmente denunciá-los, não os entregavam nem em interrogatório, mesmo sob ameaças dos padrinhos, e repetiam: não, não, não sei, não vi. E isso não era o mero reconhecimento de uma verdade antiga, assimilada por todos os oprimidos: "peixe morre pela boca", isso era autopreservação! Porque qualquer um que delatasse alguém seria morto às cinco da manhã do dia seguinte, e a boa vontade dos carcereiros não o ajudaria em nada.

Então os assassinatos (apesar de não serem mais de uma dúzia) se tornaram uma lei, um acontecimento corriqueiro. Os prisioneiros andavam sorrindo, recebiam as rações matutinas, perguntavam: mataram alguém hoje? Nesse terrível esporte, ouviam o ressoar do gongo subterrâneo da justiça.

Isso era feito em completo segredo. Alguém (reconhecido por sua autoridade) disse um nome para outro alguém em algum lugar: é *ele*! Não importava quem mataria, quando ou de onde viriam as facas. E os *assassinos*, que estavam preocupados com isso, não conheciam o juiz, cuja sentença eles teriam de executar.

Considerando a impossibilidade de verificar documentalmente a identidade dos delatores, é preciso reconhecer que esse tribunal inconstitucional, ilegal e invisível julgava com mais precisão do que todas as instituições a que estávamos acostumados, como os tribunais, as troicas, os Colegiados Militares e o OSO.

A *retaliação*, como a chamávamos, era tão organizada que passou a acontecer também durante o dia, quase publicamente.

Dos 5 mil, uma dúzia foi morta, mas com um golpe de faca cortavam os tentáculos que nos amarravam, nos apertavam. Uma brisa maravilhosa batia! Por fora, era como se estivéssemos tão presos quanto no campo de trabalho, mas, na prática, ficamos livres, livres, porque, pela primeira vez em toda a nossa vida, lembramos que a brisa existia, nos abrimos, falávamos em voz alta o que pensávamos! Quem não passou por essa mudança não pode imaginar o que é isso!

E os delatores não delatavam...

Os pratos da balança invisível vacilavam no ar. Em um deles, amontoavam-se todos os espectros conhecidos: os gabinetes de investigação, os socos, as ameaças, as noites insones passadas de pé nas "caixas", o frio e a umidade das celas, os ratos, os percevejos, os tribunais, as segundas e terceiras sentenças.

No outro prato estava uma única faca, que é para você, vacilão! Ela foi feita só para o seu peito e para a manhã seguinte, não para qualquer outra hora, e nem com todas as forças da TchK-GB você poderia escapar dela. Ela não é longa, mas é boa para entrar justo sob as costelas. Ela não tem uma empunhadura de verdade, apenas um pouco de fita isolante enrolada do lado cego da faca, mas basta para segurar de modo que não escorregue da mão.

Como pesava essa ameaça vívida!

Ela cegava e ensurdecia os chefes!

O próprio sistema de informações parou de funcionar, o sistema sobre o qual toda a fama do onipotente e onisciente Órgão tinha sido construída durante décadas.

Essa foi uma época nova e incrivelmente feliz na vida dos Campos Especiais! Afinal, nós não estávamos fugindo! *Eles* é que estavam fugindo de nós! Um tempo sem precedentes e inimaginável em nossa vida: um homem com uma consciência pesada não poderia deitar a cabeça no travesseiro! A retribuição viria não em outro mundo, mas no tribunal da história, uma retribuição palpável e viva levanta uma faca para você ao amanhecer. Só se poderia imaginar isso em um conto de fadas: a terra da zona era quente sob os pés dos honestos; sob os pés dos traidores, ela machuca e queima!

O sombrio BUR de pedra, úmido, frio e escuro, cercado pelo resistente gradil duplo – o BUR feito pelos chefes dos campos para os opositores, fugitivos, teimosos, protestantes, para os corajosos, de repente passou a receber os delatores aposentados, parasitas e abusadores do poder!

Não se pode negar a inteligência do primeiro a pensar em correr até os tchekistas e pedir que deixassem o servo velho e leal refugiar-se da ira popular no monte de pedra. Que alguém tenha pedido que fortalecessem a cadeia – para que fugissem não *da* prisão, mas *para* ela – parece algo que a história não nos legou.

Os chefes e os guardas separaram a melhor cela do BUR para eles (as línguas afiadas do campo chamavam-na de *guarda-volumes*), deram-lhes colchões, aumentaram o aquecimento, deram-lhes uma hora de exercícios diários.

O pior pesadelo dos detentores do nosso corpo e da nossa alma seria reconhecer que o nosso movimento era político. Nas terríveis ordens (os carcereiros caminhavam pelos barracões e as liam), chamavam-no de *banditismo*. Declaravam, tímidas, que esses bandidos seriam descobertos (até então não tinha aparecido um sequer) e (ainda mais temerosas) fuzilados. Ainda nas ordens pedia-se à massa carcerária que *denunciasse* os bandidos e *os combatessem*!...

Os presos ouviram e voltaram a seus lugares rindo.

As ordens não ajudaram. A massa carcerária não *lutaria* junto de seus senhores nem *denunciaria*. E a medida seguinte foi: pôr todo o campo em regime intensivo! Isso significava que, em todo o tempo livre de todos os dias, exceto aqueles em que estávamos no trabalho, e durante todo o domingo, nós deveríamos ficar confinados, como na prisão, usar uma latrina e até receber a comida nos barracões. Passaram a distribuir a *balanda* e o mingau pelos barracões, e o refeitório ficou vazio.

Foi um regime pesado, mas não o mantiveram por muito tempo.

O objetivo da chefia era que fôssemos quebrados, nos revoltássemos contra os assassinos e os denunciássemos. Mas todos nós nos preparamos para sofrer, para apertar os cintos! O objetivo deles também era que os barracões ficassem trancados, assim os assassinos não poderiam transitar de um para outro, e seria mais fácil encontrá-los em um único barracão. Mas aconteceu outro assassinato, e outra vez não encontraram ninguém, como sempre, "ninguém viu" e "ninguém soube". E alguém teve a cabeça esmagada no trabalho – isso não tinha como ser evitado com os barracões trancados.

Resolveram construir a "Grande Muralha da China" na zona. Era uma parede com dois tijolos de largura e uns 4 metros de altura, que atravessaria a zona, dividindo o campo em duas partes, mas, por enquanto, deixava a brecha. Nós nos incomodávamos muito com essa parede, porque a chefia estava preparando alguma jogada, e não podíamos fazer nada senão construí-la.

Mas retiraram o regime intensivo. E novamente cintilaram as facas.

Então, os patrões resolveram *sequestrar*; no entanto, sem delatores, eles não sabiam exatamente quem deveriam pegar, mas havia de todo modo algumas suspeitas e suposições (e pode ser que denúncias tenham sido feitas em segredo).

Então, depois do trabalho, dois carcereiros vieram ao barracão e disseram casualmente:

— Pegue suas coisas, vamos.

O zek olhou para os colegas e disse:

— Eu não vou.

E realmente não foi! – nesse *sequestro*, ou detenção, cotidiano e simples, ao qual nunca nos opusemos, que nos acostumamos a aceitar como um fato da vida, surgiu outra possibilidade: eu não vou! Nossa cabeça libertada agora compreendia!

— Como não vai? – os carcereiros pularam nele.

— Isso mesmo, não vou! – respondeu gravemente o zek. — Estou bem aqui.

— E aonde ele vai?... E por que ele tem de ir? Nós não vamos deixar vocês o levarem!... Não vamos deixar!... Vão embora! – gritavam de todos os lados.

Os carcereiros olharam em volta, viraram e foram embora.

Tentaram em outro barracão, mas aconteceu a mesma coisa.

E os lobos entenderam que nós já não éramos as antigas ovelhas, que agora eles teriam de usar a cabeça para nos pegar, ou fazer isso no posto da guarda, ou mandar todo o contingente. Mas não conseguiriam tirar alguém do meio da multidão.

Livres do mal, da supervisão e do monitoramento, nós olhamos em volta e todos percebemos que éramos milhares! Que éramos presos *políticos*! Que já poderíamos *resistir*!

A revolução ganhava forças. Sua antiga brisa agora soprava como um furacão em nossos pulmões!

Capítulo 11
Tateando, rompemos as correntes

Agora, no momento em que a vala que existia entre nós e aqueles que nos vigiavam tinha se aprofundado, tornando-se um fosso, nós estávamos parados ali, cada um em seu lado, ponderando: o que viria depois?

Dizer que estávamos "parados" é obviamente só uma imagem. Íamos diariamente ao trabalho, não nos atrasávamos na revista para o trabalho, não dificultávamos a vida uns dos outros, não havia recalcitrantes entre nós, e trazíamos bons resultados da produção – aparentemente, os patrões do campo poderiam até estar totalmente satisfeitos conosco. E nós podíamos estar satisfeitos com eles: eles tinham desaprendido completamente a gritar, a ameaçar, não nos arrastavam mais para o xadrez por qualquer bobagem nem percebiam que nós tínhamos parado de tirar o chapéu na presença deles.

E mesmo assim os nossos pensamentos e os deles eram tensos: o que viria depois? As coisas não poderiam ficar daquele jeito: era pouco para nós, e era pouco para eles. Alguém deveria desferir o golpe.

Mas o que deveríamos tentar? Nós agora *falávamos* tudo o que queríamos, em voz alta, sem pensar antes, falávamos tudo o que tinha se acumulado dentro de nós (experimentar a liberdade de expressão, mesmo que só ali, na zona, mesmo que já tarde na vida, era muito doce!).

Todos convínhamos em eliminar, sem hesitações, as coisas mais humilhantes: que não ficássemos trancados no barracão durante a madrugada e que removessem a latrina; que tirassem de nós os números; que nosso trabalho não fosse inteiramente não remunerado; que permitissem escrever doze cartas por ano. (Mas tudo isso, tudo isso, e até 24 cartas por ano, nós já tínhamos nos campos de trabalhos correcionais – e por acaso era bom viver ali?)

Mas nem tentar uma jornada de trabalho de oito horas era unanimidade entre nós...

Foram considerados também os meios: como deveríamos nos impor? O que fazer? Estava claro que, só com as mãos, não poderíamos fazer nada contra um exército contemporâneo, e, por isso, nosso meio não deveria ser o levante armado, e sim a greve.

Mas, de qualquer maneira, o sangue que corria em nós ainda era servil, de escravo. A palavra "greve" soava tão terrível a nossos ouvidos que buscamos apoio numa greve de fome: se começássemos a greve juntamente com uma greve de fome, isso talvez aumentasse nosso direito moral de fazer a greve. Parecíamos ter direito à greve de fome, de algum modo – mas tínhamos para uma greve de verdade? Assim, empreendendo uma greve de fome totalmente desnecessária, nós voluntariamente minávamos de antemão as forças físicas necessárias para a luta. (Felizmente, depois de nós, parece que nenhum campo repetiu esse erro cometido por nós em Ekibastuz.)

Pensamos até nos detalhes dessa possível greve-greve de fome.

Falava-se disso tudo aqui e acolá, em um grupinho e depois em outro; aquilo parecia inevitável e desejável – mas ao mesmo tempo, pela falta de costume, parecia impossível, de certa forma.

Mas nossos guardas desferiram os golpes antes de nós.

Aí a coisa começou a andar por conta própria.

Sossegados em nossos tabuados costumeiros, em nossas brigadas costumeiras, em nossos barracões, cômodos e cantinhos, celebramos o Ano-Novo de 1952. Então, no domingo, dia 6 de janeiro, na véspera do Natal ortodoxo – quando os ucranianos ocidentais preparavam-se para as celebrações, para cozinhar *kutiá*[189], jejuar até as estrelas nascerem e depois

189 Doce feito com grãos de trigo e mel ou açúcar (às vezes, também frutas secas ou castanhas), tradicional dos povos eslavos e servido no período natalino. [N. T.]

cantar canções natalinas –, de manhã, depois da revista, eles nos trancaram, e não abriram mais.

Ninguém esperava! Pela janela, vimos que, do barracão vizinho, uns cem zeks estavam sendo levados para o posto de guarda, com todos os pertences.

Um comboio de transferência?...

Aí vieram até nós. Carcereiros. Oficiais com cartões. E foram chamando os nomes que estavam nos cartões... Era para sair com todos os pertences... e com os colchões, do jeito como estavam, estufados mesmo!

Então era isso! Um reagrupamento! A guarda foi posta na brecha da "muralha da China". Amanhã, ela seria tapada. Enquanto isso, centenas de nós éramos levados para lá do posto de guarda e transportados, com sacos e colchões, como vítimas de um incêndio, ao redor do campo e através do outro posto de guarda, para a outra zona. Daquela zona, eles vinham trazendo para cá os do outro lado.

Então, o intuito dos patrões ia ficando claro de maneira bastante rápida: em uma metade (o segundo posto prisional), ficaram só os ucranianos *nativos*, umas 2 mil pessoas. Na metade para onde estavam nos levando – onde ficaria o primeiro posto prisional –, ficariam uns 3 mil de todas as demais nacionalidades: russos, estonianos, lituanos, letões, tártaros, caucasianos, georgianos, armênios, judeus, poloneses, moldavos, alemães e alguns outros de povos diversos, casualmente tirados dos campos da Europa e da Ásia.

No posto prisional dos ucranianos, ficaram o hospital inteiro, o refeitório e o clube. Já no nosso, em vez disso, ficou o BUR. Os ucranianos, banderistas, os rebeldes mais perigosos, foram separados do BUR. E isso por quê?

Logo ficamos sabendo o motivo. Começou a circular pelo campo o boato fidedigno (espalhado pelos trabalhadores que levavam a *balanda* para o BUR) de que os dedos-duros tinham ficado insolentes em seus "guarda-volumes": tinham colocado uns suspeitos junto com eles (pegaram dois ou três aqui e ali), e os dedos-duros estavam torturando esses suspeitos em suas celas, batendo neles, para que abrissem o bico e dessem os nomes: *quem é que estava matando*? Só então ficou totalmente claro o intuito deles: estavam torturando! Não era a própria matilha que estava torturando: tinham dado a missão aos dedos-duros – procurem vocês mesmos os seus assassinos! E assim justificariam seu pão, os parasitas. Os ucranianos foram afastados do BUR justamente para isto: para que não se enfiassem no BUR. Tinham mais confiança em nós: éramos gente submissa, de tribos diversas, não chegaríamos a nenhum acordo. Já os revoltosos estavam lá. E, entre os postos prisionais, um muro de 4 metros de altura.

Tantos são os historiadores profundos, tantos são os livros inteligentes – mas essa misteriosa combustão das almas humanas, esse misterioso surgimento das explosões sociais – isso eles não aprenderam a prever, e nem mesmo a explicar posteriormente.

Às vezes, enfiam uma estopa em brasa debaixo da pilha de lenha, enfiam outra, e outra – e o fogo não pega. Mas uma faisquinha solitária sai voando pelo alto de uma chaminé, e o vilarejo inteiro vira cinzas.

Os nossos 3 mil não tinham se preparado para nada, não estavam prontos para nada, mas à noite voltaram do trabalho e de repente, no barracão ao lado do BUR, começaram a desmontar seus tabuados, pegar as barras transversais e as cruzetas e, na penumbra, saíram correndo e puseram-se a golpear, com aquelas cruzetas e barras, o tapume reforçado que havia ao redor da prisão do campo. E ninguém tinha machados ou pés de cabra, porque eles não existem na zona.

Os golpes eram de uma boa brigada de carpinteiros trabalhando – primeiro as tábuas cediam, depois eles começavam a arrancá-las –, e por toda a zona ouvia-se o rangido dos pregos de 12 centímetros. Não era bem hora de os carpinteiros estarem trabalhando, mas, de qualquer maneira, eram sons de gente trabalhando, e não foi de imediato que aquilo ganhou a atenção do pessoal das torres, dos carcereiros e dos trabalhadores dos outros barracões. A vida noturna seguia seu curso: umas brigadas iam jantar, outras voltavam do jantar, esse ia ao serviço de saúde, aquele ia ao depósito, aquele outro, buscar uma encomenda.

Mas mesmo assim os carcereiros ficaram inquietos, tocaram para o BUR, para a parede escurecida em que ardia a agitação, na qual se queimaram, e voltaram para o barracão de pessoal. Alguém saiu correndo com um pau atrás dos carcereiros. Aí, para completar o cenário, começaram a bater com pedras e paus nos vidros do barracão de pessoal. Com um estalido sonoro, alegre e ameaçador, os vidros do barracão arrebentaram!

A intenção do pessoal não era iniciar uma rebelião, nem mesmo capturar o BUR, o que não seria fácil; a intenção era: pela janela, jogar gasolina na cela dos dedos-duros e tacar fogo lá dentro – querendo dizer fiquem de olho, isso não é nada ainda – mas, das torres, o som das metralhadoras ressoou pela zona, e nem atear fogo eles conseguiram.

Os carcereiros e Matchekhovski, chefe do regime punitivo, que tinham fugido do campo, levaram ao conhecimento da divisão. E a divisão deu ordem, por telefone, para que as torres de canto abrissem fogo de suas metralhadoras – contra 3 mil pessoas desarmadas, que não sabiam nada do que tinha acontecido. (A nossa brigada, por exemplo, estava no refeitório, e foi de lá que nós ouvimos, em completa perplexidade, todo aquele tiroteio.)

Por ironia do destino, isso aconteceu no dia 22 – de acordo com o novo calendário – ou no dia 9 de janeiro – de acordo com o velho[190] –, dia que, até aquele ano, era celebrado como uma ocasião de solenidade e luto: era o dia do *Domingo Sangrento*. Para nós, acabou sendo a terça-feira sangrenta, e foi muito mais sossegada para os carrascos do que em Petersburgo: não era uma praça, e sim a estepe, e não havia testemunhas, nem jornalistas, nem estrangeiros.

Na escuridão, a esmo, as metralhadoras começaram a disparar pela zona. As balas perfuravam as tênues paredes dos barracões e feriam, como sempre acontecia, não os que tinham atacado a prisão, mas pessoas que não tinham tomado parte naquilo. No barracão 9, em seu leito, foi morto um pacífico velhinho que estava no fim de sua sentença de dez anos: ele seria libertado dali a um mês.

190 No Ocidente, o calendário juliano foi substituído pelo gregoriano no fim do século XVI, enquanto na Rússia ele foi instaurado como calendário civil só após a Revolução de Outubro. A partir do ano 1900, a distância entre os dois calendários passou a ser de treze dias. [N. T.]

Os que tinham atacado abandonaram o pátio da prisão e dispersaram-se por seus barracões (ainda precisavam remontar seus tabuados, para não deixar rastro de seus atos). E muitos outros entenderam o tiroteio assim, como sinal de que deveriam ficar nos barracões. Outros ainda, em vez disso, foram correndo para fora, agitados, e meteram-se na zona, tentando entender o que era aquilo, o motivo daquilo.

A essa altura, não restava mais nenhum carcereiro na zona. O barracão de pessoal, abandonado pelos oficiais, parecia um tanto assustador, com seus vidros quebrados. As torres estavam caladas. Pela zona, vagavam os curiosos e os que procuravam a verdade.

E então escancararam-se, de um lado a outro, os portões de nosso posto prisional, e entrou um pelotão de fuzileiros de escolta, apontando suas submetralhadoras e disparando rajadas aleatórias com elas. Fizeram isso em todas as direções, espalhando-se em leque, e, atrás deles, vieram os carcereiros, enfurecidos, com canos de ferro, com porretes, com o que tivesse caído em suas mãos.

Eles investiram em ondas contra os barracões, varrendo a zona. Depois, os fuzileiros calaram-se, pararam, e os carcereiros correram adiante, caçando os que tinham se escondido, feridos ou ainda inteiros, e nos espancaram impiedosamente.

Havia uns vinte feridos e espancados, uns se escondiam e tapavam as feridas, outros chegaram ao serviço de saúde, mas o destino deles a partir dali foi a prisão, e um inquérito pela participação no motim.

Agora ia ficando claro: de manhã, não era para sair para o trabalho.

A greve-greve de fome não tinha sido preparada, nem seu plano tinha sido finalizado propriamente, e agora começava de qualquer jeito, sem um centro, sem sinalização.

Mais tarde, em outros campos em que o depósito de alimentos foi dominado, e os presos não foram ao trabalho, as atitudes acabaram sendo mais inteligentes, é claro. As nossas, embora não muito inteligentes, foram graves: 3 mil pessoas recusaram tanto o pão como o trabalho.

Pela manhã, nenhuma brigada enviou gente para a distribuição de pão. Nenhuma brigada foi ao refeitório buscar a *balanda* e o mingau, já preparados. Os carcereiros não entenderam nada: duas, três, quatro vezes eles foram até os barracões nos chamar energicamente, depois em tom de ameaça, para nos enxotar dali, depois em tom brando, para nos convidar – por enquanto, só para ir ao refeitório, buscar o pão; da revista para o trabalho, ainda nem se falava nada.

Mas ninguém foi. Todos ficaram deitados, vestidos, calçados e em silêncio. Apenas os chefes de brigada se viam obrigados a responder alguma coisa; eles resmungavam da cabeceira de suas camas:

— Não vai adiantar nada, chefe...

Finalmente, as tentativas de convencimento cessaram, e eles trancaram os barracões.

Nos dias seguintes, só os faxineiros sairiam dos barracões: levariam as latrinas para fora, trariam água potável e carvão. Apenas os que estavam internados no serviço de saúde receberam autorização do coletivo para não jejuar. E, para trabalhar, receberam autorização só os médicos e enfermeiros.

E os patrões não podiam mais nos ver e perscrutar nossa alma. Abriu-se um fosso entre os que guardavam o calabouço e os escravos.

Aqueles três dias de nossa vida jamais serão esquecidos por nenhum dos participantes. Não vimos nossos companheiros dos outros barracões, não vimos os cadáveres por enterrar que jaziam lá. Mas, na abandonada zona do campo, estávamos todos unidos por um elo de aço.

A greve de fome não tinha sido deflagrada por gente bem alimentada, com estoques subcutâneos de gordura, mas por gente esquálida, desnutrida, acossada pela fome diariamente, durante muitos anos, gente que só com muito esforço conseguia alcançar algum equilíbrio em seu corpo, gente que já tinha experimentado desarranjo pela privação da mera ração de 100 gramas. Até os *dokhodiágui* jejuaram com os outros, embora três dias de fome pudessem ser, para eles, um empurrão irreversível em direção à morte. A comida que estávamos recusando, que sempre tínhamos considerado miserável, agora, em meio ao perturbador delírio da fome, assemelhava-se a rios de saciedade.

A greve de fome tinha sido deflagrada por gente educada, durante décadas, pela lei da selva: "Hoje, morre você, e eu, amanhã!". E agora eles renasciam, arrastavam-se para fora de seu pântano fétido, e combinavam que era melhor todos morrerem hoje do que amanhã continuarem vivendo daquela maneira.

Nos quartos dos barracões, instituiu-se uma relação como que solene e afetiva entre eles. Qualquer resto de comida que alguém tivesse – especialmente os que recebiam encomenda – era levado agora para um lugar comum, para um trapinho estendido, e depois, por comum acordo do cômodo, uma refeição era dividida, enquanto a outra era guardada para o dia seguinte.

O que fariam os patrões – ninguém podia prever. Esperávamos que, no mínimo, começassem outra vez os tiros de metralhadora das torres contra os barracões. O que menos esperávamos era que fizessem concessões. Nunca, em toda a nossa vida, tínhamos tentado conquistar algo deles – e, em relação à nossa greve, sentíamos o amargo vento da desesperança.

Mas, nessa desesperança, havia algo satisfatório. Tínhamos dado um passo inútil, desesperado, que não terminaria bem – e isso era bom. Nossa barriga tinha passado fome, o coração estava apertado – mas outra necessidade, mais elevada, estava sendo saciada.

E, pela segunda noite, pela terceira manhã, pela terceira tarde, a fome rasgava nosso estômago com suas garras.

Mas quando, na terceira manhã, os tchekistas convocaram os chefes de brigada para ir até a entrada, a decisão de todos foi: não ceder!

O destacamento recém-chegado disse o seguinte:

— A administração do Pestchanlag *pede aos prisioneiros que aceitem as refeições*. A administração acolherá todas as queixas. Ela analisará e eliminará as causas do *conflito* entre a administração e os prisioneiros.

Não estariam nossos ouvidos nos traindo? Eles estavam *pedindo que aceitássemos as refeições*? – e sobre o trabalho não houve uma palavra sequer. Tínhamos atacado a prisão, quebrado os vidros e as lanternas, perseguido os carcereiros com facas, e aquilo, pelo visto, não tinha sido uma rebelião de modo algum, mas *um conflito entre* – entre partes iguais! – a administração e os prisioneiros!

Tinha bastado que nos unissemos somente por dois dias e duas noites, e como tinha mudado o tom dos proprietários de nossa alma! Nunca, em toda a nossa vida, não só como detentos, mas como livres ou como membros de sindicatos, tínhamos ouvido uma fala tão lisonjeira dos patrões como aquela!

Porém, os chefes de brigada foram embora sem nem olhar para trás.

Aquela era nossa resposta.

E o barracão foi trancado.

Por fora, ele parecia aos patrões tão mudo e obstinado quanto antes. Mas, por dentro, começou pelos cômodos uma discussão violenta. A tentação era grande demais! A brandura do tom sensibilizou os despretensiosos zeks mais que qualquer ameaça. Surgiram vozes defendendo que cedêssemos. O que mais poderíamos conseguir, afinal de contas?...

Estávamos cansados! Queríamos comer! Aquela lei secreta que tinha unido nossos sentimentos, que os tinha elevado, agora estremecia as asas e começava a assentar-se.

Mas estavam abertas bocas que tinham passado décadas cerradas, que tinham se calado a vida inteira – e que teriam se mantido caladas até a morte.

Ceder agora? Ou seja, entregar-se, fiando-se na palavra de honra. E a palavra de honra de quem? Dos carcereiros, da matilha do campo. Quantas prisões existem, quantos campos existem – e quando foi que eles cumpriram sua palavra uma vez sequer?!

Depois de muito tempo assentada, ergueu-se uma névoa de sofrimento, de ofensas, de escárnio. Pela primeira vez, tomávamos o caminho certo – e já haveríamos de ceder? Pela primeira vez, nos sentíamos como gente – e teríamos de nos render tão depressa? Um pequeno turbilhão, bravo e alegre, nos arejava e nos trazia calafrios: continuar! continuar! Ainda não é assim que eles vão nos demover! Eles vão ceder!

E parece que novamente bateram as asas da águia, a águia de nosso sentimento unido, o sentimento daquelas duzentas pessoas! E ela flutuou pelo ar!

Continuamos deitados, economizando as forças, tentando nos mover o mínimo possível e não falar bobagens. Pensar já era coisa o bastante para fazermos.

E de repente, pouco antes da noite do terceiro dia, quando, pelo límpido céu do ocidente, ia o sol do poente, os nossos observadores berraram com ardente desgosto:

— O nono barracão!... O nono se rendeu!... O nono está indo para o refeitório!

Todos nós demos um salto. O pessoal dos quartos do outro lado correu até o nosso lado. Pelas grades, dos tabuados inferiores e superiores das tarimbas, de quatro ou por cima dos ombros uns dos outros, nós observamos, paralisados, aquela triste procissão.

Duzentos e cinquenta vultos lastimáveis, negros – e ainda mais negros contra o sol que se punha –, arrastavam-se de través pela zona, numa longa, submissa e humilhada fileira. Eles caminhavam, faiscando através do sol, numa cadeia extensa, vacilante, interminável, como se os de trás lamentassem que os da frente tivessem saído e não quisessem ir atrás deles. Alguns, os mais enfraquecidos, eram levados pela mão ou pelo braço, e, com seu passo inseguro, parecia que muitos guias iam conduzindo muitos cegos. E, além disso, muitos levavam nas mãos panelinhas ou canecas, e aquela lastimável louça do campo, levada na esperança de um jantar farto demais para ser tragado pelos estômagos comprimidos, aquela louça levada diante de si, como se fossem mendigos pedindo esmolas, era particularmente ofensiva, particularmente servil e particularmente tocante.

Senti que estava chorando. Eu me encurvei, enxuguei as lágrimas e vi que meus companheiros faziam o mesmo.

A palavra do barracão 9 foi decisiva. Era com eles que, já pelo quarto dia, desde a noite de terça-feira, estavam os que tinham sido mortos.

Eles estavam indo ao refeitório e, portanto, tinham decidido perdoar os assassinos em troca de ração e de mingau.

Nós nos afastamos da janela em silêncio.

E foi então que eu entendi o que significava o orgulho polonês, e em que se basearam suas abnegadas rebeliões. Aquele mesmo engenheiro polonês, Iúri Venguerski, estava agora em nossa brigada. Ele estava terminando de cumprir o último de seus dez anos. Mesmo quando ele foi mestre de obras, nunca o ouvi erguer o tom de voz. Sempre foi calmo, cortês, gentil.

E, agora, seu rosto estava deformado. Com ira, com desprezo, com tormento, ele virou a cabeça, afastou-se daquela procissão por esmola, aprumou-se e, com uma voz enraivecida e sonora, gritou:

— Chefe de brigada! Não me acorde para o jantar! Eu não vou!

Subiu no topo do tabuado, virou-se para a parede e não se levantou mais! Ele não recebia encomendas, era solitário, estava sempre com fome – e não se levantou. A visão de um mingau fumegante não era capaz de fazê-lo esquecer a incorpórea Liberdade!

Se fôssemos todos tão orgulhosos e tão firmes, que tirano poderia resistir?

O dia seguinte, 27 de janeiro, era domingo. Mas não fomos obrigados a trabalhar para compensar (embora os chefes estivessem claramente se coçando por causa do plano de trabalho), só nos deram comida – entregaram o pão dos últimos dias e nos deixaram vagar pela zona. Todos foram de barracão em barracão, contando como cada um tinha passado aqueles dias, e todos estavam com uma disposição festiva, como se tivéssemos vencido, e não perdido.

O tumor que eu negligenciara cresceu rapidamente, e impôs-se a operação que havia muito tempo eu vinha adiando para o momento em que, pela forma de falar do campo, seria “conveniente”. Em janeiro, e especialmente nos fatídicos dias da greve de fome, o tumor decidiu por mim que agora era conveniente, e ele crescia quase de hora em hora. Assim que abriram os barracões, eu me apresentei aos médicos e fui direcionado para a cirurgia.

A escolta me conduziu ao hospital, no posto prisional ucraniano. Fui o primeiro a ser levado para lá depois da greve de fome, o primeiro mensageiro. O cirurgião Iántchenko, que faria a minha operação, me chamou para o exame, mas as perguntas dele e as minhas respostas não foram sobre o tumor. Ele não deu atenção alguma ao meu tumor, e fiquei feliz por ter um médico tão confiável. Ele continuava perguntando e perguntando. O rosto dele estava obscurecido por nosso sofrimento comum.

Ah, como pode o mesmo fato, mas em vidas diferentes, ser encarado por nós de maneiras tão diferentes! Aquele mesmo tumor, um câncer, seria um tremendo golpe se eu estivesse em liberdade – quanta preocupação não traria, quantas lágrimas dos parentes? Mas ali eu estava internado no hospital em meio aos feridos, aos mutilados daquela noite sangrenta. Havia pessoas que tinham sido espancadas pelos carcereiros até virar uma massa ensanguentada – esses *nem tinham onde* apoiar o corpo ao deitar, estavam inteiramente esfolados. Um já tinha morrido por causa dos ferimentos.

Mas as notícias iam correndo, uma mais rápida que a outra: no campo "russo", tinha começado o acerto de contas. Prenderam primeiro quarenta pessoas. Mas as prisões continuaram; para algum lugar, iam sendo enviados pequenos comboios de vinte a trinta pessoas. E de repente, no dia 19 de fevereiro, começaram a organizar comboios enormes, de umas setecentas pessoas. Eram comboios de regime especial: na saída do campo, os transferidos eram algemados.

Eu estava internado na enfermaria do pós-operatório, sozinho. Atrás do meu quarto, que ficava na pontinha do barracão, estava o necrotério, uma pequena isbá na qual o dr. Kornfeld, assassinado, jazia havia alguns dias; não havia nem tempo nem ninguém para enterrá-lo. (De manhã e de noite, um carcereiro, chegando ao fim de sua verificação, parava diante da minha enfermaria e, para simplificar a conta, fazia um gesto com a mão que abarcava o necrotério e a minha enfermaria: "E *aqui* tem dois". E anotava na prancheta.)

Naquele grande comboio, eu também estava. E a chefe do serviço de saúde, Dubinskaia, concordou com a minha transferência, mesmo com pontos não cicatrizados. Eu senti e fiquei esperando que viessem – eu me recusaria: podem fuzilar aqui mesmo! De qualquer maneira, não me levariam.

Pável Baraniuk, também convocado para o comboio, rompeu todos os cordões e veio me dar um abraço de despedida. Não só o nosso campo, mas todo o universo nos parecia abalado, sacudido por uma tempestade. Fomos arremessados, e não conseguíamos conceber que, fora da zona, tudo estava como antes, estagnado e tranquilo. Nós nos sentíamos no topo de grandes ondas, boiando em cima de alguma coisa, e achávamos que, se nos víssemos novamente, seria um país totalmente diferente. Mas, de qualquer maneira, adeus, meu amigo! Adeus, meus amigos!

Enquanto isso, a epidemia da liberdade ia se espalhando – mas, a partir do Arquipélago, onde mais ela poderia entrar? Naquela primavera, em todos os banheiros das prisões de transferência do Cazaquistão, estava escrito, gravado, escavado: "Saudações aos guerreiros de Ekibastuz!".

E o primeiro bloco dos "insurgentes centrais", cerca de quarenta pessoas, assim como os 250 mais "inveterados" do grande comboio de fevereiro, foram levados para Kenguir (o povoado era Kenguir, a estação era Djezkazgan), o terceiro departamento do Steplag, onde ficava também a administração do Steplag, além do próprio coronel Tchetchev, o pançudo. Os demais punidos de Ekibastuz foram divididos entre o primeiro e o segundo departamento do Steplag (Rudnik).

Para intimidarem, informaram aos 8 mil zeks de Kenguir que *bandidos* tinham sido trazidos. Da estação até o novo edifício da prisão de Kenguir, eles foram levados algemados. Assim, como uma lenda acorrentada, nosso movimento entrou na ainda servil Kenguir, para também acordá-la. Como em Ekibastuz um ano antes, aqui ainda imperavam os punhos e as delações.

Embora nos digam que o indivíduo não molda a história, já fazia um quarto de século que o tal indivíduo puxava nosso rabo de ovelha como bem entendia, e nós não ousávamos sequer dar um balido.

Mas era nítido que, no início dos anos 1950, o sistema dos campos stalinistas tinha entrado em crise, especialmente nos Campos Especiais. Ainda durante a vida do Todo-Poderoso, os nativos tinham começado a romper as suas correntes.

Não se pode dizer de que modo tudo teria acontecido se ele tivesse continuado vivo. Mas, de repente – não de acordo com as leis da economia ou da sociedade –, o sangue velho e vagaroso parou de correr nas veias do *indivíduo* baixinho e bexiguento.

E embora, de acordo com a Teoria Progressista, as coisas não devessem mudar nada por causa disso; embora os quepes-azuis nem temessem por isso, mesmo tendo chorado atrás dos postos de guarda no dia 5 de março; embora os de *telogreika* preta não tivessem ousado cultivar esperanças, mesmo tendo dedilhado suas balalaicas ao saber que transmitiam marchas fúnebres e que hasteavam as bandeiras com faixas pretas – mas algo desconhecido começou a tremer, a mover-se no subterrâneo.

Não foi em vão a morte do tirano. Algo oculto moveu-se em algum lugar, moveu-se, e de repente, com um estrépito de lata, como um balde vazio, mais um *indivíduo* desabou com tudo, bem do alto da escada para o fundo do pântano mais emporcalhado.

E agora todos – tanto a vanguarda como a rabeira, e até os arruinados nativos do Arquipélago – entenderam: um novo tempo chegara. Aqui, no Arquipélago, foi especialmente retumbante: ele, afinal, era o grande Patrono e Governador do Arquipélago! Os oficiais do Ministério do Interior ficaram perplexos, perturbados, desnorteados. Quando anunciaram no rádio, e não dava mais para enfiar aquele horror de volta no alto-falante, e tiveram de cometer a ousadia de retirar das paredes da administração do Steplag os retratos daquele querido e terno Protetor, o coronel Tchetchev disse, com os lábios trêmulos: "Está tudo acabado". (Mas ele estava errado.)

Capítulo 12
Quarenta dias de Kenguir

Mas, para os Campos Especiais, a queda de Béria também tinha outro lado: ela deu esperança e, por isso, desorientou, confundiu, enfraqueceu os forçados. Floresceram as esperanças por mudanças rápidas, e diminuiu nos forçados a vontade de perseguir os dedos-duros, de ficar presos no xadrez por causa deles, de fazer greves, de amotinar-se. A raiva passou. Tudo parecia ir melhorando por conta própria, só era preciso esperar.

E havia ainda a seguinte questão: as insígnias com bordas azuis, até então as de maior honra, de repente como que passaram a carregar em si a estampa do vício, e não só aos olhos dos prisioneiros ou de seus parentes (pois eles que se danassem), mas talvez aos olhos do próprio governo.

Naquele fatídico ano de 1953, tiraram o segundo salário ("pelas estrelinhas") dos oficiais do Ministério do Interior. Foi um grande golpe no bolso, mas ainda maior no futuro: será que estávamos nos tornando *desnecessários*?

Justamente por Béria ter caído é que o Ministério da Segurança teve de provar, com urgência e clareza, sua fidelidade e necessidade. Mas como?

As rebeliões, que até então tinham parecido uma ameaça aos agentes de segurança, agora iam ganhando aspecto de salvação: seria bom ter mais inquietações e desordens, para que fosse necessário *tomar medidas*. Aí não haveria redução nem de pessoal nem de salário.

Em menos de um ano, a escolta de Kenguir atirou diversas vezes contra inocentes. Foi caso atrás de caso; e aquilo não podia não ser intencional.

Atiraram na moça Lida, da betoneira, quando ela pendurava meias para secar na antezona.

Feriram com tiros um velho chinês. Em Kenguir, ninguém se lembrava do nome dele; o chinês quase não falava russo, todos conheciam sua figura cambaleante, com um cachimbo nos dentes e o rosto de um velho silvano. O soldado de escolta chamou-o até a torre, jogou um pacote de *makhorka* bem na antezona e, quando o chinês se esticou para pegar, disparou, ferindo-o.

Depois, o famoso caso do tiroteio com balas expansíveis contra a coluna que vinha da usina de enriquecimento de minério, quando dezesseis pessoas foram feridas. (E outras vinte esconderam suas feridas mais leves, para que não fossem registradas e assim evitar uma possível punição.)

Aqui os zeks não se calaram, repetindo a história de Ekibastuz: o terceiro posto de Kenguir ficou três dias sem sair para o trabalho (mas aceitaram a comida), exigindo que os responsáveis fossem julgados.

Veio uma comissão para acalmá-los, dizendo que os responsáveis seriam julgados (como se fossem chamar os zeks até o tribunal para conferir!...). Voltaram ao trabalho.

Mas, em fevereiro de 1954, no setor madeireiro, atiraram em mais um, um *evangélico*, como relembravam todos em Kenguir (creio que era Aleksandr Syssóiev). Esse homem tinha cumprido nove anos e nove meses dos seus dez. Seu trabalho era lubrificar uns eletrodos de soldagem; ele fazia isso numa cabine que ficava perto da antezona. Ele saiu para se aliviar perto da cabine, e nisso alguém da torre o alvejou. Do posto de guarda, apressados, uns soldados de escolta vieram correndo, e começaram a arrastar o morto para a antezona, como se ele a tivesse violado. Os zeks não aguentaram, agarraram as picaretas, as pás, e enxotaram os assassinos de perto do morto.

A zona toda agitou-se. Os prisioneiros disseram que carregariam o morto nos ombros até o campo. Os oficiais do campo não permitiram. “Por que o mataram?”, gritavam para eles. A explicação dos patrões já estava pronta: a culpa era do próprio morto – ele é que tinha começado a jogar pedras na direção da torre. (Será que tiveram tempo pelo menos de ler o cartão de identidade do morto? De saber que lhe restavam três meses e que ele era evangélico?...)

Isso foi de novo naquele mesmo terceiro posto do campo, que já tinha visto dezesseis feridos de uma só vez. E, embora agora fosse só um assassinado, cresceu o sentimento de fatalidade, de desesperança: um ano já tinha se passado desde a morte de Stálin, mas os seus cães não tinham mudado. E, no geral, nada tinha mudado.

À noite, depois do jantar, aconteceu o seguinte: no cômodo, de repente apagaram a luz, e, da porta de entrada, alguém invisível dizia: "Irmãos! Até quando vamos construir e receber balas em troca? Amanhã não sairemos para trabalhar!". E a mesma coisa em todos os lugares, cômodo após cômodo, barracão após barracão.

De manhã, os postos masculinos do campo – o terceiro e o segundo – não saíram para trabalhar.

Suportaram assim durante dois dias.

Naquela mesma noite, anunciaram que a democracia na alimentação tinha acabado, e os que não foram trabalhar receberiam a ração punitiva. Pela manhã, o segundo posto foi ao trabalho. O terceiro não foi pela terceira manhã seguida.

Mas a greve foi dominada. Em março-abril, alguns comboios foram enviados para outros campos. (A epidemia continuava se espalhando!)

Assim, pela segunda vez, o que tinha nascido ali, em Kenguir, era extinto sem amadurecer por completo.

Mas aí os patrões passaram do limite. Eles se esticaram para pegar seu principal porrete contra os Cinquenta e Oito: os bandidos.

Antes das festividades de Primeiro de Maio, os próprios patrões já haviam abolido os princípios dos Campos Especiais, reconhecendo que se tornara impossível manter apenas os presos políticos, sem misturá-los – os patrões trouxeram e espalharam pelo amotinado terceiro posto do campo 650 ladrões, alguns simples delinquentes (incluindo-se aí muitos garotos). "Está chegando *um contingente com saúde*!", eles advertiam maldosamente os do Cinquenta e Oito. "Agora vocês não vão dar nem um pio." E conclamaram os ladrões que chegavam: "Vocês vão colocar isso aqui em ordem!".

Mas vejam como é imprevisível o curso dos sentimentos humanos e dos movimentos da sociedade. Ao injetarem, no terceiro posto do campo de Kenguir, uma dose cavalar daquela já testada ptomaína, os patrões não obtiveram um campo pacificado, e sim a maior rebelião da história do Arquipélago Gulag!

Por mais cercadas, por mais espalhadas que aparentemente fossem as ilhotas do Arquipélago, graças às prisões de trânsito elas respiravam os mesmos ares, os mesmos fluidos corriam por todas elas. E, por isso, a matança dos dedos-duros, as greves de fome, as greves, as agitações nos Campos Especiais não passaram despercebidas para os ladrões. E já diziam que, pelo ano de 1954, tinha ficado claro, nas prisões de trânsito, que *os ladrões passaram a respeitar os forçados*.

Assim, os ladrões que chegaram a Kenguir já tinham ouvido algumas coisas, já esperavam que os forçados tivessem algum espírito de luta. E, antes que eles pudessem se habituar, antes que pudessem trocar lambidas com a administração, os *chefões* foram visitados por uns comedidos rapagões espadaúdos, que se sentaram com eles para *falar da vida* e disseram-lhes: "Somos representantes. Vocês já ouviram falar da chacina que está acontecendo nos Campos Especiais, e, se não ouviram falar, nós vamos contar. Agora nós sabemos fazer facas tão boas quanto as suas. Vocês são 600; nós somos 2.600. Pensem bem e escolham. Se decidirem nos provocar, vamos degolar todos vocês".

É claro que os galões azuis só precisavam mesmo que essa briga começasse. Mas os ladrões calcularam que enfrentar um Cinquenta e Oito encorajado, um contra quatro, não valia a pena.

E os ladrões responderam: "Não, nós vamos ficar do lado dos *mujiques*!".

Essa conferência não está registrada na história, e os nomes de seus participantes não foram preservados nos protocolos. É uma pena. Era um pessoal esperto.

É provável que a novidade e a estranheza do jogo tenham divertido muito os bandidos, especialmente os moleques: de repente, tinham de tratar os "fascistas" com cortesia, não entrar em seus cômodos sem autorização, não se sentar em seus tabuados sem serem convidados.

A Paris do século passado chamava de *mobiles* os seus bandidos (e pelo visto ela tinha muitos) que eram levados para a guarda. Captaram muito bem. Essa tribo é tão móvel que ela rompe o invólucro da vida corriqueira, cotidiana, ela não consegue de modo algum enquadrar-se com tranquilidade. Tinham determinado que não era permitido roubar; *suar* no trabalho para o Estado era contrário à ética; mas alguma coisa eles tinham de fazer! A rapaziada dos ladrões divertia-se arrancando os quepes dos carcereiros, sapateando nos tetos dos barracões durante a revista noturna, confundindo a contagem, assobiando, fazendo algazarra, assustando as torres à noite.

Eles tinham de *começar*, qualquer coisa, mas começar! Ora, se os iniciadores fossem do Cinquenta e Oito, seriam pendurados em cordas e enforcados; já se fossem ladrões, só levariam uma reprimenda nas palestras políticas. Assim, os ladrões sugeriram: nós começamos, e vocês apoiam!

É preciso observar que todo o complexo do campo de Kenguir era composto por um só retângulo, com uma zona externa comum, dentro da qual, longitudinalmente, tinham sido recortadas as zonas internas: primeiro, o primeiro posto (feminino), depois o pátio da administração, depois o segundo posto, depois o terceiro, e depois o prisional, onde ficavam as duas prisões – a velha e a nova –, e onde prendiam não só os detentos do campo, mas também os habitantes livres do povoado.

O primeiro e mais natural objetivo era tomar o pátio da administração, onde também ficavam localizados todos os depósitos de víveres do campo. A operação foi iniciada num domingo de folga, dia 16 de maio de 1954. Primeiro, todos os *mobiles* subiram no teto de seus barracões e ficaram montados no muro entre o terceiro e o segundo posto. Depois, ao comando dos chefões, que ficaram no alto, eles saltaram para o segundo posto, com paus nas mãos, formaram colunas ali e seguiram em formação, alinhados. Essa linha seguiu até o eixo do segundo posto, até os portões de ferro do pátio da administração, contra os quais eles se apoiaram.

E os portões do pátio da administração se escancararam, e ao encontro dos atacantes veio um pelotão de soldados desarmados. Os soldados começaram a empurrar os *mobiles* de volta, a desfazer sua formação. Os ladrões começaram a recuar em direção a seu terceiro posto e a trepar de volta no muro, enquanto, dos muros, a reserva jogava pedras e tijolos de argila contra os soldados, cobrindo o recuo.

É evidente que isso não causou nenhuma prisão entre os ladrões. Ainda vendo naquilo apenas uma travessura, a chefia deixou que o domingo no campo transcorresse tranquilamente, até o toque de recolher. Sem incidentes, o jantar foi distribuído. Mas de noite, em meio à escuridão, pedras fizeram tilintar as lâmpadas na zona: os *mobiles* tinham usado estilingues para quebrá-las, apagando a iluminação da zona. Um monte deles já circulava pela escuridão do segundo posto, e seus assobios entrecortados de bandoleiros rasgavam o ar. Com um tronco, arrombaram o portão do pátio da administração, jorraram para lá dali, com um trilho, abriram uma brecha também para a zona feminina. (Também estavam com eles os jovens do Cinquenta e Oito.)

À luz dos foguetes lançados das torres, o capitão de operações Beliáiev irrompeu no pátio da administração por fora, pelo seu posto de guarda, com um pelotão de fuzileiros, e – pela primeira vez na história do Gulag! – abriu fogo contra os *socialmente próximos*! Houve mortos e algumas dezenas de feridos. E ainda, atrás deles, vinham os de insígnias vermelhas, com baionetas, para dar cabo também dos feridos. (Naquela madrugada, no hospital do segundo posto, foi acesa a sala de operações, e o cirurgião, o detento espanhol Fuster, começou a operar.)

O pátio da administração agora estava fortemente ocupado pelas tropas punitivas, os soldados estavam dispostos ali com metralhadoras. Enquanto isso, o segundo posto (os *mobiles* tinham feito a abertura, agora os políticos se apresentariam) armou uma barricada de frente para o pátio da administração. O segundo e o terceiro posto estavam unidos pela brecha, e neles não havia mais carcereiros, não havia autoridades do Ministério do Interior.

Mas o que tinha acontecido com os que conseguiram invadir o posto feminino e que agora estavam ilhados ali? Os acontecimentos os levaram para além daquele desprezo desembaraçado que os bandidos dedicam às *moças*. Quando, no pátio da administração, ressoaram os tiros, os que tinham invadido a área feminina deixaram de ser ávidos caçadores e viraram companheiros de sina. As mulheres os esconderam. Na captura, os soldados entraram. As mulheres atrapalharam as buscas, tentaram rechaçá-los. Os soldados socaram as mulheres, deram coronhadas, levaram algumas para o xadrez.

E, de repente, um soldado foi correndo até o oficial, com um bilhete. O oficial deu ordem de remover os corpos, e os de insígnias vermelhas abandonaram o pátio da administração com eles.

Por uns cinco minutos, nas barricadas, houve silêncio e desconfiança. Depois, os primeiros zeks espiaram o pátio com cuidado. Estava vazio; só aqui e acolá estavam largados os quepezinhos pretos típicos do campo, pertencentes aos mortos, com os retalhos de números costurados neles.

(Mais tarde, ficamos sabendo que a ordem de limpar o pátio veio do ministro do Interior do Cazaquistão, que tinha acabado de pousar, vindo de Alma-Atá. Os corpos que eles tinham levado foram transportados para a estepe e enterrados, para evitar uma perícia, caso fosse exigida depois.)

Ouviu-se um "hurra-a-a-a!... hurra-a-a-a...", e todos afluíram para o pátio, e depois para a zona feminina. Aumentaram a brecha. Então, libertaram a prisão feminina, e tudo ficou unido! Tudo estava livre dentro da zona principal! Só o quarto posto, o prisional, continuava sendo uma prisão.

Que sentimentos podem ser esses que esmagam o peito de 8 mil pessoas, que o tempo todo, que ainda há pouco, que pouco antes estavam desunidas?! Deitadas famintas nos barracões trancados de Ekibastuz, já pareciam ter sentido o toque da liberdade. Mas aqui era uma revolução! Por tanto tempo fora oprimida, mas agora despontava a fraternidade entre os homens! E nós amávamos os bandidos! E os bandidos nos amavam! (E o que se podia dizer, tinham firmado com sangue. E amávamos ainda mais as mulheres, é claro, que estavam de novo ao nosso lado, como deve ser na humanidade, e elas eram nossas irmãs de sina.)

No refeitório, surgiram panfletos: "Armem-se com o que puderem, e ataquem as tropas primeiro!". Em pedaços de jornais (não havia outro tipo de papel), com letras negras ou coloridas, os mais exaltados já tinham escrito seus lemas, na pressa: "Rapazes, batam nos tchekistas!", "Morte aos dedos-duros, aos lacaios dos tchekistas!". Em um, dois, três lugares do campo, bastava esperar um pouco e já vinham comícios, oradores! E cada um propunha sua ideia! Que exigências fazer? O que queríamos? Levar os assassinos a julgamento! Claro que sim. E depois?... Não trancar os barracões, tirar os números!... E depois?...

E depois vinha o mais terrível: por que *aquilo* tinha sido iniciado, o que nós queríamos? Queríamos liberdade, é claro, só liberdade! Mas quem é que nos daria a liberdade? Os tribunais que tinham nos condenado, em Moscou. E, enquanto estávamos descontentes com o Steplag, ou com Karagandá, ainda conversariam conosco. Mas, se disséssemos que estávamos descontentes com Moscou... seríamos todos enterrados naquela estepe.

Mas então o que é que nós queríamos? Perfurar os muros? Fugir correndo pelo deserto?...

Horas de liberdade! Toneladas de correntes tinham caído de nossos braços, de nossos ombros — isso fazia aquele dia valer a pena!

Então, no fim da segunda-feira, uma delegação da chefia chegou ao enfurecido campo. Uma delegação totalmente benévola; não tinham o olhar de animais, não carregavam metralhadoras, e ninguém diria que eram subordinados do sanguinário Béria. Ficamos sabendo que uns generais tinham voado de Moscou. Eles consideravam que nossas exigências eram *totalmente justas*. (Nós mesmo ficamos estupefatos: justas? Então não éramos rebeldes? Não, não, são totalmente justas.) "Os responsáveis pelos tiroteios responderão por seus atos." "E por que espancaram as mulheres?" "Espancaram as mulheres?", a delegação ficou pasma. "Mas não pode ser." Ánia Mikhailévitch trouxe até eles uma fileira de mulheres espancadas. A comissão ficou comovida: "Vamos averiguar, vamos averiguar". "Animais!", Liuba Berchádskaia gritou na direção do general. Outros gritos: "Não tranquem os barracões!". "Não vamos mais trancar." "Tirar os números!" "Vamos tirar, sem falta", garantiu o general, que nós nunca tínhamos visto na vida (nem veríamos). "Que sejam mantidas as brechas entre as zonas!", ousamos. "Temos de manter contato!" "Tudo bem, podem manter contato!", concordou o general. "As brechas serão mantidas." Bem, irmãos, de que mais precisamos? Pois nós vencemos!! Durante um dia, ficamos enfurecidos, ficamos alegres, exaltados – e vencemos!! E, ainda que em nosso meio alguns balançassem a cabeça e dissessem "é um embuste, é um embuste!", nós acreditamos. Acreditamos na nossa chefia, que não era tão má, afinal. Acreditamos porque essa era a saída mais fácil de nossa situação...

E o que resta aos oprimidos senão acreditar? Ser enganados, e novamente acreditar. E novamente ser enganados, e novamente acreditar.

Então, na terça-feira, dia 18 de maio, todos os postos do campo de Kenguir foram ao trabalho, conformando-se com seus mortos.

E, naquela manhã, tudo ainda poderia ter terminado de maneira tranquila. Mas os importantes generais que tinham se reunido em Kenguir considerariam essa conclusão como uma derrota. Não poderiam ter reconhecido, a sério, que os prisioneiros estavam certos! Não poderiam punir, a sério, os militares do Ministério do Interior! O raciocínio baixo deles conseguiu extrair só uma lição: os muros da entrezona não eram suficientemente reforçados. Ali, eles deveriam criar zonas *de artilharia*!

E, naquele dia, a diligente chefia pôs para trabalhar aqueles que tinham perdido o hábito do trabalho havia anos, décadas: os oficiais e carcereiros vestiram aventais; quem sabia manusear pegou a pá de pedreiro; os soldados, liberados das torres, empurraram carrinhos, levaram padiolas; os inválidos que tinham ficado na zona arrastaram e assentaram tijolos de barro. E, antes do fim do dia, as brechas foram tapadas, as lâmpadas quebradas foram consertadas, ao longo dos muros internos foram traçadas faixas de interdição e, nas pontas, colocadas sentinelas com o comando: abrir fogo!

E quando à noite, depois de terem rendido o trabalho do dia ao Estado, os prisioneiros entraram novamente no campo e foram levados às pressas para o jantar, antes que pudessem se dar conta, para que fossem logo trancados. De acordo com as disposições dos generais, era preciso ganhar aquela primeira noite – a noite em que o embuste ficaria claro demais, depois das promessas do dia anterior –, e de algum modo depois todo mundo acabaria se acostumando e entrando nos eixos.

Mas, antes do crepúsculo, ressoaram os assobios entrecortados de bandoleiros, os mesmos de domingo – a terceira e a segunda zona trocavam esses assobios entre si, como um grande festejo de arruaceiros. E os carcereiros estremeceram, não concluíram suas obrigações e fugiram da zona.

O campo ficou para os zeks, mas eles estavam divididos. As metralhadoras das torres abriram fogo contra os que se aproximaram do muro interno. Uns foram abatidos, outros foram feridos. Eles quebraram as lâmpadas de novo, com os estilingues, mas as torres iluminavam com os foguetes.

Com mesas longas, eles batiam na cerca de arame, mas, debaixo do fogo, era impossível romper o muro ou trepar por cima dele – ou seja, eles precisariam cavar. Como sempre, na zona não havia pás, só aquelas de bombeiro. Puseram em uso facas de cozinha, tigelas.

Naquela madrugada de 18 para 19 de maio, aquelas pessoas desarmadas, debaixo do fogo das metralhadoras, escavaram passagens e fendas em todos os muros, e de novo uniram todos os postos com o pátio da administração. Nesse momento, as torres pararam de atirar. E, no pátio, havia um monte de ferramentas. Todo o trabalho diurno dos pedreiros com insígnias não tinha servido para nada. Ao abrigo da noite, eles romperam as antezonas, aumentaram as passagens nos muros, para que não virassem armadilhas (nos outros dias, fizeram a largura atingir uns 20 metros).

Naquela mesma madrugada, perfuraram também o muro do quarto posto, o prisional. Da equipe de vigilância que guardava a prisão, uns correram para o posto de guarda, outros, para as torres, de onde tinham baixado escadas. Os cativos pilharam os escritórios de investigação. Ali, também foram libertados da prisão aqueles que haveriam de liderar a rebelião: o ex-coronel do Exército Vermelho Kapiton Kuznetsov (formado na Academia Frunze, já não tão novo; depois da guerra, ele comandou um regimento na Alemanha, e alguém sob seu comando fugiu para a Ocidental; por isso é que ele tinha recebido sua sentença), e o ex-primeiro-tenente do Exército Vermelho Gleb Slutchenkov.

Zeks rebeldes! que já pela terceira vez tentavam repelir tanto aquela rebelião como aquela liberdade. Eles não sabiam como lidar com aqueles dons, e mais os temiam que ansiavam por eles. Mas, com a constância da ressaca do mar, eles eram jogados e jogados novamente em direção àquela rebelião.

O fugitivo, afinal, foge para experimentar pelo menos um dia que seja de vida em liberdade. Assim, aquelas 8 mil pessoas não tinham feito só uma rebelião: elas tinham *fugido em direção à liberdade*, embora por pouco tempo! Oito mil pessoas subitamente transformaram-se de escravos em livres, e a elas era dado viver! Os rostos, costumeiramente endurecidos, tinham se abrandado, traziam sorrisos benévolos. As mulheres viam os homens, e os homens seguravam-lhes as mãos. Aqueles que tinham se correspondido por meio de engenhosos métodos secretos e que nunca tinham se visto agora se conheciam pessoalmente. Aquelas lituanas cujo casamento tinha sido celebrado através da parede por um padre católico agora viam seu marido, seu legítimo marido, de acordo com a Igreja – seu matrimônio tinha descido do Senhor até a terra! Pela primeira vez em sua vida, ninguém impedia que os fiéis se reunissem e orassem. Estrangeiros solitários, espalhados por todas as zonas, agora encontravam uns aos outros e conversavam, em suas línguas, sobre aquela estranha revolução asiática. Toda a produção do campo foi parar nas mãos dos prisioneiros. Ninguém era obrigado a passar pela revista e a cumprir uma jornada de trabalho de onze horas.

Sobre o insone e alarmado campo, que arrancara de si aqueles números de cão, veio a manhã do dia 19 de maio. Nas cercas de arame farpado, penduravam-se postes com lâmpadas quebradas. Pelas passagens em forma de trincheira – e mesmo sem o auxílio delas –, os zeks se moviam livremente de zona em zona. Muitos vestiam suas roupas de livres, tiradas dos depósitos. Alguns dos rapazes tinham enfiado na cabeça uma *papakha* ou uma *kubanka*[191]. (Logo os asiáticos também usariam suas camisas bordadas, suas batas e turbantes coloridos – o campo, cinzento e negro, florescia.)

Os faxineiros circularam pelos barracões, convocando ao refeitório grande para as eleições da Comissão – a comissão para as negociações com a chefia e para a autogestão (dessa maneira modesta, dessa maneira tímida é que ela se denominou).

A eleição levou talvez algumas poucas horas, mas a Comissão estava fadada a ser, durante quarenta dias, o governo do campo de Kenguir.

Nas primeiras horas, foi necessário definir a linha política do levante, ou seja, sua existência ou inexistência. Deveria ele seguir aqueles cândidos folhetos feitos por cima das mecânicas colunas do jornal: "Rapazes, batam nos tchekistas"?

Mal tendo saído da prisão, nas primeiras horas, ainda à noite, percorrendo todos os barracões e fazendo ali discursos até ficar rouco, e depois, pela manhã, também na reunião do refeitório, e outras vezes ainda, mais tarde, o coronel Kapiton Ivánovitch Kuznetsov repetia, sem se cansar:

— Uma postura antissoviética seria a morte para nós. Se levantarmos agora lemas antissoviéticos, seremos esmagados rapidamente. Nossa salvação está na lealdade. Precisamos conversar com os representantes de Moscou, *como é dever do cidadão soviético!*

A sensatez daquela linha foi logo compreendida, e venceu. Muito pouco tempo depois, foram penduradas por todo o campo enormes palavras de ordem, que se liam muito bem das torres e do posto de guarda:

"Viva a Constituição Soviética!"

"Viva o Poder Soviético!"

191 Gorros de pele, típicos do Cáucaso e da Ásia Central. [N. T.]

"Exigimos a vinda de um membro do Comitê Central e a revisão de nossos processos!"

"Abaixo os seguidores de Béria, assassinos!"

Já no refeitório, foi erguida uma bandeira visível por todo o povoado. Ficou muito tempo ali depois: fundo branco, com uma faixa preta, uma cruz médica vermelha no meio. De acordo com o código marítimo internacional, aquela bandeira significava:

"Estamos avariados. Mulheres e crianças a bordo."

Para a Comissão, foram escolhidas umas doze pessoas, com Kuznetsov à frente. A Comissão logo se especializou e criou departamentos:

- agitação e propaganda (gerido pelo lituano Knopmus, preso do regime punitivo, que viera de Norilsk depois do levante de lá);
- organização e equipamentos;
- alimentação;
- segurança interna (Gleb Slutchenkov);
- militar; e
- técnico, talvez o mais impressionante nesse governo do campo.

Foram iniciados os trabalhos. Os primeiros dias foram particularmente animados: eles tiveram de inventar e ajustar tudo.

Todas as brigadas foram mantidas como eram, mas passaram a ser chamadas de pelotões; a partir de então os barracões eram *destacamentos*, e comandantes de destacamentos foram indicados, subordinados ao departamento militar.

Sem esperarem, dessa vez, a boa vontade do amo, eles mesmos começaram a tirar as grades das janelas dos barracões. Nos primeiros dois dias, enquanto os patrões não tiveram a ideia de desligar a rede elétrica do campo, ainda funcionavam as máquinas-ferramentas do pátio da administração, e, com as barras dessas grades, eles fizeram uma porção de *lanças*, afiando e torneando as pontas.

Apoiando as lanças nos ombros, os lanceiros iam ocupar seus postos noturnos. E, eriçados pelas pontas das lanças, avançavam os pelotões femininos – designados para passar a noite na zona masculina, em cômodos separados para elas, de maneira que, ao sinal de alarme, pudessem sair ao encontro de quem atacasse (havia a ingênua suposição de que os carrascos ficariam acanhados em agredir mulheres).

No ar puritano do início da revolução, quando a presença da mulher nas barricadas também se tornava uma arma, homens e mulheres mantinham-se dignos disso, e dignamente carregavam suas lanças apontadas para o céu.

O principal cálculo da chefia era que os bandidos começariam a estuprar as mulheres, que os políticos sairiam em defesa delas – e aí começaria o massacre. Mas também nisso os psicólogos do Ministério do Interior erraram! E isso também nos causa surpresa. Todos testemunham que os ladrões se comportaram como *gente*, mas não no sentido que essa palavra tradicionalmente tem para eles, e sim no nosso.

Se podemos atribuir a alguma coisa a força da rebelião de Kenguir, essa força vinha da união.

Os ladrões não atentaram nem contra o depósito de víveres, o que, para quem conhece, não é menos surpreendente. Embora no depósito houvesse provisões para muitos meses, a Comissão deliberou e acabou decidindo manter todas as cotas anteriores de pão e de outros víveres.

O departamento técnico começou uma luta pela luz. Um motor que ficava no pátio da administração foi transformado em gerador, e assim eles começaram a alimentar a rede telefônica do campo, a iluminação do quartel do estado-maior e... o radiotransmissor! E, nos barracões, acenderam palitos de luz... Essa singular hidrelétrica funcionou até o último dia da rebelião.

Os dias transcorreram. Sem tirarem os olhos da zona – os dos soldados, nas torres; os dos carcereiros, também ali (os carcereiros, por conhecerem os zeks de rosto, deveriam identificar e memorizar o que cada um estava fazendo); e até os olhos dos aviadores (que talvez estivessem fotografando) –, os generais devem ter concluído, amargurados, que na zona não havia massacre algum, matança alguma, violência alguma, que o próprio campo não estava em ruínas e que não havia razão para enviar tropas de socorro.

O campo estava parado, e as negociações mudaram de caráter. Os de insígnias douradas, em várias combinações, continuaram a ir ao campo para persuadir e debater. Eram todos admitidos, mas, para tanto, tinham de trazer nas mãos bandeiras brancas e, depois do posto de guarda do pátio da administração – que agora era a principal entrada do campo –, em frente às barricadas, submeter-se a uma revista, instante em que uma mocinha ucraniana de *telogreika* ficava dando tapas nos bolsos dos generais – para ver se ali não havia nenhuma pistola ou granada, dizia ela. Em compensação, o estado-maior dos rebeldes garantia-lhes sua segurança pessoal!...

As exigências-solicitações dos revoltosos tinham sido formuladas já nos primeiros dois dias, e agora eram repetidas diversas vezes:

- punir o assassino do evangélico;
- punir todos os responsáveis pelos assassinatos ocorridos entre o domingo e a segunda-feira, no pátio da administração;
- punir os que tinham espancado as mulheres;
- devolver ao campo os companheiros que, devido à greve, tinham sido enviados ilegalmente para prisões fechadas;
- abolir os números, abolir as grades nos barracões, não trancar os barracões;
- não reerguer os muros internos entre os postos;
- jornada de trabalho de oito horas, igual à dos livres;
- aumento do pagamento pelo trabalho (aqui não se falava em igualdade com os livres);
- correspondência ilimitada com os parentes e, às vezes, visitas;
- revisão dos processos.

Aquela prolongada paralisação de 8 mil pessoas sob cerco manchava a reputação dos generais, podia pôr a perder seus cargos, e, por isso, eles fizeram promessas. Eles prometeram que seria possível cumprir quase todas aquelas exigências; só seria difícil manter aberta a zona feminina, não era permitido (como se não tivesse sido diferente nos campos de trabalhos correcionais durante vinte anos); mas poderiam examinar um modo de organizar alguns dias de encontros. A revisão dos processos? Ora, é claro que os processos seriam revistos, só *era preciso esperar*. Mas era totalmente impreterível que voltassem ao trabalho! ao trabalho! ao trabalho!

Mas os zeks já conheciam esta: dividir em colunas; ameaçar com armas e botar todo mundo deitado no chão; prender os instigadores.

— Não! – responderam eles do outro lado da mesa e da tribuna. — Não! – gritaram da multidão. — A administração do Steplag teve um comportamento provocador! Não acreditamos na administração do Steplag! Não acreditamos no Ministério do Interior!

— *Nem* no ministério acreditam? – espantou-se o subministro, enxugando a testa diante de toda aquela subversão. — Mas quem é que incutiu em vocês todo esse ódio pelo ministério?

Que enigma.

— Um membro do Presidium do Comitê Central! Tragam um membro do Presidium do Comitê Central! Aí nós acreditamos! – gritaram os zeks.

— Vejam bem! – ameaçaram os generais. — Vai ser pior!

Mas então levantou-se Kuznetsov. Ele falava de maneira coerente, leve, e portava-se com orgulho.

— Se vocês quiserem entrar armados na zona – ele advertiu –, não se esqueçam de que metade das pessoas aqui tomaram Berlim. Vão dominar as suas armas também!

Às ameaças de repressão armada feitas pelos generais, Slutchenkov respondeu da seguinte maneira: “Pois podem trazer! Podem trazer para a zona quantos fuzileiros vocês quiserem! Vamos tacar vidro moído nos olhos deles, tomar as metralhadoras! Vamos dispersar a sua guarnição de Kenguir! Vamos tocar os seus oficiais de pernas tortas até Karagandá, vamos entrar em Karagandá montados em vocês! Porque lá é gente nossa!”.

Houve semanas em que toda aquela guerra virou uma guerra de propaganda. O rádio externo não se calava: por meio de alguns alto-falantes que rodeavam o campo, ele alternava mensagens aos prisioneiros com informação, desinformação e um ou dois discos batidos, que já tinham deixado todo mundo aborrecido e com os nervos irritados.

Lá no campo caminha uma moça,
Por suas tranças me apaixonei.

Pelo rádio externo, ora difamavam todo o movimento, garantindo que ele tinha sido iniciado com o único objetivo de estuprar as mulheres e de pilhar; ora tentavam contar alguma obscenidade sobre os membros da Comissão. E de novo vinham os apelos: trabalhar! trabalhar! Por que é que a Pátria deveria sustentá-los? Ao faltarem ao trabalho, vocês estão causando enorme dano ao Estado! Trens inteiros estão parados, cheios de carvão, não há quem possa descarregar! (Que fiquem parados! – os zeks riam. — Assim vocês cedem mais depressa!)

O departamento técnico, porém, não deixou barato. No pátio da administração, encontravam-se dois cinemas ambulantes. Os amplificadores deles foram usados como alto-falantes, claro que com uma potência menor. E os amplificadores foram alimentados pela hidrelétrica secreta. (A existência de corrente elétrica e de rádio entre os revoltosos deixava os patrões muito surpresos e alarmados. Eles receavam que os rebelados arrumassem o radiotransmissor e começassem a irradiar seu levante para o exterior.)

Já o pensamento do departamento técnico, sem ter a possibilidade de ultrapassar a ciência moderna, retrocedeu para a ciência dos últimos séculos. Usando cola e papel de seda, montaram um enorme balão. Amarraram nele um maço de panfletos e, debaixo dele, ataram um braseiro com carvão em brasa, que mandava uma corrente de ar quente para a cúpula interna do balão, aberto embaixo. Para enorme satisfação da multidão de detentos que se reuniram (pois, se os detentos ficam alegres, é como se fossem crianças), aquele miraculoso mecanismo aerostático subiu e levantou voo. Mas, infelizmente, o vento era mais veloz à medida que ele ia ganhando altura, e, ao passar voando pela cerca, o braseiro ficou preso no arame farpado; privado do ar quente, o balão caiu e queimou, juntamente com os panfletos.

Depois desse revés, começaram a encher os balões com fumaça. Com vento favorável, eles voavam até bem, mostrando ao vilarejo inscrições enormes:

"Salvem as mulheres e os velhos do espancamento!"

"Exigimos a vinda de um membro do Presidium do Comitê Central!"

A guarda começou a atirar nos balões.

Aí vieram ao departamento técnico uns zeks tchetchenos e se ofereceram para fazer pipas (eles são mestres nisso). Começaram a fazer essas pipas, e com êxito, pois as levaram bem longe no alto do povoado.

Também atiravam contra as pipas, mas elas não eram tão vulneráveis a furos como os balões. O adversário logo percebeu que era mais barato soltar contrapipas – para cortar as outras e emaranhar as linhas – que mandar uma multidão de carcereiros correndo atrás delas.

Uma guerra de pipas, na segunda metade do século XX! E tudo contra a palavra da verdade...

Enquanto isso, o departamento técnico ia preparando sua arma "secreta". Consistia no seguinte: pegaram umas esquadrias de alumínio para bebedouros de vaca que tinham sobrado da produção anterior, encheram com uma mistura de enxofre, tirado de fósforos, e carbeto de cálcio (todas as caixas de fósforos ficavam escondidas atrás da porta de "100 mil volts"). Quando se punha fogo no enxofre, e as esquadrias eram lançadas, elas chiavam e estouravam em vários pedaços.

Mas não caberia nem a esses malfadados espirituosos nem ao estado-maior do campo escolher a hora, o lugar e a forma do golpe. Certa vez, passadas umas duas semanas desde o início, numa daquelas madrugadas escuras, sem nenhuma iluminação, ouviram-se golpes surdos em muitos pontos dos muros do campo: as próprias tropas de escolta estavam destruindo o muro! Houve alvoroço no campo, todos correram com suas lanças e seus sabres, não conseguiam entender o que estava sendo feito, ficaram esperando por um ataque. Mas as tropas não foram ao ataque.

Pela manhã, verificou-se que, em diversos pontos da zona, o inimigo tinha aberto dezenas de brechas.

O rádio troava: pensem bem! Venham para fora da zona pelas brechas! Nesses pontos não atiraremos! Os que saírem não serão julgados pelo motim!

No rádio do campo, a Comissão respondeu assim: quem quer se salvar que fuja pelo posto principal da guarda, não vamos segurar ninguém.

As brechas ficaram abertas por muito tempo – mais tempo que os muros tinham ficado inteiros durante a rebelião. E, ao longo de todas aquelas semanas, apenas umas dez pessoas fugiram da zona.

Por que só esses? Será que os outros acreditavam na vitória? Não. Será que não temiam a punição iminente? Temiam. Será que aquelas pessoas não queriam se salvar em nome de suas famílias? Queriam! Atormentavam-se, e talvez milhares considerassem essa possibilidade em segredo. Mas a febre social estava tão elevada naquela porção de terra que, se as almas não foram reforjadas, foram ao menos expurgadas, renovadas, e aquelas leis demasiado vis, segundo as quais "a vida só se vive uma vez", e a existência determina a consciência, e salvar a pele reduz o ser humano à pusilanimidade, não tinham efeito naquele curto período, naquele lugar reduzido. As leis da existência e da razão ditavam que as pessoas se rendessem juntas ou fugissem separadas, mas elas nem se rendiam nem fugiam! Elas tinham alcançado aquele nível espiritual de onde se pode dizer aos carrascos: "Pois vão para o inferno! Podem perseguir! Podem atormentar!".

E a operação – tão bem pensada para que os prisioneiros saíssem correndo pelas brechas como ratazanas, e só os mais obstinados ficassem, que então seriam esmagados –, essa operação fracassou porque foi inventada por pusilânimes.

Passou a segunda, a terceira, a quarta, a quinta semana... Aquilo que, pelas leis do Gulag, não devia durar nem uma hora já existia e se prolongava de maneira inverossímil, um prolongamento quase torturante – metade de maio e depois quase junho inteiro. Já era impossível escapar para o deserto: tropas tinham chegado, estavam instaladas na estepe, em barracas. O campo inteiro tinha sido rodeado por fora com mais uma faixa dupla de arame farpado. Havia só um ponto cor-de-rosa: o amo viria (esperavam por Malenkov) e julgaria. Bondoso, ele viria, soltaria uma exclamação e ergueria os braços: mas como é que podiam viver assim aqui? Mas como é que vocês os mantinham assim aqui? É preciso julgar os assassinos!

Rebaixar os demais... Mas era só um ponto, excessivamente cor-de-rosa.

Não podiam esperar clemência. Tinham de viver seus últimos dias de liberdade e entregar-se à retaliação do Ministério do Interior.

E sempre existem aquelas almas que não suportam a tensão. Alguns já estavam esmagados por dentro e sofriam só pelo fato de que o esmagamento natural ia sendo adiado por tanto tempo. Alguns tinham percebido, sem alarde, que não estavam envolvidos em nada e que, se continuassem agindo com cautela, seguiriam assim. Alguns eram recém-casados (e até com um verdadeiro ritual de matrimônio; afinal, uma ucraniana ocidental nem aceitaria se casar se não fosse assim, e, graças aos cuidados do Gulag, havia ali sacerdotes de todas as religiões). Para esses recém-casados, o amargo e o doce combinavam-se num amálgama que as pessoas não costumam conhecer em sua vida vagarosa. Eles encaravam cada dia como se fosse o último, e o fato de que, a cada manhã, a retaliação não chegava era para eles uma dádiva dos céus.

Enquanto isso, os fiéis oravam e, confiando a Deus a solução para a desordem de Kenguir, como sempre eram os mais tranquilos. No refeitório grande, aconteciam serviços de todas as religiões, de acordo com um cronograma.

Alguns, porém, sabiam que já estavam irremediavelmente envolvidos, e que de sua vida só restavam aqueles dias, antes da entrada das tropas. Por enquanto, era o caso de pensar e fazer de tudo para resistir pelo tempo que fosse.

Mas, quando todas essas pessoas faziam reuniões para decidir se deviam entregar-se ou resistir, elas de novo se viam em meio àquela febre social em que suas opiniões pessoais eram dissolvidas, paravam de existir até para elas mesmas. Ou então elas temiam a zombaria mais do que a morte vindoura.

E quando votaram – resistir? – a maioria votou *a favor*.

Tudo permaneceu do mesmo jeito, e tudo que havia de fantástico e de onírico na vida impossível, inaudita, suspensa no vazio, daquelas 8 mil pessoas impressionava ainda mais pela vida regrada do campo: comida três vezes ao dia; banhos na hora certa; lavanderia; troca de roupas; barbeiro; oficina de costura e sapataria. Até tribunais de conciliação para disputas.

Por que esse período perdurou tanto? O que os patrões poderiam estar esperando? Que os víveres acabassem? Pois eles sabiam que durariam bastante. Estavam considerando a opinião do povoado? Não precisavam. Estavam elaborando um plano de repressão? Poderiam ter sido mais rápidos.

No meio de junho, apareceram vários tratores no povoado. Eles ficavam trabalhando ou arrastando alguma coisa ao redor da zona. Começaram a trabalhar até de madrugada. Esse trabalho noturno dos tratores era incompreensível.

Aquele ronco funesto como que adensava a escuridão.

E, de repente, foram envergonhados os céticos! Foram envergonhados os desesperançados! Foram envergonhados todos aqueles que disseram que não haveria clemência e que não havia por que rogar. Só os ortodoxos podiam celebrar. No dia 22 de junho, o rádio externo comunicou: as exigências dos reclusos do campo tinham sido aceitas! Um membro do Presidium do Comitê Central estava a caminho de Kenguir!

O ponto cor-de-rosa virou um sol cor-de-rosa, um céu cor-de-rosa! Ou seja, era possível alcançar alguma coisa! Ou seja, *havia* justiça em nosso país! Eles nos cederiam algumas coisas, nós cederíamos um pouco. No fim das contas, podíamos até usar os números, e nem as grades nas janelas nos incomodavam mais: nós não íamos mesmo escalar por ali. Estão de novo nos enganando? Bom, mas eles não estão exigindo que nós voltemos ao trabalho *antes* disso!

Assim como o toque do cabo tira a carga do eletroscópio, e suas agitadas folhas caem, aliviadas, a declaração do rádio externo retirou a tensão opressiva da última semana.

E até os repulsivos tratores, que trabalhavam desde a noite de 24 de junho, calaram-se.

A quadragésima noite da rebelião foi de sono tranquilo. Na certa *ele* chegaria amanhã, talvez até já tivesse chegado...

Na aurora do dia 25 de junho, sexta-feira bem cedo, paraquedistas com foguetes cruzaram o céu; foguetes também voaram das torres, e os observadores no teto dos barracões nem conseguiram dar um pio, abatidos pelas balas dos atiradores de elite. Estavam disparando tiros de canhão! Os aviões davam voos rasantes por cima do campo, causando terror. Os célebres tanques T-34, que tinham tomado suas posições debaixo do ruído de camuflagem dos tratores, agora avançavam por todos os lados em direção às brechas. Alguns tanques puxavam atrás de si, em sarilhos, cadeias de arame farpado, para ir logo dividindo as zonas. Atrás de outros tanques, vinham correndo tropas de assalto, com submetralhadoras e capacetes. (Tanto os fuzileiros como os tanquistas tinham ganhado vodca antes daquilo. Por mais que fossem *tropas especiais*, ainda assim seria mais fácil esmagar gente dormindo e desarmada se estivessem em estado de embriaguez.) Com a chegada das cadeias, vieram os operadores de rádio com seus aparelhos. Os generais subiram nas torres dos atiradores e de lá, sob a luz diurna dos foguetes (os zeks, porém, com suas esquadrias, conseguiram pôr fogo em uma das torres, que agora ardia), deram o comando: "Tomem o barracão tal!... É lá que está o Kuznetsov!...".

O campo acordou totalmente enlouquecido. Uns permaneciam no barracão, em seus lugares, deitados no chão, pensando em assim sobreviver e sem ver sentido em resistir. Outros tentavam levantá-los para que resistissem. Outros ainda corriam para fora, debaixo do tiroteio, para o combate ou simplesmente procurando uma morte rápida.

O terceiro posto combateu – o mesmo que tinha iniciado. Eles... atiraram pedras nos fuzileiros e carcereiros, e provavelmente as esquadrias com enxofre nos tanques... Algum dos barracões por duas vezes saiu ao contra-ataque, aos gritos de "hurra"...

Os tanques esmagavam todos que passavam por seu caminho; invadiram os terraços dos barracões, esmagando também ali. Os tanques roçaram as paredes dos barracões e esmagaram os que tinham se pendurado lá, para escapar das lagartas. Semion Rak e sua namorada jogaram-se abraçados debaixo de um tanque, e terminaram assim. Os tanques enfiavam-se debaixo das paredes de tábua dos barracões e até disparavam tiros de canhão sem carga. Faina Epstein relembra: como em um sonho, um canto do barracão desmoronou, e um tanque passou por ele de viés, por cima de corpos ainda vivos; as mulheres davam saltos, desvairadas; atrás do tanque, veio um caminhão, e as mulheres, seminuas, foram jogadas ali.

Os tiros de canhão não tinham carga, mas as submetralhadoras e as baionetas dos fuzis eram reais. As mulheres se colocavam à frente dos homens para protegê-los – eles trespassavam as mulheres também! Ferida no pulmão, faleceu Suprun, membro da Comissão, que já era avó. Alguns se esconderam nos sanitários: foram varados por rajadas ali mesmo.

Kuznetsov foi preso nos banhos, em seu posto de comando, e colocado de joelhos. Slutchenkov, com as mãos atadas, foi erguido nos ares e jogado contra o chão.

Depois o tiroteio cessou. Gritavam: "Saiam dos barracões, não vamos atirar!". E, de fato, só deram coronhadas.

À medida que iam capturando cada grupo de prisioneiros, levavam-nos para a estepe pelas brechas, pela barreira externa dos soldados de escolta de Kenguir; eram revistados e deitados na estepe, de bruços, com os braços estendidos por cima da cabeça. Em meio aos que estavam deitados ali, como crucificados, vagavam os aviadores do Ministério do Interior e os carcereiros, reconhecendo, separando os que eles já tinham visto muito bem anteriormente, do ar e das torres.

Os mortos e feridos eram, pelos relatos, aproximadamente seiscentos; de acordo com os dados da Divisão de Produção e Planejamento do departamento de Kenguir, que meus amigos vieram a conhecer depois de alguns meses, foram mais de *setecentos*.[192] O hospital do campo ficou lotado de feridos, e começaram a levá-los para o da cidade.

Era tentador forçar os que tinham ficado vivos a cavar os túmulos, mas, para maior confidencialidade, isso foi feito pelas tropas: umas trezentas pessoas foram enterradas no canto da zona, e as demais, em algum lugar da estepe.

Os prisioneiros passaram o dia 25 de junho inteiro deitados de bruços na estepe, debaixo do sol (todos aqueles dias foram

192 Em 9 de janeiro de 1905 foram assassinadas cerca de 100 pessoas. Em 1912, nos famosos fuzilamentos das lavras do Lena, que abalaram a Rússia inteira, foram mortas 270 pessoas, e 250 foram feridas. [N. A.]

impiedosamente tórridos), enquanto no campo revistavam tudo, arrombavam, reviravam. Depois, trouxeram água e pão até o descampado. Os oficiais tinham listas prontas. Chamavam pelo sobrenome, davam um visto por estar vivo, entregavam a ração e ali mesmo iam dividindo as pessoas de acordo com a lista.

Os membros da Comissão e outros suspeitos foram trancados na prisão do campo. Mais de mil pessoas foram separadas para transferência – algumas para prisões fechadas, outras para Kolimá.

Em 26 de junho, foram obrigados a passar o dia todo desfazendo as barricadas e tapando as brechas.

Em 27 de junho, foram levados para o trabalho. Eis que afinal as composições ferroviárias recebiam braços para trabalhar nelas.

O julgamento dos cabeças foi no outono de 1955, evidentemente fechado, e nem sabemos muita coisa a respeito dele...

Sobre os túmulos, há uma grama especialmente verde e espessa.

E, em 1956, a própria zona foi liquidada, e então os moradores do local, degredados que não tinham partido dali, acabaram descobrindo onde *aqueles* tinham sido enterrados – e trouxeram-lhes tulipas da estepe.

> Um *levante* não pode ser bem-sucedido.
> Se vencer, outro nome terá recebido...
> (*Burns*)

Toda vez que você passar pelo monumento a Dolgorúki, em Moscou, lembre-se: ele foi inaugurado no dia da rebelião de Kenguir – e assim acabou sendo uma espécie de monumento a Kenguir.

Sexta parte
O exílio

Até os ossos choram pela pátria.

– Provérbio russo

Capítulo 1
O exílio nos primeiros anos de liberdade

A humanidade provavelmente inventou primeiro o exílio, depois a prisão. A expulsão da tribo, por exemplo, era já um exílio. Cedo perceberam que a uma pessoa é difícil viver apartada dos círculos habituais, dos ambientes conhecidos. A sensação de que nada satisfaz de verdade, de que tudo é provisório, artificial, não abandona nunca o desterrado, mesmo que esteja cercado de bosques verdejantes e livre do *permafrost*, o gelo eterno.

Com relação ao exílio, o Império Russo não ficou para trás: o exílio foi legitimado em 1648, ainda nos tempos do tsar Aleksei Mikháilovitch, pelo Código de Leis. E antes disso, no fim do século XVI, exilavam sem nenhuma base legal: o desventurado povo de Kárgopol, por exemplo, depois as testemunhas do assassinato do *tsariévitch* Dmítri Ivánovitch, em Úglitch. Nossa vastidão dera sua licença – a Sibéria já era nossa. Assim, no ano de 1645, havia algo em torno de 1.500 exilados. Pedro, o Grande, desterrou muitas centenas de pessoas. Por decisão da tsarina Elizavieta Petrovna, muitas condenações à morte eram comutadas pelo exílio perpétuo na Sibéria. No começo do século XIX, desterraram de 2 a 6 mil pessoas por ano. No fim do século, o número de exilados estava por volta dos 300 mil.

O exílio era, então, muito frequente na Rússia justamente pelo fato de haver poucas cadeias para a simples detenção.

No último século do tsarismo, uma particularidade presumível dos exílios, então natural para todos, mas que hoje nos causa surpresa, era seu caráter individual: por decisão judicial ou administrativa, não importava, a pena de degredo era aplicada a cada um separadamente, nunca por pertencimento a um grupo determinado.

O que foi o exílio de Radíschev? No povoado da fortaleza de Ust-Ilímsk, ele comprou uma casa de madeira de dois andares (por 10 rublos, diga-se) e lá viveu com os filhos menores e a cunhada, que a essa altura tinha substituído a esposa. Ele levou a vida de acordo com seu arbítrio, com liberdade de locomoção por toda a região do povoado, sem que ninguém tivesse pensado em obrigá-lo a trabalhar. O que foi, ainda, o exílio de Púchkin em Mikháilovskoie? Hoje, os que visitam o lugar podem ter uma ideia. E mais ou menos assim foi o desterro de muitas outras personalidades em geral, e escritores em particular: Turguêniev em Spasskoie-Lutovinovo, Aksákov em Varvárino (por livre escolha).

Essa brandura na prática dos exílios não era privilégio das pessoas ilustres e famosas. Ela se estendia a muitos revolucionários e frondistas do início do século XX, em especial aos bolcheviques, que então não eram temidos. Stálin, depois de ter fugido quatro vezes do lugar para onde o desterraram, a cidade de Vólogda, ainda foi mandado para lá pela quinta vez.

No entanto, mesmo esse tipo de exílio, um desterro sem a ameaça da morte pela fome, algo que, de acordo com a concepção que temos hoje, é um privilégio, não era encarado pelos exilados sem dificuldades. Muitos revolucionários recordam a transferência da cadeia para o exílio como um duro golpe, pois, enquanto na cadeia tinham assegurados o pão, um teto e um ambiente aquecido, no exílio, no meio de estranhos, precisavam dar um jeito de arranjar o teto e providenciar o pão. E, quando não era preciso se submeter às inspeções, explicavam a sensação que tinham (Feliks Kon, por exemplo) de maneira ainda pior: "o horror da ociosidade... O mais terrível é que as pessoas são condenadas à ociosidade" – uns vão para a ciência, outros descobrem um meio de ter lucro fácil, ou se dedicam ao comércio, outros, ainda, caem na bebedeira pela falta de esperança. A dizer com precisão – pela falta da terra natal, das raízes, da maneira habitual de levar a vida e, afinal, pela perda das relações que alimentam o espírito.

Essa é a força sombria do desterro, cujo efeito já se impõe simplesmente pela remoção de um lugar e a instalação forçada em outro – fato conhecido dos soberanos da Antiguidade e experimentado por Ovídio[193], por exemplo.

Vazio. Inarredável sensação de perda. Uma vida que não é vida...

Na lista das armas empregadas na repressão, armas que uma revolução luminosa devia banir para sempre, por volta do quarto lugar aparece – é claro – o exílio.

Mas foi só dar os primeiros passos com suas pernas tortas que a Revolução, ainda antes de amadurecer, entendeu que, sem o recurso do exílio, não seria possível. Eis as palavras genuínas de um herói do povo, o marechal Mikhail Tukhatchévski, sobre o ano de 1921 na província de Tambov: "Tomou-se a decisão de organizar a *expulsão* das famílias de bandidos [leia-se "de *partisans*" – A. S.]. Organizaram-se *campos de concentração imensos*, onde essas famílias foram detidas preventivamente".[194]

Já em 16 de outubro de 1922, foi criada, junto ao NKVD, uma Comissão Permanente para Deportação de "pessoas socialmente perigosas, filiadas a partidos antissoviéticos", ou seja, todos, menos os alinhados aos bolcheviques.

Mas restou certo inconveniente a essa tradição do exílio, que era a condição parasitária dos exilados: a obrigação de alimentá-los recairia sobre o Estado. O governo tsarista *não se atreveu* a obrigar seus degredados a aumentar a produção nacional. E os revolucionários profissionais consideravam humilhante ter de trabalhar. Na Iakútia, um assentamento de exilados tinha

193 No século I, o poeta romano Ovídio foi exilado em Tomis, no Mar Negro – atual Constança, na Romênia –, pelo imperador Augusto. A série de cartas-elegias *Tristia* e as *Cartas do Mar Negro* dão testemunho da melancolia do poeta no exílio, onde morreu apesar de seus pedidos de clemência. [N. E. R.]

194 M. Tukhatchévski, *Borbá s kontrrevoliutsiónnymi vosstániami. Voiná i revoliútsia* [A luta contra as rebeliões contrarrevolucionárias. A guerra e a revolução], Moscou, 1926, livro 8, p. 10. [N. A.]

direito a 15 deciatinas[195] de terra. Não que os revolucionários fossem se lançar ao cultivo dessa terra, mas, como os habitantes locais eram muito apegados a ela, pagaram a eles uma "compensação" – um valor pelo arrendamento, além de alimentação e cavalos. E o Estado tsarista ainda pagava 12 rublos mensais para a alimentação e 22 rublos anuais para a vestimenta a cada um de seus inimigos políticos no exílio. Mesmo Lênin, quando esteve no exílio em Chúchenskoie, também recebia (nunca recusou) seus 12 rublos todo mês. Os valores da Sibéria eram de duas a três vezes menores que os normalmente pagos na Rússia, por isso o soldo do Estado a esses exilados era até excessivo. A Lênin, por exemplo, ele deu possibilidades de se ocupar confortavelmente da teoria da revolução, sem precisar se preocupar em arranjar uma fonte de subsistência.

É claro que nosso exílio político soviético não podia se estabelecer nessas condições insalubres. A partir de 1929, começaram com a prática do exílio *associado aos trabalhos forçados.*

"Quem não trabalha não come", eis o princípio do socialismo.

Entretanto, mesmo se quisesse trabalhar, ter um soldo como aquele não seria fácil a um exilado. Afinal, os últimos anos da década de 1920 são conhecidos entre nós como um período de grande desemprego.

Era preciso recolher as migalhas que caíam na mesa e enfiá-las na boca.

E, desse modo, decaiu o exílio político na Rússia! Não restava mais tempo para discutir ou escrever protestos. E eles deixaram de conhecer o infortúnio de ter de dar conta daquela ociosidade absurda. A preocupação passou a ser: como não morrer de fome.

Nos primeiros anos soviéticos, com o país finalmente livre dos muitos séculos de servidão, o orgulho e a independência do exílio político retrocederam, murcharam como um balão de ar quando furado. Assim que a opinião pública foi substituída pela *opinião oficial*, os exilados com seus protestos e direitos foram abandonados ao arbítrio dos estúpidos agentes do GPU e das impiedosas instruções secretas.

195 Antiga medida agrária russa, equivalente a 1,09 hectare. [N. T.]

Os exilados foram enfraquecidos e a população local foi isolada deles: os nativos eram perseguidos por qualquer proximidade com os exilados, os que incorressem no erro eram, por sua vez, desterrados para outros lugares e, se fossem jovens, eram expulsos do Komsomol.

Esgotados pela indiferença do país, os exilados soviéticos perderam também a vontade de fugir. Para os exilados do tsarismo, a fuga não passava de um esporte: as cinco fugas de Stálin, as seis de Víktor Noguin... Eles não eram ameaçados pela execução e muito menos pelos trabalhos forçados, eram apenas recolocados no lugar depois de uma viagem recreativa. Mas, a partir de meados dos anos 1920, a já apodrecida mas severíssima GPU coletivizou a responsabilidade pelos exilados: todos os filiados ao Partido respondiam por seus fugitivos. E, a essa altura, a opressão já estava tão sequiosa, o ambiente tão sufocante, que os socialistas, havia pouco cheios de orgulho e absolutamente indomáveis, aceitaram a responsabilidade imposta. Com suas deliberações partidárias, eles acabaram *proibindo a si próprios de fugir*!

E fugir *para onde*? Para a casa *de quem*?...

Até o início dos anos 1930, manteve-se a forma mais branda de desterro: não mandavam ao exílio, mandavam ao *menos*. Nesse caso, não indicavam um lugar exato ao desterrado, davam a ele o direito de escolher uma das tantas cidades onde a temperatura média fosse quase sempre de *menos* tantos graus.

Essa condenação ao *menos* era como o alfinete que espeta um inseto nocivo e o imobiliza, obrigando-o a esperar resignado o dia em que vão prendê-lo de verdade.

Para todos os destinados à futura execução, esse tipo de exílio era um encurralamento preventivo, como se faz com as ovelhas destinadas ao matadouro. Assim, o exílio nas primeiras décadas soviéticas não era uma convocação à morada, mas à espera – do dia em que seriam mandados *para lá*. (Houve gente esclarecida, dos que vinham *de antes*, e gente simples, como camponeses, que já nos anos 1920 tinham percebido tudo isso. E, ao fim do primeiro triênio de exílio, por via das dúvidas ficaram lá mesmo – em Arkhánguelsk, por exemplo. Isso às vezes ajudava a escapar do pente-fino da polícia secreta.)

Eis o que virou nosso pacífico exílio de Chúchenskoie.

Eis o incremento que demos à melancolia de Ovídio.

Capítulo 2
A Peste dos Mujiques

Neste capítulo, vamos tratar de um assunto pequeno. Quinze milhões de almas. Quinze milhões de vidas.

A vida de pessoas ignorantes, é claro. Que não sabiam tocar violino. Que não sabiam quem tinha sido Meyerhold ou como seria interessante estudar física atômica.

Na Primeira Guerra Mundial, entre mortos e desaparecidos, perdemos menos de 2 milhões. Em toda a Segunda Guerra – 20 milhões (isso segundo Khruschov; de acordo com Stálin, foram apenas 7 milhões). Quantas odes! Quantos obeliscos, chamas eternas, romances e poemas! – durante um quarto de século, a literatura soviética esteve inteiramente impregnada dessa sangueira.

Mas, sobre aquela Peste silenciosa e traiçoeira que engoliu 15 milhões de mujiques – se calcularmos *por baixo*, só até o fim do ano de 1932! – escolhidos cuidadosamente, não de uma vez, e que representavam a espinha dorsal do povo russo; sobre essa Peste não há livros. E sobre os 6 milhões de exterminados pela fome artificialmente criada pelos bolcheviques calaram-se tanto nossa Pátria como a sua vizinha, a Europa. Nas aldeias da extensa região de Poltava, havia cadáveres não recolhidos nas estradas e no campo. Pelos arvoredos junto às estações de trem, era impossível passar: os corpos em decomposição, entre eles os de bebês, tornavam o ambiente macabro. Na região de Kuban, a situação era, talvez, ainda mais horripilante. E, na Bielorrússia, eram as unidades militares de fora que recolhiam os mortos, porque entre os habitantes locais já não havia quem pudesse sepultá-los.

Apesar de tudo, as cornetas não vão nos despertar. E, nas encruzilhadas das aldeias, onde dos comboios de condenados se lançavam gritos agudos, não havia nem mesmo a tradicional marca das três pedras deitadas.

Como tudo isso começou?

Durante toda a década de 1920, hostilizavam abertamente, perseguiam e reprochavam: *kulak*! *kulak*! *kulak*!. Foram incutindo na consciência dos cidadãos a ideia de que não havia possibilidades de viver com os *kulaki* na mesma terra.

A Peste que exterminaria os camponeses estava sendo preparada, tanto quanto se pode saber, desde novembro de 1928. E, no início de 1930, a deliberação do Comitê Central do Partido Comunista (de 5 de janeiro, sobre o aceleramento do processo de coletivização) foi anunciada publicamente: "O Partido tem todos os motivos para aplicar a política de liquidação dos *kulaki* como classe".

O princípio da "deskulakização" era bem conhecido entre as crianças. Vejamos o caso de Churka Dmítriev, do povoado de Másleno (próximo às casernas de Siélischi, às margens do rio Vólkhov). Em 1925, com a morte de Fiódor, seu pai, ele se tornou o único homem da casa aos 13 anos de idade. Quem mais podia tomar conta da propriedade de seu pai? Ele então assumiu a responsabilidade. E tanto sua mãe como suas irmãs se subordinaram a ele, que passou a cumprimentar os adultos na rua como se fosse um deles – uma pessoa com encargos e tarefas. Ele foi capaz de dar seguimento ao trabalho de seu pai com toda a dignidade; assim, por volta de 1929, ele estava com os silos repletos de grãos. Eis um *kulak*! E toda a família foi levada!...

Adámova Sliozberg conta sobre o encontro que teve com Mótia, uma moça que foi mandada à cadeia em 1936 por ter partido sem autorização – *2 mil quilômetros a pé*! Era preciso ter lhe concedido uma medalha por isso – do exílio uraliano para a aldeia de Svetlovídovo, sua aldeia natal, perto de Tarussa. Quando ainda era uma jovem estudante, em 1929, ela foi desterrada com os pais e privada dos estudos para sempre. A professora a chamava carinhosamente de "Mótia Edisonzinha": a moça não só era excelente aluna, tinha ainda um claro pendor para a invenção, pois, além de uma espécie de turbina acionada por determinado fluxo, ela inventou outras tantas coisas para a escola. Pelo desejo de rever ao menos de relance a escola onde estudara, a "Edisonzinha" foi parar na cadeia e, depois, no campo de trabalho.

Agora, quem pode me dar um exemplo que seja do século XIX de um destino como o dessa criança?

Todo moleiro podia cair nas garras da deskulakização – e quem eram os moleiros e os ferreiros senão os melhores técnicos das aldeias russas?

E quem tivesse uma casa de tijolos numa fileira de casas de troncos ou, da mesma maneira, uma casa de dois andares entre outras de apenas um, seria um *kulak* – fique pronto em sessenta minutos, canalha! Nas aldeias russas, não deve haver casas de tijolos nem de dois andares! De volta para a caverna! Você não precisa de chaminé para fazer fogo! Esse era o nosso grande projeto reformador, algo nunca visto, nunca registrado pela história.

Mas o grande segredo não estava nisso. Se entrassem logo para o *kolkhoz*, mesmo esses que viviam em melhores condições podiam ficar em casa. Mas o pobre que se obstinasse e não fizesse o requerimento para a entrada na produção coletiva, esse era desterrado.

O objetivo não era a deskulakização, como apregoavam, e sim forçar a entrada dos camponeses no *kolkhoz*. Não havia outro jeito de tomar dos camponeses a terra que fora a eles prometida pela Revolução e, além disso, transformá-los em escravos nessa mesma terra senão aterrorizá-los até a morte.

E pela aldeia, de onde muitas vezes já tinha sido roubado todo grão, voltaram a circular os ameaçadores *militantes* armados, escavando o solo dos quintais com a baioneta, dando marteladas nas paredes das isbás – que às vezes vinha abaixo, despejando o trigo guardado. Para assustar um pouco mais, faziam talhos de faca nos travesseiros. Uma garotinha filha de um dos proprietários furou uma saca tomada, fazendo escorrer o trigo: "Ladra!", gritou com ela uma militante, que em seguida lhe deu uma botinada, espalhando o trigo que ela apanhava com a parte de baixo do vestido. E não deixou que apanhasse os grãos que tinham se espalhado.

Essa foi a segunda guerra civil – agora contra os camponeses. Essa foi a Grande Ruptura, sim; mas faltou dizer – ruptura de quê?

Da espinha dorsal russa.

Não, nós não fomos justos com a literatura do realismo socialista – ela descreve a deskulakização de maneira muito fluente e com um sentimento profundo por seus heróis.

Só não se descreveram as longas fileiras de casas com todas as janelas tapadas com ripas de madeira. Nem os alpendres, onde de repente se vê, ao caminhar pelas aldeias, uma mulher morta com seu bebê, também morto, no colo. Ou um velhote que, sentado junto a uma cerca, pede um pedaço de pão, mas, quando você se volta a fim de atendê-lo, ele já caiu morto.

Só não nos mostraram aquelas trouxinhas que as famílias carregavam quando eram admitidas nas telegas do governo. Não saberemos que, nas horas de aperto, na casa dos Tvardóvski, não havia nem banha nem pão assado, e que foram salvos pelo vizinho Kuzmá – que tinha muitos filhos e, como seu vizinho, não era nenhum ricaço –, que trouxe a eles comida para a jornada.

Mas *a jornada* propriamente, essa via-crúcis camponesa, os realistas socialistas não descrevem de maneira alguma. Embarcavam, mandavam embora e fim da história.

Depois de embarcados, tudo estaria mais ou menos bem, desde que fizesse bom tempo e eles utilizassem uma telega; já outra coisa era viajar de trenó, sob um frio de rachar, com crianças de colo, outras ainda pequenas e mais alguns adolescentes. Através do povoado de Kotcheniôvo (província de Novossibirsk), em fevereiro de 1931, entre geadas e tempestades de neve, um comboio compridíssimo cercado por escolta se deslocava de uma estepe congelada a outra. E entrar numa isbá para se aquecer – somente com a autorização da escolta, que, em caso positivo, para não deter o comboio, dava apenas alguns minutos. A fileira de carros se estendia em direção aos pântanos de Narim – o sorvedouro onde todos eles ficariam. Os filhos, no entanto, não resistiriam à viagem atroz até os pântanos.

Depois de Herodes, só mesmo a Doutrina Progressista para explicar como exterminar até os bebês. Hitler, que já estudava essa matéria, conseguiu ficar famoso por suas câmaras de gás; já as nossas formas de extermínio não despertaram nenhum interesse.

Os mujiques sabiam o que os aguardava. E, se tivessem a sorte de serem mandados de trem por lugares habitados, podiam deixar os filhos pequenos – pequenos, mas já capazes de subir e descer pelas janelas – numa das paradas: Vivam de esmola! Peçam às pessoas! Só não fiquem aqui para morrer conosco.

(Em Arkhánguelsk, nos anos famélicos de 1932 e 1933, aos filhos indigentes dos camponeses reassentados não davam de graça nem merenda escolar nem vales para vestimentas, como faziam aos outros necessitados.)

No comboio que partia da região do Don, onde as mulheres iam separadas dos cossacos, uma delas deu à luz. Essas mulheres recebiam um copo de água por dia e, quase diariamente, uns 300 gramas de pão. Enfermeiro? Melhor nem perguntar. A mãe não produziu leite e a criança morreu ainda na viagem. E onde sepultá-la? Entre uma estação e outra, dois guardas de escolta entraram no vagão para um trecho curto de viagem e, já com o trem em movimento, abriram a porta do vagão e jogaram fora o bebê morto.

É difícil acreditar numa brutalidade dessas: ao relento, numa noite de inverno, no meio da taiga, simplesmente estacarem e anunciarem: chegaram ao destino! Um *ser humano* pode agir assim? Bem, aqueles soldados de escolta passavam o dia transportando exilados e, quando à noite chegavam ao destino, um lugar ermo em plena taiga, os abandonavam. Centenas e centenas de milhares – mulheres com crianças, velhos e jovens – foram levados e abandonados exatamente assim.

A situação desses mujiques diferia de todas as formas – anteriores ou posteriores – de exílio soviéticas por não serem mandados a uma área habitada, um povoado qualquer, mas sempre a um lugar ermo, às feras – a uma região em condições primitivas.

Não, pior: nossos ancestrais, apesar das condições primitivas, tinham ao menos a escolha de se fixar numa área onde houvesse água por perto. Desde que a humanidade existe, nunca se fez de outra maneira. Mas para os *assentamentos especiais*, eram os tchekistas que escolhiam o lugar (os próprios mujiques não tinham direito de escolha), em encostas pedregosas (100 metros acima do rio Pínega, onde a terra era estéril e cavar até encontrar água era impossível). A 3 ou 4 quilômetros dali, havia uma área mais favorável – uma várzea – mas não: de acordo com as determinações, não era perto dela que se devia fazer o assentamento! O feno, cuja sega era feita a algumas dezenas de quilômetros, era trazido de barco… Às vezes, proibiam expressamente *o cultivo de cereais*. (O rumo da produção agrícola também era determinado pelos tchekistas.)

Muitos desses assentamentos especiais foram abandonados por completo. E agora alguns peregrinos ocasionais, ao passarem por onde eles existiram, queimam os barracões, que vão aos poucos desaparecendo, e chutam para longe os crânios que encontram.

Nenhum Gêngis Khan jamais aniquilou tantos mujiques quanto nossos gloriosos Serviços Secretos sob o comando do Partido.

Eis a tragédia da pantanosa região de Vassiugan. Em 1930, cerca de 10 mil famílias (quer dizer, de 50 a 65 mil pessoas, de acordo com o tamanho das famílias na época) passavam por Tomsk, para de lá seguir adiante: primeiro, descendo pelo rio Tom, depois pelo Ob, depois pelo rio Vassiugan acima – quase sempre a pé e por uma estrada congelada. (Os habitantes das aldeias que havia no trajeto foram depois ordenados a recolher os corpos dos que ficavam pelo caminho.) Foram abandonados em uma *relka* (uma elevação firme no meio dos pântanos) na altura das cabeceiras dos rios Vassiugan e Tara. *Não deixaram nada com eles, nem comida nem ferramentas de trabalho.* Não havia estradas que os levassem para fora dali – todo o entorno estava inundado –, somente dois caminhos de troncos: um para Tobolsk e o outro para o Ob. Nos dois caminhos havia cancelas com guardas armados de metralhadora que interceptavam os que quisessem sair da zona de extermínio. Começaram a morrer feito moscas. Então partiram desesperados em direção aos guardas, implorando que atirassem neles ali mesmo, à queima-roupa.

Todos morreram.

Ainda assim, muitos outros exilados foram capazes de viver! Parece inacreditável que tenham conseguido viver naquelas condições, mas conseguiram.

Às vezes, os submetidos à deskulakização eram levados ao meio da tundra ou da taiga, soltos para realizar algum trabalho e, depois, esquecidos por lá: mas, se estavam sendo levados para morrer mais cedo ou mais tarde, para que levar em conta esses episódios? Para lugares remotos e inacessíveis como eram aqueles, não consideravam deixar sequer a companhia de um fuzileiro. E agora que a sábia liderança os tinha finalmente posto em liberdade – sem cavalos, arados, aparelho de pesca, espingardas... – esses obstinados heróis da raça, com uns poucos machados e pás, começaram uma luta desesperada pela vida, em condições pouco melhores que as da Idade da Pedra. E, contrariando as leis econômicas do socialismo, essas aldeias não só resistiram como também se fortaleceram e até enriqueceram!

Numa dessas aldeias, num remanso – em algum trecho do Ob – longe da parte navegável, cresceu Burov, que chegou lá ainda criança. Ele conta que, quando a guerra estava prestes a começar, a tripulação de uma lancha que passava notou-os e atracou. Nessa lancha, estavam alguns representantes da administração local, que então fizeram um interrogatório – de onde eram, quem eram, quando chegaram ali... Aquelas autoridades ficaram muito impressionadas com o bem-estar e a prosperidade do ambiente em que vivia aquele grupo de assentados: elas nunca tinham visto algo do tipo na região coletivizada onde viviam. Depois do interrogatório, foram embora. Dali a alguns dias, chegaram os plenipotenciários da administração local, acompanhados das tropas do NKVD e, outra vez, como no ano da Peste, ordenaram que abandonassem no prazo de uma hora tudo o que tinham amealhado, o conforto e o aconchego da aldeia, e se mandassem para a tundra, sem levar nada além de algumas trouxas.

Apenas essa história já não bastaria para a compreensão do que realmente se devia entender por *kulak* e deskulakização?

E as coisas que podiam ser realizadas por gente dessa natureza, se os deixassem viver e se desenvolver livremente!

Não, essa raça condenada não foi inteiramente morta! Pois, mesmo no exílio, eles continuaram tendo filhos, que seguiram vivendo nas mesmas aldeias de assentamentos especiais. ("O filho não responde pelo pai", lembram?) Se uma moça de fora do exílio se casasse com um assentado especial, ela imediatamente passaria a pertencer àquela classe de servos, perdendo assim os direitos civis. Se uma filha fosse visitar o pai, da mesma maneira entraria para a lista dos assentados especiais, e isso seria considerado a correção de um erro, pois ela devia ter parado lá muito antes.

Até os anos 1950, e em alguns lugares até a morte de Stálin, os assentados especiais não tinham passaporte.

Mas, agora que eles tinham sobrevivido a vinte anos de um exílio pestilento, agora que estavam finalmente livres das supervisões policiais e empunhavam orgulhosos seus passaportes soviéticos – quem eram agora e como iriam se sentir e se comportar? Eram cidadãos soviéticos, ora! Com plenos direitos! Exatamente como aqueles que estavam sendo formados nos assentamentos de trabalhadores livres, nas reuniões sindicais e no serviço do Exército soviético. Eles também podem empregar sua incansável bravura contra as peças daquela estrutura de dominós (não os velhos crentes, é claro). Também dão um aceno de cabeça, em concordância com toda aparição televisiva. E, quando for preciso, estarão todos prontos a estigmatizar a República da África do Sul ou economizar alguns copeques em prol da ilha de Cuba.

Vamos, então, nos curvar diante do Grande Açougueiro, baixar a cabeça e arquear os ombros? Vamos reconhecer que ele, conhecedor do coração humano que era, estava certo em conduzir aquela mistura assustadora de sangue e lama, intensificando-a ano após ano?

Moralmente, sim, parecia certo: nele, não havia nada de ofensivo. Na época dele, diz o povo, "era melhor que agora, com Khruschov", pois quase todo ano, no Dia da Mentira[196], baixavam os preços dos cigarros em 1 copeque e dos produtos de armarinho em 10.

E, politicamente, ele estava ainda mais certo: com essa mistura de sangue e lama, ele cimentou e uniu os resignados camponeses do *kolkhoz*. Não importa que, num quarto de século, a aldeia empobreça até virar um deserto, ou que as pessoas se degenerem espiritualmente até a completa extinção.

Os louvores e hinos dedicados a ele ressoaram alto e dominaram a narrativa, tanto que ainda hoje é difícil desmascará-lo: qualquer censor pode impedi-lo de escrever; mas, além deles, todo atendente de loja ou passageiro de trem está pronto a impedi-lo de dizer uma blasfêmia.

Pois respeitamos os Grandes Facínoras. Veneramos os Grandes Assassinos.

196 Ou, na tradução literal, "Dia dos Bobos"; como é chamado o Primeiro de Abril na Rússia. [N. T.]

Capítulo 3
O exílio se adensa

[NOTA DA EDIÇÃO RUSSA: *Neste capítulo, examina-se o desenvolvimento do exílio soviético dos anos 1920 aos anos 1940 e 1950. Relata-se como o exílio "adquiriu um sentido político novo – o descarte de um refugo: aquele lugar onde se amontoam os restos do Arquipélago de maneira que eles jamais poderiam retornar à metrópole".*]

Capítulo 4
O exílio dos povos

Os historiadores podem nos corrigir, mas a memória do homem comum não reteve nenhum exemplo – seja do século XIX, XVIII ou XVII – de desterro forçado de povos inteiros. Houve conquistas coloniais nas ilhas oceânicas, na África, na Ásia, no Cáucaso, nas quais os vencedores conquistaram o poder sobre populações nativas, mas, por alguma razão, apartar esses povos da terra que era deles, de seus lares ancestrais, nunca passou pela mente inculta e imatura dos colonizadores. Talvez o comércio de escravos negros, a importação de muitos deles para o trabalho nas plantações americanas, seja o único precedente, mas lá não havia um sistema estatal desenvolvido atuando: o que havia eram cristãos traficantes particulares de escravos, em cujo peito se acendia a chama da ganância sob a promessa de ganhos fáceis, de modo que eles se lançavam por conta própria à captura, ao roubo e à compra de negros, um a um ou às dezenas.

Foi preciso que chegasse o século XX, no qual a humanidade civilizada depositou suas esperanças, e que, na base da Única Doutrina Verdadeira, se intensificasse ao máximo a Questão Nacional para que o mais alto especialista no assunto patenteasse essa nova forma de exílio que é o desterro de povos inteiros por meio da expulsão num prazo de 48 ou 24 horas e, às vezes, até em uma hora e meia.

É certo que não foi de uma vez que essa solução se mostrou viável, nem mesmo para Ele. Ainda que já tivesse concluído a compressão da grande massa de mujiques exilados, não foi de imediato que o Grande Timoneiro encontrou uma forma conveniente de aplicar esse método às nações. A experiência que seu irmão soberano Hitler obteve ao pôr em prática o plano de erradicação dos judeus e ciganos veio tarde, já depois do início da Segunda Guerra; o paizinho Stálin meditava sobre o problema desde antes.

Mesmo depois da Peste dos Mujiques, e até o desterro dos povos, nosso exílio soviético, embora tenha interferido no destino de centenas de milhares de pessoas, não foi comparado aos campos de trabalho – não pareceu tão glorioso nem numericamente importante para que o curso da história se detivesse nele. Havia os *assentados-exilados* (condenados por um tribunal) e havia os *exilados administrativamente* (sem julgamento), mas tanto uns como outros eram registrados individualmente, com o nome, o ano de nascimento, o artigo que baseava a acusação e fotografias de frente e de perfil.

O negócio do banimento, entretanto, cresceu enormemente e acelerou bastante seus processos depois que começaram a mandar condenados para a formação dos *assentamentos especiais*. Os dois primeiros termos (assentados-exilados e exilados administrativamente) são dos tempos do tsar, mas "assentados especiais" é uma criação genuinamente soviética. Os submetidos à deskulakização receberam a designação de "assentados especiais" no ano da Grande Ruptura, quando, de acordo com a orientação do Grande Pai, o termo devia se aplicar aos povos mandados ao exílio.

A primeira incursão foi inteiramente cautelosa: em 1937, algumas dezenas de milhares daqueles coreanos suspeitos – de colaboração ou de simpatia com os japoneses – foram transladadas de maneira rápida e silenciosa do Extremo Oriente para o Cazaquistão, de crianças de colo a velhos trêmulos, levando uma pequena parte de seus pertences. Foi tão rápido que passaram o primeiro inverno em casas de pau a pique sem janelas (onde se arranjariam vidraças?). E tão silencioso que ninguém, além dos cossacos vizinhos, ouviu falar daquele reassentamento, e nenhuma palavra em nenhuma das línguas existentes no país fora dita sobre isso, e nenhum correspondente estrangeiro chegou a dar um pio a esse respeito. (Eis por que a imprensa deve estar nas mãos do proletariado.)

Ele gostou da experiência. E dela não se esqueceu. Em 1940, o mesmo método foi aplicado aos arredores de Leningrado – o berço da Revolução. Mas, dessa vez, os banidos não foram levados durante a noite sob pontas de baionetas; em vez disso, chamaram o evento de "o envio solene" para a República (recentemente conquistada) Carelo-Finlandesa. Ao meio-dia, sob o tremular de muitas bandeiras vermelhas e o zurro das bandas militares, mandaram os finlandeses e estonianos de Leningrado para desbravarem e colonizarem o que seria sua nova terra. Logo que os afastaram da civilização, tomaram seus passaportes, a escolta os cercou e os levou adiante, inicialmente num vagão de carga vermelho, depois de barca. Ao desembarcarem no destino, nas profundezas da Carélia, foram divididos em pequenos grupos e enviados "para reforçar as fazendas coletivas".

Tudo isso foi um ensaio. A hora de realmente submeter o método à prova só veio em julho de 1941: era preciso expurgar a república autônoma – e traidora, é claro – dos alemães do Volga (com suas capitais Engels e Markschtadt) e despejar sua população para algum lugar do Oriente russo em questão de dias. Aqui, pela primeira vez, o dinâmico método para exilar povos inteiros foi empregado em toda a sua pureza, e revelou-se muito mais fácil e muito mais proveitoso empregar um único critério – o da nacionalidade –, em vez da condução de inquéritos e interrogatórios para uma série de decisões individualizadas.

O sistema foi provado e aperfeiçoado. A partir de então, com presteza cada vez maior, todo povo apontado, designado e condenado como traidor seria implacavelmente apanhado: tchetchenos, inguches, caratchais, bálcaros, calmucos, curdos, tártaros da Crimeia e, finalmente, os gregos do Cáucaso. O que tornava o sistema particularmente dinâmico era que a decisão do Pai dos Povos não se anunciava em forma de processos judiciais verborrágicos, mas como uma ação militar realizada por uma moderna infantaria motorizada: divisões armadas entram à noite na localidade do povo condenado e ocupam posições estratégicas. A nação criminosa desperta pela manhã e vê um cerco de metralhadoras e pistolas automáticas em volta de cada ponto habitado. Anunciavam que eles tinham doze horas (mas isso era muito tempo de parada para as rodas da infantaria motorizada; na Crimeia, às vezes, esse tempo era de apenas duas horas ou até de hora e meia) para pegar o que pudessem levar nas mãos. Depois, eram todos metidos, de pernas cruzadas, como prisioneiros, na parte traseira de um caminhão (idosos, mães com crianças de colo: Sentem-se! Não ouviram a voz de comando?), que ia escoltado para a estação ferroviária. De lá, partiam num trem de carga para seu destino.

Bela uniformidade! Essa é a vantagem de exilar nações inteiras de uma só vez. Nenhum caso particular! Sem exceções nem protestos individuais! Todos vão submissos porque estão juntos nisso – você, ele, eu, todos. Todas as idades e ambos os sexos, e os que ainda estão no ventre de suas mães – esses também são exilados com base no mesmo decreto. Vão também aqueles que ainda não foram concebidos, a eles o destino reservou serem concebidos e virem à luz sob a mão daquele mesmo decreto, a despeito do velho e inoportuno Artigo 35 do Código Penal ("A pena de exílio não pode ser aplicada aos menores de 16 anos"). Quando nascerem já serão assentados especiais e terão sido, desde sempre, exilados.

E o que ficou para trás – suas casas escancaradas, ainda cálidas, suas coisas revolvidas, toda a vida, os costumes, tudo o que foi se arranjando ao longo de dez ou vinte gerações – também de uma só vez passa a pertencer aos agentes dos órgãos de punição, alguma coisa vai para o Estado e uma última parte para os vizinhos que pertencem a outra – mais feliz – nacionalidade; assim, ninguém iria redigir uma reclamação a respeito do sumiço de vacas, móveis, louças.

E para onde eram mandados os povos exilados? Grande parte foi para o Cazaquistão, onde, juntamente com os exilados comuns que já estavam lá, alcançou um número que representava mais da metade dessa república. Também foram mandados à Ásia Central, à Sibéria (muitos calmucos pereceram no rio Ienissei), aos Urais do Norte e às áreas do norte europeu soviético.

Deveríamos ou não deveríamos considerar a expulsão dos povos da região do Báltico como "exílio de povos"? O caso não satisfaz os requisitos formais: eles não foram desterrados todos de uma só vez e, como um povo, permaneceram em sua terra. Permaneceram, sim, mas muito desbastados – muitos dos melhores representantes desses povos foram eliminados.

Começaram antes a purgar os povos do Báltico: ainda em 1940, assim que nossas tropas entraram lá e antes ainda de aquele povo, então cheio de esperança, ter votado unanimemente pela entrada na União Soviética. O abate começou com os oficiais.

Mas, em 1940, para as nações do Báltico isso não era exílio, eram campos de trabalho, e, para alguns, era a morte por fuzilamento nos pátios de pedra das prisões. E, em 1941, à medida que as tropas soviéticas recuavam, apanhavam e levavam, quanto podiam, pessoas abastadas, influentes, notáveis, para depois jogá-las como esterco no solo congelado do Arquipélago.

Nos países bálticos, a epidemia de exílio só existiu realmente em 1948 (os rebeldes lituanos), em 1949 (todas as três nações) e em 1951 (outra vez os lituanos). (Coincidiu de ser nesses mesmos anos a limpa que fizeram no oeste da Ucrânia, onde as últimas penas de exílio também foram aplicadas em 1951.)

A organização das expulsões se aperfeiçoou tanto desde o exílio dos coreanos e dos tártaros da Crimeia que o tempo da operação já não se contava mais em dias ou horas, mas em minutos. Determinou-se o que se tinha provado na prática: entre a primeira batida na porta e o instante em que o chefe da casa cruza pela última vez o limiar, na escuridão da noite, em direção ao caminhão – de vinte a trinta minutos era tempo suficiente.

Nos pequenos vagões de carga com capacidade para 8 cavalos, ou 32 soldados, ou, ainda, 40 detentos, eles carregavam mais de 50 exilados de Tallinn. Na pressa de carregar o vagão, eles não o equiparam com nada e ainda tardaram a conceder permissão para que furassem alguns buracos nas paredes laterais. A latrina, um balde velho usado pelos exilados para se aliviarem, estava repleta e vez ou outra entornava, salpicando nos seus pertences. Desde o primeiro minuto, aqueles mamíferos bípedes tiveram de esquecer que homens e mulheres são criaturas distintas. Durante o dia e meio em que ficaram trancados no vagão, sem água e sem comida, morreu um bebê. (Mas sobre tudo isso já lemos há pouco, não é verdade? Dois capítulos atrás, vinte anos atrás – e nada mudou...)

Todos os trens tinham um longo caminho a percorrer: para Novossibirsk, Irkutsk, Krasnoiarsk. Sozinha, a cidade de Barabinsk, na região de Novossibirsk, foi o destino de 52 vagões carregados de estonianos. Até a cidade de Átchinsk, na região de Krasnoiarsk, viajaram por catorze dias.

Chorar, ninguém chorou. O ódio seca as lágrimas.

Sobre o que pensavam os estonianos no caminho? Sobre como os receberia aquela cidade siberiana? Em 1940, os siberianos deixaram os exilados do Báltico sem nada, arrancaram deles os pertences e, quando conseguiam um casaco de pele, pagavam meio balde de batatas. (De fato, nessa época andávamos todos tão maltrapilhos que os exilados do Báltico nos pareciam burgueses...)

Agora, em 1949, na Sibéria, já havia circulado a informação de que aqueles que estavam sendo trazidos eram *kulaki* incorrigíveis. Ao serem despejados do vagão, esses *kulaki* estavam em farrapos e no fim das forças. Numa sessão de exames médicos, enfermeiras russas ficaram surpresas com o estado das mulheres – macilentas, em frangalhos – e com o fato de não terem sequer um trapo limpo para seus bebês. Os que chegavam eram mandados às fazendas coletivas despovoadas, e lá, sem o conhecimento da chefia, as camponesas de outras unidades coletivas da Sibéria levavam para elas tudo o que tinham de sobra: uma trazia meio litro de leite; outra, panquecas de beterraba ou de alguma farinha de qualidade inferior, como normalmente eram.

Dessa vez, sim, as estonianas choraram.

Na estação de Átchinsk, ocorreu uma confusão engraçada. A chefia do distrito de Biriliussi *comprou da escolta* dez vagões de exilados, umas quinhentas pessoas, para suas fazendas coletivas no rio Tchulym, e rapidamente os deslocou 150 quilômetros para o norte. Na verdade, eles tinham sido designados para a administração das minas do distrito de Saralinsk, na Khakássia (mas disso, é claro, eles não sabiam). Os diretores das minas esperavam seu *contingente*, mas este acabou sendo espalhado pelos *kolkhozy* de Biriliussi, onde, um ano antes, recebiam 200 gramas de cereal por dia de trabalho. Naquela primavera ficaram sem pão e sem batata, e o mugido das vacas cobriu as aldeias próximas; como animais selvagens, as vacas se atiravam na palha já meio apodrecida.

Nessa região do Tchulym, os estonianos debateram-se por três meses, tentando assimilar com muito espanto uma nova lei: *roubar ou morrer*! E, quando já pensavam que seria para sempre, foram tirados de lá e mandados para o distrito de Saralinsk, na República da Khakássia (assim, os chefes da administração das minas encontraram o seu contingente). Dos habitantes originais da Khakássia, praticamente não se via ninguém; as aldeias, quase todas, eram formadas por exilados. Em cada uma delas havia um posto de comando. Por toda parte havia minas de ouro, perfurações de novos poços e uma epidemia de silicose.

Mas ser mandado para as minas, simplesmente, ainda não era nada. Muito pior era ser mandado às "cooperativas de garimpeiros". Garimpeiros! Dito assim, até soa atraente – é uma palavra que reluz o brilho do ouro. Em nosso país, porém, sabem o que fazer para deturpar qualquer ideia. Os assentados especiais, sem ousarem questionar a determinação, foram mandados às cooperativas. Eles eram enviados para o aprimoramento das minas abandonadas pelo Estado como não lucrativas. Nessas minas, já não se empregava nenhuma medida para a segurança no trabalho, e lá corria água sem parar, como se estivesse o tempo inteiro chovendo forte. Era impossível ter o trabalho reconhecido e receber um salário aceitável; esses moribundos foram mandados para lamber as migalhas de ouro que o Estado lamentava ter de abandonar.

Mas isso ainda não era a completa ruína. Esta só foi conhecida por aqueles assentados especiais mandados às fazendas coletivas. Hoje, alguns discutem (e com fundamento): o *kolkhoz* era realmente mais suportável que o campo de prisioneiros? Poderíamos contestar: e se estiverem unidos, numa só coisa, o campo de prisioneiros e o *kolkhoz*? Para os assentados especiais dos *kolkhozy*, era justamente essa a condição. Era um *kolkhoz* na medida em que não havia rações regulares; somente no período da semeadura davam 700 gramas de cereal – de grãos já meio apodrecidos – misturados com areia cor de terra (provavelmente varrido do chão dos celeiros). Era também um campo de prisioneiros porque podiam mandar para o KPZ – as celas para detenção preventiva: bastava que um chefe fizesse uma reclamação à administração sobre algum exilado de sua brigada, que os agentes do Ministério do Interior, acionados pela administração, vinham prendê-lo. Não havia meio de ter um ganho extra: no primeiro ano de trabalho nas fazendas coletivas, por dia de trabalho, Maria Sumberg recebeu *20 gramas de cereal* e 15 copeques – os dos tempos de Stálin, que equivaliam a 1,5 copeque nos tempos de Khruschov. Com o salário de *um ano* inteiro, ela comprou para si... uma bacia de alumínio.

Como é, então, que eles viviam?! Das remessas dos países bálticos. Seu povo foi exilado, mas apenas parte dele.

E aos calmucos, quem mandava remessas? E aos tártaros da Crimeia?...

Encontre as sepulturas onde eles estão e pergunte.

Capítulo 5
Terminada a pena

Em 1952, dos 3 mil presos que compunham a divisão “russa” dos campos de trabalho, a de Ekibastuz, “libertaram” uma dezena de pessoas. Isso pareceu muito estranho na época: Cinquenta e Oito – e conduzidos para fora dos portões! Além de não terem cumprido toda a pena, Ekibastuz já existia havia três anos e de lá ninguém jamais tinha sido libertado. Significava que aqueles primeiros condenados a dez anos durante a guerra, os poucos que tinham sobrevivido, agora não existiam mais.

Esperamos ansiosos que nos mandassem suas cartas. Algumas chegaram até nós. E, com elas, descobrimos que quase todos eles foram levados dos campos para o exílio, embora sua condenação não prescrevesse o envio para o exílio. Mas isso não deixou ninguém surpreso! Tanto nossos carcereiros como nós sabíamos muito bem que não se tratava de justiça, nem do cumprimento rigoroso da pena, nem de formalidades em papel – tratava-se do fato de que agora, a nós, uma vez chamados de *inimigos*, o governo iria espezinhar, oprimir e sufocar até a morte. E somente esse regime de coisas podia parecer normal, tanto a nós quanto ao governo, tal era a nossa familiaridade com tudo isso.

Somente o lugar para onde nos mandaram poderia ser o certo, nenhum outro. Era o único lugar, em toda a União Soviética, onde não seríamos reprochados por termos ido parar lá. Somente lá tivemos garantido o direito incondicional a 2 metros quadrados de terra. E para quem saiu sozinho do campo de trabalho, como eu, sem ninguém que o esperasse em parte alguma, somente no exílio era possível encontrar uma alma próxima.

Nossas autoridades demonstram uma presteza para deter que não existe para soltar. Estava eu feliz por, depois de terminada a pena, ficar mais uns dias no campo de trabalho e, depois disso... ser libertado? Não; depois disso, fui levado sob escolta. E fui mantido na estrada sob vigilância ainda um mês – um tempo que, em tese, já era *meu*.

Passamos outra vez pelas prisões de trânsito de Pavlodar, Omsk, Novossibirsk. E, embora o prazo de nossa pena tivesse expirado, ainda fomos revistados, nos tomaram todos os artigos considerados ilícitos, nos meteram em celas cheias e apertadas, em camburões, em vagões de prisioneiros, nos misturaram com a bandidagem, os cães da escolta rosnaram para nós e os guardas de metralhadoras automáticas gritaram: "Sem olhar para o lado!" – tudo como antes.

Na estação de Djambul, fomos tirados do vagão de prisioneiros e levados até um caminhão – passando por um corredor de guardas de escolta –, onde, como antes, nos sentaram no chão da carroceria. Era o mesmo tratamento que sempre nos dispensaram. Fomos levados à cadeia, que nos recebeu sem as buscas e sem os banhos habituais. As malditas paredes ficaram um pouco menos firmes!

Começaram a nos chamar, um a um, ao posto de comando regional, que ficava ali mesmo, no pátio da seção local do Ministério do Interior, e consistia em um coronel, um major e alguns tenentes. Eram eles os encarregados de todos os exilados da região de Djambul.

Minha experiência nos campos de trabalho me atingiu o flanco: Atenção! Nesses poucos minutos decidirão todo o seu futuro! Não perca tempo! Exija, insista, proteste! Dê um jeito, vire-se do avesso, invente alguma coisa, porque é imprescindível que você fique numa cidade da região ou no distrito mais próximo e cômodo. (E razão havia, embora eu ainda não soubesse: pelo segundo ano, desenvolvia-se em mim uma recidiva do câncer, que não tinha sido inteiramente extirpado numa operação feita no campo de trabalho.)

Não, não, eu já não era o mesmo... Já não era aquele do início da pena. Um tipo de imobilidade inspirada tomou conta de mim, e eu me abandonei prazerosamente a ela. Fiquei satisfeito em não usar a minha inoportuna experiência do campo de trabalho. A maior desgraça pode alcançar o homem no melhor dos lugares, tal como a maior felicidade pode procurá-lo no pior dos lugares.

Para todos nós, o destino era o mesmo: o distrito de Kok-Terek – um pedaço desértico no norte da região, o início da área desabitada de Bet-Pak-Dalá, que ocupa todo o centro do Cazaquistão.

O nome de cada um de nós se encaixava perfeitamente no formulário impresso em um papel pardo amassado, que, depois de inserida a data, nos entregavam para assinar.

Do que fui, afinal, "notificado naquele dia"? De que eu, o fulano aqui, estava circunscrito, *de modo perpétuo*, a um distrito determinado e sob a vigilância da seção regional do Ministério da Segurança do Estado; caso ultrapassasse as fronteiras dessa circunscrição sem permissão oficial, eu seria julgado pelo decreto do Presidium do Soviete Supremo, que previa penas de até vinte anos de trabalhos forçados.

Que fazer? Já não havia o que pudesse nos causar surpresa. Assinamos com entusiasmo.

A estepe corria diante dos olhos, quilômetros e quilômetros. Até onde a vista alcançava, à direita e à esquerda, não havia nada que não fosse uma cobertura de capim ressecado, grosseiro, não comestível, e, muito esparsamente, uma aldeia cazaque, sempre muito pobre, cercada por alguns arbustos. E, ao fim da área de estepes, revelam-se à frente os topos de uns poucos álamos (Kok-Terek – "álamo verde").

Chegamos! O caminhão corre entre casinhas de barro tchetchenas e cazaques, levantando uma nuvem de poeira e atraindo uma matilha de cães indignados. Os asnos que carregavam carroças pequenas, muito amáveis, abriram caminho; de um dos quintais, um camelo virou-se lenta e desdenhosamente para nos olhar. Havia gente também, de gêneros e idades variados, mas nossos olhos só viam as mulheres, aquelas mulheres extraordinárias e esquecidas; uma de cabelos bem escuros, de pé na soleira, acompanhava nosso veículo com a mão na testa fazendo viseira; adiante, três delas caminhavam juntas, todas com vestidos de estampas avermelhadas.

Depois de ter passado pelas lojas do distrito, a casa de chá, o posto médico, o correio, os escritórios das seções distritais do governo, a sede local do Comitê Executivo do Partido, sob um telhado de ardósia, e a Casa da Cultura, sob um trançado de junco – nosso caminhão parou junto ao prédio do Ministério da Segurança do Estado. Cobertos de poeira, pulamos para fora, entramos no cercado do pequeno jardim da frente e, sem nos importarmos com os transeuntes da rua principal, nos lavamos até a cintura, ali mesmo.

Do outro lado da rua, bem diante do Ministério da Segurança, havia um edifício de apenas um andar, mas bastante alto e de arquitetura surpreendente – quatro colunas dóricas amparavam solenemente um pórtico falso, na base das colunas havia dois degraus revestidos de pedra lisa e, cobrindo tudo isso, um telhado de palha enegrecida. Meu coração não pôde deixar de acelerar: era uma escola! Uma escola secundária! Mas não se agite, fique quieto, seu importuno: esse edifício não lhe diz respeito.

Atravessando a rua principal em direção aos auspiciosos portões da escola, ia uma moça de cabelos cacheados, bem asseada, vestindo uma pequena jaqueta cintura de vespa. Ela toca o chão quando caminha? É uma *professora*! É jovem demais para ter se graduado numa universidade. Ela certamente frequentou o curso escolar de sete anos e, depois, uma escola técnica de pedagogia. Como a invejo! Que enorme abismo entre mim e ela, um trabalhador braçal. Somos de estratos sociais diferentes, e eu nunca ousaria andar de braços dados com ela.

Enquanto isso, os recém-chegados eram puxados, um a um, para o gabinete silencioso adjunto, onde começavam a se ocupar deles... quem seriam? Um camarada, é claro, oficial da Segurança! Eles também existem no exílio e lá também desempenham o papel principal.

O que é isso que devo preencher? Um questionário, é claro. E um histórico de minha trajetória. Um oficial examina superficialmente os papéis e os guarda em sua pasta de folhas soltas.

— Poderia me dizer onde fica o Departamento Distrital de Educação? – perguntei de repente, cortês e despreocupado.

E ele, também com cortesia, me explicou. E sem erguer as sobrancelhas para sinalizar surpresa.

— E poderia me dizer quando é que terei permissão para ir até lá sem escolta?

Ele encolheu os ombros:

— Seria melhor ir logo hoje, desde que não ultrapasse os portões. Se for alguma coisa relativa a trabalho, pode ir, sim.

E saio *caminhando*! Será que são capazes de compreender o sentido de liberdade que tem essa palavra? Caminhar *sozinho*! Sem a ameaça de nenhum fuzil automático, seja por trás ou pelo lado. Olho em volta, me viro: ninguém! Se eu quiser, posso ir pelo lado direito, margeando o cercado da escola, onde um porco grande revolve a lama. E, se quiser, posso ir pela esquerda, onde galinhas desfilam bicando o solo bem diante do Departamento de Educação.

Caminhei 200 metros até o Departamento de Educação, e minhas costas, sempre arqueadas, já tinham se aprumado um pouco. Nesses 200 metros, passei ao estrato civil ligeiramente acima.

Entro no recinto usando uma velha túnica de lã dos meus dias de front e umas calças de sarja mais que surradas. As botas eram ainda as do campo de prisioneiros, de couro suíno, e as extremidades da minha roupa de baixo não estavam inteiramente escondidas nelas.

Havia dois cazaques gordos sentados; de acordo com seus distintivos, eram dois inspetores do Departamento de Educação.

— Eu gostaria de trabalhar na escola – disse eu, com tanta segurança e naturalidade que era como se perguntasse onde é que ficava a jarra com água.

Eles fizeram cara de espanto. Estávamos, afinal, numa aldeia no meio do deserto, onde não é toda hora que aparece um professor novo. Embora o distrito Kok-Terek fosse mais extenso que a Bélgica, toda pessoa com o curso educacional de sete anos era conhecida de vista.

— Que formação você tem? – me perguntaram num russo bastante claro.

— Formação superior em física e matemática.

Eles ficaram sobressaltados. Entreolharam-se. E rapidamente começaram a falar entre si em cazaque.

— E... de onde é que veio?

Como se eu não estivesse falando claro, tive de explicar tudo, dando todos os nomes. Eles se questionavam: que tipo de idiota viria para cá pensando em arrumar trabalho?

— Cheguei uma hora atrás. Estou exilado aqui.

Então, eles fizeram cara de que entendiam tudo e entraram, um após outro, na sala do diretor. Quando saíram, notei que a datilógrafa, uma mulher russa de uns 50 anos, estava olhando para mim. Num instante – breve como uma centelha –, percebemos que éramos compatriotas: ela também veio do Arquipélago! Nadiéjda Nikoláievna Grekova, uma simples datilógrafa de uma família de cossacos de Novotcherkassk, fora detida em 1937. Ela cumpriu dez anos e agora, como reincidente, estava exilada de modo perpétuo.

Ela baixou a voz e olhou para a porta da sala do diretor, que estava entreaberta, e me explicou sucintamente: temos dois cursos escolares de dez anos e muitos de sete anos que não têm matemáticos, não há ninguém com nível superior, e físico, então, nem se fala – por aqui nunca passou um. Da sala do diretor, soa uma campainha – estavam me chamando.

Na mesa, uma toalha vermelha. Confortavelmente afundados em um sofá, os dois inspetores gordos. Em uma poltrona bem grande, sob um retrato de Stálin, a diretora – uma encantadora mulher cazaque, pequena e esbelta, com algo de felino e serpentino em seus movimentos. Do retrato, Stálin me lançava um sorriso funesto.

Eles me fizeram sentar perto da porta, à distância, como se estivessem interrogando um prisioneiro. Começaram um interrogatório minucioso, quiseram saber onde e quando fui professor, manifestaram dúvida quanto à minha capacidade – eu talvez tivesse esquecido o conteúdo da minha matéria ou o método de ensiná-la. Depois de terem apresentado uma série de dificuldades, suspirarem dizendo que não havia vagas, que as escolas do distrito estavam cheias de físicos e matemáticos, que, mesmo se eu recebesse a metade de um salário normal, seria difícil arranjar, e que a educação dos jovens de nossa época era uma grande responsabilidade, chegaram finalmente ao ponto: *por que* estive preso? Que crime tinha eu cometido?

Decidi assustar aqueles iluministas e empreguei um truque da prisão: disse a eles que a resposta ao que me perguntavam era um segredo de Estado, eu não tinha o direito de revelar. O que eu queria saber, afinal, era se eles me aceitariam para o trabalho ou não.

Quem teria a coragem de empregar, por sua conta e risco, um criminoso que atentou contra o Estado? Mas eles encontraram uma saída: me deixariam escrever um currículo e preencher um formulário em duas cópias. Como sempre! O papel suporta tudo. Eu não tinha escrito tudo isso uma hora antes? Agora, preenchendo outra vez, eu voltaria ao Ministério da Segurança do Estado.

Os comandantes revelaram-se complacentes e nos permitiram passar a noite não em um quarto trancado, mas no quintal, no feno.

Uma noite a céu aberto! Havíamos esquecido o que era isso! Sempre houve grades, cadeados, muros, tetos. Mas eu não pensava em dormir. Caminhei, caminhei e caminhei pelo pátio da administração prisional, que estava banhado pela suave luz da lua. Era 3 de março, mas com o anoitecer não esfriava nem um pouco, à noite soprava quase o mesmo vento de verão que soprava durante o dia. Por um longo tempo, de maneira veemente e apaixonada, o relincho dos asnos cobria aquela região dispersa do distrito de Kok-Terek; eles comunicavam às fêmeas algo sobre o seu amor, sobre a força ingovernável que inundava seus corpos.

Não consigo dormir! Caminho, caminho e caminho sob a lua. Cantam os asnos! Cantam os camelos! E canta cada fibra do meu corpo: sou livre! sou livre!.

Finalmente, me deitei ao lado de meus companheiros no feno, sob um alpendre. A dois passos de nós, os cavalos à beira dos cochos passaram a noite mastigando tranquilamente. E certamente ninguém, em todo o universo, poderia ter pensado em um som para a nossa primeira noite de semiliberdade que nos fosse mais familiar que aquele.

Mastiguem, criaturas inofensivas! Mastiguem, cavalinhos!...

No dia seguinte, fomos autorizados a nos mudar para apartamentos particulares. Por conta própria, encontrei uma casinha do tamanho de um galinheiro – com uma única janela, que ainda era meio cega, e tão baixinha que mesmo pelo meio, onde o teto era mais alto, eu ainda não podia me pôr ereto. Mas era uma casinha particular! O chão era de terra; sobre ele pus um casaco acolchoado do campo e, assim, fiz uma cama. Não havia lâmpada a querosene (não havia nada, era preciso escolher e comprar tudo o que era necessário, como se tivesse acabado de chegar ao mundo), mas eu não reclamava disso. Durante todos os anos passados nas celas e nos barracões, a luz elétrica do Estado feria a minha alma, agora sou feliz na escuridão. Mesmo a escuridão pode se tornar um elemento da liberdade!

O que mais eu podia querer?

A manhã seguinte, no entanto, superou todas as expectativas! A minha senhoria, Tchádova, uma avozinha exilada de Nóvgorod, me cochichou – porque não teria ousado dizer em voz alta:

— Vá ouvir o que estão dizendo no rádio. Tenho medo de repetir o que acabam de dizer.

Fui até a praça central. Lá, sob o céu nublado, havia umas duzentas pessoas – o que era muito para Kok-Terek – aglomeradas em volta do poste do alto-falante. Havia muitos cazaques no meio da multidão, a maioria era de homens mais velhos. As cabeças carecas estavam nuas, eles seguravam nas mãos seus gorros vermelhos de pele de rato-almiscarado. Estavam todos de cara triste. Os jovens pareciam indiferentes. Dois ou três tratoristas deixaram de tirar o boné. Eu também, é claro, não tirei o meu. Antes que eu pudesse entender a voz do locutor (a voz dele era um pouco histriônica), já me ocorrera do que se tratava.

Era aquele o momento implorado por todo zek do Gulag (exceto os comunistas ortodoxos)! O ditador asiático morreu! O facínora tombou! Oh, que júbilo indisfarçável eu encontraria se voltasse agora ao nosso Campo Especial! Enquanto ali havia professoras de escola, jovens russas, que choravam de soluçar: "Como é que vamos ficar agora?". Perderam o paizinho... Tive vontade de gritar para elas, que estavam do outro lado da praça: "Vão ficar como estão! Os pais de vocês não serão fuzilados! Seus noivos não serão presos! E vocês não terão ligações com inimigos da Pátria!".

Mas, infelizmente, o curso da história segue devagar.

De toda maneira, foi surpreendentemente alvissareiro o início do meu exílio!

Capítulo 6
A prosperidade no exílio

Um mês passado no exílio, e todo o dinheiro que eu tinha ganhado na fundição "autofinanciável" do campo de prisioneiros havia sido gasto – em liberdade, eu me mantinha com o dinheiro do trabalho nos campos! Eu ia sempre ao Departamento Distrital de Educação para saber: quando, afinal, iriam me admitir? Mas a diretora, com seus meneios de serpente, parou de me receber, e os dois inspetores gordos tinham cada vez menos tempo para me dizer qualquer coisa; no fim do mês, me apresentaram a resolução da Seção Regional do Departamento de Educação, informando que as escolas de Kok-Terek estavam com seus quadros de professores de matemática já inteiramente formados e que não havia possibilidade de me arranjarem um trabalho.

Enquanto isso, escrevi uma peça[197] (sobre a contraespionagem em 1945), sem precisar me submeter às buscas corporais de manhã e à noite e sem a necessidade de destruir o que tinha escrito com frequência, como acontecia antes. Uma vez por dia, ia ao "salão de chá", onde tomava um caldo quente por 2 rublos – com esse mesmo caldo, enchiam um balde e mandavam aos presos da cadeia local. O pão preto de tipo grosseiro era vendido à vontade no pequeno comércio local. Comprei batatas e até um pedaço de banha de porco. E eu mesmo – com a ajuda de um jumento – trouxe para casa um feixe de lenha, assim podia também acender meu fogão. A minha felicidade estava bem

197 A peça se chama *Pliénniki* [Os cativos] e faz parte de um ciclo de peças sobre o ano de 1945. Escrita em 1953, só foi publicada na Rússia em 1990. [N. E. R.]

próxima de ser plena, e, enquanto passava o tempo, eu pensava: se não me admitirem, não há problema, enquanto o dinheiro durar vou continuar a escrever minha peça. Eu não estava certo, afinal, de que teria outros períodos com tanta liberdade!

De repente, um dos comandantes me encontrou na rua e me chamou, acenando com o dedo. Ele me levou até o escritório do diretor da RaiPO[198], um cazaque gordíssimo, e disse com deferência:

— O matemático.

E que milagre foi aquele? Ninguém me perguntou por que eu tinha estado preso, não me deram formulários nem pediram que eu redigisse um currículo – imediatamente, a secretária dele, uma moça grega de beleza cinematográfica, também exilada, com um dedo batia à máquina a minha nomeação ao posto de encarregado do planejamento econômico, com salário de 450 rublos por mês. No mesmo dia e com a mesma facilidade, sem formulários nem currículos, outros dois exilados, ainda sem colocação, foram admitidos na RaiPO. Mas não fomos procurados para planejar nada, nós três fomos jogados para lidar com um assunto que demandava extrema urgência: a revisão dos preços das mercadorias.

Na noite de 31 de março para 1º de abril, ano sim, ano não, a RaiPO estava em agonia, e nunca tinha, nem podia ter, o número suficiente de pessoal. Era preciso fazer um inventário dos produtos, reavaliar e atualizar os valores, e, já na manhã do dia seguinte, passar a comercializá-los com esses novos preços – que eram sempre muito vantajosos para os trabalhadores. Mas a extensão das ferrovias e rodovias daquela grande região desértica em que ficava nosso distrito era de zero quilômetro; assim, nas lojas mais afastadas, esses preços vantajosos aos trabalhadores nunca eram atualizados antes de 1º de maio: durante um mês inteiro, todas as lojas deixavam de comercializar, até que a RaiPO contabilizasse e confirmasse as listas e as entregasse em viagens a camelo.

198 Sociedade Distrital de Consumo, ramo distrital das cooperativas de consumo. [N. T.]

No momento da nossa chegada à RaiPO, mais ou menos quinze pessoas – entre trabalhadores efetivos e temporários – já estavam cuidando disso. Havia metros e metros de listas em papel grosseiro em cima de todas as mesas, e não se ouvia nada além dos estalos dos ábacos usados pelos experientes contadores para multiplicar e dividir, além do barulho das discussões relativas ao trabalho. E ali nos puseram também para trabalhar. Multiplicar e dividir no papel logo me cansou, então pedi um aritmômetro. Na RaiPO não havia nenhum, também não havia quem soubesse operá-lo, mas alguém se lembrou de que tinha visto um aparelho com algarismos no armário da Administração Distrital de Estatísticas, apenas ninguém trabalhava com ele. Telefonaram, foram até lá e trouxeram o aparelho. Comecei a operar o aparelho, organizando os dados em colunas, que rapidamente ficaram extensas – os contadores mais experientes olharam para mim de rabo de olho: será um concorrente?

Eu logo me virei e pensei comigo: como é rápido o embrutecimento de um zek, ou, para expressar a mesma coisa em linguagem literária – como é vertiginoso o aumento das necessidades humanas! Não fiquei satisfeito de terem me afastado da peça que eu escrevia no meu cubículo escuro; também não fiquei satisfeito de não me terem admitido na escola; insatisfeito, ainda, porque fui *forçado*... a quê? Acaso fui forçado a escavar o chão congelado? A amassar adobe com os pés na água gelada? Não. Fui contra a vontade destinado a ficar sentado a uma mesa limpa, torcendo as manivelas de um aritmômetro e anotando as cifras em colunas. Se no início do meu período de permanência no campo de prisioneiros me tivessem proposto um trabalho abençoado como esse, a ser feito por todo o tempo da pena, doze horas diárias e sem remuneração – teria me regozijado! Já por esse trabalho me pagam 450 rublos; eu agora vou poder pegar também 1 litro de leite todos os dias – devo mesmo torcer o nariz?

A revisão dos preços atravancou a RaiPO por uma semana – enquanto isso, nenhuma loja pôde começar a comercializar.

Mas não era o meu destino trazer a ordem para as cooperativas rurais do Ca*zek*istão. Um jovem cazaque, diretor de ensino na escola, chegou à RaiPO de repente. Antes de mim, ele era o único habitante de Kok-Terek com formação universitária, coisa de que muito se orgulhava. O meu aparecimento, no entanto, não lhe causou inveja. Se era para um reforço na escola antes que seu primeiro grupo de alunos fizesse o exame final, ou simplesmente para irritar a diretora – com meneios de serpente – do Departamento de Educação, eu não sabia, mas ele me deu uma ordem: "Me traga rapidamente o seu diploma!". Saí correndo como um garoto e trouxe o diploma. Ele o enfiou no bolso e partiu para uma conferência sindical em Djambul. Três dias depois, ele passou outra vez pela RaiPO e, diante de mim, pôs a cópia de uma ordem do Departamento Distrital de Educação. Sob aquela mesma assinatura que, sem vergonha alguma, tinha me asseverado em março que as escolas do distrito estavam com os quadros completos, eu era então, em abril, nomeado matemático e físico, professor das duas turmas de formandos, a apenas três semanas do exame final.

Devo descrever a felicidade que foi para mim entrar na sala de aula e pegar o giz? Esse foi o dia da minha verdadeira liberdade, do retorno efetivo de minha cidadania. Deixei de notar todas as outras contingências decorrentes do exílio.

Quando estive em Ekibastuz, nossa coluna passou em marcha pela escola local mais de uma vez. Como se olha para um lugar inacessível, um paraíso, eu olhava para os meninos correndo no pátio, para os vestidos em cores vivas das professoras, e o pungente retinir da sineta que tocava na entrada sempre me atingia. Eu estava que não podia mais de tantos anos sem perspectiva na prisão e de tudo que dizia respeito aos campos de trabalho! Foi como se uma felicidade vertiginosa me rasgasse o coração: ainda que fosse nesse buraco estéril que é Ekibastuz, ainda que fosse como exilado, só de imaginar entrar na sala com o livro de chamadas e aquele ar de mistério, próprio de quem vai revelar algo surpreendente, e começar a aula.

As crianças exiladas eram crianças especiais. Elas cresciam cientes de sua condição de oprimidas. Nos conselhos de professores e em outras reuniões em que se tagarela, sobre elas e diante delas, diziam que eram crianças soviéticas, que cresciam para a vida no comunismo e que os limites impostos ao direito de livre circulação eram temporários – era apenas isso. Cada uma delas, no entanto, sentia o peso da coleira no pescoço, e desde muito cedo, tanto quanto podiam se lembrar. Elas não tinham acesso ao mundo excitante e rico das revistas e do cinema, tudo o que podia realmente interessar aos jovens era vetado; inclusive aos rapazes, que não podiam sequer alimentar esperanças de conhecer essas coisas pelo Exército, já que eram de uma categoria recusável pelas forças armadas. E conseguir permissão da seção local do Ministério do Interior para ir à cidade, ser aceito para fazer os exames admissionais, ser aprovado para o ingresso na universidade e ainda chegar a concluir o curso – em relação a tudo isso, as esperanças eram sempre muito vagas e mesmo raras. De maneira que todas as descobertas que chegavam a fazer sobre o vasto e inesgotável mundo só podiam ser feitas ali mesmo, na escola, que por muitos anos representaria para eles o início e o fim de sua formação. Além disso, a vida no deserto era tão precária que eles estavam livres das distrações e divertimentos que, de Londres a Alma-Atá, tanto estragam a juventude urbana do século XX. Nas metrópoles, as crianças já não têm o hábito de estudar e perderam inteiramente o gosto pelo estudo – estudam por obrigação, só para fazer alguma coisa enquanto não têm idade suficiente para ir embora. Mas, para as nossas crianças exiladas, nada podia ser mais importante do que receber um bom ensino, isso seria tudo para elas. Se estudassem com avidez, seriam capazes de sobrepujar seu status secundário na sociedade e se igualar às crianças da primeira classe. Apenas uma formação consistente podia assegurar a eles alguma dignidade.

Tudo o que tenho falado se refere às turmas "russas" das escolas de Kok-Terek (russos, propriamente, quase não havia – eram alemães, gregos, coreanos, uns poucos curdos e tchetchenos, além de ucranianos de famílias exiladas no início do século e cazaques que tinham "cargos de responsabilidade" – eles educavam seus filhos em russo). Mas a maioria dos filhos dos cazaques estava em turmas de estudantes "cazaques". Eles eram, na verdade, quase primitivos, e, em sua maioria, os que ainda não tinham sido corrompidos pelas famílias com cargos importantes no governo eram muito diretos, sinceros e com um genuíno senso do bem e do mal. Na realidade, quase todo o ensino em língua cazaque era mera reprodução da ignorância: uma geração se arrastava até conseguir um diploma, depois saía aquele grupo de mal formados, com certo orgulho e ares de importância, para ensinar os jovens da geração seguinte; as moças cazaques, como avaliação, recebiam o conceito "satisfatório", e assim elas saíam das escolas e dos institutos de pedagogia na mais completa ignorância. Se essas crianças semicivilizadas pudessem vislumbrar de repente o verdadeiro ensino, elas iriam absorvê-lo não só pelos olhos e ouvidos, mas também pela boca.

A atividade de professor em Kok-Terek era um deleite que a receptividade das crianças me proporcionava, e por três anos (certamente, podia ser muito mais) isso bastou para me deixar feliz. O tempo disponível não era o suficiente para corrigir os equívocos e preencher as lacunas deixadas na formação das crianças, eu dava aulas adicionais à noite, aulas de campo, formava grupos de estudos, fazia observações astronômicas – os alunos passaram a aparecer em número cada vez maior, e com tanto entusiasmo que era como se estivessem indo ao cinema. Fiquei também encarregado por uma turma inteira de crianças cazaques, e mesmo dessa eu não deixava de gostar.

No entanto, o lado luminoso dessa história era nublado pelas portas das salas e pelas sirenes. A sala dos professores, a diretoria e a seção local do Departamento de Educação – todos os lugares eram invadidos pelas questões maçantes do Estado, e isso tinha aspectos mais perniciosos nos lugares de exílio. Antes de eu chegar, entre os professores havia alemães e alguns exilados administrativos. A opressão era a nossa condição comum: não deixavam nunca passar uma oportunidade de nos lembrar que nossa permissão para ensinar era um favor que podia ser retirado a qualquer momento. Os professores exilados, muito mais do que os outros (embora estes também fossem dependentes), tinham pavor de enfurecer os representantes da alta chefia do distrito, conceituando seus filhos com notas baixas. Eles temiam também irritar as autoridades com um resultado geral insatisfatório e elevavam as notas por conta própria, dando assim sua contribuição para a ampla propagação da ignorância em todo o Cazaquistão. Além disso, sobre os professores exilados (e sobre os jovens professores cazaques) recaíam algumas obrigações e tributos: de cada salário que recebiam, devolviam sempre 25 rublos – não se sabia em favor de quem; ou, eventualmente, o diretor podia aparecer de repente, anunciando que era o dia do aniversário de sua filha pequena e que cada professor devia contribuir para o presente com 50 rublos. E ainda toda a chefia estudava alguma coisa à distância, e todos os exames escritos eram obrigatoriamente feitos pelos nossos professores da escola. (As ordens eram passadas pelos chefes de ensino, como se elas viessem diretamente de um senhor feudal, e os escravos-professores acatavam, ainda que os chefes nunca sequer tivessem visto *seus* alunos.)

Não sei se foi por firmeza de minha parte, que devia se basear no fato de que eu era "insubstituível" – e isso logo ficou claro –, ou se eram os tempos que andavam mais amenos – talvez as duas coisas tenham colaborado –, mas consegui me livrar desses encargos. Somente com notas justas meus alunos podiam estudar com vontade, e eu não considerava os secretários do Comitê Distrital do Partido na hora de determiná-las.

Depois dos lugares de exílio descritos anteriormente, reconheço que nosso Kok-Terek, assim como todo o sul do Cazaquistão e do Quirguistão, eram lugares de exílio um tanto privilegiados. Fomos instalados em aldeias habitadas, onde, além de já haver água, o solo não era do tipo mais estéril. Em Kok-Terek, havia 4 mil pessoas, a maioria era de exilados, mas só alguns setores puramente cazaques entravam para os *kolkhozy*. O restante conseguia emprego na Estação de Máquinas e Tratores, ou por conta própria em outro lugar, mesmo que fosse por um salário ínfimo.

Em Kok-Terek, os agentes de segurança eram preguiçosos – caso em que a preguiça geral cazaque era favorável. Mas a causa principal de sua pouca atividade e seu regime de trabalho mais brando era o início da época de Khruschov. O impacto disso, enfraquecido pelas oscilações e obstáculos ao longo do caminho, acabou chegando até nós.

Logo de início, um desapontamento com a "anistia de Vorochílov": foi justamente com a assinatura de Kliment Vorochílov que o governo riu de nós em 27 de março de 1953. Concederam anistia imediata a todo tipo de bandido e arruaceiro, mas, dos condenados pelo Artigo 58, somente àqueles cuja pena era de "até cinco anos". Aos que estivessem vendo de fora, com a ideia de um Estado decente na cabeça, podiam pensar que, se era "até cinco anos", algo em torno de três quartos dos presos políticos iriam para casa. Mas, na verdade, somente 1% ou 2% da nossa gente foi condenada a uma pena tão curta. (Os ladrões anistiados se lançaram como gafanhotos contra os habitantes de Kok-Terek, e só depois de muito tempo e com grande esforço é que a polícia conseguiu mandá-los de volta para trás daquelas mesmas cercas de onde foram libertados.)

A notícia da anistia teve uma repercussão interessante em nosso exílio. Lá, encontravam-se os que chegaram a cumprir pena de cinco anos, mas, em vez de serem mandados para casa, foram mandados – sem novo julgamento – ao exílio. Era o caso de algumas mulheres e alguns velhos, muito solitários, originários do leste da Ucrânia e da Bielorrússia – o povo mais pacífico e infeliz do mundo. Eles se reanimaram bastante depois da anistia, enquanto esperavam que os mandassem para casa. Mas, depois de uns dois meses, veio o que era um daqueles terríveis esclarecimentos: visto que foram mandados ao exílio (depois da pena cumprida e sem novo julgamento) não por apenas cinco anos, mas em regime *perpétuo*, o encarceramento de cinco anos por que tinham passado não contava para a revogação da pena de exílio, de maneira que a anistia não dizia respeito a eles...

Assim, ninguém se beneficiou da anistia. Mas, com o passar dos meses, sobretudo depois da queda de Béria, de modo discreto, quase furtivo, foi se introduzindo um relaxamento genuíno nas terras do exílio. Os que tinham cumprido a pena de cinco anos começaram a receber permissão para voltar para casa, e os filhos dos exilados passaram a ingressar nos centros universitários mais próximos. A circulação pelo distrito passou a ser irrestrita; e a viagem a outra região (outra unidade administrativa), muito mais possível de ser realizada. Corriam fortes rumores de que permitiriam a volta para casa: "Vão nos deixar partir!". E, de fato, concederam liberdade aos turcomenos (os que tinham sido presos de guerra). Depois, aos curdos.

A ansiedade torturou cruelmente os exilados: Será que vamos em breve? Será que realmente vão nos deixar ir?...

O melhor é nunca acreditar! Foi o que o campo de prisioneiros me ensinou. E, no meu caso, o engraçado é que não havia necessidade clara para aquela ansiedade, não havia necessidade alguma de acreditar ou desacreditar: lá, na cidade grande, eu não tinha nem parentes nem muitos conhecidos; aqui, no exílio, o que eu estava vivendo já era quase a felicidade.

É verdade que, durante meu primeiro ano de exílio, eu estava sendo atormentado por uma doença fatal, que era uma espécie de substituta dos meus velhos carcereiros. E, durante todo esse ano, ninguém conseguiu determinar que doença era. Eu seguia com as aulas, mesmo com dificuldades para me manter de pé; já não dormia nem comia bem. Tudo o que eu tinha começado a escrever antes, no campo de prisioneiros, e guardado na memória, e ainda o que eu pensava em escrever já no exílio, tive de acabar às pressas e esconder na terra. (Tenho uma lembrança nítida daquela noite, dos momentos que antecederam minha partida para Tachkent; era a última noite do ano de 1953, e eu me lembro do que pensei: acabava ali a minha vida e, portanto, a minha literatura – o que havia até ali era tudo. E ainda me parecia tão pouco...)

Entretanto, acabei curado da doença. Depois disso, teve início um período de dois anos em que vivi de fato num Magnífico Exílio, e a única coisa a lamentar, o único sacrifício a ser enfrentado, se devia ao fato de não ter tido coragem para casar: não havia uma mulher a quem eu pudesse confiar minha solidão, minha literatura, meus segredos. De todo modo, eu vivia em permanente estado de bem-aventurança, cheio de entusiasmo e sem tomar conhecimento das contingências da falta de liberdade. Na escola, eu tinha tantas aulas quantas quisesse, nos dois turnos – e sempre me enchia de felicidade com as aulas, que nunca me cansavam, nunca me chateavam. Além disso, todos os dias sobrava uma horinha para escrever. Aos domingos, quando não nos mandavam ao *kolkhoz* para trabalhar nas plantações de beterraba, eu escrevia o dia inteiro, sem parar. Foi também nesse período que iniciei um romance[199], que eu continuaria a escrever ainda muito tempo depois. Quanto a publicar, com isso eu não contava; se ocorresse, não seria antes de minha morte.

A minha casinha ficava no ponto mais ao leste do povoado. Do lado de fora das cancelas – um canal de irrigação, a estepe infinita e o nascer do sol toda manhã. Sempre que vinha uma lufada de vento da estepe, eu inspirava avidamente, enchendo os pulmões. Muitas vezes, ao crepúsculo e à noite, fosse no escuro ou sob o luar, eu perambulava um pouco por ali, sozinho, respirando fundo – inspirando e expirando o ar – como em estado de entorpecimento. Nos 100 metros seguintes não havia casas, fosse à esquerda, à direita ou atrás.

Eu estava absolutamente conformado com a ideia de viver naquele lugar, se não "para sempre", ao menos por uns vinte anos. Eu já não queria mais ir a parte alguma (embora meu coração tenha quase parado de bater quando olhei para um mapa da Rússia Central).

Mas a ansiedade da alegria e da esperança perturbava um pouco a nossa tranquilidade no exílio.

Do meu vasto deserto, imaginei a capital fervilhante, sua agitação fútil, vaidosa – e não senti vontade alguma de ir para lá.

Meus amigos de Moscou, no entanto, insistiam: "Por que meteu na cabeça de ficar aí? Exija a revisão do processo! Agora estão revisando!".

Para quê?... Lá, no silêncio do meu exílio, pude ver com perfeição o verdadeiro curso da vida de Púchkin: sua primeira felicidade no exílio do sul, a segunda e suprema felicidade com seu banimento para Mikháilovskoie. Era lá que ele devia ter ficado e vivido, em vez de aspirar a outros lugares. Que compulsão o levou a Petersburgo? Que fatalidade o levou a se casar?...

É que é difícil para o coração humano manter-se no caminho da razão. Dificilmente o tronco não segue a direção de toda a água.

Por muito tempo ficamos sem ter notícias do discurso de Khruschov no XX Congresso do Partido Comunista. E, mesmo

199 Trata-se do romance *No primeiro círculo*, que saiu em *samizdat* na década de 1960 e só veio a ser publicado livremente na Rússia em 1990. [N. E. R.]

depois que as notícias começaram a sair, pretendiam mantê-las em segredo para os exilados; mas um dia consegui ler em um jornal: "É o primeiro Congresso Leninista" em tantos anos...[200] E bastou para que eu entendesse que meu inimigo, Stálin, tinha caído, enquanto eu, pelo visto, me reerguia.

Escrevi, então, um requerimento para a revisão do meu processo.

Na primavera, no entanto, começaram a anular as sentenças de exílio de todos os condenados pelo Artigo 58.

Na minha fragilidade, abandonei meu diáfano exílio. E parti para o turvo mundo exterior.

Como se sente um ex-zek ao cruzar o Volga de leste a oeste, viajando um dia inteiro, em um trem barulhento, pela planície arborizada da Rússia – isso não entrou neste capítulo.

200 O XX Congresso do Partido Comunista da União Soviética foi realizado em Moscou entre 14 e 25 de fevereiro de 1956. No último dia, o secretário-geral do PCUS, N. S. Khruschov, apresentou em sessão fechada (sem representantes dos partidos comunistas estrangeiros) um relatório "Sobre o culto à personalidade de Stálin e suas consequências". O relatório discutia o *culto à personalidade* de Ióssif Stálin e denunciava crimes (de terror, falsas acusações, tortura e execuções sumárias) ocorridos entre a segunda metade da década de 1930 e o início da década de 1950, cuja responsabilidade recaía indiscutivelmente sobre a pessoa de Stálin. Uma versão "abrandada" do relatório foi tornada pública em junho de 1956. O texto completo foi publicado na União Soviética só em 1989. [N. E. R.]

Capítulo 7
Os zeks em liberdade

Neste livro, tivemos um capítulo chamado "A prisão". Será preciso agora outro, para que intitulemos "A libertação"?

Sabe-se que, aos que o destino reservou a detenção (vamos falar apenas dos condenados pelo famigerado Artigo 58), muito poucos, um número menor que a quinta parte – uma oitava parte já teria sido muito bom –, chegaram a experimentar essa tal "libertação".

Libertação! – de alguma maneira, todos sabem o que é. Algo fartamente descrito na literatura mundial e muito frequente no cinema: abrem o portão da minha masmorra; encontro um dia iluminado; uma multidão em júbilo; abraço os meus familiares.

Mas, sob o céu sombrio do Arquipélago, a "libertação" não era uma bênção. Em liberdade, tudo ficava muito mais sombrio.

Se a prisão era aquela primeira camada de geada sobre a superfície líquida, a libertação era um tímido derretimento entre duas camadas de gelo.

O espaço entre uma prisão e outra – eis o que de fato era a libertação durante os quarenta anos que antecederam a era de Khruschov. Como a boia salva-vidas que é abandonada entre duas ilhas – ficava-se ao léu, entre a última zona de detenção e a seguinte.

Estar circunscrito a uma zona de detenção, regulado por chamadas – isso era a *prisão*. Já viver entre uma e outra dessas zonas – eis o que significava a *libertação*.

Emporcalhavam seu passaporte com a tinta preta usada para marcar o Artigo 39 do sistema de passaportes. Isso queria dizer que nem mesmo numa cidadezinha você conseguiria fixar residência e que jamais arranjaria um trabalho razoável. No campo de prisioneiros pelo menos davam a ração, enquanto aqui, nem isso.

É um círculo vicioso: não empregam sem residência fixa e não se pode fixar residência antes de ter emprego. E quem não tem trabalho não ganha o bilhete para receber o pão. Os ex-zeks não sabiam que arranjar emprego para eles era encargo do Ministério do Interior. E os que sabiam tinham medo de solicitar qualquer coisa: e se *prenderem* de novo...

Livre para viver – livre para padecer.

Nos anos de Stálin, a melhor maneira de se libertar dos campos era atravessar os portões e permanecer do lado de fora. Os que o faziam, normalmente já eram conhecidos no trabalho e conseguiam emprego. Depois, portavam-se como verificados e admitidos de forma regular, especialmente quando encontravam na rua os agentes do Ministério do Interior.

Mas nem sempre era assim. Ao ser libertado, em 1938, Prokhorov-Pustover fora contratado como engenheiro para trabalhar no Bamlag, onde permaneceu na condição de profissional livre. O chefe do setor de segurança, Rozenblit, disse a ele: "Você está livre, mas não esqueça que estará sempre na corda bamba. O menor descuido – e você volta a ser um zek. Para isso, *nem sequer precisaríamos de um tribunal*".

Centenas de milhares desses zeks – os que tiveram a sensatez de ficar perto dos campos, escolhendo voluntariamente a prisão como uma espécie de liberdade – ainda podem ser encontrados em pontos desérticos do interior, em lugares como os distritos de Nyrob ou Narym. Mas em Kolimá não havia tanta escolha: eles seguravam as pessoas por lá. Ao ser solto, o zek fazia ali mesmo um requerimento voluntário para trabalhar na Dalstroi (em Kolimá, era mais difícil conseguir uma autorização para ir ao "continente" do que a própria libertação).

Recebi por escrito algumas vezes o seguinte comentário: "No campo, era um dia na vida de Ivan Deníssovitch; em liberdade, era um segundo".

Assim como uma mesma doença pode afetar de maneira particular cada indivíduo, experimentávamos os efeitos da libertação das mais diversas maneiras.

A começar pelos efeitos no corpo... Alguns faziam um tremendo esforço para chegar ao fim da pena. Suportavam tudo como se fossem de aço: dez anos ingerindo uma pequena fração do que o corpo necessita, curvados, trabalhando sem descanso, quebrando pedras no frio intenso, sem vestimentas adequadas – e sem nunca pegar um resfriado. Mas logo que a sentença era cumprida e cessava aquela inumana pressão externa, a tensão interior acabava por enfraquecer. Mas essa queda brusca de pressão era algo deletério àquelas pessoas. O gigante Tchulpeniov, que trabalhou por sete anos no corte de árvores sem nunca adoecer, em liberdade adoeceu de uma série de doenças.

Há muito que se diz: quando é difícil me supero, quando é fácil me refestelo. Às vezes, os que eram soltos tinham perdido todos os dentes no período de um ano. Uns envelheciam de uma só vez. Outros, ao chegarem em casa, prostravam-se e morriam – por terem gastado no retorno suas últimas energias.

Já outros superaram o desalento e renasceram com a liberdade. Para estes, era o tempo de rejuvenescer e voltar à vida. De repente se descobre que viver em liberdade é muito *fácil*. Tudo o que parece insolúvel e, por isso, torturante a alguém que nunca trabalhou sob escolta, que sempre foi livre – nós resolvemos como o mais leve dos problemas. Esse passava a ser o nosso parâmetro; as coisas, afinal, "haviam sido muito piores!".

O mais determinante para a vida depois do campo de prisioneiros é uma espécie de mudança espiritual brusca – um fenômeno experimentado por todos os libertos, mas que aparece de formas muito diversas.

O caráter humano, que de fato se revela no campo de trabalho, também se revela em liberdade. Esta foi a maneira de Vera Alekséievna Kornéieva – já citada neste livro – se despedir de um Campo Especial em 1951: "Quando fecharam atrás de mim aquele portão de 5 metros de altura, eu mesma não estava acreditando que, tendo saído para a liberdade, tinha desatado a chorar. Por quê?... A sensação era que, naquele instante, meu coração se apartava da coisa mais amada e querida – os companheiros de infelicidade. Ao fecharem o portão, estava tudo acabado. Eu nunca voltaria a ver aquelas pessoas, não receberia delas uma notícia sequer. *Era como se eu tivesse passado para o outro mundo...*".

Para o outro mundo!... Libertação como uma espécie de morte. Estávamos realmente nos libertando? Talvez estivéssemos morrendo para este mundo e fôssemos começar uma vida inteiramente nova no além-túmulo. Uma existência meio fantasmagórica, em que tateássemos as coisas, procurando identificá-las.

As pessoas, no entanto, são diferentes. Muitos experimentaram a passagem para a liberdade de maneira inteiramente diversa: viva! estou livre! Agora, um juramento solene: nunca mais vou parar lá! agora vou compensar tudo o que perdi!

Alguns procuravam compensação na busca pelos cargos que podiam ter ocupado antes, nos títulos de formação civil ou de patentes militares que podiam ter adquirido, no dinheiro que podiam ter ganhado e economizado. Outros buscavam compensação nos filhos. Outros, ainda, na comida, nos móveis, nas roupas... As compras, assim, voltaram a ser para estes o maior dos prazeres.

E como condená-los por isso, quando realmente foram privados de tantas coisas?

Eram duas maneiras de encarar a *liberdade* e, de acordo com elas, duas relações distintas estabelecidas com o passado.

Você, que passou por anos terríveis e, ao que parece, não é um pérfido assassino nem um traiçoeiro desprezível, então, por que deveria tentar esquecer a prisão e o campo de trabalho? Por que deveria sentir vergonha de ter passado por lá? Não seria melhor considerar que a experiência o enriqueceu? Não seria mais justo orgulhar-se dela?

Mas foram tantos (e não eram pessoas fracas ou idiotas, eram pessoas das quais não se esperaria isso) os que procuraram esquecer! Esquecer o mais rápido possível! Esquecer absolutamente tudo! Esquecer, como se não tivesse havido!

"Esquecer, como se tivesse sido uma alucinação, esquecer os fantasmas do maldito passado no campo", dizia, apertando as têmporas com os punhos, Nástienka Vesterovskaia, que não fora simplesmente detida, mas detida com um ferimento de arma de fogo, feito quando tentava fugir. Como pôde o filólogo clássico A. D., cuja atividade profissional era ponderar com racionalidade sobre os episódios da história antiga – como pôde ele também ordenar a si "esquecer tudo"? Se ele próprio agiu assim, como poderia depois compreender alguma coisa de toda a história humana?

Ievguênia Doiarenko, quando me contava, em 1965, sobre o período que passou na Lubianka em 1921, ainda antes de se casar, acrescentou: "Nunca falei nada disso para o meu falecido marido; *esqueci*". Esqueceu?? Esqueceu-se de contar à pessoa com quem dividia a vida, àquela que lhe era a mais próxima? Precisaríamos, quem sabe, ter prendido muito mais!!

Mas talvez não precisemos julgar com tanto rigor. Talvez seja esse o comportamento normal do ser humano médio. Foi sobre os humanos, afinal, que se criaram os provérbios:

> Uma horinha de bonança afasta o infortúnio da lembrança.
> O corpo decai, a memória se esvai.

Um corpo que decai! – eis o que é o homem!...

Mas *como* é que se pode simplesmente esquecer? Onde é que se aprende?...

"Não!", escreve M. I. Kalinina, "nada é esquecido... as lembranças corroem o peito de maneira incessante, e isso dá uma fadiga que não acaba nunca. Espero que o senhor não escreva que as pessoas libertadas esqueceram tudo e hoje vivem felizes".

Tamara Prytkova: "Fiquei presa por doze anos e estou há onze em liberdade, mas *ainda não pude compreender – para que viver*? Onde está a tal justiça?".

A vida deixou fraturas diversas em nossa alma: podemos passar onze anos sem esquecer nada – ou esquecer tudo de uma vez no dia seguinte...

Ivan Dobriak: "Tudo ficou para trás, mas não é bem assim. Fui reabilitado, mas nunca tive paz. É raro uma semana em que eu consiga dormir tranquilo, o campo sempre me aparece em sonho".

Durante onze anos, Ans Bernchtein sonhou com uma única coisa – o campo de prisioneiros. Também passei uns cinco me vendo como um preso nos sonhos, nunca como alguém livre – nunca! Hoje mesmo sonhei que era um zek (o que, nos sonhos, nunca me causa surpresa).

Todo ano, no aniversário de minha detenção, organizo meu "dia do zek": pela manhã, corto 650 gramas de pão, ponho dois tabletes de açúcar numa caneca e água quente sobre ele. Para o almoço, peço que me preparem um caldo ralo e uma tigela de mingau fino. E entro rapidamente na minha velha forma: ao fim do dia, já estou recolhendo e levando à boca as migalhas de pão e lambendo a tigela de sopa. As sensações de antes ressurgem bem vívidas em mim!

Eu também trouxe e ainda guardo o retalho com meu número que era preso à roupa. Sou o único? Em alguns lares, esses retalhos seriam exibidos como uma relíquia, como algo sagrado.

Hoje em dia, se você receber uma carta absolutamente sem queixumes, genuinamente otimista, é muito provável que o remetente seja um ex-zek. Acostumado a tudo no mundo, nada mais é capaz de abatê-lo.

Tenho orgulho de pertencer a essa tribo poderosa! Não éramos uma tribo, mas nos transformaram em uma! A ligação que acabaram estabelecendo entre nós, quando estávamos já no crepúsculo das forças, desconfiados e temendo uns aos outros, nós mesmos não teríamos sido capazes de estabelecer. A nós, não é preciso persuadir para que apoiemos uns aos outros. Já não precisamos testar uns aos outros – nos encontramos, nos olhamos nos olhos, dizemos duas palavras e não é preciso explicar nada. Estamos prontos a ajudar. Somos muitos e estamos por toda parte.

A vida atrás das grades nos deu uma nova medida das coisas e das pessoas. E livrou nossos olhos daquela película superficial do cotidiano que normalmente encobre os olhos dos que nunca passam por grandes abalos.

Sétima parte
Não há mais Stálin

E não se arrependeram de seus homicídios...

– Apocalipse 9,21

Capítulo 1
Olhar para trás agora

Nunca perdemos a esperança de que nossa história *fosse* contada: visto que cedo ou tarde toda a verdade sobre tudo o que aconteceu na história acaba aparecendo. Mas imaginávamos que isso fosse acontecer num futuro distante, depois da morte da maioria de nós. E numa situação inteiramente transformada. Eu mesmo, que me considerava um cronista do Arquipélago e escrevia quanto podia, também não tinha muitas esperanças de ver alguma coisa publicada enquanto ainda fosse vivo.

A história nunca deixa de nos surpreender, e mesmo os mais perspicazes entre nós são surpreendidos pelos acontecimentos. Não podíamos prever como isso se daria: sem nenhuma razão visível que compelisse as coisas, tudo começaria a trepidar e entrar em movimento, e por um curto período os portões do abismo da vida se abririam um pouco, instante em que dois ou três pássaros da verdade sairiam voando, antes que o abismo voltasse a se fechar, então por um longo período.

Muitos de meus predecessores não conseguiram terminar de escrever, ou não puderam guardar seus escritos até o dia em que fosse possível revelá-los, ou não foram capazes de se arrastar e escalar para salvá-los! – eu tive esta sorte: conseguir enfiar o primeiro punhado de verdade ao descerrar dos portões de ferro, e antes que eles se fechassem outra vez.

E, como matéria envolta em antimatéria, a verdade explodiu instantaneamente!

Essa explosão inicial detonou outra, uma gigantesca explosão de relatos – mas isso era de esperar.

Quando os ex-zeks ouviram de todos os jornais ao mesmo tempo, como um clamor uníssono de trombetas, que havia saído uma novela[201] sobre os campos de trabalho, e que os jornalistas a elogiavam excepcionalmente – sua conclusão unânime foi: "Mais uma balela! Estavam demorando para nos contar mais essa mentira!".

Mas, quando começaram a ler, foi como se rebentasse um gemido coletivo, um gemido de alegria e de dor. E muitas cartas afluíram.

Cartas que ainda guardo.

"A verdade triunfou, apesar de tarde demais!", escreveram-me alguns.

E mais tarde ainda do que eles pensavam, porque ela não triunfara de maneira absoluta...

Havia também alguns ajuizados que não assinavam no fim de suas cartas; outros, ainda quando a adulação dos jornalistas era constante, perguntavam com perplexidade: "Como é possível que Volkovói tenha permitido a você que publicasse essa novela? Será que você não está detido em regime de punição?... Temo que a explicação seja essa". Ou: "Como é que ainda não deram um sumiço em você, junto com Tvardóvski?".

Isso aconteceu porque a armadilha deles não funcionou. E o que Volkovói tinha de fazer? Pegar sua caneta e escrever cartas, como os outros. Ou um desmentido para os jornais.

Assim, por meio desse segundo fluxo de cartas, soubemos seus nomes, ou, ao menos, como eles próprios se denominam. Por muito tempo procuramos o termo adequado, "chefes dos campos", "funcionários do campo", não, não – *trabalhadores práticos*, eis o termo! "Tchekista" não parecia um bom termo, por alguma razão.

Então escreveram:

> Por Chúkhov não se sente nem compaixão nem respeito.
> (*I. Matvêiev, Moscou*)

201 *Um dia na vida de Ivan Deníssovitch*, a primeira obra da chamada "literatura do Gulag" publicada na União Soviética, saiu no número de novembro de 1962 da revista *Nóvy Mir.* [N. E. R.]

Condenar Chúkhov foi uma decisão correta... *O que um* zek *iria fazer solto por aí?*
(*V. I. Silin, Sverdlovsk*)

A propósito da norma de alimentação, não devem esquecer que não estavam em um balneário. O que expia sua culpa é o trabalho honesto. Essa novela ofende os soldados, os sargentos e oficiais do Ministério do Interior. O povo é o autor da história, mas se deram conta de como ele é representado...? – é encarnado por tipos "imbecis", "tolos", "idiotas".
(*Suboficial Bazunov, Oimiakon, 55 anos, envelheceu no serviço do campo*)

Soljenítsyn descreve todo o trabalho do campo como se a administração partidária não tivesse nenhuma atuação por lá. Mas as organizações do Partido sempre existiram, tanto antes como agora, e sempre conduziram todas as atividades de acordo com sua consciência. Por que, então, nossos Órgãos permitem que os funcionários do Ministério do Interior sejam achincalhados dessa maneira?... Isso não é justo!
(*Anna Filíppovna Zakhárova, Irkutsk, atuante no MVD*[202] *desde 1950, no Partido desde 1956*)

Isso não é justo! – um clamor sincero, do fundo do coração. Torturaram os nativos por 45 anos – isso, sim, foi justo. Mas escrever uma novela sobre isso não pode de maneira alguma ser uma coisa justa!

Era preciso ter impedido a publicação desse livro; em vez de publicá-lo, deviam tê-lo mandado aos Órgãos da KGB.
(*Anônimo, coetâneo de Outubro*)

Em suma:

202 Ministério do Interior. [N. T.]

> A novela de Soljenítsyn devia ser apreendida imediatamente, retirada de todas as bibliotecas e salas de leitura.
> (*A. Kuzmin, Oriol*)

Aos poucos, isso foi mesmo acontecendo.[203]

E, finalmente, uma ampla visão filosófica:

> A história nunca precisou do passado [?], a história da cultura socialista precisa menos ainda.
> (*A. Kuzmin, Oriol*)

A história não precisa do passado! – eis a conclusão a que chegaram nossos pensadores. E do que, então, ela precisa? Será que é do futuro?... Eram essas as pessoas que escreviam a nossa história...

O que dizer a todos eles como objeção? O que poderia combater sua impenetrável ignorância? E como podemos agora fazê-los entender?

O longo período de inexistência de livre troca de informação dentro do país cava um abismo de desentendimento entre grupos populacionais inteiros, entre milhões e milhões de pessoas.

Nós vamos *simplesmente deixar de ser um só povo*, porque realmente falamos línguas distintas.

Não, somos pó! Pó submetido às leis. E toda medida é incipiente para nos ensinar para sempre a sentir a dor comum. Enquanto não superarmos em nós essa condição de pó, não pode haver uma estrutura social justa na terra – seja ela democrática ou autoritária.

203 Aconteceu de modo definitivo, em fevereiro de 1974, quando foi emitida – pela Administração Geral de Proteção dos Segredos de Estado na Imprensa – a ordem de confiscar e destruir todos os exemplares de *Um dia na vida de Ivan Deníssovitch* e *A casa de Matriona*, além de alguns contos que haviam sido publicados. [N. E. R.]

Capítulo 2
Os governos mudam, o Arquipélago permanece

É presumível que os Campos Especiais estejam entre as criações diletas da mente de Stálin em seu período tardio. Depois de tantos experimentos em reeducação e punição, quando essa perfeição finalmente surgiu, já estava amadurecida: uma organização compacta e uniforme, de números, não de pessoas, psicologicamente apartada do corpo da Mãe Pátria, que não tivesse saída, apenas entrada, e que devorasse somente os inimigos, enquanto produzia bens industriais e cadáveres. É difícil até imaginar a dor que teria sentido o Arquiteto Visionário se tivesse testemunhado a falência também desse seu grande sistema. Enquanto ele ainda vivia, ela chegou a estremecer, soltar faíscas, encobrir-se de rachaduras, mas, provavelmente por cautela, essas coisas não foram relatadas a ele. O sistema de Campos Especiais, inicialmente lento, quase inerte e não ameaçador, logo se aqueceu por dentro e, em poucos anos, passou ao estado de lava vulcânica. Se o Corifeu vivesse ainda um ano, um ano e meio, não teria sido possível esconder dele essas explosões.

[NOTA DA EDIÇÃO RUSSA: *O autor se refere a 1955-1956 como os anos funestos do Arquipélago. "Não foi aí então que o dissolveram?" Na verdade, entre o* XX *e o* XXII *Congresso do Partido (1956-1961), sob o comando de Khruschov, os campos de trabalho voltaram a se fortalecer. Neste capítulo, a palavra é dada a novas testemunhas do Arquipélago do período posterior a Khruschov: outra vez a fome, o regime especial, os uniformes listrados. O escritor conta sobre suas muitas idas, em janeiro de 1964, à comissão do Conselho Supremo e ao ministro do Interior para solicitar uma intercessão daquelas autoridades no Arquipélago contemporâneo. Mas...*]

Não há história que não tenha fim. Em algum ponto de seu curso, toda história deve se interromper. Dentro de nossas possibilidades, que são modestas e insuficientes, acompanhamos a história do Arquipélago, das salvas escarlates de seu nascimento à névoa rosada da reabilitação. Nesse glorioso período de afrouxamentos e divergências, às vésperas de um novo endurecimento no regime dos campos promovido por Khruschov e de um novo Código Penal, consideramos nossa história terminada. Aparecerão outros historiadores – os que, por infelicidade, conhecem melhor do que nós os campos de trabalho da Era Khruschov e da posterior.

Alguns já apareceram e muitos outros virão à tona, porque a era da abertura – *glásnost* – não tardará a chegar à Rússia!

Capítulo 3
A lei hoje

[NOTA DA EDIÇÃO RUSSA: *Este capítulo contém relatos sobre a Revolta de Novotcherkassk, ocorrida nos dias 1º e 2 de junho de 1962, e o fuzilamento de uma multidão de trabalhadores. Também sobre as agitações em Aleksándrov e Múrom. Sobre o "diálogo" de força com a Igreja. O decreto sobre os "parasitas". A impunidade no caso dos falsos depoentes; e sobre o fato de nossa lei ser retroativa. São apresentados muitos exemplos de injustiça e violação da lei nos anos 1960.*]

Muitos Princípios Fundamentais, Decretos e Leis – tanto contraditórios como complementares – foram promulgados e impressos; mas o país não é regido por nada disso, não é de acordo com esses regulamentos que se fazem as detenções, se promovem os julgamentos e se decretam deportações. Somente naqueles poucos casos (uns 15%?) em que o objeto de investigação e os procedimentos judiciais não atingem os interesses do governo, a ideologia reinante, os interesses pessoais, nem interferem na tranquilidade de algum oficial – nesses raros casos, os agentes do judiciário podem usufruir de sua prerrogativa: julgar os processos considerando apenas o mérito e os ditames da consciência, sem ter de telefonar a parte alguma ou receber *instruções* de alguém. Para todos os outros casos – a esmagadora maioria deles: civis ou criminais, não faz diferença –, telefonam de um cômodo escritório a outro, sem correrias, sem alteração na voz, e amistosamente *aconselham*, emendam, direcionam e ditam *o modo* de se chegar à decisão judicial no processo de algum implicado de pouca relevância, que nem sequer chega a compreender os planos dos que estão acima dele. E o pequeno e crédulo leitor de jornais entra na sala do tribunal com a razão pulsando no peito, argumentos sensatos preparados e, nervoso, expõe todos eles diante das máscaras adormecidas dos juízes, sem desconfiar que sua sentença já está escrita, e não há instâncias apelativas, prazos ou meios para que se recorra daquela decisão corrupta e funesta, que faz arder no peito a injustiça.

Pois há uma parede. E seus tijolos estão ligados por uma argamassa de mentiras.

Chamamos este capítulo de "A lei hoje". Mas teria sido mais correto chamá-lo de "Não há lei".

Aquela mesma dissimulação pérfida, aquela mesma bruma de injustiça pairam em nosso ar, muito mais escura e pesada que a fumaça das chaminés das cidades.

A segunda metade do século é dominada por um Estado enorme cingido por aros de aço. E aros não faltam, mas lei não há.

Posfácio do autor

Antes de assumir a escrita deste livro como uma tarefa só minha, eu esperava em algum momento compartilhar seus capítulos com pessoas conhecedoras do assunto, para que depois, em reunião editorial, ajudando uns aos outros, corrigíssemos o que fosse preciso e ampliássemos sua perspectiva.

Mas esse momento não chegou. Os que receberam a proposta de escrever alguns capítulos recusaram e, em vez disso, ofereceram seus relatos oralmente ou por escrito para que eu dispusesse deles como quisesse. A Varlam Chalámov, propus que escrevêssemos juntos todo o livro, mas ele também declinou da proposta.

Seria necessário todo um empreendimento. Para anunciar nos jornais e nas rádios ("comentem, por favor!"), para manter uma correspondência aberta – fazer mais ou menos o que fizeram com a história da fortaleza de Brest.[204]

Além de não poder me desdobrar assim, eu ainda tinha de esconder o projeto, as cartas, todo o material, e dividi-lo para distribuir – tudo isso em absoluto segredo. Até mesmo o tempo

204 Brest, próxima à fronteira com a Polônia, esteve sob ataque logo no primeiro dia da investida alemã em território soviético, em 1941. Os alemães encontraram uma resistência inesperada na cidadela de Brest, que chegou a resistir por mais de uma semana contra forças incomparavelmente superiores. No período pós-stalinista, quando os defensores de Brest deixaram de ser classificados como traidores da Pátria – a alcunha dada a todos os que capitulavam –, o escritor Serguei Smirnov recebeu permissão para coletar documentos e memórias relacionados ao episódio. Com esse objetivo, ele publicou apelos nos jornais e até fez transmissões especiais pelo rádio. Com o material reunido, Smirnov escreveu dois livros sobre a defesa de Brest, publicando-os no fim da década de 1950. [N. T.]

empregado nisso precisava ser disfarçado, era preciso dar a entender que eu estava ocupado com outras coisas.

Logo que comecei o trabalho, pensei em abandoná-lo. Eu não conseguia me decidir: devia ou não encarar sozinho a tarefa de escrever um livro desses? Eu seria capaz de suportar todo o processo? Mas, quando ao material que eu havia reunido juntaram-se pilhas de cartas de detentos de todos os países, compreendi que, já que tudo isso me fora dado, eu devia, sim, encarar o trabalho.

Devo explicar que este livro, considerando todas as suas partes, *nunca* esteve inteiramente reunido sobre uma única mesa! Em setembro de 1965, quando o trabalho no *Arquipélago* estava a pleno vapor, aconteceu-me um revés: meu arquivo foi invadido e o romance, apreendido. Assim, tanto as partes já escritas como o material reservado para as outras partes foram espalhados por diversos lugares e não voltaram a se reunir: eu temia o risco, ainda mais porque todos os nomes contidos no material eram reais. Eu então fazia anotações o tempo todo, para recordar o que e onde corrigir, o que e onde suprimir, e viajava de um lugar para outro com esses pedacinhos de papel. Aliás, o que há de brusco e incipiente no livro é indício de nossa literatura acossada. Acolham o livro como ele é.

Não foi por ter considerado o livro terminado que dei um fim ao trabalho, mas por considerar que já tinha gastado muito tempo da vida com ele.

Além de pedir indulgência, eu gostaria de gritar para que todos ouvissem: quando chegar o tempo e a oportunidade, reúnam-se, amigos sobreviventes, os que conhecem bem a história, e escrevam seus comentários a este trabalho – corrijam o que for preciso, façam adendos onde julgarem necessário (apenas tomem o cuidado de não contar exaustivamente histórias muito similares). Quando isso acontecer, o livro poderá ser considerado definitivo. Que Deus abençoe os trabalhos!

Surpreende-me o simples fato de ter concluído este livro com a integridade mantida. Pensei muitas vezes que seria impedido de fazê-lo.

Encerro o trabalho no importante ano de dois jubileus, que, aliás, estão relacionados: cinquenta anos da Revolução que criou o Arquipélago e cem anos da invenção do arame farpado (1867).

O segundo certamente vai passar sem comemorações...

Abril de 1958 – Fevereiro de 1967
Riazan – Esconderijo

Posfácio: A Revolução e o Arquipélago

DANIEL AARÃO REIS

Um simples dia. De um homem comum, um Ivan qualquer.

Um dia na vida de Ivan Deníssovitch foi o título de uma pequena e aparentemente despretensiosa novela que abalou os alicerces culturais do socialismo soviético. Num estilo claro e objetivo, sem floreios, evidenciou verdades ocultadas, mas terríveis, sabidas, mas indizíveis.

Primeira revelação: havia um sistema de campos de concentração na União Soviética. Nos campos (sobre)viviam pessoas comuns e nada semelhantes a monstros, assassinos ou agentes da contrarrevolução. Brotava da narrativa uma certeza perturbadora: os campos não eram uma exceção, funcionavam normalmente, a norma era seu funcionamento. Eles eram a regra. E neles até que se podia viver e aspirar a momentos bons, embora tênues, fugazes e instáveis. Com uma vantagem: não se vivia ali com o medo da prisão, pois ela já acontecera.

Autorizada sua publicação pela alta autoridade do próprio Nikita Khruschov, então supremo chefe do Partido Comunista da União Soviética, que depois se arrependeu da distração, a novela, lançada em novembro de 1962, atordoou a sociedade e projetou no mundo político e literário um autor até então desconhecido: Aleksandr Soljenítsyn.

Preso em 1945, ele passara oito anos na *kátorga* (campos de trabalhos forçados) e mais algum tempo exilado nas lonjuras do Cazaquistão, até ser beneficiado pelo abrandamento da repressão que marcou os anos da chamada "desestalinização" (1953-1964). Pôde, então, escrever uma novela que amadurecera por longos nove anos. Aguardou ainda algum tempo até apresentá-la à publicação, pois, nas condições soviéticas, como observou o próprio autor, "os livros são como divisões [...] – ora devem enfiar-se na terra e ficar sem atirar [...]; ora atravessar pontes, nas trevas e no silêncio; ora ocultar a preparação e [...] no momento inesperado, sair correndo num ataque conjunto". E os autores devem agir como "comandantes", fazendo avançar ou recuar suas "divisões". Escolheu o momento certo de avançar, contando com a cumplicidade de A. T. Tvardóvski, editor da revista literária *Nóvy Mir*.

Observando o sucesso da publicação e a avidez com que os soviéticos disputavam o texto nos quiosques e nas livrarias, Tvardóvski exclamou, eufórico: "Agora o pássaro voou, eles não conseguirão pegá-lo de volta". É verdade que "eles" o pegaram, sim, de volta, mas o estrago estava feito, a brecha fora aberta. E não se fecharia mais.

Além de agradecimentos comovidos de intelectuais consagrados como Anna Akhmátova, Soljenítsyn começou a receber dezenas e dezenas de relatos memorialísticos de ex-detentos nos campos de concentração soviéticos, incentivando-o a colocar tudo aquilo no papel. Muitos anos mais tarde, já depois da desagregação da União Soviética, ele se disporia a relacionar 227 depoimentos que ampliaram consideravelmente suas referências e quase o obrigaram a escrever um painel amplo e abrangente do universo concentracionário soviético. Além disso, outras pessoas, realizando pesquisas em fontes oficiais e em livros publicados desde os anos das guerras civis, desenterraram dados e números reveladores – e aterradores – que complementariam e enriqueceriam os testemunhos.

Amadureceu, a partir de então, lentamente, a ideia de escrever a saga do Gulag, a Administração Geral dos Campos. Sua esposa, Natália Soljenítsyna, no prefácio datado de 2010, nos conta os principais episódios dessa outra saga, que foi a de articular as memórias, consultar documentos e livros, escrever o manuscrito – mais de mil páginas –, datilografá-lo, filmá-lo e enviá-lo para lugares seguros no exterior.

Toda a prudência era necessária, pois os tempos favoráveis de relativo degelo, referência a uma outra obra literária, de Ilya G. Ehrenburg, estavam encerrados, principalmente depois do golpe de Estado que apeara do poder Nikita Khruschov, em 1964. Os textos de Soljenítsyn, divulgados após o êxito de *Um dia na vida de Ivan Deníssovitch*, começavam a ser proscritos de livrarias e bibliotecas.

A polícia política, cercando, ameaçava, mas apenas vigiava, relativamente inibida pela atribuição, em 1970, do Prêmio Nobel de Literatura ao autor russo.[1] Mas acabou capturando uma cópia parcial do manuscrito. O alarme foi dado. Soljenítsyn, então, sem alternativas, e prevendo o pior, ordenou a publicação imediata do texto no exterior, em fins de 1973.

A partir daí os acontecimentos precipitaram-se. No início do ano seguinte, já estava preso. Destituíram-no da cidadania soviética e o expulsaram do país sem mais rodeios, em fevereiro de 1974. Enquanto isso, o livro obtinha repercussão imensa – e intensa – no exterior. Na URSS, porém, seria publicado só em 1989, no contexto da perestroika/glásnost, liderada por outro líder comunista reformista, M. S. Gorbatchev.

As autoridades soviéticas, com suas políticas autoritárias, tinham todos os motivos para evitar a publicação do livro e banir seu autor.

O *Arquipélago Gulag* não era um livro comum.

Embora nos anos 1970 tenham surgido densos estudos sobre o período chamado de "stalinismo"[2] e também relatos memorialísticos de grande qualidade e de alta contundência, como os *Contos de Kolimá*, de V. Chalámov[3], igualmente proibidos, mas com várias edições na Europa e nos Estados Unidos, o painel elaborado por A. Soljenítsyn logo ocuparia um lugar preeminente.

À qualidade da escrita, ao vigor do estilo, acrescentavam-se várias outras características singulares.

Havia no *Arquipélago* um entrelaçamento inédito entre história e memória; entre documentação escrita e relatos orais; entre avaliação de episódios imediatos e visão de longo prazo;

1 Soljenítsyn nem sequer foi receber pessoalmente o Nobel, em Estocolmo, na Suécia, com receio de que não o deixassem retornar à União Soviética.

2 Cf., entre outros: Roy Medvedev, *Le stalinisme*, Paris, Seuil, 1972.

3 Varlam Chalámov, *Contos de Kolimá* (tradução brasileira recente, Editora 34, em seis volumes). Como Soljenítsyn, R. Medvedev e Chalámov seriam publicados na União Soviética no contexto da perestroika, em fins dos anos 1980.

entre análise psicológica e reflexão política. Sem falar nas variações de acento, de ênfase e de humor que transitam, quase sem solução de continuidade, entre o sarcasmo e a piedade, entre a quente indignação e a ironia fria. O tom acusatório, definindo responsabilidades, alterna-se com o reconhecimento das tradições históricas. Mas há espaço para a consideração da margem de ação individual que, às vezes, parece atenuar o peso de contextos considerados irremediáveis. As condições que determinam os comportamentos, como leis de "bronze", subitamente subvertidas em favor da liberdade de escolha, que surge, inopinada, como provinda do nada, evidenciando a complexidade do ser humano, pronto a se conformar e a se rebelar, a cometer o Mal, o pior Mal, e sucessivamente, ou simultaneamente, promover o Bem, mesmo em circunstâncias adversas.

Alguns aspectos – de mais impacto – logo suscitaram a atenção de leitores e críticos.

O sistema concentracionário soviético foi mostrado, pela primeira vez, em sua assustadora extensão geográfica, classificando-se os detentos em três grandes grupos: os campos de correção pelo trabalho, os ITLs, com um regime mais pesado, baseado no trabalho compulsório e numa impiedosa repressão; as ITKs, colônias de correção pelo trabalho, um regime mais brando, mas também vigiado; e as *trudposelki* ou *spetzposelki*, aldeias do trabalho ou aldeias especiais, onde os detentos podiam viver e circular dentro de limites determinados, podendo arranjar trabalho ali onde pudessem ou fossem requeridos.

Assim organizada, aquela máquina espalhou tentáculos em todas as direções, em sucessivas metástases, corroendo – e corrompendo – o corpo de uma sociedade como se fora um arquipélago (e se fora um continente?), na expressiva e adequada metáfora.

O processo, entretanto, ao contrário da história oficial do Estado soviético e do Partido Comunista,[4] não teve início nos

4 A história oficial dos chamados "crimes" de J. Stálin foi construída a partir do discurso proferido por Nikita Khruschov, em fevereiro de 1956, por ocasião do XX Congresso do Partido Comunista da União Soviética. O documento, contrabandeado para o Ocidente, seria divulgado e discutido em todo o mundo.

anos 1930, reconhecidos como o auge do arbítrio e da ditadura política "stalinista". Além de ter perdurado depois da morte do grande tirano, suas raízes mergulhavam fundo, localizando-se nas origens do sistema soviético, tendo começado a ganhar força desde as primeiras medidas repressivas do governo revolucionário, consolidadas mais tarde no contexto das guerras civis (1918-1921) e no exercício sem travas do "terror vermelho". Apoiado em textos de época – relatórios oficiais e memórias publicadas –, o autor evidencia o amadurecimento das exações: como o arbítrio foi "criança" (já em 1918), tornou-se "homem" para, finalmente, "amadurecer".

Um lento processo. Triturando vontades e consciências.

Mesmo no período da chamada Nova Política Econômica, a NEP, nos anos 1920, considerado como um tempo de "pausa", uma espécie de interregno, entre as guerras civis e os violentos anos 1930, mesmo então três grandes julgamentos – o de Chákhty, em 1928; o do chamado Partido Industrial, em 1930; e o do "Escritório Menchevique da União", em 1931 – se apresentariam como "ensaios" do que se passaria mais tarde.

Depois veio o tempo da coletivização forçada, intensificada na primeira metade dos anos 1930, com o desterro de milhões de camponeses para o exílio na Ásia Central, no Grande Norte e na Sibéria, e mais os chamados Grandes Processos, realizados entre 1936 e 1938, quando foram liquidadas a "velha-guarda" bolchevique e a cúpula do Exército Vermelho. Verdadeiros "circos romanos", cercados por vasta publicidade, esses julgamentos, no entanto, não foram mais do que a ponta do iceberg, pois, em toda parte, milhares de cidadãos seriam alcançados pelos braços longos do aparelho repressivo. Na última fase da Segunda Guerra Mundial, e depois dela, apesar das esperanças de paz e de segurança, novas "torrentes de esgoto" (outra metáfora do autor, para designar as ondas repressivas) ainda jorrariam, enviando para a cadeia os prisioneiros soviéticos de

No entanto, na própria URSS, apenas uma versão censurada – e edulcorada – se tornaria conhecida. O original ganhou difusão só no final dos anos 1980, no quadro da perestroika.

guerra[5] e desterrando nações inteiras acusadas de colaboracionismo com o nazismo.[6]

De sorte que, segundo consenso de especialistas russos e estrangeiros em todo o período – entre 1930 e 1953 –, houve uma média anual de 2 milhões a 2,5 milhões de presos nos campos de trabalho e nas colônias, e mais 1,5 milhão a 3 milhões de detidos nas aldeias de trabalho ou especiais.[7]

Qual a lógica desse processo? Haveria algum método, algum sentido, nessa aparente monstruosidade?

É impossível subestimar a importância da liderança pessoal – e patológica – de Joseph Stálin e do poder autocrático que exercia. Tampouco é possível desconsiderar a eficácia do enorme aparelho repressivo, organizado desde o período das guerras civis. Entretanto, as questões formuladas permanecem inteiras: por que terão recorrido a esses métodos?

As "tradições russas", sempre referidas, embora consideradas, não poderiam ser aceitas senão como uma explicação incompleta, pois o autor demonstra que a repressão tsarista sempre esteve longe de alcançar a grandiosidade atingida no século XX. Além disso, como registrou Amos Oz, "o passado nos pertence, mas não pertencemos ao passado". Ou, dito de outro

5 Havia ordens que proibiam, em qualquer circunstância, que os soldados soviéticos se rendessem e se deixassem prender. Os que o fizessem eram considerados "traidores". A. Soljenítsyn exclamou: "Que infâmia é essa contra tantos milhões: trair os próprios soldados e declará-los traidores?" (Primeira Parte, cap. 6).

6 Durante, no final e logo depois da guerra, foram deportados indiscriminadamente os coreanos da Ásia oriental; finlandeses e estonianos de Leningrado; os povos caucasianos (tchetchenos, inguches, calmucos); os tártaros da Crimeia; os descendentes dos alemães do Volga, entre outros grupos nacionais, considerados potenciais ou efetivos inimigos do Poder Soviético.

7 Entre muitas obras de referência publicadas fora da Rússia, e produzidas com base na consulta a arquivos da polícia política, depois da desagregação da União Soviética, cf. Nicolas Werth, *Goulag, les vrais chiffres*. *L'Histoire*, Paris, n° 165, pp. 38-51, setembro, 1993; e Anne Applebaum, *Gulag, uma história dos campos de prisioneiros políticos*. São Paulo, Ediouro, 2004 (a edição original é de 2003). Entre 1921 e 1954, os documentos oficiais reconhecem um máximo de 682.692 condenações à morte. Não esquecer que muitos foram assassinados sem condenação formal. É impressionante como números bem próximos foram avançados por Soljenítsyn com base nos dados e relatos memorialísticos que tinha em mãos.

modo, não estamos condenados irremissivelmente aos grilhões do passado, como que obrigados a reiterá-lo.

Para se tornar compreensível, o exercício do Terror em larga escala precisa conjugar outras considerações, vinculadas à grande conjuntura que assistiu ao estabelecimento das bases do socialismo soviético, entre as guerras civis e o início da Segunda Guerra Mundial. Foi um tempo de grandes transformações, aceleradas, suscitando sacrifícios, desespero e descontentamento. A repressão, como sempre, desempenhou, então, um papel de inibição, de contenção. É sua dimensão negativa, tradicional. Porém, há mais a considerar: além da intimidação, o exercício da repressão mobilizou positivamente vontades e consciências. Nos anos de maior repressão, o Terror promoveu amplas assembleias e manifestações na vigilância aos chamados "inimigos do povo", na caça aos bodes expiatórios, na acusação e na delação deles e no apoio às condenações que jorravam. Por outro lado, por meio dos expurgos, das "limpezas", como então eram chamados na União Soviética, procedia-se à ascensão de novas camadas à direção da economia, da cultura e do próprio poder político. Os expurgados deixavam em aberto espaços, logo ocupados, não raro pelos próprios acusadores. Finalmente, não se pode esquecer a "obra econômica" produzida pelos detidos no Arquipélago do Gulag, em condições análogas à da escravidão. O autor relaciona as principais: ferrovias, estradas de rodagem, hidrelétricas, complexos industriais, universidades, portos, canais, extração de ouro, de minérios raros e de madeira.

Aí residiu o tripé positivo e construtivo do Terror: mobilização de vontades e de consciências; promoção da ascensão social; e desenvolvimento econômico.

Daí, em grande medida, o apoio social que suscitou ou, no limite, a indiferença que o cercava. Em certo momento, o autor (talvez para se consolar?) atribui os desmandos do aparelho repressivo à ausência de uma opinião pública. Se ela tivesse existido... as coisas talvez não assumissem tão horrível feição. No entanto, as relações entre a sociedade e a repressão eram muito mais complexas, como o próprio autor vai reconhecer e registrar em tristes, melancólicas, às vezes indignadas passagens, permeadas por amarga ironia. Logo depois de detido, em

1945: "Pela mesma faixa de asfalto por onde os camburões vagavam de madrugada, caminha de dia a nova geração, com bandeiras e flores, entoando canções despreocupadas" (Primeira Parte, cap. 1). Como caracterizar os vínculos entre a repressão e as gentes comuns? O autor indaga-se: "De onde surgiu essa raça de lobos no meio de nosso povo? Serão da mesma raiz que nós? Serão do mesmo sangue que nós? [...] e se minha vida tivesse tomado outro rumo, teria eu me tornado um desses carrascos? É uma pergunta terrível, se formos responder com honestidade" (Primeira Parte, cap. 4). O mais triste, as gentes que olham sem ver: "Tudo isso está bem ao seu lado, juntinho de você, mas invisível a seus olhos (você pode até fechá-los)" ou então: "E nossos orgulhosos cidadãos livres baixam a cabeça culpada e tentam simplesmente não nos ver" (Segunda Parte, cap. 1). E relaciona os estados de espírito que ensejaram a possibilidade da repressão em larga escala: o medo constante, a desconfiança, a incredulidade, a ignorância generalizada, a delação, a traição e a mentira como modos de sobrevivência, a crueldade e a psicologia da escravidão (Quarta Parte, cap. 3). Eram de fato escassas as ajudas e os apoios: "E a nossa população tinha medo de ajudar, ou até mesmo *vendia* os fugitivos – por interesse ou ideologia" (Quinta Parte, cap. 4). Subjacente, a reverência aos tiranos: "Pois respeitamos os Grandes Facínoras. Veneramos os Grandes Assassinos" (Sexta Parte, cap. 2). E, quando morre o tirano, ainda ter de ver e ouvir "jovens russas, que choravam de soluçar: 'Como é que vamos ficar agora?'. Perderam o paizinho..." (Sexta Parte, cap. 5).

Mas nem todos se curvaram. Houve resistência. E o autor enche-se de legítimo orgulho para contar as histórias de sobrevivência, de solidariedade e de luta.

Há os que lutam sós, confiantes apenas em sua determinação e força física. Há os que se articulam e se organizam, correndo o risco de serem traídos. E os que preparam e efetuam fugas, arriscando-se às piores punições caso sejam descobertos, preparando-as, ou sendo capturados, depois de escaparem.

Geórgui Pávlovitch Tenno é um arquétipo desses "fugitivos convictos" (Quinta Parte, cap. 6), um homem "que não duvida por um minuto sequer que o ser humano não pode viver atrás das grades!". "De todos os meios de luta, ele só vê um, só confia em um, só serve a um: a fuga!". Com uma ironia amiga-amarga, Soljenítsyn comenta que a "teoria" das fugas é muito simples. Se deu certo, é porque você domina a teoria. Se não, é porque não a domina. A coisa se complica porque é preciso ter sempre um plano muito bem elaborado. Mas estar atento porque, a qualquer instante, o acaso pode proporcionar condições favoráveis e aí é necessário agarrá-las com as duas mãos. O princípio a reger todo o comportamento é "não se deixar conformar com a ideia de que não se é livre". Numa das fugas, os detentos chegaram a ficar vinte dias em liberdade. Acabaram recapturados no 21º dia. Resultado: surras, solitária. E mais 25 anos. E o autor desafia a que se contem, nos séculos XIX e XX – antes das revoluções –, histórias de fugas tão difíceis, com "tanta ausência de ajuda externa", enfrentando-se "uma atitude tão hostil do meio em que se encontravam, punições tão arbitrárias aos capturados" (Quinta Parte, cap. 8).

E, por mais surpreendente que possa parecer, dadas as condições prevalecentes, houve ali também rebeliões. De massa. Oito mil prisioneiros rebelados. Foi depois da morte do Tirano. Tomaram de assalto o campo de trabalho. Abriu-se aí "uma época nova e incrivelmente feliz na vida [...]. Afinal, nós não estávamos fugindo! *Eles* é que estavam fugindo de nós!" (Quinta Parte, caps. 10-12). Livres da vigilância, deram-se conta de que eram muitos e poderiam *resistir*. Instaurou-se o autogoverno, dirigido por uma comissão eleita. A festa durou quarenta dias. "Horas de liberdade! Toneladas de correntes tinham caído de nossos braços, de nossos ombros." Abriram-se negociações. O que queriam os rebeldes? Entre outras reivindicações, punição para os assassinos dos presos, liberdade para os que estavam ilegalmente em solitárias, jornada de trabalho de oito horas, igual à dos homens livres, aumento da remuneração, correspondência sem limites com os parentes, não mais serem tratados como números, extinção das grades e das trancas nos barracões, revisão dos processos.

O governo fingiu negociar. Camuflada e traiçoeiramente, trouxe tanques e tropas de elite. E mais aviões em voos rasantes. Nessa altura os amotinados já "tinham alcançado aquele nível espiritual de onde se pode dizer aos carrascos: 'Pois vão para o inferno'". O restabelecimento da ordem custou mais de setecentos mortos. Muitos anos mais tarde, já desfeito o campo, as populações vizinhas localizaram onde haviam sido enterrados os mortos – "e trouxeram-lhes tulipas da estepe".

Essas são histórias de vida, de sofrimento e de morte. Como frisa o autor, "Neste livro não há pessoas inventadas nem acontecimentos inventados". Um livro escrito aos solavancos, aos saltos, lido com a respiração entrecortada, uma miragem, como se fora um monumento, "um memorial conjunto, comum a todos os torturados e assassinados".

E assim, como concluiu amargo Moshe Lewin, aquela sociedade construiu uma modernidade própria, contraindo no processo algumas patologias mórbidas.

DANIEL AARÃO REIS é professor titular de história contemporânea da Universidade Federal Fluminense e pesquisador 1A do CNPq. É autor, entre outros livros, de: *A revolução faltou ao encontro*; *1968, a paixão de uma utopia*; *Ditadura e democracia no Brasil*; *Luis Carlos Prestes, um revolucionário entre dois mundos* e *A revolução que mudou o mundo/Rússia, 1917*. É especializado nas revoluções socialistas no século XX (especialmente a história das revoluções russas e do socialismo soviético) e na história das esquerdas brasileiras no pós-1945.

Campos de trabalhos forçados administrados pelo Gulag

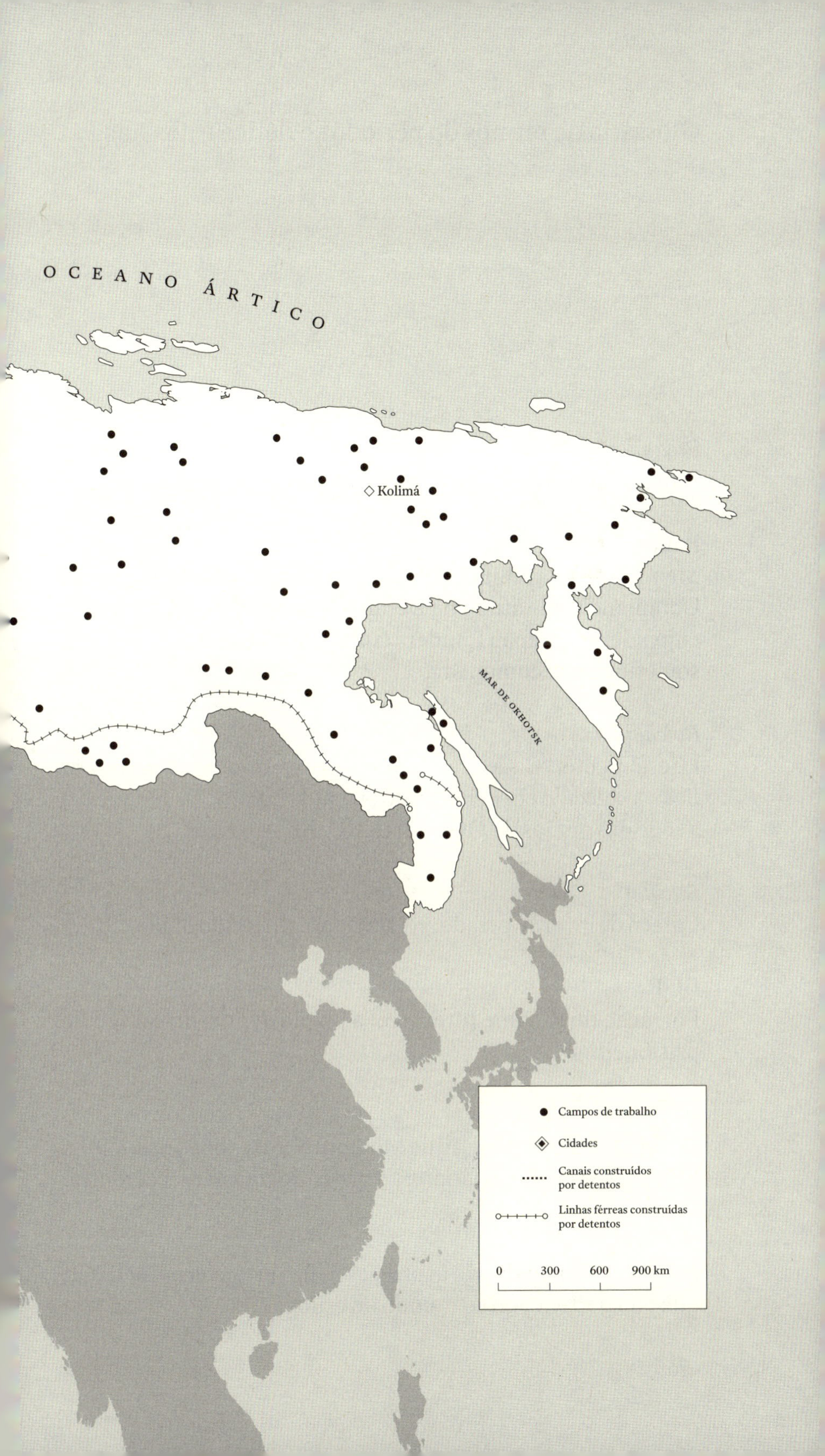
OCEANO ÁRTICO
Kolimá
MAR DE OKHOTSK
Campos de trabalho
Cidades
Canais construídos por detentos
Linhas férreas construídas por detentos
0
300
600
900 km

Glossário de termos do período soviético e do Gulag

Balanda
Mingau fino e insosso distribuído nos campos e prisões.

Banderistas
Membros da ala militarizada da Organização dos Nacionalistas Ucranianos, que atuou na Ucrânia Ocidental de 1943 a 1953 e cujo líder foi Stepan Bandera (1909-1959); tinha caráter antissoviético e anticomunista.

Bolchói Dom
Literalmente, "Casa Grande", denominação extraoficial do edifício, localizado em Leningrado (avenida Litiény, 4), onde ficava a sede dos órgãos do OGPU, NKVD, MGB e KGB.

Buchlat
Casaco de inverno pesado, geralmente com tecido duplo.

BUR
Barracão de Regime Intensivo, a prisão dentro do campo de prisioneiros.

Butyrka
Maior e mais antiga prisão de Moscou (Novoslobódskaia, 45); na Rússia pré-revolucionária, era a prisão de transferência central.

Bytoviki
Pessoas condenadas de acordo com um artigo criminal, mas que não pertenciam ao mundo do crime.

Cadela
Bandido que se afastou da lei dos ladrões e colabora com a chefia do campo.

Charachka
No jargão prisional, organização na qual trabalhavam os prisioneiros com formação técnica ou científica.

Chizo
Isolamento disciplinar, uma das prisões dentro do campo.

Comitê Central
Órgão mais importante do Partido Comunista da União Soviética (PCUS), que dirigia todas as atividades do Partido e tomava todas as decisões.

Compadre
Apelido do encarregado de operações (*oper*), um tchekista que cuida do estado de espírito e das intenções dos prisioneiros e administra os informantes, os processos e os inquéritos do campo.

Dezembristas (ou decembristas)
Participantes do levante armado de 1825, de oficiais militares e representantes da alta nobreza contra o novo tsar, Nicolau I.

DneproGES
Grande hidrelétrica localizada no rio Dniepr.

Dokhodiaga (pl. *dokhodiágui*)
Prisioneiro muito doente, à beira da morte por inanição ou pelo trabalho pesado.

DOPR
Casa de Trabalhos Forçados, um dos tipos de prisão do início do período soviético.

Fráier
Qualquer um que não pertença ao mundo dos bandidos.

Gosplan
Comitê de Planejamento de Estado, órgão central da direção da economia planificada.

GPU
Sigla de Administração Política Geral, a polícia política soviética, que sucedeu, entre 1922 e 1923, a Tcheká.

Gulag
Acrônimo de Administração Geral dos Campos, uma das cinco principais divisões do Ministério do Interior (NKVD, depois MVD) da URSS.

Isbá
Casa típica de camponeses na Rússia.

ITK
Colônia de Trabalhos Correcionais.

ITL
Campo de Trabalhos Correcionais.

Kátorga
Sistema penal na Rússia Imperial, pelo qual os prisioneiros eram enviados a campos remotos nas vastas regiões desabitadas da Sibéria e submetidos a um regime de trabalhos forçados. O sistema era usado desde o século XVII.

KGB
Comitê de Segurança do Estado.

Kolkhoz (pl. *kolkhozy*)
Propriedade rural coletiva, cujos meios de produção eram fornecidos pelo Estado, ao qual era destinada uma parte fixa da produção. Também aportuguesado para "colcoz".

Komintern
Internacional Comunista, organização que existiu de 1919 a

1943 e reunia partidos comunistas de diversos países; foi criada por iniciativa de Lênin, com seu órgão diretivo localizado em Moscou. Além das fronteiras da URSS, Stálin usou a Komintern para fins de propaganda e espionagem.

Komsomol
União da Juventude Comunista; organização juvenil do Partido Comunista da União Soviética (PCUS).

KPZ
Sigla que designava "cela de detenção provisória". O local em que ocorrem os inquéritos, uma pequena prisão local, em muitas estações ferroviárias, portos ou pequenos povoados.

KR
Os contrarrevolucionários; nos anos 1920, denominação oficial de todos os políticos, à exceção dos socialistas.

Kulak (pl. *kulaki*)
Também aportuguesado como "cúlaque", designa camponeses abastados. A *deskulakização* foi o processo de confisco de suas terras para coletivização.

KVTch
Seção de Cultura e Educação, uma das divisões administrativas do campo.

Lápti
Alpargatas tradicionais dos camponeses russos.

Lubianka
Denominação genérica dos órgãos da Segurança do Estado. O nome deriva da rua Bolchaia Lubianka, em Moscou; onde se localiza o estado-maior dos órgãos de segurança, inclusive a prisão interna da KGB.

Magara
Refeição à base de um cereal semelhante ao painço.

Makhorka
Fumo de qualidade inferior, usado como moeda de troca nos campos de trabalho.

Menos
Denominação coloquial da medida repressiva que proibia a residência fixa nas cidades grandes.

MVD
Ministério do Interior a partir de 1946.

NEP
Nova Política Econômica, adotada por Lênin em 1921, após a Guerra Civil, para reestruturar a economia soviética.

NKGB
Comissariado do Povo para a Segurança do Estado; em 1946, foi renomeado MGB.

NKVD
Comissariado do Povo para o Interior, equivalente ao Ministério do Interior, renomeado em 1946 MVD.

NTS
União Popular Trabalhista dos Solidaristas Russos, organização anticomunista da emigração, criada pela juventude da emigração branca em Belgrado em 1930. Foi legalizada na Rússia nos anos 1990.

OGPU
GPU unificado. Denominação dos órgãos de segurança a partir de dezembro de 1922, quando foi criada a URSS.

OLP
Campo local, unidade de base do Gulag.

Órgãos
Termo pelo qual se designava a polícia política soviética.

OSO
Conselho Especial, órgão administrativo do NKVD que existiu de 1934 a 1953 e tinha autorização para tomar "medidas administrativas", ou seja, punir sem julgamento.

Politburo
Primeiro conselho do Comitê Central, que definia as políticas a serem seguidas pelo PCUS. A autoridade do Politburo acabou se sobrepondo à do Comitê Central.

Polizei
Membros da polícia colaboracionista, mantida pelos alemães durante a ocupação.

Presidium
Instituição governamental (atuante tanto na União como em todas as repúblicas), eleita pelo Soviete Supremo para deliberar em seu nome quando não estivesse em sessão.

Pridúrok (pl. *pridúrki*)
Prisioneiro que obteve uma posição privilegiada, em geral escapando dos "trabalhos gerais".

RaiPO
Sociedade Distrital de Consumo, ramo distrital das cooperativas de consumo.

RSFSR
República Socialista Federativa Soviética da Rússia, denominação formal da Rússia dentro da URSS a partir de 1923 (e, antes disso, denominação comum de todo o Estado comunista).

RUR
Batalhão de Regime Intensivo.

Samizdat
Método pelo qual as obras circulavam clandestinamente na União Soviética, por meio de cópias caseiras.

Slon
Campo de Destinação Especial das Ilhas Solovétski.

Smerch
Apelido da Divisão Militar de Contraespionagem, criada em abril de 1943; em 1946, passou para o controle do Ministério da Segurança do Estado.

SNK, *Sovnarkom*
Conselho de Comissários do Povo, o governo bolchevique, do momento da tomada do poder, em outubro de 1917, até março de 1946, quando foi renomeado Conselho dos Ministros.

Solovkí
Apelido dado às Ilhas Solovétski, onde se instituiu um dos primeiros grandes campos de trabalhos forçados, nos anos 1920.

Soviete
Conselho de trabalhadores, camponeses e soldados que tinha a função de órgão deliberativo na União Soviética.

Sovkhoz (pl. *sovkhozy*)
Fazenda mantida pelo Estado na União Soviética, cerca de três vezes maior que um *kolkhoz*.

SR
Partido Socialista Revolucionário, um dos partidos socialistas dissolvidos depois da Revolução de Outubro. A sigla também designa seus membros.

Tch.S
Membros da família, a partir do acrônimo em russo.

Tcheká ou Tchk
Comissão Extraordinária de Luta contra a Contrarrevolução, a Especulação e a Sabotagem. Órgão militar de segurança constituído por Lênin em 1917, que atuava como polícia política. Renomeada, em março de 1922, como GPU.

Tchekista
Membro da Tcheká, polícia política soviética, ou de um de seus órgãos sucessores (OGPU, GPU, NKVD ou KGB).

Telogreika
Casaco pesado para neve.

Tiurémschik (pl. *Tiurémschiki*)
Carcereiro.

Tiurzak
Termo oficial para "detenção prisional".

TON
Prisões Especiais.

TsK
Comitê Central do Partido Comunista.

Uslon
Direção Especial dos Campos das Ilhas Solovétski.

VTchK
Comissão Extraordinária de Toda a Rússia de Luta contra a Contrarrevolução, a Especulação e a Sabotagem, ou a Tcheká atuante em todo o território russo – em oposição às Tchekás regionais.

VTsIK
Comitê Executivo Central de Toda a Rússia, o mais alto órgão executivo da hierarquia dos sovietes da RSFSR; em 1938, foi renomeado Soviete Supremo da RSFSR.

Zek
Prisioneiro, sobretudo os enviados para os campos de trabalhos forçados, na gíria dos detentos (formada a partir da abreviação de *zak-liuchonnyi*, ou z/k, prisioneiro).

Notas biográficas

Abakúmov, Víktor Semiónovitch (1908-1954, fuzilado) – membro dos órgãos do OGPU-NKVD a partir de 1932, chefe do Smerch (1943-1946), ministro da Segurança do Estado da URSS (1946-1951), preso em 1951 e, no fim de 1954, condenado à pena capital pelo Colégio Militar do Supremo Tribunal da URSS.

Berdiáiev, Nikolai Aleksándrovitch (1874-1948) – filósofo e teólogo russo; juntamente com S. N. Bulgákov, foi um dos integrantes do movimento de renascimento da filosofia da religião na Rússia do início do século XX; em 1922, exilado da Rússia soviética no "navio dos filósofos", mudou-se para a França; tem uma produção imensa, da qual se destacam os livros *Smysl istórii* [O sentido da história], *Mirossozertsánie Dostoiévskogo* [A concepção de mundo de Dostoiévski], *Istóki i smysl rússkogo kommunizma* [As fontes e o sentido do comunismo russo], *Rússkaia idiéia* [A ideia russa] e *Samopoznánie* [Autoconhecimento].

Béria, Lavrênti Pávlovitch (1899-1953, fuzilado) – chefe do Partido Comunista da URSS da Geórgia (1931-1938), comissário do povo (ministro) do Interior da URSS (1938-1945, 1953), vice-presidente do Conselho de Comissários do Povo e do Conselho de Ministros da URSS (1941-1953), tutor do projeto atômico da URSS; preso em 1953, foi condenado à pena capital em reunião extraordinária do Supremo Tribunal da

URSS; considerado o braço direito de Stálin, virou símbolo das repressões do período stalinista.

Bukhárin, Nikolai Ivánovitch (1888-1938, fuzilado) – teórico do Partido, economista, membro do Politburo do Comitê Central do Partido entre 1924 e 1929, defensor ativo da Nova Política Econômica (NEP); em 1928, manifestou-se contra a coletivização forçada, pelo que foi acusado de "inclinações direitistas" (juntamente com Rýkov e Tómski); de 1934 a 1937, foi o redator-chefe do jornal *Izviéstia*; foi preso em 1937 e, em 1938, durante o processo do "Bloco Antissoviético Trotskista de Direita", condenado à pena capital.

Bulgákov, Serguei Nikoláievitch (1871-1944) – filósofo, teólogo, sacerdote (desde 1918); preso em 1922 e expulso da Rússia soviética; viveu em Praga e, desde 1925, em Paris, onde, com sua intensa participação, foi criado o Instituto Teológico Ortodoxo, de que foi reitor até o fim da vida.

Chalámov, Varlam Tíkhonovitch (1907-1982) – escritor; preso pela primeira vez em 1929, foi condenado a três anos; em 1937, foi preso pela segunda vez; passou dezessete anos em Kolimá; reabilitado em 1956; seus poemas, escritos no campo e no exílio entre 1937 e 1956, foram reunidos na coletânea *Cadernos de Kolimá*, publicada na URSS em 1957; autor dos mundialmente famosos *Contos de Kolimá*, escritos entre 1954 e 1973 e publicados em Londres em 1978; traduzidos para o francês e o alemão, os *Contos* renderam ao autor louvor em todo o mundo; na URSS, o livro foi publicado só em 1987, depois da morte do escritor.

Chéinin, Liev Románovitch (1906-1967) – investigador responsável pelos processos mais importantes da Promotoria da URSS, escritor, autor de romances de espionagem e detetivescos, roteirista de cinema; em 1934, conduziu as investigações do assassinato de Kírov; preso em 1936, mas logo libertado; entre 1945 e 1946, trabalhou no Tribunal de Nuremberg; preso novamente entre 1951 e 1953.

Dukhónin, Nikolai Nikoláievitch (1876-1917) – general, último comandante em chefe do Exército russo.

Dzerjínski, Féliks Edmúndovitch (1877-1926) – fundador e presidente da VTchK-GPU-OGPU de 1917 a 1926; um dos organizadores do Terror Vermelho; comissário do povo para o Interior (1919-1923); comissário do povo para as Vias de Comunicação (1923-1924); presidente da Comissão de Luta contra o Abandono Infantil.

Florênski, Pável Aleksándrovitch (1882-1937, fuzilado) – padre, cientista, filósofo; a partir de 1918, dedicou-se à preservação das obras de arte e das antiguidades do Monastério da Trindade; em 1921, tornou-se colaborador do Instituto Estatal Experimental Eletrotécnico (GEEI); redator da *Enciclopédia técnica*, na qual publicou cerca de 150 artigos; preso em 1933 e condenado a dez anos de detenção, cumpridos no Bamlag e em Solovkí; em novembro de 1937, a Troica Especial do NKVD sentenciou-o à pena capital.

Guerchúni, Grigóri Andrêievitch (1870-1908) – um dos fundadores e líderes do Partido Socialista Revolucionário e de sua Organização de Combate, autor de diversos atentados terroristas; em 1903, foi preso e condenado à pena capital, comutada para prisão perpétua; em 1906, fugiu da prisão e emigrou.

Guerchúni, Vladímir Lvóvitch (1930-1994) – sobrinho de Grigóri Guerchúni, cresceu em orfanatos; estudante, defensor dos direitos humanos, passou dezesseis anos no Gulag soviético (1949-1955,1969-1974, 1982-1987).

Ginzburg, Ievguênia Semiônovna (1904-1977) – professora de história do Partido Comunista, diretora do departamento de cultura do jornal *Krásnaia Tatária* [*Tartaristão Vermelho*]; prisioneira e exilada (1937-1956, Kolimá, Magadan); autora do livro de memórias *Krutói marchrut* [Rota escarpada]; mãe do escritor V. P. Aksiónov.

Iagoda, Guênrikh Grigórievitch (1891-1938, fuzilado) – vice-presidente do GPU-OGPU (1923-1934); administrou o Comissariado do Povo para o Interior (NKVD) entre 1934 e 1936; sob sua gestão, aumentou-se a rede de campos de trabalhos correcionais e teve início a construção do Canal do Mar Branco; organizador ativo dos processos contra os "assassinos" de Kírov; participou pessoalmente do fuzilamento de Kámenev e Zinóviev; em 1937, foi preso; em 1938, durante o processo do "Bloco Antissoviético Trotskista de Direita", foi condenado à pena capital.

Iejov, Nikolai Ivánovitch (1895-1940, fuzilado) – comissário do povo para o Interior (1936-1938), comissário-geral de Segurança do Estado (sucessor de G. G. Iagoda); sob seu comando, as prisões em massa, os exílios e os inquéritos com tortura atingiram o auge, período chamado de *iejóvschina*; preso em 1939, condenado à pena capital pelo Colégio Militar do Supremo Tribunal da URSS em 1940.

Ilin, Ivan Aleksándrovitch (1882-1954) – filósofo, jurista; em 1922, foi exilado da Rússia soviética no "navio dos filósofos"; entre 1923 e 1934, professor do Instituto Científico Russo em Berlim; em 1938, mudou-se para a Suíça, onde faleceu; em 2005, suas cinzas foram transferidas para o Monastério Donskói, em Moscou; em 2006, seu enorme arquivo foi transferido para a Biblioteca da Universidade de Moscou.

Ivanov-Razúmnik, Vassílievitch (1878-1946) – crítico literário, historiador da literatura, escritor, sociólogo; preso e exilado em 1919; a partir de 1941, viveu em território sob ocupação alemã; em 1943, foi para um campo de concentração; emigrado, escreveu o livro de memórias *Tiúrmy i ssýlki* [Prisões e exílios].

Kaganóvitch, Lazar Moissêievitch (1893-1991) – desde 1922 no aparato do Comitê Central do Partido; de 1930 a 1957, membro do Politburo do Comitê Central; um dos principais organizadores da coletivização; participante das repressões em massa, dos julgamentos exemplares, das deportações e expurgos; a partir de 1935, ocupou diversos cargos do Comissariado do Povo; em 1961, foi expulso do Partido.

Kámenev, Liev Boríssovitch (1883-1936, fuzilado) – desde 1919, membro do Politburo do Comitê Central do Partido; entre 1918 e 1926, presidente do Soviete de Moscou; a partir de 1925, membro da oposição dentro do Partido; preso em 1934; em 1936, foi réu no processo do "Centro Antissoviético Unido Trotskista-Zinovievista"; condenado à pena capital.

Kanatchikov, Semion Ivánovitch (1879-1940) – de família camponesa, trabalhou como operário em fábricas de Moscou desde os 16 anos; membro do Partido Operário Social-Democrata Russo desde os 19; em 1921, tornou-se reitor da Universidade Comunista de Petrogrado e, em 1924, diretor do departamento de imprensa do Comitê Central do Partido; preso em 1936, morreu na prisão.

Kírov, Serguei Mirónovitch (1886-1934) – membro do Comitê Central do Partido desde 1923; em 1926, tornou-se primeiro-secretário do Comitê Distrital e do Comitê Municipal de Leningrado e secretário do Comitê Central do Partido; sob sua direção foi construído o Canal do Mar Branco e criado o campo de Solovkí; assassinado no Smólny no dia 1º de dezembro de 1934, o que deu início às repressões em massa e aos processos políticos dos anos 1930.

Kosmodemiánskaia, Zóia Anatólievna (1923-1941) – integrante do movimento *partisan*, foi enforcada pelos alemães.

Krássikov, Piotr Ananievitch (1870-1939) – principal promotor do processo eclesiástico de Petrogrado, em 1922; em 1924, tornou-se procurador do Supremo Tribunal da URSS e, em 1933, vice-presidente do mesmo órgão; ativista de campanhas antirreligiosas, um dos organizadores da União dos Ateus.

Krylenko, Nikolai Vassílievitch (1885-1938, fuzilado) – primeiro Comandante Supremo dos bolcheviques (1917); a partir de 1918, ocupou diversos cargos dirigentes; preso em 1938, foi condenado à pena capital por "espionagem".

Latsis, Martin Ivánovitch (1888-1938, fuzilado) – membro do Colégio da TchK da Ucrânia de 1918 a 1921; ocupou diversos cargos administrativos de 1922 a 1937, ano em que foi preso e condenado à pena capital.

Lúnin, Mikhail Serguêievitch (1788-1845) – militar dezembrista.

Merejkóvski, Dmítri Serguêievitch (1866-1941) – poeta, prosador, crítico, pensador religioso, um dos maiores representantes da Era de Prata, fundador do simbolismo russo; emigrou em 1920, com sua esposa, Zinaída Guippius.

Mólotov, Viatcheslav Mikháilovitch (1890-1986) – membro do Politburo do Comitê Central do Partido entre 1926 e 1952; chefe de governo da URSS (presidente do SNK) entre 1930 e 1941; comissário do povo, depois ministro do Exterior da URSS (1939-1949; 1953-1956); assinou o pacto de não agressão com a Alemanha (de 1939, o "Pacto Mólotov-Ribbentrop"); participou de todas as conferências que definiram a ordem mundial do pós-guerra (Teerã, Ialta, Potsdam); em 1961, foi expulso do Partido.

Morózov, Pávlik (Pável Trofímovitch; 1918-1932) – estudante do povoado de Guerássimovka, região de Sverdlovsk; "herói-pioneiro", foi glorificado pela propaganda soviética como participante da luta contra os *kulaki*, já que, por sua lealdade aos ideais da coletivização, denunciou o próprio pai e outros habitantes do povoado; mais tarde, foi encontrado morto em uma floresta; o assassinato foi amplamente divulgado como um episódio do "terror *kulak*"; quatro parentes do adolescente, suspeitos do assassinato, foram condenados à pena capital; na URSS, o nome de Pávlik Morózov foi dado a *kolkhozy*, escolas e grupos de pioneiros; além disso, vários monumentos foram erguidos em sua honra; no fim dos anos 1980, uma publicação levantou dúvida sobre muitos elementos desse mito canônico.

Ordjonikidze, Grigóri Konstantínovitch (1886-1937) – membro do Politburo do Comitê Central do Partido, comissário do povo para a Indústria Pesada entre 1932 e 1937; não aprovava a campanha de buscas por "sabotagem em massa" nem a aniquilação dos "velhos bolcheviques"; em 1937, cometeu suicídio (de acordo com outra versão, foi assassinado).

Péstel, Pável Ivánovitch (1793-1826) – militar, um dos líderes executados do movimento dezembrista.

Piatakov, Iúri (Gueórgui) Leonídovitch (1890-1937, fuzilado) – revolucionário; entre 1918 e 1919, foi chefe do Governo Provisório da Ucrânia; entre 1922 e 1936, ocupou vários cargos administrativos; em 1936, foi preso e condenado à pena capital durante o processo do "Centro Trotskista Antissoviético Paralelo".

Pilniak, Boris Andrêievitch (1894-1938, fuzilado) – escritor; em 1918, saiu seu primeiro livro, *S posliédnim parokhódom* [Com o último vapor]; depois, em 1922, foi publicado *Góly god* [O ano nu]; constantemente perseguido pela imprensa soviética; em 1937, foi preso, acusado de crimes contra o Estado e, em 1938, condenado à pena capital.

Rádek, Karl Berngárdovitch (1885-1939) – no início do século XX, social-democrata polonês; aproximou-se de Lênin durante a Primeira Guerra Mundial; em 1917, assumiu o departamento de relações exteriores do Comitê Executivo Central; participou das negociações de Brest-Litovsk; a partir de 1923, ativo partidário de Trótski; em 1927, foi expulso do Partido e exilado em Krasnoiarsk; em 1930, foi readmitido; preso em 1936 e, em 1937, durante o processo do "Centro Trotskista Antissoviético Paralelo", condenado a dez anos de prisão; em 1939, foi morto em sua cela por ordem direta de Béria.

Románov, Panteleimon Serguêievitch (1884-1938) – escritor; seu conto *Biez tcheriómukhi* [Sem a cerejeira] (1926) fez dele uma celebridade nacional, mas provocou duras críticas da imprensa; a partir de 1922, até seus últimos dias, escreveu o romance-epopeia *Rus*.

Rýkov, Aleksei Ivánovitch (1881-1938, fuzilado) – membro do Politburo do Comitê Central do Partido entre 1922 e 1929; chefe do governo (presidente do Conselho de Comissários do Povo da URSS) de 1924 a 1930; comissário do povo para os Correios e Telégrafos (1931-1936); preso em 1937; em 1938, durante o processo do "Bloco Antissoviético Trotskista de Direita", foi condenado à pena capital.

Sávinkov, Boris Víktorovitch (1879-1925) – SR, dirigente da Organização de Combate do partido SR (1903-1911); organizador de grandes atos terroristas (assassinato do ministro do Interior V. K. Pleve, em 1904; do grão-príncipe Serguei Aleksándrovitch em 1905; e outros); escritor (pseudônimo literário V. Ropchin); depois da Revolução de Fevereiro, ingressou no governo de Kerenski; classificou a Revolução de Outubro como "a tomada do poder por um punhado de pessoas"; participou da formação do Exército dos Voluntários (um dos grupos que enfrentaram os bolcheviques no sul da Rússia); até 1923, participou ativamente da luta contra o Poder Soviético; em 1924, retornou ilegalmente à URSS, onde logo foi preso; em 1925, foi condenado ao fuzilamento, comutado para dez anos de prisão; morreu em 1925 na prisão (de acordo com a versão oficial, cometeu suicídio; na versão extraoficial, foi assassinado).

Sliozberg (Adámova-Sliozberg), Olga Lvóvna (1902-1991) – economista, presa pela primeira vez em 1936, condenada a oito anos de detenção, cumpridos em Solovkí, depois em

Kolimá; em 1949, foi novamente presa, exilada para Karagandá; o exílio foi cancelado em 1954.

Sokólnikov, Grigóri Iákovlevitch (1888-1939) – revolucionário; comissário do povo para as Finanças entre 1923 e 1926; vice-presidente do Gosplan da URSS de 1926 a 1928; manifestou-se contra o rumo tomado por Stálin na direção da coletivização; embaixador da URSS no Reino Unido de 1929 a 1932; preso em 1936; em 1937, durante o processo do "Centro Trotskista Antissoviético Paralelo", foi condenado a dez anos de prisão; em 1939, foi morto em sua cela por ordem direta de Béria.

Spiridónova, Maria Aleksándrovna (1884-1941) – líder do partido SR de esquerda; em 1906, assassinou a tiros G. N. Lujenóvski, responsável pela repressão das agitações camponesas na província de Tambov; foi condenada à pena de morte por enforcamento, comutada para trabalhos forçados perpétuos; em 1917, foi libertada e passou a trabalhar ativamente em seu partido; em 1918, foi presa pelos bolcheviques; a partir de então, foi exilada e presa inúmeras vezes; em 1937, foi condenada a 25 anos de prisão e, em 1941, fuzilada em Oriol, antes da tomada da cidade pelos alemães.

Tchukóvskaia, Lídia Korniéievna (1907-1996) – escritora; presa e exilada em 1926; em 1928, tornou-se redatora no departamento infantil da Editora Estatal (Gossizdat); o marido da escritora, o físico M. P. Bronchtein, foi preso e fuzilado; nas filas das prisões, começou a amizade de muitos anos entre Tchukóvskaia e Anna Akhmátova; por manifestar-se em defesa dos perseguidos, especialmente Bródski, Sákharov e Soljenítsyn, foi expulsa da União dos Escritores em 1974.

Tíkhon (Vassíli Ivánovitch Belávin, 1865-1925) – Patriarca de Moscou e de Toda a Rússia (escolhido em 1917, quando o Patriarcado foi restaurado na Rússia, após um intervalo de dois séculos); entre 1898 e 1907, bispo das Aleutas e da América do Norte; entre 1907 e 1917, bispo de Iaroslavl e Vilno; depois do confisco dos bens da Igreja, foi detido diversas vezes ou mantido sob prisão domiciliar; faleceu no dia 25 de março de 1925 e foi enterrado no Monastério Donskói; em 1989, foi canonizado pela Igreja Ortodoxa Russa.

Timofêiev-Ressóvski, Nikolai Vladímirovitch (1900-1981) – biólogo, geneticista, trabalhou no Instituto do Cérebro, na Alemanha (1925-1945); preso em 1945, foi levado para a Lubianka e condenado a dez anos de reclusão; cumpriu a sentença no Karlag; na obra especial do Sungul, no sul dos Urais, entre 1945 e 1955, geriu a divisão de biofísica da obra secreta 0211; de 1955 a 1964, chefe da divisão de biofísica do Instituto Acadêmico de Biologia, em Sverdlovsk; de 1964 a 1969, no Instituto de Radiologia Médica, em Óbninsk; vencedor de prêmios internacionais e membro de diversas academias e sociedades científicas estrangeiras.

Tolstaia, Aleksandra Lvóvna (1884-1979) – filha de Liev Tolstói, mantenedora do museu de Iásnaia Poliana; enfermeira durante a Primeira Guerra Mundial; julgada durante o processo do "Centro Tático"; detida no Monastério Novospásski; emigrou em 1931; em 1939, nos Estados Unidos, organizou e chefiou o Fundo Tolstói de ajuda a refugiados russos, com divisões em muitos países da Europa e da América do Sul.

Tómski, Mikhail Pávlovitch (1880-1936) – membro do Politburo do Comitê Central do Partido de 1922 a 1930; presidente dos Sindicatos da URSS de 1922 a 1929; manifestou-se contra as medidas extraordinárias durante a coletivização, pelo que foi acusado por Stálin de "inclinações direitistas"; diretor da Editora Estatal Unida, a OGIZ, de 1932 a 1936; suicidou-se em 1936, em meio às repressões em massa.

Trótski, Liev Davídovitch (1879-1940) – agente do movimento comunista internacional, organizador do golpe de outubro de 1917, em Petrogrado; um dos criadores do Exército Vermelho e da Komintern; entre 1918 e 1925, comissário do povo para o Exército e a Marinha e presidente do Conselho Militar Revolucionário; a partir de 1923, líder da oposição de esquerda dentro do Partido; em 1927, foi removido de todos os cargos e exilado; em 1929, foi expulso da URSS; assassinado no México por um agente do NKVD.

Tukhatchévski (1893-1937, fuzilado) – chefe militar, responsável pela repressão aos levantes de Kronchtadt e Tambov; marechal da União Soviética; preso em 1937, juntamente com outros chefes do alto escalão militar, e julgado no processo da "Conspiração Militar Fascista no Exército Vermelho"; condenado à pena capital.

Tur (Irmãos) – pseudônimo de Leonid Davídovitch Tubelski (1905-1961) e Piotr Lvovitch Ryjei (1908-1978), escritores, roteiristas; autores do roteiro do filme *Vstrétcha na Élbie* [O encontro no Elba].

Utióssov, Leonid Óssipovitch (1895-1982) – cantor de variedades, ator de teatro e cinema; nos anos 1930, seu repertório era amplamente baseado em variações de canções do mundo criminal.

Vavílov, Nikolai Ivánovitch (1887-1943) – cientista, geneticista, membro da Academia de Ciências da URSS; presidente da Academia Lênin de Ciências Agrárias (1929-1940); fundador e diretor do Instituto Nacional de Fitocultura (1930-1940); diretor do Instituto de Genética da Academia de Ciências da URSS (1930-1940); sob sua direção, foi criada a maior coleção do mundo de sementes de plantas cultivadas; foi preso em 1940 e, em 1941, com base em acusações fabricadas, condenado ao fuzilamento, com pena comutada para vinte anos de detenção; depois de dois anos, morreu na prisão, em Sarátov. Foi reabilitado postumamente, em 1955.

Veniamin (Kazanski, Vassíli Pávlovitch, 1873-1922, fuzilado) – metropolita de Petrogrado e Gdov, preso em 1922 em meio às inquietações causadas pelo confisco dos bens da Igreja; no processo eclesiástico de Petrogrado, foi condenado à pena capital; canonizado como mártir pelo Concílio dos Arqui-Hierarcas da Igreja Ortodoxa Russa em 1992.

Von Biron, Ernst Johann (1690-1772) – duque da Curlândia, regente do Império Russo por pouco mais de vinte dias.

Von Meck, Nikolai Kárlovitch (1863-1929, fuzilado) – engenheiro ferroviário, um dos criadores do primeiro clube de automobilistas da Rússia; depois da Revolução, consultor do Comissariado do Povo para as Vias de Comunicação; entre 1919 e 1921, foi preso diversas vezes por suspeita de "atividades contrarrevolucionárias", mas sempre liberado; em 1929, foi preso pela última vez e condenado à pena capital.

Zamiátin, Ievguêni Ivánovitch (1884-1937) – escritor, engenheiro, participante do grupo de escritores "Irmãos Serapion" (1921); autor do romance *Nós*; emigrou em 1932 e fixou-se na França, onde viveu até sua morte.

Zaoziérski, Aleksandr Nikoláievitch (1879-1922, fuzilado) – padre ortodoxo, preso em 1922 em meio ao processo "sobre o confisco dos bens da Igreja"; durante o processo eclesiástico de Moscou, foi condenado à pena capital; em 2000, foi canonizado pela Igreja Ortodoxa Russa.

Zinóviev, Grigóri Ievsêievitch (1883-1936, fuzilado) – presidente do Soviete de Petrogrado (1917-1926), presidente do Comitê Executivo da Komintern (1919-1926); a partir de 1925, membro da oposição dentro do Partido; depois da coalizão com Trótski, foi submetido diversas vezes a prisões e ao exílio (1927-1933); em 1934, foi preso pela última vez; em 1936, durante o processo do "Centro Antissoviético Unido Trotskista-Zinovievista", foi condenado à pena capital.

Cronologia

1917
Revolução de Fevereiro (março no calendário ocidental) derruba a monarquia do tsar Nicolau II. Início da Revolução Russa.

Em agosto, a estudante de agronomia Taisia Shcherbak casa-se com Isaaki Soljenítsyn, que havia largado os estudos de literatura e história para lutar na Alemanha durante a Primeira Guerra Mundial.

Em outubro (novembro no calendário ocidental), inicia-se a segunda fase da Revolução.

O Partido Bolchevique derruba o governo provisório e instaura o governo socialista soviético.

Em dezembro, é instituída a Comissão Extraordinária de Toda a Rússia de Luta contra a Contrarrevolução, a Especulação e a Sabotagem, a Tcheká.

1918
Nasce, em Kislovodsk (Cáucaso), em 11 de dezembro, Aleksandr Soljenítsyn. Não chega a conhecer o pai, morto num acidente de caça quando Taisia ainda estava no início da gestação.

Em julho, o V Congresso dos Sovietes aprova a Constituição da República Soviética Federativa Socialista da Rússia (RSFSR).

O tsar Nicolau II e sua família são executados.

Guerras civis, que só cessariam em 1921, opõem o Exército Vermelho aos diversos exércitos brancos.

1919
Decreto de 15 de abril institui a criação de um sistema de campos de trabalhos forçados na RSFSR.

1921
Adoção da Nova Política Econômica (NEP), com o intuito de recuperar a economia do país depois dos anos de "comunismo de guerra" (1918-1921).

1922
Em 30 de dezembro, é fundada a União das Repúblicas Socialistas Soviéticas (URSS).

1924
Joseph Stálin se torna o líder máximo da URSS.

1928
Lançamento dos planos quinquenais, com incentivo à industrialização, nacionalização das empresas e coletivização da agricultura.

1929
Stálin inicia a campanha de deskulakização, com a deportação maciça de famílias camponesas e cossacas para o norte.

1930
Um decreto de abril institui o Gulag, o órgão central que gerenciava os campos de trabalhos forçados na União Soviética.

Soljenítsyn e a mãe recebem a visita do avô materno, Zakhar Shcherbak. No mesmo ano ele seria detido pela polícia soviética e morreria na prisão.

1936
Soljenítsyn começa a cursar a Faculdade de Matemática e Física na Universidade de Rostov.

1937
Processos de Moscou marcam os Grandes Expurgos, dedicados a eliminar – por detenção, deportação ou pena de morte – os opositores políticos.

1939
Soljenítsyn se inscreve no curso por correspondência do Instituto de Filosofia, História e Literatura de Moscou.

1940
Trótski morre assassinado no exílio no México.

Em 27 de abril, Soljenítsyn casa-se com Natália Rechetovskaya, estudante de química na Universidade de Rostov.

Ambos são nomeados professores em uma escola na cidade de Morosovsk. Ele dá aula de astronomia e matemática.

1941
Em 22 de junho, a Alemanha nazista invade a URSS.

Soljenítsyn é mobilizado como soldado do Exército Vermelho para lutar na Segunda Guerra Mundial.

1944
Soljenítsyn recebe um certificado de bravura e é promovido a capitão de artilharia.

1945
Após a interceptação de sua correspondência pessoal pela censura, na qual usava termos como "Chefão" para se referir a Stálin, Soljenítsyn é preso em 9 de fevereiro. Vai para a prisão de Lubianka, depois é transferido para Butyrka, à espera de julgamento.

Em 27 de julho é condenado a oito anos nos campos de trabalhos forçados, pelo Artigo 58 do Código Penal (parágrafos 1 e 11). É enviado para o campo de Nóvy Ierussalim, a oeste de Moscou.

1947
Soljenítsyn é transferido para a charachka *de Marfino, ou Prisão Especial nº 16, na periferia norte de Moscou.*

1948
Natália Rechetovskaya é demitida da universidade de Moscou por ser casada com um "inimigo do povo".

1949
URSS desenvolve a bomba atômica.

1950
Soljenítsyn é novamente transferido para um campo de trabalhos forçados em Ekibastuz, no Cazaquistão. Trabalha primeiro numa brigada de pedreiros, depois na fundição.

1951
O casamento com Natália Reshetovskaya é dissolvido e o processo de divórcio, iniciado.

1952
Soljenítsyn é operado – por um outro condenado – para retirada de um tumor maligno no estômago, na enfermaria do campo de Ekibastuz, no dia seguinte a uma rebelião.

1953
Ao término de sua pena, Soljenítsyn é liberado do campo e enviado para o exílio interno na aldeia de Kok-Terek, no Cazaquistão, onde ensina matemática e física numa escola.

Stálin morre em 5 de março.

Nikita Khruschov assume o poder.

Início da chamada "desestalinização" (1953-1964).

1954
O câncer volta com metástases, Soljenítsyn é internado no Uzbequistão para tratamento.

1956
No XX Congresso do Partido Comunista da União Soviética, em fevereiro, Nikita Khruschov pronuncia um discurso denunciando os crimes cometidos por Stálin.

Os presos pelo Artigo 58 são anistiados.

1957
Em 2 de fevereiro, Soljenítsyn casa-se novamente com Natália Rechetovskaya.

Em 6 de fevereiro, ele é reabilitado, como milhares de outros condenados, por decisão da Suprema Corte da URSS.

Em 9 de abril, é definitivamente liberado do exílio. Instala-se em Riazan e começa a dar aula de física e astronomia em uma escola local, enquanto continua a quimioterapia para tratamento do câncer.

1958
Em abril, Soljenítsyn começa a escrever Arquipélago Gulag.

1961
No XXII Congresso do PCUS, o primeiro-secretário, Nikita Khruschov, faz um discurso no qual denuncia o "culto à personalidade" de Stálin.

1962
Em novembro, a novela Um dia na vida de Ivan Deníssovitch *é publicada na revista literária* Nóvy Mir *e, em seguida, traduzida no Ocidente.*

1964
Nikita Khruschov é deposto do poder. Leonid Brejnev o sucede como secretário-geral do PCUS.

Textos de Soljenítsyn começam a ser proscritos na URSS.

1966
Isolado em um chalé na Estônia, durante dois invernos Soljenítsyn se dedica a escrever Arquipélago Gulag.

1968
Os manuscritos de Arquipélago Gulag *são datilografados, transformados em microfilmes e enviados para fora da URSS com a ajuda do neto do escritor Leonid Andrêiev.*

O pavilhão dos cancerosos *e* O primeiro círculo *são publicados no exterior.*

1970
Prêmio Nobel de Literatura é atribuído a Soljenítsyn. Ele não vai a Estocolmo receber a homenagem, com medo de ser impedido de voltar à URSS.

Divorcia-se novamente de Natália Rechetovskaya para ficar com Natália Svetlova, uma jovem matemática com quem teria três filhos (Yermolai, Ignat e Stepan).

1971
Suspeita-se de que Soljenítsyn tenha sofrido uma tentativa de assassinato com o uso de agentes biológicos desconhecidos, creditada à KGB.

1973
Uma cópia parcial do manuscrito de Arquipélago Gulag *é apreendida pela KGB com a datilógrafa Elizavieta Voronyanskaya, que se suicida em seguida.*

Soljenítsyn ordena a publicação imediata do livro na Europa.

Em 28 de dezembro, o primeiro volume é lançado pela YMCA Press em Paris.

1974
A Direção Geral de Proteção dos Segredos de Estado na Imprensa proíbe a circulação de todas as obras de Soljenítsyn na URSS.

Em 12 de fevereiro, Soljenítsyn é preso, acusado de traição, destituído da nacionalidade soviética e proscrito. No dia seguinte, é enviado para a Alemanha Ocidental, onde é recebido pelo escritor Heinrich Böll.

Em março, instala-se na Suíça, para onde vão também Natália e os três filhos do casal.

Em dezembro, viaja para Estocolmo para receber o Prêmio Nobel de 1970.

1975
Soljenítsyn cria o Fundo Social Russo para Pessoas Perseguidas e suas Famílias, com o intuito de ajudar ex-prisioneiros do Gulag a se restabelecer e de estimular iniciativas culturais de russos exilados fora do país. (Todos os direitos recebidos pelo autor por Arquipélago Gulag *são, até hoje, revertidos para esse fundo, administrado por sua viúva.)*

1976
Em julho, a família Soljenítsyn muda-se para os Estados Unidos e se instala em uma casa em Cavendish, Vermont.

1978
Em 8 de junho, Soljenítsyn pronuncia o famoso discurso em Harvard no qual denuncia a "decadência moral" do Ocidente e critica o liberalismo.

1982
Morte de Brejnev, substituído por Iúri Andropov, chefe da KGB – que ficaria só um ano no cargo.

1985
Mikhail Gorbatchev assume como último secretário-geral do Comitê Central do PCUS e inicia um processo de abertura da URSS, com a introdução de políticas como a perestroika e a glásnost.

1989
Arquipélago Gulag *é publicado pela primeira vez na URSS.*

1990
Em 12 de junho, a Rússia declara sua independência da URSS.

1991
Em agosto, tentativa de golpe tenta reimplantar regime linha-dura do antigo governo soviético.

Em dezembro, Mikhail Gorbatchev renuncia e a URSS deixa de existir.

Boris Yeltsin se torna o primeiro presidente eleito da Rússia.

A acusação de traição é retirada e Soljenítsyn recupera a cidadania russa.

1993
Soljenítsyn recebe do governo russo um terreno perto de Moscou para construir uma casa.

O autor conclui sua maior obra, Krasnoe koleso *[A roda vermelha], um romance histórico de mais de 6 mil páginas – cada volume chamado por ele de "nó" –, sobre a Revolução Russa.*

1994
Soljenítsyn volta para a Rússia. Antes de se instalar em Moscou, passa dois meses viajando pelo país, fazendo comícios e apresentações públicas. Há boatos de que se candidataria à presidência.

1995
Em abril, Soljenítsyn se torna apresentador de um programa de televisão. Em setembro o programa sai do ar.

1998
Soljenítsyn recusa a principal condecoração estatal oferecida por Boris Yeltsin.

1999
Com a renúncia de Yeltsin, Vladimir Putin, diretor do FSB, órgão que sucedeu a KGB, assume interinamente a presidência.

2000
Putin é eleito presidente da Rússia.
Em setembro, o novo dignatário recebe o escritor em sua casa.

2006
É publicada a obra completa de Soljenítsyn em 30 volumes.

2008
No dia 3 de agosto, Soljenítsyn morre em sua casa, nos arredores de Moscou, em decorrência de problemas cardíacos, aos 89 anos.

2010
É publicada em Moscou a versão abreviada de Arquipélago Gulag, *na qual o escritor trabalhava nos últimos anos de vida, editada e produzida por Natália Soljenítsyna.*

2018
Um monumento em homenagem a Soljenítsyn é inaugurado em Moscou na data de seu centenário, 11 de dezembro, com discurso de Vladimir Putin.

Os tradutores

LUCAS SIMONE é historiador formado pela Faculdade de Filosofia, Letras e Ciências Humanas da Universidade de São Paulo (FFLCH-USP) e doutor em Literatura e Cultura Russas, com tese defendida na mesma instituição. É professor de língua russa e tradutor, tendo traduzido para o português a obra de autores como Maksim Górki, Anton Tchékhov, Boris Pilniak, Fiódor Dostoiévski, Varlam Chalámov e Svetlana Aleksiévitch, esta última vencedora do Prêmio Nobel de Literatura em 2015.

IRINEU FRANCO PERPETUO é tradutor e crítico musical. Para a Carambaia, traduziu *Xis e outras histórias*, de Ievguêni Zamiátin (2022), *Tolstói e Tolstaia*, de Lev Tolstói e Sófia Tolstaia (2022), *Lasca*, de Vladímir Zazúbrin (2019), e *Os dias dos Turbin*, de Mikhail Bulgákov (2018). Neste livro, foi responsável pela tradução dos capítulos 5, 7, 10, 12, 13, 14, 17, 20 e 22 da Terceira Parte.

FRANCISCO DE ARAÚJO é bacharel em Letras Português-Russo pela Universidade Federal do Rio de Janeiro (UFRJ) e desenvolve pesquisa de mestrado na Universidade de São Paulo. Tradutor e intérprete, é o autor de versões em português de textos de Varlam Chalámov e Ievguêni Zamiátin. Para a Carambaia, traduziu *Asas*, de Mikhail Kuzmin (2023). Neste livro, foi responsável pela tradução integral da Sexta e da Sétima Parte.

ODOMIRO FONSECA é professor, tradutor e crítico literário com doutorado em Literatura e Cultura Russa pela USP. Neste livro, foi responsável pela tradução de todos os capítulos da Quarta Parte.

RAFAEL BONAVINA é estudante de Letras na FFLCH-USP. Seus principais trabalhos centram-se na obra de Ivan Gontcharóv, como *Lilases secos: um estudo sobre os idílios em Oblómov* e *O rito iniciático e o romance de formação: uma análise mitopoética de* Uma história comum. Neste livro, foi responsável pela tradução dos capítulos 3, 5 e 10 da Quinta Parte.

PREPARAÇÃO Tamara Sender
REVISÃO Ricardo Jensen de Oliveira e Valquíria Della Pozza
CAPA Mateus Valadares
PROJETO GRÁFICO DE MIOLO Bloco Gráfico

DIRETOR-EXECUTIVO Fabiano Curi

EDITORIAL
Graziella Beting (diretora editorial)
Livia Deorsola e Julia Bussius (editoras)
Laura Lotufo (editora de arte)
Kaio Cassio (editor-assistente)
Gabrielly Saraiva (assistente editorial/direitos autorais)
Lilia Góes (produtora gráfica)

RELAÇÕES INSTITUCIONAIS E IMPRENSA Clara Dias
COMUNICAÇÃO Ronaldo Vitor
COMERCIAL Fábio Igaki
ADMINISTRATIVO Lilian Périgo
EXPEDIÇÃO Nelson Figueiredo
ATENDIMENTO AO CLIENTE Meire David
DIVULGAÇÃO/LIVRARIAS E ESCOLAS Rosália Meirelles

CAR
AMB
AIA

EDITORA CARAMBAIA
Av. São Luís, 86, cj. 182
01046-000 São Paulo SP
contato@carambaia.com.br
www.carambaia.com.br

4ª reimpressão, 2023

Título original *Архипелаг Гулаг – Сокралщённое издание* [Paris, 1973]

CIP-BRASIL. CATALOGAÇÃO NA PUBLICAÇÃO
SINDICATO NACIONAL DOS EDITORES DE LIVROS, RJ

S673a
Soljenítsyn, Aleksandr [1918-2008]
Arquipélago Gulag: Um experimento de investigação artística 1918-1956 / Aleksandr Soljenítsyn;
tradução Lucas Simone ... [*et al.*];
prefácio Natália Soljenítsyna;
posfácio Daniel Aarão Reis.
1. ed., 4. reimpr. – São Paulo: Carambaia, 2019.
704 p.; 23 cm

Tradução de: *Архипелаг Гулаг – Сокралщённое издание*
Inclui cronologia, glossário e mapa
ISBN 978-85-69002-66-6

1. Romance russo. I. Simone, Lucas. II. Soljenítsyna, Natália.
III. Reis, Daniel Aarão. IV. Título.

23-85755 CDD: 891.73 CDU: 82-31(470+571)
Meri Gleice Rodrigues de Souza – Bibliotecária CRB-7/6439

ilimitada

FONTE
Antwerp

PAPEL
Pólen Soft 70 g/m²

IMPRESSÃO
Geográfica